GRAÇA, FÉ & SANTIDADE

GRAÇA, FÉ & SANTIDADE

Uma Teologia Sistemática Wesleyana

H. Ray Dunning

Copyright © 2018
Beacon Hill Press of Kansas City

ISBN 978-1-56344-890-4

Publicado em inglês como
  Grace, Faith & Holiness
  By H. Ray Dunning
  Copyright© 1988

  Published by Beacon Hill Press of Kansas City
  A division of Nazarene Publishing House
  Kansas City, Missouri 64109 USA

Esta edição foi publicada através de um acordo com a
Nazarene Publishing House, Kansas City, Missouri, EUA.

Versão em português europeu publicada pela
Literatura Nazarena Portuguesa, Lisboa

Várias pessoas ao longo de anos contribuíram para a tradução desta obra em português.

Revisão e Edição em 2018 feita por Theresa Maria do Santos

Versão da Bíblia em português utilizada: Bíblia Sagrada. Almeida Revista e Corrigida.
Sociedade Bíblica do Brasil, 2009.

Conteúdo

Prólogo 7
Prefácio 9
Agradecimentos 17
Uma Nota ao Leitor 19

PARTE I – Introdução

1. A Natureza e o Âmbito da Teologia / 23
2. As Fontes da Teologia: A Bíblia / 55
3. As Fontes da Teologia: Tradição, Razão e Experiência / 77

PARTE II – O Nosso Conhecimento de Deus

4. Revelação: Seu Significado e a Sua Necessidade / 97
5. Revelação: Uma Abordagem Wesleyana / 139

PARTE III – As Doutrinas de Deus o Soberano

6. A Natureza e os Atributos de Deus / 179
7. A Trindade / 203
8. Deus o Criador / 227

PARTE IV – As Doutrinas de Deus o Salvador

9. A Humanidade como Pecadora / 265
10. A Pessoa do Salvador / 291
11. A Obra do Salvador / 319
12. Uma Perspectiva Wesleyana da Expiação / 347

PARTE V – As Doutrinas de Deus o Espírito

13. A Experiência Cristã do Espírito Santo / 379
14. A Obra do Espírito Santo / 409
15. Santificação: Restauração à Imagem de Deus / 457
16. A Comunhão dos Santos / 483
17. Os Meios da Graça / 515

Apêndice 1 Escatologia Especulativa 543
Apêndice 2 Hermenêutica 563
Obras Citadas 599

Prólogo

Por vezes, os críticos afirmam que "a Igreja já deu o que tinha a dar". Embora a intenção desta critica seja negativa, representa, na verdade, um facto indiscutível. A Igreja tem a responsabilidade de transmitir, de geração em geração, o evangelho que lhe foi confiado; a vitalidade espiritual vivida; a graça transformadora recebida; o poder da adoração que tem desfrutado e a compreensão teológica que herdou.

É claro que a Igreja pertence a Cristo. Ele prometeu: "Edificarei a minha Igreja" (Mat. 16:18). Só Ele pode perdoar o pecador arrependido; dar vida nova àqueles que estão mortos em delitos e pecados; purificar o coração dos que se rendem completamente à Sua vontade e investir com autoridade todos quantos procuram servir em Seu nome. No entanto, a Igreja, através do evangelismo, da mordomia, da adoração e do ensino, pode ser um instrumento para a expansão do Reino de Deus.

A compreensão e o discernimento teológicos são necessários para um discipulado fiel e um serviço cristão eficiente. A fé da Igreja deve ser conhecida e constantemente articulada com os contextos contemporâneos. Este é o objectivo do presente volume. Durante meio século, a extraordinária obra, em três-volumes, de teologia sistemática do Dr. H. Orton Wiley, intitulada Teologia Cristã, tem servido a igreja e, de forma mais alargada, a comunidade arminio-wesleyana. E continuará a fazê-lo, certamente. A presente obra de teologia sistemática reflecte os desenvolvimentos mais recentes do pensamento cristão e do conhecimento bíblico; e fortalece o testemunho de santidade.

As Escrituras, devidamente interpretadas, são a base a partir da qual a Igreja constrói a sua reflexão teológica. A história e a experiência cristãs têm enriquecido e refinado o pensamento teológico da igreja sob a direcção e orientação do Espírito. O corpo doutrinário resultante desta reflexão deve ser constantemente submetido à clareza dos ensinamentos bíblicos.

É fundamental que estas declarações teológicas sejam formuladas na linguagem e no pensamento de cada nova geração para que a vida da igreja seja nutrida e mantida. Embora, as verdades cristãs permaneçam constantes, o seu modo de apresentação varia e os meios usados para facilitar a sua compreensão devem ser actuais para que mantenham a sua relevância. Esta é a tarefa principal de qualquer obra teológica da igreja.

Tendo isto em mente, a Comissão de Literatura da Nazarene Publishing House, com a aprovação da Junta de Superintendentes Gerais, encarregou o Dr. H. Ray Dunning de produzir uma obra de teologia sistemática, de tradição wesleyana, em conformidade com os padrões doutrinários da Igreja do Nazareno, e, de igual modo, que seja sensível e dialogante com o pensamento teológico, filosófico, psicológico e cultural contemporâneos.

O Dr. Dunning tem as qualificações necessárias para a envergadura desta obra. Nazareno de longa data, é um homem leal à igreja, presbítero, pastor e pregador da Palavra; escritor e especialista em estudos teológicos. Licenciado pelo Seminário Teológico Nazareno, fez o seu Doutoramento (PhD) em Religião na Universidade de Vanderbilt, com especialização em teologia e filosofia. Ao longo de mais de 20 anos tem aperfeiçoado a sua mestria teológica através do ensino na divisão de religião e filosofia da Universidade Nazarena de Trevecca, onde actualmente preside ao Departamento de Religião e Filosofia. A qualidade da sua vida espiritual complementa a sua erudição teológica.

A Igreja do Nazareno está comprometida com a proclamação da vida de santidade e com a doutrina e a experiência da inteira santificação, através da pregação, do ensino e da vida quotidiana. Foi com esta finalidade que este volume foi cuidadosamente preparado em espírito de oração. A supervisão do projecto foi feita por uma comissão consultiva, onde cada um dos membros estava qualificado para esta missão, devido ao treino especializado de anos de estudo, de serviço à igreja e compromisso cristão.

Numa obra desta magnitude nem todas as afirmações exigem a concordância absoluta de todos os leitores. Mas as declarações fundamentais de fé são bíblicas e doutrinariamente sólidas e coerentes com a tradição wesleyana. As palavras do Dr. Phineas F. Bresee servem-nos bem neste ponto: "No essencial, unidade, no que não é essencial, liberdade, e em todas as coisas, caridade."

É com profunda satisfação que recomendamos Graça, Fé e Santidade aos leitores esclarecidos, orando para que esta obra glorifique Aquele que, livremente, deu Seu Filho para a nossa salvação e enviou o Seu Espírito para nos guiar em toda a verdade.

A Junta de Superintendentes Gerais
Eugene L. Stowe, Charles H. Strickland, William M. Greathouse, Jerald D. Johnson, John A. Knight, Raymond W. Hurn

Prefácio

A teologia é a tentativa de providenciar uma formulação racional das nossas crenças cristãs. Infelizmente, muitos cristãos sinceros acreditam que é um luxo que facilmente podemos dispensar. No entanto, a teologia, longe de ser um luxo, é uma tarefa inevitável, da qual ninguém, ministro ou leigo, está isento. Quando vamos para além do mero recitar das palavras das Escrituras, estamos envolvidos na tarefa de fazer teologia. Na realidade, a escolha de uma determinada tradução da Bíblia reflecte algum raciocínio teológico, uma vez que toda a tradução envolve interpretação. Nenhuma língua pode ser literalmente traduzida para outra. A selecção de uma passagem a ser lida, ou a ordem em que os textos são lidos, são procedimentos que reflectem uma capacidade mínima de julgamento teológico. Nunca é uma questão de teologia ou não teologia, mas se estamos perante boa ou má teologia, adequada ou inadequada. Confrontados com esta inevitabilidade, apenas fazemos um exercício de bom senso de forma a envidar todos os esforços para que a tarefa seja cumprida responsavelmente.

A tarefa teológica é tão importante para a vida da igreja quanto inevitável. Espera-se que a Igreja seja mais do que uma instituição. Portanto, as suas decisões deverão ser tomadas com base na compreensão teológica, em vez de fundamentadas em pragmatismos ou nos valores seculares vigentes. As proclamações da igreja através do seu ministério devem ser teologicamente sólidas, tanto quanto possível. O ministro que afirma: "Isto pode não ser boa teologia, mas vou dizê-lo de qualquer forma", está a trair o mandato bíblico de pregar a sã doutrina.

Sem a orientação da teologia, a religião pode degenerar num "sentimentalismo" desprovido de um conteúdo compreensível ou de implicações morais. A tarefa da igreja é a proclamação e, sem um diálogo constante entre o púlpito e a cátedra, essa proclamação pode perder o seu aspecto distintivo, bem como o seu carácter essencial. Portanto, a tarefa da teologia deve ser uma tarefa de toda a igreja e não apenas de alguns especialistas mantidos em segurança, isolados da vida do mundo real.

Uma das grandes objecções à teologia é que, para muitos, esta parece ofuscar a simplicidade do evangelho. Para os que nunca tiveram contacto com a teologia os jargões técnicos, usados pelos teólogos, apenas obscurecem a mensagem para as pessoas comuns. A falácia deste tipo de raciocínio é ilustrada pela história contada por R. C. Sproul sobre um encontro entre um teólogo e um astrónomo. O astrónomo diz ao teólogo: "Eu não compreendo porque é que vós, teólogos, discutis tanto sobre predestinação e supralapsarianismo, sobre os atributos comunicáveis e incomunicáveis de Deus, graça imputada e graça infundida e coisas semelhantes. Para mim o cristianismo é simples, resume-se à regra de ouro: "Faz aos outros o que gostarias que te fizessem a ti". A que o teólogo responde: "Penso que entendo o que diz. Fico perdido quando falam de estrelas que explodem, universos em expansão, teorias de entropia e perturbações astronómicas. Para mim, a astronomia é simples: 'Brilha, brilha, estrelinha.'"[1]

Jack Rogers oferece-nos uma perspectiva invulgar acerca da natureza das Escrituras e da sua relação com o inexperiente inquiridor da verdade. Sugere que existem dois níveis de material na Bíblia. O primeiro nível é a mensagem central e redentora do evangelho. Este nível está aberto a todos quantos lêem ou ouvem a história simples da criação de Deus, da queda pecaminosa do homem e da graça da vida de Cristo, a Sua morte e ressurreição para nossa salvação. O acesso a essa mensagem simples e central é feito pela fé. Contudo, à volta da mensagem central existe um material de apoio que é mais difícil de interpretar e está sujeito a várias interpretações. Este material precisa de ser abordado com a ajuda de peritos bíblicos experientes e de exegetas.[2]

Os cristãos conservadores levantam, com frequência, algumas questões importantes no que diz respeito à reformulação da teologia. Uma compreensão da natureza da teologia conforme expressa no primeiro capítulo desta obra deverá desfazer os mal-entendidos que estão na base desta preocupação. O carácter dinâmico da história, a natureza fluída da linguagem e as mudanças no cenário cultural, bem como o desenvolvimento do pensamento filosófico tornam imperativo que cada geração procure lidar com o significado contemporâneo da sua fé. Como diz Karl Barth: "Na ciência dogmática a igreja chega às suas conclusões de acordo com o estado do seu conhecimento nas diferentes épocas,"[3] e nos anos recentes tem ocorrido uma completa Renascença teológica, levando o mundo a uma nova era teológica. Para além disso, o método proposto nesta obra é

---

1 "Right Now Counts Forever," in *The necessity of Systematic Theology*, ed. John Jefferson Davis (Grand Rapids: Baker Book House, 1980), 16-17.
2 *Confessions of a Conservative Evangelical* (Philadelphia: Westminster Press, 1974), 62.
3 *Dogmatics in Outline*, trans. G. T. Thomson (London: SCM Press, 1960), 11.

significativamente diferente da forma como a teologia sistemática tem sido desenvolvida na tradição wesleyana. Os trabalhos identificados com este género teológico geralmente têm a forma de compêndios.

Durante os últimos 45 anos, a obra teológica dominante no contexto denominacional, a partir da qual esta obra emerge, foi *Christian Theology*[4], em três volumes, de H. Orton Wiley. Esta obra tem sido uma referência para os teólogos da Igreja do Nazareno, bem como para outros wesleyanos, como nenhuma outra jamais conseguirá igualar. Mas o próprio introduziu, de forma implícita, no programa teológico da igreja a necessidade de uma busca contínua pela verdade. Deixou-o inferido no seu prefácio quando explicou a razão pela qual tinha levado 20 anos a completar a sua tarefa: "Estava constantemente a descobrir novas verdades."[5]

Além disso, explicou que o seu propósito era "rever o campo da teologia." Mas, como supracitado, os últimos 45 anos têm sido de intensa actividade teológica que deve ser considerada de forma responsável pelos teólogos da igreja.

A teologia é um diálogo. A fé cristã engloba muitas tradições. Este esforço de procurar compreender a verdadeira fé deve prosseguir com o teólogo em diálogo, não só com a sua própria tradição, mas também com as outras. É um facto que, provavelmente, todas as denominações reflectem várias e diferentes tradições, concordando em certos aspectos centrais, mas também é normal que haja diversidade em vários pontos significativos.[6] Recusar escutar o que os outros têm para dizer não é somente snobismo, mas também obscurantismo. E, como escreveu W. T. Purkiser sobre este assunto num editorial da versão inglesa do *Arauto de Santidade,* "obscurantismo não é ortodoxia."[7] Podemos citar um pensador sem, necessariamente, concordar com tudo o que diz. À luz disto, estaremos como parceiros de diálogo de homens como Karl Barth, Reinhold Niebuhr, Paul Tillich, Helmut Thielicke, G. C. Berkouwer e muitos outros, mais recentes, representantes de um século que, provavelmente, teve (ou tem) os mais competentes estudiosos das ciências teológicas de qualquer outro período da história. Aquele que está comprometido com O que declarou, "Eu sou a verdade" (João 14:6, RA), não tem razão para deixar de abraçar a verdade

---

4 Nota do tradutor: O título em português é *"Doutrina Cristã"*
5 (Kansas City: Beacon Hill Press, 1940-43, 1:3. Uma vez que estaremos constantemente interagindo com as afirmações de Wiley ao longo desta obra, anotaremos a maioria das referências no corpo do texto com CT [*Christian Theology,* cujo título em português é *Teologia Cristã*] em vez de fazer uso de notas de rodapé.
6 Um estudo cuidadoso do livro de Timothy L. Smith, *Called unto Holiness,* vol. I (Kansas City: Nazarene Publishing House, 1962), revelará claramente as características distintivas das várias tradições na Igreja do Nazareno.
7 *Herald of Holiness.* Aug. 12, 1964, 11-12.

onde quer que ela se encontre. Somente, quando este procedimento é seguido, se pode evitar o atrofiamento teológico e a possibilidade de que os pressupostos teológicos se transformem em preconceitos, resultando numa perda de viabilidade ou de credibilidade.

Numa altura em que muitas pessoas no movimento wesleyano lêem e são influenciadas por uma literatura religiosa pouco credível, que reflecte as divergências com algumas das convicções fundamentais do movimento de santidade, há a profunda necessidade de providenciar a este segmento do mundo cristão um procedimento sistemático da sua perspectiva teológica. Esta obra dedica-se a este propósito.

Algumas palavras devem ser ditas sobre o título escolhido para esta teologia. É wesleyana na sua intenção e construção. Wesley argumenta que existem três doutrinas fundamentais que informam a *ordo salutis*, o fulcro de todo o seu empreendimento teológico. A saber: (1) o pecado original, (2) a justificação pela fé e (3) a santificação.[8] A universalidade penetrante do pecado original, que contamina a totalidade da existência humana, é contrariada pela universalidade penetrante da graça preveniente – daí a *graça*. A base do relacionamento com Deus, a essência da salvação, é a justificação somente pela fé e não pelas obras – daí a *fé*. E o resultado divinamente definido da obra redentora de Deus é a santificação. A justificação é a raiz da religião, a santidade o seu fruto, a "religião propriamente dita" – daí a *santidade*. Graça, fé e santidade abrangem todo o desígnio da *ordo salutis* wesleyana e, portanto, toda a dimensão da teologia wesleyana. Importa realçar que os três elementos integram todos os pontos desta obra.

A organização de uma teologia sistemática é um quesito teológico. Escolhemos adoptar a estrutura tradicional trinitária, não apenas porque tem uma longa história de aceitação, mas também porque parece teologicamente sólida – devido ao entendimento que temos da natureza da teologia (ver capítulo 1); estruturar as várias doutrinas, de acordo com o modo como Deus se manifesta e com O qual estas se relacionam, da forma mais adequada. De igual modo, a colocação específica de determinadas doutrinas é um assunto de reflexão teológica e será sem dúvida impossível agradar a todos os teólogos em todos os pontos desta organização sistemática. Contudo, procuraremos apresentar uma ampla argumentação nos pontos considerados discutíveis.

Deve ser feito um comentário especial sobre duas doutrinas: a escatologia e a doutrina do homem. O método tradicional de lidar com a doutrina

---

8   *Explanatory Notes upon the New Testament* (London: Epworth Press, 1954), sobre Rom. 12:6; *The Works of John Wesley*, 3rd ed., 14 vols. (London: Wesleyan Methodist Book Room, 1872; reprint, Kansas City: Beacon Hill Press of Kansas City, 1978), 6:509; 7:284, 313; et al.

das últimas coisas é deixá-la para o fim, sendo pouco mais que um apêndice. Os desenvolvimentos, tanto nas áreas da teologia bíblica como na teologia sistemática, têm demonstrado que a escatologia não é uma adenda à teologia, mas uma verdade que permeia intrinsecamente todo o sistema; quase todas as principais doutrinas têm uma dimensão escatológica. Atendendo a este facto, evitaremos desenvolver uma secção separada sobre a escatologia bíblica (não especulativa), antes destacaremos a dimensão escatológica ao longo de todo o sistema. Também isto envolverá algumas decisões que não agradarão a todos. Tradicionalmente o movimento de santidade tem-se mantido afastado da escatologia especulativa, mas esse é um assunto diferente daquele mencionado anteriormente. Os Artigos de Fé da Igreja do Nazareno não contêm indícios de qualquer compromisso com ideias especulativas a respeito das últimas coisas. Em consonância com esta postura wesleyana, restringiremos a nossa discussão sobre escatologia especulativa a um apêndice sem qualquer carácter normativo. Será um apêndice essencialmente descritivo, mas contendo pronunciamentos críticos (e pessoais). A ambiguidade desta abordagem parece ser justificável do ponto de vista teológico e bíblico.

Lidaremos com a crucial visão cristã acerca do homem da mesma forma com que lideremos com a escatologia. Se estamos a fazer teologia, é inadequado desenvolver uma antropologia que não seja "antropologia teológica". Mas a visão cristã do homem é componente essencial de determinadas doutrinas, como a revelação, o pecado e a salvação. Essa visão será desenvolvida de forma extensa em ligação com estas doutrinas.

A teologia sistemática, como se tornará evidente na nossa abordagem metodológica, deverá fazer uso de modelos filosóficos como veículos de expressão. Uma vez que estes modelos são passageiros, no sentido em que alguns modelos se tornam obsoletos e são substituídos por outros mais adequados, o teólogo sistemático responsável deve fazer uso das ferramentas filosóficas conceptuais mais adequadas e contemporâneas que estejam à sua disposição. Na tentativa de demonstrar responsabilidade neste assunto, adoptou-se o modelo ontológico relacional em contraste com modos substanciais de pensamento. Estes últimos são uma herança da metafísica de Aristóteles, o qual fazia distinção entre a substância (aquilo que constitui a base ou serve de suporte às qualidades) e o acidente. Por conseguinte, a metafísica antiga assumia que a substância era uma identidade "idêntica a si mesma e duradoura, não se modifica, mas possui propriedades ou atributos de mudança. É independente – é aquilo que existe por si mesmo. É auto-subsistente."[9] Portanto, era natural, por exemplo, que Descartes

---

9 W. T. Jones, *Kant and the 19th Century* (New York: Harcourt Brace Jovanovich, 1975), 111.

concluísse, a partir da auto-consciência do seu raciocínio, que ele deveria ser uma "coisa que pensa." A razão pela qual este modo de reflexão persiste com tanta tenacidade é por parecer tão perceptível ao senso comum e porque a linguagem que usamos está bem impregnada de pensamento substancial. Como Bertrand Russell explica, "em suma, a 'substância' é um erro metafísico, devido à transferência para a estrutura do mundo de construções de frases compostas por um sujeito e um predicado."[10]

Mas, como W. T. Jones sublinha, "qualquer tentativa de interpretar de forma substancial a realidade enfrenta dilemas sem solução. Por exemplo, será que existe apenas uma substância ou várias? Qualquer resposta é insatisfatória. Se existir somente uma substância, é impossível justificar a diversidade verificada. Se existirem muitas substâncias, parece impossível que possam estar relacionadas de uma forma significativa."[11]

Além disso, é impossível justificar qualquer mudança real usando o modelo conceptual de substância. O significado do termo faz com que inevitavelmente qualquer mudança seja apenas acidental e, portanto, inconsequente em última análise.

Com o emergir da filosofia moderna e a sua orientação voltada para a experiência, tornou-se evidente (ex. Hume e Kant) que a substância não era o objecto da experiência, o que provocou alguma desconfiança se não mesmo a completa rejeição. Muitos filósofos começaram a acreditar que a função desempenhada pelo conceito de substância era melhor servida pelo conceito de relação. O ser, por exemplo, é "auto-consciente" no contexto de um relacionamento com o não-ser. "Ser e objecto não são entidades distintas e imutáveis que se confrontam através de um abismo metafísico e epistemológico; ser e objecto são estruturas que emergem dentro da experiência. Não existe objecto sem ser e não existe ser sem objecto."[12]

Os termos *relação*, *relacional* e *relacionamento* quando usados num sentido ontológico são ambíguos, como acontece nesta obra, contudo, precisam de clarificação. Na linguagem da lógica contemporânea existem "relações internas" e "relações externas."[13] No primeiro caso, tais relações são inseparáveis da essência de uma coisa. Se determinadas propriedades que fazem parte do carácter das relações *internas* estiverem ausentes, a coisa deixa de ser o que era, torna-se numa outra coisa. No caso das relações *externas*, tais propriedades são acidentais em relação à coisa ser o que é. Um

---

10 *A History of Western Philosophy*. (New York: Simon and Schuster, a Clarion Book, 1967), 202.
11 *The 20th Century to Wittgenstein and Sartre* (New York: Harcourt Brace Jovanovich, 1975), 46.
12 Ibid, 113.
13 Vide Richard Rorty, "Relation, Internal and External," in *Encyclopedia of Philosophy*, ed. Paul Edwards (New York: Macmillan Co. and Free Press, 1967), vols. 7-8.

bom exemplo disto são dois tijolos colocados lado a lado. Se um for retirado, o outro continua a ser um tijolo. A sua presença não é essencial para o outro ser um tijolo. Nesta obra, assumimos na nossa abordagem que a essência do homem é constituída pela sua relação com Deus, ou seja, uma relação interna. Se esta for somente uma relação externa, o homem ainda é homem independentemente de Deus, e o seu carácter religioso é apenas acidental ao seu ser, conceito que a história do pensamento cristão tem amplamente rejeitado, exceptuando alguns casos extremos. A ambiguidade dos termos aparece, teologicamente, ao tratar-se da justificação e santificação. A justificação é uma mudança de relação de tipo externo (a pessoa não é mudada pela relação), enquanto que a santificação envolve uma mudança de relação de tipo interno (a pessoa é realmente mudada por esta relação). Embora o mesmo tipo de linguagem seja usado, o significado é bem diferente. Se a distinção entre relações internas e externas não for mantida, é fácil concluir que a ontologia relacional é pelagiana, e que não deixa espaço para uma santificação real, ao passo que, de facto, deixa esse espaço de uma forma filosoficamente sólida usando modelos de pensamento mais contemporâneos.

Como referido anteriormente, a linguagem tende a soar substancial. Isto é especialmente verdade quando são usadas metáforas, e estas abundam nas Escrituras. No entanto, é um "erro de categoria" interpretar estas figuras de estilo de uma forma literal/substancial. Uma leitura cuidadosa das formas bíblicas de expressão denuncia, sem sombra de dúvida, uma forma de pensar relacional. Ao explicar a razão pela qual Martinho Lutero abandonou as formas de pensamento substancial da teologia católica, o autor Douglas John Hall argumenta que "a explicação mais plausível" foi ter sido "movido de uma forma fundamental pelo carácter relacional da totalidade do testemunho bíblico" foi porque "intuitivamente (...) compreendeu o facto que as categorias principais da fé hebraico-cristã estão *todas* relacionais."[14]

Como a teologia veio mais tarde a verificar (ver cap. 7 sobre a Trindade), as designações Trinitárias são termos relacionais: Pai, Filho e Espírito (frequentemente o Espírito *de*) devem ser todos compreendidos como reflexo das relações internas na divindade. Os grandes termos teológicos que se referem ao relacionamento divino-humano são sempre vistos deste modo, por exemplo Senhor, discípulo, aliança, graça, expiação, amor, eleição, fé, pecado, justificação, esperança, julgamento, e assim por diante. É interessante que o termo *carnal*, muito usado no movimento de santidade, é sempre usado como adjectivo no Novo Testamento. Portanto, a *carnalidade*

---

14 *Imaging God* (Grand Rapids: Wm. B. Eerdmans Publishing Co., 1986), 99.

como substantivo, representando uma substância, é cuidadosamente evitado em prol de *carnal,* que descreve actos, pessoas, disposições – uma relação a ser evitada.

À luz das distinções filosóficas acima descritas entre relações internas e externas, W. T. Purkiser escreve: "Num verdadeiro teísmo, qualquer relação entre Deus e as pessoas humanas – um relacionamento 'Eu-tu' – é uma 'relação interna': por exemplo, os ramos na Videira, os membros no Corpo. É precisamente essa relação, dos ramos da Videira e dos membros com o Corpo que faz deles o que na realidade são, que lhes dá o seu carácter distintamente moral/ espiritual. Mudamos esse relacionamento e o carácter muda, na mudança da alienação para a reconciliação. Como pode alguém imaginar que a reconciliação com Deus não muda radicalmente a pessoa reconciliada?"[15]

Alguns escritores no movimento de santidade usam o termo *substância* com uma conotação diferente do uso filosófico clássico. No seu entender, substância refere-se basicamente à "essência" de alguma coisa, por exemplo, a "substância" do argumento e, por conseguinte, não transmite qualquer ideia de "coisa em si mesma." Por esta razão, alguns poderão argumentar que o contraste entre o ponto de vista substancial e o relacional, não passa de uma falsa dicotomia.[16] No entanto, visto que este é um uso adaptado e não o padrão, o termo invoca todas as imagens estáticas quando é ouvido sem o acompanhamento de qualificações. Portanto, crê-se que devemos abandonar a terminologia para que possamos libertar-nos completamente das suas implicações para o leitor moderno.

---

15 Carta pessoal, 2 de Outubro de 1986. Sou devedor ao Dr. Purkiser pela sua ajuda e apoio na articulação deste entendimento do meu modelo teológico.
16 Vide Richard S. Taylor, *Exploring Christian Holiness,* vol. 3, *The Theological Formulation* (Kansas City: Beacon Hill Press of Kansas City, 1985). O uso adaptado do termo naquele volume foi-me explicado particularmente pelo autor numa conversa privada.

Agradecimentos

Quero agora expressar o meu apreço por alguns dos que foram uma especial ajuda neste enorme projecto. Em primeiro lugar, quero publicamente reconhecer a generosidade da Faculdade Nazarena de Trevecca, cuja administração me tem dado um apoio extraordinário ao providenciar um ambiente adequado e libertando algum do meu tempo para poder levar por diante este empreendimento que, de outra forma, teria sido impossível. Tenho uma dívida profunda para com o Dr. W. M. Greathouse, que para além de meu companheiro de diálogo teológico ao longo de muitos anos, tem sido um mentor e amigo. Deu-me uma preciosa ajuda na forma de tratar alguns assuntos delicados e ajudou-me a ver quando certos temas não estavam a ser devidamente abordados. A sua habilidade em conciliar a vida agitada de um superintendente geral com o exigido estudo constante para que se mantenha a integridade teológica, continua a impressionar-me.

Os meus colegas do Departamento de Religião e Filosofia da Faculdade de Trevecca têm sido uma grande fonte de encorajamento e ajuda. O Dr. Hal A. Cauthron ajudou-me numa área em que a minha competência é mínima – as línguas bíblicas e deu-me também uma boa ajuda no campo da teologia bíblica. O Dr. Craig Keen, cujo treino teológico foi de diferente orientação, ajudou-me a aperfeiçoar as minhas afirmações através das suas observações. O Dr. Don Dunnington e o Senhor Joe Bowers têm-me ajudado a manter os pés bem assentes no chão através das suas preocupações práticas. A amizade e o apoio destes homens têm sido uma fonte constante de fortalecimento pessoal.

Os meus agradecimentos à Comissão, nomeada pela igreja, pela leitura e comentários do manuscrito: Doutores John A. Knight, W. T. Purkiser, A. Elwood Sanner e Richard S. Taylor, que de forma vigorosa interagiram com o manuscrito. O nosso diálogo resultou numa declaração muito mais forte e clara, que de outra forma não teria sido possível, ainda que não se lhes deva atribuir qualquer responsabilidade pelo seu conteúdo.

Vários colegas que leccionam em instituições educacionais Nazarenas leram algumas secções do manuscrito relacionadas com a sua própria área de especialização, e apresentaram sugestões construtivas. Afinal, serão eles que mais usarão o livro, se vier a dar um contributo significativo à igreja. Deverão sentir que vale a pena submeter os seus alunos a esta leitura. Alguns colegas, fora do movimento de santidade, têm também mostrado um interesse considerável no que está a acontecer. Acredito que esta obra contribuirá para a expansão da perspectiva wesleyana num mundo teológico mais alargado e que nos últimos anos tem demonstrado com frequência o seu interesse pela doutrina da santidade.

À Comissão do Livro da Igreja do Nazareno, pela confiança em mim depositada no desenvolvimento desta obra, e à Nazarene Publishing House, pelo seu apoio, sou profundamente devedor.

Uma palavra de apreço é mais que devida à minha esposa e família que sofreram de forma prolongada com o meu envolvimento neste processo. Muitas vezes, ainda que fisicamente presente, a minha mente estava tão envolvida na reflexão teológica, que na realidade estava "muito, muito distante."

Acima de tudo, jamais poderei retribuir ao Deus que me encontrou e me levou a ser parte do Seu reino.

Uma Nota ao Leitor

Fazer teologia na situação vigente exige que um teólogo identifique abertamente a metodologia que está a usar para chegar ao conteúdo central da sua teologia. Por conseguinte, qualquer teologia contemporânea tem uma Introdução *(prolegómeno)* tendo em vista esse propósito. Uma secção como esta é essencial para que o estudante de teologia técnica. O leitor que apenas tem interesse no conteúdo da fé cristã, sem dar atenção ao processo pelo qual o escritor chegou às suas conclusões, poderá, sem dano irreparável, ir directamente para a parte III desta teologia e começar a sua leitura com as Doutrinas de Deus o Soberano.

PARTE I

Introdução

CAPÍTULO 1

A Natureza e o Âmbito da Teologia

Neste capítulo propomos apresentar algumas definições preliminares e considerações metodológicas. A intenção é deixar claro, desde o início, o que pretendemos fazer exactamente. Tal declaração programática pretende oferecer as directrizes que irão ser seguidas ao longo de toda a obra, o que permitirá ao leitor entender as expectativas quanto ao método e pressupostos e, ao mesmo tempo, oferecer uma estrutura lógica com a qual poderá entrar num diálogo crítico com os argumentos, na medida em que perceber que estes se desviam das limitações aqui delineadas.[1]

O Que É a Teologia?

Ao nível mais rudimentar o significado linguístico de *teologia* é "*logos de theos*", palavras sobre de Deus. Marianne Micks refinou, de certa forma, esta frase simples ao definir teologia como "o raciocínio disciplinado sobre de Deus."[2] É possível que existam a consciência não cognitiva e a emoção não cognitiva e, talvez, experiências religiosas que transcendam as palavras, mas, quando há uma dimensão cognitiva, como no caso da teologia, o raciocínio envolve categorias e conceitos simbolizados por palavras. No mínimo, não é possível haver comunicação de conteúdo cognitivo sem palavras.[3] O budismo Zen rejeita por completo a validade das

---

1 É um pressuposto teológico do escritor que a teologia é um empreendimento dialógico que deve ser levado a cabo no contexto da Igreja. A teologia não é uma disciplina autónoma em que o teólogo faz o seu trabalho totalmente independente da comunidade da fé; também não é heteronómica no sentido em que certos teólogos ou clérigos em posições de autoridade impõem as suas ideias sobre essa comunidade. Todo o consenso oficial, para que seja viável, deverá ser o resultado deste processo dialógico.
2 *Introduction to Theology* (New York: Seabury Press, 1967), xii.
3 Existe forte evidência que apoia a ideia que é impossível raciocinar sem o uso de palavras. Gordon Kaufman, *Systematic Theology* (New York: Charles Scribner's Sons, 1968), sugere que toda a aprendizagem é um estudo de vocabulário: "Começa

palavras e, por isso, procura apenas transmitir a experiência do *satori*, que está para além das palavras. A comunicação desta experiência pelo professor ao aluno compara-se à transferência da chama de uma vela para outra. Mas o carácter da encarnação na fé cristã resulta num conceito diferente, tanto de Deus como da comunicação. Assim, como em qualquer uso da linguagem, a precisão e a adequação exigem atenção cuidada com os símbolos linguísticos usados, de forma a garantir que, dentro das limitações da linguagem humana, representam a realidade, o mais fielmente possível. À luz disto, pode-se definir a natureza da teologia como o estudo e refinamento das palavras sobre Deus e do homem perante Deus (*coram Deo*). Deste modo, o destaque está no sujeito da linguagem teológica: Deus e os conceitos relacionados.

Por vezes faz-se a distinção entre o uso mais amplo e o uso mais restrito do termo, este último referindo-se à doutrina de Deus como um aspecto específico da teologia. Isto pressupõe que, num sentido mais amplo, existem aspectos da teologia que não se relacionam com Deus – mas isso sugere uma contradição dos termos. Uma proposição que não tenha Deus como referência não poderá ser considerada uma afirmação teológica. Portanto, a disciplina é definida de uma forma mais restrita ou limitada do que muitas vezes se pensa.

Esta compreensão exclui determinados tipos de discurso que não são exclusivamente "discursos sobre Deus." Exclui a história como história, a ciência como ciência, a psicologia como psicologia e, assim, sucessivamente. A história pode ser um assunto adequado ao discurso teológico, desde que seja abordada como a arena da actividade divina. A ciência pode ser incluída, desde que se esteja a falar do mundo como resultado da actividade criadora de Deus. Ou a psicologia, desde que falemos da natureza do homem em relação ao seu Criador.

Esta restrição implica que como teólogos não podemos, nessa capacidade, prejudicar o resultado da pesquisa histórica em nome da teologia. O teólogo não pode dizer a um cientista qual deve ser o resultado das suas experiências. Nem pode, excepto no caso de existirem implicações teológicas, influenciar as descobertas em qualquer disciplina, a menos que isso seja feito baseado nas regras de trabalho inerentes a essa disciplina. Além

---

com palavras e significados que de alguma forma conhecemos e compreendemos; desenvolve-se através de processos nos quais aprendemos a criticar esses significados que antes aceitávamos sem questionar e através dos quais se alargam e aprofundam à medida que exploramos níveis e dimensões nunca antes apreendidas; cresce na medida em que relacionamos estas noções mais simples e primitivas com palavras e significados novos e mais complexos que anteriormente não eram do nosso conhecimento". 3-4.

disso, esta limitação é um pressuposto implícito quanto à natureza da revelação, a qual será explorada mais adiante.

Como referimos, a teologia não envolve somente palavras sobre Deus, mas também palavras sobre o homem em relação a Deus. Esta perspectiva foi particularmente realçada na obra teológica de Martinho Lutero e João Calvino, os Reformadores Protestantes, que nos seus escritos insistiam na existência de um sujeito duplo na teologia: Deus e o homem. Nenhum dos dois pode ser conhecido em si e de si mesmo, excepto em relação ao outro.[4] Isto sugere que, de uma perspectiva teológica, uma análise não teológica da realidade humana nunca pode ser completamente adequada, porque o psicólogo, o antropólogo ou o sociólogo nunca pode lidar com o homem na sua natureza caída, a menos que tomem em consideração a relação do homem com Deus, isto é, a menos que se tornem teólogos.[5]

Este carácter cuidadosamente restrito da teologia pode ser ilustrado com uma referência à crença central da fé cristã: a ressurreição de Cristo. "Jesus ressurgiu dos mortos" não é, estritamente falando, uma afirmação teológica. É uma proposição histórica, sujeita aos métodos da crítica histórica. Tal como qualquer evento histórico, ela é passível de verificação ou refutação. Isso não quer dizer que não tenha relevância para a teologia, mas em si mesma não é propriamente uma asserção teológica. É interessante que o próprio Novo Testamento é normalmente cuidadoso ao declarar que a sua única reivindicação é que "Deus ressuscitou Jesus dos mortos" e esta é uma proposição teológica.[6]

Considere-se Génesis 1:1 como exemplo adicional. Não é tanto uma declaração cosmológica sobre o início do mundo, mas sim uma afirmação teológica, "no princípio, Deus criou os céus e a terra." Esta perspectiva realça, ainda mais, o facto que a Bíblia é um livro teológico do princípio ao fim. Mais adiante veremos que este é o segredo hermenêutico para uma exegese apropriada do texto bíblico.[7]

---

4   Isto tem implicações significativas para a natureza do nosso conhecimento de Deus, as quais serão exploradas em maior detalhe na Parte II desta obra.
5   Cf. John Calvin, *Institutes of the Christian Religion*, trans. Henry Beveridge (London: James Clarke and Co., 1949), vol. I, sec. I, art. I (daqui em diante será referenciado como I. I. I).
6   Cf. Actos 2:24; 3:15; 10:40; Rom. 4:25; 10:9; Efé. 1:20. Embora existam outras formas de o dizer, a ênfase na ressurreição como uma actividade de Deus é sempre central e evidente.
7   W. T. Purkiser, Richard S. Taylor, and Willard H. Taylor, em *God, Man and Salvation* (Kansas City: Beacon Hill Press of Kansas City, 1977), afirmam: "O debate entre a 'ciência' e a 'Bíblia' perde muitas vezes de vista o facto que o interesse nas Escrituras é teológico, não cosmológico". 60.

Como aqui têm sido definidas, as proposições teológicas não podem ser submetidas a verificação ou refutação empírica.[8] Esta desconcertante verdade foi trazida à luz pela força da disciplina contemporânea da filosofia da linguística. Através da análise da linguagem e da sua utilização, este ramo da filosofia tem-nos forçado a ser mais cautelosos com o uso da linguagem, tantas vezes descuidado, e a chegarmos a um acordo quanto à forma como a linguagem teológica realmente funciona. Não é necessariamente obrigatório concordar com as conclusões de alguns filósofos linguísticos quanto à linguagem religiosa, para se reconhecer que o seu argumento básico sobre a natureza da linguagem é bastante sólido. Portanto, as proposições teológicas, lidando como fazem, com significados fundamentais, não estão sujeitas aos métodos normais da validação científica.[9]

No entanto, há, de certa forma, a possibilidade de determinadas proposições teológicas serem vulneráveis à falsificação, não em si ou por si mesmas, mas na medida em que envolvem interpretações de acontecimentos históricos. Isto é, se pudesse ser demonstrado de forma conclusiva que um evento significativo da revelação, por exemplo a ressurreição, nunca ocorrera, isso pesaria de forma decisiva contra a validade do significado teológico desse evento, como corporizado nos julgamentos teológicos.[10] A posição aqui sugerida fica a meio caminho entre dois pontos de vista extremos. Num extremo, está o pensamento de pessoas como Rudolf Bultmann, defendendo que a única coisa crucial é a fé que está incorporada na interpretação de um suposto evento histórico.[11] No outro extremo, está a tendência fundamentalista de crer que, ao ser estabelecida a historicidade de um evento da revelação, fica provada a sua veracidade teológica.[12] No primeiro

---

8   John Hick propôs um modelo de verificação escatológica de natureza quase empírica, mas isso não alterou a situação no que respeita a uma verificação empírica no presente.

9   Isto não significa que as afirmações teológicas sejam absurdas, ou que não exista a possibilidade de desacordos nos assuntos religiosos. Mesmo A. J. Ayer, *Language, Truth, and Logic* (New York: Dover publications, n.d.), permite a existência desta possibilidade, mediante determinadas condições – ver mais adiante em "A Norma da Teologia Sistemática".

10 Falando da visão de Paulo na estrada de Damasco, I. Howard Marshall distinguiu entre a dimensão histórica e teológica da narrativa. A primeira está "em princípio aberta ao estudo histórico", mas "por métodos históricos não é possível provar se esta visão foi de facto como afirma ter sido, nomeadamente, uma aparição do Senhor Jesus ressurecto". No entanto, conclui que "se pudesse ser provado historicamente que Paulo nunca fez essa viajem a Damasco e que não teve qualquer tipo de visão, a resposta à questão teológica seria automaticamente negativa. Paulo não viu o Senhor ressurecto". *Biblical Interpretation* (Grand Rapids: Wm. B. Eerdmans Publishing Co., 1982), 58-59.

11 Cf. Rudolf Bultmann, et. al., *Kerygma and Myth*, ed. Hans Werner Bartsch (New York: Harper and Bros., Publishers, 1961), 41-42.

12 Fundamentalismo é um termo multifacetado e, portanto, pode ter uma denotação ampla. Neste e nos usos subsequentes referimo-nos, geralmente, ao movimento histórico surgido no final do século XIX e início do século XX (e que é contemporaneamente

caso, não faz qualquer diferença se Jesus alguma vez viveu. A segunda abordagem falha em reconhecer a natureza essencial da teologia e o seu objecto e, portanto, reflecte uma teoria racionalista do conhecimento ou, então, reduz a teologia à história. A verdade encontra-se entre estes dois pólos. Faz toda a diferença se houve ou não a ressurreição. No entanto, demonstrar através da historiografia que houve ressurreição não valida necessariamente a verdade teológica basilar que está em jogo, nomeadamente, que Deus actuou neste evento.

Todavia, isto levanta determinadas questões que muito preocupam a teologia contemporânea. Qual é exactamente a relação entre a história e a verdade teológica? O que há num evento histórico que o marca como parte da revelação? Porque existem certos acontecimentos reivindicados pelos escritores bíblicos como tendo um carácter revelador especial, enquanto outros não? Qual o princípio que nos permite distinguir entre história sagrada e secular? Ou, de forma mais resumida, qual é a relação entre a revelação e a história?

A forma como respondemos a estas perguntas não é crucial para estes assuntos preliminares aqui em discussão. Estamos simplesmente a procurar clarificar o significado da disciplina da teologia. Para fazermos teologia de uma forma racional precisamos de estar conscientes daquilo a que nos

---

representado por alguns académicos evangélicos) e, de forma mais específica, ao aspecto que é informado pelos pressupostos filosóficos do realismo escocês (filosofia do senso comum) como desenvolvido por Thomas Reid e promovido pela "teologia de Princeton". Não estamos, portanto, a sugerir quaisquer conotações negativas sobre os chamados fundamentos, a que este movimento se dedicou. Além disso, as formulações mais antigas dos fundamentos seriam de uma forma geral aceitáveis aos wesleyanos, embora nem todas as suas elaborações calvinistas sejam coerentes com o pensamento wesleyano. As afirmações sumárias de Jack Rogers e Donald K. McKim reflectirão um breve panorama deste aspecto filosófico do fundamentalismo: "Thomas Reid fundou a escola da filosofia escocesa do senso comum, a qual visava responder a Hume, embora permanecendo empírica no seu método. Reid adoptou um realismo aristotélico simples e aceitou como normativo o método ingénuo de indução científica de Bacon. Reid defendeu que a mente encontrava os objectos directamente na natureza. A certeza de que assim era advEio de um juízo mental intuitivo. O realismo escocês dominou o ensino da filosofia académica nas faculdades norte-americanas durante a sua primeira metade do século. Foi depois trazido para Princeton, por John Witherspoon, em 1768, quando este se tornou presidente da Faculdade de Nova Jersey. O realismo escocês de Witherspoon lançou as bases para as teorias da interpretação bíblica desenvolvidas no final do século dezanove e início do século vinte pelo Seminário de Princeton". *The Authority and Interpretation of the Bible* (San Francisco: Harper and Row, 1979), 248. Vide também George M. Marsden, *Fundamentalism and American Culture* (New York: Oxford University Press, 1980), especialmente cap. 13; Ernest R. Sandeen, *The Roots of Fundamentalism* (Chicago: University of Chicago Press, 1970), cap. 5; S. A. Grave, "Reid, Thomas" em *Encyclopedia of Philosophy*, vol. 7, ed. Paul Edwards (New York: Macmillan Co. and Free Press, 1967); idem, *The Scottish Philosophy of Common Sense* (Oxford: Clarendon Press, 1960).

propomos. Então, o primeiro princípio que afirmamos é a simples, mas rigorosamente definida, compreensão do que é a teologia. O seu objecto, propriamente dito, é Deus e outros assuntos, na medida em que estes estejam relacionados com Ele. Agora, será responsabilidade do autor manter-se dentro dos limites definidos e responsabilidade do leitor, que com ele dialogará, assumir as mesmas directrizes. Caso contrário esse diálogo, que é a teologia, não será frutífero. É particularmente importante ter isto em mente sempre que os assuntos desenvolvidos se aproximarem da fronteira entre a teologia e as outras disciplinas.

Neste ponto precisamos de procurar distinguir a teologia da filosofia da religião. Esta é uma tarefa difícil por duas razões: (1) A filosofia da religião é uma disciplina que tem sido compreendida e desenvolvida de múltiplas formas;[13] e (2) a distinção deve ser feita, principalmente, de alguma outra forma, que não em termos de assuntos porque, tal como no caso da teologia, a filosofia da religião fala directamente de Deus (ou pelo menos da ideia de Deus) como parte do assunto propriamente dito, além de fazer muitas outras afirmações teológicas.

A definição de filosofia da religião de Vergilius Ferm salienta alguns aspectos relevantes: "Uma inquirição sobre o assunto geral da religião, a partir de um ponto de vista filosófico, por exemplo, uma inquirição que emprega ferramentas reconhecidas de análise crítica e avaliação sem a predisposição para defender ou rejeitar as reivindicações de qualquer religião em particular."[14]

Isto sugere que enquanto o teólogo trabalha, naquilo a que Paul Tillich chama de "círculo teológico", dando expressão a uma fé específica e com a qual está comprometido, o filósofo, pelo contrário, está apenas comprometido com uma inquirição livre a respeito de qualquer religião. O teólogo analisa reivindicações teológicas sobre a natureza da realidade suprema, a base do conhecimento religioso e outros assuntos semelhantes, em termos da sua relação com a adequação filosófica. Por parte do filósofo, isto desenvolve-se como resultado da sua diligência em pensar de forma abrangente. Este tipo de esforço aplica as ferramentas críticas da inquirição filosófica às questões específicas abordadas no trabalho teológico.

À primeira vista, isto parece sugerir que a distinção entre as duas áreas é meramente uma questão de objectividade e subjectividade. Esta ideia precisa de ser qualificada. O filósofo pode ser relativamente objectivo no que

---

13 Preferimos usá-la num sentido mais moderno, em vez da forma como foi empregue no passado, como prolegómenos à teologia, p.ex., como o teste de afirmações teológicas à luz de critérios filosóficos.
14 "Philosophy of Religion", em *Encyclopedia of Religion*, ed. Vergilius Ferm (New York: Philosophical Library, 1945).

respeita às afirmações religiosas que esteja a examinar, mas toda a sua análise filosófica acontece em termos de uma perspectiva que sente ser "crucialmente importante para o significado."[15] Todo o filósofo da religião funciona, portanto, com referência a um critério de verdade ou perspectiva quanto ao que constitui um conhecimento válido ou uma proposição significativa, ou reivindicações justificáveis quanto aos objectos religiosos da fé. Neste sentido, é tão subjectivamente tendencioso como o teólogo comprometido.[16]

O teólogo pode funcionar como o filósofo da religião e, de certa forma, é obrigado a fazê-lo. À medida que procura testar as suas próprias afirmações, pode (e deve) examiná-las à luz de critérios racionais. Mas a sua fé está, em última análise, alicerçada não em conclusões racionais, mas num todo existencial.[17] Contudo, honestamente poderá ser chamado a alterar

---

15 Edward T. Ramsdell, *The Christian Perspective* (New York: Abingdon-Cokesbury Press, 1950), explorou a ideia do "ponto de vista" que está presente em todas as disciplinas de estudo e demonstra que não está ausente em nenhuma; e, além disso, que as diferenças "entre nós como homens racionais são diferenças naquilo em que acreditamos ser crucialmente significativo". 19. Langdon B. Gilkey acrescenta: "Toda a filosofia, seja secular ou cristã, tem inevitavelmente uma fonte 'existencial'. Toda a inquirição filosófica precisa de ter alguns pressupostos antes de sequer poder começar. Em primeiro lugar, o inquiridor tem de pressupor à partida que alguns tipos de experiências são pistas válidas para a realidade que procura compreender seja ela qual for; caso contrário a sua mente não tem qualquer material significativo com o qual possa trabalhar". *Maker of Heaven and Earth* (Garden City, NY: Doubleday and Co., 1959), 134.

16 Na argumentação de Tillich, existem excelentes aspectos, mas esta parece ser uma grave fraqueza, quando caracteriza a filosofia como distinta da teologia. Ele define filosofia como não estando comprometida com qualquer perspectiva específica. *Systematic Theology*, 3 vols. em I (Chicago: University of Chicago Press, 1967), I, 22ss. Cf. a crítica feita por George F. Thomas: "Mas Tillich presume demasiado quanto ao relacionamento entre a filosofia e a teologia, quando assegura que o filósofo procura a verdade apenas 'no todo da realidade', 'o *logos* universal do ser', e nunca a procura num lugar específico. Porque não existe nada que impeça o filósofo de encontrar a chave para a natureza da realidade numa manifestação concreta, numa parte específica da realidade. Na verdade, todo o filósofo que seja criativo precisa de tomar como ponto de partida alguma parte ou aspecto da realidade que pareça dar-lhe um indício para a sua compreensão como um todo. Começa com uma 'visão da realidade' na qual esta parte ou aspecto parece ser dominante e, depois, desenvolve a sua filosofia orientada por essa visão". "The Method and Structure of Tillich's Theology", in *The Theology of Paul Tillich*, ed. Charles W. Kegley and Robert W. Bretall (New York: MacMillan Co., 1964), 101.

17 Um cristão que seja também filósofo poderá desenvolver argumentos filosóficos para apoiar o seu compromisso intelectual com a fé cristã; no entanto, esses argumentos não são as únicas razões para ser cristão, se é que pesam alguma coisa. A biografia espiritual de muito poucos cristãos reflectiria uma conversão intelectual como dinâmica principal da sua experiência religiosa. Em vez disso, uma reorientação da pessoa na sua globalidade à volta de um novo foco para a vida é, em geral, se não universalmente, o resultado de tal mudança de foco ser eficaz em todas as dimensões da existência; quando se experimenta o poder transformador do evangelho na vida interior,

alguns aspectos particulares da sua perspectiva teológica, quando descobre que estes não podem sustentar os testes racionais que (como filósofo) sente serem válidos.[18]

Do mesmo modo, a teologia deve ser distinguida da religião, embora não haja uma separação completa entre as duas. A religião é primariamente existencial e a teologia é primariamente intelectual, mas o intelecto não está ausente da experiência religiosa ou vice-versa. J. B. Chapman definiu o cristianismo como: (1) um credo para se acreditar, (2) uma vida para se viver e (3) uma experiência para se desfrutar.[19] A religião inclui elementos emocionais, volitivos e intelectuais.

Isso não significa que a religião envolva necessariamente "raciocínios correctos", mas que inclui algum conteúdo intelectual, caso contrário não poderia ser identificado como religioso e distinto, digamos, de uma experiência estética. Como John Wesley observou:

> Independentemente daquilo que a generalidade das pessoas possa pensar, é certo que opinião não é religião: não, nem mesmo uma opinião correcta; ou a anuência a uma ou a dez mil verdades. Há uma grande diferença entre ambas: Mesmo a opinião correcta está tão afastada da religião como o ocidente do oriente. As pessoas podem estar completamente correctas nas suas opiniões,

---

encontra-se um novo significado e propósito de vida em todos os relacionamentos. Isto é o que a ideia de "inteireza existencial" procura exprimir. Nesta obra, o termo *existencial* é usado para comunicar o conceito de pessoal, de natureza íntima, inteireza e transformação de vida, num sentido bem mais profundo do que é sugerido pelo termo *experimental* (o uso norte-americano de *experimental* está bem longe deste significado, embora o uso britânico do termo esteja muito perto). De forma alguma este uso envolve um compromisso com qualquer versão específica do existencialismo, como sistema filosófico, nem com a imitação de vários existencialismos que faz do termo um sinónimo da mera subjectividade. No sentido em que o usamos, todos os mestres religiosos, desde Jesus e Paulo a João Wesley, juntamente com todos os que estão envolvidos com algo mais do que uma religião externa, podem ser classificados de existencialistas. Ao discutirem "O Carácter Redentor do Conhecimento de Deus", os autores de *God, Man, and Salvation* reafirmam o argumento de William L. Bradley, que o conhecimento religioso se baseia "não em princípios primários ou na percepção dos sentidos", mas é "pessoal em natureza", produzindo "o tipo de informação que se recebe de outra pessoa". (Vide, mais adiante, a minha discussão da natureza do conhecimento pessoal). Esse tipo de conhecimento, continuam, "não pode ser testado da mesma forma que uma hipótese científica ou um facto histórico recente. Mas não é necessariamente contrário a outras formas de conhecimento. Muitas vezes coincide com a análise lógica e a investigação científica. No entanto, a sua *verificação primária* está no próprio encontro. *Isto é o conhecimento existencial.* Provém dos efeitos únicos de um encontro com alguém nos conflitos da própria existência do indivíduo". 210-11, ênfases minhas.

18 O papel da filosofia no empreendimento teológico será abordado com mais detalhe no capítulo 3.

19 *A Christian: What it Means to be One,* rev. ed. (Kansas City: Beacon Hill Press of Kansas City, 1967), 7, 11, 15.

e, no entanto, não ter qualquer religião; e, por outro lado, podem ser verdadeiramente religiosas e ter muitas opiniões erradas.[20]

Felizmente, para milhares de pessoas, isto é verdade. A boa religião não deve ser equiparada com o raciocínio correcto. Todavia, é um *non sequitur* concluir que, a partir disto, o pensamento correcto não é importante. É-o na realidade, porque a religião inclui um elemento intelectual que, inevitavelmente, vai informar as outras dimensões sobre a importância que uma boa teologia tem.

Jack Rogers sugere uma distinção clara e útil entre teologia e fé:

> A teologia não é fé. A fé é a entrega confiante e total da pessoa a Cristo. A teologia é o nosso raciocínio cuidadoso e ordenado sobre a revelação, nas Escrituras, do Deus em quem temos fé. A teologia e a fé andam juntas. Não podemos realmente ter uma sem a outra. Mas cada uma desempenha um papel distinto. A fé é primordial. A teologia é o necessário passo seguinte.[21]

É uma questão aberta ao debate se a compreensão precede a experiência ou vice-versa. O liberalismo clássico tendia a dar precedência à religião, mas parece ser mais próximo da verdade reconhecer que o entendimento prévio do indivíduo influência, até certo ponto, o seu encontro existencial com o Divino. Esta perspectiva tem algum apoio psicológico, já que alguns psicólogos argumentam que o comportamento expressivo é influenciado pela expectativa do indivíduo quanto à sua experiência e não pela

---

20 "Sermon on the Trinity", *Works* 6:199. Para se poder apreciar adequadamente a ênfase de Wesley, devem-se ter em mente as circunstâncias históricas em que ele abordou este assunto. Durante o século XVIII existiam duas posições extremas sobre a forma como a verdade cristã era validada: Dum lado estava o deísmo e, no lado oposto do espectro, havia o "entusiasmo". O deísmo desenvolveu a "religião racional", que mantinha que a razão era completamente adequada para apreender toda a verdade, de modo que não havia necessidade de qualquer revelação e, reciprocamente, nenhuma verdade era aceite se não se submetesse ao escrutínio da razão. O "entusiasmo" (aquilo que hoje seria chamado de fanatismo) negava qualquer necessidade de uma revelação externa, visto que toda a verdade era atingida no íntimo do indivíduo através da "luz interior". A ortodoxia situava-se entre os dois, negando o entusiasmo e afirmando, em oposição ao deísmo, que Deus tinha oferecido uma revelação objectiva de proposições verdadeiras e que a verdadeira religião consistia na afirmação destas verdades. Portanto, a ortodoxia estava realmente do lado do deísmo, quanto a ser racionalista. Wesley rejeitou estas três posições prevalecentes no seu tempo e insistiu que a verdadeira religião era interior, mas não à parte de uma revelação objectiva encontrada nas Escrituras. Mais um aspecto que deve ser tomado em consideração. No que respeita a doutrinas fundamentais (a Trindade, a divindade de Cristo, a Expiação etc.) Wesley fazia uma distinção entre o facto e a explicação. Insistia no facto, mas admitia que a explicação completa era algo que lhe escapava. Como diz John Deschner a respeito da sua cristologia, "a prontidão de Wesley para pensar e deixar pensar não se estende aos 'factos' da Trindade, da divindade de Cristo e da expiação". *Wesley's Christology: An Interpretation* (Dallas: Southern Methodist University Press, 1960), 14.
21 *Confessions*, 60.

experiência em si mesma.²² Mais adiante no nosso estudo teremos ocasião de notar como esta verdade pode ajudar a explicar alguns dos muito difíceis problemas da Bíblia e até lançar alguma luz preciosa sobre o desenvolvimento da ideia do Espírito Santo e como emerge nas Escrituras. A forma mais adequada de responder à pergunta é dizer que a religião é ontologicamente anterior, apesar da teologia (seja qual for o grau de adequação) ser psicologicamente (ou epistemologicamente) anterior, mas ontologicamente secundária.

A *teologia* é um termo neutro, no sentido em que ela pode ser islâmica, judaica ou qualquer outra. Contudo, o nosso estudo concentra-se na teologia *cristã*. Isto não significa necessariamente que as outras teologias estejam relacionadas com um Deus diferente, uma vez que cremos num só Deus. Implica, que é um estudo do Deus cujo carácter tem sido definido de forma decisiva pela Sua actuação em Jesus Cristo. Também poderíamos afirmar com Martinho Lutero que não existe *outro Deus* além do Pai de nosso Senhor. O que distingue a teologia cristã de outras teologias é a sua fonte de sabedoria.

Esta verdade tem de ser levada a sério, uma vez que é esta ênfase teocêntrica, com um carácter Cristo-normativo, que mantém a unidade da disciplina que estamos a desenvolver. Não será permitida nesta obra a intromissão de qualquer afirmação teológica que seja inconsistente com a revelação em Cristo. Qualquer possível inclusão deve ser criticamente julgada segundo este critério.

O Que É a Teologia Sistemática?

A teologia sistemática é uma disciplina específica, com características próprias e únicas, e deve ser diferenciada das outras áreas do estudo teológico. Uma dessas áreas é a teologia bíblica, cuja tarefa é explicar, pelos próprios termos, a teologia que vem expressa no texto bíblico. Muito frequentemente o termo é usado para designar a teologia com um carácter ostensivamente bíblico, mas isso é usar o termo de forma adjectiva em vez de nominal.²³

A teologia bíblica como disciplina é um fenómeno relativamente recente, mas as suas raízes estão profundamente ligadas à Reforma Protestante.

---

22 E.g. Gordon Allport, *Becoming* (New Haven, Conn.: Yale University Press, 1955). "Existe uma infindável diversidade no grau em que a religião influência a vida das [pessoas religiosas] e nas formas e maturidade relativa às suas concepções religiosas. Não poderia ser de outra forma, porque o processo de nos tornarmos religiosos é influenciado pelo nosso temperamento e formação e está sujeito a impedimentos, bem como a crescimento". 96.

23 Cf. Gerhard Ebeling, "The Meaning of Biblical Theology", em *Word and Faith* (Philadelphia: Fortress Press, 1963), 81-86.

"Apenas entre os seguidores da Reforma poderia o conceito 'teologia bíblica' ter sido cunhado" (Ebeling). A insistência dos Reformadores no princípio de *sola scriptura* fez com que o seu desenvolvimento fosse uma necessidade. Enquanto a autoridade bíblica foi subserviente à tradição, como no catolicismo, os estudos na área de literatura bíblica eram de importância secundária; mas quando as Escrituras se tornaram o principal tribunal de apelação, as coisas mudaram de figura. Contudo, 100 anos se passaram antes que o termo fosse finalmente cunhado e usado no título de um livro,[24] e passou ainda muito mais tempo até que emergisse como disciplina independente.

Nas suas formas mais antigas, a teologia bíblica era concebida como o uso de textos de prova, textos tirados indiscriminadamente de ambos os Testamentos, para apoiar os sistemas tradicionais da doutrina dos primórdios da ortodoxia protestante. A obra que faz a transição entre o velho interesse dogmático no método do texto-comprovativo e a ciência da teologia bíblica em surgimento, é o trabalho em quatro volumes de B. T. Zachariae (1771-75). Deliberadamente abandonou o método de estudo de textos de prova isolados, favorecendo a tentativa de estudar os ensinamentos da Bíblia como um todo. Na preparação do material para tal projecto, insistiu para que fosse seguido um plano derivado da natureza da Bíblia e não baseado no "método de classificação teológica usado noutros sistemas e compêndios." Anteriormente, e de modo geral, as chamadas teologias bíblicas usavam as classificações da teologia sistemática, a organização tripla: teologia – antropologia – soteriologia.

Mas era apenas meio caminho, porque o centro do seu interesse mantinha-se no sistema teológico, que Zachariae esperava purificar e não na Bíblia propriamente dita. Mas o homem, cujo nome está associado à completa libertação da teologia bíblica e da sua instituição como disciplina puramente histórica, é Johann Philipp Gabler (1753-1826). Embora nunca tenha, realmente, escrito uma teologia bíblica, a sua lição inaugural na Universidade de Altdorf, em 30 de Março de 1787, foi a proclamação decisiva. Na sua famosa declaração lê-se:

> A teologia bíblica possui um carácter histórico, transmitindo o que os escritores sagrados pensavam sobre os assuntos divinos; a teologia dogmática, pelo contrário, possui um carácter didáctico, ensinando o que determinado teólogo filosofa acerca dos assuntos divinos, de acordo com a sua capacidade, tempo, idade, lugar, culto/seita ou escola, e de outros aspectos similares.

Gabler propôs uma abordagem indutiva, histórica e descritiva da teologia bíblica, que a distinguia claramente da teologia dogmática, a qual,

---

24 Uma obra alemã de Wolfgang Jacob Christmann de 1629.

embora baseada nos materiais colhidos pela teologia bíblica, fazia uso da filosofia e das ideias que surgiam com as últimas evoluções da igreja cristã. Esta proposta deu à teologia bíblica direcção para o futuro. O objectivo de uma teologia bíblica estritamente histórica foi alcançado pela primeira vez por G. L. Baur (1740-1806). Foi-lhe também atribuída a publicação da primeira teologia do Velho Testamento (1796). Passando a teologia bíblica a ser separada em teologia do Velho e do Novo Testamento.

Infelizmente, muito do trabalho inicial na área da teologia bíblica foi baseado em pressuposições racionalistas e, posteriormente, sob a influência da filosofia de G. W. F. Hegel. Consequentemente, houve uma reacção conservadora de que foi exemplo a famosa obra de E. W. Hengstenberg, *Christology of the Old Testament* (1829-35). A sua reacção negava a validade da abordagem histórico-crítica à Bíblia e fazia pouca distinção entre os Testamentos. Rejeitava qualquer ideia real de progresso em relação às profecias do Velho Testamento e quase ignorava qualquer consideração às suas referências originais.

Muitos outros estudiosos conservadores foram mais equilibrados que Hengstenberg. O exemplo mais significativo foi G. F. Oehler, que publicou uma volumosa *Teologia do Velho Testamento*, a qual foi traduzida tanto para francês como para inglês. Foi neste ambiente que começou a "escola da história da salvação" (Heilsgeschichte), representada especialmente, por J. C. K. Von Hofmann. Nesta perspectiva a Bíblia foi considerada, principalmente, não como uma colecção de textos de prova ou um repositório de doutrina, mas como o testemunho da actividade de Deus na história.

Nesta fase, a teologia do Velho Testamento desapareceu virtualmente, tendo sido expulsa do meio académico pela abordagem da "história da religião" (*Religionsgeschichte*), que se ocupava com a história da religião de Israel em vez da teologia. O ano de 1878 assinala o triunfo desta abordagem com a publicação de *Prolegomena to the History of Israel*, de Julius Wellhausen.

Durante mais de 40 anos a teologia bíblica foi ofuscada pela abordagem da *Religionsgeschichte*. Nas décadas que se seguiram à Primeira Guerra Mundial, vários factores contribuíram para o renascimento da teologia bíblica. R. C. Dentan sugere três factores principais: (1) a perda generalizada da fé no naturalismo evolutivo; (2) a reacção contrária à convicção que a verdade histórica pode ser encontrada simplesmente através da objectividade científica ou que tal objectividade pode realmente ser atingida; e (3) a tendência na teologia dialéctica (neo-ortodoxia) de regressar à ideia da revelação.²⁵ A Era Dourada da teologia bíblica começou na década de 1930 e continua até ao presente.

Portanto, foi apenas recentemente que a teologia bíblica foi reconhecida como uma disciplina histórica que interpreta o significado do texto e explica a teologia expressa no texto bíblico segundo as rubricas encontradas nas próprias Escrituras, em vez de importar as categorias da teologia sistemática.²⁶

A teologia sistemática deve, também, ser distinguida da teologia histórica, que é principalmente o estudo da história do pensamento cristão ou da tradição cristã. Tal como a teologia bíblica, também é uma disciplina descritiva, mas difere dela por traçar o desenvolvimento do pensamento teológico através dos séculos, após o encerramento do cânon do Novo Testamento. Esta história é um fenómeno complexo, com muitas e variadas tradições entrelaçadas no tronco principal do pensamento cristão. Inclui também os movimentos heréticos e a transformação de certos debates teológicos em credos ou símbolos.

Embora a teologia histórica seja uma importante fonte para a teologia sistemática, como veremos posteriormente, não deverá ser considerada normativa em nenhum sentido final. Neste ponto é nitidamente diferente da teologia bíblica. No entanto, sob certas condições, quando uma determinada tradição santifica e absolutiza a sua própria história, ela pode ser tratada como normativa; mas o "princípio protestante" (Tillich) proíbe que seja dado carácter absoluto a qualquer autoridade humana, seja esta uma interpretação bíblica particular ou um credo denominacional. Apenas o próprio Deus é o Absoluto.

Apesar da teologia sistemática fazer uso destas disciplinas, deve ser cuidadosamente distinguida delas. Procuremos agora definir a disciplina que estamos a abordar. Uma definição baseada explicitamente na compreensão

---

25 *Preface to Old Testament Theology* (New York: Seabury Press, 1963), 59.
26 A posição que estou a advogar é a que ganhou expressão definitiva no artigo de Krister Stendahl, "Biblical Theology", na obra *Interpreter's Dictionary of the Bible,* ed. George Buttrick (New York: Abingdon Press, 1962), I:418-432, e em "Method in the Study of Biblical Theology", in *The Bible in Modern Scholarship,* ed. J. Philip Hyatt (Nashville: Abingdon Press, 1965). Este ponto de vista é igualmente aceite por George Eldon Ladd, em A *Theology of the New Testament* (Grand Rapids: Wm. B. Eerdmans Publishing Co., 1974), e por John Bright, em *The Authority of the Old Testament* (Grand Rapids: Baker Book House, Twin Books, 1975), 114-115. Em concordância com estes académicos afirmaria que a teologia bíblica é essencialmente descritiva, "uma disciplina indutiva, descritiva, sintética em abordagem, a qual na base de um estudo histórico-gramatical do texto bíblico procura expor, nos seus próprios termos e na sua unidade estrutural, a teologia expressa pela Bíblia" (Bright). Uma discussão ampla das várias opções e uma crítica deste método podem ser encontradas na obra de Gerhard Hasel, *Old Testament Theology: Basic Issues in the Current Debate* (Grand Rapids: Wm. B. Eerdmans Publishing Co., 1972).

do que é a teologia como realçada na secção anterior: "A teologia sistemática é uma análise construtiva da estrutura e da terminologia da linguagem cristã."[27]

A afirmação seguinte vai para além desta na sua abrangência e representa uma compreensão mais adequada: "A teologia sistemática diz respeito às crenças (de Deus e crenças relacionadas) numa exposição ordenada e na sua relação com o pensamento e vida contemporâneos – 'contemporâneo' em cada época, a tarefa da teologia tem de ser feita continuamente à medida que o panorama intelectual e, até, o significado das palavras, sofrem mudanças."[28] Esta afirmação mais completa realça dois elementos essenciais para teologia sistemática.

Consideraremos primeiro o elemento da *contemporaneidade*. A teologia sistemática é diferente das duas disciplinas teológicas anteriormente estudadas, pois não é, unicamente, uma abordagem histórica. Pelo contrário, a sua tarefa é colocar a fé cristã em contacto com a situação moderna ou contemporânea.

Isto implica que a teologia sistemática seja um empreendimento construtivo e não um mero ensaio acrítico da tradição. A sua função é interpretar as crenças cristãs de forma holística, sendo fiel tanto à tradição como à geração presente. Este aspecto da teologia exige que cada geração faça teologia por si mesma, declarando o que a fé significa em e para o seu próprio contexto histórico. É também a razão pela qual a tarefa teológica nunca pode estar concluída.

Esta característica coloca-nos perante um certo dilema, uma vez que sugere que a teologia sistemática deve operar entre dois pólos. Existe o polo da situação e o polo, a que podemos chamar, de tradição ou norma histórica. Os teólogos têm tendência para gravitar num desses polos. Mas o que a teologia sistemática correctamente faz é manter uma tensão dinâmica entre os dois. Se sucumbirmos às pressões de um ou de outro lado, o resultado é uma perversão. Se nos movermos em direcção ao pólo da situação, com o objectivo de nos tornarmos relevantes, perdemos contacto com a norma histórica, tornamo-nos simplesmente relativos. Isto é, por norma, o resultado de um processo subtil.[29] Se, por outro lado, desenvolvermos uma

---

27 Kaufman, *Systematic Theology*, 11.
28 John Line, "Systematic Theology", in *Encyclopedia of Religion*, ed. Vergilius Ferm (New York: Philosophical Library, 1945).
29 Ao traçar o afastamento dos sucessores de João Wesley do seu pensamento em direcção ao liberalismo, Robert Chiles afirma: "A perda da verdade teológica através da distorção voluntária, ou pela deserção deliberada, é relativamente rara; não resulta tanto de uma teimosia intelectual ou de uma perversidade espiritual, mas sim do esforço dedicado do teólogo em falar uma linguagem significativa para a sua época, aumentando assim o impacto da tradição espiritual a partir da qual trabalha". *Theological Transition in*

fixação por determinada expressão histórica da norma e perdermos o contacto com a situação, tornamo-nos irrelevantes ou mesmo obscurantistas.[30] Tenderemos, na feliz expressão de Helmut Thielicke, a proteger as cinzas em vez da chama.[31] Usando agora termos mais vagos, o primeiro perigo é a potencial armadilha do liberal, enquanto que o conservador normalmente tende para o segundo. Ambas as respostas são inadequadas para a tarefa teológica, a qual não pode ser evitada por falta de coragem.

Thielicke fala desta mesma tensão ao usar os termos "actualização" e "acomodação". Defende que a Palavra de Deus deve dirigir-se ao homem onde este se encontra. Tem de se tornar actual na situação presente. Usando as categorias, que se tornaram proeminentes com Arnold Toynbee, que sugerem que uma nova situação histórica apresenta um desafio ao qual a teologia tem de dar resposta. Quer isto dizer que a teologia procura responder às questões que são levantadas em cada época e, através da Palavra de Deus, influenciar o *ethos* dessa geração. Isto é o que Thielicke entende por "actualização", trazer a Palavra para o cenário presente: "A actualização consiste sempre numa nova interpretação da verdade, como que uma nova proclamação. A verdade, em si, permanece intacta. Significa que o ouvinte é instado e chamado 'sob a verdade' pelo seu próprio nome e na sua situação."

A "acomodação" ocorre quando a pergunta ou o inquiridor se transforma na norma para a verdade. Subjuga a verdade ao *eu*. Thielicke dá como ilustração os "cristãos alemães" do terceiro Reich de Hitler, que "tentavam fazer do cristianismo uma religião específica, feita à medida, que não exercia qualquer pressão nem causava qualquer ofensa. Neste caso, o contemporâneo tornou-se, de facto, a medida de todas as coisas, incluindo da verdade, de acordo com a própria compreensão de si mesmo."[32]

Mas existe também o perigo (embora de natureza diferente) de permanecer a meio do caminho, mantendo o equilíbrio entre estes dois pólos. Fica-se, então, vulnerável ao ataque de ambos os lados. Os liberais acusam esta posição de fundamentalista e os fundamentalistas acusam-na de ser liberal. A teologia wesleyana consistente com a sua tendência natural para a *via media,* encaixa-se perfeitamente nesta posição de mediação, mas este

American Methodism: 1790-1925 (New York: Abingdon Press, 1965),13.
30 Esta perversão acontece quando uma formulação da fé cristã, historicamente condicionada e cristaliza, é mantida como declaração final, como no caso da fixação do fundamentalismo com a ortodoxia protestante do séc. XVII, ou qualquer teólogo do movimento de santidade que proceda à santificação das formulações doutrinárias do séc. XIX. Nestes casos, tornam-se vítimas da situação descrita por Alexander Schweitzer: "Uma vez os pais confessaram a sua fé; hoje muitos cristãos preocupam-se apenas em acreditar nessas confissões". Citado em Helmut Thielicke, *The Evangelical Faith* (Grand Rapids: Wm. B. Eerdmans Publishing Co., 1974), I:54.
31 Ibid.
32 Ibid., 26-27

é um posicionamento precário que coloca pressões sobre o teólogo que o procura manter resguardando-se em ambas as frentes. Como resultado a autêntica teologia wesleyana tem, demasiadas vezes, sucumbido às pressões e procurado refúgio num dos extremos perdendo, portanto, o seu carácter distintivo.

A segunda característica da teologia sistemática é expressa pelas palavras "exposição ordenada", que constam da definição. Isto está especificamente implícito no termo *sistemática* e pode ser referido como *coerência*. É muito mais que um "arranjo ordenado de doutrinas ou agrupamentos de doutrinas em conformidade com qualquer perspectiva específica." Nem sequer é uma estruturação lógica de proposições teológicas que se acredita estarem nas Escrituras. É muito mais profundo que a montagem de um quebra-cabeças intelectual, um modo de ordenar as peças que nos são dadas de maneira desordenada. Na realidade, a Bíblia, basicamente, não contém proposições teológicas. Embora "muitas declarações bíblicas sejam, de facto, afirmações teológicas de primeira ordem (...) a Bíblia, em si, não é teologia."[33]

Muito mais adequada é a afirmação de Gustav Aulén:

> Quando a teologia sistemática procura investigar o significado da fé cristã, não lida meramente com uma multidão de doutrinas díspares que, no chamado "*loci* da teologia", aparecem como afirmações não relacionadas. Existe, sim, uma homogeneidade orgânica interna em tudo o que constitui o objecto da teologia sistemática.[34]

Numa teologia sistemática autêntica, há uma correlação que caracteriza cada doutrina em particular, de modo que cada uma requer todas as outras. Não importa por onde se comece, chega-se logicamente a todos os outros aspectos do sistema; de facto, todos são exigidos para uma completa expressão do sistema. As doutrinas coexistem sem qualquer contradição. O que se crê sobre a criação influência a doutrina da Encarnação; e o que se crê, sobre estas duas, influencia a doutrina do homem. As contradições são aceitáveis numa abordagem ecléctica, mas não numa teologia sistemática coerente. Todas as peças têm que se encaixar devidamente.

Quando vistas em conjunto, estas duas características revelam um outro aspecto importante da teologia sistemática, ao qual chamamos de *inclusividade*. Com isto, o que pretendemos não é sugerir que esta teologia lide com todo o tipo de problemas ou assuntos imagináveis, mas sim que se preocupe com algo mais abrangente do que os interesses soteriológicos; no

---

33 Purkiser, Taylor, and Taylor, *God, Man, and Salvation*, 19, 18.
34 *The Faith of the Christian Church*, trans. Eric H. Wahlstrom (Philadelphia: Fortress Press, 1960), 6.

entanto, como veremos, na teologia wesleyana este é o objectivo supremo e o árbitro final da justeza e da validade do sistema; também se preocupa em desenvolver e clarificar os aspectos ontológicos e epistemológicos da fé cristã. A menos que nos contentemos com a noção medieval da verdade dupla, a teologia cristã presume uma visão do mundo de proporções cósmicas.[35]

Assume, assim, uma posição contrária à famosa afirmação de Pascal, que o Deus dos filósofos é o Deus de Abraão, Isaque e Jacó. Há uma diferença considerável entre a linguagem da religião e a linguagem da filosofia. Uma é existencial ou pessoal e a outra é abstracta. No entanto, ambas falam da mesma realidade e, portanto, os dois tipos de discurso não devem contradizer-se.

Isto significa que a teologia é tanto uma tarefa filosófica como exegética e histórica,[36] no entanto, alguns mantêm reserva, especialmente, a respeito das análises ontológicas que esta tarefa envolve. Uma das objecções levantadas é que a descrição ontológica de Deus é estática e impessoal, enquanto que Deus é dinâmico e pessoal; assim, a compreensão religiosa é pervertida. Isto é verdade se determinadas ontologias como, por exemplo, as platónicas ou as aristotélicas, forem impostas ao teólogo. No entanto, a falácia aqui presente é presumir que se tem necessariamente de importar uma ontologia estranha, em vez de se desenvolver uma visão da realidade que emerge e é harmoniosa com a fé bíblica. De facto, a reivindicação da revelação exige que assim se faça.[37]

---

35 Paul Tillich, *Biblical Religion and the Search for Ultimate Reality* (Chicago: University of Chicago Press, 1963), demonstra como o carácter pessoal da fé cristã leva a uma explicação ontológica.

36 Isto pressupõe em parte uma compreensão da filosofia como a sugerida pela definição de Matthew Arnold: "A filosofia é a tentativa de encarar a vida firmemente e no seu todo". Referido por Abraham Kaplan, *In pursuit of Wisdom* (Beverly Hills, Calif.: Glencoe Press, 1977), 16.

37 Em *Maker of Heaven and Earth* ao concluir a sua abordagem à questão "Que significa a ideia da Criação", Gilkey afirma: "Embora ela [doutrina da criação] não se proponha responder directamente a questões metafísicas, não pode, no entanto, evitar entrar na arena metafísica. Como já notámos, se Deus é o Criador de tudo e se a nossa vida finita depende efectivamente do Seu poder e vontade para existirmos, então esta afirmação envolve uma resposta indirecta a duas questões metafísicas: O que significa existir e, em última análise, qual a realidade através da qual as coisas existem? Portanto, a ideia de criação, inevitavelmente, desafia concepções metafísicas da realidade que são antitéticas à sua intenção principal e, inevitavelmente, gera um ponto de vista específico acerca da natureza e da existência histórica, o qual se pode tornar sistematizado numa "filosofia cristã". Embora a ideia da criação tenha que ver directamente 'com' Deus e a Sua relação com o significado e o destino da vida do homem, indirectamente tem que ver 'com' as questões metafísicas acerca da realidade e sua natureza". 42. Numa das suas melhores secções do *CT*, Wiley argumenta a favor desta mesma posição. Depois de demonstrar a necessidade de a teologia desenvolver tanto a concepção filosófica como a religiosa acerca de Deus, na seguinte afirmação aponta para a confluência das duas: "A concepção cristã de Deus é uma convicção de que a Personalidade suprema da religião

As fases iniciais do empreendimento teológico demonstram a veracidade destas afirmações. As lutas dogmáticas dos Pais da Igreja[38] foram na realidade tentativas de formular uma teologia sistemática adequada. Existiram vários esforços, o primeiro dos quais proposto pelos gnósticos. Mas a estrutura ontológica do seu sistema provou ser inadequada para estabelecer a fé cristã num contexto mais alargado. A sua premissa básica envolvia um dualismo metafísico baseado em considerações éticas. Este dualismo da matéria e do espírito levava a uma compreensão da salvação como uma fuga da carne, o que era contra os princípios cristãos básicos.[39]

A tentativa de criar um contexto intelectualmente mais amplo para o cristianismo só foi bem-sucedida quando se desenvolveu o conceito de Deus à luz do Velho Testamento. Isto explica, em parte, a razão pela qual nos primeiros séculos a luta em prol do Velho Testamento foi um assunto tão crucial. Se o cristianismo tivesse declarado a sua total independência da fé judaica, em vez de afirmar o seu cumprimento, ter-se-ia desenvolvido numa direcção teológica completamente diferente.[40] Este facto destaca o significado crucial do Velho Testamento na tarefa teológica.[41]

As exigências da tarefa da teologia sistemática são espantosas. Em última análise só Deus pode ser um teólogo sistemático completamente competente. Os seres humanos, condicionados pela sua própria existência, devem contentar=se com perspectivas parciais e, de facto, a maioria dos estudiosos têm-se preocupado apenas com ensaios sobre assuntos específicos. Devido à grande quantidade de material envolvido, aquele que se aventura num empreendimento desta envergadura tem que, por necessidade, depender das pesquisas já desenvolvidas pelos seus colegas nas áreas especializadas relacionadas com a disciplina. O melhor que se pode esperar é conseguir apreender bem a perspectiva a partir da qual a teologia sistemática deve ser desenvolvida, e, usando o raciocínio lógico, incorporar os resultados na medida em que estes coincidem com a perspectiva adoptada.

É neste aspecto que se destaca a afirmação de Gordon Kaufman:

---

e o Absoluto da filosofia encontram a sua maior expressão em Jesus Cristo; e que, na Sua Pessoa e obra temos a compreensão mais profunda possível da natureza e propósito de Deus". I:221.

38 Nota do Tradutor: sempre que ao longo do livro aparecerem os termos Pais da Igreja, Pais da Patrística, Pais Apostólicos ou simplesmente Pais, eles referem-se aos teólogos cristãos dos primeiros séculos da era cristã.

39 Cf. A. C. McGiffert, Jr., *The God of the Early Christians* (New York: Charles Scribner's Sons, 1924), 110 ss., para uma descrição detalhada da controvérsia existente neste processo.

40 Vemos aqui uma ilustração da ligação orgânica entre o ontológico e o soteriológico.

41 H. Cunliffe-Jones, *The Authority of the Biblical Revelation* (London: James Clarke and co., 1945), 52, defende que desligada do Velho Testamento a história de Jesus Cristo é assimilada mais facilmente numa filosofia que não seja cristã.

É importante distinguir entre a perspectiva que informa uma teologia sistemática e a análise detalhada das doutrinas teológicas. A perspectiva do teólogo afecta a forma como este formula as questões, bem como as respostas que lhes dá; ela molda o seu discernimento mais básico acerca daquilo que é teologicamente importante, bem como a sua forma de resolver os problemas; ela trabalha em todos os níveis do seu raciocínio. (…) Resumindo, a perspectiva é o aspecto mais importante e determinante do seu raciocínio, embora por vezes permaneça oculta e desconhecida, até do próprio teólogo.[42]

Ou, como afirma Paul Tillich, na teologia sistemática, "a perspectiva é crucial."[43]

À superfície este parece ser um método puramente dedutivo. Mas, na prática, cada parte do todo faz o seu juízo sobre a adequação de todo o ponto de vista e pode criar uma alteração na perspectiva. A adequação da perspectiva será, assim, continuamente testada, de modo a que o método indutivo opera através de toda a obra. Na realidade, o ponto de vista que informa a globalidade da obra deve ser o resultado de um longo estudo indutivo. Em vez de começar com uma perspectiva que surge do nada, forçando cada doutrina a adaptar-se a si, esta deve emergir do estudo específico e de experiências, retornando depois aos aspectos particulares da doutrina.

Para além disso, devemos concordar com Gustav Aulen quando argumenta que estas características da teologia sistemática não implicam que esta seja um sistema racionalmente completo.[44] Com isto, pretende afirmar que a unidade da teologia não está no facto de ser um "sistema fechado de raciocínio, mas antes uma unidade caracterizada por uma tensão interna." Isto é, embora não existam nela contradições lógicas, possui elementos paradoxais que não podem ser reduzidos a um compromisso racional. Este elemento paradoxal está presente porque a teologia trata do Deus vivo e não de um objecto finito.[45]

Não obstante, este paradoxo implica que a teologia sistemática é, também, um empreendimento racional. A abordagem crítica do filósofo é essencial à produção deste tipo de resultado. Por esta razão, H. Orton Wiley apresenta a filosofia como uma das disciplinas exigidas no estudo da teologia (*CT* 1:30). Podemos identificar a presença de três tipos de racionalidade, todos dependentes do raciocínio filosófico.

---

42 *Systematic Theology*, ix.
43 *Systematic Theology*, I:159
44 *Faith of the Christian Church*, 6-7.
45 Vide cap. 4, "Revelação e Transcendência", onde trataremos da necessidade do paradoxo e da sua exacta natureza.

1. Racionalidade semântica. Relaciona-se com as palavras e envolve "a exigência que todas as conotações de uma palavra devem estar conscientemente relacionadas umas com as outras e centradas à volta de um significado principal." Os termos devem ser usados com significados consistentes e o comunicador não se deve equivocar nos seus argumentos; o que não implica uma artificialidade rígida, uma vez que, em contextos diferentes, as palavras podem, de forma legítima, adquirir nuances diferentes de significado. Insiste-se, apenas, na coerência semântica que evita equívocos lógicos.

2. Racionalidade lógica. Não se espera que a teologia aceite uma combinação de palavras sem sentido, isso seria um verdadeiro contra-senso. João Wesley acreditava que a fé cristã podia ser supra-racional, mas não irracional; por isso, a razão devia examinar as crenças propostas, para eliminar os elementos anti-racionais. Wesley escreveu: "Este é o princípio básico que defendemos, renunciar à razão é renunciar à religião, a religião e a razão andam de mãos dadas e toda a religião irracional é falsa religião."[46] Como referimos anteriormente, há espaço para o paradoxo, mas o paradoxo não é uma contradição lógica; "representa um movimento da realidade que transcende a razão finita, mas não a destrói." A confusão surge quando os paradoxos são trazidos para o nível das verdadeiras contradições lógicas e se requer às pessoas que sacrifiquem a razão a favor de uma combinação de palavras sem sentido, como se fossem sabedoria divina.

3. Racionalidade metodológica. Esta implica que a teologia segue determinado rumo na indicação e na expressão das suas proposições. Exige que o autor indique a metodologia que tenciona seguir e que a respeite, ponto por ponto.[47] É o que pretendemos fazer na primeira parte desta obra.

A Norma da Teologia Sistemática

O que desenvolvemos acima implica que, para que a teologia sistemática se torne uma realidade, tem de existir uma norma (ou crença controladora) que influencia a maneira como cada aspecto do sistema é formulado. Como Tillich correctamente destaca, "as fontes e o meio podem produzir um sistema teológico apenas se o seu uso for guiado por uma norma."[48]

---

46 *Letters of the Reverend John Wesley*, ed. John Telford, 8 vols. (London: Epworth Press, 1931), 5:364. Cf. John Allan Knight, "The Theology of John Fletcher" (Ph.D. diss., Vanderbilt University, 1966).
47 Sou devedor a Paul Tillich por esta abordagem sobre a racionalidade. Cf. *Systematic Theology* I:53, 59.
48 Ibid., 47. A dependência de Tillich neste capítulo é formal e não material. Não somente ele expressa, de entre todos os autores contemporâneos, o que é possivelmente a mais clara afirmação do que constitui uma teologia sistemática, mas também a exemplifica de forma superior no seu sistema arquitectónico. No entanto, isto não significa uma

Isto é o mesmo que afirmar que há uma perspectiva a partir da qual toda a teologia é desenvolvida. Se houver consistência e coerência no processo, isso deverá ser evidente em cada ponto.

Como chegamos a essa norma? Qual é a sua fonte? Novamente, e de forma correcta, o Prof. Tillich sugere que a norma surge da vida espiritual da igreja, à medida que esta encontra a mensagem cristã; ou, dito de outro modo, esta emerge da experiência da igreja no seu encontro com a Bíblia e de acordo com a necessidade sentida por si (igreja).

Uma revisão da história da teologia demonstrará a validade desta análise. Em diferentes momentos da vida da igreja várias normas emergiram do encontro espiritual entre a forma de viver numa determinada época e a mensagem bíblica. Isto significa que a selecção de uma norma não é uma decisão arbitrária. Deriva da experiência e, de certa forma, impõe-se à consciência da igreja. Em suma, apodera-se da comunidade da fé.

Na primeira era da história teológica cristã, normalmente conhecida como período patrístico, a norma tinha origem na necessidade que prevalecia naquele contexto cultural, nomeadamente, a imortalidade do homem, no sentido de vencer o maior inimigo, a morte. O dom de Deus é a vida e, por ser um assunto tão predominante na literatura joanina, este material bíblico serviu como principal fonte de matéria-prima teológica. Os teólogos como Atanásio e Ireneu desenvolveram o seu pensamento em torno desta temática.[49]

Começando com o pensamento de Agostinho, aparentemente desencadeado pelo trauma causado pelo declínio e queda do Império Romano, a teologia começou por tratar o problema da culpa. A situação cultural era propensa à criação de um sentimento de alienação que encontrava expressão na própria experiência de Agostinho, o qual, nestes termos, desenvolveu toda uma teologia. Como resultado, introduziu os escritos de Paulo no centro da produção teológica uma vez que estes utilizavam as categorias temáticas mais apropriadas a essa ênfase dominante.

Com a Reforma Protestante a norma da "justificação pela fé" ganhou proeminência, devido ao encontro de Lutero com a mensagem bíblica a partir da sua própria experiência. Uma das principais razões, pelas quais os seus protestos criaram uma reacção tão generalizada, foi porque a sua própria experiência mais não era que um reflexo da experiência de multidões. O sistema católico criara um programa de alegada salvação que causava grande ansiedade. Assim, a teologia protestante foi desenvolvida à luz

---

aceitação incondicional da sua obra.
49 A maior obra de Atanásio, *De Incarnatione Verbi Dei* (The incarnation of the Word of God) (London: Religious Tract Society, n.d.), é uma expressão clássica da teoria da redenção que se desenvolveu neste contexto.

da grande verdade central através da qual Lutero se libertou desse sentimento de ansiedade. Lutero foi ao ponto de fazer juízos de valor sobre certos textos das Escrituras que, segundo o seu entendimento, não apoiavam adequadamente a doutrina da fé como único meio de salvação. Foi-se um pouco longe demais, mas a verdade é que houve uma norma que permitiu a teologia sistemática como um princípio, à volta do qual se organizou o ensino da Bíblia e à luz do qual o material bíblico era lido e interpretado.

Poderia, neste momento, alegar-se que a Bíblia como um todo deveria ser considerada a Norma. Este é um aspecto muito importante e que requer a devida atenção. É verdade, que historicamente a Bíblia no seu todo nunca foi a Norma da teologia sistemática (pelo menos, na prática). Mas isso não é impedimento para que não o seja. Então, porque não seguir esse caminho?

Em primeiro lugar, é preciso afirmar que não é porque a Bíblia não tem unidade (norma). Temos que reconhecer que na Bíblia existe muita diversidade e, esta é tão grande que muitos têm argumentado que há apenas teologias bíblicas e não uma teologia bíblica. Mas estamos convictos que, apesar dessa verdadeira diversidade, há total coerência na mensagem das Escrituras, o que as faz ser um livro. Cabe à teologia bíblica a tarefa fundamental de tentar identificar esse tema central e demonstrar como as várias linhas desenvolvidas no material bíblico implementam esse aspecto.[50]

No entanto, identificar a norma unificadora da Bíblia ou de cada Testamento separadamente, significa permanecer dentro das formas de pensamento e dos conceitos da situação ou situações históricas a partir das quais o material surgiu. Sendo a tarefa da teologia sistemática traduzir isto para modelos conceptuais contemporâneos, deve ter um veículo capaz de fazer a ponte hermenêutica entre o passado e o presente. Em teoria, seria possível tentar simplesmente recitar passagens bíblicas, mas na prática ninguém vive por esse princípio. Como afirmou Helmut Thielicke: "Até mesmo os mais rígidos fundamentalistas estão a tentar ser mais flexíveis, pelo menos no que diz respeito às técnicas de apresentação homilética ao mundo contemporâneo."[51]

Maurice Wiles realça a necessidade deste aspecto de trabalho interpretativo da teologia nos seguintes termos:

Os escritores bíblicos partilham de vários pressupostos e características culturais do mundo antigo que são estranhos a quase todas as visões mundiais [contemporâneas]. .... Exige-se algum tipo de interpretação e, mais

---

50 Cf. Hasel, *Old Testament Theology*, cap. 4, para uma discussão da busca de um tema central para a teologia do Velho Testamento, pelos académicos contemporâneos.
51 *Evangelical Faith* I:29.

uma vez, os critérios para esta tarefa interpretativa não são providenciados pela Bíblia. A teologia deve envolver algo mais do que o simples estudo de documentos antigos. Não podemos esquecer a grande variedade de perspectivas erradas propostas por diferentes seitas que reivindicam, todas elas, ter como única base os ensinamentos da Bíblia, para reconhecermos o quão importante é trazer à luz "algo mais", como elemento explícito do trabalho teológico crítico."[52]

Além desta razão, é necessário ter um princípio de selectividade, porque, a despeito das afirmações em contrário, ninguém atribui a mesma importância a todas as porções das Escrituras. J. Philip Hyatt destaca - talvez um pouco ironicamente – que todos têm um cânon dentro do cânon. "Isto pode ser verificado ao passar os olhos por uma Bíblia, descobrindo quais as passagens ou livros que estão mais desgastados pela leitura e o estudo e que páginas ainda parecem novas."[53]

Desde o início, a Igreja teve de lidar com o facto que a Bíblia necessita de ser interpretada e de estar susceptível a diferentes interpretações, até mesmo, interpretações contrárias à fé da Igreja cristã na sua expressão tradicional. Como resultado desta perturbante realidade surgiram inicialmente os credos e, posteriormente, as hierarquias eclesiásticas foram identificadas como intérpretes oficiais da fé cristã. Pode-se sugerir que se a Bíblia fosse abordada com total objectividade ou com uma mente completamente aberta, a verdadeira interpretação acabasse por surgir desse encontro. Infelizmente, é impossível verificar, porque nem uma nem outra situação existiu ou existirá. Não existe total objectividade e todos abordam as Escrituras com um certo grau de compreensão *prévia*. O problema está em evitar que essa compreensão *prévia* controle de tal forma a interpretação que a verdade fique comprometida.

Para que a verdade não fique comprometida, temos necessidade de providenciar uma norma que seja adequada para guiar o uso do material bíblico. Reconhecendo, como já foi sugerido, que esta norma deve emergir das próprias Escrituras quando permitimos que nos interpelem na nossa situação existencial e que não seja adoptada qualquer norma que entre em contradição insolúvel com algum ponto da teologia bíblica.

A norma que conscientemente adoptamos nesta teologia é a que surge da experiência de pessoas do movimento de santidade quando confrontados com a mensagem bíblica e que designamos como wesleyana. Ao adoptarmos o nome de uma personagem histórica, não pretendemos dizer que se trata de um estudo histórico. Não é nossa intenção reproduzir a teologia de João Wesley do século XVIII. Esse é um empreendimento valioso, mas

---

52 *What is Theology* (New York: Oxford University Press, 1976), 5-6.
53 *The Heritage of Biblical Faith* (St. Louis: Bethany Press, 1964), 280-81.

fazer do trabalho de Wesley a última palavra seria cair na mesma armadilha, mencionada neste capítulo. O que se pretende dizer é que os impulsos espirituais originados pelo fundador do metodismo resultaram e motivaram uma compreensão ou perspectiva teológica específica; estes impulsos espirituais ainda são opções válidas para muitas pessoas no segmento do cristianismo, do qual esta obra é uma parte. É nosso propósito tentar identificar esta perspectiva e usá-la como a norma para o desenvolvimento de uma teologia sistemática para a última parte do século XX, construindo uma verdadeira teologia sistemática em conformidade com as características delineadas na secção anterior. A consequência prática disto é que a norma possa ser usada para criticar e corrigir o próprio Wesley, quando desenvolver teses contrárias ao seu próprio compromisso teológico central.

É necessário acrescentar que isto não é, de modo algum, um sinal de sectarismo ou exclusivismo. Não impede o diálogo com outras tradições no Corpo de Cristo. E, certamente, não exclui outras perspectivas, intolerantemente. Mas afirma, dentro de uma tradição cristã mais vasta, que uma certa ênfase bíblica central escolheu alguns para serem suas testemunhas especiais. Espera-se desta forma dar alguma contribuição para a globalidade da experiência cristã.

Propomos que esta norma seja a justificação pela fé/ santificação pela fé[54] vista no contexto da graça preveniente.[55] Martinho Lutero recebeu os

---

54 Estas expressões devem ser entendidas como fórmulas reduzidas de justificação/santificação pela graça mediante a fé. A fé, como Lutero repetiu vez após vez, não é uma "boa obra" que nos faz merecer a salvação, mas o simples acto de aceitação da oferta graciosa de Deus de reconciliação e purificação. Existe um amplo debate entre os estudiosos wesleyanos acerca do significado da justificação. Por agora optámos por manter o termo, visto ser tão central no debate soteriológico ao longo da história do pensamento cristão e porque as citações de João Wesley, que apoiam as nossas afirmações, também usam a mesma linguagem. No entanto, mais adiante defenderemos que no pensamento bíblico a principal metáfora para descrever o relacionamento restaurado entre Deus e o homem é a "reconciliação" e que todas as outras metáforas (incluindo a justificação) devem ser interpretadas à luz desta, não se devendo permitir que o debate soteriológico seja levado para categorias impessoais, como o termo justificação tende a fazer devido às suas conotações legais. O estudante que desejar analisar de forma crítica a norma proposta deve lê-la e examiná-la à luz da discussão subsequente, que pode ser encontrada no capítulo 12, sobre a Obra da Expiação.

55 Albert Outler, no ensaio "*The Place of Wesley in the Christian Tradition*", lido durante a cerimónia de celebração da publicação da Edição de Oxford de *The Works of John Wesley* (1974), concorda substancialmente com esta conclusão. Para o autor, o talento de Wesley revelou-se na sua persistência em manter juntas as doutrinas de "unicamente pela fé" e da "vida santa", resistindo à polarização num ou noutro sentido. Afirmando: "É em termos do seu sucesso ou fracasso *neste* esforço ... que podemos falar do lugar de Wesley na tradição cristã". 16. Esses dois elementos enfatizam a *via media* entre a Cristandade Ocidental (Latina) e a Cristandade Oriental (Grega), a primeira tem realçado "imagens forenses, metáforas oriundas dos tribunais (romanos e medievais); a segunda tem estado "fascinada com visões da 'participação [ontológica] em Deus'".

créditos pela redescoberta da verdade da justificação pela fé, no século XVI; mas devido à sua preocupação com o problema da salvação pelas obras, não lançou na sua teologia uma base sólida para a santificação. Devido às suas convicções agostinianas sobre a predestinação e a eleição, nem Lutero nem Calvino foram capazes de desenvolver uma doutrina de santificação que fosse viável.[56] Wesley não se desviou, nem um pouco, do seu compromisso com o ensino pleno da Reforma, quanto à justificação pela fé, mas pela rejeição da doutrina calvinista dos decretos, foi capaz de desenvolver uma doutrina vital de santificação. É neste ponto que a observação de George Croft Cell se torna pertinente. Interpretou o ponto de vista de Wesley como sendo uma síntese entre a ética protestante da graça e a ética católica de santidade.[57]

Estas duas doutrinas, da justificação e da santificação, podem ser vistas como os dois focos de uma elipse.[58] Se cada uma for considerada o centro dum círculo o resultado é deturpado. Quando a justificação é colocada no centro a tendência é para o antinomianismo; quando se faz da santificação o centro a tendência é para o legalismo ou o moralismo.[59] Tal como Paulo,

---

A minha opinião, já algum tempo, é que Wesley não tem sido interpretado da melhor forma, por muitos dos seus seguidores, em parte por o considerarem, exclusivamente, na tradição latina e ignorarem, totalmente, a influência do cristianismo Oriental no seu pensamento. No entanto, tal influência deve ser óbvia quando lembramos que, como um bom anglicano, manifesta muito interesse pelos pais da igreja (gregos).

Num outro ensaio, apresentado nesta mesma reunião, Michael H. Hurley salientou a importância teológica do conceito wesleyano da graça preveniente. Tem sido, igualmente, minha convicção que esta categoria teológica tem a chave para descobrirmos como seriam muitas doutrinas e considerações metodológicas segundo uma perspectiva distintamente wesleyana. The Place of Wesley in the Christian Tradition, ed. Kenneth E. Rowe (Metuchen, N.J.: Scarecrow Press, 1976).

56 Vide Mildred Bangs Wynkoop, *The Foundations of Wesleyan-Arminian Theology* (Kansas City: Beacon Hill Press of Kansas City, 1967).

57 *The Rediscovery of John Wesley* (New York: Henry Holt and Co., 1935).

58 Esta representação pretende reflectir um relacionamento normativo e não, necessariamente, histórico; mas William Ragsdale Cannon, em *The Theology of John Wesley* (New York: Abingdon Press, 1946), interpreta a doutrina de Wesley sobre a justificação nesta mesma relação com a santificação e o próprio Wesley reflecte este relacionamento equilibrado no seu sermão "On God's Vineyard" (*Works* 7:205): "É, portanto, uma grande bênção dada a este povo, que da mesma maneira como não pensa, nem fala, da justificação como superior à santificação, também não pensa, nem fala, da santificação como sendo superior à justificação. Toma cuidado em manter cada uma no seu próprio lugar, dando igual ênfase a uma e a outra. Sabe que Deus as juntou e que não cabe ao homem separá-las: Portanto, mantem com igual zelo e diligência a doutrina da justificação livre, completa e presente, e, por outro lado, a doutrina da inteira santificação do coração e da vida; sendo tão persistente na vida interior de santidade, como qualquer místico e da santidade exterior, como qualquer fariseu".

59 Uma crítica normalmente levantada contra a maioria dos chamados pais apostólicos (p.ex., Clemente de Roma, *Didaché, O Pastor de Hermas, a Epístola de Barnabé*) é a de serem moralistas ou legalistas na sua compreensão da vida cristã, apresentando a nova

Wesley procurou manter um equilíbrio adequado, como expressou na fórmula paulina do texto de Gálatas 5:6, e adoptou como lema: "Fé que opera pelo amor".

Colocar estes conceitos no âmago da perspectiva é realçar a centralidade da soteriologia na teologia wesleyana. A tarefa de teologizar não é desenvolver uma estrutura de pensamento auto-consistente, mas nada mais que um sistema abstracto, puramente académico. A obra redentora, ou da salvação de Deus, é o elemento fulcral de toda a tarefa teológica. Cada doutrina deve, em última análise, apoiar-se neste ponto.[60]

Wesley só evitou as perplexidades do calvinismo por "um fio de cabelo", conforme as suas próprias palavras. Mas este "fio de cabelo" foi suficiente para provocar uma divisão de grandes proporções, de forma que, na sua expressão plena, as duas teologias (perspectivas) estão a quilómetros de distância uma da outra. A verdade que as mantém apenas à distância de um fio de cabelo, no ponto em que os dois sistemas se separam, é a doutrina da *graça preveniente*. Pode ser inclusivamente argumentado que este ensinamento foi o aspecto de maior alcance e o mais penetrante do pensamento de Wesley.

Como veremos, a graça preveniente é a chave para resolver vários problemas teológicos; e seguindo as suas implicações até às conclusões lógicas a teologia wesleyana, revela uma abordagem distinta em vários assuntos que não é nem fundamentalista nem liberal.

Tradicionalmente, os wesleyanos desenvolveram a ideia da graça preveniente exclusivamente em termos de considerações soteriológicas e, em última análise, como já notámos, esse deverá ser o seu foco. Mas o próprio Wesley tratou-a de forma mais ampla e, na presente análise, propomos usá-la tanto como um princípio ontológico como um princípio epistemológico de interpretação. Assim, torna-se no aspecto mais profundo da norma que sugerimos e será o elemento fundamental no tratamento de várias doutrinas, incluindo a doutrina da revelação. Além disso, a graça preveniente precisa de ser colocada na mesma estrutura que está presente nas outras doutrinas wesleyanas. Cada uma tem um aspecto objectivo e

---

religião como uma nova lei. Uma leitura cuidada destes antigos documentos revela que esta análise é correcta e verdadeira, na medida em que a doutrina da justificação pela fé está ostensivamente ausente desses escritos. A sua ênfase na vida santa seria sã se fosse colocada no contexto da justificação. Clemente luta com a tensão entre a justificação e a santificação, mas outros quase capitularam completamente perante a compreensão moralista.

60 Nem todos os sistemas teológicos concordam com isto. O dispensacionalismo, por exemplo, deixa a salvação de lado como algo secundário e declara "a glória de Deus" como sendo o mais importante. Cf. Charles C. Ryrie, *Dispensationalism Today* (Chicago: Moody Press, 1965).

subjectivo. De novo, isto é normalmente explicado em relação a um interesse estritamente soteriológico, mas é tão distintivamente wesleyano que pode ser aplicado de forma proveitosa a todas as doutrinas, embora nem todas tenham sido compreendidas desta forma por muita da teologia wesleyana popular.

A primeira tentativa de desenvolvimento de uma teologia sistemática wesleyana foi, sem dúvida, a obra de John Fletcher.[61] Embora lhe falte, pelos padrões actuais, muito do carácter requerido para esse tipo de obra, ela tem para nós um grande significado por usar a ideia da graça preveniente como pedra basilar e tema controlador.[62]

Neste ponto precisamos de refinar ainda mais a nossa norma proposta, dando-lhe uma definição mais exacta. Wesley fundamentou a graça preveniente na cristologia. Não somente ensinou que a graça é outorgada gratuitamente a todos os homens por amor de Cristo, removendo a culpa do pecado original, mas também interpretou o conhecimento de Deus como uma consequência da graça de Cristo. Uma teologia wesleyana terá uma ênfase exclusivamente cristológica: a justificação, a santificação e a graça preveniente, em todas as suas muitas ramificações, devem ser interpretadas a partir desta perspectiva. Como a obra do Espírito Santo e a graça preveniente são conceitos virtualmente sinónimos, a obra do Espírito é vista por Wesley como sendo de natureza cristológica. Como declara John Deschner: "Muita atenção tem sido dada ao poder do Espírito Santo na doutrina wesleyana da santificação. Precisa de ser claramente reconhecido que o Espírito santificador é o Espírito do Cristo vitorioso, tanto quanto do Cristo sofredor."[63] A base cristológica de cada doutrina será demonstrada pelo carácter abrangente da norma que será usada nesta teologia sistemática.[64]

Há ainda um aspecto a ser destacado na explicação da importância da norma: é a base para um debate significativo dentro de um dado contexto. É a opinião deste autor que existe a possibilidade de diálogo entre linhas

---

61 Conforme John A. Knight, "Fletcher", 189, n. 43
62 Ibid., 178. A doutrina é descrita epistemologicamente em termos da própria linguagem "dispensacional" de Fletcher.
63 *Wesley's Christology*, 116.
64 Ibid., 92; Lycurgus M. Starkey, Jr., *The Work of the Holy Spirit* (Nashville: Abingdon Press, 1962), 41; Charles Allen Rogers, "The Concept of Prevenient Grace in the Theology of John Wesley" (Ph.D. diss., Duke University, 1967). Vide ainda as obras de Wesley, Works 6:223; 7:187ss., 373-74; 8:277-78; *Standard Sermons*, ed. Edward H. Sugden, 2 vols. (London: Epworth Press, 1961; será usada a abreviatura StS em citações subsequentes), I:118; 2:43, 445. Deschner defende que a cristologia é a pressuposição da teologia de Wesley, e comenta: "A convicção do autor é que um exame explícito da pressuposição principal de Wesley pode levar à clarificação e até, à correcção de algumas pregações no contexto da tradição wesleyana actual".

de perspectivas diferentes, mas o seu valor reside sobremaneira em discutir a relativa adequação de perspectivas divergentes. Embora não possa ser possível provar, em termos científicos, que uma perspectiva é correcta e a outra errada, é certamente possível demonstrar que uma tem maior consistência com os factos pertinentes e é mais adequada do que a outra, em termos da sua coerência total. Mas uma vez dentro de uma perspectiva, há maior solidez em discutir a consistência lógica de uma posição específica, em relação à perspectiva escolhida.

A. J. Ayer, na obra *Language, Truth and Logic*, faz um dos ataques mais antigos e devastadores da filosofia linguística às declarações de valor (que incluem as proposições teológicas), defende que uma vez que tais declarações são por natureza não empíricas, não são relevantes quanto ao significado; são meras expressões de emoção. E, vai ainda longe, nesta linha, afirmando que é realmente impossível discutir tais assuntos, já que não podem ser resolvidos numa base empírica. Neste contexto, porém, admite a possibilidade de um argumento genuíno, se "algum sistema de valores for pressuposto."[65] Se houver concordância num contexto, ou um ponto de referência, pode ocorrer um debate significativo. Embora não tenhamos, necessariamente, de concordar com todos os pontos de vista de Ayer (o próprio admite mais tarde que os assuntos eram mais complexos do que antecipara), podemos, mesmo assim, reconhecer o valor de uma norma (perspectiva) como base para o diálogo.

Da mesma forma, Wiley defende que a teologia é uma ciência. Chamando a atenção para o princípio empírico fundamental, tão consistente e radicalmente esclarecido por David Hume, afirmando que a ciência (referindo-se às ciências naturais) está baseada na fé e não no conhecimento. "Esta presume verdades metafísicas como o espaço e o tempo, substância e atributos, causa e efeito, e também presume uma mente fidedigna para investigar" (*CT* 1:61). Há uma correlação entre a teologia e as ciências naturais no sentido em que ambas, mediante um acto de fé, aceitam uma perspectiva que não pode ser provada e dão sequência às tarefas respectivas dentro do círculo definido por essa perspectiva. Porém, esta correspondência existe apenas neste passo inicial de fé. A partir desse ponto existe uma diferença considerável quer no método quer nas formas de verificação. Todavia, a importância da norma é reconhecida como o elemento crucial na teologia sistemática.

Aceitar esta abordagem com seriedade significa que os sistemas teológicos são semelhantes a hipóteses científicas: são modelos experimentais. A incapacidade de reconhecer tal facto explica a razão pela qual a história está

---

65 P. 111.

repleta de cientistas demasiadamente dogmáticos, assim como de teólogos demasiadamente dogmáticos. Jack Rogers usa algumas palavras sábias sobre esta forma de compreender a tarefa teológica:

> Um cientista constrói modelos da realidade. Um modelo não é a mesma coisa que o objecto real, mas ajuda-nos a entender a realidade. Um modelo toma as peças essenciais do objecto real e apresenta-as numa escala menor, para que as possamos compreender. Falamos sobre Deus por analogias, modelos de vida. Dizemos que Deus é o nosso Pai. O que queremos dizer é que vemos nos seus actos algumas das melhores características de certos pais que conhecemos. Quando nos esquecemos que estamos a construir modelos e que falamos por analogias, corremos o risco de cair na idolatria. A idolatria consiste na adoração do modelo criado, em vez deste apontar para o Criador que representa. Não nos devemos agarrar demasiado às nossas formas de pensamento ou a finas distinções de linguagem, ou à nossa bagagem cultural.[66]

O grande cientista é humilde perante os seus dados. Também o teólogo. Este reconhece que a sua teologia é secundária em relação à sua fé. Enquanto que a sua fé não é negociável,[67] mantém-se aberto para aprender com qualquer pessoa que esteja igualmente envolvida na mesma busca de conhecimento.

Uma Nota sobre Legitimidade

Nem todos os teólogos concordariam em aceitar que a teologia sistemática é um empreendimento legítimo. Karl Barth, indubitavelmente o teólogo mais influente deste século, falou contra ela. Barth insistiu que o teólogo não pode operar em termos de um conceito chave (norma), porque não está na posição de fazer tal selecção. A Bíblia na sua totalidade deve, teoricamente, ser a norma para o empreendimento teológico.

Falava de um crítico que dizia: "de momento apenas os anjos no céu saberão aonde levará a sua *Church Dogmatics*" e Barth concordava plenamente. Aquilo que se propôs fazer foi abordar cada doutrina de uma forma nova e "ouvir com a menor reserva possível o testemunho das Escrituras."[68] Ao contrário do teólogo sistemático, pensava que ao seguir esta abordagem não se poderia prever, em termos de um compromisso central, a forma final de uma doutrina. Isto implica que o teólogo é completamente

---

66 *Confessions*, 59.
67 Se neste ponto a "fé" for confundida como sendo intelectual e não existencial, esta distinção não faz sentido. Mas temos em mente a sua definição bíblica principal como sendo a confiança numa pessoa e não crença numa proposição.
68 *Church Dogmatics,* ed. G. W. Bromiley and T. F. Torrance (Edinburgh: T. and T. Clark, 1957), vol 4, pt. I, p. xi (daqui em diante 4.I.xi).

imprevisível e livre, mesmo para se contradizer, se isso for o que ouve nas Escrituras.

Quanto a esta divergência, duas observações precisam ser feitas: (1) Barth desenvolveu na realidade uma teologia sistemática à luz de um princípio controlador, e (2) deve ser seriamente questionado o pressuposto de que as Escrituras fornecerão posições contraditórias ao ouvinte sem preconceitos (uma hipótese anteriormente posta em causa).

Procurando justificar a legitimidade da teologia sistemática, Wiley cita com aprovação as palavras de Charles Hodge:

> Essa é, evidentemente, a vontade de Deus. Ele não ensina ao homem nem astronomia nem química, mas dá-lhe factos a partir dos quais estas ciências são desenvolvidas. Também não nos ensina teologia sistemática, mas dá-nos na Bíblia a verdade que, devidamente entendida e organizada, constitui a ciência da teologia. Assim, como os factos da natureza estão todos relacionados e determinados por leis físicas, também os factos da Bíblia estão todos interligados e determinados pela natureza de Deus e das Suas criaturas e, assim, como Deus deseja que o homem estude as Suas obras e descubra as maravilhosas relações orgânicas e combinações harmoniosas, é igualmente Sua vontade que estudemos a Sua Palavra e aprendamos que, tal como as estrelas, as Suas verdades não são pontos isolados, mas sistemas, ciclos e epiciclos, numa harmonia infinita e grandiosa. Além disso, apesar das Escrituras não conterem um sistema de teologia como um todo, temos nas Epístolas do Novo Testamento porções do sistema trabalhado que nos chegou às mãos. Essas são a nossa autoridade e o nosso guia.[69]

Esta analogia com a ciência sugere algumas implicações interessantes sobre a possibilidade de existirem diferentes normas para a teologia sistemática. Ao lidarem com o fenómeno da luz, os cientistas têm elaborado duas teorias diferentes, ambas consistentes com os factos e explicando-os de forma adequada. Isto evidencia uma distinção entre o conhecimento e a opinião, facto que tem sido reconhecido por teólogos desde os tempos mais remotos e especialmente realçada por John Wesley. A teologia tem carácter de opinião. A fé está mais próxima da categoria do conhecimento de acordo com o ponto de vista bíblico. Ela ocorre, primeiramente, se não exclusivamente, em relações pessoais. É isto que Wiley procura evidenciar na sua afirmação, legitimamente famosa, que "a natureza da verdade é, em última análise, pessoal. O nosso Senhor disse-o claramente quando afirmou: *Eu sou a verdade*. Deus bate à porta do coração humano – não como uma proposição a ser apreendida, mas como uma Pessoa para ser recebida e amada"

---

69 *CT* I:54. Deve, no entanto, ser notado com honestidade que a compreensão que Hodge tem da teologia e da Bíblia é antitética à compreensão da teologia desenvolvida neste capítulo.

(*CT* 1:38). Tal distinção desperta de novo as nossas mentes para a importância de uma norma existencialmente eficaz, requerendo uma resposta do indivíduo na sua totalidade.

Wiley oferece mais algumas sugestões em defesa da teologia sistemática: (1) a constituição da mente humana; (2) o desenvolvimento do carácter cristão no sentido em que a verdade estruturada é mais facilmente assimilada. Em apoio a este ponto, afirma que "o testemunho uniforme da Igreja é que os cristãos mais fortes em cada época são aqueles que têm convicções firmes sobre as grandes verdades fundamentais da fé cristã." E (3) a apresentação da verdade. Este é o inverso do ponto anterior. A comunicação da verdade está dependente da capacidade de esta ser apreendida como um todo orgânico (*CT* 1:54-55). Achamos que a tarefa da teologia sistemática não só é um empreendimento legítimo, mas também necessário.

CAPÍTULO 2

As Fontes da Teologia: A Bíblia

Deus não escolhe comunicar com o homem através um sistema de dogmas, constituídos por declarações finais a respeito de todos os âmbitos da verdade cristã, precisando, apenas, de serem memorizadas. Deus chega ao homem como a Presença redentora e o Actor Divino, no palco da história. Os diversos veículos que medeiam entre o conhecimento desta actividade e as suas implicações para a vida humana fornecem ao intelecto humano as matérias-primas a partir das quais pode construir sistemas doutrinais. Referimo-nos a estes veículos quando falamos sobre as fontes do trabalho teológico.

Tradicionalmente, as várias fontes da teologia têm sido divididas em dois grandes grupos: (1) a fonte da autoridade, que é a Bíblia; (2) as fontes subsidiárias, que incluem a experiência, credos e confissões, filosofia e natureza. Há sabedoria neste tipo de classificação, na medida em que as Escrituras são a principal fonte da teologia. No entanto, modificaríamos ligeiramente a selecção das fontes secundárias, eliminando a natureza, visto que os desenvolvimentos contemporâneos da teologia e da filosofia a têm apresentado como demasiado problemática para servir como fonte teológica. Ademais, segundo a perspectiva bíblica, a natureza nunca foi uma fonte de conhecimento do carácter de Deus, embora certas expressões da natureza tenham servido, de forma correcta, como ilustrações de aspectos do poder e da sabedoria de Deus.[1]

---

1 É digno de se notar que as religiões que obtêm a sua compreensão de Deus a partir da natureza têm uma perspectiva radicalmente diferente da ideia bíblica de Deus, por exemplo, os cananitas. Bernhard Anderson comenta acerca do Salmo 19, um salmo clássico da criação: "É importante notar aqui que o Salmista não diz que Deus é revelado na natureza; mas sim que os céus são *testemunhas* da sua glória". *Creation Versus Chaos* (New York: Association Press, 1967), 90.

O assunto das fontes levanta a questão da autoridade, tanto em relação à natureza da autoridade que deve ser atribuída às fontes, como do grau relativo de autoridade entre elas. O segundo tema será abordado ao longo de toda a discussão. Em relação ao primeiro tema pode ser afirmado, de forma resumida, que todas as fontes têm apenas autoridade por derivação, isto é, têm autoridade à medida que dão testemunho adequado da revelação principal, a qual tem autoridade final. Da perspectiva cristã, a autoridade final é o evento de Cristo[2] e, à luz deste, os eventos salvíficos do Velho Testamento, dos quais é o cumprimento. Como Wiley, tão bem, o expressa: "Cristo foi Ele próprio a plena e perfeita revelação do Pai – o esplendor da Sua glória e a expressão, ou imagem exacta, da Sua Pessoa. O Seu testemunho é o espírito da profecia – a última palavra de toda a revelação objectiva" (*CT* 1:137); e ainda: "Cristo, a Palavra Pessoal, é, Ele próprio, a revelação, completa e final, do Pai. Somente Ele é o verdadeiro Revelador" (138-39).

A discussão seguinte pressupõe muitas das conclusões substanciais desenvolvidas no capítulo 5, mas a ordem lógica obriga-nos a abordar primeiro os assuntos metodológicos, embora tenhamos de admitir que o conteúdo da teologia influencia o método. Na realidade, o trabalho teológico é feito primeiro e depois é identificado o método que emerge desse trabalho. Contudo, como é lógico, o método vem primeiro e não faz parte da própria teologia, embora esteja implícito. A principal conclusão, a que nos referimos, é a ideia de revelação, que interpreta a auto-revelação de Deus como ocorrendo, principalmente, através de eventos interpretados e sempre de modo temporal. Esta forma de a expor não esgota a plenitude do seu significado, como as discussões subsequentes tornarão claro. Mas destaca, realmente, um aspecto importante que se tem tornado muito comum nos estudos teológicos contemporâneos.

Como todos os eventos históricos, também aqueles que a fé bíblica considera como reveladores têm dois lados: (1) factualidade e (2) significado. O lado objectivo ou factual do evento está, em princípio, sujeito à verificação ou refutação científica, de acordo com os métodos aceites da historiografia. Todavia, apenas o facto em si não faz história. Estes eventos devem ser interpretados, em termos do seu significado, em relação a eventos anteriores, acontecimentos contemporâneos e consequências futuras. É a sua colocação nesta complexidade de contextos que lhes confere significado e, de crónicas de carácter estatístico, os transforma em história. Até a ambiguidade existente na palavra *história* comunica esta dupla conotação:

---

2   Nota do tradutor: compreende-se "evento de Cristo" como todos os acontecimentos relativos à pessoa, vida e obra de Cristo.

História pode significar o curso dos eventos, ou o registo destes numa narrativa modelo.

A interpretação desses eventos obedece a um programa executado em termos de um ponto de vista, ou perspectiva. Todo o evento histórico é susceptível a mais do que uma interpretação, e isto é especialmente verdade quando a dimensão teológica é inserida na interpretação.

Como é óbvio, o conhecimento que se tem da história depende de uma de duas fontes: (1) o testemunho ocular do que aconteceu, ou (2) os relatos dessas testemunhas oculares. Não é necessariamente verdade que as testemunhas oculares sejam as mais competentes intérpretes da história. Contudo, se o evento demonstrar trazer consigo a pista para o seu próprio significado, aumentam as probabilidades dos participantes primários terem, de forma mais directa, acesso ao significado apropriado. Se um evento se torna revelador quando vivido como um acto de salvação (ou juízo), então apenas um participante que, pela fé, concretize o valor salvífico (ou de julgamento) na sua própria experiência pessoal (ou corporativa) se pode qualificar para transmitir o significado de tal evento, para que, nessa transmissão, se possa, da mesma forma, tornar revelador para aquele que o ouve (ou lê). Por isso, apenas os crentes são autores de documentos bíblicos e, normalmente, no contexto de uma comunidade de crentes.

Estas considerações dão origem à prioridade das Escrituras como uma fonte de teologia, uma vez que contêm tanto os relatos em primeira-mão, como a interpretação fiel da história da salvação. Esta é a razão pela qual Wiley afirma: "O primeiro assunto em qualquer discussão da revelação cristã, deve necessariamente ser o livro cristão, visto que só aqui se encontram os seus registos documentais" (*CT* 1:138).

O conhecimento contemporâneo alcançou um elevado grau de unanimidade ao falar da Bíblia como "o Livro dos Actos de Deus".[3] Embora existam algumas vozes dissonantes acerca da exclusividade desta forma de ver a Bíblia, poucos são aqueles que questionarão a natureza histórica da revelação bíblica.[4] Assim, a "Bíblia (...) é a fonte basilar da teologia sistemática porque é o documento original acerca dos eventos em que a Igreja cristã está fundada".[5]

Todos os evangélicos, teólogos cristãos conservadores aceitam a autoridade da Bíblia. A questão em discussão relaciona-se com a natureza e a

---

[3] Cf. W. T. Purkiser, ed., *Exploring Our Christian Faith*, rev. ed. (Kansas City: Beacon Hill Press of Kansas City, 1978), 54.

[4] Entre aqueles que têm questionado o consenso estão: James Barr, em *Old and New in Interpretation* (New York: Harper and Row, Publishers, 1966); Langdon B. Gilkey, em "Cosmology, Ontology, and the Travail of Biblical Language", em *Journal of Religion*, July 1961, 194-205.

[5] Tillich, *Systematic Theology*, I:35

forma dessa autoridade. Estes são assuntos importantes, mas tal como discutiremos mais adiante, não são, em última análise, os assuntos mais decisivos a respeito da Bíblia. Como consequência, não faremos aqui uma abordagem detalhada deste assunto, uma vez que isso já foi feito muitas vezes, mas tentaremos considerar de forma abreviada uma posição distintamente wesleyana.

Graça Preveniente e a Autoridade Bíblica

Ao lidarem com a questão da autoridade bíblica, muitos autores falharam em chegar a acordo quanto à natureza da autoridade e, portanto, existe uma considerável ambiguidade presente quanto às reivindicações feitas a sobre a autoridade das Escrituras. É preciso explorar de uma forma relativamente simples algumas distinções importantes envolvidas nesta questão.

Toda a autoridade a nível humano é autoridade derivada e está, em última análise, enraizada no poder. O poder que é a base da autoridade não é necessariamente físico, mas pode ser moral ou académico ou pode, igualmente, assumir outras formas. Um dos paradigmas mais populares de autoridade é o polícia, servindo bem o propósito de ilustrar alguns aspectos cruciais na questão da autoridade. O seu distintivo ou uniforme são o símbolo da sua autoridade, a qual deriva do governo que representa. Como indivíduo não possui qualquer autoridade inerente (ou poder) para parar o tráfego ou dar voz de prisão a alguém. O encarceramento é, de forma qualitativa, diferente da coerção física. A autoridade para o fazer deriva do governo que o comissionou e, segundo a perspectiva cristã, a autoridade governamental deriva, em última análise, de Deus (Rom. 13:1-7). É possível que governos se tornem tão anti-Cristo (por exemplo, o Terceiro Reich de Hitler) que se possa, legitimamente, negar-lhes o direito de apelar para a autorização divina. Nesse caso, esse governo tem de depender da imposição da sua vontade pelo recurso à força bruta. Reciprocamente, quando o temor de Deus diminui entre o povo, parece também haver um aumento da anarquia com uma necessidade acrescida de controlo governamental.

Este facto aponta para uma outra dimensão da autoridade: Excepto no caso de se ser coagido pelo puro uso da força, devemos tomar a decisão pessoal (talvez moral) de reconhecer toda e qualquer autoridade e de nos submeter às suas exigências. É impossível identificar todos os motivos possíveis que precipitam tais decisões. Pode ser o medo, a reverência, o amor, ou qualquer outro, ou uma combinação de vários. Independentemente do motivo ou motivos específicos que levaram à decisão de se submeter, esta é, em última análise, uma decisão de natureza pessoal. O cidadão que obedece à lei, tomou a decisão pessoal de reconhecer e obedecer à autoridade do seu governo, enquanto que o criminoso tomou a decisão de ignorar e rejeitar tal autoridade, ao escolher submeter-se a uma outra autoridade, provavelmente à do seu próprio ego, ou, então, a uma contracultura. O que determina cada decisão? Não pode ser exclusivamente no carácter objectivo das leis ou do governo; caso contrário não haveria rejeições à autoridade. Será uma questão de hereditariedade, ou estrutura genética, ou outros factores para além do controlo da pessoa que toma a decisão? Se assim for, não existe a possibilidade de responsabilização *moral*, apenas legal. Finalmente, deve ser reconhecido como um mistério que se encontra alojado nas mais recônditas profundezas da personalidade.

Os princípios que influenciam esta simples ilustração também se aplicam directamente ao assunto da autoridade na esfera teológica. Segundo a perspectiva cristã, a autoridade é exercida por Deus, porque Ele é a Derradeira Realidade, e todos os que existem dependem da Sua criatividade. O nosso conhecimento de Deus decorre da mediação de vários meios, dos quais as Escrituras têm a maior autoridade. Tal como o polícia, as Escrituras não têm autoridade em si mesmas, mas está enraizada numa fonte anterior. Da mesma forma, a aceitação da autoridade das Escrituras também não é resultado de coacção, mas de natureza pessoal.

A questão primordial a ser levantada, em qualquer abordagem da autoridade bíblica, diz respeito à base na qual se aceitam as Escrituras como autoridade ou à natureza da sua autoridade existencial. Se forem recebidas com base em qualquer outra autoridade, tal como a igreja, então a igreja terá uma autoridade superior às Escrituras. Para se evitar este dilema, tradicionalmente, os teólogos têm desenvolvido esforços no estabelecimento de uma base objectiva a esta autoridade nas próprias Escrituras. Isto implica a formulação de fundamentos racionais considerados suficientes para convencer a mente a submeter-se à Bíblia como a Palavra de Deus.

Uma dessas propostas sugere a racionalidade de aceitarmos o testemunho da Bíblia sobre a sua própria autenticidade. Para além da dificuldade em se estabelecer que a Bíblia faz referência a si mesma de uma forma global, esta abordagem implica, logicamente, a conclusão de que o argumento teria validade apenas no contexto de uma prévia aceitação da autoridade bíblica com base em qualquer outra coisa, e que em si mesma libertaria o argumento de ter qualquer significado apologético. Se esta proposta for lançada como argumento principal não estabelece nenhum princípio para limitar a sua aplicação às Escrituras hebraico-cristãs. O Livro de Mórmon também reivindica ser a Palavra de Deus. É, portanto, um argumento que se auto-anula e torna-se num exemplo clássico da falácia lógica da petição de princípio.[6]

Um dos argumentos mais proeminente entre os evangélicos – e também usado por alguns wesleyanos – tem sido o de basear a autoridade da Bíblia na sua infalibilidade. Para que se compreenda a lógica dos proponentes da infalibilidade devem ser considerados dois pontos principais. Primeiro, a conclusão é normalmente deduzida da doutrina de Deus. A premissa é que o infalível Deus da Verdade não iria, nem poderia direccionar os Seus instrumentos humanos a escrever algo que fosse falso, mesmo no seu mais ínfimo detalhe.[7] O raciocínio move-se, assim, de Deus para as Escrituras e impede a possibilidade de erro antes que se examine o próprio texto.

A segunda parte do argumento afirma que tal infalibilidade está confinada aos textos dos manuscritos originais, dos quais nenhum sobreviveu.[8] Isto também impede a possibilidade da descoberta de erros e, portanto, coloca a própria reivindicação para além da validação ou refutação empírica. Esta mantém-se como um parecer teológico *a priori*, que para ser viável se submete a uma outra autoridade que não as próprias Escrituras, nomeadamente, àquele que declara os manuscritos originais como sendo infalíveis. O próprio João Wesley pode ser citado como apoiante desta ideia, o que, muitas vezes, implica um tipo de teoria dominó, como a própria afirmação de Wesley reflecte: "Se existirem quaisquer erros na Bíblia, bem poderão existir mil. Se houver alguma falsidade nesse livro, não veio do Deus da verdade".[9]

---

6 John Miley, cuja *Systematic Theology* foi durante vários anos o livro-texto oficial do curso de estudos para ministros da Igreja do Nazareno, faz o seguinte comentário sobre este argumento: "Se tentarmos provar a inspiração das Escrituras a partir das suas próprias afirmações e depois, que são a revelação divina porque são inspiradas, o nosso argumento mover-se-ia num círculo e, por conseguinte, não traria qualquer resultado lógico. Esta é uma falácia bastante comum, que acaba por prejudicar mais do que favorecer a verdade". (New York: Eaton and Mains, 1894), 2:487.

7 Vide W. Ralph Thompson, "Facing Objections Raised Against Biblical Inerrancy", *Wesleyan Theological Journal* 3, no. I (Spring 1968):21-29.

8 Este argumento surgiu no século XIX com a teologia de Princeton formulada por A. A. Hodge e B. B. Warfield. "Foi Hodge que primeiro formalizou o conceito de manuscritos originais como base para a infalibilidade das Escrituras". R. Larry Shelton em "John Wesley's Approach to Scripture in Historical Perspective", *Wesleyan Theological Journal* 16, no. I (Spring 1981):38. Ver também as notas de rodapé de Shelton.

9 *The Journal of John Wesley, A. M.*, ed. Nehemiah Curnock, 8 vols. (London: Epworth Press, 1949), 6:117. Acerca deste e de outros comentários semelhantes, Shelton afirma: "Este tipo de expressões relacionam-se primeiramente com as suas tendências para o ditado verbal na inspiração e, não são usadas para estabelecer uma base de infalibilidade para a autoridade. A sua epistemologia é diferente da do fundamentalismo, a qual baseia a autoridade bíblica num pressuposto da natureza do texto externo dos manuscritos". "John Wesley's Approach", 38.

Outros evangélicos – incluindo muitos wesleyanos –, igualmente comprometidos com a autoridade final das Escrituras para a fé e a vida, não consideram eficaz apelar para uma Bíblia sem erros, como supracitado. A. M. Hills, reverenciado estudioso da santidade e autor da obra, *Fundamental Christian Theology*, outrora popular, procura evitar a todo o custo essa abordagem. Incorporando citações de outros autores, escreve:

> É verdadeiramente dito que "o homem que se agarra à causa do cristianismo com a exactidão literal da Bíblia não é amigo do cristianismo; porque, com alguma frequência, a rejeição dessa teoria leva à rejeição da própria Bíblia e a fé fica arrasada". Aqueles que defendem que devemos aceitar todas as afirmações das Escrituras, ou nenhuma delas, devem considerar que nenhuma outra doutrina faz mais cépticos que esta. "Parece", diz o Dr. Stearns, "algo de muito bom e piedoso afirmar que a Bíblia está absolutamente isenta de erros. Mas nada que seja contrário aos factos é bom ou piedoso".[10]

Clark H. Pinnock, um reconhecido estudioso evangélico contemporâneo com esta obra, argumenta o seguinte:

> Afirmar que a menos que todos os pontos possam ser estabelecidos o edifício inteiro se desmorona, parece indicar uma forte mentalidade de uma ortodoxia em declínio. Quando a consciência de Deus falando de forma poderosa através das Escrituras começa a ceder, é necessário agarrar os argumentos racionalistas afim de defender a Bíblia e nascer a ortodoxia escolástica. É certamente difícil compreender a razão pela qual Deus não teve cuidados maiores para que o texto se apresentasse sem erros, se considerava a completa ausência de erros epistemológicos tão crucial, e como é que as Bíblias, com erros, usadas durante milénios pelos cristãos têm sido tão eficientes.[11]

A abordagem clássica do assunto da autoridade existencial das Escrituras tem apontado para um factor que transcende os argumentos racionais como o derradeiro tribunal de apelação, considerando as defesas racionalistas muito pouco convincentes. Ao falar desses esforços de defesa, João Calvino afirma:

---

10 2 vols. (Pasadena, Calif.: C. J. Kinne, 1931), 1:134.
11 "Three views of Biblical Authority", em *Biblical Authority*, ed. Jack Rogers (Waco, Tex.: Word Books, Publisher, 1977), 65-66. Bruce Vawter realça o mesmo ponto, ao fazer uma importante distinção: "A crítica textual não tinha revelado à igreja que esta já não possuía a palavra: O que tinha revelado é que nem sempre a igreja podia ter a certeza da pureza *verbal* do texto através do qual possuía a palavra. Isso foi, ou deveria ter sido, fatal para qualquer teoria de uma inspiração verbal rígida. ... se Deus realmente 'ditou' um texto – independentemente de quão literal o antropomorfismo seja levado em conta – então, certamente o texto e a sua exactidão verbal – e não somente a palavra por esta mediada – teria sido objecto de uma preocupação contínua". *Biblical Interpretation* (Philadelphia: Westminster Press, 1972), 65.

A autoridade das Escrituras, ainda que fortalecida por argumentos, ou apoiada no consentimento da Igreja, ou confirmada por quaisquer outras ajudas, é vã se não for acompanhada por uma certeza maior e mais forte que a razão humana possa compreender. Até que esta base seja lançada, a autoridade das Escrituras mantém-se em suspenso. (...) Porque a verdade permanece, por oposição a todas as dúvidas, quando, sem apoio externo, se basta a si mesma.[12]

Wiley, ao apresentar o mesmo tipo de esforços para defender a Bíblia de forma racionalista, afirma:

> Depende da lógica e não da vida. Os homens e as mulheres espirituais – aqueles que, cheios do Espírito Santo, não estão demasiadamente preocupados com a maior ou a menor crítica. Não descansam apenas na letra que deve ser defendida pela argumentação. Têm um alicerce maior e mais substancial para a sua fé que repousa no seu Senhor ressurrecto, o Cristo glorificado. (*CT* 1:143)

Estes teólogos apelam para a posição conhecida como o *testimonium internum Spiritus Sancti* – o testemunho interior do Espírito Santo –, sendo identificado como o ensino da Reforma e subscrito por Martinho Lutero e João Wesley. Num estudo abrangente e profundo destes assuntos, Larry Shelton afirma:

A principal base para a autoridade das Escrituras e o elemento de autenticação da sua inspiração (para Wesley) é o "testemunho interior do Espírito Santo". Ele afirma: "Então o cristão pode sem dúvida saber que é um filho de Deus. Tem tanta certeza desta proposição como tem certeza de que as Escrituras são de Deus. (...) Assim, a base de autenticação da autoridade das Escrituras é, para Wesley, um elemento no uso da experiência como base para a autoridade.[13]

Wiley dá o seu total apoio a esta posição (*CT* 1:35-37 et al.). Até a Confissão de Fé de Westminster reconhece a obra do Espírito na autenticação da autoridade das Escrituras. Depois de listar as várias características externas que marcam a nossa mente, regista: "Porém, não obstante, a nossa plena convicção e certeza da verdade infalível e da sua autoridade divina, vem da obra interior do Espírito Santo, dando testemunho pela e com a palavra nos nossos corações".[14]

Porque é que a obra do Espírito não convence todos os homens a aceitarem e a submeterem-se à autoridade das Escrituras? Será que se pode concluir que a Sua obra neste aspecto é selectiva? Aqui, podemos estabelecer

---

12   *Institutes* 1.8.1
13   "John Wesley's Approach", 37
14   Citado por Marshall em *Biblical Interpretation*, 46-47.

um paralelo com a doutrina wesleyana da graça preveniente e, com verdade, afirmar que a doutrina do *testimonium internum Spiritus Sancti*, não é mais que um caso especial da graça preveniente, e que esta se estende, igualmente, a todos os homens; neste caso, a todos que foram expostos ao conteúdo das Escrituras. A razão de alguns responderem é um mistério escondido, não nos conselhos secretos de Deus, mas nos mistérios igualmente impenetráveis da personalidade humana.

Richard S. Taylor salienta, de forma implícita, a prioridade da questão da autoridade existencial em relação a todas as outras questões da autoridade, nas palavras conclusivas da sua obra *Biblical Authority and Christian Faith*: "Para que o conceito da autoridade bíblica nos seja útil temos de resolver o nosso problema da autoridade pessoal". E, além disso, sugere a solução teórica mais próxima a que podemos chegar, quanto ao problema levantado no parágrafo anterior: "Enquanto existir dentro de nós hostilidade contra Deus, como Autoridade suprema, inevitavelmente, existirá resistência em relação a todas as outras autoridades menores. Mas este é um problema do pecado e não do intelecto".[15] Isto reflecte a solução para o assunto da Sua própria autoridade em relação aos judeus na visão joanina de Cristo.

Para além do tipo de autoridade que temos denominado por *existencial* (porque envolve uma decisão pessoal que transforma a vida) há um outro tipo de autoridade que também precisa de ser abordado no contexto de uma discussão sobre a autoridade bíblica. A este tipo de autoridade atribuímos o termo de *cognitiva*, porque se relaciona com o conteúdo cognitivo das Escrituras. Se o testemunho interior do Espírito Santo testifica da autenticidade (autoridade divina) da Palavra escrita, não o faz alienado do conteúdo das Escrituras.

Este ponto realça a interdependência dos dois tipos de autoridade. Existe uma ligação inseparável, mas é um equilíbrio muito frágil que deve ser mantido para que não se desequilibre. Søren Kierkegaard perturba este equilíbrio, fazendo-o pender numa só direcção, com a seguinte afirmação: "se a geração contemporânea não tivesse deixado mais nada para além destas palavras – : Nós acreditamos que, no ano tal, Deus apareceu entre nós na figura humilde de um servo, viveu e ensinou na nossa comunidade e finalmente morreu –, seria mais do que suficiente (…) e nem o mais volumoso registo de toda a eternidade faria mais .".[16] Aquele que igualasse a religião com o pensamento correcto, perturbaria o equilíbrio em sentido oposto.

---

15 (Kansas City: Beacon Hill Press of Kansas City, 1980), 93.
16 *Philosophical Fragments*, trans. David F. Swenson (Oxford and New York: Oxford University Press, 1936), 87.

Um princípio interpretativo da maior importância na compreensão da experiência religiosa é que o conhecimento pessoal de Deus é influenciado pela compreensão de ambos o objecto do conhecimento e da natureza do encontro divino-humano, assim como do seu resultado (emocionais, éticos etc.). A doutrina das dispensações de João Fletcher que descreve as facetas do conhecimento de Deus, reconhece este facto. Cada dispensação tem um aspecto externo e outro interno. O primeiro é cognitivo e depende da informação real ou do conteúdo acerca de Deus que pode ser conferido ao homem. O último aspecto é pessoal e diz respeito ao nosso compromisso em relação ao que nos foi revelado de forma cognitiva.[17]

Isto reconhece a validade da experiência de Deus, independentemente da plena compreensão de todas as implicações teológicas da fé cristã, mas permite que, em termos de experiência pessoal, o crescimento aconteça à medida que o conhecimento aumenta: "antes crescei na graça e no conhecimento de nosso Senhor e Salvador Jesus Cristo" (2 Ped. 3:18). Este princípio aplica-se tanto à história individual como à universal.

O reconhecimento desta dimensão cognitiva da autoridade levanta uma questão importante: Que aspecto do conteúdo cognitivo da Bíblia tem autoridade? Isto leva-nos, logicamente, à questão da inspiração das Escrituras, uma vez que a solução para este assunto define os parâmetros da resposta à questão. Assim, exploraremos esta questão de modo a desenvolver melhor este assunto da autoridade cognitiva.

A Inspiração das Escrituras

Existem três aspectos que emergem em ligação com este tópico tão debatido: (1) o facto da inspiração, (2) o modo da inspiração, e (3) a extensão da inspiração.

O Facto da Inspiração

A ideia de "inspiração" das Escrituras é uma verdade bíblica. Duas passagens (2 Tim. 3:16-17 e 2 Ped. 1:20-21) referem-na de forma explícita. No entanto, de certa forma, é anacrónico usar estas passagens para referir a Bíblia como um todo, uma vez que, claramente, fazem referência explícita às Escrituras do Antigo Testamento. Todavia, se for possível obter um princípio a partir destas referências, não será inadequado extrapolarmos uma teoria da inspiração que possa, então, referir-se ao todo das Escrituras hebraico-cristãs. O problema, no entanto, é que nos dá pouco mais do que uma declaração de que as Escrituras são "sopradas por Deus", mas quase nenhuma pista quanto ao método, ou à extensão, ou ao carácter da

---

17 John A. Knight, "Fletcher", 8.

actividade inspiradora de Deus. Ainda assim, estes têm sido os assuntos debatidos nos momentos em que a autoridade bíblica foi posta em causa.

Talvez algumas pistas possam ser descobertas ao explorarmos a possível origem da palavra *theopneustos*, usada em 2 Tim. 3:16 e traduzida na maioria das versões bíblicas como "inspiradas". O próprio termo deriva do grego clássico, que se refere a uma experiência de êxtase na qual a pessoa inspirada é possuída ao ponto de perder a sua própria consciência ou vontade. Neste estado, pode tornar-se num veículo passivo através do qual as profecias são pronunciadas. Mas todas as evidências apontam para o facto de o termo, derivado do mundo do arrebatamento em êxtase, ser usado na passagem do Novo Testamento para salientar um conceito do Velho Testamento, nomeadamente, a ideia do Espírito de Deus: O sopro de Deus é visto como a fonte da vida. O homem, que de outra forma não passaria de um cadáver, tornou-se um "ser vivente" quando Deus soprou (inspirou) nas suas narinas o sopro da vida (Gén. 2:7).[18]

Fora deste contexto, é bem possível que Paulo pretendesse simplesmente transmitir a ideia de que o Espírito de Deus soprou vida, no que de outra forma seria texto morto do Velho Testamento, tornando-o, assim, proveitoso para o ensino, a repreensão, a correcção e a educação. João Wesley compreendeu-o desta forma, e afirmou nas suas *Notes* sobre este versículo: "O Espírito de Deus não inspirou apenas uma vez aqueles que o escreveram, mas inspira continuamente, ajuda de forma sobrenatural, aqueles que o lêem com oração sincera".[19] Portanto, 2 Tim. 3:16-17 foi traduzido:

---

18 Vawter, *Biblical Interpretation*, 8-13, faz uma análise cuidada da evidência bíblica e conclui que "aqui, estamos a lidar com um sincretismo linguístico. Embora quer a LXX, quer o NT tenham feito um esforço estudado para evitar a linguagem de uma experiência divinatória (arrebatamento em êxtase) ao referirem-se à peculiar tradição profética judaico-cristã, não foi possível evitá-la por completo, visto ser a única linguagem disponível". 9. John Burnaby, *Is the Bible Inspired?* (London: Duckworth and Co., 1949), analisa a compreensão bíblica da natureza de Deus como amor e a característica distintiva do homem como pessoa, para demonstrar a forma inadequada de usar o modelo de "possessão do Espírito" para explicar o fenómeno da "inspiração" e, sugere um modelo baseado neste relacionamento divino-humano: "A influência do Espírito Santo sobre a alma do homem deverá ser... correctamente apreendida por analogia com a influência de uma pessoa sobre outra. Sob essa influência, a alma fica constrangida, mas fica-o voluntariamente. À medida que se rende à influência do Espírito, ao mesmo tempo é levada para mais próximo da unidade da vida pessoal em si mesma e atraída para a união com o mundo de pessoas de Deus e com o próprio Deus. (...) Mas, permanece de forma inviolável, ao longo de todo o processo, a distinção e a diferença entre o Criador e a criatura". 80. CF. Ver também Alan Richardson, *The Bible in the Age of Science* (Philadelphia: Westminster Press, 1961), 75.

19 Sobre a frase "oráculos vivos" em Actos 7:38, Wesley explica nas suas *Notes*: "Estes são chamados de *vivos*, porque toda 'a palavra de Deus,' aplicada pelo Seu Espírito, 'é viva e poderosa,' Heb. 4:12. Paul Bassett diz sobre este assunto: "Wesley duvida que a 'letra das Escrituras' tenha valor à parte das acções do Espírito". "The Holiness Movement

"Toda a Escritura inspirada é proveitosa para ensinar a verdade e refutar o erro ou para reformulação de comportamentos e disciplina na vivência correcta, para que o homem que pertence a Deus possa ser eficiente e estar equipado para todo o tipo de boas obras" (NEB[20]). O contexto refere-se, clara e inequivocamente, ao *uso* que poderá ser dado às Escrituras e não primariamente em relação à sua produção original, embora isso seja, aparentemente, um dado assumido. Portanto, inclui pelo menos, o aspecto existencial da autoridade, anteriormente discutido.

O outro lado da moeda (aquilo a que temos chamado de autoridade cognitiva) é expressa mais claramente em 2 Ped. 1:20-21. Aqui o autor está interessado na profecia. À luz do contexto mais alargado do livro, o assunto parece ser o cumprimento da Palavra profética, seja ela do Velho Testamento, em termos do primeiro advento de Jesus, ou da profecia cristã, em termos do Segundo Advento. O facto de que o Primeiro Advento transcendeu a palavra literal do profeta (vide Apêndice 2), significou que o seu cumprimento necessitava de uma comprovação, cuja antecipação Pedro e os seus companheiros na realidade tinham recebido no Monte da Transfiguração: "Temos, assim, tanto mais confirmada a palavra profética" (v. 19). Por paralelismo, o Segundo Advento não implica o cumprimento dentro dos limites de tempo exigido por muitos, visto que "para o Senhor, um dia é como mil anos, e mil anos, como um dia". (3:8). A implicação disto é que os profetas falaram mais do que sabiam, isto é, quando cumprido, o significado transcende a sua situação historicamente condicionada. A única resposta para isto é que a sua mensagem não era uma "elucidação particular" (1:20), mas "eram movidos pelo Espírito Santo" (v. 21).

---

and the Protestant Principle", *Wesleyan Theological Journal* 18, no. I (Spring, 1983): 14. Um considerável número de reputáveis académicos da Bíblia concordam com esta interpretação: Alan Richardson, em *Bible in Science*, escreve: "O texto grego sugere que Deus soprou nas palavras 'mortas' das Escrituras do Velho Testamento o sopro da vida, da mesma forma como certa vez soprou nas narinas do homem e o tornou em alma vivente. A tradução inglesa AV tem atrás de si uma longa história de más interpretações, desde as noções Alexandrinas e pagãs sobre a inspiração como um tipo de inspiração divina genial entraram na igreja desde os tempos de Justino Mártir, em meados do segundo século. O início da crítica histórica moderna, no séc. XIX libertou-nos desses conceitos errados". 75. Ver também idem, *Christian Apologetics* (New York: Harper and Bros., Publishers, 1944), 202-5; R. P. C. Hanson, *Allegory and Event* (Richmond, Va.: John Knox Press, 1959), cap. 7. I. Howard Marshall defende que a força da passagem se relaciona com os propósitos para os quais Deus a inspirou e, portanto, diz respeito "à sua adequação para aquilo que Deus pretendeu fazer". *Biblical Inspiration* (Newton, Kans.: Faith and Life Press, 1978), 69-70; Paul J. Achtemeier, *The Inspiration of Scripture* (Philadelphia: Westminster Press, 1980), 107-8.

20 Nota de Tradutor: A tradução feita do versículo, é uma reprodução literal do texto bíblico citado por Dunning, cuja fonte foi a *New English Bible*.

Novamente, isto não transmite qualquer metodologia específica, para além da simples afirmação que o Espírito Santo tanto trabalha na produção da "palavra profética", como na sua leitura. Se aceitamos a autoridade das Escrituras como um acto da nossa decisão pessoal, sob a influência do Espírito Santo (como discutido supra), estamos a incluir o facto de as Escrituras fazerem algumas auto-referências ao seu próprio carácter inspirado. Mas isto não compromete o cristão que acredita na Bíblia, com um modo específico de inspiração. A perspectiva deste ponto depende daquilo que for entendido como sendo teologicamente adequado e fiel às informações das Escrituras. Infelizmente, muitas das teorias só podem ser sustentadas quando recusam considerar certos factos. A nossa abordagem procura seriamente evitar essa armadilha.

O Modo da Inspiração

As várias teorias sobre o modo da inspiração podem ser visualizadas como posições diferentes num *continuum*, dependendo da maneira como os elementos divino e humano estão relacionados na produção do Livro Sagrado. Neste sentido existe um paralelo muitas vezes notado nos debates cristológicos, que reproduzem o mesmo padrão.[21] Em ambos os casos, a diferença entre teorias parece residir no grau de seriedade que é atribuído à história. Os pontos de vista extremos (Docetismo e Ebionismo em termos Cristológicos) são inadequados, mas alcançar uma teoria satisfatória tem sido extremamente difícil. A solução final, em ambos os casos, pode ser a de estabelecer uma relação paradoxal, incapaz de uma resolução cabal, em termos puramente racionais. Isto seria o mais próximo da verdadeira abordagem wesleyana, visto que Wesley neste tipo de questões sempre insistiu na crença no *facto*, apenas, e não nas explicações teóricas.

Uma pesquisa sobre as diferentes opções servirá para demonstrar a dificuldade do problema e a provável necessidade de nos contentarmos com uma resposta paradoxal.[22] Quanto mais nos aproximamos do lado

---

21 Marshall demonstra reticências sobre o uso desta analogia, duvidando que esta esclareça realmente o assunto: "A diferença entre a encarnação da Palavra eterna, na pessoa de Jesus e a composição divina das Escrituras através de autores humanos, é tão acentuada que talvez seja mais sábio não fazer uma doutrina das Escrituras com conclusões retiradas de uma analogia". *Biblical Inspiration*, 44-45. Não estamos aqui a tirar conclusões, mas simplesmente a ilustrar as semelhanças através da analogia.

22 Wiley afirma: "As explicações racionalistas realçam indevidamente o elemento humano, enquanto que as teorias supranaturalistas minimizam-no [sic], defendendo que os escritores sagrados estavam de tal forma possuídos pelo Espírito Santo que se tornaram instrumentos passivos, em vez de agentes activos" e depois propõe a sua "teoria dinâmica", a qual reivindica ser uma "teoria intermediária proposta com o intuito de explicar e preservar numa harmonia apropriada, tanto o factor humano como o divino, na inspiração das Escrituras". *CT* 1:173, 176. Além disso defende que

esquerdo do continuum – o fim humano – maior é a tendência para a continuidade. A Bíblia é compreendida na mesma categoria e sujeita aos mesmos princípios de interpretação como a outra literatura. Não exige uma hermenêutica especial. Além disso, esta tendência salienta o carácter histórico dos documentos bíblicos, tanto em termos da sua origem, como acentuando o carácter historicamente condicionado da sua mensagem. Isto parece desvalorizar o aspecto divino das Escrituras e explica, em parte, a violenta reacção de muitos cristãos conservadores ao surgimento da crítica histórica no século XIX.[23]

No outro lado do continuum, a tendência é eliminar o elemento humano. Este ponto de vista, de uma forma simplista, realça o aspecto sobrenatural de tal forma que a personalidade do autor é posta de lado. Wiley refere um representante desta posição extrema, que afirma: "Eles [os autores bíblicos] não falaram nem escreveram qualquer palavra sua, mas proferiram, sílaba por sílaba, o que o Espírito colocara nas suas bocas".[24] É difícil encontrar um representante de uma teoria como esta no meio académico contemporâneo, visto que quase todos os académicos modernos optam

---

esta teoria equilibrada tem sido a mais consensual na igreja. Cf.173-77.

Orígenes, o mais antigo académico bíblico, defendia que a Bíblia era, do princípio ao fim, harmoniosa e sobrenaturalmente perfeita em cada ponto específico, mas ao mesmo tempo estava consciente do carácter humano das Escrituras. Cf. F. W. Farrar, *History of Interpretation* (Grand Rapids: Baker Book House, 1961), 190.

Agostinho, manteve o mesmo equilíbrio de uma forma algo curiosa, revelou uma inclinação no sentido de uma direcção supranaturalista. Para Agostinho as Escrituras eram uma unidade divina. Nenhuma discordância de qualquer natureza tinha permissão a existir. Mas ele tinha várias formas de lidar com as aparentes desarmonias. Reivindicava de várias formas que o manuscrito continha erros, ou que a tradução estava errada, ou que o leitor não teria compreendido as coisas de forma adequada. Quando nenhuma destas explicações parecia apropriada, às vezes concluía que o Espírito Santo tinha "permitido" que um dos autores das Escrituras compusesse algo diferente daquilo que um outro autor bíblico tinha escrito. Para Agostinho, então, os pontos de desacordo tinham o propósito de estimular o nosso apetite espiritual na busca por entendimento. Mas as leituras diferentes não eram o problema principal de Agostinho, porque a verdade das Escrituras residia, em última análise, no pensamento dos escritores bíblicos e não nas suas palavras individuais. Comentou: "nas palavras de qualquer homem a coisa que devemos levar em conta de forma rigorosa é apenas o pensamento que o autor deseja expressar e ao qual as palavras devem estar sujeitas; e, ainda, que não deveríamos supor que alguém esteja a fazer uma afirmação incorrecta, se acontecer comunicar por palavras diferentes o que a pessoa realmente queria dizer, cujas palavras não reproduz literalmente". Citado em A. D. R. Polman, *The Word fo God According to St. Augustine* (Grand Rapids: Wm. B. Eerdmans Publishing Co., 1961), 49. Cf. também Vawter, *Biblical Inspiration*, 38-39.

23 Cf. Alan Richardson, *Bible in Science*, cap. 2.

24 *CT* 1:173-74. Wiley levanta três objecções sólidas a esta posição: "[1.] nega a inspiração de pessoas e sustenta apenas a inspiração dos escritos; ... [2.] não é compatível com todos os factos; (...) [3.] está em desarmonia com a maneira conhecida pela qual Deus trabalha na alma humana". 174-75.

por uma compreensão histórica (temporal) da Bíblia e concordam que este é o modo mais apropriado de interpretação. No entanto, alguns evangélicos têm hesitado em aceitar todas as implicações deste facto no carácter historicamente condicionado dos escritos bíblicos. Contudo, negar o seu aparecimento na história perturba o equilíbrio entre os elementos divino e humano envolvidos na sua produção.

Wiley, seguindo a proposta de John Miley e de muitos outros teólogos metodistas, avança com aquilo a que chama a *teoria dinâmica* como uma tentativa de mediar entre os dois extremos e de manter o equilíbrio apropriado, ainda que paradoxal, entre os factores divino e humano na inspiração das Escrituras. Com base em 2 Pedro 1:21 insiste que o *locus* da inspiração são as pessoas ou os escritores e não os escritos (*CT* 1:174). Mas não se esforça por desenvolver as implicações desta teoria para além de afirmar o seu carácter intermediário.

No período moderno, o antecedente histórico desta posição parece ser William Sanday, cujas palestras em Bampton em 1893 marcaram um avanço significativo no debate sobre a inspiração. A posição de Sanday é resumida por Alan Richardson da seguinte forma: "Não são as palavras da Bíblia que são inspiradas, mas os escritores das escrituras. A acção de Deus é pessoal, não mecânica; Ele busca a iluminação das mentes dos Seus servos, de forma a que pensem a verdade por si mesmos e a façam sua".[25] Com esta interpretação, a teoria mecânica ou ditado da inspiração é rejeitada.

Um facto que poucos parecem ter em consideração é que a Bíblia é um fenómeno de tal forma complexo e diverso que é impossível de conter numa simples ou única fórmula. Não existem apenas numerosas formas literárias, mas também vários tipos de material que vão da literatura sapiencial aos registos do Templo. Muitos procedimentos contemporâneos concentram-se exclusivamente no modelo de revelação dos "actos de Deus". Embora isso seja claramente central para a fé bíblica, os desenvolvimentos académicos recentes têm chamado a atenção para outras dimensões além destes eventos, que efectuam a libertação ou a salvação. Existe também o estado da salvação, que também inclui a actividade de Deus e sobre o qual a Bíblia fala de uma forma alargada no Velho e no Novo Testamento. Esta faceta do material bíblico tem sido subordinada à rúbrica da "bênção".[26] Também é legítimo olharmos para a "teologia da criação", que está

---

25 *Bible in Science*, 68. Não se está aqui a afirmar que Wiley tem a mesma posição que Sanday, estamos simplesmente a notar o momento, aparentemente histórico, em que um avanço significativo foi feito numa tentativa de resolver o problema da inspiração.
26 Vide Claus Westermann, *Blessing in the Bible and the Church* (Philadelphia: Fortress Press, 1978).

reflectida de forma central na literatura sapiencial bem como noutros lugares. Como se explica tudo isto através de uma teoria tradicional?

Em última análise, assim como acontece com as questões cristológicas, temos de confessar um relacionamento paradoxal entre a palavra humana e a Palavra Divina, que resiste a qualquer solução racional completamente satisfatória. As tentativas de formular uma tal explicação parecem sempre resolver o paradoxo para uma ou outra verdade, enquanto se tende a perder aquela com a qual não se concorda. (Vide as discussões sobre paradoxo nos capítulos 1 e 4).

No desenvolvimento da sua teoria dinâmica, H. Orton Wiley foi sábio ao abster-se de qualquer tentativa de explicar a interpenetração entre os elementos humano e divino. No entanto, o seu ponto de vista requer uma forma particular de exegese que é muito importante para uma interpretação bíblica adequada. Esta implicação precisa de ser explorada como pano de fundo para maior ênfase deste capítulo que ainda se seguirá.

Ao transformar o locus da inspiração dos escritos para os escritores, a teoria dinâmica tem por implicação o carácter histórico da linguagem bíblica. Neste aspecto é significativamente diferente dos modos mecânico ou ditado de inspiração. Neste último, as palavras são dadas directamente aos escritores de maneira que as palavras são de Deus e não do homem. Se os próprios escritores são inspirados, as palavras estão envolvidas, mas de uma forma diferente. Uma vez que os pensamentos são necessariamente conceptualizados em termos de linguagem, ou de palavras (Vide discussão quanto à relação entre linguagem e pensamento no capítulo 1, n. 3), existe um verdadeiro sentido no qual alguém pode falar de inspiração verbal neste contexto.[27] No entanto, a diferença crucial está em que as palavras são de homens que têm a sua própria compreensão daquilo que estas significam. Isto é, elas são historicamente condicionadas pelo ambiente social, intelectual e cultural do escritor. São até limitadas pelo seu conhecimento ou desconhecimento *factual*. Mas nenhum destes é essencial para a autenticidade dos pensamentos. O problema é a determinação, mediante métodos exegéticos cuidadosos, da intenção do escritor através da análise do seu contexto histórico e linguístico. A cuidadosa atenção que os estudiosos bíblicos dedicam ao estudo das palavras é precisamente para descobrir a intenção original ou a compreensão do escritor para que se recupere com precisão a verdade que pretendeu comunicar, e, assim, determinar o que o texto significa.

---

27 Tendo dito isto, ainda precisamos admitir que o carácter diverso do material bíblico, como notado no texto, torna-o resistente a este tipo de modelo.

Em suma, a teoria dinâmica da inspiração implica o método histórico-gramatical de interpretação bíblica. Contrariamente, a teoria do ditado leva, quase inevitavelmente, ao método alegórico de interpretação e, em última análise, à perda do significado na totalidade.[28] Se o significado for controlado pelo intérprete, como é inquestionavelmente o caso de qualquer tipo de exegese alegórica, em vez de o ser pelo autor original, cuja própria compreensão da sua intenção providencia o critério objectivo para o significado, não existe a possibilidade de afirmarmos que um significado é mais correcto do que outro – não existe, portanto, um significado objectivo.

A Extensão da Inspiração

Este tópico leva-nos directamente à questão que temos denominado como autoridade *cognitiva* da Bíblia. Alguns evangélicos defendem que a inspiração e, portanto, a autoridade se estende a tudo quanto os autores bíblicos escrevem, incluindo cronologias, relatórios de discursos, dados estatísticos e assim por diante. Este é, logicamente, um corolário da teoria de ditado (ou mecânica) da inspiração, uma vez que em parte pressupõe um nível de conhecimento que normalmente não está disponível para indivíduos finitos ou históricos. Outros evangélicos, igualmente convictos da autoridade das Escrituras, defendem que a sua eficácia se estende àquelas áreas da verdade que dizem respeito à salvação, ou, em sentido mais lato, ao conteúdo teológico das Escrituras.

A decisão final desta questão depende muito da forma como se interpreta o significado do termo *plenária*, termo tradicional usado pelos evangélicos para qualificar a ideia de inspiração. A própria palavra significa "pleno/completo", mas em si mesma é bastante imprecisa, ficando, assim, aberta a uma variedade de entendimentos. O artigo de fé no *Manual da Igreja do Nazareno* tem a seguinte redacção:

> Cremos na inspiração plena das Escrituras Sagradas, entendidas pelos 66 livros do Antigo e Novo Testamentos, dados por inspiração divina, revelando sem erros a vontade de Deus a nosso respeito em tudo o que é *necessário à nossa salvação*, de maneira que o que não se encontra nelas não pode ser imposto como artigo de fé. [itálico do autor]

Enquanto alguns nazarenos interpretam este artigo de fé de modo a concluir a autoridade plena, no seu sentido mais lato, como anteriormente descrito, outras fontes nazarenas permitem uma interpretação mais restrita, definindo-a como extensiva a todo o cânon; e, em termos do conteúdo

---

28 Hanson, *Allegory and Event*, cap. 7 sobre "Inspiração", demonstra ser este o caso de Orígenes.

das Escrituras, dos aspectos soteriológicos da Bíblia, isto é, sustenta que o caminho da salvação traçado nas Escrituras é totalmente fiável e fidedigno.

Num importante documento contemporâneo *plenária* é definida da seguinte forma:

Por inspiração plenária, entendemos o todo e cada uma das partes trazidas à existência sob direcção específica e, como resultado dessa inspiração, estes escritos são "a autoridade final da Regra de Fé na Igreja".[29]

Esta definição repete, para todos os efeitos e propósitos, a afirmação de Wiley:

> Por inspiração plenária entendemos que o todo e cada parte é divinamente inspirada. Isto não pressupõe, necessariamente, a teoria mecânica da inspiração, como alguns contendem, ou qualquer método em particular, apenas que os resultados dessa inspiração nos ofereçem as Escrituras Sagradas como autoridade final da regra de fé na Igreja (*CT* 1:184)

As qualificações de Wiley deixam claro que, nesta afirmação tão geral, existe um espaço considerável para uma significativa variedade de interpretações permitindo, assim, aos teólogos nazarenos concordarem em geral com o ponto de vista da teologia protestante clássica (vide imediatamente a seguir), o qual se concentra nos elementos soteriológicos e/ou teológicos como a dimensão especial das Escrituras que detêm o carimbo de inspiração única (autoridade). A interpretação de Colin Williams de João Wesley sugere que também ele confiava na autoridade soteriológica das Escrituras: "Para Wesley *homos unius libri* significava a confiança no caminho da salvação dado nas Escrituras".[30]

Contudo, em última análise, a questão decisiva não se relaciona com a teoria de alguém a respeito da natureza da autoridade bíblica, mas com a maneira como a Bíblia é usada. Várias seitas, como por exemplo as Testemunhas de Jeová, os Mórmons, os Amigos de Cristo e os Pentecostais Unitários (Só Jesus), afirmam a crença na infabilidade das Escrituras. Os evangélicos que chegaram a um consenso relativamente bem estabelecido sobre a teoria da autoridade bíblica e da inspiração, manifestaram divergências significativas na interpretação das Escrituras.[31] Isso diz-nos que o problema em causa, em toda a discussão sobre a Bíblia, é na prática, uma questão *hermenêutica*. Portanto, a nossa tarefa mais definitiva é desenvolver um método de interpretação bíblica que permita que a Bíblia fale por si mesma, e assim libertar a mensagem de auto-autenticação que é a essência da autoridade bíblica. Ao mesmo tempo, lidaremos com a forma como

---

29 Purkiser, Taylor e Taylor, *God, Man and Salvation*, 204.
30 *John Wesley's Theology Today* (New York: Abingdon Press, 1960), 25.
31 Robert K. Johnson, *Evangelicals at an Impasse* (Atlanta: John Knox Press, 1979).

a Bíblia deve ser usada como uma fonte da teologia. Falaremos agora, brevemente, sobre estes assuntos.

Manuseando Bem a Palavra da Verdade

Num volume programático, editado em 1945, H. Cunliffe-Jones, pediu aos estudiosos cristãos que desenvolvessem um método de interpretação das Escrituras que tivesse em conta, de forma apropriada, tanto o estudo histórico como teológico da Bíblia. Escreveu numa altura em que o estudo histórico era o centro das atenções dos académicos há muitos anos e em que o elemento teológico era suprimido, naquilo a que chamou de "a letra sem o espírito". Nos primórdios da era cristã, o teológico (alegórico) dominava, mas a dimensão histórica das Escrituras não era reconhecida: "o espírito sem a letra". E argumentou que a validade do estudo histórico da Bíblia devia ser reconhecida, "porque o princípio da Encarnação está no coração do cristianismo e não honramos a grande Revelação, sobre a qual a Bíblia dá testemunho, se não levarmos com seriedade os detalhes humildes da origem e compilação do testemunho".[32]

Mas este deve ser articulado com o aspecto teológico para que as Escrituras se tornem contemporâneas. Cunliffe-Jones ainda sugere que a chave para alcançar este alvo é compreender a interpretação que o Novo Testamento faz do Velho Testamento, "porque isto, embora possa ser objecto de um rígido estudo científico, é de importância crucial para a exposição teológica da Bíblia como a testemunha da revelação cristã".[33] Este último ponto é de uma perspectiva pouco usual, com a qual concordamos plenamente, porque aqui podemos ver a funcionar o princípio neo-testamentário de interpretação bíblica. Isso ilustra também a relação apropriada entre os tipos de autoridade existencial e cognitiva. Resumindo, a maneira como o Novo Testamento interpreta o Velho pode dar-nos a chave para a interpretação apropriada de toda a Bíblia, a partir da perspectiva da própria Bíblia.[34]

Desde o início que este assunto tem exercitado as mentes mais brilhantes da igreja. O problema surge primeiro nas páginas do Novo Testamento, onde os seguidores de Jesus se debatem com a Sua identidade. Convencidos pela revelação divina que Ele era o Messias da esperança

---

32 *Authority*, 26.
33 Ibid., 10.
34 Uma panorâmica alargada deste tópico poderá ser encontrada no Apêndice 2. Ali o material bíblico é cuidadosamente analisado e períodos críticos da história são pesquisados e estudados para vermos como tanto a Bíblia como a tradição abordariam esta questão. O argumento que se segue no texto foi desenvolvido na base das conclusões dessa pesquisa.

de Israel (Mat. 16:16), mas perplexos com a falta de correspondência entre aquilo que entendiam como os contornos dessa esperança e a imagem de Jesus, cuja Sua vida e ministério projectavam. A forma como os escritores do Novo Testamento, por fim, relacionavam Jesus com o Velho Testamento era muito subtil, parecendo por vezes uma violação dos textos do Velho Testamento. Claramente, não se estavam a apropriar deles no sentido artificial ou literal.

A igreja através dos tempos tem-se debatido com este assunto em termos de uma hermenêutica da profecia. A cada ponto crítico, os pensadores cristãos reconheceram que exigir uma correspondência literal entre a profecia e o seu cumprimento seria excluir o Velho Testamento das Escrituras cristãs, ou negar qualquer relação entre Jesus de Nazaré e a fé hebraica. Ambas as opções eram inaceitáveis. Os primeiros esforços recorreram ao uso alegórico das Escrituras, com todos os problemas que lhe são inerentes, mas vez após vez recorreu a esse método como forma de solucionar o dilema.

Nos tempos modernos, o aparecimento do estudo histórico das Escrituras fez com que a abordagem alegórica fosse impossível e irresponsável. Mas este método apenas intensificou a dificuldade, ao fazer o tradicional apelo à profecia como uma apologia da fé altamente problemático. Estes apelos dependiam da alegorização do texto do Velho Testamento. Os académicos procuraram seriamente a chave para desvendar o mistério.

Apropriando-se dos estudos de vários académicos competentes, este autor chegou à conclusão que a chave para desvendar o enigma é uma hermenêutica teológica. Em suma, a reivindicação do Novo Testamento pode ser explicada pela afirmação que a teologia que influenciou as passagens do Velho Testamento foi completamente cheia (cumprida) de conteúdo cristão pela pessoa e obra de Jesus e do novo Israel, a Igreja.

Se, a partir disto, extrapolarmos uma hermenêutica geral, podemos afirmar que o conteúdo teológico das Escrituras é a sua dimensão de autoridade e o passo mais crítico na interpretação bíblica é dar expressão à estrutura teológica que influencia o texto. Não existem textos não-teológicos na Bíblia. Muitas vezes, são necessários blocos alargados de material (especialmente no Velho Testamento) para dar voz a um único ponto teológico e não devemos, forçosamente, estar preocupados com uma certa miopia exegética procurando extrair de cada versículo algum tipo de significado revelador. Foi isso que no princípio levou à alegorização. A parábola é um caso literário que ilustra bem este princípio.

Muitas vezes a compreensão teológica é expressa em termos extremamente provincianos, como acontece quando Paulo aborda a questão de comer carne sacrificada aos ídolos em 1 Coríntios 8. E, com certeza, mais notória em alguns textos do que noutros é, frequentemente, sinónimo da palavra literal, exigindo pouca escavação exegética.

Parte da preparação para a tarefa de exegese teológica é ter uma compreensão da estrutura da teologia bíblica na coerência da sua unidade (Vide cap. 1 sobre a disciplina da teologia bíblica). Deve então ser um passo relativamente simples determinar o grau em que essa teologia ganha expressão numa passagem específica. Uma vez que certas passagens dão uma expressão mais completa e plena da teologia que as informa do que outras, algumas são mais valiosas do que outras, contudo todos os textos são válidos, uma vez que todos são influenciados pela compreensão teológica, ainda que mínima.

A verdade desta afirmação é reforçada quando comparamos as actividades de culto de Israel com as dos seus vizinhos. Muitas vezes têm muito em comum. Qual é então a característica distinta do culto de Israel? Será que se apropriaram de uma prática pagã, como os sacrifícios? A resposta está na teologia que influencia as práticas de culto. A época do ano da cerimónia, a própria cerimónia, a forma que toma e outros aspectos podem não ser diferentes, mas o significado teológico é radicalmente transformado. Este foi o caso quando um original festival de agricultura foi transformado na celebração de um evento histórico e salvífico, como aconteceu com a Festa do Pentecostes.

Ao discutir a forma como a arqueologia traz luz sobre "a profunda dívida de Israel aos rituais e à mitologia dos seus vizinhos", Bernhard Anderson escreve a respeito dos paralelismos entre a adoração e os rituais israelitas e cananitas: "Israel não disse um redondo Não de repúdio à cultura desenvolvida em que entrara, mas disse Não e Sim. A fé em Jeová, o Deus de Israel, exigia a rejeição de outros 'deuses' e, consequentemente, desafiava os pressupostos teológicos das religiões daquele ambiente".[35] Foi, por conseguinte, no contexto da cultura existente que a revelação ocorreu, a compreensão divinamente ofereceu as razões para a observância dessas actividades de culto. Uma vez que o teológico é a dimensão divinamente revelada destas práticas, facto que a torna peculiar e lhe confere um significado que perdura, mesmo que os cerimoniais sejam de interesse meramente arqueológico para o crente neo-testamentário.

Ao usar a Bíblia como uma fonte de teologia, o teólogo sistemático deve começar por fazer o trabalho de exegese teológica para, posteriormente, usar os resultados da sua pesquisa de forma a dar direcção ao seu trabalho, construindo um sistema de teologia orgânico e homogéneo, ainda que muitas vezes empregue categorias não-bíblicas de forma a abordar a

---

35 *Out of the Depths* (Philadelphia: Westminster Press, 1983), 40.

situação contemporânea. Esta é a fonte normativa a partir da qual todas as outras fontes da teologia necessitam de ser testadas e avaliadas.

CAPÍTULO 3

As Fontes da Teologia: Tradição, Razão e Experiência

A teologia wesleyana, seguindo João Wesley, sempre baseou o seu trabalho doutrinário em quatro pilares, vulgarmente referidos como o quadrilátero wesleyano. São estes, para além das Escrituras, a tradição, a razão e a experiência, embora não tenham igual grau de autoridade. De facto, quando convenientemente compreendidas, as três fontes auxiliares apoiam, directamente, a prioridade da autoridade bíblica. Tal deverá ficar claro na exposição que se segue.

Tradição

A tradição é difícil de ser definida e muitas vezes transporta consigo algumas conotações desfavoráveis. Devemos tentar alcançar uma clara compreensão da sua natureza teológica para que possamos compreender correctamente a sua função. Tradição deriva da palavra grega *paradosis*, o que sugere algo que se entrega, e da palavra latina *traditio*, que significa o que é transmitido. Uma pesquisa sobre a forma como a tradição tem funcionado na fé hebraico-cristã revela que ambas as dimensões, pela sua importância, devem ser incluídas na definição.

Para se definir correctamente tradição é necessário ter em mente a natureza da revelação, como esboçada sucintamente no capítulo anterior. Ela acontece principalmente (embora não exclusivamente, como notámos) através de eventos históricos que devem de ser interpretados. Assim, tanto os registos dos eventos (os factos) como a sua interpretação (significado) necessitam de ser transmitidos e, uma vez que o evento e a sua interpretação são inseparáveis, sugere-se que o complexo definido como tradição seja referido, na sua fase preliminar, como o evento/interpretação que é transmitido.

Da Tradição Oral à Escrita

Quando a tradição é entendida desta forma torna-se claro que as Escrituras, tanto o velho como o novo são tradições "fixas" (H. Berkhof). Muito antes da tradição, que lida com a auto-revelação de Deus e suas promessas a Abraão, Isaque e Jacó, ser escrita, ela foi transmitida de geração em geração na forma de tradição oral.

Certamente o mesmo foi verdade para a revelação do Novo Testamento em, e através de, Jesus Cristo. Aqueles a quem foi dada a revelação original (testemunhas oculares) transmitiram-na a outros na forma a que os primeiros Pais da Igreja denominaram de *tradição apostólica*. Com o tempo foi transformada em documentos que, mais tarde, acabaram por ser as Escrituras. O processo de colecção dos documentos comprovativos de autoridade foi acelerado pelo cânon de Marcião que reflectia uma tradição diferente da sustentada pela fé cristã clássica.[1]

Antes da fixação na forma de Escrituras, essa tradição apostólica foi passada de diferentes formas. Podem ser identificadas, com um certo grau de certeza, pelo menos quatro: (1) instrução catequética, que pode estar reflectida no *kerygma* (C. H. Dodd) da Igreja Primitiva, incorporada, por exemplo, nos sermões de Actos. Paulo faz-lhe referência explícita em 1 Cor. 15:1-3: "Irmãos, venho lembrar-vos o evangelho que vos anunciei, o qual recebestes e no qual ainda perseverais; por ele também sois salvos, se retiverdes a palavra tal como vo-la preguei, a menos que tenhais crido em vão. Antes de mais, "vos entreguei o que também recebi: que Cristo morreu pelos nossos pecados, segundo as Escrituras"; (2) hinos, dos quais Fil. 2:6-11 e 1 Tim. 3:16 parecem ser dois exemplos; (3) liturgia; e (4) sacramento.

Na correspondência aos Coríntios, Paulo parece usar a frase "do Senhor", como um termo técnico para se referir à tradição proveniente do próprio Jesus. Em 1 Coríntios 7, quando a tradição dominical não oferece uma palavra específica para um novo conjunto de problemas, Paulo sente

---

1 A compreensão da revelação como histórica, implícita nesta discussão, tem implicações profundas para a questão do cânon. Se, o teste de canonicidade for, exclusivamente, a questão da inspiração, não se pode excluir a priori a possibilidade de outros escritos inspirados. Além de que, se a fé bíblica fosse composta de ensinos abstractos e atemporais a respeito de Deus, o homem e a ética, tal também não permitiria, em princípio, qualquer razão para que o cânon fosse alguma vez fechado. "Mas a teologia da Bíblia não consiste em ensinos abstractos e atemporais. Preocupa-se, sim, com eventos, com a interpretação de eventos e o significado da vida no contexto dos eventos: eventos de uma história específica, na qual é afirmado que Deus agiu para redenção do homem. (...) O cânon, portanto, tem de estar fechado: nunca poderá existir de novo um testemunho primário dessa história". Bright, *Old Testament*, 159.

necessidade de complementar essa tradição com uma da sua própria autoria baseada na sua autoridade apostólica.

A Tradição como Texto Interpretado

Quando a tradição oral foi passada para um documento escrito, a natureza da tradição alterou-se de certa forma. Em vez de ser a transmissão do complexo evento/interpretação, torna-se numa tradição interpretativa em relação ao texto transcrito. A presença de várias tradições no tempo de Jesus testifica da realidade deste processo. A lei, por exemplo, foi aceite como verdadeira; mas a necessidade da sua interpretação (por exemplo, como o trabalho deve ser definido em relação ao quarto mandamento) fez com que surgissem diversas escolas de pensamento. Para além dos fariseus e saduceus, existiam as escolas rabínicas de Shammai e Hillel, interpretando a lei com diferentes graus de exigência. Jesus condenou o judaísmo do Seu tempo por este perverter a religião pura do Velho Testamento, com as tradições dos anciãos. Tal não implica, necessariamente, que toda a tradição seja má, mas antes que pode ter uma função corrompida.

Muito cedo na história do pensamento cristão, os Pais da Igreja falaram da tradição apostólica como o factor que deu catolicidade à igreja cristã, referindo os ensinamentos defendidos por toda a igreja no mundo. O aparecimento desta tradição, de uma interpretação com autoridade das Escrituras escritas (Novo Testamento), surgiu como resposta à ameaça do gnosticismo. Os mestres gnósticos podiam apelar às Escrituras para apoiarem os seus pontos de vista, pelo que passou a ser uma questão de interpretação. Ireneu, em particular, apelou para a tradição apostólica como a única interpretação com autoridade, qualquer outra estava fora dos limites do autêntico ensino cristão. O apelo dos gnósticos a uma suposta tradição secreta forçou Ireneu a realçar a superioridade da tradição pública da igreja.

> Todo o argumento do seu ensino é, de facto, que as Escrituras e a tradição não escrita da Igreja são idênticas no conteúdo sendo, ambas, veículos de revelação. Se a tradição é (...) um guia mais fidedigno, não é porque contenha verdades diferentes das que estão reveladas nas Escrituras, mas porque o verdadeiro teor da mensagem apostólica está, sem ambiguidade, declarado nelas.[2]

Numa pesquisa detalhada da literatura do quarto século, J. N. D. Kelly demonstra que a ideia da tradição apostólica retinha a prioridade das Escrituras. Embora fosse a interpretação que estivesse em causa, a tradição não era entendida como se tivesse qualquer estatuto independente. A

---

2   J. N. D. Kelly, *Early Christian Doctrines* (San Francisco: Harper and Row, Publishers, 1978), 39. Note a implicação desta afirmação para a necessidade de uma boa hermenêutica.

"autoridade dos Pais da Igreja consistia, precisamente, no facto de terem, fiel e totalmente, exposto a intenção verdadeira dos autores da Bíblia".[3]

A Tradição como Credo

Os credos da igreja ecuménica (não dividida) podem ser vistos como a cristalização da doutrina cristã no que diz respeito a certas doutrinas e para as quais as Escrituras providenciam a matéria-prima, mas que não são abordadas de uma maneira teológica formal. São tentativas de expressar as implicações teológicas (por vezes ontológicas) da mensagem bíblica, ou, no mínimo, evitar interpretações que não reflictam verdadeiramente a fé bíblica. Por conseguinte, os credos clássicos são um aspecto da tradição que segue o mesmo padrão presente nos primeiros anos como sendo interpretações da Bíblia. Os credos mais importantes podem ser identificados como: O Credo Apostólico, o Credo Niceno, o Credo de Atanásio (*Quicunque Vult*), e o Credo da Calcedónia.

A força destes credos está, principalmente, no seu carácter negativo. Surgiram no meio de controvérsias e foram formulados, principalmente, para rejeitar certos ensinamentos heréticos, portanto, a sua precisão residia exactamente neste ponto. No entanto, em muitas ocasiões providenciaram uma formulação positiva da doutrina sob discussão, e servem, pois, como directrizes para o que constitui uma interpretação válida. Servem de "postes de sinalização, apontando os perigos para a mensagem cristã que foram ultrapassadas por tais decisões",[4] indicam ainda os compromissos teológicos da comunidade da fé.

No entanto, a controvérsia com o gnosticismo preparou o caminho para uma perversão posterior da função da tradição. Em oposição ao apelo gnóstico de uma tradição secreta, os Pais da Igreja apelaram à voz universal da igreja. Contudo, surgiram certas práticas que não podiam ser defendidas com base no princípio interpretativo (p. ex., os sete sacramentos, etc.), então a Igreja Católica, no final da Idade Média, voltou-se para a posição gnóstica anterior e reivindicou uma tradição oral separada, entregue aos apóstolos que, por sua vez, a passaram aos seus sucessores. A sucessão apostólica garantiu a validade da segunda – agora separada – fonte de doutrina. Agora existem "duas fontes", estando a segunda contida "na tradição não escrita que os Apóstolos receberam do próprio Cristo, ou que foi passada, como se fosse de mão em mão, pelos Apóstolos sob a inspiração do Espírito Santo, e assim chegou até nós".[5] O Primeiro Concílio do Vaticano

---

3 Ibid., 49.
4 Tillich, *Systematic Theology*, 1:52.
5 Hendrikus Berkhof, *The Christian Faith*, trans. Sierd Woudstra (Grand Rapids: Wm. B. Eerdmans Publishing Co., 1980), 98.

(1870) declarou que o conteúdo desta tradição oral podia ser definido infalível apenas pelo papa.

Martinho Lutero e os outros Reformadores Protestantes rejeitaram esta fonte independente de doutrina com o princípio da *sola scriptura*. É nesta base que a teologia protestante mantém, da mesma forma, a possibilidade dos Pais da Igreja, os concílios e os credos terem caído em erro, com a mesma firmeza com que a igreja romana defende exactamente o oposto com a sua doutrina da infalibilidade papal.[6] No entanto, isto não impede a contribuição positiva da tradição na sua função interpretativa.

A Importância da Tradição

Neste ponto, a importância da tradição é reforçada por três considerações principais: (1) A Bíblia, ainda que reconhecida como a autoridade documental para a teologia cristã, tem necessidade de ser interpretada (vide cap. 2). A experiência da Igreja Primitiva na sua luta contra a heresia atesta isso mesmo. Para além disso, os problemas hermenêuticos contemporâneos do fundamentalismo evangélico acentuam essa necessidade. (2) A impossibilidade de uma leitura da Bíblia sem algumas ideias pré-concebidas acerca dela (vide cap. 1). Tillich expressa esta verdade de forma correcta e incisiva:

> Ninguém consegue passar por cima de dois mil anos de história da igreja e ser contemporâneo com os autores do Novo Testamento, excepto no sentido espiritual da aceitação de Jesus como o Cristo. Qualquer pessoa que encontre o texto bíblico é guiada na sua compreensão religiosa pelo entendimento desenvolvido por todas as gerações precedentes.[7]

(3) A natureza da teologia cristã. Como desenvolvido anteriormente, uma das características essenciais da teologia é interpretar a fé em termos contemporâneos. "O que está envolvido não é a mera reprodução da mensagem bíblica", assim, a teologia "não pode agir como se existisse um vácuo entre as Escrituras e os nossos próprios dias".[8] A história desta tarefa de contemporização é chamada, por Aulen, de "testemunho vivo da igreja". Deste modo, a tradição é compreendida, não como algo separado das Escrituras, mas como uma tarefa contínua de reinterpretação da mensagem bíblica e pode mesmo ser reconhecida como a actividade contínua do Espírito Santo (Jo. 16:13-14). Assim compreendida, a tradição, "mantém a guarda contra as interpretações irresponsáveis da Bíblia" (Aulen).

---

6 Wesley não hesita em salientar que os concílios da igreja não somente "podem errar", como "têm errado". *Journal* 1:275 (Sept. 13, 1733); ou *Works* 1:41.
7 *Systematic Theology* 1:36.
8 Aulen, *Faith of the Christian Church*, 69.

Esta função parece ter maior força numa situação em que existia uma única e indivisa tradição interpretativa, tal como os primeiros Pais da Igreja reivindicavam. Mas no protestantismo da pós-reforma, com a multiplicidade de denominações reflectindo uma variedade desconcertante de tradições e todas reivindicando o apoio da Bíblia, qual a sua validade?

Com base no compromisso protestante ao princípio da *sola scriptura*, onde é reconhecido que nenhuma tradição tem autoridade normativa final, a diversidade de tradições não precisa de, necessariamente, levar ao abandono do apelo auto-consciente da própria tradição do indivíduo. Dentro de certos limites, sem dúvida que cada tradição dá testemunho de algum aspecto importante da mensagem bíblica, e todas, em conjunto, testemunham das riquezas inesgotáveis da sua verdade. Este assunto tem-se tornado especialmente intenso nos meios teológicos académicos contemporâneos, que se tem preocupado com a questão do ecumenismo.

Se o teólogo reconhecer que a sua tradição se encontra dentro dos parâmetros gerais da fé cristã – e o wesleyano poderia sugerir que estes são delineados pelos concílios e credos da igreja indivisa – pode, sem qualquer dificuldade, fazer uso dos recursos dessa tradição para desenvolver a sua teologia sistemática distinta. Portanto, como Tillich afirma, "a tradição denominacional é uma fonte decisiva para o teólogo sistemático, independentemente da forma ecuménica como a usa".[9]

Para o teólogo wesleyano esta tradição poderia incluir, além dos credos ecuménicos – na ordem histórica inversa –, a declaração de fé da sua própria denominação, os 25 Artigos de Fé do metodismo e os 39 Artigos de Fé da Igreja Anglicana e, ainda, o trabalho teológico feito dentro do movimento wesleyano, mas não excluiria o bom trabalho académico desenvolvido fora da tradição. O espírito católico de Wesley justifica este apelo mais alargado.

O principal perigo para qualquer pessoa ou pessoas, no reconhecimento da sua dívida para com a tradição, é o perigo de santificar ou canonizar uma expressão histórica específica da fé bíblica. Todas as interpretações ou reinterpretações da fé têm de, repetidamente, e da forma mais aberta possível, sentar-se no banco dos réus da Palavra bíblica e ser julgadas à luz da mesma e interpretadas segundo o melhor conhecimento bíblico disponível.

---

9 *Systematic Theology* 1:38.

Razão[10]

Quando observado na sua relação com o mundo criado, a singularidade do homem está no seu poder de raciocínio, daí a definição clássica de homem como um "animal racional". Mas o homem é também um "animal religioso" e, estes dois aspectos da sua essência (visto de duas perspectivas diferentes), não podem ser mantidos em compartimentos separados. A sua relação é mais evidente na tarefa da teologização, visto que este é um empreendimento racional que se apoia nas crenças religiosas pessoais. A questão, a ser aqui explorada, é a função da razão neste contexto ou esta como uma fonte da teologia. Em parte, João Wesley, talvez porque viveu no século XVIII, a Era da Razão, deu uma atenção considerável a este assunto e insistiu que quem rejeita a razão, rejeita também a religião.[11]

As Limitações da Razão

Em primeiro lugar, é preciso afirmar que para a teologia a razão não pode funcionar como uma fonte independente. Estamos, assim, a rejeitar a abordagem teológica que teve a sua expressão clássica em Tomás de Aquino e seguida pela maioria das teologias sistemáticas desde esse tempo até ao século XIX. A razão, segundo esta metodologia, era vista como aquela que providenciava uma base racional ou um ponto de partida, através da qual era construída uma super-estrutura de teologia revelada. Esta base incluía uma secção que englobava provas da existência de Deus. Ao demonstrar a existência de Deus com base numa argumentação racional, esta teologia natural dava lugar à revelação, a qual, então, formulava a natureza de Deus, impossível de ser descortinada pelo uso independente da razão humana.

É reconhecido, de forma generalizada, desde o tempo de David Hume e Emanuel Kant, que esta abordagem é inadequada. Tanto Hume como Kant, ao analisar as capacidades epistemológicas da mente finita, descobriram que, no que respeita ao conhecimento científico, esta limita-se à experiência. João Wesley argumenta no mesmo sentido, dizendo que "os sentidos naturais" são "totalmente incapazes de discernir objectos de índole espiritual".[12] Como Deus não é um objecto sujeito à experiência empírica, a teologia natural é pura contradição.

Além disso, para demonstrar as verdades do cristianismo, a razão precisa de mostrar que são verdades necessárias. Por definição, as verdades necessárias estão limitadas a proposições que envolvem construções artificiais,

---

10 Uma abordagem da razão, a partir de uma perspectiva diferente em relação à revelação, pode ser encontrada no próximo capítulo. Esta secção, simplesmente, analisa o uso da faculdade humana de raciocínio no desenvolvimento de uma teologia.
11 *Letters* 5:364
12 *Works* 8:13.

tais como, as tautologias ou as fórmulas matemáticas. No entanto, a razão pode ser capaz de demonstrar que as verdades religiosas são inteligíveis e, assim, contribuir para a sua compreensão. Apesar da fé preceder a compreensão (Agostinho), o movimento da fé para a compreensão "evita que o crente se submeta a uma fé, que nada mais é, que a aceitação de uma autoridade directa e opaca ".[13]

Isto não exclui a possibilidade de a razão ter algumas funções preliminares que levem à fé. É quase impossível crer em algo, sobre o qual não se tem qualquer compreensão. Por exemplo, se lhe perguntar: "Acredita que todos os desengonçados são marsupiais australianos?", não será capaz de dar uma resposta de fé compreensível. Agostinho, o expoente máximo do princípio *credo ut intelligam*, afirma: "Se racionalmente a fé precede a razão, no caso de certas matérias importantes que não podem ser compreendidas, não pode haver a mínima dúvida que a razão, que nos persuade desta norma – que a fé precede a razão – por sua vez, precede a fé".[14] Portanto, ainda que seja verdade, a razão não pode funcionar como uma fonte independente de revelação, de facto, ela recebe e entende com algum grau de compreensão o que lhe é oferecido pela fé.

Um motivo adicional porque a razão não pode ser uma fonte independente de teologia é a natureza da revelação, a qual já foi abordada no início do capítulo e noutras partes desta obra. Se Deus se dá a conhecer através de eventos históricos, tais meios não estão abertos ao escrutínio da razão. Este facto explica porque os homens do Iluminismo (século XVIII) procuraram identificar a verdade religiosa com as verdades eternas (atemporais) da razão, e porque olharam com desdém para a reivindicação cristã sobre a revelação histórica. O famoso "horrível fosso" de Lessing inclui esta perspectiva: "Verdades acidentais da história nunca se poderão transformar em provas das verdades necessárias da razão".

Contrariamente à filosofia clássica, que acredita que o conhecimento é possível apenas quando se trata de questões universais, a fé cristã afirma que a verdade, a derradeira Verdade, chega ao homem através de acções particulares e específicas na história. "E o [Logos] se fez carne e habitou entre nós" (Jo. 1:14).

A Função da Razão

Pelo lado positivo, a razão tem uma função estrutural e interpretativa. Colin Williams resume a perspectiva de João Wesley sobre este ponto, em relação ao anterior:

---

13 John E. Smith, *The Analogy of Experience* (New York: Harper and Row, Publishers, 1973), 8.
14 Citado ibid., 9.

A importância da razão não está em providenciar uma outra fonte de revelação, mas no facto de ser uma faculdade lógica que nos permite ordenar as evidências da revelação e, juntamente com a tradição, fornecer as armas necessárias para nos defendermos contra os perigos de uma interpretação descontrolada das Escrituras.[15]

É o papel estrutural da razão (filosofia) que é enfatizado por Wiley: "A sua reivindicação [da filosofia], como uma fonte subsidiária de teologia reside, unicamente, no facto de ter o poder de sistematizar e racionalizar a verdade, de modo a que seja apresentada à mente, da maneira apropriada à sua assimilação".[16] Em suma, isto, é lógica.

A importância da lógica para Wesley é evidente ao longo das suas obras. Usa-a para apresentar os argumentos dos seus próprios raciocínios. Defende-a como uma disciplina indispensável no treino para o ministério, sendo apenas ultrapassada em importância pelo estudo da Bíblia. O último volume da sua obra, *Works,* inclui um manual de lógica. A importância principal, segundo parece, está na sua função interpretativa. A razão serve para se precaver contra o perigo da interpretação privada, descontrolada e ilógica das Escrituras. Por conseguinte, a compreensão wesleyana sobre o uso da razão apoia o princípio *sola scriptura* e salienta a importância de uma exegese apropriada.

Para além das suas funções estruturais e interpretativas, a razão (sendo a filosofia o produto conceptual da razão) providencia os veículos conceptuais através dos quais as ideias teológicas são expressas.[17]

Isto não significa, necessariamente, que um teólogo precise de estar comprometido com uma determinada filosofia sistemática, embora tenha acontecido muitas vezes. Agostinho fez um uso extensivo do neo-platonismo e Tomás de Aquino usou a filosofia de Aristóteles como base da sua famosa síntese medieval. Alguns dos teólogos contemporâneos têm tentado apropriar-se da filosofia processual de Alfred North Whitehead como veículo para expressar de modo conceptual a fé cristã. E vários têm tentado fazer o mesmo com o pensamento de Martin Heidegger ou com outras versões da filosofia existencialista. Neste caso, um dos maiores problemas seria encontrar uma filosofia abrangente que explicasse, de forma adequada, todas as facetas da realidade. Considerando que tal filosofia procura a coerência racional, e (1) a mente finita considera praticamente impossível ser competente e abrangente para a tarefa e (2) a realidade ser tão complexa, a ponto de resistir a uma total formulação racional, então tal filosofia é

---

15 *John Wesley's Theology Today,* 32.
16 *CT* 1:49. Curiosamente, não se mantém dentro deste princípio, mas segue com o uso da filosofia de forma mais real. É inevitável que isso acontecesse.
17 Cf. Tillich, *Ultimate Reality.*

quase uma quimera. Por estas razões, a tentativa de desenvolver uma filosofia sistemática como esta foi abandonada nos tempos mais recentes. Se tal feito pudesse ser realizado, serviria com sucesso como veículo conceptual adequado aos aspectos teóricos da fé cristã, visto que ambos estariam a falar da mesma realidade.

A própria natureza da teologia sistemática requer que a filosofia seja usada, uma vez que a linguagem filosófica dá uma maior exactidão de expressão. É óbvio que para satisfazer os requisitos da contemporaneidade (vide cap. 1), tem que se usar uma linguagem filosófica actual.[18] Embora Jesus tenha advertido sobre colocar vinho novo em odres velhos, é muitas vezes necessário, e útil, colocar velho vinho em odres novos.

Admitimos que existe sempre a possibilidade iminente de distorção, no entanto, apesar deste perigo, nenhum teólogo expressou, ou poderá alguma vez expressar, a fé cristã através de um conjunto de ideias apenas com origem bíblica, completamente livre de conteúdo, derivado não apenas da filosofia, mas também de outras formas de pensamento secular.[19]

A história valida a solidez desta afirmação. Todos os credos e confissões utilizam conceitos filosóficos predominantes, no sentido de abordar os assuntos específicos em debate.[20] Pode ser que o uso teológico da linguagem injecte uma dimensão que transcenda o conteúdo puramente filosófico. A forma como isto acontece precisa de ser ainda vista no debate subsequente sobre a linguagem religiosa.

Experiência

Na tradição anglicana em que João Wesley nasceu, os teólogos apelavam, normalmente, à fonte tripla das Escrituras, da razão e da tradição.[21] A estas, Wesley adicionou a experiência, que muitos consideram ser consequência

---

18 Esta é a razão pela qual a tarefa teológica nunca está completa. O teólogo está, constantemente, à procura de formas de expressão mais adequadas; com o aumento da precisão do pensamento e da expressão, sobre assuntos relacionados com a teologia, tira vantagens da nova terminologia e das categorias para cumprir, de forma mais adequada, o seu papel de clarificar a linguagem da fé sobre Deus.

19 Comentando sobre este perigo de distorção que tem levado alguns a tentar rejeitar por completo o uso da filosofia, Anthony C. Thiselton, *The Two Horizons* (Grand Rapids: Wm. B. Eerdmans Publishing Co., 1980), diz: "Muitos dos tipos de crítica feitos a Bultmann, por exemplo, acabam por se revelar, não como argumentos contra o seu uso da filosofia, mas argumentos contra o uso de uma filosofia em particular, como a de Heidegger ou o neo-kantianismo". 9.

20 Aulen reconhece este ponto de forma implícita num comentário sobre o credo da Calcedónia: "O significado da fórmula não deve ser procurado na terminologia usada, tal como o conceito antigo de substância etc., mas antes nas rejeições dos dois extremos". *Faith of the Christian Church*, 74.

21 John Dillenberger e Claude Welch, *Protestant Christianity* (New York: Charles Scribner's Sons, 1954), 74.

das suas associações pietistas. Porém, não estava só, visto que outros também se referiram à experiência como um ingrediente importante no trabalho teológico. A teologia liberal, seguindo Friedrich Schleiermacher, elevou a experiência a um papel principal, quase ao ponto de a transformar na fonte definitiva da teologia, em reacção a esse destaque exagerado, muitos teólogos contemporâneos, rejeitaram a experiência como tendo parte na tarefa teológica.

O Significado da Experiência

O primeiro problema que se enfrenta, na tentativa de encontrar um papel legítimo para a experiência, é determinar o significado do termo. É muito difícil de o definir. Em particular, uma especial compreensão da experiência, derivada do empirismo britânico clássico, tem dominado muito o pensamento moderno, de tal forma que este significado particular se tornou, praticamente, sinónimo do conceito de experiência.

Os empiristas britânicos (Locke, Berkeley e Hume) restringiram a experiência ao domínio dos sentidos e, assim, distinguiram-na da razão ou do pensamento. A experiência estava limitada à informação que podia ser transmitida à mente através dos cinco sentidos. Todas as ideias podiam ser ligadas a algum tipo de impressões (Hume) e, portanto, não existiam quaisquer outras ideias que tivessem a sua origem em qualquer outro estímulo. O corolário desta teoria relativa à origem das ideias foi que, as ideias na mente, eram imagens mentais privadas, que não podiam ser, necessariamente, relacionadas com uma realidade objectiva fora da mente. Como é óbvio, se esta compreensão da experiência for mantida, não poderá haver nenhuma experiência válida que transcenda a realidade dos sentidos, como é o caso de Deus.

Contudo, este conceito limitado é bastante inadequado como definição de experiência que, de uma forma muito mais adequada, pode ser visto como um encontro multi-dimensional entre uma pessoa, em concreto, e aquilo que há para ser encontrado, abrangendo uma variedade de níveis de experiência, incluindo dimensões morais, estéticas, científicas e religiosas.[22]

Ao usar esta definição mais enriquecedora, podemos sugerir um papel mais positivo para a experiência. Quando Wiley a apresenta, como uma "fonte" da teologia, este deseja limitá-la a um tipo específico de experiência: "Não nos referimos (...) apenas à experiência humana do não regenerado, mas à experiência cristã, no sentido de uma infusão de vida espiritual através da verdade fortificada pelo Espírito Santo" (*CT* 1:38). Wiley assume claramente um ponto de vista mais abrangente da experiência e refere-se a uma das suas facetas.

---

22 John Smith, *Analogy*, 33.

Isto exige uma delineação mais precisa desta faceta da experiência. O que caracteriza uma experiência religiosa? Podem ser identificados dois elementos: (1) A percepção de um Outro, invadindo a consciência do indivíduo. Aquilo a que Rudolf Otto chama de "numinoso" ou percepção do santo. (2) Envolve uma orientação ou reorientação fundamental do ser e da vida do indivíduo. O registo do profeta Isaías da sua experiência no templo (Isaías 6) e o encontro de Paulo na estrada de Damasco demonstram ambos os elementos. Numa experiência religiosa, distintamente cristã, o conteúdo da experiência seria influenciado pelo carácter e obra de Cristo.

A Experiência como um Veículo de Revelação

É muito mais adequado falar-se da experiência como um veículo do que como uma fonte. Esta é, na realidade, a forma como Wesley a entendia. Colin Williams aponta nesta direcção no seu comentário acerca do ponto de vista de Wesley sobre a autoridade: "A experiência é, portanto, a apropriação da autoridade e não a fonte de autoridade".[23]

Inicialmente, todas as doutrinas cristãs surgiram a partir da experiência, no sentido em que foram entregues no contexto da experiência de alguém. A natureza da revelação exige que: Se a revelação ocorre de facto, tem que existir tanto um emissor como um receptor. Se uma comunicação, seja qual for a sua natureza, for feita, mas não for recebida, não ocorre qualquer revelação. É algo parecido com o enigma da árvore que cai na floresta desabitada. Alguém poderá argumentar, de forma contínua acerca da objectividade da queda da árvore, mas a menos que uma pessoa com capacidades auditivas esteja presente para ouvir o som, não há qualquer significado na reivindicação de que foi feito algum tipo de som. Portanto, como Tillich afirma de forma tão precisa:

> O evento, sobre o qual o cristianismo se fundamenta, não deriva da experiência, é dado na história. A experiência não é a fonte a partir da qual os conteúdos da teologia sistemática são retirados, mas sim o veículo, através do qual estes são existencialmente recebidos.[24]

Uma pesquisa dos eventos reveladores da Bíblia, independentemente do número que se reivindique,[25] demonstrará que todos foram vivenciados por seres humanos. Isso explica, em parte, porque nenhuma lista dos poderosos actos de Deus, inscrita nas Escrituras ou em outro documento, inclui a criação. Pode ter sido a demonstração mais poderosa do poder

---

23 *John Wesley's Theology Today*, 33.
24 *Systematic Theology* 1:42.
25 G. Ernest Wright and Reginald H. Fuller, *The Book of the Acts of God* (Garden City, N.Y.: Doubleday and Co., Anchor Books, 1960), 9, afirmam que existem cinco. Purkiser et al., *Exploring Our Christian Faith*, 55, identifica sete.

divino, mas nenhum ser humano esteva presente para a vivenciar, como um acto revelador.

Na obra *Creeds in the Making*, Alan Richardson destaca o facto de todas as doutrinas cristãs primitivas terem a sua origem a partir de algum tipo de experiência. Os primeiros cristãos, por exemplo, experimentaram Deus de uma forma tríplice: encontraram-no, como sempre e em todo o lugar (Pai); como lá e então (em Jesus Cristo); e como aqui e agora (Espírito Santo). Esta experiência deu origem à doutrina da Trindade. Os crentes, contemporâneos de Jesus, experienciaram-no como um homem entre homens, mas, da mesma forma, encontraram Deus n'Ele de um modo misterioso. A sua tentativa, de explicar esta experiência paradoxal, foi a fonte das controvérsias cristológicas dos primeiros séculos.

A Experiência como uma Fonte Abonatória

Subsequente à formalização das primeiras experiências cristãs nas Escrituras,[26] a experiência continua a funcionar, como um veículo, no sentido de uma fonte abonatória. É neste sentido que a limitação da experiência defendida por Wiley se torna crucial. Se uma pessoa desejar verificar por si mesma, determinada afirmação epistemológica feita, pode fazê-lo ao preencher a condição necessária para alcançar a experiência cognitiva. Ao nível mais elementar isto envolve abrir os seus olhos e colocar-se na mesma posição do observador do fenómeno em questão. De igual modo, certas afirmações teológicas são feitas nas Escrituras, ou podem ser interpretadas como tal, e podem ser confirmadas, ao satisfazer as condições espirituais necessárias para que vejamos por nós mesmos. "Oh! Provai e vede que o Senhor é bom..." (Sal. 34:8).

Enquanto a verificação for entendida em termos restritos da experiência que nos foi legada pelos empiristas britânicos, apenas as proposições científicas podem ser vistas como verificáveis, de forma objectiva, através da experiência repetida. Mas as afirmações teológicas não simpatizam, como é óbvio, com esta compreensão restrita da verificação experimental. No entanto, com a compreensão mais alargada e adequada, com a qual estamos a trabalhar, a verificação pode ser aceite como ocorrendo dentro do próprio processo de vida – uma verificação empírica. "As experiências verificadoras de carácter não-experimental são mais verdadeiras para a vida, embora menos exactas e definidas. A maior parte de toda a verificação cognitiva é, de longe, empírica".[27]

---

26 Isto não é proposto como uma explicação completa da natureza das Escrituras.
27 Tillich, *Systematic Theology* 1:102.

A prova de que João Wesley tinha esta compreensão da função da experiência, está patente na resposta a uma pergunta no seu livro, *Plain Account of Christian Perfection* [*Explicação Clara da Perfeição Cristã*]:

> Se eu estivesse convencido de que ninguém, em Inglaterra, tinha alcançado aquilo que tem sido pregado de uma forma tão clara e incisiva, por tão largo número de pregadores, em tantos lugares e durante tanto tempo, deveria estar claramente convencido que todos nos tínhamos enganado quanto ao significado daquelas Escrituras; e, portanto, no futuro, também eu, tenho de ensinar que "o pecado permanecerá até à morte".[28]

Foi a tentativa de Lutero (e, de forma menos intensa, também de Calvino), de validar o ensino da Igreja Católica sobre a salvação, que levou à Reforma. Assim, poderia ser legitimamente declarado que, esta grande sublevação, surgiu da experiência de Lutero. Não foi, em primeiro lugar, um debate sobre a interpretação adequada dos textos bíblicos e das autoridades, mas sim a descoberta que o sistema de méritos não poderia resolver o problema da culpa.

> Nem Lutero nem Calvino encontraram dentro de si mesmos, uma experiência de aceitação divina através da absolvição institucional. Era necessário algo mais, algo que pudesse, de uma vez por todas, transcender a graça mediada pelo sistema e obter entrada nas suas próprias vidas.[29]

O mesmo poderia ser dito da busca de Agostinho, relatada nas suas *Confissões*. Embora, existisse um elemento intelectual envolvido na sua busca, que o conduzia de uma filosofia para outra, era o elemento da eficácia existencial que o levava a abandoná-las, até que encontrasse a solução, para o seu problema moral, na graça transformadora de Cristo.

Agostinho, Lutero e Calvino colocaram-se todos debaixo da orientação dos sistemas que ofereciam soluções para as suas necessidades mais prementes, mas quando os resultados não surgiram, procuraram as soluções mais adequadas. Podemos identificar a experiência do "coração aquecido", de Wesley, em Aldersgate, com o mesmo tipo de verificação. Tinha procurado em vão a aceitação, mas agora esta chegava num momento de fé. Por isso, essa experiência tornou-se num marco da sua vida.

É necessário introduzir agora uma qualificação significativa. O valor abonatório da experiência está envolvido pela comunidade. A experiência privada não é suficiente, em si e por si mesma, para validar a verdade teológica. No caso de Martinho Lutero a resposta esmagadora recebida à sua

---

28 *Plain Account of Christian Perfection as Believe and Taught by the Reverend Mr. John Wesley from the Year 1725 to the Year 1777* (London: Wesleyan Conference Office, 1872; reprint, Kansas City: Beacon Hill Press of Kansas City, 1966), 67.
29 John Smith, *Analogy*, 27.

mensagem testemunhou o facto de não ser o único que, ao testar o sistema de penitências, encontrou o que queria.

Na decisão sobre a normalidade psicológica, a diferença entre as alucinações e a visão real é determinada pelo carácter público da visão. Da mesma forma, as experiências individuais servem apenas de forma limitada, como confirmação da crença religiosa. A relevância bíblica sobre a comunidade ou "corpo" foi uma barreira contra as perversões individualistas que muitas vezes ocorrem. Esta foi, sem dúvida, uma das considerações que levou Paulo a enfatizar o carácter público das aparições de Jesus após a ressurreição (cf. 1 Coríntios 15).

A experiência pode, também, servir como veículo para a compreensão. Aquilo que não tem qualquer ponto de contacto com a nossa experiência, não significa absolutamente nada para nós. A compreensão envolve a capacidade de nos relacionarmos com o que já conhecemos. Por isso, o que é aceite pela fé é entendido em termos de analogias da nossa experiência.

Isso fornece uma pista quanto ao significado da linguagem religiosa.[30] Historicamente, tem sido sugerido, de forma repetida, que a natureza da linguagem acerca de Deus é analógica. Se o que for dito acerca de Deus, tiver que envolver algum conteúdo significativo, teremos que ser capazes de relacioná-lo com alguma faceta da nossa experiência finita. Se não existir qualquer correlação entre o amor de Deus e o amor humano, então, não compreenderemos o que este possa significar. No entanto, este transcende (mas não infinitamente) o amor humano de tal forma que, embora não estejamos a dizer exactamente a mesma coisa sobre os dois, existe uma relação proporcional que é a base da nossa compreensão.

Contudo, precisamos de dar um passo em frente, na delineação de um ponto de vista distintamente wesleyano, sobre a experiência e assinalar que em certas limitações, a experiência serve de facto, como uma fonte para teologizar. Wesley derivou a sua compreensão da substância (conteúdo) da sua doutrina peculiar de perfeição cristã a partir das Escrituras, mas a sua compreensão da estrutura (circunstância) da experiência derivou da própria experiência, uma vez que não encontrou um padrão estrutural claramente delineado na Bíblia.[31] Isto, em parte, justifica o seu carácter pouco dogmático ao lidar com estes assuntos. Descobriu, ainda, através da experiência que podia falar sobre a forma como Deus, normalmente, lidava com as pessoas, mas não sobre a forma como Ele *tinha* que lidar com elas. No seu livro *Plain Account*, refere-se à sua busca por uma compreensão mais profunda: "Ao examiná-la de todos os prismas e ao compará-la,

---

30 Uma abordagem mais abrangente deste tópico encontra-se no capítulo seguinte.
31 Rob L. Staples, "Sanctification and Selfhood", *Wesleyan Theological Journal* 7, no. 1 (Spring 1972): 3-16.

vez após vez, com a palavra de Deus, por um lado, e com a experiência dos filhos de Deus, por outro, pudemos investigar com maior profundidade acerca da natureza e das propriedades da perfeição cristã".[32]

Palavra e Espírito

Uma vez que o tópico da experiência se refere, em termos teológicos, à obra do Espírito Santo, precisamos agora de ter em conta o relacionamento entre a Palavra e o Espírito. Esta relação transforma-se numa questão em ligação com os grupos que enfatizam a actividade contínua do Espírito, especialmente no que respeita à revelação. Muitas vezes, uma ênfase válida torna-se perversa, como foi o caso de alguns segmentos dos grupos radicais da Reforma. Os "profetas de Zwickau", que chegaram a Wittenberg, insistindo que Deus lhes tinha falado, directamente, através do Seu Espírito e que a Bíblia era desnecessária, representam um dos exemplos mais extremos. Muitas vezes, este tipo de afirmação resulta em desvios éticos ou na perversão doutrinária.[33]

Tanto Lutero como Calvino insistiram correctamente, que a obra do Espírito (experiência) era sempre verificada e guiada pela Palavra. O Espírito opera nas e através das Escrituras, mas nunca em contradição com estas. A Sua liderança está sempre dentro dos parâmetros da revelação de Deus em Jesus Cristo.

Embora João Wesley tenha sido muitas vezes acusado de entusiasmo (fanatismo), precisamente nesta área, permaneceu firme dentro da tradição da reforma e, repetidamente, afirmou as Escrituras como a autoridade final e limitou sempre os seus ensinamentos sobre a obra do Espírito no crente aos critérios bíblicos, de forma a evitar a falsa acusação levantada contra si. A relação do Espírito com a Palavra, no pensamento de Wesley, é bem resumida por Lycurgus Starkey: "Embora a orientação do Espírito possa acontecer independentemente da leitura ou audição das Escrituras, estará sempre de acordo com a regra das Escrituras. O Espírito é testado pelas Escrituras para provar se é de Deus".[34]

Resumo

O propósito principal da discussão anterior sobre as fontes da teologia foi dar uma compreensão acerca da metodologia funcional desta teologia. Posto de uma forma abreviada diríamos que: Em todos os capítulos do estudo a primeira consideração é dada ao ensino das Escrituras. Por conseguinte, cada tópico, começará normalmente com uma secção exegética,

---

32 P. 37.
33 Dillenberger and Welch, *Protestant Christianity*, 58ss.
34 *Work of the Holy Spirit*, 90.

num esforço de identificar, de forma tão exacta quanto possível, a teologia que ganha expressão nas passagens bíblicas relevantes. Isto será mais desenvolvido pela referência à interpretação histórica, em expressões clássicas seleccionadas, especialmente no que respeita aos tópicos abordados nos credos ecuménicos (tradição).

Em relação a cada doutrina será feito um esforço particular para se identificar a forma como a formulação wesleyana influenciará os contornos da doutrina. Esta perspectiva terá uma função reguladora, mas apenas como um princípio de interpretação e sempre sujeita a correcções derivadas dos conhecimentos que nos são dados pela teologia bíblica.

As dimensões filosóficas de cada doutrina não podem ser evitadas. Portanto, tentaremos explorar o significado de categorias filosóficas específicas, em termos da sua adequação e na elucidação da doutrina sob consideração, a partir de uma perspectiva contemporânea. Envolverá, por vezes, a crítica de certas formas filosóficas tradicionais usadas no passado, ou mesmo no presente, mas que acabaram por se tornar veículos insatisfatórios no transporte da carga da teologia bíblica.

O objectivo final é providenciar, da forma mais adequada possível, uma formulação singularmente wesleyana das principais doutrinas cristãs.

PARTE II

O Nosso Conhecimento de Deus

CAPÍTULO 4

Revelação: Seu Significado e a Sua Necessidade

A fé cristã vê-se a si mesma como sendo a resposta à auto-manifestação divina. Afirma que Deus se fez conhecido, de uma forma preliminar, numa história registada em escritos sagrados, conhecidos como o Velho Testamento e, de uma forma final e decisiva, na pessoa e obra de Jesus de Nazaré. A Revelação, doutrina desta auto-manifestação divina, é a categoria metodológica central da teologia cristã.

As abordagens da tradição liberal à teologia começaram com o fenómeno da religião como uma experiência exclusivamente humana. Partindo de uma análise da universalidade da religião e das características comuns às suas diversas manifestações, o argumento mudou para a alegação que o cristianismo era a forma mais elevada da religião.[1]

Seguindo a liderança do teólogo suíço, Karl Barth, a teologia contemporânea tem, geralmente, concordado em rejeitar esta abordagem e com o justo restabelecimento da revelação como elemento principal, do ponto de vista cristão. Ao definir religião como a busca do homem por Deus, Barth negou que o cristianismo fosse uma religião. A sua singularidade, defendeu Barth, está na afirmação que Deus tomou a iniciativa e se revelou a si mesmo.

---

1 Cf. William Adams Brown, *Christian Theology in Outline* (Edinburgh: T. and T. Clark, 1912); e William Newton Clarke, *An Outline of Christian Theology* (New York: Charles Scribner's Sons, 1922). Clarke afirma: "A teologia é precedida pela religião, como a botânica pela vida das plantas. Religião é a realidade da qual a teologia é o estudo... O cristianismo é uma religião... que apela aos mesmos elementos na natureza humana que as outras, mas fá-lo com uma plenitude de verdade e poder que lhe são peculiares". 3.

Existem três razões principais pelas quais é necessário que Deus se faça conhecido, ou dito de outra forma, porque é que o conhecimento humano de Deus não pode depender de uma descoberta apenas baseada na iniciativa humana: (1) a transcendência de Deus com o seu corolário da finitude humana; (2) a natureza pessoal de Deus ;[2] e (3) o estado de decadência da humanidade.[3] Este capítulo abordará estes três temas, sob os títulos: (1) Revelação e Transcendência; (2) Revelação e Conhecimento; (3) Revelação e Razão.

A ideia da revelação teve sempre um lugar central no trabalho teológico, contudo, nem sempre foi compreendida de forma uniforme. Existe uma história da revelação da mesma forma que existe uma história da teologia. Em parte, para responder ao contexto cultural e intelectual de cada época, os teólogos têm formulado, de várias formas, a sua compreensão de como a revelação ocorre. Novas descobertas, em conjunto com um entendimento mais profundo da própria fé, levaram ao abandono de algumas explicações desajustadas e a subsequentes tentativas no sentido de providenciar formas mais adequadas de abordagem da revelação.[4] Partindo de uma perspectiva histórica, o método usado neste capítulo foi o de explorar os vários elementos que entram na compreensão da doutrina da revelação. Isto envolveu levantar assuntos filosóficos e a sua ilustração, bem como o seu esclarecimento a partir da história da teoria da revelação, de acordo com a estrutura acima delineada. Esta tarefa foi realizada no contexto da perspectiva da

---

2   Isto reflecte uma certa forma de transcendência. John Macmurray expõe-o de forma sucinta: "Todo o conhecimento sobre as pessoas é por revelação. O meu conhecimento de ti não depende somente do que eu faço, mas do que tu fazes; e se te recusares a revelar-te, não posso conhecer-te, independentemente do quanto eu o deseje. Se, nas tuas relações comigo, de forma consistente "fizeres teatro" ou "fingires", escondes-te de mim. Nunca te poderei conhecer como realmente és. Neste caso, as generalizações feitas, de factos observados, serão completamente enganosas... um ser que pode fingir ser o que não é, pensar o que não pensa e sentir o que não sente, não pode ser conhecido, com base em generalizações feitas a partir do seu comportamento observado, mas apenas quando genuinamente se revela". *Persons in Relation* (London: Faber and Faber, 1961), 169.

3   Ao tratar este ponto, João Calvino afirma: "É, portanto, em vão a luz que nos é dada na formação do mundo para ilustrar a glória do seu Autor, a qual, apesar dos seus raios serem difundidos ao nosso redor, é insuficiente para nos conduzir ao caminho correcto. Algumas fagulhas são na verdade acesas, mas apagam-se antes de terem emitido qualquer quantidade significativa de luz. Por isso o Apóstolo... afirma: 'Por fé entendemos que o cosmo foi estruturado pela palavra de Deus;' dando assim a entender que a Divindade invisível é representada por objectos tão visíveis, no entanto, não temos olhos para o discernir, a menos que sejam iluminados através da fé por uma revelação interna de Deus". Institutes 1.5.14.

4   O termo *adequação* é usado no mesmo sentido técnico como definido por John Macmurray em relação à filosofia: "A adequação de uma filosofia depende da sua abrangência; do grau de sucesso com que ela consegue abarcar os vários aspectos da experiência humana". *The Self as Agent* (London: Faber and Faber, 1966), 39.

teologia bíblica, enquanto o material bíblico visa as questões sob investigação. Por conseguinte, cada parte começará com a tentativa de dar uma atenção exegética cuidadosa ao texto das Escrituras, servindo o duplo propósito de familiarizar o leitor com a teoria da história da revelação e com os assuntos que devem ser tratados ao formular-se uma declaração wesleyana adequada.[5]

Embora já implicitamente mencionados, precisam de ser reforçados três assuntos. Primeiro, embora o problema da revelação seja tratado frequentemente como parte de um preâmbulo, deve ficar registado que pertence de forma mais apropriada à doutrina de Deus. Apesar de ser um assunto que aborda considerações epistemológicas é, – ou deveria ser –, reconhecido que o conhecimento está correlacionado com o conhecido. Uma vez que Deus é O conhecido no debate sobre a revelação, este não pode prosseguir, com sucesso, sem que se tenha em consideração o Sujeito da inquirição, nomeadamente, a Derradeira Realidade que a religião designa como Deus. Por esta razão este capítulo irá explorar, pelo menos de forma preliminar, alguns aspectos da doutrina de Deus.

Se a revelação for tratada como um mero preâmbulo, a doutrina é informada sub-repticiamente pela doutrina de Deus ou então formulada em termos de categorias ou critérios extraídos de fontes externas à teologia. Nesse caso, pode não se obter um quadro verdadeiro do fenómeno sob investigação.

Em segundo lugar, deve ficar registado que, nas Escrituras, não há nenhuma doutrina articulada da revelação, pelo menos no sentido moderno da palavra. Os escritores bíblicos estavam muito mais preocupados com a realidade e as exigências do seu encontro com Deus, do que em explicar, em termos teóricos, como isso aconteceu e, muito menos, em defender a possibilidade da sua ocorrência. No entanto, isto não significa que não existam determinadas pistas sobre a forma como este fenómeno pode ser explicado filosoficamente.

F.G. Downing realçou o facto que certas palavras-chave hebraicas que podiam, eventualmente, ser utilizadas ao falar-se sobre revelação e em contextos onde esta foi mencionada, não são de facto usadas. Essas palavras são usadas em várias outras situações, mas não no contexto de revelarem Deus. Os escritores do Velho Testamento "nunca a usam [uma das palavras-chave], no sentido de Deus tornar possível o 'conhecimento de Si mesmo' nem de Deus 'revelando-se a Si mesmo', nem constroem à sua volta qualquer

---

5   Um recurso extraordinariamente valioso para o aspecto histórico deste estudo é a obra de H.D. McDonald, *Theories of Revelation: An Historical Study 1700-1960*, (Grand Rapids: Baker Book House, 1979).

conceito de revelação".⁶ Mas, novamente, isto não exclui a possibilidade de se poder ter uma compreensão bem definida da auto-manifestação divina, apesar de não serem usados termos específicos para a descrever. Na verdade, Downing aponta para o modo mais apropriado de se abordar o assunto, quando sugere que as Escrituras não falam tanto da acção de Deus "reveladora", como da acção "salvífica". Por outras palavras, o que Deus faz pode ser descrito melhor pelo termo "salvação".⁷ Mais adiante veremos que, quando entendidas correctamente, "salvação" e "revelação" são palavras praticamente sinónimas na fé bíblica. Dowing chama, ainda, a atenção para a importante verdade que esse "revelar salvífico" é visto, no Novo Testamento, como uma realidade escatológica (1 Cor. 13:12).

Em terceiro lugar, a ideia da revelação como um problema teórico é uma novidade relativamente moderna.⁸ A história do pensamento cristão apresenta um padrão que, correspondendo à hipótese levantada por Arnold Toynbee, a história das civilizações reflecte uma estrutura de "desafio-resposta". À medida que os desafios se apresentavam aos pensadores cristãos, fossem de dentro ou de fora da igreja, estes empenhavam-se em

---

6   Downing conclui que o termo "revelação" é demasiado intelectual para reflectir o conteúdo da mensagem bíblica. Isso é, sem dúvida, verdade se interpretarmos a doutrina da revelação de determinadas formas, mas não se adaptarmos o termo à perspectiva bíblica. James Barr faz a mesma sugestão, mas a sua abordagem mostra ainda mais a vulnerabilidade de fazer estudos bíblicos por meio da análise de palavras. Ambos fazem críticas em termos de definir *revelação* como o "tornar claro" (sem ambiguidade ou obscuridade) algo que até aí não era conhecido. Em relação ao primeiro ponto, Downing tem alguns argumentos poderosos, nomeadamente, que (1) tal clareza não é afirmada no material bíblico e (2) se houvesse uma revelação sem ambiguidade, não existiria a multiplicidade e variedade de entendimentos, como é, obviamente, o caso. *Has Christianity a Revelation?* (Philadelphia: Westminster Press, 1964). Barr faz, mais ou menos, a mesma crítica através das palavras: "O facto de tantas teologias diferentes terem concordado em dar um lugar central à revelação, pode ter sido um factor causador da fraqueza intrínseca do conceito de revelação e deste permanecer obscuro". *Old and New,* 87. Em relação à segunda crítica, ele realça que "na Bíblia, excepto em algumas concessões muito limitadas, não há etapa alguma em que Deus não seja conhecido". Ibid., 89. E afirma, ainda, que é precisamente este o problema que tem criado um certo impasse entre as "teologias da revelação" e a exegese bíblica. 90-94.
    O valor destas críticas não é, como os dois críticos sugerem, que leve ao abandono do conceito de revelação. Já vimos que as suas conclusões são baseadas numa definição previamente acordada do termo, baseada em considerações semânticas. Antes, as suas críticas devem apontar para uma compreensão mais adequada do que significa para Deus mostrar-se ao homem, ou seja, biblicamente baseada e à qual se chegue de forma indutiva.
7   *Has Christianity A Revelation?* 13.
8   Cf. Barr, *Old and New,* 84. John McIntyre, *The Christian Doctrine of History* (Grand Rapids: Wm. B. Eerdmans Publishing Co., 1957), 2-3. James Barr, "Revelation," in *Hastings Dictionary of the Bible,* ed. James Hastings. Rev. ed. by Frederick C. Grant e H. H. Rowley (New York: Charles Scribner's Sons, 1963).

encontrar as respostas para tais desafios. O desafio de Marcião, por exemplo, forçou a igreja a abordar a questão do Velho Testamento; o desafio do monarquianismo exigiu um extenso estudo da Trindade; e assim por diante. Parece que o desafio à autoridade, que surgiu durante o iluminismo, foi a origem de uma preocupação central com a doutrina da revelação, durante o século XVIII, e evidenciou continuar a exercitar a mente da igreja, por mais algum tempo.[9]

Revelação e Transcendência

A *transcendência* é uma metáfora espacial que denota distância. Quando aplicada a Deus refere-se à Sua separação do mundo. O termo antónimo a este é *imanência*, que sugere a proximidade ou intimidade. Ambas as palavras são mais filosóficas do que bíblicas e, geralmente, são desenvolvidas com conotações metafísicas. Os escritores bíblicos não se ocupam de forma central nem com a proximidade nem com a separação metafísica. A sua tendência é falar de Deus como o Santo Outro, em vez do Totalmente Outro. De facto, a Bíblia tem uma maneira própria de abordar o assunto de modo a fornecer um conhecimento da teologia bíblica, no entanto, como discutiremos na nossa análise histórica e sistemática.

Fundamentos Bíblicos

O conceito bíblico de "alteridade" e a sua relação com a auto-manifestação divina ganha expressão em ligação com o termo "glória", que no Velho Testamento é traduzido pela palavra *kabod* e no Novo Testamento pelo termo *doxa*. O uso do termo no Velho Testamento é crucial como base de trabalho, uma vez que resulta numa transformação completa do significado de *doxa* dado pelo grego clássico, no Novo Testamento. *Kabod* significa, originalmente, "peso" e tem a conotação de algo sólido ou pesado. Usado, normalmente, para caracterizar aquilo que é impressionante, tal como a riqueza ou a honra (p.ex. Sl. 49:16-20; Is. 66:11-12), sugerindo, também, a ideia de "brilho" ou "esplendor".

Quando usado em relação a Deus, *kabod* implica aquilo que faz Deus impressionante ao homem, a forma da Sua auto-manifestação. A "glória de Deus" é, com efeito, o termo utilizado para expressar aquilo que o homem pode apreender, originalmente pelo olhar da presença de Deus na terra. Tal não significa Deus na sua natureza essencial, mas a manifestação resplandecente da Sua pessoa e a revelação gloriosa de Si mesmo. Está ligada de uma forma característica com o ver (Ex. 16:7; 33:18; Is. 40:5) e o aparecer (Ex. 16:10; Deut. 5:24; Is. 60:1). Pode ser reconhecida na criação (Sl.

---

9 McDonald, *Theories of Revelation*.

19:1; 148:13; Is. 6:3), mas, acima de tudo, expressa-se na salvação, ou seja, nos grandes actos de Deus (Ex. 14:17-18; Sl. 96:3). "Mais cedo ou mais tarde," diz A. M. Ramsey, "a *kabod* surge na literatura do Velho Testamento com o significado do carácter de Yahweh como revelado através dos Seus actos na história".[10]

As principais fontes que dão expressão à "glória" como revelação da presença de Deus, são Êxodo, Isaías e Ezequiel. Em Êxodo, a glória é largamente interpretada em circunstâncias relacionadas com o culto, aparecendo no Monte Sinai e pairando sobre o Tabernáculo. Em Ezequiel, o elemento de brilho é acrescentado ao significado fundamental da palavra.

O pressuposto teológico subjacente ao termo *kabod* do Velho Testamento é a invisibilidade (transcendência) de Yahweh. A glória é a manifestação visível do ser de Deus. Foram raras as ocasiões em que a glória esteve directamente visível, mas em algumas alturas esteve velada pela nuvem que pairava sobre a tenda, como significado visível da presença de Yahweh; mas a Presença, propriamente dita, estava coberta por ela. A. M. Ramsey afirma: "A glória é a união da soberania com a rectidão, a essência do carácter divino".[11]

H. Orton Wiley descreveu a glória como sendo semelhante ao reflexo do sol numa poça de água.[12] O próprio sol é demasiado brilhante para poder ser observado a olho nu, mas a sua verdadeira natureza pode ser vista através da imagem na poça de água, a sua "glória" reflectida. Assim, Deus é tão visível como oculto. Ele não se revela, mas faz-se conhecido. Isto soa paradoxal e é. Nesta perspectiva, revelação não pode ser definida como "tornar claro", mas antes envolvendo uma certa ambiguidade. Podemos dizer que há um equilíbrio entre a transcendência e a imanência ou que Deus é, aqui, simultaneamente representado como oculto e revelado. O *locus classicus* para esta verdade encontra-se em Êxodo 33:18-23:

> Moisés disse: Rogo-te que me mostres a tua glória. Respondeu-lhe o Senhor: Farei passar toda a minha bondade diante de ti, e te proclamarei o meu nome

---

10 *The Glory of God and the Transfiguration of Christ* (London: Longmans, Green, and Co., 1949), 12. Vide também G. Horton Davies, "Glory," in *Interpreter's Dictionary of the Bible*, ed. George A. Buttrick, 4 vols. (New York: Abingdon Press, 1962), vol. 2; S. Aalen "Glory, Honor," in *The New International Dictionary of New Testament Theology*, ed. Colin Brown, trans. from *Theologisches Begriffslexikon zum Neuen Testament*, 3 vols. (Grand Rapids: Zondervan Publishing House, 1975), vol. 2; Walter Betteridge, "Glory," in *International Standard Bible Encyclopedia*, ed. James Orr et al., 6 vols. (Grand Rapids: Wm. B. Eerdmans Publishing Co., 1949), vol. 2; Gerhard von Rad, "Doxa," in *Theological Dictionary of the New Testament*, ed. Gerhard Kittel, trans. and ed. Geoffrey W. Bromiley, 10 vols. (Grand Rapids: Wm. B. Eerdmans Publishing Co., 1964), vol. 2.
11 *Glory of God*, 13.
12 Numa palestra em Trevecca Nazarene College, ca. 1947.

Jeová; e terei misericórdia de quem eu tiver misericórdia e me compadecerei de quem eu me compadecer. E acrescentou: Não poderás ver a minha face, porquanto homem nenhum verá a minha face e viverá. Disse mais o SENHOR: Eis aqui um lugar junto a mim; e tu estarás sobre a penha. Quando passar a minha glória, eu te porei numa fenda da penha e com a mão te cobrirei, até que eu tenha passado. Depois, em tirando eu a mão, me verás pelas costas; mas a minha face não se verá.

Este incidente faz parte dos eventos que se sucederam ao episódio de apostasia, com o bezerro de ouro, quando, com a intercessão de Moisés, Deus promete a Sua presença pessoal durante a viagem do povo até à Terra Prometida. Mas Moisés, como líder, deseja conhecer mais profundamente o Deus que o conhece "pelo nome" (v.12) e pede: "Mostra-me a tua glória". Esta é uma oração para ver Deus, como Ele é, em si mesmo. Mas Moisés pede algo impossível para o homem mortal. Em termos muito antropomórficos, a profunda verdade teológica ensinada é que, embora, o homem possa saber algo sobre como Deus lida com o homem neste mundo, o derradeiro mistério da natureza de Deus está escondido do homem. Utilizando uma linguagem ilustrativa vívida, a "face" de Deus, a Sua "mão" e as Suas "costas," a passagem sugere que o homem apenas pode ver por onde Deus passou e, assim, conhecê-Lo pelos Seus feitos e actos passados. Deus, como Ele é, em Si mesmo, não pode ser conhecido, nem compreendido. Como o Rabbi Hirsch sugere, o objectivo da frase pode ser colocado da seguinte forma: "Não me podeis ver a trabalhar, mas podeis e deveis ver os resultados do meu trabalho".

Note-se que é a "bondade" de Deus que passa diante de Moisés. Isto é interpretado como a Sua atitude graciosa para com o homem: "serei gracioso com quem for gracioso e terei compaixão de quem tiver compaixão" (v.19)[13]. É no conhecimento dos caminhos de Deus (e também das Suas exigências) que Moisés O conhece. Deus é conhecido na forma como lida com os homens no Seu carácter moral. As implicações teológicas desta importante passagem apontam para a natureza da revelação como ocorrendo no plano da história e, esta "encarnada", é tudo quanto se pode conhecer de Deus.[14] A glória veio eventualmente a ser concebida como um elemento

---

13 Nota do tradutor: Esta é uma tradução livre da New English Bible e New King James Version.
14 Este encobrimento de Deus como Ele é, em si mesmo, não contradiz a afirmação de Êxodo 24:10 de que "eles viram o Deus de Israel". Tudo o que viram foi o "pavimento de safira" que estava "sob os Seus pés". Da mesma forma, tudo o que Isaías viu foi a orla dos vestidos reais que enchiam o grande pátio do Templo (Is.6:1). Cf. J. Philip Hyatt, *Exodus*, in *The New Century Bible*, Old Testament, ed. Ronald E. Clements (Grand Rapids: Wm. B. Eerdmans Publishing Co., 1971); R. Alan Cole, *Exodus*, in *The Tyndale Old Testament Commentary* (Downers Grove, Ill.; InterVarsity Press, 1973);

na era Messiânica vindoura e, portanto, tornou-se num conceito escatológico. Uma expressão típica disso é Is. 60:1-3:

> Levanta-te, resplandece, porque a tua luz vem e a glória do SENHOR nasce sobre ti. Porque eis que as trevas cobrem a terra e a escuridão os povos; mas sobre ti aparece resplendente o SENHOR e a sua glória vê-se sobre ti. As nações se encaminham para a tua luz e os reis para o resplendor da tua aurora.

No Novo Testamento, o preceito da glória de Deus (e o termo) é mantido como a auto-manifestação de Deus, mas agora localizado na pessoa de Jesus Cristo. Em II Cor.4:6 a glória (*doxa*) de Deus é oferecida na face de Jesus Cristo, pelo que a glória de Deus encarnada na forma humana (cf. Fil.4:19). Assim, como a glória de Deus se manifesta, em Israel, pela Presença no Tabernáculo (Rom. 9:4), agora é manifestada em Cristo. Daí que, na narrativa da Transfiguração, a nuvem (cf. Mc. 9:7) representa a nuvem que cobre a "tenda da congregação" quando a glória do Senhor enche o Tabernáculo (cf. Êx. 40:34). Em Hebreus, Cristo reflecte ou é a Revelação ou o Esplendor da glória divina (1:3).

O Quarto Evangelho considera toda a vida de Jesus como a personificação da glória de Deus (cf. Jo. 1:14), apesar da glória ser revelada, apenas, a discípulos crentes e não ao mundo. Esta verdade destaca o aspecto duplo da glória de Deus, encontrada no Velho Testamento, nomeadamente, a ambiguidade de ser, igualmente, revelada e velada. Jesus é "Deus incógnito". A sua deidade não é, necessariamente, aparente, é possível que ela nos escape ou não a reconheçamos.

A "glória" também tem uma dimensão escatológica no Novo Testamento. Ela é a realidade parcialmente cumprida e a expectativa futura, na qual entramos gradualmente (II Cor.3:18; cf. Rom. 9:23; II Tes. 2:14). Existem várias passagens que falam do estado celestial em termos de "glória" (p.ex., Rom. 5:2; 8:18; II Cor. 4:17; Col. 3:4). Alan Richardson resume toda a perspectiva Neo-testamentária:

> Todo o Novo Testamento considera o Senhor encarnado como a primeira parcela, como se fosse o desvendar da *doxa* nos últimos dias... Durante a Sua vida terrena a *doxa* estava realmente presente, mas de forma escatológica; estava encoberta aos homens sem fé. O Senhor encarnado teve que entrar na sua *doxa* através do sofrimento e da morte, como o próprio Jesus teve igual dificuldade em ensinar aos seus discípulos.[15]

Samuel Raphael Hirsch, *The Pentateuch* (London: L. Honig and Sons, 1967); George A. F. Knight, *Theology as Narration* (Grand Rapids: Wm. B. Eerdmans Publishing Co., 1976).

15 *An Introduction to the Theology of the New Testament* (New York: Harper and Bros., Publishers, 1958), 65ss. Vide também, L. H. Brockington, "Presence," in *A Theological Word Book of the Bible*, ed. Alan Richardson (New York: Macmillan Co., 1950).

A revelação do enigmático nome Yahweh a Moisés ressalta, ainda mais, o mistério que acompanha a revelação, no Velho Testamento. Os nomes de Deus são, geralmente, considerados manifestações da natureza de Deus, mas o nome pessoal e central é tanto um desvendar como um encobrir. Os académicos têm explorado a relevância do Tetragrama sem chegarem a um consenso. O pensamento hebraico proíbe a sua interpretação como referência à natureza eterna e imutável de Deus; é muito mais dinâmico que isso. A tradução mais provável é: "Eu serei o que serei," sugerindo que a actividade de Deus, na história da salvação, dando evidências do Seu carácter, natureza e propósito. Apontando, sem dúvida, para a frente, em particular, para os poderosos eventos do Êxodo.

Dimensões Filosóficas

Visto que a revelação é mais um problema filosófico que bíblico, a sua compreensão é, directamente, afectada pela nossa perspectiva filosófica, sobre a transcendência de Deus. A teologia sistemática não pode evitar esta questão, uma vez que, como diz Wiley, "Em proporção, à medida que o pensamento do homem se aproxima da maturidade, os conceitos religiosos e filosóficos de Deus, têm tendência a tornarem-se mais e mais identificados" (*CT* 1:220). Quanto mais radicalmente distinto do mundo, mais crítica é a necessidade de Deus se revelar. Por outro lado, se a nossa perspectiva filosófica tiver tendência para a compreensão imanente da relação entre Deus e o mundo, a necessidade da revelação torna-se menos crítica. Portanto, uma perspectiva adequada da revelação depende da forma como a relação entre Deus e o mundo é conceptualizada. Estudaremos vários exemplos históricos para ilustrar esta correlação entre a perspectiva individual da relação Deus-mundo e a revelação.

Os primeiros teólogos, habitualmente chamados de Pais da Patrística, trabalharam num período dominado pela filosofia helénica, especialmente na fase do denominado platonismo médio. Esta abordagem específica à especulação era dualista enfatizando a distância entre Deus e o mundo. Apesar de ter consequências significativas, ao permitir informar a doutrina da criação, também exerce influência ao moldar a percepção do filósofo de como a Derradeira Realidade podia ser conhecida, se tal fosse possível. Os primeiros Pais da Igreja que foram profundamente influenciados por esta filosofia, como por exemplo, Justino Mártir, Clemente de Alexandria e Orígenes, reflectiram esta ênfase na transcendência, tanto nas suas cosmologias como nas suas afirmações, quanto ao nosso conhecimento de Deus. Mas tanto Ireneu (mais influenciado pelo pensamento bíblico) como Tertuliano (que negou o valor da filosofia) também expressaram este mesmo tipo de compreensão, reflectindo, sem dúvida, a influência subtil das ideias filosóficas predominantes no pensamento de uma pessoa, mesmo quando essa influência é abertamente rejeitada.

A filosofia helénica surgiu como uma expressão religiosa do platonismo. Desenvolveu-se com base no período anterior, cuja preocupação central era a ética. A razão desta transição na filosofia helenística da perspectiva ética para a religiosa foi o fracasso da filosofia ética no alcance dos seus alvos. A filosofia clássica tinha um alvo triplo: conhecimento, virtude e felicidade. Nenhum destes aspectos tinha sido efectivamente realizado, culminando no fracasso da ética filosófica. Havia, portanto, uma disposição para aceitar ajuda para além do homem sábio – isto é a religião.

Uma das principais características, se não a mais distintiva, era o dualismo entre Deus e o mundo, que era, fundamentalmente, ético por natureza. Era, justamente, este dualismo, que opunha o mundo terreno corruptível a um mundo divino sensorial, que em última análise evidenciava a expressão certa da discórdia interior que invadia toda a vida dos mundos grego e romano antigos. Devido ao favorecimento de Platão por este dualismo que o desenvolvimento religioso do platonismo ganhou o seu carácter fundamental deste período.

A primeira expressão do novo sentimento de religião foi o neo-pitagorianismo. Sendo compreensível, uma vez que o ímpeto original do pitagorianismo era religioso, estava muito ligado como os mistérios. Tinha sido largamente esquecido no apogeu de Platão e Aristóteles, mas reviveu sob o ímpeto de uma nova orientação religiosa.

Plutarco, Filo, o judeu, e os gnósticos deram expressão às características deste período, dando ênfase, de forma especial, à transcendência divina, culminando no neoplatonismo de Plotino. "Portanto, o neoplatonismo é como o mar, para o qual fluem os vários rios contribuintes e em cujas águas estão profundamente misturados".[16] O centro deste desenvolvimento filosófico foi em Alexandria, no Egipto; sendo, por isso, muitas vezes referida como a filosofia Alexandrina.[17]

Existem dois conceitos presentes na filosofia Alexandrina ao enfatizar a transcendência de Deus: (1) Deus é interpretado como "além da existência" e, portanto, impossível de ser conhecido. Isto acontece porque Ele é Aquele que está acima de qualquer diferenciação e determinação. Começando com Filo e expressado de forma radical no neoplatonismo, é realçado que Deus é destituído de qualidades. "Uma vez que Deus é exaltado acima de tudo, tudo o que pode ser dito Sobre Ele é que não tem

---

16 Frederick Copleston, *A History of Philosophy* (Garden City, N.Y.: Doubleday and Co., Image Books, 1962), vol. 1, pt. 2, 196.
17 Cf. Wilhelm Windelband, *A History of Philosophy*, 2 vols., Torchbook ed. (New York: Harper and Bros., Publishers, 1958) vol. 1.

quaisquer dos predicados finitos conhecidos pela inteligência humana; nenhum nome o denomina".[18] Este é o tipo de pensamento que veio a ser conhecido como a "teologia negativa" e que encontrou expressão em muitos pensadores cristãos. (2) Uma vez que o espírito religioso da época buscava a salvação vencendo o abismo entre o finito e o infinito, a ênfase estava em seres intermédios que faziam a ligação entre ambos. "O dualismo de Deus e o mundo, bem como do espírito e da matéria, é apenas o ponto de partida... e o pressuposto da filosofia Alexandrina: o seu alvo está em todo o lado, no sentido de superar este dualismo tanto teoricamente como na prática".[19]

A especulação de Filo, o judeu de Alexandria, é de especial interesse para o pensamento cristão. A sua insistência na elevação de Deus acima do mundo levou à conceptualização de seres mediadores que faziam a ponte sobre o abismo entre o próprio Deus e o cosmo material. O mais elevado destes seres é o Logos, ou Nous, o primogénito de Deus. Também, com origem na sua herança judaica, falou de anjos bem como de "poderes" como seres mediadores. Enquanto Deus não pode ser conhecido em si mesmo, de acordo com Filo, o Logos pode ser conhecido. E foi assim, em termos da doutrina do Logos, que o caminho foi aberto para a vitória sobre o dualismo radical que fazia o conhecimento de Deus impossível. Várias formas da mesma ideia estiveram presentes em Plutarco, no gnosticismo e no neoplatonismo. Torna-se, então, notório na filosofia helénica, devido a uma perspectiva radical da transcendência, que o conhecimento de Deus é impossível – excepto se for através de ou por um ser de Deus, menor que Deus.

Como sugerimos, estas ideias exerceram uma influência significativa sobre os Pais da Patrística. Justino Mártir fala de Deus como transcendente, imutável e indescritível porque Ele é *sui generis*. Não pode estar em relacionamento com o mundo porque Ele não pode mudar. Se estivesse numa relação com o mundo mutável, Ele estaria a mudar-se a Si mesmo, e, portanto, por força da definição, não seria Deus. Ao explicar as referências nas Escrituras sobre Deus "descer" até aos homens, Justino diz: "Não se pode imaginar o próprio Deus, não gerado, a descer ou a subir seja para onde for. Porque o inefável Pai e Senhor de tudo não vai a lado nenhum, nem anda, nem dorme, nem se levanta".[20]

A consequência desta compreensão da natureza de Deus é que, fundamentalmente, não se pode conhecer. Justino afirma isso de forma estranha ao declarar:

---

18 Ibid., 237.
19 Ibid., 239.
20 *Dialogue with Trypho*, cap. 127.

> O Pai de tudo não tem um nome que lhe possa ser dado, visto que não foi gerado. Porque um ser que tem um nome, que lhe seja imposto, pressupõe alguém para lho dar. "Pai", "Deus", "Criador", "Senhor" e "Mestre" não são nomes, mas designações derivadas dos Seus benefícios e obras... o título "Deus" não é um nome, mas representa a ideia(...) de uma realidade inexprimível.[21]

Clemente de Alexandria, também, foi representante da típica perspectiva Helénica de Deus. Para Clemente, Ele é o Absoluto, a Fonte de todas as coisas, além do mundo finito e além do entendimento. A linguagem é inadequada para O descrever. Termos como *bom* e *existente* são todos apenas aplicáveis a coisas finitas. Nenhuma categoria se aplica a Deus porque Ele é além da existência, do número e da relação; assim, Ele não é conhecido em Si mesmo. Na *Stromateis* Clemente diz: "Deus é indemonstrável e, portanto, não é objecto de conhecimento".

Clemente, da mesma forma que Justino, nega que a linguagem humana seja adequada para falar de Deus:

> Como se pode falar daquilo que não tem género, especificidade, espécie, individualidade, número, ocorrência, sujeito a acidente? ... Apesar de atribuirmos nomes, estes não podem ser considerados no seu significado restrito; quando Lhe chamamos Um, Bom, Mente, Existência, Pai, Deus, Criador, Senhor, não Lhe estamos a conferir um nome. Sendo incapazes de fazer mais, usamos estas designações de honra para que o nosso pensamento tenha algo em que se apoiar em vez de andar ao acaso.[22]

Os Pais da Igreja que foram mais influenciados pelo pensamento bíblico não têm uma perspectiva tão radical sobre a transcendência. Embora reconhecendo a completa diferenciação de Deus, não consideram que seja completamente impossível conhece-lo. Orígenes foi um filósofo Helénico, mas foi também um influente estudioso bíblico. Ele retracta Deus como a Fonte do ser que transcende o tempo e a temporalidade, mas que não está além de todas as qualidades. Mais como Platão, do que como o pensamento Helénico, Orígenes vê Deus como a perfeição de toda a existência, por isso há a possibilidade de se conhecer Deus de alguma forma. Deus é incompreensível em si mesmo, mas não é irracional. Apesar de não podermos compreender totalmente a perfeição de um ser espiritual como Deus, conhecê-la-emos na eternidade. No aqui e agora, Ele transcende os nossos conceitos finitos, mas os conceitos que temos não estão incorrectos. Orígenes expressa-o nas seguintes palavras: "A nossa mente não pode contemplar Deus como Ele é em si mesmo, portanto, forma o seu conceito do Criador do universo pela beleza das suas obras e a graciosidade das suas

---

21 *Apologia* 2.5.
22 *Stromateis*, cap. 12.

criaturas"; e "há uma afinidade entre a mente humana e Deus; porque a própria mente é uma imagem de Deus, e por isso pode ter algum conceito da natureza Divina, especialmente, quanto mais a mente for purificada e removida da matéria".

Ireneu, ainda mais influenciado pelo pensamento hebraico do que pelo helénico, defendeu que Deus não é inescrutável, nem absolutamente além do nosso falar, mas ainda assim, transcendente a Sua criação. Consequentemente, não podemos apreendê-lo porque somos finitos; contudo, Ele é racional, "completamente inteligível," compreensível em si mesmo. Ireneu reforça as características éticas de Deus nesta ligação, em vez das características metafísicas: "Através do seu amor e infinita bondade Deus coloca-se ao alcance do conhecimento humano. Mas este conhecimento não é completo no que diz respeito à Sua grandeza ou ao Seu verdadeiro Ser; pois que ninguém a mediu ou o alcançou".[23]

Mesmo Tertuliano, o Pai da Igreja, menos conscientemente influenciado pela filosofia Helénica, reconhece as dimensões do impossível conhecimento da natureza de Deus: "É a infinidade de Deus que nos dá o conceito do Deus inconcebível; pois a sua tremenda majestade apresenta-O ao homem, ao mesmo tempo, como conhecido e desconhecido".[24] Tal como Justino Mártir, Tertuliano defende que as referências a Deus aparecendo na esfera da história humana têm de ser interpretadas alegoricamente. Ele pergunta: "Como é que o Deus omnipotente, invisível, a quem ninguém viu ou pode ver, que habita a luz inacessível, que habita não em templos feitos por mãos ... poderia ter andado à tardinha no paraíso, à procura de Adão [e aparições semelhantes no domínio do espaço/tempo]?" A resposta é negativa.

Esta ênfase bastante uniforme na transcendência, com o seu corolário na incapacidade do conhecimento de Deus, levou a uma solução padrão para o problema da conquista do abismo entre o Deus que não se pode conhecer e o entendimento humano. A revelação foi interpretada em função do Logos, um tema filosófico predominante que ganhou apoio bíblico do Quarto Evangelho. A ideia do Logos, usada primeiro pelos apologistas, "rapidamente se tornou reconhecida, no geral, como uma parte essencial da teologia cristã".[25] O termo Logos tem dois significados – razão e palavra, o Logos que habita e que parte –, os quais o tornaram especialmente

---

23 *Against Heresies* 3.24.1.
24 *Apology*, 17. Deve ser lembrado que Tertuliano, provavelmente sob a influência do Estoicismo, argumentou que Deus tem uma natureza corpórea, tem um corpo. Ao negar dessa maneira a espiritualidade de Deus, reduz-se a distância entre Deus e a compreensão humano.
25 McGiffert, *God of the Early Christians*, 122.

adequado para mediar entre Deus em Si mesmo e Deus na sua relação com o mundo e os homens.

O Logos foi interpretado como sendo a razão de Deus, o que, portanto, incorpora a natureza de Deus. Este Logos, como razão universal, converte-se no meio através do qual o conhecimento universal de Deus é disseminado, especialmente para os filósofos gregos e, como encarnado, a revelação mais definitiva de Deus no mundo.[26]

Para alguns dos Pais da Igreja, o Logos torna-se o princípio da explicação de como o Deus eterno poderia aparecer no tempo. As passagens do Velho Testamento que falam de Deus na história humana referem-se na realidade ao Logos. Falando do Logos, Ireneu afirma: "É ele mesmo que diz a Moisés, 'certamente tenho visto a aflição do meu povo no Egipto e vim para os libertar.' Desde o início Ele estava acostumado, como a Palavra de Deus, a descer e a ascender para salvação daqueles que estavam angustiados".[27]

Perspectivas da Reforma

Os Reformadores Protestantes, decisivamente influenciados pela perspectiva bíblica, enfatizaram tanto o Deus oculto como o Deus revelado. Um dos princípios básicos da teologia da Reforma é que "não conhecemos a Deus como Ele é em si mesmo, mas somente como Ele se faz conhecido".[28] Martinho Lutero desenvolveu esta verdade em função da sua distinção entre a *theologia gloria* e a *theologia crucis*; ou em termos do *Deus absconditus* e do *Deus revelatus*.[29]

Por *theologia gloria*, Lutero referia-se à tentativa da compreensão de Deus na Sua transcendência pura ou majestade. Tal conhecimento não poderia, nem iria salvar, mas, em vez disso, iria aterrorizar e destruir, defendia Lutero. A *theologia crucis* é o conhecimento encoberto de Deus que nos foi dado em Cristo, particularmente, no sofrimento na cruz. Os aspectos puramente intelectuais disto estão reflectidos nas palavras de Lutero:

---

26 Os dois aspectos do Logos foram interpretados por alguns dos Pais da Igreja como duas fases na "vida" do Logos. Isto tem consequências de longo alcance para a cristologia, e veremos com mais atenção este aspecto, numa secção posterior da teologia.
27 *Against Heresies* 4.12.4.
28 Wiley adopta este lema como seu, ao afirmar que "Deus... só pode ser conhecido por nós através de uma revelação d'Ele mesmo". *CT* 1:218.
29 A categoria de Lutero do "Deus escondido" tem sido interpretada de várias maneiras na teologia subsequente. Ela tem sido relacionada com a doutrina da predestinação e com o voluntarismo escolástico que deu ênfase à vontade arbitrária de Deus. Para uma análise cuidada da história da interpretação de Lutero neste ponto vide John Dillenberger, *God Hidden and Revealed* (Philadelphia: Muhlenberg Press, 1953). O ponto de vista desenvolvido nesta exposição concorda na generalidade com o adoptado por Dillenberger.

"Deus... não se manifesta a si mesmo, senão através das suas obras e palavra, porque o significado destas é, em certa medida, compreendido. Tudo o resto que pertence essencialmente à Divindade não pode ser compreendido ou alcançado".[30]

Para que o homem finito possa "alcançar" Aquele que é Santo, Ele tem que descer para se apresentar de forma velada ou encoberta (*Deus velatus*). Isto para dizer que Deus tem de se incorporar. Sobre o Espírito Santo, Lutero escreve: "O Espírito Santo está agora verdadeiramente presente entre nós e trabalha em nós através da palavra e dos sacramentos. Ele tem-se coberto de véus e roupa, para que a nossa natureza fraca, doente e leprosa o possa alcançar e conhecer".[31]

Quando Lutero falou do Deus escondido, não estava a sugerir que o Deus que não era conhecido antes de Cristo (escondido) se tinha, agora, tornado conhecido (revelado). Pelo contrário, a revelação de Deus em Cristo trazia consigo o sentido de encobrimento, ou mistério, que nunca está ausente da auto-manifestação de Deus. Por outras palavras, revelação e encobrimento são conceitos correlativos e inseparáveis. Na própria expressão de Lutero, "Isto é claro, que aquele que não conhece a Cristo, não conhece o Deus escondido no Seu sofrimento".

No entanto, Lutero continua a defender que a essência de Deus se torna conhecida na cruz (*teologia crucis*). Com isto, ele pretende sugerir que o verdadeiro carácter de Deus se dá a conhecer, mas numa forma encoberta, somente aberta à fé. Esta é a base para a insistência de Gustav Aulen; que a afirmação de fé sobre Deus difere de qualquer metafísica racional. "Deus é exactamente tal como Ele é revelado no acto de Cristo. Não há outro Deus [frase de Lutero]. Todas as outras 'concepções' de Deus são eliminadas. No que diz respeito à fé cristã, não passam de meras caricaturas".[32] Lutero expressa esta posição na 19ª e 20ª proposições das Disputas de Heidelberg: "Não é, legitimamente, chamada teologia aquilo que toma como verdade e compreende a essência invisível de Deus através das suas obras, mas é teologia aquilo que entende que a essência de Deus se tornou visível e se voltou para o mundo, tal como expresso no sofrimento e na cruz".[33]

Calvino concorda com Lutero, reconhecendo que para que o homem conheça Deus, Deus tem que se acomodar à compreensão finita do homem. No seu comentário de 1 Cor.2:7, Calvino afirma: "Ele acomoda-se à nossa capacidade". A razão disto é porque "a natureza de Deus é

---

30 Citado por Paul Althaus, *The Theology of Martin Luther*, trans. Robert C. Schultz (Philadelphia: Fortress Press, 1966), 20.
31 Ibid., 21.
32 *Faith of the Christian Church*, 41.
33 Citado por Dillenberger, *God Hidden and Revealed*, 148.

espiritual, não permitindo imaginar algo terreno ou vulgar sobre Ele; nem a sua imensidão permite que seja confinado a qualquer espaço".[34] Assim, qualquer tentativa de definir Deus por conceitos humanos, para além da Sua acomodação, é fútil. Sobre Ex. 3:2 afirma:

> Era necessário que Ele assumisse uma forma visível, para que pudesse ser visto por Moisés, não como era na sua essência, mas como a débil mente humana pudesse compreender. Assim acreditamos que Deus, nas inúmeras vezes que apareceu aos santos patriarcas, descendo de várias formas das alturas, revelou-se a Si mesmo, na medida em era útil e conforme a capacidade de entendimento dos patriarcas podia admitir.

Calvino encontra na teologia escolástica da Igreja Católica Romana uma especulação sobre Deus que está desassociada da revelação e critica-a da seguinte maneira:

> Todo o pensamento sobre Deus que não proceda do facto de Cristo é um abismo inimaginável que, em última análise, toma posse das nossas faculdades. Um exemplo claro disto é dado não só pelos turcos e judeus, que sob o nome de Deus adoram as suas fantasias, mas também pelos papistas. O princípio das suas escolas teológicas, que Deus em Si mesmo é o objecto da fé, é geralmente conhecido. Assim, discorrem filosoficamente e com muita subtileza sobre a majestade escondida de Deus, enquanto ignoram o facto de Cristo. Mas com que resultado? Ficam enredados em curiosas e enganadoras ideias, de forma que seus erros não têm limite.[35]

Tanto Lutero como Calvino resistem vigorosamente a toda a especulação sobre Deus que vá além do que é revelado. Cada um deles, com um elevado grau de seriedade, conta a mesma anedota, se alguém quisesse questionar o que Deus estaria a fazer antes de ter criado o mundo, teria como resposta: Deus estava a fazer o inferno para pessoas curiosas. Muito mais cruciais são as verdades sobre Deus que nos afectam, especialmente, as que se relacionam com a Sua atitude para connosco. Como Calvino diz: "Frias e fúteis... são as especulações dos que se dão a investigações sobre a essência de Deus, quando seria mais interessante nos familiarizarmos com o Seu carácter e saber o que é agradável à Sua natureza".[36]

Ajustamentos Modernos na Transcendência e Imanência

Nos anos posteriores à Reforma, vários movimentos estreitaram a distância entre Deus e o homem, cada um à sua maneira. O deísmo, ou religião racional, apenas aceitava as crenças religiosas que se conformavam aos

---

34 Comentário a Ezequiel 3:4.
35 Citado por Wilhelm Niesel, *The Theology of Calvin*, trans. Harold Knight (Philadelphia: Westminster Press, 1956), 116.
36 *Institutes* 1.2.2.

preceitos da razão. O que era equivalente a uma rejeição da revelação. Em nome da revelação, o escolasticismo protestante perdeu, igualmente, o sentido de transcendência ao fazer afirmações imprudentes sobre a sua capacidade de conceptualizar toda a verdade de Deus numa crença. Estes movimentos, "normalmente, sabiam demasiado sobre a complexidade do trabalho de Deus para permitir um mistério genuíno ou encobrimento como uma parte da sua herança.... representavam uma figura auto-construída da mente de Deus em rígido contraste com a mente do homem".[37]

O século XIX tem sido caracterizado como a Idade da Imanência. Filosoficamente, foi dominado pelo pensamento de Spinoza e Hegel e, teologicamente, pelo trabalho de Schleiermacher e Ritschl. O monismo filosófico tanto de Spinoza quanto de Hegel afirmava a continuidade entre a mente finita e a Mente Infinita. Nas teologias de Schleiermacher e Ritschl, Deus deve ser localizado na experiência religiosa. Schleiermacher declara:

> O conceito habitual de Deus como um ser único fora do mundo e atrás do mundo não é essencial à religião.... A verdadeira essência da religião não é esta nem qualquer outra ideia, mas a consciência imediata da deidade à medida que o encontramos em nós, bem como no mundo.[38]

Ao comentar sobre a influência da Idade da Imanência na ideia da revelação, A.C. McGiffert afirma:

> Uma vez que Deus é imanente na vida do homem, a revelação divina vem de dentro, não de fora. O homem religioso olha para a sua própria experiência para desvendar a verdade divina e se também se virar para as páginas de um livro sagrado, é simplesmente porque este regista a experiência religiosa de outros homens que encontraram Deus nas suas próprias almas e ali aprenderam com dele.[39]

Esta abordagem elimina a necessidade de qualquer revelação especial ou de agentes de revelação, uma vez que toda a natureza e vida são o lugar de Deus.

Os estudos das Palestras de Gifford, até 1920, revelam que a imanência manteve o tom dominante na Inglaterra e assim permaneceu durante a década de 1930. Contudo, houve desenvolvimentos no século XIX que desafiaram a adequação da imanência e lançaram os fundamentos para uma mudança de clima no século XX, que voltou a colocar a ênfase na transcendência de Deus e, portanto, na determinação da revelação.

---

37 Dillenberger, *God Hidden and Revealed*, xvii.
38 Citado em Edward Farley, *The Transcendence of God* (Philadelphia: Westminster Press, 1960), 17.
39 *The Rise of Modern Religious Ideas*, (New York: Macmillan Co., 1915), 214.

O filósofo e teólogo dinamarquês Søren Kierkegaard foi a voz profética que clamou no deserto, enfatizando a infinita distinção qualitativa entre tempo e eternidade, exigiu uma perspectiva da verdade religiosa que requeria um salto de fé, uma vez que a verdade eterna não era facilmente abordada pela razão como uma verdade aparente. Esta polémica tomou a forma de um ataque ao idealismo de Hegel. Este idealismo "oblitera a infinita diferença qualitativa entre Deus e o homem, perde de vista o inevitável paradoxo da Encarnação e termina com (...) a ridícula identificação do pensamento do filósofo com a mente de Deus".[40]

As ênfases de Kierkegaard floresceram nas teologias neo-ortodoxas de Karl Barth e Emil Brunner. Na introdução do seu comentário a Romanos, que fez "soar os sinos" (*Der Romerbrief*), Barth declarou que se tivesse um "sistema, estaria limitado ao reconhecimento daquilo a que Kierkegaard chamou de 'infinita diferença qualitativa' entre o tempo e a eternidade". É desta forma que a teologia contemporânea volta à ênfase central da ideia da revelação.

Transcendência e Imanência – Mantendo um Equilíbrio

Esta breve exposição demonstrou um certo movimento pendular entre a ênfase na transcendência e na imanência, em que o sentido da importância da revelação é influenciado pelo que está em ascendência. Contudo, a imagem bíblica explorada no início reflecte uma perspectiva equilibrada entre as duas, direccionando-nos numa perspectiva da revelação que apresenta Deus como escondido e revelado no mesmo momento. Os principais teólogos da Reforma parecem entender claramente esta verdade.

Uma doutrina da revelação apropriada manterá, então, uma insistência no mistério de Deus, ou como tem sido frequentemente denominado, na natureza abismal de Deus.[41] É para esta dimensão que Rudolf Otto aponta

---

40 Alasdair I. C. Heron, *A Century of Protestant Theology* (Philadelphia: Westminster Press, 1980), 50.

41 Ao usar o termo "O Imperscrutável", Aulén elucida desta forma o assunto: "É importante notar de que maneira Deus aparece como o Imperscrutável. Isto não significa unicamente que existem certos limites para a revelação e que. além destes limites. existe um território escondido que cresceria cada vez menos à medida que a revelação aumentasse. Nem significa, meramente, que sob estas circunstâncias terrenas irão existir perguntas que ficarão sem resposta e enigmas que não poderão ser resolvidos; que a fé cristã não se possa tornar numa cosmovisão racional para a qual o governo divino do mundo fosse absolutamente claro. Antes, significa que a natureza da revelação divina parece ser um mistério impenetrável para a fé; um 'mistério desvendado' (Rom. 16:25-26), que ainda permanece um mistério. Uma vez que o próprio centro desta revelação é o amor divino que se dá a si mesmo para estabelecer comunhão com pecadores, esse mesmo amor parece inescrutável e impenetrável. A fé contempla o Deus revelado como o Imperscrutável, o Deus 'escondido'". *Faith of the Christian Church*, 41-42.

na sua clássica exposição do "numinoso" ou "*misterium tremendum*" na sua obra *The Idea of the Holy*.⁴² Aqui, temos que distinguir entre um mistério e um problema. Quando o problema está resolvido, a verdade sobre ele é revelada e o mistério desaparece. Contudo, com o mistério, o misterioso não pode ser removido, mesmo quando a revelação ocorre. Adequadamente, Paul Tillich descreve-a desta forma: "Dentro do contexto da experiência normal, a revelação do que é essencial e, necessariamente, misterioso significa a manifestação de algo que transcende o contexto normal da experiência".⁴³ Ou como Karl Rahner o afirma: "A revelação não é trazer o que antes era desconhecido para a esfera do que é conhecido, perspícuo e controlável: é o despontar e a aproximação do mistério como tal".⁴⁴

Um Deus que é Totalmente Outro, que é completamente transcendente, não teria qualquer relacionamento com o homem e, portanto, seria simultaneamente desconhecido e irrelevante para nós. Pelo contrário, se Deus fosse completamente imanente deixaria de ser o que Deus significa para nós, mesmo que fosse claramente conhecível. O pensamento cristão, por conseguinte, não se deve permitir perder qualquer um destes aspectos na sua compreensão de Deus.

Esta relação de tensão aponta para a natureza da revelação, se efectivamente a revelação de Deus for acontecer. Uma vez que Deus na sua "pura majestade" (Lutero) transcende a esfera da experiência comum, Ele só pode ser conhecido ao entrar no mundo da experiência. Isto implica que Ele não pode ser descoberto, mas tem que se descobrir a si mesmo. Esta é a afirmação cristã central, no momento que Deus desce de facto à nossa esfera, através dos seus actos salvíficos na história, culminando no evento em que o Divino tomou sobre si as condições da existência finita, "habitou entre nós" (Jo. 1:14)⁴⁵ e assim se tornou conhecível e visível para nós.

> Assim, o abismo entre o Criador e a criatura finita foi ultrapassado pela revelação e o mistério absoluto dessa fonte transcendente da qual viemos tem iluminado os nossos espíritos e tornado, parcialmente, compreensível às nossas mentes. Portanto, para os cristãos, a transcendência de Deus implica e requer actos reveladores de Deus e, por esta razão, a teologia cristã sente, com razão,

---

42 Otto refere-se ao numinoso como o não-racional, que quer dizer que não é conceptual, mas que pode ser conhecido.
43 *Systematic Theology*, 1:109.
44 *Theological Investigations* (Baltimore: Helicon Press, 1966), 4:330.
45 Nota de tradução: O autor faz uso das traduções inglesas "*The Amplified New Testament*" e "*American Standard Version*", as quais usam o verbo "tabernacled". No entender do tradutor além de ser uma tradução literal do texto inglês, é também uma tradução mais aproximada do significado literal transmitido pelo texto grego. Pelo que foi dada a forma verbal ao substantivo "tabernáculo" para efeitos de comunicação do conceito, apesar do verbo não existir na língua portuguesa.

que tudo o que pode dizer, de forma válida sobre o Deus transcendente, tem que ser baseado e guiado pela revelação do próprio Deus.[46]

Linguagem Religiosa

O que está encoberto na auto-manifestação de Deus obriga a que a linguagem teológica seja compreendida de uma forma especial. Não se pode falar da Realidade transcendente do mesmo modo como se fala de objectos finitos, tais como mesas ou cadeiras. Immanuel Kant chamou a nossa atenção para este facto na sua análise crítica dos poderes da mente humana e sugere que o termo *transcendental* se refere somente a realidades sobre as quais podemos pensar (tais como Deus, o eu e o cosmos) mas que não podem ser descritas em termos das categorias da mente que se referem somente à realidade fenomenal, a variedade sensorial que se apresenta aos sentidos. Estas realidades não correspondem a qualquer objecto da nossa experiência, são antes ideias transcendentais.

Isto leva-nos, necessariamente, a um debate sobre a natureza da linguagem religiosa. Este não é, de forma alguma, um problema recente, mas que os desenvolvimentos recentes da filosofia têm trazido para o centro da discussão teológica. Aqui, também nos será de grande benefício pesquisarmos as várias sugestões feitas por teólogos de séculos passados, culminando numa breve análise de algumas das questões à luz dos desenvolvimentos recentes.

Antes de iniciar este estudo, notaremos a consideração básica que a natureza transcendente de Deus exige que muitas das afirmações teológicas sejam paradoxais por natureza. Os racionalistas desvalorizam o *paradoxo* como sendo um apelo à irracionalidade, mas a doutrina cristã de Deus afirma uma dimensão supra-racional, não irracional, para o nosso conhecimento do Absoluto. Como disse Tomás de Aquino, "Apenas o intelecto divino é, na sua capacidade, igual à sua substância [essência] e, portanto... compreende completamente o que é, incluindo todos os seus atributos inteligíveis".[47]

Alguns têm sugerido que um termo mais apropriado seria *antinomia* em vez de paradoxo. Esse é um termo usado por Kant para exprimir a resistência das ideias transcendentais (ver acima) a uma formulação racional completa. A razão dada é que antinomia sugere uma qualidade irredutível, enquanto que o paradoxo apenas o é num sentido limitado. Embora não seja claro, se podemos, a partir das Escrituras, assumir que todos os paradoxos sejam finalmente resolvidos pelo nosso entendimento, ou se a nossa

---

46 Gilkey, *Maker of Heaven and Earth*, 93.
47 *Summa Contra Gentiles* 1.4.

finitude na eternidade apresentar paradoxos divinos para além da nossa total compreensão, continuaremos a utilizar o termo tradicional, uma vez que é mais comum, e transmite de forma adequada a intenção desta abordagem a partir do nosso ponto de vista presente.

O termo paradoxo significa "contrário às expectativas, ao senso comum, ao que parece ser", e tem que ser distinguido da contradição lógica. A distinção entre o paradoxo e a contradição relaciona-se com o grau de complexidade do assunto sobre o qual são feitas as afirmações. A contradição ocorre quando duas coisas opostas ou diferentes são afirmadas sobre uma realidade específica, quando esta realidade não é suficientemente diversificada para sustentar, em si mesma, predicados discordantes.

Se, por exemplo, afirmarmos que o Joaquim é ao mesmo tempo jovem e velho, estamos envolvidos numa contradição, se quisermos que esses predicados se refiram à sua idade cronológica. Mas se estivermos a sugerir que é velho de corpo, mas jovem de espírito, então não há contradição, apenas aparentemente – um paradoxo. O Joaquim é uma realidade suficientemente complexa para sustentar, em si mesmo, tais predicados opostos e está suficientemente ao alcance da nossa investigação, de forma a termos acesso ao centro unificador do paradoxo.

A simplicidade desta ilustração, e de muitas outras, tais como o dizer paradoxal de Jesus de "quem quiser salvar sua vida perdê-la-á" (Mat. 16:25; Mar. 8:35; Luc. 9:24), depende da acessibilidade do objecto das afirmações paradoxais. Ou seja, estamos a lidar com uma realidade finita cuja unidade não está além do alcance do nosso entendimento. Se, por outro lado, a "unidade escondida destas características experimentadas estiver além do nosso alcance, quando, por outras palavras, encontramos algo individual, único, ou transcendente e, portanto, algo que não seja completamente analisado pela nossa mente," não está dentro da nossa capacidade resolver, com explicações claras, as características em aparente conflito; ou seja, o paradoxo é necessariamente usado.[48]

A questão pode ser levantada de forma legítima: Se não podemos ter acesso à unidade escondida do objecto, como é que somos realmente capazes de determinar a diferença entre o paradoxo e a contradição? A resposta a isto revela um entendimento da natureza do nosso conhecimento de Deus. É o resultado do encontro pessoal em que temos a experiência de auto-manifestação das qualidades envolvidas, mas que quando traduzidas em proposições objectivas da linguagem comum, existe uma aparente falsificação; mas é a única maneira em que a experiência pode ser articulada

---

48 Cf. Gilkey, *Maker of Heaven and Earth*, 275-76. Sou devedor a esta fonte por estes conceitos básicos sobre o paradoxo e a sua ilustração.

de uma forma adequada. É provável que a aparente contradição entre a liberdade humana e a presciência divina seja um exemplo deste fenómeno.

Como Donald M. Bailie afirma: "Deus pode ser conhecido apenas numa relação pessoal directa, um relacionamento Eu-e-Tu, no qual Ele se dirige a nós e nós respondemos-Lhe. ... Ele escapa a todas as nossas palavras e categorias. Não O podemos objectivar ou conceptualizar".[49]

Langdon Gilkey explica este assunto de forma concisa:

> Não é nada estranho que esta forma pouco habitual, de falar do extraordinário seja, geralmente, encontrada na linguagem religiosa sobre a deidade. Porque em todas as principais religiões o divino é único, transcendente e, portanto, além da nossa compreensão clara. Portanto, falar sobre Ele ou disto não pode ser feito através da habitual descrição, consistente, clara e objectiva, que utilizamos com objectos familiares. Assemelha-se mais com o falar sobre as profundezas misteriosas das outras pessoas, que conhecemos em parte, mas que não conhecemos realmente. Ao falarmos sobre Deus, temos que assumir que Ele é como O conhecemos por experiência – para que não se torne bastante inefável e irrelevante; e, no entanto, temos que igualmente indicar a sua estranheza transcendente e dissemelhança – para que Ele não cesse de ser Deus. Portanto, o que quer que digamos Dele tem de ser ao mesmo tempo afirmado e negado. Ademais, não podemos esperar penetrar com os nossos conceitos na essência misteriosa de Deus para descobrirmos como esta semelhança e dissemelhança são resolvidas, porque o Absoluto não pode ser colocado na categoria das coisas que podemos facilmente medir, ou adequadamente definir. No encontro da fé estamos realmente diante d'Ele; mas na nossa linguagem teológica nunca poderemos alcançar a unidade mais profunda da Sua natureza e ser. Assim, os paradoxos são a única forma de falar sobre Deus: afirmamos e negamos coisas sobre Ele, afirmando algo de Deus para que não fiquemos em silêncio, enquanto, ao mesmo tempo, negamos isso mesmo, para que não O transformemos num objecto comum.[50]

Esta análise está em pleno acordo com a descrição bíblica da auto-manifestação de Deus conforme abordámos anteriormente nesta secção.

Usos Propostos da Linguagem Religiosa

Desde o início da teologização que os académicos têm reconhecido o problema de falar sobre Deus. Historicamente têm existido três maneiras principais de abordar o assunto: a negação (*via negativa*), a atribuição de perfeição positiva a Deus, e a analogia, que é uma combinação das duas primeiras.[51]

---

49 *God Was in Christ* (London: Faber and Faber, 1961), 108-9.
50 *Maker of Heaven and Earth*, 276-77.
51 É de notar que recentemente o termo *mito* tem sido bastante utilizado nos meios académicos. Tem havido muita controvérsia acerca do seu significado, com vários

A negação propõe-se falar sobre Deus negando-Lhe todas as qualidades finitas: Ele não é isto, nem aquilo. Muitos dos termos normalmente usados para Deus são, na realidade, designações negativas, tais como *infinito*, ou seja, não finito. A mais séria crítica a esta abordagem ressalta que, quando é levada à sua conclusão lógica, acaba no silêncio. Contudo, poderia ser argumentado que algum avanço é feito rumo a um conceito adequado de Deus, ao abrirmos caminho por entre os conceitos inadequados. Quanto mais radical for a nossa perspectiva de transcendência, mais pensamos ser impossível falar sobre Deus em termos positivos e, portanto, a via da negação torna-se mais dominante.

A *via negativa* aparece na história do pensamento cristão tão cedo quanto Orígenes. É mencionada por Agostinho e tem a sua expressão mais intensa durante a Idade Média, no trabalho anónimo atribuído a Dionísio, o Areopagita, do primeiro século. Encontrando, também, um lugar significativo na obra de Nicolau de Cusa intitulada *On Elande Ignorante*.

A via da atribuição de perfeições a Deus apropria-se de qualidades positivas, geralmente extraídas do ser humano, e aplica-as a Deus de uma forma absoluta. Deus é então visto como totalmente bom, ou perfeitamente amoroso, e assim por diante.

A via da analogia combina a via da negação com a atribuição de características positivas a Deus, reconhecendo que Deus é tanto igual como diferente dos atributos que lhe são atribuídos. Logo, afirma e nega simultaneamente. A analogia, tal como a *via negativa*, é encontrada nas obras de Orígenes e Agostinho, mas atinge a sua expressão clássica na obra de Tomás de Aquino, o qual baseia a possibilidade de linguagem sobre Deus no pressuposto ontológico de que há uma relação entre o ser de Deus e o ser do homem, daí a analogia do ser (*analogia entis*).

Tomás de Aquino sugere três tipos de linguagem: (1) unívoca, que literalmente significa "uma voz". A linguagem unívoca é aplicada exactamente da mesma forma a cada referente. Não é esta a maneira que usamos a linguagem sobre Deus; porque, por exemplo, quando falamos de Deus como Pai, não queremos dizer exactamente ou literalmente o que queremos dizer quando falamos de um pai humano. Tal não faria sentido. (2) Equívoca, que significa "com voz diferente," de forma a que os termos sejam utilizados para referentes diferentes de maneiras totalmente díspares.

> estudiosos a utilizarem-no com sentidos diferentes. Mas, uma vez que o termo involve várias conotações discordantes, sugerindo a irrealidade para muitos, é mais sábio procurar evitar o seu uso aqui, visto que na sua utilização mais adequada não sugere quaisquer dimensões do problema não cobertas pela linguagem menos técnica que estamos a utilizar. Talvez a melhor definição do termo para os académicos contemporâneos seja "um modo de falar sobre o Deus que transcende a história nos termos dramáticos de um agente activo na história".

Se a linguagem sobre Deus for equívoca, quando falamos Dele como Pai, o termo não teria absolutamente nada em comum com o que queremos dizer quando nos referimos a um homem como pai e, portanto, nada seria comunicado. (3) Linguagem analógica sugere que há algo em comum, de forma que embora haja alguma semelhança entre chamar Deus e um homem de pai, existe igualmente uma diferença.

Karl Barth criticou severamente a *analogia entis*, com base de que esta não leva a sério a distância "qualitativa infinita" entre o ser do homem e o ser de Deus. Em vez disso, ele propôs uma *analogia fides*, que sugere que o análogo primário é Deus, de quem temos conhecimento através da revelação, com o homem sendo o análogo secundário. "Não que existisse, portanto, primeiramente uma paternidade humana e depois uma suposta Paternidade divina, mas justamente o contrário: a verdadeira e adequada paternidade está em Deus e desta Paternidade de Deus deriva o que conhecemos de paternidade entre nós homens. A Paternidade divina é a fonte primária de toda a paternidade natural".[52]

Talvez a proposta mais adequada para a compreensão da linguagem religiosa na teologia contemporânea, seja a de Paul Tillich, que desenvolve a ideia de "símbolo". Este conceito está no centro da sua doutrina teológica do conhecimento e é tida como um reconhecimento muito sério da infinidade do divino, da transcendência de Deus.[53]

O símbolo, no pensamento de Tillich, tem que ser distinguido do sinal, o qual é artificial. Em ligação com isto, insiste que nunca se deve dizer "meramente" ou "somente" o símbolo. O símbolo religioso aponta para além de si mesmo, para a Realidade Derradeira, e participa na realidade para a qual aponta. Este é, claramente, um uso especializado do conceito comum de símbolo e pressupõe uma particular ontologia de tipo, articulada primeiramente por Platão. Um símbolo tanto pode ser linguístico (uma palavra, ou palavras) como não linguístico (p.ex., a bandeira, ou um crucifixo).

A função de um símbolo é "abrir níveis de realidade que de outra forma estariam fechados para nós". Isto sugere que o símbolo se torna num meio através do qual a realidade nos encontra e através do qual nós a confrontamos. Portanto, o símbolo também abre dimensões e elementos da nossa alma que correspondem às dimensões e elementos da realidade simbolizada. Os símbolos não podem ser criados ou substituídos, intencionalmente,

---

52 *Dogmatics in Outline*, 43.
53 Como resultado das críticas de que, a menos que houvesse uma afirmação não simbólica, a linguagem simbólica seria impossível, o Professor Tillich concede que tal afirmação existe, que ele identifica como sendo "Deus é o próprio ser". "Reply to Interpretation and Criticism". in *The Theology of Paul Tillich*, ed. Charles W. Kegley e Robert W. Bretall (New York: Macmillan Co., 1964).

o que aponta para o facto de ser na experiência que a nossa compreensão de Deus encontra expressão num símbolo linguístico e/ou não-linguístico.

Como notámos anteriormente, o símbolo religioso aponta para a Realidade Derradeira. "A intenção de todo o símbolo religioso é apontar para aquilo que transcende a finitude. Nada finito, nenhuma parte do universo de relações finitas pode ser o referente dos símbolos religiosos e, portanto, nenhum método indutivo o pode alcançar".[54]

Esta perspectiva salvaguarda a santidade de Deus e ao mesmo tempo proíbe a elevação da realidade finita ao nível do derradeiro. Pensar na linguagem como estando ao mesmo nível de Deus como ela está ao nível dos objectos, tais como mesas, ou cadeiras, é cair na idolatria linguística. Este facto requer que a tarefa teológica seja empreendida com grande humildade e numa atitude de adoração. Dizendo o mesmo de outra forma, os símbolos religiosos transcendem o seu significado não-simbólico.

O resultado prático desta perspectiva simbólica da linguagem religiosa é que certos símbolos poderão perecer quando deixam de reflectir a experiência daqueles que os usam. Nas comunidades religiosas, os símbolos outrora vivos e vitais para os seus patriarcas fundadores, por vezes, perdem a sua eficácia na segunda ou terceira geração, quando a experiência religiosa original se esbate. Embora a linguagem possa ser mantida, esta pode tornar-se vazia e sem significado. Tillich fala destes símbolos como "não-autênticos," aqueles que "perderam a sua base experiencial, mas que ainda são utilizados devido à tradição ou por causa do seu valor estético".[55]

Revelação e Conhecimento

A categoria de conhecimento é também resultado do conceito de revelação. Quando utilizados no contexto teológico, os dois conceitos estão intimamente interligados. A forma como entendemos a revelação determina o nosso entendimento do que significa conhecer Deus. Ao mesmo tempo, o nosso conceito de conhecimento influencia a nossa perspectiva da natureza da revelação. Este carácter correlativo entre o conhecimento e a revelação requer que estas duas ideias sejam coerentemente interpretadas.

Ao abordar este assunto, iremos começar por explorar o conceito bíblico de conhecimento, uma vez que as Escrituras são a fonte definitiva ou normativa para a nossa interpretação. Procuraremos então, descobrir paralelos no pensamento não-bíblico; e finalmente, chegaremos a algumas

---

54 "The Meaning and Justification of Religious Belief," in *Religious Experience and Truth*, ed. Sidney Hook (New York: New York University Press, 1961), 6.
55 Ibid., 20.

conclusões sobre a forma como estes conceitos afectam o nosso entendimento de revelação.

Na discussão que se segue é importante reconhecer a diferença entre o conhecer Deus e o conhecer sobre Deus. A acção recíproca entre estes dois aspectos essenciais do conhecimento religioso é delicada e difícil de manter. A análise abaixo tenta mantê-los separados, de forma a não os confundir ao ponto de um se fundir no outro. Se a dimensão do "conhecimento acerca de" for perdida, o resultado é um misticismo que rejeita qualquer revelação cognitiva; enquanto que se o elemento do "conhecimento de Deus" não for retido, o resultado é um racionalismo que reduz Deus a um objecto finito, ou a um intelectualismo que faz da religião um assunto da gnose. O leitor deve manter este equilíbrio em mente e lembrar-se que está a trabalhar com duas ideias discutidas, individualmente, cada uma de certa forma, mas ambas como requisitos para uma compreensão equilibrada.

Perspectiva Bíblica do Conhecimento

Não esperaríamos encontrar quaisquer discussões teóricas de epistemologia na Bíblia. Nem o uso mundano de "conhecimento" nos preocupa aqui. Apenas a forma como os escritores bíblicos falam do "conhecimento de Deus" é relevante para o nosso propósito e, através do uso concreto que dele fazem, obter a nossa compreensão. Há material abundante no Velho Testamento, uma vez que o "conhecimento de Deus" é a principal forma de descrever o correcto relacionamento do homem com Deus. É usado da mesma forma que "fé" no Novo Testamento

A origem do conhecimento que o homem tem de Deus está na auto--manifestação de Deus e esta auto-manifestação está geralmente ligada a algum evento histórico. Esta verdade é reflectida frequentemente na fórmula "E sabereis que sou o Senhor [Yahweh] vosso Deus", encontrada 54 vezes, em Ezequiel, e numerosas vezes noutros locais (cf. Ex. 6:7; Dt. 4:32-39). Assim, o conhecimento de Deus tem origem na experiência, quer seja directamente, quer seja como resultado dos testemunhos daqueles que têm sido cúmplices nos actos reveladores (cf. Ex. 10:1-2; 18:8-11).

Este conhecimento de Deus, proveniente da Sua auto-manifestação, não é teórico nem abstracto por natureza, mas, tal como o carácter geral do conhecimento no pensamento hebraico, significa mais do que a consciência de um objecto e da sua natureza. "Implica, também, a consciência da relação específica que o indivíduo tem com o objecto, ou do significado que o objecto tem para si".[56] Portanto, "o conhecimento de Deus no Velho Testamento não está preocupado com a questão especulativa do

---

56 Otto A. Piper, "Knowledge," no *Interpreter's Dictionary of the Bible*, ed. George A. Buttrick, 4 vols. (New York: Abingdon Press: 1962), vol. 3.

ser de Deus, mas com o Deus que, trabalhando em graça e julgamento, se voltou para o homem. Conhecer Deus significa estar num relacionamento pessoal que Ele próprio torna possível".[57] Interpretado desta forma, o conhecimento de Deus implica, também, o conhecimento do 'eu' que está na relação com Deus (cf. Sl. 51:3).

Podemos denominar este tipo de conhecimento de "existencial". A sua natureza é reflectida no uso da palavra "conhecer" para descrever o acto sexual entre marido e mulher, o mais íntimo dos relacionamentos. Outro exemplo é o "conhecimento" do bem e do mal que resultou do acto de desobediência no Jardim do Éden. Este é o conhecimento por familiarização ou experiência como resultado de terem efectivamente desobedecido ao mandamento do Criador. O conhecimento de Deus, portanto, envolve mais do que consciência intelectual, apesar de alguns destes elementos estarem sem dúvida incluídos; envolve uma familiarização pessoal. "É a experiência da realidade de Deus, não somente o conhecimento de proposições a respeito de Deus".[58]

Este tipo de conhecimento manifesta-se através de um certo comportamento e, ao contrário, a ausência de tal comportamento é um sinal seguro da ausência de tal conhecimento. Este aspecto do conhecimento é frequentemente visto na descrição do complemento de "conhecer" como "caminhos de Deus" ou "preceitos" (cf. Sl. 25:4, 12; 119). O livro de Oséias é o *locus classicus* desta ideia (cf. 4:1-2; 6:6).

A mesma perspectiva influencia muito a compreensão Neo-testamentária do conhecimento, especialmente no Quarto Evangelho. Segundo Piper, "Segundo João, o conhecimento não leva à fusão gradual da mente daquele que conhece com a mente de Deus, mas antes à harmonia das suas vontades, que Deus permanece distintamente como a autoridade a ser reconhecida".

A mesma dimensão pessoal influencia o vasto uso do termo "conhecimento" por Paulo. Na verdade, para Paulo, é mais importante ser-se "conhecido por Deus," o que equivale a ser-se eleito (Gal. 4:9; cf. 1 Cor. 8:3). "É óbvio que as polémicas de Paulo [contra falsas perspectivas sobre o conhecimento] ficam essencialmente dentro dos limites do conceito de conhecimento do Velho Testamento. Ao mesmo tempo, ele amplia e trabalha esse conceito de forma cristológica".[59]

---

57 E. D. Schmitz, "Knowledge," no *The New International Dictionary of New Testament Theology*, ed. Colin Brown, trans. From *Theologisches Begriffslexikon zum Neuen Testament*, 3 vols. (Grand Rapids: Zondervan Publishing House, 1975), vol.3.
58 Piper, "Knowledge".
59 Schmitz, "Knowledge".

Segundo Piper, há no Velho Testamento a consciência de que "conhecer uma pessoa é mais difícil do que conhecer uma coisa; porque uma pessoa tem que revelar a sua vontade de modo a ser adequadamente conhecida" (cf. Prov. 25:3). Esta distinção teórica não é apresentada como um princípio abstracto, mas, realmente, está na base do conhecimento bíblico de Deus. Se conhecê-Lo é estar intimamente familiarizado com Ele e demonstrá-lo pela obediência à Sua vontade então, o conhecimento pessoal pela auto-manifestação é da mesma essência de tal conhecimento.

O resumo de Alan Richardson capta o âmago da questão:

> Assim, o conhecimento, no sentido bíblico da palavra, não é contemplação teórica, mas um estar num relacionamento subjectivo como acontece entre pessoas – relacionamentos de confiança, obediência, respeito, adoração, amor, reverência, e assim por diante. É o conhecimento no sentido do nosso conhecimento de outras pessoas, mais do que o nosso conhecimento de objectos, conhecimento "existencial" mais do que "científico". Não posso conhecer uma pessoa com a qual me recuso a estar num relacionamento pessoal (ou vice-versa). Desobedecer a Deus é recusar estar no relacionamento que Ele tão graciosamente tornou possível e, portanto, é permanecer ignorante sobre Ele.[60]

Então, torna-se claro, que a natureza distinta do conhecimento na teologia bíblica é existencial. Uma vez que este é um termo técnico, sujeito a várias conotações possíveis, temos que definir o modo como o vamos utilizar. Com este tipo de conhecimento referimo-nos ao conhecimento que determina a existência do conhecedor.[61]

Desde cedo, no desenvolvimento do pensamento cristão, uma perspectiva diferente do conhecimento (científico) começou a colidir com o entendimento cristão. Essa perspectiva estava associada com o ensino conhecido como gnosticismo e criava uma ameaça significativa à perspectiva, distintivamente bíblica, da salvação pela fé (confiança). Esta perspectiva atingiu a sua plena expressão no segundo século, mas aparecia, ainda que de forma incipiente, no primeiro século e foi combatida por algumas das Epístolas do Novo Testamento (cf. 1 Coríntios e 1 João, bem como Colossenses e 1 Timóteo).

---

60 *Theology*, 40-41.
61 Cf. Eric Frank, *Philosophical Understanding and Religious Truth*, (London: Oxford University Press, 1963), 100: "A matemática tem verdade cognitiva no sentido mais elevado. Aqui os nossos pensamentos correspondem literalmente aos seus objectos, uma vez que os produzimos ao pensarmos neles. Mas a matemática não tem verdade existencial porque os seus objectos não se referem a mais nada além deles mesmos. Por outro lado, ideias de imaginação religiosa não afirmam ser literalmente adequadas ao seu objecto. Mas certamente têm verdade existencial porque expressam de forma singular a determinação total do homem por um Ser além dele mesmo".

Haviam várias escolas de gnosticismo com vastos sistemas de grande complexidade e imaginação. O elemento comum era a crença em que a salvação do mundo vinha pelo conhecimento, em vez de pela fé. Operava dentro dos limites da ciência popular dos seus dias, que identificava os planetas como "os determinadores celestiais do destino humano". Estes planetas estavam fixos em órbitas à volta da Terra e formavam barreiras para a alma na sua fuga da terra-corpo para a morada imortal além das estrelas. Para se chegar a esse destino eterno, os perigos tinham que ser atravessados. A versão cristã do gnosticismo dizia que "o Cristo-Redentor veio à Terra para trazer aos homens *Gnoses* ou conhecimento das palavras-chave (geralmente balbuciar ininteligível ou sílabas sem significado) pelas quais a alma poderia enganar e escapar aos planetas hostis".[62] Para além de projectar um entendimento insatisfatório da Encarnação, oferecia a salvação por outros meios que não a fé e ensinava que o conhecimento teórico estava garantido somente a alguns, poucos, seleccionados, em vez de ser oferecido, gratuitamente, a todos os homens.

Dois tipos de conhecimento

Atentemos ao contraste entre os dois tipos de conhecimento que surgiram desta nossa discussão: o existencial e o científico. O primeiro, envolve uma relação com o objecto do conhecimento, enquanto que o segundo, prima pela objectividade ou distanciamento. Ambos são ideais impossíveis de realizar na sua forma pura. O conhecimento científico procura transformar o seu objecto em algo, pela remoção de todas as qualidades subjectivas da relação cognitiva. Contudo, conforme Michael Polyani demonstra, num estudo extensivamente ilustrado, toda a ciência envolve uma dimensão pessoal que não pode ser eliminada. Até mesmo na ciência mais abstracta existem elementos subjectivos.[63]

Quanto mais impessoal for o objecto da cognição (p.ex. uma rocha), mais a relação cognitiva tenderá para o distanciamento ou a objectividade; quanto mais pessoal, mais tenderá à união com o seu objectivo ou para a subjectividade. Por outro lado, quando a cognição da realidade pessoal é levada ao extremo do distanciamento, a consequência é a distorção crescente e resulta na desumanização tanto do sujeito como do objecto.

Um dos esforços mais influentes na teologia moderna para lidar com os assuntos relacionados com o conhecimento pessoal é o de Martin Buber, um académico judeu. Buber propõe que a forma distintamente humana de relacionamento é a da relação "Eu-Tu" (*Ich-Du*), havendo uma dupla implicação desta terminologia. Primeiro, o uso do pronome pessoal na

---
62 Vide Alan Richardson, *Creeds in the Making* (London: Macmillan and Co., 1969), 39.
63 *Personal Knowledge*, (Chicago: University of Chicago Press, 1962).

segunda pessoa do singular (*Du* em Alemão) enfatiza a intimidade do relacionamento, tal como acontece, também, no francês.[64] Quando falamos com estranhos ou com pessoas conhecidas casualmente utiliza-se a forma plural do pronome em vez do singular, a qual reservamos a pessoas do nosso círculo íntimo de relacionamentos. Segundo, por contraste, chama-nos à atenção para o que Buber denomina de relação "Eu-Algo".[65]

O relacionamento "Eu-aquilo" é a objectivação do "conhecimento de algo" que se pode ter entre uma pessoa e uma pedra. Embora possa ser possível ter um relacionamento "Eu-Tu" com uma pedra, o "Eu-aquilo" sempre predomina. Também, apesar de nos podermos relacionar com outras pessoas de uma forma "Eu-aquilo", ao descrever-se as suas qualidades observáveis, tais como a cor dos olhos, do cabelo, etc., isso fica aquém do verdadeiro conhecimento dessa pessoa. Esse conhecimento só é possível obter num relacionamento "Eu-Tu".

O elemento dominante na resposta ao encontro "Eu-Tu" é a confiança, em vez da aquiescência. A aquiescência é mais apropriada como resposta às verdades que surgem num relacionamento "Eu-aquilo". Contudo, como veremos posteriormente, as duas respostas não podem ser compartimentadas ou separadas de forma tão clara. O discernimento de Buber captou de forma clara o conceito bíblico do conhecimento.

O teólogo cristão que de uma forma mais central se apropriou destas categorias foi Emil Brunner.[66] Tanto Buber como Brunner colocam a compreensão personalística da revelação em contraste com a revelação proposicional, a qual dá origem a uma resposta de aquiescência, em vez de "obediência-em-confiança" (Brunner). Na verdade, a maioria da teologia moderna tem concordado com as famosas palavras do Arcebispo William Temple: "O que é oferecido à apreensão humana em qualquer Revelação específica não é uma verdade a respeito de Deus, mas sim o próprio Deus vivo".[67]

A análise de John Baillie explica esta reorientação na compreensão da revelação: "A mais profunda dificuldade sentida sobre a equiparação da

---

64 Nota de tradução: No português segue-se a mesma regra que em alemão e francês: uso informal da 2ª pessoa singular é "tu", e o uso formal é a 2ª pessoa plural, "vós.
65 Nota de tradução: No idioma inglês é usado o pronome pessoal na terceira pessoa do singular, que é usado para se referir a elementos impessoais (it). No português o pronome pessoal, é usado quer para pessoas, coisas ou animais. Daí ter-se optado por traduzir "it" por "algo" – para denotar melhor o tipo de relacionamentos que o autor deseja expressar.
66 *Revelation and Reason*, trans. Olive Wyon (Philadelphia: Westminster Press, 1946); e *Truth as Encounter* (Philadelphia: Westminster Press, 1964).
67 *Nature, Man, and God* (London: Macmillan and Co., 1935), 322.

revelação com a verdade comunicada é que nos oferece algo inferior a um encontro pessoal e comunhão pessoal".[68]

João Wesley tomou mais ou menos a mesma posição em relação à religião racional do seu tempo, quando equiparou a religião correcta ao pensar correcto (ver acima). E Wiley apoia esta ênfase quando diz: "A verdade é, em última análise, de natureza pessoal. O nosso Senhor tornou isso claro quando disse: *Eu sou a Verdade*. Ele bate à porta dos corações dos homens—não como uma proposição para ser apreendida, mas como a Pessoa para ser recebida e amada". (*CT* 1:38).

Tanto Buber quanto Brunner distinguiram o encontro com Deus de encontros análogos com outras pessoas ao dizer que o encontro divino-humano é totalmente livre de elementos "Eu-aquilo". Enquanto estes elementos estão, inevitavelmente, presentes nos relacionamentos humanos, a transcendência e natureza inefável de Deus eliminam estes aspectos de objectivação. Assim, dizem que a revelação como pessoal é não-cognitiva por natureza.

Porém, Ronald Hepburn, numa penetrante crítica a esta lógica de encontro, critica a afirmação sobre a ausência de elementos "Eu-aquilo," uma vez que algum aspecto destes elementos é essencial para que haja um encontro genuíno. Caso contrário não existem critérios para o distinguir de uma experiência puramente subjectiva. As suas palavras iluminam a questão, como se seguem:

> Nas ocasiões em que me sento em frente a um amigo e observo os seus gestos e a sua expressão, não estou a olhar como olho para muitos objectos, nem acredito que todo o seu ser pessoal consista em tais acções manifestas (behaviorismo), nem estou a olhar "através" delas para a personalidade escondida, como olho através do vidro de uma janela, preocupado apenas com a vista além desta. O seu comportamento não está a ser visto como uma "janela" para a sua "mente" imaterial, fantasmagórica. Admito que a sua vida interior, como a minha, é mais do que gestos, discursos, sorrisos; mas duvido que saibamos o que estamos a dizer quando declaramos que a personalidade e o conhecimento da personalidade são possíveis sem estes elementos; duvido que qualquer coisa reconhecidamente pessoal possa sobrar, depois de termos mentalmente, retirado todos aqueles comportamentos.[69]

Visto que é o aspecto corporal da relação homem-para-homem que fornece a base mais óbvia para objectivação e, portanto, a dimensão "Eu-aquilo" do relacionamento, é fácil entender a razão pela qual Buber e Brunner desejam eliminar todos estes aspectos do encontro "Eu-Tu" com

---

68 *The Idea of Revelation in Recent Thought* (New York: Columbia University Press, 1965), 39.
69 *Christianity and Paradox*, (New York: Pegasus Press, 1968), 36.

Deus. Pareceria impossível a presença de elementos "Eu-aquilo" numa relação com uma realidade totalmente incorpórea, não localizável num espaço ou tempo específicos. Contudo, as críticas às teorias de encontro estão, sem sombra de dúvida, correctas ao notar que nenhuma relação "Eu-Tu", com tudo o que isso implica, é possível sem que haja a presença de pelo menos um elemento mínimo do aspecto "Eu-aquilo". Por exemplo, não pareceria ser fé, mas tolice confiar totalmente a nossa existência nas mãos de quem não tenha demonstrado ser uma pessoa íntegra. Dada a condição incorpórea de Deus, pareceria que tais elementos só seriam possíveis quando ou se Deus se objectiva num corpo, numa encarnação. Isto é, precisamente, o que a fé cristã reivindica ter acontecido na pessoa de Jesus de Nazaré e em teofanias e/ou ocorrências anteriores que são, admissíveis, na perspectiva cristã, representações menos adequadas da natureza de Deus.

A ausência deste princípio encarnacional explica o modo vago e altamente abstracto como a deidade é descrita na maioria das religiões orientais não-cristãs, por exemplo, o hinduísmo e as suas descrições de Brahman como "não isto" ou "não aquilo". A singularidade do budismo Zen está no seu ensino de que a meditação conduz ao conhecimento, mas nega a possibilidade de conceptualização (palavras) e procura apontar, para além disso, para a própria experiência. Esta é uma experiência intuitiva chamada *satori*, que é uma união mística que transcende a linguagem.[70]

Conhecimento Revelador

Esta discussão deve dar-nos uma pista para ajudar a destrinçar os assuntos referentes à relação entre o conhecimento existencial e o científico. Se Jesus Cristo, como a encarnação do Divino, é o Locus da revelação, a forma como as pessoas reagem a Jesus como revelação deve ajudar-nos a resolver o assunto. O Quarto Evangelho dá-nos um estudo especialmente frutífero nesta matéria.

Toda a informação observável estava disponível tanto para os Judeus como para "o discípulo a quem Jesus amava". No entanto, as reacções foram radicalmente diferentes. O próprio Jesus enfatizou este contraste ao chamar a atenção para a recusa dos judeus em crerem n'Ele. Aparentemente a diferença residia na sua falta de desejo para se relacionarem com Ele através de um encontro pessoal. Isto sugere que os aspectos decisivos da pessoa de Jesus eram não-empíricos, apesar de haver indicadores (sinais) empíricos para eles. Isso implicaria que o conhecimento sobre Jesus envolveria factores teológicos; ou seja, os elementos "Eu-aquilo" não seriam passíveis de objectivação, no mesmo sentido em que as "qualidades primárias ou

---

70 Huston Smith, *The Religions of Man* (New York: Harper and Row, Publishers, 1965), 145, 149-50.

secundárias" (Locke) o são. Então, embora existam aspectos objectivos no nosso conhecimento sobre quem é Cristo, estes são dados no, e com o, encontro pessoal com Ele e são inseparáveis desse encontro.

Aqui vemos que uma distinção radical entre as formas de conhecimento "Eu-aquilo" e "Eu-Tu" é injustificável. Isto implica também que somente os que se revelam a Ele sabem quem Ele é. John Macmurray, na sua significativa análise sobre a natureza da pessoa, faz esta observação: "Só podemos conhecer realmente os nossos amigos e a nós mesmos através destes, numa reciprocidade de auto-revelação. Esta auto-revelação é, claro, essencialmente prática e só secundariamente uma questão de conversação. Aquilo a que por vezes chamamos 'darmo-nos a nós mesmos,' ao contrário de 'nos guardarmos para nós mesmos'". Ele continua a explicar:

> Por esta razão, o tal conhecimento que podemos alcançar de outra pessoa depende da nossa disposição emocional para com essa pessoa. Em termos formais... um relacionamento pessoal negativo entre pessoas torna o conhecimento do outro e de nós mesmos impossível. Porque a inimizade e a hostilidade mútuas inibem a auto-revelação. É claro que ainda formo uma "ideia" do meu inimigo; e tomo a minha representação dele como sendo verdadeira. Mas isso é, necessariamente, uma ilusão. Conhecê-lo-ei como ele aparenta ser, mas não como realmente é; e o conhecimento é "irreal". O meu conhecimento de outra pessoa é uma função do meu amor por ela e na proporção em que o meu conhecimento seja uma função do meu medo dela, ele é ilusório ou irreal.[71]

Arthur F. Holmes faz uma distinção semelhante entre a "objectividade metafísica" e a "subjectividade epistemológica," que é uma forma filosófica de falar sobre os assuntos levantados nesta discussão sobre o conhecimento científico e o conhecimento existencial. E de forma vincada destaca:

> Esta distinção dá dividendos. Alguns racionalistas estão preocupados em que qualquer admissão de subjectividade seja uma negação da objectividade tanto metafísica quanto epistemológica, mas tal não é, obviamente, o caso nem a sua consequência lógica. O meu conhecimento do que é independentemente real pode muito bem ser subjectivamente influenciado e pode envolver-me apaixonadamente, mas isso não afecta o seu estatuto metafísico. A objectividade metafísica e a subjectividade epistemológica são bem compatíveis uma com a outra e já vêm sempre misturadas. Medos do contrário são infundados.[72]

---

71 *Persons in Relation*, 170.
72 *Contours of a World View* (Grand Rapids: Wm. B. Eerdmans Publishing Co., 1983), 148.

Tudo isto sugere que temos tido a tendência para pôr uma falsa dicotomia entre o objectivo e o subjectivo na esfera da religião, porque conceptualizamos o conhecimento em termos de "conhecimento de coisa". Talvez tenhamos, até mesmo, falsamente conceptualizado o conhecedor ao concebê-lo como um pensador em vez de um agente, tendo, portanto, feito uma separação demasiado rígida entre as esferas do pensamento e da acção.[73] Esta diástase parece ter tido origem naquilo que William Temple denominou como o *faux pas* de René Descartes.[74]

Esta explicação, filosoficamente mais adequada, do conhecimento pessoal coincide muito mais de perto com a perspectiva do conhecimento que acreditamos ser distinta da teologia bíblica, tendo em consideração tanto a natureza do objecto conhecido como a natureza da ocorrência epistemológica.

Uma outra implicação disto é que, embora possa haver conhecimento da verdade revelada (sobre Deus) da mesma forma que pode haver conhecimento externo de outras pessoas, o conhecimento de Deus, em sentido existencial, ocorre somente numa correlação de dádiva de si mesmo à auto-manifestação divina. Neste último sentido, que é distinto na perspectiva do Velho Testamento sobre o conhecimento, destaca-se: Revelação e salvação são sinónimos. Experimentar a Revelação é ser salvo. Ao sintetizar a sua análise do "conhecimento" no Velho Testamento, W. T. Purkiser afirma: "Essencialmente, o conhecimento de Deus para o hebreu constitui a sua redenção pessoal".[75]

Estamos agora em posição de averiguar mais adequadamente as funções relativas de confiança e aquiescência no relacionamento divino-humano. A análise de Gustav Aulén reflecte um relacionamento equilibrado, apontando para o perigo de definir a fé como confiança, a menos que seja entendida como "referência ao relacionamento teocêntrico com Deus"; ou seja, o relacionamento é determinado pelo lado de Deus. A definição de fé como aquiescência também é perigosa se for interpretada intelectualmente e feita primordial. "Na medida em que a comunhão com Deus é compreendida como uma aquiescência não-qualificada daquela revelação na qual a fé se baseia, define e, também, dá expressão a um elemento essencial da fé".[76] Assim, ambos são necessários para um conhecimento verdadeiro de Deus.

---

73 Cf. Macmurray, *Self as Agent*; e Stuart Hampshire, *Thought and Action* (New York: Viking Press, 1960).
74 *Nature, Man, and God*, lecture 3.
75 *God, Man, and Salvation*, 46.
76 *Faith of the Christian Church*, 22-23.

Revelação e Razão

Sugerimos que existem três factos teológicos que fazem com que a revelação divina seja necessária para haja um conhecimento correcto de Deus. O último destes é a realidade da decadência do homem. Este é um juízo teológico, mais do que a transcendência de Deus ou a natureza do conhecimento pessoal. O facto de o homem estar alienado da essência da sua natureza criada não pode ser verificado pela psicologia ou pela antropologia, mas deve ser reconhecido como revelado. O que não impede, no entanto, a possibilidade de as disciplinas empíricas, cujo objecto é o homem, providenciarem indicadores para um problema que a ideia teológica do estado decaído explica.

Razão e Queda do Homem

O tópico da razão pode surgir em relação a vários assuntos dentro da maior área compreendida pela doutrina da revelação. Por exemplo, a relação da compreensão humana e da transcendência de Deus exigiu uma discussão da razão e das suas limitações comparadas com a realidade transcendente. Tradicionalmente, este tem sido o grande ponto central dos debates feitos pelos teólogos na questão da fé e da razão. O que estamos aqui a sugerir é uma outra dimensão do problema. À luz da doutrina do pecado original, a qual sustenta que a razão e o entendimento do homem foram distorcidos e debilitados na Queda, a nossa questão é: Porque é que esta perversão das capacidades racionais do homem torna necessária uma actividade reveladora iniciada por Deus?

Como procuraremos demonstrar no próximo capítulo, o homem decaído não é completamente ignorante acerca de Deus. Acreditamos que o carácter condicionado da existência do homem desperta no seu consciente, pelo menos, uma vaga impressão de um aspecto de realidade não condicionado que está para além dele. Sem dúvida, certas experiências da natureza estimulam ou despontam uma consciência de uma Base de Ser que justifica a origem de tudo isto. Até Immanuel Kant reconheceu que a presença do design despertava um sentimento de reverência na mente do observador, a qual se aproximava bastante de constituir um argumento para a existência de Deus. Independentemente da forma como estas experiências forem explicadas, no contexto da teologia wesleyana, nunca são a descoberta de Deus feita apenas pela razão, mas antes a do reconhecimento da Presença do Eterno pela razão que invade a consciência da humanidade.

João Wesley reconheceu que existe esta sensação da existência de Deus, mas recusou-se a dar-lhe o estatuto de teologia natural. Em vez disso, considerou-a como "existencialmente irrelevante", uma vez que não tinha conteúdo real e não podia responder à pergunta verdadeiramente importante: "Que tipo de Deus?"[77]

A pergunta crucial diz respeito ao que o homem faz desta consciência primordial. As descrições vívidas que Paulo faz das perversões do mundo gentílico, em Romanos 1—3, ilustram perfeitamente o resultado da resposta típica do homem decaído à revelação geral (o que queremos dizer com este termo será explicado na íntegra no próximo capítulo).

> A ira de Deus revela-se desde do céu contra toda impiedade e perversidade dos homens que, pela sua maldade suprimem a verdade; porquanto o que de Deus se pode conhecer é manifesto entre eles, porque Deus se lhes manifestou. Porque os atributos invisíveis de Deus, assim o seu poder eterno, como também a sua própria divindade, claramente se reconhecem, desde o princípio do mundo, sendo compreendidos por meio das coisas que foram criadas. Tais homens são, por isso, indesculpáveis; porquanto, tendo conhecimento de Deus, não o glorificaram como Deus, nem lhe deram graças; mas antes se tornaram fúteis em seus próprios raciocínios, obscurecendo-se-lhes o coração insensato. Intitulando-se como sábios, tornaram-se loucos, e trocaram a glória do Deus incorruptível por imagens à semelhança do homem corruptível, bem como de aves, quadrúpedes e répteis *(1:18-23).*

Agostinho dá uma expressão clássica à perversão do conhecimento geral de Deus pela razão caída, ou mais especificamente no seu caso, a vontade perversa. Porque a condição do homem é caída, ele ama-se a si mesmo e esse amor pervertido tem como consequência voltar as suas costas à Verdade.

> Quando esta vontade [amor] é dirigida para as criaturas, a inclinação para Deus e, portanto, a consciência de Deus diminui. Elas diminuem em proporção à actividade da concupiscência do homem para com o mundo dos sentidos. O amor imoderado das coisas dos sentidos é, contudo, derivativo e apoia-se numa base defeituosa, nomeadamente, o orgulho ou amor-próprio.[78]

Mesmo os platonistas, cujas interpretações de Agostinho tiveram em grande consideração, estão aquém do verdadeiro conhecimento. Apesar de racionalmente descobrirem vestígios da Trindade, não reconhecem a verdade da doutrina cristã, que espera pela submissão da vontade (fé) à revelação histórica do Mediador. Numa bela passagem das suas *Confissões,* Agostinho descreve as interpretações profundas dos platonistas sobre o logos desencarnado; mas porque nada sabem do logos encarnado (revelação especial), as suas visões são como as visões de um Éden distante sem meios

---

77 Williams, *John Wesley's Theology Today,* 31.
78 Robert Cushman, "Faith and Reason," in *A Companion to the Study of St. Augustine,* ed Roy W. Battenhouse (New York: Oxford University Press, 1956), 304.

de acesso. Apenas na humilde confissão do caminho de Deus em Cristo pode o caminho ser encontrado.

> Porque uma coisa é ver a terra da paz do topo da frondosa montanha e não encontrar o caminho que conduz até ela ... e outra é conhecer o caminho que leva até lá, guardado pelas hostes do general celestial, onde os que abandonam o exército celestial não são roubados, pois evitam-no como tortura.[79]

Na sua própria experiência, Agostinho descobriu que a perversão da vontade era um obstáculo para conhecer a Deus. Depois de ter visto a verdade de longe, afirmou:

> Mas eu não fui capaz de fixar a minha contemplação lá; e sendo novamente atacado pela minha enfermidade, fui atirado novamente para os meus hábitos costumeiros, levando comigo nada mais senão a querida lembrança dele e um apetite por aquilo que tinha, por assim dizer, sentindo o aroma, mas ainda não sendo capaz de comer.[80]

Para João Calvino, todas as pessoas tinham um conhecimento inato de Deus. Porém, esse conhecimento inato era suprimido pelos pecadores, deixando-os responsáveis pela sua condição. Registou, ainda, que por esta razão Deus deu "uma outra e melhor ajuda" para nos guiar adequadamente até ao Deus Criador. O propósito desta revelação da Sua Palavra foi para que Deus se pudesse "tornar conhecido para salvação".[81] O meio desta revelação eram as Escrituras, que funcionavam como "óculos, reunindo o conhecimento de Deus nas nossas mentes e, que de outra forma seria confuso" e "dispersando o nosso marasmo, claramente nos mostra o verdadeiro Deus".[82]

Temos aqui expressa uma forma da doutrina de acomodação de Calvino. Todo o conhecimento de Deus é resultado da Sua própria acomodação à condição humana, primeiro à finitude do homem, mas também à sua condição de pecador. A esta última, Deus acomodou-Se numa revelação especial ou histórica na obra mediadora do Seu Filho:

> Porque existem dois poderes distintos que pertencem ao Filho de Deus: o primeiro, pelo qual se manifesta na arquitectura do mundo e na ordem da natureza; e o segundo, pelo qual Ele renova e restaura a natureza caída. Como Ele é a Palavra eterna de Deus, por Ele o mundo foi feito e pelo seu poder todas as coisas continuam a ter a vida outrora recebida; o homem é dotado com

---

79 *Confessions*, tradução para o inglês de *Basic Writings of St. Augustine*, ed. Whitney J. Oates, 2 vols. (New York: Random House Publishers, 1948), bk. 7, chap. 21, (daqui em diante 7.21).
80 Ibid. 7.17.
81 *Institutes*, 1.6.1.
82 Ibid.

o dom singular do entendimento que ainda lhe permite ver e entender, para que a graça do Filho de Deus, que naturalmente possui, não seja inteiramente destruída. Mas, uma vez que a sua estupidez e perversão obscurece a luz que nele ainda habita, permanece a necessidade de que uma nova obra seja executada pelo Filho de Deus, o ofício de Mediador, para renovar, com o Seu espírito de regeneração, o homem que estava arruinado.[83]

Calvino acredita que a revelação de Deus, em todas as suas formas, foi clara e compreensível. "Foi o efeito noético do pecado e não a insuficiência da revelação, que causou erros de compreensão".[84] Esta é a razão pela qual a Sua graciosa acomodação ao pecado do homem está ligada à obra da redenção.

Os Resultados da Razão Decaída

A condição decaída da razão humana fornece a base para a legitimidade que possa existir nas, assim chamadas, críticas ilusionistas da religião. A versão moderna, mais influente destas críticas, pode ser traçada desde o passado, em parte, pela influência de Ludwig Feuerbach (1804-72), cujo livro, *The Essence of Christianity* (1841), foi um dos ataques mais devastadores ao cristianismo alguma vez concebido e a inspiração para ataques subsequentes.

Em suma, Feuerbach reduziu a teologia à antropologia. A sua análise da situação era que a crença ou a experiência religiosa podiam ser interpretadas como o esforço do homem para objectivar algum desejo. Assim, o que os homens adoram não são mais do que *wunschwesen* ("seres desejo"), ou desejos personificados. Segundo Feuerbach, o que a mente humana faz, é a apropriação de todas as qualidades positivas e boas do homem, abstraindo-as da sua materialização na forma humana, e objectivando-as pela sua projecção num ecrã cósmico. As qualidades humanas, elevadas a um nível infinito, são aquilo que é adorado; e assim, a teologia (palavras sobre Deus) torna-se antropologia (palavras sobre o homem), e adoração religiosa torna-se auto-adoração. Com as boas qualidades da vida humana abstraídas e projectadas como Deus, o homem é deixado sem qualquer bondade em si mesmo – daí a doutrina do pecado original.

O próprio Feuerbach resume da seguinte forma:

> Quando a religião – a consciência de Deus – é designada como a auto-consciência do homem, o que não deve ser entendido como a afirmação de que o homem religioso está directamente consciente desta identidade; porque, pelo contrário, a ignorância desta realidade é fundamental à natureza peculiar da

---
83 Commentary on John 1:5.
84 Edward A. Dowey Jr., *The Knowledge of God in Calvin's Theology* (New York: Columbia University Press, n.d.), 179.

religião. Para evitar equívocos, melhor é dizer que a religião é a primeira e, também, a forma indirecta de auto-conhecimento do homem, como na história da raça, assim, também, na história do indivíduo. O homem vê primeiramente a sua natureza como se fosse algo *fora* de si, antes de a encontrar em si mesmo. A sua própria natureza é, em primeiro lugar, contemplada por ele como a de outro ser... Daí o progresso histórico da religião consistir nisto: o que era considerado objectivo por uma religião mais antiga, é agora reconhecido como subjectivo; ou seja, o que antes era contemplado e adorado como Deus é agora visto como algo *humano*.[85]

A razão de tudo isto é que o homem alcance por si mesmo os meios para a realização dos seus desejos. Elton Trueblood resume a perspectiva de Feuerbach sobre o milagre da seguinte forma:

O milagre é o próprio coração da fé, pois, apesar dos métodos naturais para lidar com os desejos e as necessidades humanas serem satisfatórios, o milagre "satisfaz os desejos do homem de forma correspondente à natureza dos seus desejos – da forma mais desejável". Gostamos de um milagre porque nele conseguimos, de imediato, aquilo que desejamos – sem qualquer espera cansativa.[86]

Karl Marx e Friedrich Engels foram influenciados por Feuerbach quando começaram a formar as suas ideias, que resultaram na filosofia do materialismo dialéctico. O tema da "Realização dos desejos" foi desenvolvido em termos sociológicos.

A filosofia marxista combina o conceito da dialéctica, como o padrão de desenvolvimento histórico, com um materialismo grosseiro que reduz toda a realidade a factores económicos. O movimento dialéctico (tese-antítese-síntese) caracterizado pela luta de classes – os que "têm" contra os que "não-têm". Nos nossos tempos representados pela burguesia (capitalista) e o proletariado (classe trabalhadora) como os agentes em luta. Os capitalistas privam os trabalhadores do que é deles por direito (alienação) e assim os plutocratas tornam-se cada vez mais ricos, enquanto os trabalhadores ficam cada vez mais pobres. Neste contexto, a função da religião é manter as classes oprimidas da sociedade felizes na sua penúria oferecendo-lhes "uma mão cheia de nada". Este é o contexto da famosa citação de Marx que a "religião... é o ópio do povo". Um dos exemplos mais óbvios de tal exploração e da sua justificação religiosa foi a instituição da escravatura na América pré-Guerra Civil, em que eram feitos esforços para manter

---

85 *The Essence of Christianity*, trans. George Elliot, Torchbooks/Cloister Library (New York: Harper and Bros., Publishers, 1957), 13.
86 David Elton Trueblood, *Philosophy of Religion* (New York: Harper and Bros., Publishers, 1957), 179.

o escravo satisfeito com o seu cativeiro, através da contemplação de maravilhosas visões do céu, expresso nas composições dos espirituais negros.

A natureza da religião como uma ideologia torna-a incapaz de fazer crítica social. Aí funciona (como na jurisprudência e na moralidade) como um reflexo da substrutura económica. A religião tem, por natureza, a guarda do *status quo* – e particularmente usada pelo dono para manter a exploração do trabalhador.

Sigmund Freud, o pai da psicologia psicanalítica moderna, desenvolveu a teoria feuerbachiana em termos psicológicos. Para Freud a origem da religião encontra-se na tentativa de o homem lidar com os problemas da vida. A partir das experiências de infância, de uma figura paterna que dá um sentimento de segurança, o homem postula um ser divino paternal que o ajuda a lidar com a vida. Portanto, a religião é uma *ilusão*, com isto significa que a crença está baseada no desejo. A análise de Freud está bem representada pelo título da sua famosa crítica: *The Future of an Illusion [O Futuro de Uma Ilusão]*.

Segundo a hipótese de Freud, a religião envolve a criação de um Pai divino cujo governo providencial dá a segurança que necessitamos para reduzir a ansiedade causada pelos perigos da vida. Assim, Deus é a projecção da experiência infantil de um pai terreno. Outras crenças religiosas funcionam do mesmo modo ilusório para satisfazer necessidades internas. Assim, as crenças surgem como meio de concretização dos desejos.

Como sugerimos, todas estas críticas possuem uma dose de verdade. Descrevem, de forma justa, se não completamente, a natureza da religião como se fosse o produto da razão humana decaída. De facto, uma análise da adoração idólatra, como aparece no Velho Testamento, mostra a religião como estando, principalmente, ao serviço dos desejos, muitas vezes aos mais básicos desejos, do homem, como uma forma de dar sanção religiosa à sensualidade. Esta perversão destaca a necessidade da revelação.

Mas a fé bíblica ergue-se como uma enorme contradição às perspectivas da religião criticadas por estes analistas. Basta apenas que pensemos em Amós, na controvérsia com Amazias sobre as aprovações religiosas da injustiça económica em Betel, ou no "Ai de mim!" de Isaías quando encontrou O Santo de Israel no Templo, para sabermos que Deus não vem para satisfazer os desejos egocêntricos do homem, mas para julgá-los, não para validar o status quo, mas para pedir a sua alteração, de forma a implementar a justiça nas relações humanas. Elton Trueblood aplica o golpe final nas críticas ilusionistas com estas palavras incisivas:

> A verdade nua e crua é que os defensores da doutrina dos *Wunschwesen*, desde Feuerbach até Freud e por diante, não sabem do que estão a falar. Eles criaram

uma teoria, sem se preocuparem em verificar as evidências, a maior parte das quais nunca é vista em laboratórios ou clínicas. Que houve homens cujas alegadas experiências religiosas foram de grande conforto, totalmente em linha com os seus desejos, ninguém duvida, mas dizer que esta tem sido a experiência universal ou mesmo a experiência característica, é revelar uma ignorância grosseira. Se este dogma fosse verdade, seria de esperar que toda a oração fosse egoísta; em vez disso, encontramos o reconhecimento de uma exigência de auto-sacrifício e negação rigorosos. Aqueles que afirmam conhecer Deus melhor descobrem que Ele exige algo quase impossível de alcançar. Como é que, na hipótese dos *Wunschwesen*, a noção da *cruz* entrou no mundo? Pascal parece falar aos homens do nosso tempo quando afirma, "Deixai que ao menos aprendam a religião que atacam, antes de a atacarem".[87]

Nem sempre acontece, obviamente, as formas não-cristãs da religião serem extremamente idólatras, ou servirem as tendências imorais da depravação humana. As grandes religiões geralmente reflectem elevados padrões de conduta moral, muitas vezes aproximados aos padrões éticos cristãos; por exemplo, a versão negativa da Regra de Ouro ensinada por Confúcio, denominada de Regra de Prata: "O que não queres que te façam a ti, não o faças aos outros".

Contudo, é comum, nas versões não-cristãs da religião, a condição decaída da razão humana se manifestar numa abordagem de auto-ajuda quanto à salvação. Esta tendência é uma expressão da carne, conforme Paulo afirma, claramente, na sua polémica contra a justificação pelas obras, em Gálatas. O homem, no seu orgulho, acha que está fora dos parâmetros do razoável aceitar a doutrina cristã da graça. Uma vez que este assunto será explorado em profundidade no próximo capítulo, adiaremos por agora uma maior elaboração neste ponto.

Uma observação adicional precisa de ser feita. Infelizmente nem toda a religião com o nome de cristã é livre das perversões da razão decaída. Muitos na igreja ainda vivem no pressuposto da salvação pelas obras. Para além de muitos que na cristandade agem com base na premissa de que o cristianismo é um meio para se obter saúde, riqueza e sucesso. Certos cultos são baseados nesta compreensão errónea. Até é possível defender o cristianismo tendo como base primária de consideração os seus benefícios experienciais. Embora existam questões psicológicas difíceis de deslindar nesta matéria, o motivo para a devoção cristã é a glória de Deus, não os Seus benefícios para nós.

Em tais casos de fé cristã pervertida, a causa é, sem dúvida, a preferência dada à perspicácia que nos é oferecida pela nossa capacidade de raciocínio, em detrimento da revelação de Deus em Cristo, sem que haja a consciência

---

87 Ibid., 188.

de que isso está a ser feito. Paulo afirma-o sucintamente: "Ninguém se engane a si mesmo: se alguém de entre vós se tem por sábio neste século, faça-se estulto para se tornar sábio. Porque a sabedoria deste mundo é loucura diante de Deus" (1 Cor. 3:18-19).

Sumário

Explorámos três factos teológicos sobre Deus e o homem que fazem com que a revelação seja necessária se queremos ter um conhecimento verdadeiro de Deus. Não se discute se a revelação aconteceu ou não; é um pressuposto de fé que está na base da crença cristã. Mas a discussão chama a atenção para a realidade que o conhecimento de Deus pelo homem, se verdadeiro, não pode ser o mero resultado da descoberta humana. Além do mais, fornece pistas para a maneira como a revelação ocorrerá se e quando ocorrer. No próximo capítulo, estas pistas serão retomadas e incorporadas ao tentarmos desenvolver uma compreensão wesleyana do fenómeno da auto-manifestação divina.

CAPÍTULO 5

Revelação: Uma Abordagem Wesleyana

Um dos principais factores, na complexa rede de perspectivas que constitui a teoria da revelação expressa por alguém, é a sua antropologia teológica. A humanidade está essencialmente "na verdade" ou "fora da verdade"? Esta é tanto uma questão filosófica quanto teológica. O aspecto filosófico inclui considerações tanto epistemológicas como ontológicas. A dimensão teológica pode ser destacada pelo uso do termo *Verdade* em letra maiúscula, com a implicação que, neste contexto, Deus e Verdade são sinónimos. Como respondemos a esta pergunta decidirá muitas das questões envolvidas na identificação da natureza da revelação.

Devemos assinalar, de forma preliminar, o significado técnico do termo *essencial*. Utilizamo-lo no sentido filosófico específico como se referindo àquilo que faz de algo aquilo que é, e sem o qual seria qualquer outra coisa.[1] Este termo está em contraste com o termo *acidental*, que se refere às qualidades que podem ou não estar presentes, mas que não contribuem para que uma "coisa" seja o que é. A essência pode ser descrita como uma referência ao que faz com que essa "coisa" exista.

A nossa questão implica que há, logicamente, apenas duas alternativas possíveis. Se o conceito de essencial for levado a sério ou se está, ou não, numa relação essencial com a Verdade.

---

1 Cf. *Eutyphro*, de Platão, no primeiro desenvolvimento do conceito de essência num trabalho filosófico. Aí, é visto como sinónimo com uma definição conotativa (género e diferença), a qual é creditada como sendo invenção de Sócrates.

Humanidade e Verdade: Panorama Histórico

O que nos propomos fazer é usar paradigmas, tanto filosóficos quanto teológicos, para ilustrar a maneira como estas duas possibilidades se têm relacionado ao longo da história do pensamento. Identificar uma posição específica não é, necessariamente, dizer que todos os seus aspectos sejam aceitáveis, mas serve para ilustrar como ela se inclina para um ou para outro lado, nesta questão crucial. Finalmente, ao desenvolver algumas doutrinas distintamente wesleyanas, relevantes para este assunto (especialmente a doutrina do homem), tentaremos mostrar de que forma a teologia wesleyana poderá responder à questão e quais os contornos exactos e as implicações de tal posição. Em suma, é uma extensão da questão da imanência e da transcendência, em relação ao conhecimento de Deus, como discutida no capítulo anterior.

Uma das mais claras justaposições das duas respostas possíveis à questão, lançada em termos filosóficos, mas com algumas nuances teológicas, encontra-se na obra de Søren Kierkegaard, *Philosophical Fragments*. Sócrates é usado como contraste da perspectiva que a humanidade está essencialmente na verdade; Kierkegaard quer demonstrar a maior viabilidade da posição de que a humanidade está essencialmente no erro.

A questão que preocupa Sócrates é: "Até que ponto a Verdade admite ser aprendida?" Kierkegaard descreve a situação da seguinte forma:

> Na medida em que a Verdade for concebida como algo a ser aprendido, a sua não-existência é evidentemente pressuposta, visto que ao nos propormos a aprendê-la, esta torna-se num objecto de inquirição. Aqui somos confrontados com a dificuldade a que Sócrates chama a atenção, em Meno, e caracteriza como uma "proposição pugnaz": não se pode procurar o que já se conhece, e parece, igualmente, impossível procurar o que não se conhece. Porque o que o homem sabe, não procura, uma vez que já o sabe; e o que não sabe, ele não pode procurar, uma vez que nem sequer sabe o que procurar.[2]

Ou expondo esta ambiguidade por outras palavras: Não é possível saber que não se conhece algo se esse algo não for já conhecido. Este paradoxo é resolvido por Sócrates em termos da doutrina da reminiscência, ou recordação. O homem, na sua existência pré-encarnada, conheceu a Verdade, mas na sua existência presente esse conhecimento está retido ao nível do subconsciente, precisando apenas de ser estimulado para surgir ao nível do consciente. Como professor, Sócrates considerava a sua tarefa como obstetrícia intelectual, ajudando a Verdade presente no aluno, de uma forma esquecida, a nascer. Como professor, não transmitia informação como se

---

2 *A Kierkegaard Anthology*, ed. Robert Bretall (New York: Modern Library, 1946), 155.

estivesse a escrever numa tábua em branco, mas, em vez disso, tentava extrair o conhecimento escondido do seu aluno. Os diálogos de Platão, nos quais Sócrates tem um papel proeminente, retratam esta compreensão tanto na estrutura com no conteúdo. O próprio método do diálogo incorpora esta perspectiva no modo como reflecte o processo de trazer ao conhecimento. Frequentemente, os intervenientes no diálogo descobrem que sabem e não sabem, simultaneamente. Apesar da condição existencial da limitação presente do homem proibir uma compreensão clara e exacta da Verdade, o homem está consciente que não conhece com toda a clareza que desejaria e, portanto, demonstra estar essencialmente na Verdade.

Kierkegaard, ao propor a posição alternativa, procura estabelecer a relevância decisiva do momento histórico, particularmente, da Encarnação histórica. Ele acredita que a perspectiva socrática diminui a sua importância. A sua preocupação é simultaneamente contrariar a depreciação da história feita por G. E. Lessing, a favor das "verdades eternas da razão". Assim, ele formula a questão: "Será que um ponto de partida histórico é possível para uma consciência eterna; como pode tal ponto de partida ter qualquer outro interesse para além do mero interesse histórico; será possível basear a felicidade eterna num conhecimento histórico?"

Kierkegaard pensa que, se Sócrates tem razão, o Professor é dispensável e pode ser esquecido assim que a Verdade interior for descoberta; portanto, para dar maior importância ao Professor, Kierkegaard pretende afirmar que "o aprendiz está num estado de erro". Nesta situação, o Professor é mais do que o momento de aprendizagem: "Ora, se é para o aprendiz adquirir a Verdade, o Professor tem que lha trazer; e não somente, mas tem que lhe proporcionar as condições necessárias para que ele a compreenda". Isto é, estando "no erro", o aprendiz não tem capacidade para receber a Verdade, para reconhecer que não tem a Verdade ou até para reconhecer a Verdade quando esta lhe é dada. O Professor tem que criar esta capacidade, ao mesmo tempo que lhe comunica a Verdade. Mantenhamos em mente esta cláusula, pois voltaremos a encontrá-la de forma bem influente no século XX.

Estas duas opções são desenvolvidas de forma diferente num ensaio intitulado "*Two Types of Philosophy of Religion*" [Dois Tipos de Filosofia da Religião], escrito por Paul Tillich, onde identifica duas formas de abordar Deus, às quais ele se refere como "o meio de ultrapassar a alienação" e "o meio de conhecer um estranho". No primeiro, quando um homem encontra Deus; encontra-se a si mesmo, porque existe uma afinidade entre o homem e Deus, apesar de estarem existencialmente alienados. No segundo, o relacionamento entre o homem e Deus é acidental, porque "essencialmente, não pertencem um ao outro".

Tillich refere-se a estas duas abordagens como (1) a filosofia da religião do tipo ontológico e (2) cosmológico. A primeira é representada na história do pensamento cristão por Agostinho e os seus sucessores, incluindo os Franciscanos, Alexandre de Hales e Boaventura. Aqui, o conhecimento de Deus é anterior e imediato.

O tipo cosmológico é representado por Tomás de Aquino, cuja perspectiva, argumenta Tillich, é uma dissolução da abordagem agostiniana. Sob influência da epistemologia aristotélica, Tomás de Aquino começa com o conhecimento empírico e prossegue para o conhecimento de Deus por inferência. O conhecimento de Deus é mediato, em vez de imediato. O argumento da abordagem agostiniana torna o ateísmo impossível, porque é a consciência de Deus que torna possível a questão de Deus; na abordagem tomista, uma vez que a inferência não é necessária, o ateísmo é inevitável.

Como Sócrates, também Agostinho estava intrigado com a capacidade da mente apreender as verdades necessárias, ideias que não poderiam ser derivadas da experiência empírica. Isto envolve o pressuposto que a mente era informada, a priori, pela Verdade. "A memória também contém inúmeros princípios e leis de números e dimensões. Nenhum destes poderia lhe ter sido transmitido através dos sentidos físicos, porque não podem ser vistos, ouvidos, cheirados, provados ou tocados".[3] Quando se questiona a origem destas e de outras ideias, recorre-se à memória. Quanto às características básicas de

> se uma coisa é, o que é e de que género é... eu retenho as imagens dos sons de que são compostas estas palavras. Sei que estes sons passaram através do ar e já não são. Mas os factos que eles representam não chegaram até mim através de qualquer dos meus sentidos físicos. Não poderia tê-los visto de forma alguma, excepto na minha mente e não são as suas imagens que guardo na minha memória, mas os próprios factos. Mas eles próprios têm que me dizer, se puderem, de que forma entraram na minha mente.[4]

Na compreensão empírica comum, nada pode estar na memória que não tenha estado primeiro nos sentidos. Mas quando Agostinho examina estas "ideias invariáveis e imutáveis" verifica que simplesmente as descobriu dentro de si; não foram aprendidas. Contudo, estão tão profundamente escondidas nos recantos da memória que apenas através de estímulos externos podem ser extraídas.

> Então, em que parte da nossa mente estavam? Como foi que as reconheci quando foram mencionadas e concordei que eram verdade? Deve ter sido porque já estavam na minha memória, escondidas nos seus mais profundos

---

3 *Confessions*, 10.12.
4 Ibid., 10.

recantos, numa parte tão remota que não poderia sequer pensar nelas, a menos que outra pessoa as tivesse trazido ao de cima, ao ensinar-me acerca delas.[5]

Ao tentar explicar este fenómeno, Sócrates pôde sugerir o mito da imortalidade da alma, isto é, que no seu estado pré-encarnado ela vivia no domínio das ideias eternas e trouxe este conhecimento consigo para a existência. Agostinho não podia aceitar esta conclusão por causa dos seus pressupostos cristãos e, assim, tirou partido da actividade imediata de Deus, a Luz Divina, o Logos desencarnado que funcionava como o Iluminador imediato da mente. "Todas as *certezas* das ciências são como as coisas trazidas à luz pelo sol, para que possam ser vistas, a terra, por exemplo, e todas as coisas nela; enquanto o próprio Deus é o Iluminador".[6]

Para Agostinho, todo o conhecimento significativo é conhecimento revelado. Este informar do intelecto pela actividade divina é graça, para que nenhum homem seja destituído da "graça epistemológica".

> Então, grandes são os poderes da razão natural iluminados pelo Filho desencarnado, a eterna Palavra de Deus. Certamente, uma vez que há uma contínua iluminação divina da mente, a *ratio*, no pensamento de Agostinho, nunca está "não-auxiliada" na sua aprendizagem de Deus.[7]

O que é verdade sobre as ideias eternas também é verdade sobre o conhecimento de Deus. Este conhecimento não é aprendido, mas descoberto no íntimo, na memória. "Se não te encontro na minha memória, então, eu sou negligente para contigo; e como te encontrarei, se não me lembro de ti?"[8] Isto explica a afirmação de Agostinho que deseja conhecer duas coisas: Deus e a sua própria alma. É através do conhecimento da segunda que ele chega ao conhecimento da primeira.

Aqui, estamos, claramente, a lidar com um entendimento pouco usual da memória, assim sendo, temos que procurar compreender este estranho uso. Porque é que Agostinho escolheu usar a imagem da memória para transmitir a sua perspectiva da relação da mente com a Verdade, ou da alma com Deus? Primeiro, porque estava impressionado com a capacidade da memória de reter o conhecimento do que se tinha passado a partir de experiências presentes. Refere-se a parábola da moeda perdida em Lucas 15, como exemplo desta capacidade. Quando a moeda estava perdida, a mulher não a teria procurado se não se tivesse lembrado dela; e, quando a encontrou, não a teria reconhecido como sendo a sua moeda perdida, se

---

5 Ibid.
6 *Soliloquies* 1.12.
7 Cushman, "Faith and Reason," 295.
8 *Confessions* 10.17.

esta não fosse lembrada. Assim a moeda, "apesar de perdida para a vista, foi retida na memória".[9]

Em segundo lugar, Agostinho estava, sem dúvida, fascinado pela capacidade da memória chamar ao nível do consciente aquilo que, aparentemente, tinha sido esquecido.

> Algo deste género acontece quando vemos ou pensamos numa pessoa que conhecemos, mas não nos lembramos do seu nome e tentamos recordar-nos dele. Se nos surge qualquer outro nome, não o aplicamos a essa pessoa, porque não a associamos normalmente com esse nome. Portanto, rejeitamos todos os nomes até que nos lembremos do nome que corresponde correctamente à nossa imagem mental normal dessa pessoa. Mas, como poderemos pensar no seu nome a menos que o tragamos da memória? Porque mesmo que o reconheçamos porque outra pessoa nos estimula, ainda assim, é na nossa memória que o fazemos, porque não o aceitamos como conhecimento novo, mas concordamos que é o nome correcto, visto que agora, nos podemos lembrar dele.[10]

Esta teoria pressupõe outra, largamente aceite, que tudo o que é verdadeiramente conhecido, nunca é realmente esquecido, embora possa escapar para um nível abaixo do consciente. Pode ser relembrado com o estímulo apropriado, até por um acto da própria vontade. Assim, todo o conhecimento é reconhecimento.

Esta é a resposta de Agostinho, para o enigma proposto por Sócrates sobre a forma como se pode procurar uma verdade que não se conhece, ou estar consciente que não se pode conhecer algo, sem que já seja conhecido. O conceito de memória, como acima delineado, torna possível que algo seja conhecido e desconhecido ao mesmo tempo. Deus é o Objecto da inquirição da alma humana porque Deus é conhecido pelos homens, embora tenha sido esquecido. Agostinho explora este mistério nas *Confissões*, livro 10, capítulos 20-25:

> Então, como te procuro, ó Deus? Porque quando procuro por ti, que és o meu Deus, procuro uma vida de abençoada felicidade. Procurar-te-ei, para que a minha alma viva. Porque é a minha alma que dá vida ao meu corpo e és tu quem dá vida à minha alma. Como, então, deverei procurar esta vida abençoada? Porque não a possuo até que possa verdadeiramente dizer, "Isto é tudo o que quero. A felicidade está aqui". Deverei procurá-la na memória, como se a tivesse esquecido, mas lembrando-me ainda que a tinha esquecido? Ou deverei procurá-la através do desejo de a conhecer como se fosse algo desconhecido para mim, ou porque nunca a conheci, ou porque a esqueci tão completamente que nem sequer me lembro de a ter esquecido? Certamente,

---

9   Ibid., 18.
10 Ibid., 19.

a felicidade é o que toda a gente quer, tanto que não há ninguém que não a queira. Mas se a desejam tanto, onde é que aprenderam o que ela é? Se aprenderam a amá-la, onde é que a viram?... Deve ser, então, conhecida de todos e, não pode haver dúvida que, se fosse possível fazer a pergunta numa linguagem comum, se se perguntasse a todos os homens se desejavam ser felizes, todos responderiam que sim. Mas isso só aconteceria se a própria felicidade, ou seja, o estado que a palavra significa, fosse encontrada algures na sua memória (*cap. 20*).[11]

O facto de que Deus está retido na memória é a base para o desejo universal por beatitude. Embora se possa não saber que esse desejo de felicidade é realmente um desejo por Deus, mesmo assim, o conhecimento da felicidade é equivalente ao conhecimento de Deus; portanto, devido a este conhecimento primordial, os homens são caracterizados por um anseio por Deus. Este é o raciocínio teórico para a famosa afirmação sobre a qual Agostinho constrói as suas *Confissões*: "Tu nos formaste para Ti mesmo e os nossos corações não descansam enquanto não repousarem em Ti". Em poucas palavras, temos aqui a construção epistemológica de Agostinho da doutrina da graça preveniente.

Então, como é que os homens chegam ao reconhecimento da Verdade? Ou porque é que os homens não reconhecem a Verdade que está dentro deles? A resposta é que os homens, na sua perversão, não estão dispostos a enfrentar as consequências de tal reconhecimento. Reconhecer a Verdade é reconhecermo-nos a nós mesmos em relação à Verdade. Tem que haver uma auto-manifestação mútua, mas muitas vezes os homens não estão dispostos a aceitar a exposição consequente.

> Portanto, odeiam a verdade por causa daquilo que amam em vez da verdade. Amam a verdade quando esta brilha neles e odeiam-na quando os repreende. Porque não estão dispostos a ser enganados e querem enganar, eles amam-na quando ela se revela e odeiam-na quando ela os revela.[12]

Para Agostinho isto significa que o conhecimento depende do movimento da vontade: "Eu creio, para que possa conhecer". Ele notou que Sócrates ensinou que Deus só pode ser conhecido por uma mente purificada. Ele foi além disto para explicar que o conhecimento certo está dependente de amor correto e o amor correto é resultado de um acto de vontade.

> Como no exemplo de todos os outros conhecimentos, no caso de Deus, o conhecimento pleno espera pelo desejo ou pelo amor. É o desejo, o amor ou a vontade que tornam a consciência difusa em conhecimento verdadeiro. As

---
11 Ibid., 20.
12 Ibid., 23.

palavras cruciais de Agostinho são estas: "o trazer à mente é precedido por algum desejo, pelo qual, através da busca e da descoberta daquilo que desejamos conhecer, a descendência, p.ex., o próprio conhecimento nasce!"… Com referência a Deus, como em tudo o resto, isto significa que a consciência universal que o homem tem de Deus não pode passar a conhecimento sem o *appetitus*, o desejo ou o consentimento da vontade.¹³

Uma questão crucial em tudo isto – que Kierkegaard levantou face ao pensamento socrático – diz respeito ao papel da revelação histórica em Cristo. Agostinho claramente desenvolve toda a sua filosofia cristã na base do pressuposto que o Logos Eterno encarnou na pessoa de Jesus Cristo. Mas será que Kierkegaard está correcto, ao afirmar que esta interpretação *a priori* do conhecimento faz do Professor um elemento de interesse meramente temporário e dispensável, a partir do momento em que leva o aluno ao conhecimento da Verdade? A pista para a resposta de Agostinho está na sua epistemologia volitiva, especialmente no que se refere ao conhecimento de Deus. A vontade está escravizada pelo amor-próprio e, assim, o conhecimento de Deus aguarda a libertação desta servidão. "O verdadeiro conhecimento de Deus é, ao mesmo tempo, a dissolução da servidão da vontade ao amor-próprio".¹⁴

Agostinho encontrou este problema, da vontade incapacitada, através da sua própria experiência, que descreve nos mesmos termos que estamos agora a explorar:

> Fiquei espantado porque apesar de agora te amar e não a um fantasma em teu lugar, não persisti no gozo do meu Deus. A tua beleza me atraiu para ti, mas logo fui arrastado para longe de ti pelo meu próprio peso e, em desânimo, mergulhei, mais uma vez, nas coisas deste mundo. O peso que carregava era o hábito da carne. Mas a memória de ti permaneceu comigo e não tive dúvida que tu eras aquele a quem me devia agarrar, só que ainda não era capaz de me agarrar a ti.¹⁵

Ele verificou, também, pela sua própria experiência, que a solução para o problema da vontade era o Mediador. Ele afirma-o, claramente, na passagem seguinte:

> E busquei um meio que me desse a força necessária para desfrutar de Ti; mas não a encontrei enquanto não abracei o Mediador entre Deus e os homens, o homem Cristo Jesus, que está acima de todas as coisas, Deus para sempre

---

13 Cf. Cushman, "Faith and Reason," 299-303.
14 Ibid., 305.
15 *Confessions* 7.17.

abençoado, que chama e diz: Eu sou o caminho, a verdade e a vida, o alimento misturado à carne, que eu era incapaz de receber.[16]

Robert Cushman explica a perspectiva de Agostinho e a sua relação com a filosofia clássica, numa declaração sucinta:

> A história é um meio para a revelação e, é instrumental, para o cumprimento do conhecimento. O tempo e a mudança são, pela encarnação, o veículo do Eterno; enquanto que, no platonismo, o temporal tinha tendência a prender o *nous* à ignorância. Agostinho, através de uma extensa reflexão sobre a Encarnação, conseguiu mostrar que, aquilo por que Platão lutou, era plausível, nomeadamente, como a partir do conhecimento particular a mente pode chegar até à intuição da Realidade divina. Isto porque, numa situação singular, o universal se manifesta a si mesmo, sem deficiência, no particular.[17]

E a relação entre a revelação geral e a especial é mais notória:

> Nem mesmo a Palavra feita carne poderia induzir à fé e ao amor a Deus, se a Palavra eterna não tivesse já visitado a razão do homem. O coração retém vestígios desta visitação. Se assim não fosse, o eterno não poderia ser distinguido no histórico – ferindo o orgulho do homem. Nem poderia o histórico relembrar o coração do eterno.[18]

A perspectiva de Tomás de Aquino está na relação contrária à de Agostinho. O contexto em que o contraste entre ambas pode ser visto melhor é na doutrina da natureza e da graça. Para Agostinho, como resultado da Queda, a natureza é completamente corrupta e perversa, mas, mesmo assim, toda a natureza é agraciada.[19] Para Tomás de Aquino, há uma compreensão da natureza muito mais optimista.

As ideias de Tomás de Aquino podem ser conceptualizadas como um edifício de dois andares, em que o todo representa a unidade da verdade. O piso inferior simboliza a natureza, enquanto o andar superior simboliza a graça. Na criação do homem, todo o edifício estava intacto. Seguindo a exegese deficiente de Ireneu sobre o texto de Gen. 1:26, Tomás de Aquino identificou o andar superior com a "semelhança" e o inferior como a "imagem" de Deus. Na Queda, o andar superior foi retirado, enquanto o inferior se manteve, de forma geral, intacto. Esta dicotomia vê a graça como um *donum superadditum* imposto sobre uma natureza boa. A imagem de

---

16 Ibid., 18. Note-se a importância desta afirmação para a necessidade de Deus se tornar imanente dentro da história como um pré-requisito para um conhecimento salvífico d'Ele.
17 "Faith and Reason," 307.
18 Ibid., 309.
19 Para os nossos propósitos não parece que seja necessário desenvolvermos aqui a relação entre estes aspectos e a sua perspectiva sobre a predestinação.

Deus é entendida, principalmente, em termos da razão. Assim, as capacidades racionais do homem não têm obstáculos ao seu bom funcionamento na busca da verdade.

Na esfera da natureza (razão), a epistemologia de Aristóteles tornou-se normativa. No empirismo aristotélico, "nada existe no intelecto a menos que primeiro esteja nos sentidos". Portanto, para Tomás de Aquino, todo o conhecimento começa com a experiência e esse conhecimento da realidade não-empírica é obtido por inferência. Ele move-se do individual para o universal e não vice-versa, como faz Agostinho, seguindo o platonismo. Ou, como Gordon Leff descreve: "A melhor maneira de descrever a perspectiva de S. Tomás de Aquino é dizendo que, enquanto todos os pensadores cristãos que o antecederam tentaram explicar o efeito pela causa, ele começou com o efeito: ou seja, em vez de tentar explicar Deus nos Seus próprios termos transcendentes, começou com o que podia ser conhecido das Suas criaturas".[20]

Ao usar esta metodologia, Tomás de Aquino construiu todo um sistema de teologia natural que serviu de introdução à teologia revelada. A razão natural, através das suas próprias forças e sem auxílio externo, pode demonstrar que Deus existe, mas tem que ser suplementada pela revelação para que se conheça a natureza de Deus, sobretudo verdades como a Sua natureza Trinitária. A relação entre a natureza e a graça é complementar. "Foi necessário, para a salvação do homem, que houvesse uma doutrina revelada por Deus, além das disciplinas filosóficas investigadas pela razão humana. Principalmente, porque o homem é guiado para Deus, como a um fim que ultrapassa o alcance da sua razão".[21]

É importante notar que o objecto, tanto da razão como da fé, são as verdades. Existem certas verdades oferecidas ao intelecto pela revelação que podem também ser descobertas pela razão, mas todas são apresentadas à mente para aquiescência. Assim, a fé é definida como a aquiescência da mente a verdades apresentadas por uma autoridade suficiente. Estas verdades podem ser encontradas nas Escrituras.

O contraste entre Agostinho e Tomás de Aquino pode ser visto comparando as respectivas interpretações de Romanos 1:20, um versículo fulcral para ambos os homens: "Porque os atributos invisíveis de Deus desde a criação do mundo, tanto o seu eterno poder, como a sua divindade, se entendem e claramente se vêem, pelas coisas que foram criadas".

Agostinho nega que o conhecimento de Deus possa ser obtido através da observação directa do mundo exterior. Mais, "eles só compreendem

---

20 *Medieval Thought* (Chicago: Quadrangle Books, 1959), 214.
21 *Summa Theologica*, part I, ques. I, art. I (daqui em diante I.I.I).

quando comparam a voz recebida de fora com a verdade interior".[22] Do conhecimento de Deus residente na alma (memória), o observador da natureza pode reconhecer Deus no mundo. O conhecimento de Deus não é inferido, mas sim *a priori*, ou imediato. A obra de Deus na natureza pode ser descoberta porque o *Logos* está presente no seu interior.

Este texto é, também, a principal fonte da teologia natural de Tomás de Aquino. É com base nele que defende que a existência de Deus pode ser demonstrada pelo processo de inferir a causa a partir do efeito. Tomás de Aquino nega que Deus possa ser conhecido directamente, ou seja, não se pode argumentar partindo do que "é absolutamente anterior" para o que é secundário. No princípio empírico esta abordagem é evitada. Por outro lado, "quando um efeito é mais conhecido do que a sua causa, prosseguimos do efeito para o conhecimento da causa".[23] O conhecimento de Deus é, portanto, inferido e *a posteriori*, ou mediado.

Humanidade e Verdade: a Imago Dei

A solução teológica, para a questão colocada por estas duas formas de interpretar a relação da humanidade com a Verdade, é a doutrina da *imago Dei*. A criação da humanidade à imagem de Deus é um ensinamento bíblico claro. O que isto significa na sua constituição original e a forma como se relaciona com a humanidade na sua presente condição é, em grande parte, uma questão de construção teológica baseada na inferência exegética.

Quando nos voltamos para o material bíblico, encontramos uma ambiguidade. Depois do relato da Queda, o Velho Testamento sugere, de forma muito clara, que o homem ainda é uma criatura à imagem de Deus. Depois do Dilúvio, o mandamento de Deus que proíbe o homicídio é baseado no facto de que "Deus fez o homem segundo a sua imagem". (Gen. 9:6). Mas no Novo Testamento, todo o processo de salvação, é visto como a restauração da humanidade à imagem de Deus (cf. II Cor. 3:18 et al.), o que presume que a humanidade a perdeu. A própria Bíblia não aborda esta aparente contradição, mas deixa-a (de forma não consciente, claro) para subsequente reflexão teológica. A melhor solução parece ser a de que ambas afirmações devem ser levadas a sério e reconhecer a situação paradoxal de que a humanidade no seu estado presente, simultaneamente, perdeu e reteve a *imago*.

Uma pesquisa da história do pensamento cristão sobre o ser humano revela que existe uma longa história de tentativas para definir a *imago* num

---

22 *Confessions* 10.6.
23 *Summa Theologica* I.I.I.

duplo sentido.²⁴ Uma das primeiras tentativas vem de Ireneu que, nesta matéria, se tornou na fonte da tradição católica romana. Ao falhar na sua compreensão da natureza do paralelismo hebraico, Ireneu interpretou Gen. 1:26 de forma a implicar duas realidades diferentes: a imagem e a semelhança. A última é a "relação do homem com o sobrenatural e a sua obediência responsiva à vontade revelada de Deus e sendo assim um reflexo da mesma".²⁵ Foi a "semelhança" que o homem perdeu na Queda, enquanto a "imagem" não foi afectada (ver acima). "Esta parte [semelhança] da natureza original do homem é designada no pensamento católico pela expressão *donum superadditum*, indicando que estes dons, vindos sobrenaturalmente, não são, como a razão, da substância inalterável da natureza humana".²⁶

A imagem é interpretada como a capacidade racional do homem para apreender os princípios primários da filosofia, incluindo mesmo a capacidade de demonstrar a necessidade racional de certas ideias teológicas. Este é o aspecto retido depois da Queda.

Martinho Lutero, com um sentido mais seguro da exegese bíblica, rejeitou esta distinção artificial.²⁷ Contudo, tradicionalmente, a teologia Protestante tem tentado manter a mesma dupla conotação ao falar da imagem moral e da imagem natural. Esta última é "o retrato da Sua própria imortalidade; um ser espiritual infundido com entendimento, livre arbítrio e várias afeições" (Wesley). A primeira é um reflexo dos atributos morais de Deus tais como o amor, a justiça, a misericórdia e a verdade. Na Queda, a imagem moral foi perdida e a natural ficou debilitada. Wiley faz a mesma distinção, mas identifica principalmente a imagem natural com a *razão*.

Uma das famosas tentativas para reter a dupla ênfase das Escrituras foi feita por Emil Brunner numa controvérsia inicial com Karl Barth.²⁸ Num esforço de estabelecer um "ponto de contacto" para a revelação de Deus na *humanum* do homem, Brunner sugere que existe uma imagem formal e uma imagem material. A formal refere-se à capacidade do espírito humano

---

24 cf. G. C. Berkouwer, *Man: The Image of God* (Grand Rapids: Wm. B. Eerdmans Publishing Co., 1962). No capítulo 2, Berkouwer investiga as extensas tentativas dos teólogos da Reforma e de outros para distinguir entre os aspectos mais latos e os mais estreitos da *imago*.
25 Paul Ramsey, *Basic Christian Ethics* (New York: Charles Scribner's Sons, 1950), 260.
26 Ibid.
27 Há uma ambivalência em Lutero, visto que ele, por vezes, defendeu tanto uma perda total da *iustitia originalis* e, portanto, da *imago*, como a sobrevivência da "relíquia" da *imago*.
28 Emil Brunner and Karl Barth, *Natural Theology*, ed. John Baillie (London: Geoffrey Bles, Centenary Press, 1946). O resumo do debate que se segue foi retirado deste volume.

que gera a cultura e envolve a razão, a imaginação, a vontade, a sensibilidade a valores e assim por diante. Esta imagem formal é a base para uma "teologia natural cristã" e é resumida como a "capacidade para palavras", é o ponto de contacto uma vez que o homem é um homem e não um gato. Ele elabora esta distinção, de uma forma menos polémica, em termos de "responsabilidade" (habilidade-de-resposta) na sua obra, *Dogmatics*, que surge mais tarde.[29]

Aparentemente, Brunner defende, com validade, sob uma perspectiva wesleyana, que tal condição humana é uma pré-condição necessária à "capacidade de pecar", e que (essa condição humana), além disso, "continua no estado de pecado". Se a humanidade não for responsável, todo o conceito de pecado se torna irrelevante e deixa de fazer sentido referirmo-nos à humanidade como pecaminosa. "Esta porção da personalidade", defende, "constitui o *humanum* de cada homem e, também, do pecador".

Barth respondeu com um irado *"Nein"*, discordando veemente de Brunner, rejeitou a ideia de qualquer ponto de contacto (*Anknupfungspunkt*) entre o evangelho cristão e a natureza humana. A base da sua rejeição foi o compromisso com a premissa de que não há qualquer conhecimento de Deus para além daquele que foi dado pelo Jesus da história. Esta restrição está inserida num contexto de crença mais amplo de que não há conhecimento de Deus para além da revelação, ou seja, não há teologia natural ou conhecimento natural de Deus. Dentro deste contexto a única fonte de revelação é Jesus Cristo. Como Barth afirma, "Somente o homem que conhece Jesus Cristo compreende alguma coisa sobre a revelação".

A imagem de Deus, na qual a humanidade foi criada, foi totalmente apagada pela Queda; não ficaram vestígios do passado. Assim, não existe a possibilidade de remanescente da *imago* como ponto de contacto. Também a tentativa de Brunner de manter uma imagem "formal", que não está apagada, é rejeitada por Barth, uma vez que (1) é impossível ter forma sem conteúdo, (2) até Brunner admite que o homem perdeu o livre arbítrio e, assim, nada contribui para a sua salvação – é tudo pela graça.

O que ocorre no momento da revelação (salvação), disse Barth, é um acto de criação completamente novo. "Na verdade, o homem ainda se mantém humano - 'ainda é um homem e não um gato', como ele [Barth] tão singularmente o expressa; mas a sua humanidade foi tão completamente corrompida pelo pecado que não mais que um gato, ele pode ouvir a voz de Deus até que, pela fé em Cristo, a imagem e a similitude de Deus são nele de novo criadas".[30]

---

29 Emil Brunner, *The Christian Doctrine of Creation and Redemption*, trans. Olive Wyon (Philadelphia: Westminster Press, 1952), 55-61.
30 John Baillie, *Our Knowledge of God* (New York: Charles Scribner's Sons, 1959), 20.

Isto significa que Barth leva, não só, a sério as palavras de Paulo em 2 Cor. 5:17, mas também de forma literal. A "nova criatura... em Cristo" é a produção de algo totalmente diferente e completamente novo, assim como o acto inicial da criação do mundo trouxe à existência algo novo. Na realidade, é uma criação a partir do nada que nos diz que a relação entre a pré--conversão e a pós-conversão do homem é uma completa descontinuidade.

No que diz respeito à revelação, uma vez que não existe na humanidade nada a que o evangelho possa apelar, a capacidade de receber a revelação de Deus é dada através e com a própria revelação. Ou seja, a revelação cria o seu próprio ponto de contacto. Dentro do contexto da tradição calvinista de Barth isto é perfeitamente aceitável e providencia o raciocínio lógico para a predestinação. Se nenhuma resposta humana é possível e se a obra da salvação (revelação) é totalmente monergística, apenas aqueles a quem Deus escolhe revelar-Se podem ser salvos. Barth foge desta selectividade, razão porque tem sido acusado de universalismo, na sua teoria essas são as duas únicas opções lógicas – excepto, claro, a conclusão pouco provável de que ninguém será salvo. As conclusões de Barth, como notaremos adiante, foram modificadas no ambiente mais calmo da sua obra *Church Dogmatics*.

O que podemos concluir destas discussões? É óbvio que existem pontos fracos e fortes em cada uma das exposições revistas neste sumário. Como iremos separar o trigo do joio e refinar uma síntese satisfatória? O argumento deste capítulo é que a teologia wesleyana providencia as categorias teológicas com as quais esta tarefa pode ser concluída. Mas, antes, há que mergulhar mais profundamente na questão da *imago Dei*.

Tradicionalmente, têm sido feitos esforços para definir o significado da *imago* procurando identificar aquilo que no homem o diferencia da restante da criação. Isso envolve uma definição a partir de baixo. Sob influência do pensamento grego, esta diferença tem sido classicamente identificada como razão, liberdade e/ou personalidade. Quando definido a partir do terreal, pode ser afirmado que a forma essencial do homem inclui liberdade, racionalidade, capacidade de se transcender e imortalidade. Todas estas são características criadas e que o diferenciam das ordens mais baixas da criação. De facto, estas qualidades providenciam os requisitos irredutíveis necessários para que o homem se possa relacionar com Deus, mas não constituem essa capacidade, por si mesmos. Essa é uma possibilidade oferecida por Deus, visto que todas estas qualidades "ônticas" podem estar presentes sem qualquer orientação essencial para o Divino. Acompanhando Lutero, G. C. Berkouwer faz a perspicaz observação de que "se a imagem de Deus estivesse em tais qualidades ônticas, então, o próprio Satanás teria a imagem de Deus".³¹ A definição de Aristóteles do homem como "animal racional" tem sido influenciado profundamente este ponto. Foi sem dúvida esta abordagem que deu origem ao termo *imagem natural*. Existem duas dificuldades nesta abordagem do assunto: (1) Define a *imago* a partir de baixo em vez de cima, resultando numa perspectiva falsa. Não é uma questão de como é que o homem difere dos outros seres, mas como está em relação ao seu Criador. (2) Sugere que a *imago* é uma capacidade, qualidade, faculdade ou característica que o homem possui em si mesmo, um aspecto da sua forma substancial. Este aspecto é então identificado com a mesma qualidade de Deus. Esta teoria pode ser criticada

> pela sua tendência para ofuscar a distinção entre Deus e o homem. Procurando providenciar uma barreira contra a rejeição naturalista do homem, ao nível morto da natureza animal ou física, estas perspectivas caem no erro de exaltar o homem ao nível do divino. Asseveram a descontinuidade entre o homem e a natureza de tal forma que ignoram ou atenuam a descontinuidade entre o homem e Deus… Assim, o homem é pensado como consubstancial com Deus; enquanto que, de acordo com a perspectiva bíblica, o homem foi feito da mesma substância que o pó da terra, consubstancial com todos os outros seres vivos (*nephesh*) cujo sopro está nas suas narinas.³²

G. C. Berkouwer comenta sobre este modo de interpretar a imagem de forma mais extensiva:

> É lamentável que a ênfase válida no dogma da imagem de Deus, no sentido mais lato, tenha, frequentemente, tomado a forma de uma análise da estrutura ôntica do homem, por exemplo, definida como por pessoa, razão e liberdade. Porque é inegável que as Escrituras não apoiam tal interpretação. As Escrituras estão preocupadas com o homem na sua relação com Deus, na qual nunca pode ser visto como 'homem-por-si-mesmo' e, certamente, não com a "essência" do homem descrita como o eu ou pessoa.³³

Esta afirmação aponta para uma forma muito mais adequada de interpretar a *imago*, ou seja, em termos da relação em que o homem se encontra, e com a qual a preponderância dos teólogos contemporâneos concorda.³⁴ Esta abordagem pode ser compreendida melhor através da analogia do espelho. Quando estamos em frente ao espelho, na relação adequada, a nossa imagem é reflectida nele. Analogamente, quando o homem está numa

---

31 Berkouwer, *Man*, 56.
32 Paul Ramsey, *Christian Ethics*, 252.
33 Berkouwer, *Man*, 59-60.
34 Ver a explicação no Prefácio sobre a relevância filosófica e teológica do conceito relacional. Ver Hall, *Imaging God*, cap. 3, para uma discussão esclarecedora dos dois modelos da imagem de Deus, que se alinha paralelamente à nossa discussão e chega à mesma conclusão.

relação adequada com Deus, a Sua imagem é reflectida na vida do homem. O ponto forte desta interpretação é que evita o naturalismo da perspectiva substancial e providencia uma explicação genuinamente teológica. O próprio espelho não é a imagem, mas espelha-a. A imagem de Deus está no espelho. A imagem de Deus consiste no posicionamento do homem perante Deus, ou antes, a imagem de Deus é reflectida no homem devido à sua posição perante Ele. Como todas as ilustrações, esta tem as suas limitações e não deve ser forçada a "andar sobre rodas". Portanto, a maneira correcta de falar não é falar da imagem de Deus no homem, mas do homem na imagem de Deus.

De acordo com Paul Ramsey, "longe do pensamento cristão, a maioria das decisivas e distintas interpretações cristãs do homem têm sido deste tipo. As interpretações de S. Agostinho, de Søren Kierkegaard e de Karl Barth podem ser citadas como exemplos; e antes de todas elas, as de S. Paulo".[35]

T. F. Torrance argumenta que Calvino também partilha desta perspectiva, dizendo que a *imago* não é uma possessão natural, mas espiritual. Calvino, segundo Torrance, pensa sempre na *imago* em termos de um espelho que reflecte Deus quando o homem está na posição correcta. Uma importante estipulação, sobre a qual Calvino insiste é que, fundamentalmente, é Deus quem contempla a imagem. Uma vez que a imagem deve ser entendida espiritualmente, a alma é o assento da imagem, mas "ele não quer dizer que a *imago dei* é a alma, ou qualquer propriedade natural da alma, mas que a alma é o espelho que reflecte nela, ou deveria reflectir, a imagem de Deus". A alma reflecte a imagem "através de ornamentos espirituais ou dons, tais como a sabedoria, a virtude, a justiça, a verdade e a santidade".[36]

Na sua *Dogmatics*, Emil Brunner, embora mantendo a linguagem de uma imagem "formal" e "material" (ver acima), declara que "em ambos os casos, o facto de o homem ser feito à imagem de Deus é concebido não como uma substância com existência própria, mas como uma relação. E este é o ponto mais importante a compreender. A responsabilidade (a essência da imagem "formal") é uma relação; não é uma substância".[37]

Karl Barth, na sua obra *Church Dogmatics*, também chega à posição que o ser do homem, a natureza do homem, é estar na graça. O homem não é essencialmente um "animal racional"; a sua essência é ser objecto da graça de Deus. Na verdade, esta essência, está coberta e escondida pelo pecado, mas como pode algo baseado na graça de Deus ser totalmente destruído?

---

35 *Christian Ethics*, 255.
36 *Calvin's Doctrine of Man* (London: Lutterworth Press, 1952), 35-82.
37 *Creation and Redemption*, 59.

Existe e permanece um "continuum, uma essência inalterada e inalterável pelo pecado".[38] Barth continua:

> Não é incrível que, vez após vez, os exponentes tenham ignorado a explicação definitiva dada pelo próprio texto e, em vez de reflectirem sobre ele, seguiram todo o tipo de interpretações da *imago dei* arbitrariamente inventadas?... Podia algo ser mais óbvio do que concluir desta clara indicação que, a imagem e a semelhança do ser criado por Deus, significa a existência em confrontação [relação]... Será que os exponentes estavam demasiado amarrados a uma antropologia que esperava que a descrição de um ser de semelhança divina assumisse a forma de uma descrição completa do ser do homem, da sua estrutura, disposição, capacidades, etc., e chegaram à conclusão de ser impossível pensar que poderia consistir somente nesta diferenciação e relação?[39]

Num sentido completo, apenas Adão antes da Queda e Jesus Cristo reflectem a glória ou a imagem de Deus. Aqueles que são feitos novas criaturas em Cristo reflectem a imagem de uma forma mais limitada e anseiam por um aperfeiçoamento escatológico, enquanto que, ao mesmo tempo, progressivamente buscam incorporar de uma forma mais perfeita a imagem de Cristo. Mas o que diremos daqueles humanos que não se encaixam em qualquer destas categorias? Isto leva-nos, mais uma vez, à questão da relação do homem com Deus ou a Verdade na sua condição decaída.

Interpretar a *imago Dei* como uma relação e rejeitar a ideia de que envolve algum aspecto da forma substancial do homem (como por exemplo a razão), parece abrir a porta para a posição, aparentemente, tomada no início por Barth na sua resposta a Brunner, que nada resta a que o evangelho possa apelar. Contudo, não devemos esquecer que a imagem bíblica do homem o apresenta num papel duplo, como retendo e como tendo perdido a imagem. Será, então, possível manter uma posição que fala do homem decaído como estando numa relação com Deus, uma relação perpétua que não se perde através do pecado original ou, se perdida, restaurada por um acto da graça soberana? Neste ponto temos que nos voltar para uma análise da doutrina distintamente wesleyana da graça preveniente.

A Graça Preveniente e a Imagem de Deus

Wesley utilizou o termo "homem natural" para descrever a condição humana longe da graça (não devendo ser confundida com o mesmo termo utilizado por Paulo, em 1 Coríntios 2). Ele pinta um quadro escuro de tal

---

38 3.2.43-50. Brunner, na sua *Dogmatics*, regozija-se com a mudança de Barth e admite este conceito estrutural da *imago*, portanto, o tema da controvérsia anterior foi resolvido – a favor de Brunner. *Creation and Redemption*, 44-45.

39 *Church Dogmatics* 3.1.195. Exploraremos mais detalhadamente as implicações desta profunda sugestão na nossa discussão acerca do pecado.

criatura. É pertinente para a nossa questão nesta discussão, ele nega que o homem natural tenha qualquer conhecimento de Deus, ou que o possa alcançar alguma vez. No seu sermão sobre o "Pecado Original", Wesley colocou a hipótese se dois bebés fossem educados, desde o ventre materno, sem instrução em qualquer religião, não teriam religião e o seu conhecimento de Deus não seria maior do que o dos animais selvagens. Nesta descrição, contudo, ele faz duas estipulações: (1) regista, a propósito, uma excepção "a menos que a graça de Deus intervenha"; e (2) que este resultado ocorre além "das influências do Espírito de Deus".

No seu sermão *On Working Out Our Own Salvation* [Trabalhando para a nossa Própria Salvação] ele recolhe os dividendos destas estipulações:

> Por permitir que todas as almas dos homens estejam mortas em pecado por *natureza*, não desculpa ninguém, visto que não há homem algum no estado de simples natureza; não há homem algum, a menos que tenha extinguido o Espírito, que esteja totalmente vazio da graça de Deus. Nenhum homem vivo está inteiramente desprovido do que é vulgarmente chamado de *consciência natural*. Mas isto não é natural. Mais correctamente deve ser chamado de *graça preventiva*.[40]

Esta graça que antecede é universal na sua extensão e é a fonte de todo o bem no homem e dos sentimentos de bem e mal resultantes da actividade da consciência. Além disso, referindo João 1:9, Wesley afirma: "Todos temos alguma medida daquela luz, algum raio desvanecido e tremeluzente, que mais cedo ou mais tarde, com maior ou menor intensidade, ilumina todo o homem que vem ao mundo". O resultado final da graça preveniente universal é que "nenhum homem peca porque não tem a graça, mas porque não usa a graça que tem".

Na sua discussão "sistemática" da lei, Wesley afirma que a lei, como uma personificação da mente de Deus, era coeva com a natureza do homem, mas foi "quase bem apagada" pela Queda. "E, no entanto, Deus não desprezou a obra das Suas próprias mãos; mas, sendo reconciliado com o homem através do Filho do Seu amor, Ele, em certa medida, reinscreveu a lei no coração da criatura pecadora e sombria".[41] John Deschner comenta sobre esta passagem: "Isto pode ser visto como um elemento importante no entendimento de Wesley sobre a graça preveniente".[42]

O que se sugere aqui é que graça preveniente é apenas uma outra forma de falarmos do aspecto da *imago Dei* como a relação em que o homem está perpetuamente, reconhecendo ao mesmo tempo que esta graça não é, em

---

40 *Works* 6:512.
41 *StS* 2:43.
42 *Wesley's Christology*, 100.

si ou por si mesma, salvadora, apesar de poder ser, quando se lhe responde adequadamente. Mais, afirmamos que de todas as criaturas terrenas, somente os seres humanos são, nas palavras do Wesley, "capazes de Deus", e esta capacidade não é natural, mas graciosa.

A graça preveniente é uma categoria Pós-Queda e, portanto, potencialmente redentora no sentido literal da palavra ("comprar de volta"). Mas inferir que a relação humana com Deus no estado antes da Queda (acerca do qual, historicamente, sabemos muito pouco) foi de forma qualitativa diferente, é entender erradamente a natureza graciosa da criação. A natureza e a graça não podem ser artificialmente separadas mesmo no Éden, como o tomismo faz. Karl Barth, correctamente, enfatiza a ausência de qualquer natureza independente que a criação tenha à parte do dom da graça do Criador:

> Ela [a criação] não tem atributos, nem condições de existência, não tem predicados substanciais ou acidentais de qualquer género, em virtude dos quais possa ou tenha que ser estranha ao Fundador desta aliança. Não tem qualquer base na qual possa negociar com Ele de igual para igual.[43]

A relação filial original foi quebrada pelo primeiro pecado, mas a base para a possibilidade dessa relação foi preservada ou restaurada pelo amor gracioso do Criador, de forma que pode ser renovada sem uma criação ontológica de um novo ser, qualitativamente diferente.

A questão, de longa data, sobre a natureza e a graça toma, então, contornos únicos numa perspectiva wesleyana. Ao contrário da solução Tomista, não se apoia na boa natureza humana que necessita de ser suplementada pela graça, para completar o telos duplo do homem de forma plena. A natureza não é boa, mas radicalmente decaída, perversa, corrupta, vazia de quaisquer qualidades redentoras perante Deus. Além disso, a graça não é restringida a um segmento da vida do homem, essa parte que tem que ver com as virtudes sobrenaturais. A característica distintiva da perspectiva wesleyana é que a natureza é de tal forma agraciada que o homem natural mais não é que uma abstracção lógica. Esta graça estende-se ao todo da existência humana.

Em termos da metáfora do espelho, isto significa que, apesar do homem em pecado já não manter uma postura que lhe permita reflectir a imagem de Deus, o espelho retém – pela graça – a capacidade de, mais uma vez, reflectir essa imagem. A metáfora não deve ser mal entendida. Não é intenção deixar a ideia que há algo dentro do homem (o espelho) que é uma parte da sua forma substancial e, certamente, não uma "relíquia" da *imago*.

---

43 *Church Dogmatics*, 3.1.96. Ver também a sua discussão ibid., 194-95.

Não pretendemos nada mais do que, de forma figurativa, descrever a relação da graça.

As implicações disto para a definição teológica do homem são significativas. Em vez de identificar uma qualquer qualidade, como a razão, a liberdade ou a personalidade, que o distingue da criação irracional, ou tentar encontrar uma "centelha divina" no interior que ofusque a distinção entre Deus e o homem, define a essência do homem como "homem em relação com Deus". Por outras palavras, quando a graça preveniente é interpretada como um princípio ontológico, é a graça que constitui a humanidade do homem. O próprio ser do homem, como homem, é a sua posição essencial na graça. Isto, claramente, retém a relação Criador-criatura com tudo o que isso implica.

Esta posição está em total conformidade com a afirmação de John Baillie, "a verdade é que não há, no homem, natureza alguma além da *revelação*. A natureza humana é constituída pela auto-manifestação, a este pobre pó, do Espírito do Deus Vivo". E, continua observando com pertinência que esta é a razão porque o humanismo, quando divorciado da religião viva, tem cada vez mais tendência para se tornar simplesmente em niilismo.[44]

O Professor Baillie cita várias afirmações de Emil Brunner que reflectem de forma substancial a mesma perspectiva da natureza humana: "O homem tem espírito somente na medida em que é abordado por Deus ... Portanto, o *eu* não é algo que exista por direito próprio, nem como propriedade do homem, mas uma relação com o Tu divino". Também, "o ser essencial do homem como homem... é idêntico à sua relação com Deus".[45]

Karl Barth, ao usar o seu método de derivação da antropologia a partir da cristologia, vê uma analogia entre a relação de Pai e Filho (portanto, uma relação dentro do ser de Deus) e a relação entre Deus e a humanidade. Assim, ele rejeita a *analogia entis* (analogia do ser) pela qual certas qualidades naturalistas são atribuídas ao homem como sendo a *imago* e afirma, em vez disso, uma *analogia relationis* (analogia da relação). Este é um conceito ontológico que determina a natureza essencial do homem.[46]

Dizendo o mesmo de outra forma, o homem é "essencialmente bom, mas existencialmente alienado". Se esse não fosse o caso, na conversão, o homem cessaria de ser homem, uma vez que o que é essencialmente mau não pode passar a bom, sem deixar de ser o que era e transformar-se noutra coisa. Há, por outras palavras, um relacionamento de continuidade entre

---

44 *Knowledge of God*, 42-43.
45 Citado da obra de Brunner intitulada *God and Man*. Vide John Baillie, *Knowledge of God*, 42.
46 *Church Dogmatics*, 3.2.220ss.

o homem cuja condição de ser como pessoa é constituída pela graça preveniente e o homem que, pela fé, responde a esta graça permitindo que se torne na graça salvífica que vence a alienação existencial.[47]

Neste assunto John Burnaby aponta mais além para uma dimensão epistemológica. Declara que "afirmar que o homem é totalmente corrupto, que já não há liberdade de resposta ao Espírito que é a Vida de Deus manifestando-se como amor", é contrário à experiência.

> Se este dogma fosse verdade, a obra da redenção seria verdadeiramente impossível. Porque a actividade redentora de Deus não é como a obra original da criação, o fazer algo "do nada"... Temos que acreditar que, a capacidade de reconhecer e de nos dobrarmos em adoração do bom, existe em todos os homens; porque é a esta capacidade que o Espírito faz o Seu apelo.[48]

Em última análise, um argumento adicional e decisivo a favor desta posição é a Encarnação. Nenhuma encarnação verdadeira, em que Deus se tornou homem, poderia ter ocorrido se o homem não fosse "essencialmente bom".[49]

Graça Preveniente e Revelação Geral

Sistematicamente, a compreensão wesleyana concorda totalmente com a ênfase da maior parte da teologia pós-liberal de que não há conhecimento de Deus à parte da revelação. A graça preveniente, entendida como um princípio epistemológico, afirma, de facto, que Deus se tem dado a conhecer a todo o homem. No entanto, há um desacordo com os que afirmam que Deus só é conhecido em ligação com o Jesus histórico (pelo menos num sentido externo). Na linguagem tradicional, a graça preveniente é o fundamento para uma doutrina válida de revelação geral. Isto não deve ser interpretado como uma revelação natural, a qual seria uma contradição. Ademais, esta doutrina está em clara oposição à abordagem tradicional, que acredita que o homem, através da sua razão não-auxiliada, pode chegar a algum conhecimento de Deus. Esta simplesmente afirma, com as Escrituras, que Deus não se deixou a Si mesmo sem testemunho a todo o homem (Act. 14:17).

---

47 cf. T. L. Kantonen, *The Theology of Evangelism* (Philadelphia: Muhlenberg Press, 1954), 37, que diz: "Se a essência da natureza humana fosse o pecado, então o homem não poderia ser salvo, pois Deus não salva o pecado. A verdade é que o homem pecador não é salvo, mas pode vir a sê-lo". Donald G. Bloesch, usando as categorias "Essencial/existencial," afirma vigorosamente a bondade do homem na mesma base. *Essentials of Evangelical Theology*, 2 vols. (San Francisco: Harper and Row, Publishers, 1978), 1:95.
48 *Is the Bible Inspired?*, 82.
49 Kantonen, *Evangelism*, 37.

Esta afirmação levanta imediatamente um problema que tem de ser discutido. Existem passagens da Bíblia que se movem numa direcção universalista, tais como João 1:9: "a saber, a verdadeira luz, que, vinda ao mundo, ilumina a todo homem". Há também passagens que se movem numa direcção particularista, tais como Actos 4:12: "E não há salvação em nenhum outro; porque abaixo do céu não existe nenhum outro nome, dado entre os homens, pelo qual importa que sejamos salvos". Teremos apenas a opção de escolher entre uma e outra, ou há alguma forma de equacionar as duas numa tensão criativa que considere ambas seriamente? A nossa sugestão é que elas podem ser reconciliadas, ao reconhecer-se que o Deus que se torna conhecido na revelação geral é o mesmo Deus que se torna conhecido na revelação especial, em Jesus Cristo. Ou, para usar a expressão de Martinho Lutero, não há outro Deus que não o Pai do nosso Senhor Jesus Cristo. Pretende-se o mesmo quando levamos a sério as afirmações de Jesus, de que é o Caminho, a Verdade e a Vida. Se Ele é a Verdade, onde quer que os homens encontrem a Verdade, eles encontram Cristo.[50]

Na história do pensamento cristão tem havido duas tradições que representam estes dois movimentos, que têm co-existido, geralmente, em tensão um com o outro. De um lado temos os que, nos primeiros séculos, foram representados pelos Alexandrinos (Clemente e Orígenes) e Justino Mártir, que viram uma continuidade entre o cristianismo, a cultura e a filosofia. Do outro lado temos os que, como Tertuliano, insistiram na descontinuidade e cepticamente perguntaram, "O que é que Atenas tem a ver com Jerusalém?" e preferiram acreditar "porque é absurdo". A posição wesleyana, entendida de forma coerente, está na tradição anterior, sem negar alguma validade à última. Toda a Verdade é o resultado da graça preveniente.

Na terminologia teológica clássica, esta interpretação defende que Deus é primeiro na *ordo cognoscendi* (ordem do conhecimento), bem como na *ordo essendi* (ordem do ser, ou ordem essencial). Esta é a consequência de defender, de acordo com a tradição agostiniana, que Deus é a Base de todo o conhecimento, bem como a Base de todo o ser. O conhecimento

---

50 John A. Knight comenta sobre este ponto: "Através da doutrina da graça preveniente, assumindo a sua utilização adequada pelo homem, Wesley foi capaz de manter o carácter absoluto das afirmações de Cristo e da igreja e, também, a validade do conhecimento não cristão". "Fletcher," 117. Ao comentar a passagem universalista encontrada em Mal. 1:11, Stephen Winward diz: "A verdade de que os homens podem estar a adorar o 'único Deus verdadeiro' mesmo não sabendo o seu nome... não deve ser vista como uma contradição da verdade complementar, que a adoração é aceitável para Deus apenas através de Jesus Cristo. Porque 'tudo o que é nobre nos sistemas não cristãos de pensamento, conduta, ou adoração é obra de Cristo neles e sobre eles;' (Wm. Temple, *Readings in St. John's Gospel*, 10) e a adoração dos homens, quer tenha sido oferecida A.C ou D.C, é aceitável a Deus somente em vista do sacrifício de Cristo, o Salvador do mundo". *A Guide to the Prophets* (Atlanta: John Knox Press, 1976), 223.

de Deus, assim como o ser de Deus, não é derivado do conhecimento de outras coisas. Este é o oposto das provas teísticas cosmológicas tradicionais, que começam com o conhecimento empírico do mundo, ou algum aspecto deste, e inferem a existência de Deus do conhecimento anterior. A doutrina da graça preveniente, como um princípio do conhecimento, afirma que a nossa experiência do mundo levanta a questão de Deus porque já estamos cientes de uma presença penetrante. O conhecimento de Deus não é secundário e inferencial, mas primário e directo.[51] As palavras de Paul Tillich captam esta perspectiva:

> Os argumentos para a existência de Deus pressupõem a perda da certeza de Deus. Aquilo que tenho de provar, através de argumentos, não tem realidade imediata para mim. A sua realidade é-me mediada por uma outra realidade acerca da qual não posso estar em dúvida, de forma que esta outra realidade é-me mais próxima do que a realidade de Deus. Porque quanto mais próximas as coisas ligadas à nossa existência interior estão, menos susceptíveis ficam à dúvida. E nada pode estar mais próximo de nós do que aquilo que, por vezes, está mais longe, nomeadamente Deus. Um Deus que se tem provado não estar nem suficientemente perto de nós nem longe o suficiente. Ele não está longe o suficiente devido às nossas próprias tentativas de O provar. Deus não está perto o suficiente, porque as coisas próximas são pressupostas, pelo que o conhecimento Dele é mediado. Portanto o sujeito, tão ostensivamente demonstrado, não é realmente Deus.[52]

No capítulo anterior notámos que uma das necessidades da revelação estava baseada no facto de o conhecimento de Deus ser como o conhecimento de outras pessoas. Seguindo isto como pista, podemos agora notar, ainda mais, como há uma analogia entre o conhecimento de Deus e o conhecimento de outras mentes. Nesta área da epistemologia existem duas abordagens principais correspondentes aos dois tipos de entendimento sobre o nosso conhecimento de Deus: inferencial e imediato ou directo.

Tomás de Aquino é um exemplo clássico da abordagem inferencial, que é o corolário lógico de uma epistemologia empírica. O conhecimento directo do eu, tanto de outros como de nós próprios, não é possível. Simplesmente observamos um certo tipo de comportamento do qual

---

51 É bem conhecido que o próprio John Wesley subscreveu a epistemologia empírica de John Locke e nesta veia deu algum crédito a argumentos da existência de Deus. O que sugerimos aqui é que este compromisso é inconsistente com a perspectiva *teológica* do próprio Wesley, mas que a ele não se devem atribuir as culpas. Nem deve ser seguido cegamente nesta epistemologia, contrária ao tom total dos seus ensinamentos teológicos. A sua forma de evitar uma conclusão insatisfatória da sua epistemologia Lockiana é a de afirmar a existência de um segundo grupo de sentidos. O que é, claro, uma saída muito insatisfatória.
52 Citado em John Baillie, *Knowledge of God*, 177.

inferimos que há uma mente ou um "eu". David Hume, levando o princípio empírico até à sua conclusão lógica, verificou ser impossível compreender como o *eu* podia ser um objecto de experiência e, portanto, perdeu-o completamente. Tal como John Cook Wilson, de forma incisiva, resumiu a análise de Hume:

> O próprio pressuposto da experiência é condenado pelo teste da experiência do ser não-existente, simplesmente porque não podemos estar conscientes de nós próprios como objectos de experiência sensorial. Contudo, estarmos conscientes de nós mesmos – embora naturalmente, não na forma de tais experiências – é a certeza mais absoluta de todas.[53]

Com isto, Wilson aponta para o segundo meio de apreensão: imediata e intuitivamente. No seu ensaio intitulado "Rational Grounds of Belief in God" [Bases racionais da crença em Deus], que John Baillie avaliou como "um dos mais importantes documentos teológicos da nossa era", Wilson afirma o seguinte:

> Se pensarmos na existência dos nossos amigos; é o conhecimento directo que queremos; o conhecimento meramente inferencial parece ser um fraco empreendimento. Para a maioria dos homens seria tão surpreendente quanto indesejável ouvir que não poderia ser directamente conhecido se existissem tais existências como as dos seus amigos e que seria apenas uma questão de argumento empírico (provável) e inferência dos factos directamente conhecidos. E ainda que, ao reflectir, nos possamos convencer que é assim mesmo, as nossas acções provam que confiamos na existência dos nossos amigos, a qual não pode ser derivada do argumento empírico (que nunca pode ter certeza), pois um homem arriscaria a sua vida pelo seu amigo. Não queremos amigos meramente inferidos. Poderíamos ficar satisfeitos com um Deus inferido?[54]

Através de um raciocínio cuidadoso e persuasivo, Wilson demonstra que não cremos em Deus, ou no ego, ou no mundo externo[55] como resultado do argumento racional. Além disso, os argumentos racionais não são utilizados ou tentados porque acreditamos que tais crenças são irracionais. Em vez disso os argumentos surgem de uma convicção da realidade do ego, de Deus e do mundo, que antecede tal raciocínio filosófico e não é, em última análise, afectado por este. "A verdadeira tarefa da filosofia [nestas áreas] parece ser a de trazer a crença [em tais existências] a uma consciência de si mesma".[56]

---

53 *Statement and Inference*, ed. A. S. L. Farquharson, 2 vols. (Oxford: Clarendon Press, 1969), 2:857.
54 Ibid., 853.
55 Estes foram os três principais problemas da filosofia moderna no seu início. Cf. a obra de Descartes e Kant.
56 Wilson, *Statement and Inference*, 2:851. H.H. Farmer, *The World and God* (London:

Adicionalmente, Wilson demonstra filosoficamente, pelo uso de vários exemplos, que "mesmo em actos de conhecimento e de percepção pode haver algo realmente existente e que opera nas nossas mentes, sem que do qual tenhamos consciência explícita".[57] Portanto, o nosso conhecimento de Deus não depende da validação da Sua existência pelo argumento, mas num sentido real é, simplesmente, a manifestação do fundamento da possibilidade de argumento. "Então, o facto de que as pessoas têm tentado encontrar uma prova da existência de Deus é, em certa medida, compatível com a Sua presença directa nas suas consciências; e o facto que pensam, ou algumas pessoas pensam, certamente, de não ter qualquer experiência directa ou conhecimento de Deus é compatível com a mesma hipótese".[58]

Esta discussão filosófica mostra como tanto o conhecimento do ego e, paralelamente, o conhecimento de Deus, são considerações anteriores e constituem a própria base do seu estudo. Até mesmo o ateísmo é um reflexo de uma consciência de Deus; de outra forma a questão da Sua existência nunca seria levantada de modo a ser negada. É um conhecimento que, na relação paradoxal que falámos anteriormente, é tanto conhecido como desconhecido. A filosofia conduz à mesma conclusão que a construção epistemológica da doutrina da graça preveniente.

Esta interpretação da *imago Dei* e o uso da graça preveniente, como uma pista para a natureza da revelação geral, tem implicações para o relacionamento do cristianismo com as religiões não-cristãs. Ao contrário das teorias que insistem numa descontinuidade radical e clamam por uma teologia missionária, que tome uma posição negativa contra tudo nas outras religiões, a abordagem wesleyana reconhece que qualquer verdade que possa ser encontrada noutras religiões resulta da actividade da graça preveniente na sua função reveladora. O missionário pode aceitar com gratidão essa verdade e utilizá-la como ponto de contacto na demonstração do cumprimento desses vestígios de verdade na mais completa revelação em

---

Fontanta Library, 1963), argumenta em favor da iminência do conhecimento *pessoal*: "Não pode haver qualquer questão de que a consciência tem na experiência em si, aquilo a que Tennant chama de 'iminência psíquica,' ou seja, não está no momento da sua ocorrência, o resultado de um processo de construção mental ou de inferência; mas tem uma certeza intuitiva e intrínseca que nem requer, nem admite, qualquer atestação que não a sua própria auto-evidência". 21ss.

57 Wilson, *Statement and Inference*, 2:856.
58 Ibid., 858. John Fletcher adopta explicitamente esta posição ao explicar a tarefa do "pastor iluminado" em relação à sua doutrina de dispensações: "Ele prega a dispensação do Filho para aqueles que, como Platão e Sócrates, anseiam por um instrutor Divino [sic], bem como àqueles que, como Simeão, Nicodemos e Cornélio, esperam pela consolação de Israel. Ele leva-os, quer seja desda lei de Moisés, ou da lei da natureza, até ao Evangelho de Cristo". *The Works of John Fletcher*, 4 vols. (Salem, Ohio: Schmul Publishers, 1974) 3:177.

Jesus Cristo. Afinal de contas, o judaísmo é uma religião não-cristã; e se o cristianismo for visto, principalmente, como o cumprimento da sua verdade, como encontrada no Velho Testamento, de uma certa forma poderá ser dito, com alguma validade, que outras religiões encontram, também, o seu cumprimento Nele, que é o Ápex de toda a actividade reveladora.

Essa consideração leva-nos à questão da natureza de tal revelação geral. Primeiro, não providencia a base para o preâmbulo filosófico de verdades que apenas precisam de ser suplementadas pela informação adicional via revelação especial. Em vez disso, invade a consciência humana como uma "sensibilidade" ou um "*mysterium tremendum*" (Otto), ou um sentido da dimensão infinita filtrado através de experiência finita. É este aspecto da experiência unicamente humana que se manifesta no fenómeno universal da religião. Em religiões primitivas ou primárias, toma a forma de *mana* ou espiritismo, onde as forças da natureza, sejam pessoais ou impessoais, são investidas de poder sobre a fortuna humana ou destino. Os antropologistas têm tendência a preocuparem-se quase exclusivamente com este nível da consciência religiosa, sem dúvida por ser a forma mais pura da expressão natural do sentimento religioso não-pervertido pela cultura tecnológica. Também, parece ser o caso, a conversão deste nível primitivo para o cristianismo é a mais fácil de todas as transições a fazer. As chamadas religiões mais elevadas são, simplesmente, expressões sofisticadas deste mesmo eros.[59]

Será possível identificar algum carácter específico desta revelação geral? Talvez a percepção de Martinho Lutero nos dê um caminho de investigação frutífero. Lutero sugere que o sentido divino universal leva ao conhecimento da lei, mas não do evangelho. Uma pesquisa do caminho da salvação, como ensinado pelas principais religiões do mundo, apoia esta observação. O conhecimento da lei implica um sentido de obrigação, de incapacidade, sendo as boas obras a solução para o problema, superando o sentimento de alienação pelo auto-esforço. Os quatro tipos de yoga no hinduísmo, os oito passos para a iluminação do budismo, bem como as disciplinas rigorosas do budismo Zen, claramente manifestam o padrão da salvação através das boas obras, do mérito, dos sucessos e assim por diante. O mais próximo do conceito da graça é encontrado no budismo Pura Terra. Este

---

59 A descrição clássica (filosófica) do *eros* que se torna no paradigma para o seu uso teológico é encontrada no *Symposium* de Platão: Num poema lírico ao amor (eros) Sócrates descreve-o como o filho da pobreza ou necessidade e o Muito ou Recurso. Assim, ele encontra-se entre o ter e o não-ter e anseia por satisfação devido à sua relação com o Muito. Da sua pobreza, ele experimenta a necessidade e está realizado ou feliz quando unido com o seu pai, Recurso. O padrão de estar consciente de uma necessidade por já estar em posse de, deve ser aqui registado.

aproxima-se muito do conceito neo-testamentário da graça, mas o objecto da esperança é falso, segundo a perspectiva cristã (ver Huston Smith, *Religions of Man*).

Wesley parece concordar com a opinião de Lutero pelo facto de este colocar tanta ênfase na consciência como obra da graça preveniente. Ele insiste que a consciência não é uma faculdade natural, excepto no sentido em que se encontra em todos os homens, mas é um dom sobrenatural. Ele chega a equiparar a consciência com o trabalho do Filho de Deus como a "verdadeira luz, que ilumina a todo o homem que vem ao mundo". Além disso, está relacionada com a obra do Espírito de Deus. A universalidade da consciência, juntamente com a natureza do seu trabalho, cria um sentido de lei.[60]

Immanuel Kant também defendeu a universalidade da consciência moral, um sentimento de dever. Os seus argumentos providenciam algum apoio, do lado filosófico, à hipótese de que a revelação geral se manifesta em termos da lei moral interior. Claro que Kant fundamentou os seus argumentos na razão; mas isto não está, necessariamente, em contradição com a perspectiva que estamos a explorar, mesmo que verdadeiro ou adequado, uma vez que Wesley também relaciona razão e consciência e afirma que a razão, na sua função ontológica, é um dom da graça preveniente.[61]

Se esta interpretação for correcta, o que se poderá dizer a respeito da função da revelação geral em relação à salvação? Há aqueles que tomam a posição de que serve, apenas, como ocasião para a condenação universal da raça humana por parte de Deus. É a base para a declaração de justiça, de que todos os homens são culpados perante Deus. É verdade que este é o principal ponto da discussão de Paulo em Romanos 1; mas isso não impede a possibilidade de que possam ser retiradas conclusões adicionais a partir das evidências, baseadas na natureza de Deus e Paulo parece ter chegado a uma dessas conclusões em Romanos 2:14: "Quando, pois, os gentios, que não têm lei, [a lei revelada de Moisés] procedem, por natureza, de conformidade com a lei, não tendo lei, servem eles de lei para si mesmos".

Um conceito global de justiça abriria a porta à possibilidade de aquilo que fosse a base da condenação fosse, também, a base da aprovação. Wesley no seu sermão "*On Faith*" [Sobre a Fé], parece chegar a esta conclusão. Ele

---

60 Wesley define consciência como "aquela faculdade pela qual estamos, ao mesmo tempo conscientes dos nossos próprios pensamentos, palavras e acções; e do seu mérito ou demérito, do serem bons ou maus; e consequentemente, se merecedores de louvor ou censura". *Works* 7:186ss. Cf. Harald Lindström, *Wesley and Sanctification: A Study in the Doctrine of Salvation* (Wilmore, Ky.: Francis Asbury Publishing Co., n.d.), 48-49.

61 Isto é para distinguir a consciência como uma função da razão, da razão técnica, ou "raciocínio". Cf. Tillich, *Systematic Theology*, vol. 1, para uma análise destes dois tipos de razão.

refere-se a "um pequeno grau de luz [que] é dada àqueles que estão sob a dispensação pagã"[62] e continua, mais adiante, falando sobre a pequena medida de fé que é outorgada aos que têm essa quantidade mínima de luz. Ele refere-se a essa fé como a "fé de servo" que, enquanto inferior à "fé de filho" é, ainda assim, fé salvadora e não deve ser desprezada, mas elevada a um estágio mais completo, quando é reconhecido que a salvação é pela fé. Isto reflecte a própria experiência de Wesley que, enquanto membro da academia em Oxford, buscou ser aceite por Deus com base na lei e mais tarde reivindicou este estágio da sua peregrinação como um estágio que envolvia a "fé de servo". A implicação óbvia é que, se pela consciência (revelação geral), o descrente é levado a um conhecimento da lei e, através desse conhecimento, responde em obediência pode ser salvo.

John Fletcher, de cujo trabalho Wesley dependeu nesta discussão, desenvolveu esta posição completamente na sua doutrina das dispensações. Esta doutrina afirma a existência de três dispensações que se referem a níveis de conhecimento de Deus: a dispensação do Pai, do Filho e do Espírito. Neste caso é com a primeira que, principalmente, nos preocupamos. Fletcher refere-se a esta dispensação de variadas formas: "lei natural", "os restos da imagem do Criador no coração humano", "a graça secreta do Redentor que está mais ou menos operativa em todo o homem", "gentilismo" ou "judaísmo".".

Ele apoia e descreve a dispensação do Pai com as Escrituras ao referir-se às passagens que falam do conhecimento universal de todos os homens: Actos 17:26-27; Tito 2:11; 1 Tim. 4:10; Actos 10:34-35; Heb. 11:6; Miq. 6:8. Apesar de inadequada e estando aquém da revelação completa de Deus, como encontrada na dispensação do Espírito (não tanto como um período de tempo, quanto como um relacionamento baseado num entendimento avançado), esta revelação é suficiente para salvação, se Deus é justo. De outra forma, a justiça imparcial teria exigido que Deus se certificasse que houvesse apenas uma dispensação da graça e que todos os homens tivessem recebido conhecimento completo dela. Apesar de todos os homens não terem acesso ao mesmo grau da verdade, "mesmo assim, é igualmente certo que todo o homem, seja em que período de tempo e em que circunstâncias específicas se encontre, recebeu luz suficiente para descobrir, bem como poder suficiente para realizar, o que aprouve a Deus pedir-lhe das suas mãos".[63]

---

62 *Works*, 7:195.
63 Fletcher, *Works* 3:170:79. Richard S. Taylor subscreve a mesma perspectiva num ensaio intitulado "A Theology of Missions" [Uma Teologia de Missões]: "Se um Índio Sul-Americano ou um Autóctone Africano, ou *qualquer* outra pessoa responder a esta agitação interior da sua consciência e, em arrependimento sincero, buscar a Deus e a

É esta a construção da doutrina da graça preveniente de Wesley, que é a implicação desenvolvida do ensinamento e não é contrária ao entendimento maturo do próprio Wesley. John A. Knight defendeu que o desenvolvimento de Wesley na sua compreensão da justificação pela fé em relação às obras foi a expressão de uma "teologia da história" implícita que não desenvolveu completamente.⁶⁴ Embora o seu objectivo básico tenha permanecido o mesmo, os documentos revelam uma progressão do pensamento e da expressão na sua compreensão da relação entre os dois. Nos seus escritos iniciais Wesley negou que as boas obras pudessem ser feitas para justificação e afirmou que a fé é a única condição da justificação. Lentamente, contudo, veio a constatar que as boas obras podiam ser feitas antes da conversão e chegou mesmo a falar de arrependimento e obediência a Deus como condições para a salvação. Estas afirmações contraditórias podem ser melhor explicadas, declarou Knight, pela "teologia de história" latente que, com o decorrer do tempo, invadiu o pensamento de Wesley. Primeiro, ele pensou somente em termos da fé cristã – assim afirmou que as obras não podem trazer justificação. Gradualmente, a sua perspectiva alargou-se de forma a incluir crentes não-cristãos, por exemplo, Cornélio, que nunca tinha ouvido o evangelho. Ele viu que Deus os aceitou com base no grau da sua fé e obediência à luz que haviam recebido. Neste sentido, as suas obras eram boas, apesar de precederem a justificação pela fé, num sentido cristão.⁶⁵

Assim, foi em completo acordo com os pontos de vista mais maturos de Wesley que Fletcher poderia afirmar:

> Tal é a fé através da qual Judeus, Muçulmanos e Pagãos, cujos corações são, por princípio, humildes, cheios de candura e temor de Deus, foram e continuarão a ser salvos em todas as partes do mundo. Porque o Pai das misericórdias, que sabe de que somos feitos, não irá condenar em absoluto tais adoradores, levando em conta o tremendo respeito que descobriram em Moisés,

---

Sua bondade e continuar nessa mentalidade até à morte, será salvo. Ele teria embarcado, dessa forma, na busca daquela santidade 'sem a qual ninguém verá ao Senhor' (Heb. 12:14), mesmo que ignorante sobre onde a encontrar. Uma vez que acreditamos que a misericórdia de Deus, através da obra expiatória de Cristo, providencia a salvação de bebés e também de crentes regenerados que ainda não receberam luz sobre a inteira santificação, não é impensável que essa mesma misericórdia seja oferecida aos ímpios arrependidos". *Ministering to the Millions* (Kansas City: Nazarene Publishing House, 1971) 30. Vide a discussão mais alargada de Taylor em *Exploring Christian Holiness* 3:121-22.

64 Por "teologia da história" entendemos ser a interpretação a partir de uma perspectiva cristã das eras e indivíduos pré-cristãos e não-cristãos da história universal.

65 "Fletcher," 170-74.

Maomé e Confúcio, mais do que rejeitará alguns cristãos piedosos por amor à veneração excessiva que devotam a santos e a reformadores específicos.[66]

Independentemente do quanto este conceito de graça preveniente, como revelação geral, reivindica a justiça de Deus, levando em conta tal conhecimento da verdade como o que pode ser encontrado fora da fé cristã e teoricamente possibilitando a salvação não limitada a acidentes de nascimento (local e tempo), continua a ser incompleto, tanto no seu aspecto subjectivo como objectivo. Ele não providencia uma imagem verdadeira da relação de Deus com o homem caído e não leva, de uma forma significativa, à salvação. Portanto, a revelação geral aponta para além de si mesma, levando à revelação especial. Este é o ponto defendido por John Fletcher quando descreve a dispensação do Pai levando à dispensação do Filho, que por sua vez leva à dispensação do Espírito. Onde quer que o obreiro cristão encontre o seu ouvinte, precisa de reconhecer qual a dispensação em que este se encontra e tentar dirigi-lo, pela instrução, até ao nível mais alto da experiência cristã. Aqui, uma vez mais, encontramos a verdade crucial de que a experiência é o resultado do conhecimento ou da compreensão. A forma como se experimenta Deus depende do nível de apreensão da medida do Divino que está ao dispor de cada um. Com as pedras angulares no sítio, podemos agora avançar para o conceito da revelação especial.

Revelação Especial

A nossa discussão da revelação geral já sugeriu a substância da revelação especial. Se a revelação geral nos leva somente ao conhecimento da lei, então a revelação especial tem que nos levar ao evangelho. Tanto Lutero quanto Calvino insistem que a questão crucial no nosso conhecimento de Deus é a Sua disposição para connosco, muito mais do que o conhecimento da Sua existência. É esta disposição que é básica para o verdadeiro conhecimento salvífico. Lutero afirma:

> Todos os homens têm conhecimento geral, nomeadamente, de que há um Deus, que ele criou os céus e a terra, que é justo, que castiga os perversos. Mas o que Deus pensa de nós, o que dará ou o que fará, com o fim de sermos resgatados do pecado e da morte e ser salvos (que é, realmente, o verdadeiro conhecimento de Deus), isto eles não sabem.[67]

Se este verdadeiro conhecimento é realmente a substância da actividade reveladora especial de Deus, fornecerá uma pista para a compreensão

---

66 *Works* 3:176-77.
67 *Commentary on Galatians*, 318-19. Citado em *A Compend of Luther's Theology*, ed. Hugh T. Kerr (Philadelphia: Westminster Press, 1974), 24.

adequada do modo da revelação. Parece lógico que ambas fossem desenvolvidas de forma auto-consciente como conceitos correlativos.

A nossa primeira tarefa, então, é abordarmos a questão da substância ou conteúdo da revelação especial, ou o que é a mesma coisa, definirmos o evangelho. O lugar adequado para começar o inquérito é com o "sermão" com o qual Jesus iniciou o Seu ministério na sinagoga, em Nazaré. O seu texto foi tirado de Is. 61:1-2: "O Espírito do SENHOR Deus está sobre mim, porque o SENHOR me ungiu para pregar as boas-novas aos quebrantados, enviou-me a curar os quebrantados de coração, a proclamar libertação aos cativos".". Quando terminou a leitura Jesus anunciou: "Hoje, se cumpriu a Escritura que acabais de ouvir".". (Luc. 4:18, 21).

No contexto original do texto, o profeta está a proclamar "boas novas" a Jerusalém, que o seu tempo de cativeiro chegou ao fim. Durante cerca de 70 anos, Judá havia sofrido sob o grande Cativeiro Babilónico. Agora as circunstâncias haviam mudado na cena internacional; a Babilónia tinha sucumbido perante os Persas, sob liderança de Ciro o Grande e a porta tinha sido aberta para que a devastadora separação da terra natal tivesse um fim. Da perspectiva teológica do profeta, tudo isto foi resultado da actividade de Deus e, portanto, ele estava a proclamar as boas novas (o significado de "evangelho") que Deus estava a fazer algo que resultaria em salvação (significando "liberdade", em ligação com o Êxodo. Ver Ex. 14:30).

A utilização deste texto feita por Jesus no Seu sermão inaugural encaixava-se bem na situação, visto que Ele estava a anunciar que Deus, uma vez mais, iria fazer algo poderoso que eram as boas novas para os que estavam em cativeiro. Ao longo do Seu ministério Jesus efectuou actos de cura, de exorcismos e outros milagres para demonstrar que este poder estava a ser libertado no mundo para realizar a salvação.

Na continuação da explicação do significado de "evangelho", um passo decisivo é dado por Paulo, em Rom. 1:16: "Pois não me envergonho do evangelho, porque é o poder de Deus para a salvação de todo aquele que crê". Ele tem em mente o mesmo significado geral que o anúncio de Jesus, mas agora, para Paulo o evangelho é Jesus Cristo. Não é o evangelho que Jesus ensinou, mas as boas novas acerca Dele. Isto é o que quer dizer aos Coríntios: "Porque decidi nada saber entre vós, senão a Jesus Cristo e este crucificado" (1 Cor. 2:2).

O evangelho é, assim, as boas novas que Deus agiu na história em Jesus Cristo e que esse acto é a garantia da libertação do cativeiro. Não é um corpo de ensinamentos abstractos envolvendo uma doutrina a ser acreditada, mas um anúncio de que Deus fez algo na história e que este foi o Seu acto final e decisivo. H. Richard Niebuhr resume isto muito bem:

A pregação da igreja cristã primitiva não foi um argumento pela existência de Deus, nem uma admoestação para seguir os ditames de uma consciência humana comum, sem história, super-social em carácter. Foi principalmente um simples recital dos grandes eventos ligados ao aparecimento histórico de Jesus Cristo e a confissão do que aconteceu à comunidade de discípulos.[68]

Martinho Lutero, cuja direcção seguimos parcialmente na identificação do centro da revelação cristã com o conteúdo do evangelho, reconhece substancialmente o mesmo conteúdo e resume-o da seguinte forma: "O Evangelho é, então, nada mais que a pregação sobre Cristo, Filho de Deus e de David, verdadeiramente Deus e homem, O qual pela Sua morte e ressurreição derrotou todo o pecado do homem, a morte e o inferno, por nós que cremos Nele".[69]

Lutero continua definindo a natureza do evangelho no seu comentário de Pedro e Judas. "Significa nada mais que a proclamação e a anunciação da graça e misericórdia de Deus através de Jesus Cristo... não nos ordena que façamos obras pelas quais nos possamos tornar rectos, mas proclama-nos a graça de Deus, derramada livremente e sem qualquer mérito nosso".[70] Ele aponta para a implicação adicional do evangelho, ao discutir a Bíblia e a Palavra de Deus: "A palavra é o Evangelho de Deus sobre o Seu Filho, que se fez carne, sofreu, ressuscitou dos mortos e foi glorificado pelo *Espírito que santifica*" (itálico adicionado).[71] Chamaremos atenção para esta ênfase mais tarde.

Quando nos voltamos para o Velho Testamento não encontramos uma revelação contraditória, mas antes uma revelação preparatória que, sem dúvida, não tornou suficientemente clara a forma como Deus lida com o homem e depressa os recipientes da revelação perverteram o "evangelho" da revelação anterior em legalismo. Uma leitura cuidada do acontecimento central do Velho Testamento – o Êxodo – revelará que este foi um acto explícito da graça da natureza do evangelho. Deus veio a um povo fraco e escravizado, sem qualquer preparação ou merecimento da sua parte e efectuou uma libertação poderosa que os tornou, de facto, num povo. A lei não precedeu, mas seguiu este acto salvífico como uma "resposta à graça".[72]

---

68 *The Meaning of Revelation* (New York: Macmillan Co., 1962), 43.
69 De "Prefácio ao Novo Testamento," citado em *Compend*, 9.
70 Ibid.
71 de *Treatise on Christian Liberty*, citado em *Compend*, 11.
72 John Bright, *The Kingdom of God* (New York: Abingdon Press, 1953), 28-29. Walter Brueggeman, *Tradition for Crisis: A Study in Hosea* (Atlanta: John Knox Press, 1968), ao discutir o que ele denomina de tradições históricas e legais, afirma: "As tradições históricas testemunham da graça de Yahweh para com Israel e as tradições legais manifestam a posse de Yahweh sobre Israel. É esta interacção dinâmica e saudável entre a tradição histórica e legal, entre a graça de Deus e a Sua posse, que está no centro da fé

Quando a lei e os sacrifícios se tornaram nos meios para obter a aceitação de Deus, a base graciosa da fé do Velho Testamento foi obscurecida, se não quase perdida.

Nesta altura podemos nos aperceber da forma como o conteúdo da revelação clarifica o modo da revelação. No seu nível inicial e primário não envolveu a comunicação de verdades abstractas ao intelecto, mas a actividade interveniente de Deus na história para efectuar a salvação. Consequentemente, podemos afirmar de forma segura, com a maioria dos intérpretes modernos, que a auto-manifestação de Deus ocorre nos Seus actos poderosos que formam a *Heilsgeschichte*.[73]

Importa agora explorar mais profundamente o conteúdo do evangelho olhando para a proclamação (*kerygma*) da Igreja Primitiva, o que o estudioso pioneiro C. H. Dodd identificou como a substrutura da teologia do Novo Testamento.[74] Ao analisar a pregação da Igreja Primitiva, incluindo a de Paulo, Dodd conseguiu isolar seis itens que formam a proclamação central da mensagem apostólica. A saber: (1) a era do cumprimento já despontou; (2) ocorreu através do ministério, da morte e da ressurreição de Jesus; (3) Jesus foi exaltado à direita de Deus; (4) o Espírito Santo foi dado; (5) o Crucificado irá regressar em glória; e (6) finalmente um apelo ao arrependimento, a oferta de perdão e o Espírito Santo.[75]

Esta elaboração, mais completa, do conteúdo do evangelho dá-nos alguns elementos significativos para a nossa compreensão. A primeira pista para a importância da inclusão na revelação do evangelho é encontrada na primeira das seis afirmações e é repetida em algumas das outras: a era vindoura já despontou em cumprimento das escrituras do Velho Testamento. De facto, isto abre um elemento realmente novo no evangelho.

A linguagem das eras (a era presente e a era vindoura) foi derivada da apocalíptica Judaica e torna-se o tema central da teologia do Novo

---

de Israel em cada nova circunstância. A relação delicada entre a graça de Deus e a posse de Deus é a mais problemática para a comunidade de fé. Sem a primeira, a comunidade fica paralisada em moralismo e legalismo… Sem a segunda, a comunidade torna-se complacente e indisciplinada". 21.
73 Cf. Purkiser, *Exploring our Christian Faith*, 54-56.
74 *The Apostolic Preaching* (New York: Harper and Bros., Publishers, 1962).
75 O facto de Dodd, no seu trabalho inicial interpretar este *kerygma* exclusivamente em termos de "escatologia realizada" não invalida a substância da pregação. Ele simplesmente interpretou erroneamente a sua própria evidência. Num outro local, em *Gospel and Law* (New York: Columbia University Press, 1951), reflectiu uma perspectiva diferente, como as seguintes palavras indicam: "À luz dos factos, a igreja aceitou a revisão das suas expectativas iniciais. O resultado de tudo isto foi uma certa tensão, que pode ser discernida em quase todas as partes do Novo Testamento: o Reino de Deus virá; já veio: Cristo veio; Cristo virá". 28.

Testamento.⁷⁶ Uma das características principais da antecipada era vindoura, apesar de não ser de forma alguma a única, é que seria a era do Espírito. A expressão mais óbvia desta esperança profética é encontrada em Joel 2:28-32, a qual visiona um derramamento universal do espírito profético em cumprimento da expressão magnânima de Moisés, em Num. 11:29. Contudo, a expressão mais profunda, ainda que menos explícita, desta fase da esperança para um novo dia é encontrada em Jeremias e Ezequiel. Jeremias, perplexo com a idolatria contínua do seu povo (cf. Jeremias 2), agonizou sobre a razão desta existir e descobriu que foi por causa da velha aliança não fazer, explicitamente, provisão da mudança real do coração humano (santificação); e, inspirado pelo Senhor, ele ansiou pelo dia em que Deus estabeleceria uma nova aliança, diferente da velha, em que Deus escreveria a Lei nos seus corações (31:31-34). Ezequiel faz eco desta esperança em Ezequiel 36:27: "Porei dentro de vós o meu Espírito e farei que andeis nos meus estatutos, guardeis os meus juízos e os observeis".".

Portanto, o *kerygma* destaca não só que Deus agiu em Jesus Cristo para tornar muito claro que a graça é a base apropriada para a nossa reconciliação com Deus, mas também que nesse mesmo acto, Ele providencia a santificação do coração. Com isto vemos que no núcleo da revelação do evangelho está o centro da perspectiva da teologia wesleyana (vide cap. 1). Tudo fica mais claro na soteriologia com esta dupla ênfase.

C. H. Dodd, no entanto, chama ainda a atenção para um corpo adicional de material bíblico a que se refere como a *didache* (ensino) e que inclui o ensinamento doutrinário e ético. Como devemos entender a relação entre a *didache* e o *kerygma* e será que isto não pede uma modificação ou uma adição quanto ao entendimento do modo da revelação?

Claramente, estamos a lidar com crenças que são derivadas de actos reveladores primários e, portanto, num certo sentido, secundárias a esses actos. Além disso, a revelação central pede uma certa reacção à qual Paulo se refere, em Filipenses 1:27, como vivência em acordo com o Evangelho: "Vivei, acima de tudo, de modo digno do evangelho de Cristo". Numa palavra, a aceitação da mensagem salvífica pede uma vida ética especialmente informada por essa mensagem. O acto de Deus em Cristo dá a compreensão da verdade teológica e a base para um juízo de valores que informam a conduta.

À luz disto, proporíamos que a revelação especial envolve dois momentos: o primeiro ocorre na experiência existencial do acto salvífico de Deus, um envolvimento experiencial que torna um determinado evento revelador (o Êxodo, por exemplo, foi vivido pelo Faraó, mas não como um

---

76 Cf. Ladd, *Theology*; e Herman N. Ridderbos, *Paul: An Outline of His Theology*, trans. John Richard de Witt (Grand Rapids: Wm. B. Eerdmans Publishing Co., 1975).

evento salvífico, apesar de ser logicamente possível que tenha sido revelador para ele como julgamento; os soldados romanos, que mais do que quaisquer outras pessoas, experimentaram a ressurreição de forma mais directa, no entanto, não há evidência de que esta foi reveladora para eles);[77] o segundo momento envolve a direcção do Espírito no processo de inferência das implicações teológicas e éticas do(s) acontecimento(s) salvífico(s) e o registo estas interpretações e inferências de forma a que, num sentido derivativo, a Bíblia se torna parte da revelação. Uma vez que ambas as inferências estão historicamente condicionadas devido ao aspecto temporal do intérprete (a que não é possível escapar), são frequentemente expressas em termos influenciados por circunstâncias particulares, mas sempre informados por uma teologia sã; portanto, devem ser usadas em termos do processo interpretativo referido no capítulo 2 e explorado de forma profunda no Apêndice 2.

Podemos identificar um outro aspecto da verdade relevadora que não está directamente revelado. Esta sabedoria a que nos referimos diz respeito às implicações cósmicas (ou filosóficas) do evangelho. O que envolve um processo de inferência mais além, para o qual nenhuma inspiração especial é requerida, mas que, sem dúvida, é uma actividade reservada para aqueles com um treinamento mais avançado – o teólogo que busca desenvolver as implicações ontológicas e epistemológicas do "evangelho simples".[78]

É, apenas, a esta dimensão da verdade que a famosa afirmação do Arcebispo William Temple se aplica correctamente: "Não há tal coisa como verdade revelada... Há verdades de revelação, ou seja, proposições que expressam os resultados de pensamento correcto sobre a revelação; mas

---

[77] Este é substancialmente o argumento de Alan Richardson: "A revelação bíblica foi originalmente recebida de uma forma existencial e tem que ser recebida em cada era subsequente da igreja também existencialmente – por aqueles que estão, eles próprios, a buscar e a ensinar a vontade de Deus na própria situação histórica que os confronta no seu próprio dia. É desta forma que o conhecimento cristão de Deus ganha forma – seja no século primeiro ou no século vinte". *Apologetics*, 152. Muitos dos intérpretes que reconhecem que a revelação através de acontecimentos também requer um intérprete têm tendência a explicá-la numa direcção intelectualista ao dar ênfase à iluminação da mente do intérprete. O que sugerimos não exclui a mente, mas inclui mais. Para reconhecer um evento histórico como um acto de Deus, o evento terá que ser: (1) salvífico por natureza; e (2) vivido como tal pelo participante-observador. Só assim é que a revelação (toda a revelação é salvífica) pode ocorrer. Esta correlação íntima entre a salvação e a revelação está em acordo com a ênfase básica da fé bíblica. Note a discussão sobre a revelação e conhecimento no capítulo anterior.

[78] Esta mesma interpretação do trabalho teológico é feita por Laurence W. Wood em *Pentecostal Grace* (Wilmore, Ky.: Francis Asbury Publishing Co., 1980), 26: "Há uma estrutura ontológica implícita nas categorias funcionais das Escrituras. Sem esta ontologia implícita não haveria qualquer teologização – nem cristologia, soteriologia, eclesiologia ou escatologia. Neste aspecto podemos definir a reflexão teológica como tornar explícito a estrutura que está implícita na experiência bíblica de Deus".

que não são, por si mesmas, directamente reveladas".⁷⁹ Podemos até identificar a explicação destas verdades como a tarefa da teologia sistemática. Historicamente, a formulação do dogma pela Igreja Primitiva cai dentro desta categoria. Nenhuma doutrina da Trindade, explicação da relação entre os aspectos divinos e humanos de Jesus, ou outras áreas como estas, se encontram no Novo Testamento, mas somente a matéria-prima com a qual os teólogos buscam desenvolver a sabedoria cristã. O que é mais lamentável sobre este aspecto é que certos grupos cristalizaram formulações históricas específicas deste nível de trabalho teológico e falharam em entendê-las pelo que são, reagindo assim a quaisquer tentativas de dar explicações ontológicas mais adequadas, como se estas fossem ataques contra verdades reveladas. Um dos pontos fortes de João Wesley foi a sua capacidade de reconhecer tais distinções e evitar o dogmatismo quando nenhum era para

---

79 *Nature, Man, and God*, 317.

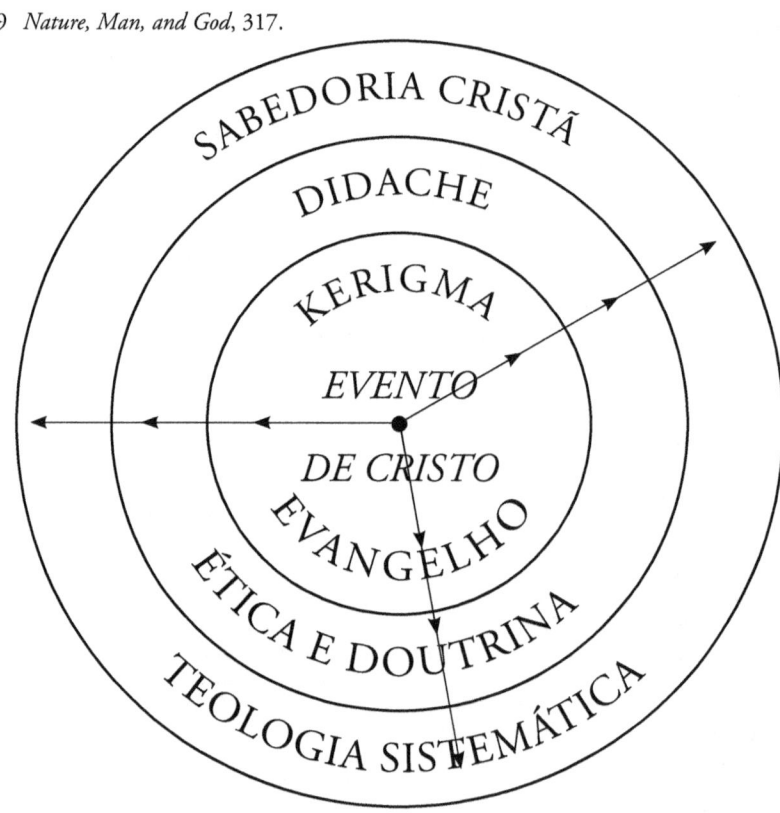

Figura 1
NATURALEZA DA TEOLOGÍA

ali chamado. Compare o seu sermão "On the Trinity" [Sobre a Trindade] e o capítulo 1 deste livro.

Portanto, o alcance total da revelação especial pode ser conceptualizado como uma série de três círculos concêntricos, com a relevância salvífica diminuindo à medida que os círculos se distanciam do centro do evangelho, que é o acto salvífico de Deus na história: "Deus estava em Cristo reconciliando consigo o mundo" (2 Cor. 5:19).

A revelação geral, com a consciência intuitiva do Infinito ("O Além que está Dentro" – Underhill), não é suficiente. Contudo, a revelação especial não tem origem na revelação geral; não é o resultado lógico de um conhecimento universal de Deus. Alan Richardson descreve a relação deste modo: "A revelação especial não é uma mera adição à revelação geral, como anteriormente se pensava, que o conhecimento revelado era uma adição ao conhecimento natural; em vez disso, é o meio pelo qual as verdades dadas na revelação geral podem ser adequadamente compreendidas e reconhecidas como verdade".[80] Ou, para usar a feliz metáfora de Calvino, ela providencia os óculos que permitem aos homens ler de forma correcta o livro da natureza.

A revelação geral, se deixada a si mesma, parece que quase universalmente leva a uma religião de obras ou à auto-salvação. A religião produzida humanisticamente exaltaria a categoria de força, de poderio e de poder. É por isso que o "Cristo crucificado" é uma pedra de tropeço (1 Cor.1:18-25). Quem poderia inventar uma religião baseada na fraqueza, exemplificada por um Servo que ajuda como paradigma para o verdadeiro poder?

Portanto, a revelação em termos do evangelho abre o caminho de Deus para a salvação em contraste com todos os meios humanamente pensados. Envolve a entrada do Deus transcendente na história, fazendo assim a Sua atitude (ou disposição) para com o homem abundantemente clara, ainda que não torne óbvia a Sua natureza essencial (como Ele é em si mesmo). A resposta de fé a estes eventos leva-nos a um encontro pessoal com Deus e dá um golpe fatal à essência do pecado (independência de Deus), que resiste ao meio divino de salvação e envolve a aceitação de um dom gratuito de perdão independente de qualquer mérito. Todas as qualificações descritas na nossa análise anterior são assim cumpridas e o caminho está agora aberto para a nossa discussão da sabedoria cristã, o processo de inferir as implicações mais completas da revelação básica.

---

80 *Apologetics*, 134.

A Revelação como Escatologia

Ao longo da nossa discussão da revelação, notámos a impossibilidade de definir revelação como "tornando claro", uma vez que a transcendência de Deus proíbe a possibilidade de eliminar o elemento de mistério. O paradoxo é um aspecto essencial de colocar em palavras a auto-manifestação de Deus. Enquanto que existe a realidade do encontro existencial e a certeza da disposição de Deus para connosco no evangelho, a verdade contínua sendo que "vemos como em espelho, obscuramente" (1 Cor. 13:12).

Paulo, contudo, aponta para a "visão beatífica" que será "face a face". Assim, o "já" da revelação é equilibrado pelo "ainda não". Ainda que seja presunçoso fazer afirmações concretas acerca da natureza deste encontro escatológico, parece seguro assumir que, de alguma forma, muito do mistério que rodeia o nosso conhecimento finito de Deus será dissipado.

Uma das convicções centrais dos cristãos primitivos era que a glória de Deus (a Sua auto-manifestação acomodada às limitações humanas, vide cap. 4), que apareceu de forma transitória na face de Moisés, representando a velha aliança, apareceu de uma forma final e permanente na pessoa de Cristo (2 Cor. 4:6; 5:1-18). Contudo, esta glória, ainda era velada por causa da finitude do homem. Esta glória brilhou de forma incrível na Transfiguração e esta manifestação foi suficiente até ao raiar do dia e a estrela da alva da *Parousia* descoberta nasça (2 Ped. 1:16-19). Portanto, a "glória", que é a forma bíblica de nos referirmos à auto-acomodação d'Aquele que é transcendente ao conhecimento do homem, é também escatológica no contexto do Novo Testamento.

Este aspecto do que "virá a ser" o nosso conhecimento de Deus correlaciona-se com a dimensão futura da salvação. Como notámos anteriormente, a revelação adequadamente entendida, envolve a salvação, uma vez que conhecer Deus no sentido bíblico é ser salvo. Portanto, a salvação final, sem dúvida, envolve também um nível mais profundo de conhecimento. Assim, a revelação partilha do mesmo carácter duplo como outros aspectos da nova era. Envolve uma realidade presente e uma consumação futura.

PARTE III

As Doutrinas de Deus o Soberano

CAPÍTULO 6

A Natureza e os Atributos de Deus

Segundo a nossa definição de teologia a globalidade da disciplina diz respeito à doutrina de Deus. No entanto, esta doutrina tem, mesmo assim, que ser tratada de forma especializada. Já discutimos as várias facetas da teologia neste sentido particular em ligação com a análise do nosso conhecimento de Deus, mas existem muitas outras verdades habitualmente agrupadas sob a rubrica da doutrina do Pai, ou de Deus, o Soberano.

A Importância Central da Doutrina

J. S. Whale conta a bem conhecida história do jovem pároco que ligou a William Stubbs, o bispo de Oxford, para lhe pedir conselhos sobre a pregação. O grande homem ficou silencioso por um momento e depois respondeu: "Prega sobre Deus; e prega cerca de 20 minutos". Esta afirmação identifica correctamente não só a substância da mensagem cristã, mas também o princípio central da doutrina cristã. A forma tradicional de realçar este aspecto é afirmar que a doutrina de Deus é a primeira na *ordo essendi* das doutrinas. Todas as outras verdades estão, em última análise, fundadas num correcto entendimento do Ser Divino. Como H. F. Rall afirma: "Deus não é uma das nossas crenças religiosas; ele é *a* crença. Ele não é uma doutrina; ele é o centro de toda a doutrina".[1]

Todas as heresias, antigas e modernas, derivam de um entendimento deficiente de Deus.[2] Cada uma das heresias cristológicas resulta de uma perspectiva não-bíblica da natureza divina. Também as deficientes teorias de expiação falham neste ponto. Muitos dos ensinamentos, na perspectiva wesleyana, são inaceitáveis e frequentemente corolários lógicos de uma doutrina de Deus que diverge da visão wesleyana. Por exemplo, as

---
1 *The Meaning of God* (Nashville: Abingdon-Cokesbury Press, 1925), 6-7.
2 Cf. Alan Richardson, *Creeds in the Making*.

doutrinas calvinistas da eleição e predestinação são mais inferências lógicas de um entendimento específico da natureza divina, do que o resultado da exegese de passagens bíblicas. Já vimos (cap. 4) o significado crucial da nossa compreensão sobre a natureza divina em relação à questão da revelação divina.

Apesar da sua importância, nenhuma outra doutrina experimentou, durante as últimas décadas, mais dificuldades nas mãos dos teólogos e filósofos. O desenvolvimento da teologia, da filosofia e da cultura tornaram a crença em Deus problemática para muitos. A tempestuosa controvérsia que surgiu com a publicação de *Honest to God*, [Honesto para Deus] do Bispo John A. T. Robinson, em 1963, foi sintomática destes desenvolvimentos, os quais podem ser resumidos como secularismo. A expressão mais extrema foi a chamada teologia da Morte de Deus, de onde surgiram várias tentativas para formular um "cristianismo ateu".

É interessante que muito deste fenómeno resultou do trabalho de Karl Barth, cuja ênfase na transcendência radical pareceu lançar os fundamentos para a negação de Deus.[3] O parágrafo seguinte de John Macquarrie mostra como a posição de Barth pode – quando o equilíbrio que este procura atingir é visto de maneira desequilibrada – ,logicamente, levar a este género de conclusão:

> A crítica de Barth à religião é simplesmente uma consequência (do seu 'cristocentrismo') da sua centralidade em Cristo. Se Deus se fez conhecido exclusivamente em Jesus Cristo e na tradição bíblica, então não pode haver qualquer verdade em religiões não-cristãs e a "religião" tem que ser definida, por mais tendenciosa ou arbitrária que possa parecer, como a tentativa do homem em compreender Deus. Isto é interpretado, por sua vez, ao longo do pensamento de Feuerbach, como significando que os conceitos "religiosos" de Deus são, simplesmente, ídolos projectados pela nossa própria mente. É claro que Barth faz uma excepção para Deus, o Pai de Jesus Cristo. Este Deus é o Deus da revelação, não da religião. Mas o tempo certamente chegaria em que as pessoas perguntariam: "Então, porque fazer esta excepção?"[4]

Estudámos anteriormente o movimento pendular existente na história do pensamento cristão entre a imanência e a transcendência. À ênfase do liberalismo na imanência o movimento neo-ortodoxo reagiu e substituiu-a

---

3   Mas veja *Church Dogmatics* 2.1.313-14, onde Barth afirma: "É somente o carácter absolutista de Deus, devidamente entendido, que pode explicar não só a Sua liberdade para transcender tudo o existe além de Si mesmo, mas também a Sua liberdade para ser imanente dentro de Si e, numa imanência de tal forma profunda como, simplesmente, não existe na comunhão entre outros seres". Contudo, deve ser notado que esta é uma imanência de comunhão, mas não "dentro da estrutura da história".
4   *God and Secularity*, vol. 3 of *New Directions in Theology Today* (Philadelphia: Westminster Press, 1967), 41.

pela importância da transcendência. Ambos tiveram efeitos adversos na doutrina de Deus e realçaram a necessidade de formular uma teologia que mantivesse uma relação de equilíbrio entre ambas.

T. F. Torrance refere-se à distinção de Duns Scotus entre *teologia in se* (o conhecimento que Deus tem de si mesmo) e *teologia nostia* (conhecimento de Deus, conforme nos tem sido mediado, dentro das limitações e condições da nossa vida neste mundo) e comenta:

> Restrito e circunstancial como é e quebrado pelo efeito danificador do pecado na nossa relação com Deus, ainda assim, firmado no próprio Deus, o qual transcende infinitamente sobre o que Dele podemos compreender, dentro dos limites das nossas mentes de criaturas. Se a nossa teologia não estivesse interpenetrada por uma certa medida da realidade do conhecimento de Deus de Si mesmo, não poderia ser real o conhecimento de Deus; nem poderia ser, genuinamente, a nossa teologia se não nos preocupássemos com o conhecimento que nos foi dado, dentro dos limites da nossa ordem de finitude de existência e de pensamento.[5]

Numa palavra, se falássemos de forma significativa sobre *Deus*, teríamos que falar em termos de transcendência; por outro lado, se quiséssemos falar de forma *significativa* acerca de Deus, teríamos que falar em termos da imanência.

De acordo com Peter C. Craigie, esta é precisamente a forma como o Velho Testamento concebe a auto-manifestação divina: "A afirmação primária sobre Deus no Velho Testamento é que, apesar de ser transcendente, a experiência viva do Deus imanente pode ser encontrada dentro da estrutura da história humana".[6]

Levantar estes assuntos leva-nos a considerar duas formas de pensar sobre Deus. Uma das formas tem sido referida como a perspectiva "imobilista" enquanto que a outra é chamada de "activista".[7] Numa discussão anterior a este tema, pesquisámos a forma como estes dois entendimentos se relacionam com o nosso conhecimento de Deus e vimos os perigos de uma interpretação exclusivista de Deus em termos de uma ou outra perspectiva. Outra forma de abordarmos o mesmo assunto é em termos de tempo e eternidade. Se a "eternidade" é entendida como atemporal, não há possibilidade de uma inter-relação entre as duas. Nesse caso, haveria uma "distinção infinita e qualitativa entre tempo e eternidade" (Kierkegaard/Barth).

---

5 *Reality and Evangelical Theology* (Philadelphia: Westminster Press, 1982), 22.
6 *The Problem of War in the Old Testament* (Grand Rapids: Wm. B. Eerdmans Publishing Co., 1978), 39.
7 A. Boyce Gibson, "The Two Ideas of God",, *Philosophy of Religion*, ed. John E. Smith (New York: Macmillan Co., 1965) 61-68.

Mas, na perspectiva hebraica, eternidade não é intemporalidade, mas tempo sem fim.⁸ A perspectiva de que eternidade é atemporal é geralmente identificada com o pensamento grego, mas embora isto seja geralmente verdade, não é universalmente o caso. A Forma do Bem de Platão (que, na sua filosofia, não é Deus) e o Motor Imóvel de Aristóteles são os exemplos clássicos deste aspecto. O equilíbrio no pensamento bíblico que permite a "imanência do transcendente" (expressão de William Temple) cria a possibilidade do conhecimento genuíno de Deus e isso é reflectido com maior clareza no Velho Testamento. Portanto, voltamo-nos agora para o contexto bíblico.

Contexto Bíblico

Wiley sublinha que é impossível definir Deus uma vez que ao fazê-lo Lhe colocamos limites (*CT* 1:217). Este princípio apropria-se, de forma adequada, da prática real do pensamento bíblico, como aparentemente acontece no Velho Testamento, uma vez que este não faz qualquer esforço em dar uma definição abstracta e formal de Deus. A abordagem mais próxima de uma definição encontra-se nas palavras: "Eu sou o SENHOR, teu Deus, que te tirei da terra do Egito". (Ex. 20:2). Por outras palavras, o Deus de Israel é identificado como o Agente num evento histórico que informa a existência e o destino de Israel.

Otto J. Baab concorda ao enfatizar um aspecto diferente do mesmo assunto: "Talvez a palavra mais típica para identificar o Deus do Velho Testamento seja a palavra 'vivo'... Isto significa o Deus que age na história, que efectua actos poderosos de libertação e que manifesta o seu poder entre os homens".⁹ Esta verdade é apresentada de forma incisiva em Jeremias 10:10, em que o contexto desenvolve um contraste entre o Deus vivo que fala e age e os ídolos que não fazem nenhuma dessas coisas: "Mas o Senhor é verdadeiramente Deus; ele é o Deus vivo e o Rei eterno". O termo é usado pelo menos 60 vezes em afirmações formais, ligado ao nome pessoal do Deus dos Hebreus (Yahweh). (Cf. Jz. 8:19; Rt. 3:13; 1 Sam. 19:6; 20:21.)

---

8   Ladd, *Theology*, 47.
9   *The Theology of the Old Testament* (New York: Abingdon Press, 1949), 24-25. "Estritamente falando, a Bíblia não apresenta uma doutrina de Deus, mas uma forma de pensar acerca de Deus... De facto, eles não estavam interessados em explorar a natureza de Deus. O próprio pensamento de tentar descrever o que Deus é em si mesmo, ter-lhes-ia parecido um sacrilégio (Dt. 29:29). Tudo o que as suas afirmações dão a entender quanto à natureza de Deus – e, certamente, é bastante – é que a capacidade para relações pessoais com o homem está incluída na natureza da Deidade". Millar Burrows, *Outline of Biblical Theology* (Philadelphia: Westminster Press, 1956), 63.

Portanto, Deus, no Velho Testamento, não é simplesmente uma ideia, mas uma realidade experimentada agindo na e através da vida humana. De facto, a língua hebraica está mal equipada para reflectir mais do que modos dinâmicos do pensamento. Norman Snaith nota: "O hebraico não diz que Jeová *é*, ou que Jeová *existe*, mas que Ele *faz*. Correctamente falando, o verbo hebraico *hayah* não significa 'ser,' tanto quanto significa 'vir a ser.' O hebraico não tem, realmente, um verbo 'ser,' mas sim o verbo 'tornar-se em'".[10] Deus não está confinado e não pode ser restringido a uma definição verbal ou a um conceito abstracto, mas é o Deus vivo que liberta Israel.

Além de "vivo" como designação bíblica, a "santidade" está também ligada ao Deus do Velho Testamento. A palavra hebraica *qodesh*, traduzida como "santidade", é derivada de uma palavra cuja raiz significa "à parte" ou "independência". É a "santidade" que transmite a ideia de transcendência, enquanto que "vivo" ou o "Deus que age", implica imanência.

A Santidade é a característica essencial da Deidade que coloca Deus numa categoria completamente única e O distingue nitidamente do humano e naturalista. Isaías 6 dá-nos uma visão do entendimento bíblico sobre a natureza da santidade de Deus. Não tomou a forma de poder absoluto e paralisante, mas revelou-se nos propósitos redentores. Ela providenciou um auto-conhecimento genuíno baseado na própria natureza e vontade de Deus. A reacção ética e pessoal de Isaías dificilmente "poderia ter ocorrido, se a santidade envolvida na natureza divina aparecesse, simplesmente, como poder supernatural e indiferenciado".[11]

A santidade de Deus é a base teológica para as afirmações do Velho Testamento sobre o ciúme de Deus. Muitos se têm oposto à atribuição desta característica a Deus baseados em que é uma antropopatia (atribuir emoções humanas a Deus) pouco digna. Mas esta crítica falha em reconhecer que existem dois significados possíveis para este símbolo. O primeiro pode referir-se a um sentimento de inveja, por exemplo, dos sucessos de outra pessoa; e o segundo, pode referir-se à intenção de manter os próprios direitos pessoais, à exclusão dos direitos de outros (cf. Núm. 11:29; 2 Sam. 21:2). É claramente o segundo sentido que a Bíblia tem em mente quando declara que Ele é Deus e não partilhará a Sua glória com mais ninguém. A Sua santidade dá a Deus o direito de reivindicar amor e adoração indivisos ou não-partilhados.

Esta ênfase na exclusividade distingue a adoração a Yahweh da "tolerância e do equilíbrio fáceis de forças opostas que são características do politeísmo".[12] Num panteão de deuses, nenhuma deidade individual podia

---

10 *The Distinctive Ideas of the Old Testament* (London: Epworth Press, 1944), 48.
11 Baab, *Theology*, 37.
12 G. E. Wright, *The Old Testament Against Its Environment* (Chicago: Henry Regnery

reivindicar direitos exclusivos; mas Yahweh podia exigir: "Não terás outros deuses diante de mim" (Ex. 20:3).

No desenrolar prático da vida nacional de Israel, este princípio exigia uma relação exclusiva com Yahweh, no que dizia respeito a alianças com os grandes impérios do antigo Médio Oriente. Depender de tais alianças implicaria que Deus não era forte o suficiente para proteger Israel. Esta era a base teológica para a oposição dos grandes profetas (p.ex., Isaías) aos tratados feitos com o Egipto, a Assíria e outras nações, com propósitos de segurança nacional.

Josué 24 fornece um exemplo vivo, da verdade da exigência de Yahweh, de uma adoração exclusiva. Em resposta ao desafio de Josué de servirem ao Senhor, o povo deu uma resposta positiva. Mas Josué responde com uma rejeição do seu compromisso: "Então, Josué disse ao povo: Não podereis servir ao Senhor, porquanto é Deus santo, Deus zeloso" (v. 19)[13]. O contexto torna claro que eles tinham concordado em servir a Yahweh, *juntamente* com as suas outras divindades. Mas Josué destacou a impossibilidade de tal aliança partilhada e insistiu que, para O servirem, teriam que pôr de parte todos os outros deuses (cf. v. 23).

A santidade de Deus também se ergue como uma barreira a qualquer abordagem de Deus pelo que não é santo. Em algumas das passagens mais difíceis do Velho Testamento surge um elemento irracional que parece estar, antes de mais, relacionado com a ideia de impureza cerimonial (p.ex., 2 Samuel 6). Mas o entendimento ético prevalece em muito do pensamento do Velho Testamento, especialmente, entre os profetas clássicos. Este tema aparece na literatura da adoração, na qual a necessidade de pureza é confessada como essencial para se estar na presença do Santo (Salmo 24). O reverso desta ênfase destaca as consequências do julgamento para os que não reconheçam as justas exigências de Deus sobre as suas vidas. Ambos os lados são vistos em Isa. 33:14-16: "Os pecadores em Sião se assombram, o tremor se apodera dos ímpios; e eles perguntam: Quem de entre nós habitará com o fogo devorador? Quem de entre nós habitará com chamas eternas? O que anda em justiça e fala o que é recto (...) este habitará nas alturas".

Outra ênfase central da teologia do Velho Testamento é a unidade de Deus: Há um só Deus. O texto dourado da fé hebraica afirma: "Ouve, Israel, o Senhor, nosso Deus, é o único Senhor". (Deut. 6:4, a *Shema*). Na linguagem filosófica isto implica monoteísmo.

Co., 1950), 38.

13 Nota do Tradutor: a palavra "zeloso" pode no original ser traduzida por "ciumento", tradução esta que é seguida na versão usada pelo autor.

Os estudiosos do Velho Testamento têm-se debatido com a questão de se a fé Hebraica foi monoteísta desde o seu início ou, se este entendimento, surgiu depois de um período de desenvolvimento. A velha escola da *Religionsgeschichte* (cf. cap. 1) interpretou-a como resultado de um processo evolutivo. Outra escola de pensamento, representada por W. F. Albright, John Bright e G. Ernest Wright, argumenta que Moisés era monoteísta e, portanto, a qualidade extraordinária da fé israelita, desde os seus primeiros dias, foi de acreditar num só Deus. O assunto depende, em parte, de questões críticas sobre a datação de certos documentos do Velho Testamento. A perspectiva mais correcta parece ser a de o núcleo central da teologia hebraica, desde o seu início, ser monoteísta. No entanto, algumas qualificações devem ser feitas. A crença popular era claramente henoteísta (crença em muitos deuses, mas adoração de um só) até ao tempo do Cativeiro Babilónico. Nenhuma outra conclusão é possível, à luz do contínuo afastamento de Yahweh, pelos Hebreus, para adoração de outros deuses, como registado na literatura histórica. Mas os conceitos populares do povo não invalidam o conceito central de Deus como Um, como norma de fé do Velho Testamento.

Estas três principais afirmações teológicas – de que Deus está vivo, é santo e Uno – fornecem a base bíblica para a afirmação de que o Transcendente (santo) é, ao mesmo tempo, o Imanente (vivo) porque Ele é Um. Embora hajam, assim, elementos paradoxais injectados na nossa compreensão de Deus, a fé bíblica vive ambos como essenciais ao seu objecto. É esta convicção que informa a decisão da Igreja Primitiva ao se opor ao dualismo de Marcião e a incorporar essa rejeição no Credo Apostólico: "Creio em Deus Pai Todo-Poderoso, Criador dos céus e da terra".

Agostinho deu expressão clássica ao movimento paradoxal do nosso entendimento levantado pela imagem bíblica de Deus quando experienciado na vida humana:

> Tu, meu Deus, és supremo, extremo em bondade, fortíssimo e todo-poderoso, totalmente misericordioso e justo. Tu és o mais escondido de nós e, no entanto, o mais presente entre nós, o mais bonito e, no entanto, o mais forte, sempre paciente e, no entanto, não te podemos compreender. Tu és imutável e, no entanto, mudas todas as coisas. Nunca és novo, nunca és velho e, no entanto, todas as coisas têm vida nova em Ti. Tu és o poder invisível que traz a queda do orgulhoso. Estás sempre activo e, no entanto, sempre descansado. Tu juntas todas as coisas para Ti mesmo, apesar de não sofreres necessidade.[14]

Surge então a questão: Qual é o carácter ou natureza deste Deus Uno de quem o Velho Testamento dá testemunho? Para uma resposta

---
14 *Confessions* 1.4.

decididamente cristã a esta questão, viramo-nos para o Novo Testamento, onde vemos o carácter de Deus retractado na pessoa e no ensinamento de Jesus e elaborado nas Epístolas. Aqui aprendemos que a afirmação cristã central acerca deste Deus é que o Seu "nome e natureza é amor" (Wesley).

O ensino de Jesus sobre Deus contrasta em maior grau com o judaísmo do primeiro século do que com o Velho Testamento, mas contrasta com ambos ao colocar a Sua ênfase central na natureza de Deus como amor. Dale Moody, correctamente, declara: "Da mesma forma que a santidade é o ponto de partida, assim o amor é o ponto alto do desenrolar bíblico da natureza de Deus".[15]

Muitos académicos concordam que a única característica nova de Deus, introduzida por Jesus, é a Paternidade de Deus. Mas mesmo esta não é totalmente nova, visto que a ideia aparece no Velho Testamento (cf. Oséias). Contudo, a profundidade total do seu significado não é trazida à luz. O significado deste símbolo deve ser retirado do seu uso nos dias de Jesus e não de implicações contemporâneas, uma vez que estas podem ser bastante diferentes. No tempo de Jesus o mundo dava predominância aos homens. O pai, nesses dias, era o poder absoluto no lar. Ele era o patriarca que dispensava tanto a justiça quanto o amor. Assim, quando Jesus usou a palavra "Pai" os seus ouvintes compreendiam que Ele estava a falar de pelo menos dois aspectos da natureza de Deus: que Deus é igualmente justo e amoroso.[16]

O amor torna-se, assim, no factor unificador que junta numa tensão criativa os elementos paradoxais da nossa experiência de Deus. Todas as afirmações da fé cristã sobre Deus estão agrupadas à volta da ideia central do *ágape* de Deus. A afirmação Joanina é definitiva: "Deus é amor [*ágape*]" (1 Jo. 4:8).[17] A base para esta afirmação é que o carácter de Deus é decisivamente definido por Jesus Cristo e a Sua Obra.

A Ira de Deus

Quando a natureza essencial de Deus é vista como sendo o amor (*ágape*), imediatamente surge uma tensão no nosso conceito de Deus. O amor parece excluir a ira de Deus, mas esta última é um aspecto inevitável da revelação bíblica. Estará Deus dividido em Si mesmo? A fé bíblica não

---

15 *The Word of Truth: A Summary of Christian Doctrine Based on Biblical Revelation* (Grand Rapids: Wm. B. Eerdmans Publishing Co., 1981), 104.
16 William A. Spurrier, *Guide to the Christian Faith* (New York: Charles Scribner's Sons, 1952), 91.
17 Nas suas *Notes* sobre 1 Jo. 4:8, Wesley diz que o amor de Deus é o "Seu mais querido, o Seu atributo predominante, o atributo que compartilha uma glória amável em todas as Suas outras perfeições".

pode permitir essa conclusão. Assim, precisamos de olhar noutra direcção. Martinho Lutero sugere a forma clássica de abordar esta aparente tensão ao falar do amor (evangelho) como a própria obra de Deus, enquanto que a ira (lei) é a Sua Obra estrangeira. Portanto, a ira é o "lado negro do amor" ou as "costas da mão de Deus" (Barth). É a oposição do amor ao mal (Aulén). A tendência entre alguns tem sido de separar o amor da ira, permitindo que um exclua o outro em princípio, se não em expressão. Donald G. Bloesch identifica isto como a razão "pela qual o evangelismo caiu num eclipse parcial, no início do século XX: Entre as distorções doutrinárias que o evangelismo mais antigo promoveu, de uma forma ou outra, estava... a separação do amor de Deus da Sua ira".[18]

O trabalho exegético de C. H. Dodd chamou a atenção para um aspecto importante do testemunho bíblico. No seu comentário a Romanos, nota que Paulo nunca utiliza o verbo "estar zangado" com Deus como Sujeito. Outras disposições são utilizadas, como por exemplo: "Deus ama-nos" (cf. 2 Tess. 2:16; Ef. 2:4) e "Deus é fiel" (1 Cor. 1:9; 10:13; cf. 1 Tess. 5:24); mas Deus nunca é o sujeito em "estar zangado". Concluindo, com estas evidências que "a ira não deve ser entendida como um sentimento ou atitude de Deus para connosco (como o amor e a misericórdia o devem ser), mas como um processo ou efeito do pecado humano; a misericórdia não é o efeito da bondade humana, mas é inerente ao carácter de Deus".[19]

Apesar de G. E. Ladd registar algum desacordo com a sugestão de Dodd, de que a ira de Deus é impessoal, basicamente concorda com a sua interpretação das evidências.

> O conceito neo-testamentário da ira de Deus não deve ser entendido da mesma forma que a ira das deidades pagãs, a qual pode ser transformada em boa--vontade através de ofertas adequadas.... Em Paulo, a ira de Deus não é uma emoção que nos informa como Deus se sente, mas diz-nos antes, como Ele age em relação ao pecado – e aos pecadores.[20]

Martinho Lutero identifica claramente a "ira de Deus" como a nossa experiência do amor de Deus num estado de desobediência. *Coram Deo* (perante Deus) quando a fé está ausente, a presença de Deus causa medo, como no caso de Adão e Eva escondendo-se de Deus no jardim depois do seu acto de desobediência.

H. Orton Wiley afirma a ênfase que estamos a sugerir aqui e declara: "A posição cristã é geralmente que a ira é apenas o lado inverso do amor

---

18 *Essentials of Evangelical Theology* 1:2-3.
19 *The Epistle of Paul to the Romans* (London: Collier, 1959), 47-50.
20 *Theology*, 407.

e necessária à perfeição da Personalidade Divina, ou mesmo do próprio amor" (*CT* 1:385).

Santidade, Amor e Atribuição

À luz da afirmação de que a natureza essencial de Deus é o amor santo, podemos agora abordar a tradicional questão dos atributos de Deus. Antes de mais, esta discussão deve ter em conta o modo como a santidade de Deus informa a tentativa de imputar atributos a Deus. Existem três teorias oferecidas pelos teólogos: (1) a santidade é um atributo entre outros; (2) a santidade é a soma total de todos os atributos; ou (3) a santidade é o pano de fundo para todos os atributos. A nossa análise anterior do significado de santidade rapidamente elimina a primeira destas opções. A adopção da segunda esvaziaria a santidade de Deus de qualquer relevância decisiva. Portanto, a terceira opção é a que melhor nos ajuda teologicamente.

É imperativo, ao interpretar a santidade como o pano de fundo dos outros atributos, reconhecer que a raiz do significado de santidade como "independência" é entendida na teologia bíblica como "diferenciação" em vez de "distanciamento". Assim, a metáfora espacial de transcendência é transformada numa categoria religiosa em vez de, unicamente, metafísica. Esta verdade toma forma nas palavras de Isaías, o profeta, quando proclama a futilidade da dependência de Judá da ajuda dos Egípcios numa revolta contra a Assíria, em vez de confiarem em Deus: "Ai dos que descem ao Egipto em busca de socorro e se estribam em cavalos; que confiam em carros, porque são muitos, e em cavaleiros, porque são muito fortes, mas não atentam para o Santo de Israel, nem buscam ao Senhor! ... Pois os egípcios são homens e não deuses; os seus cavalos, carne e não espírito". (Isa. 31:1, 3).

É imperativo manter esta relevância religiosa da santidade de Deus para evitar apagar a distinção entre o humano e o divino. "Garante que toda a afirmação sobre Deus retenha o seu carácter puramente religioso",[21] em contraste com um carácter metafísico. Além de proteger contra um entendimento errado do pecado numa direcção moralista, perdendo, assim, o seu carácter distintamente religioso. Isto acontece como resultado de uma transformação, demasiadamente rápida e fácil, do conceito de santidade em termos éticos:

> A santidade não é primariamente um atributo moral, como se exprimisse apenas a perfeita bondade de um ser superior de barba branca. Antes, refere-se à absoluta "alteridade" que distingue o divino de tudo o que é criado e, portanto, caracteriza todos os aspectos de Deus. A santidade é a palavra que refere o

---

21 Aulen, *Faith of the Christian Church*, 104.

aspecto *divino* de qualquer atributo dado à divindade, a qualidade que torna qualquer atributo essencialmente diferente em Deus do que noutras coisas, a qualidade que eleva qualquer coisa, seja poder, amor ou ira, à sua máxima potência quando aplicada a Deus.[22]

Ao manter-se o carácter religioso da santidade também "se posiciona como a sentinela contra todas as interpretações eudemonistas e antropocêntricas de religião".[23] Se a bondade de Deus for detida por um correcto entendimento da santidade, a religião não poderá ser vista como um serviço à disposição dos interesses humanos egoístas e sendo, principalmente, um meio para alcançar a felicidade humana. Deus não pode ser domesticado para tais fins.

A "alteridade" de Deus proíbe a interpretação do Seu carácter e natureza em completa continuidade com as categorias humanas. Tais categorias, quando atribuídas a Deus, são sempre mais do que as mesmas qualidades quando atribuídas a uma realidade finita (ver discussão acerca da linguagem religiosa no cap. 4), mas também não estão em descontinuidade radical. A santidade de Deus serve como barreira à redução da teologia à antropologia.

Esta verdade sugere que a santidade tanto define como adverte contra a idolatria. A idolatria linguística "surge quando alguma imagem ou conceito de Deus se absolutiza, porque nenhuma ideia de Deus pode ser igual ao inefável mistério da realidade".[24] Outras formas de idolatria ocorrem quando objectos finitos, mesmo se vistos como meios de mediação da santidade de Deus, são elevados a uma posição de significância final.

À luz disto, torna-se aparente que todos os atributos usados para Deus terão que ser prefaciados pela qualificação da santidade de Deus. Registámos, acima, que o carácter único de Deus na teologia cristã é o amor. Mas o amor é susceptível de ser reduzido ao sentimentalismo humano. Portanto, até mesmo a declaração central da fé cristã sobre Deus deve ser qualificada como "amor santo".[25]

Com o "amor" qualificado desta forma, podemos agora, a partir desta perspectiva, virar-nos para a análise da natureza de Deus e, finalmente, observar como o modo tradicional de atribuição ganha forma quando o conceito teológico de Deus como "amor santo" serve de controlo, em vez de qualquer versão de ontologia grega, como tem sido muitas vezes o caso na história da teologia cristã.

---

22 Gilkey, *Maker of Heaven and Earth*, 89.
23 Aulén, *Faith of the Christian Church*, 105.
24 Macquarrie, *God and Secularity*, 111.
25 Compare a discussão de G.E. Ladd acerca desta qualificação em relação à justificação. *Theology*, 445.

O termo que os escritores do Novo Testamento escolheram usar, para se referirem ao tipo de amor que Deus tem, foi *ágape*. Talvez um dos valores desta escolha tenha sido a sua abertura a um novo conteúdo. Não tinha sido usada amplamente no mundo antigo e estava aberta a ser informada com o tipo de amor de Deus. Todas as outras formas de amor (representadas por *eros, philia, storge*) eram, até certo ponto, motivadas pelo objecto amado. Aquele que era amado contribuía com algo para o que amava. Assim, o amor geralmente era baseado num tipo de necessidade do amante e numa atracção correspondente no objecto ou pessoa amada que pelo menos oferecia a possibilidade de ir ao encontro dessa necessidade. Em contraste, o *ágape* de Deus não era gerado pela potencialidade do seu objecto de ir ao encontro de uma necessidade de Deus. Surgiu a partir da plenitude do Ser Divino. É um amor desinteressado, uma preocupação com o bem-estar do objecto e de alguma forma baseado no valor do objecto. "Nós amamos porque ele nos amou primeiro" (1 Jo. 4:19). "Mas Deus prova o seu próprio amor para connosco pelo facto de Cristo ter morrido por nós, sendo ainda pecadores" (Rom. 5:8).

O amor torna-se a dinâmica da auto-manifestação de Deus. Ele não é descoberto pelo entendimento humano, mas vem a nós por iniciativa própria. Com base neste aspecto da natureza de Deus, a fé afirma que, mesmo que Deus não possa revelar-nos a Sua glória em plenitude porque na nossa finitude seríamos destruídos pelo Seu brilho, o Seu carácter é fielmente dado a conhecer, de modo que Ele não é em si mesmo, senão o que Ele revela ser em relação à nossa compreensão. Neste sentido, a santidade é tão qualificada pelo amor, quanto o Seu amor é qualificado pela Sua santidade.

Amor e Passividade

A identificação do carácter decisivo de Deus como *ágape* fala directamente à antiga discussão sobre a passividade de Deus. Sob a influência do pensamento grego, os Pais da Igreja retrocederam na ideia que Deus pudesse sofrer, e assim, duplicaram uma das mais antigas heresias cristológicas, o patripassianismo. Mostrar que uma interpretação particular levava logicamente à conclusão que Deus sofreria era o suficiente para a condenar.

Este medo de levar a sério a ideia de amor com todas as suas implicações foi reflectido nos Trinta e Nove Artigos da Igreja da Inglaterra, que definiu Deus como "sem...paixões". Este artigo foi adoptado pelos Vinte e Cinco Artigos do metodismo, mas em 1786, os bispos metodistas omitiram a palavra "paixões".[26] Será que isto reflectiu um entendimento mais firme de um conceito mais bíblico de Deus? Como Geddes McGregor o coloca: "Amar é sofrer e, portanto, dizer que o amor é essencial ao Ser de

---

26 Wiley, *CT*, 1:218.

Deus é dizer que, de uma maneira ou outra, o sofrimento é essencial à sua natureza".[27] Veremos mais adiante o quão importante é este facto no desenvolvimento da doutrina de Expiação.

Amor e Vontade

Uma consideração importante para a teologia wesleyana é a relação do amor de Deus com a Sua vontade. Esta questão não está desligada da debatida na Idade Média entre os intelectualistas e os voluntaristas. De facto, é um aspecto daquele debate mais alargado.

Toda aquela discussão envolveu um procedimento muito questionável, projectando as distinções psicológicas humanas no ecrã cósmico da Realidade Divina. É, em termos humanos, uma questão válida a considerar se a motivação primária do comportamento é a vontade ou o intelecto. Será que agimos de forma volitiva, baseados nos ditames do conhecimento, ou será que a vontade é incapaz de escolher o que sabe ser bom, a não ser através de uma cura divina, como Agostinho insiste (cf. o seu tratado *On the Spirit and the Letter*)?

Quando a discussão foi transferida para Deus, a questão passou a ser: Será que uma acção é boa porque Deus quer, ou será que Ele quer porque a acção é boa? O que vem primeiro, a Sua vontade ou a Sua natureza? Os voluntaristas defenderam a primeira, os intelectualistas a segunda. Wesley, num golpe de mestre, destacou a futilidade de todo o debate:

> Parece, então, que toda a dificuldade surge ao considerar a vontade de Deus como distinta de Deus: de outra forma desaparece. Porque ninguém pode duvidar que Deus é a causa da lei de Deus. Mas a vontade de Deus é o próprio Deus. É considerado Deus seja a sua vontade esta ou aquela. Consequentemente, dizer que a vontade de Deus, ou que o próprio Deus, é a causa da lei, é uma e a mesma coisa.[28]

Ainda assim, a forma tradicional de colocar a questão, ajuda a destacar uma perspectiva teologicamente significativa, quando a questão do amor de Deus é posta nestes termos. É o amor uma manifestação da Sua natureza ou da Sua vontade? Os calvinistas veem-no como uma expressão da Sua vontade; a teologia wesleyana, como uma manifestação da Sua natureza.[29]

A posição de que o amor é uma expressão da vontade de Deus, é compatível com o ensino da predestinação particular. Podendo afirmar, sem reservas, como sendo literalmente verdade, declarações como "Amei Jacó, mas aborreci Esaú" (Rom. 9:13). Nenhum problema teológico é colocado, porque Deus pode estender o Seu amor livremente ou retirá-lo a quem quiser.

---

27 *He Who Lets Us Be* (New York: Seabury Press, 1975), 4.
28 *StS* 2:50.
29 J. Glenn Gould, *The Precious Blood of Christ* (Kansas City: Beacon Hill Pres, 1959), 71.

Os wesleyanos defendem que o amor de Deus é uma manifestação da Sua natureza e, consequentemente, é universal em vez de selectivo. Deus estende o Seu "braço" em misericórdia e reconciliação a todos sem discriminação. Ninguém é excluído, porque isso implicaria a violação da própria natureza de Deus. Deus, sendo quem Ele é, "ama cada um de nós, como se houvesse apenas um de nós para amar" (Agostinho). É este aspecto da doutrina de Deus, que fornece a base teológica para a doutrina wesleyana de graça preveniente, que este amor é "amor santo" e que guarda esta verdade fundamental contra uma perversão que leve a um universalismo real, em vez de potencial.

A conclusão de toda esta discussão é que tanto a santidade como o amor estão à parte e são mais do que meros atributos de Deus. Juntos proporcionam os pressupostos fundamentais à luz dos quais todas as atribuições têm de ser feitas. Quando levados seriamente, deveriam implicar alguma mudança no modo tradicional de desenvolvimento dos atributos de Deus, que tem sido informado com maior frequência pelo racionalismo grego do que pela fé bíblica.

Wiley ao discutir o carácter unificador de Deus, que permite a harmonia entre os atributos, afirma: "Se Deus é Pai, o amor santo deve ser supremo e central. Na verdade, o amor é tão central que os outros atributos de personalidade podem ser vistos como a energia do amor em determinadas direcções... O amor santo deve ocupar o lugar central do nosso conhecimento de Deus".[30]

O Problema da Atribuição

Antes de prosseguirmos com a análise de atributos específicos, algo deveria ser dito sobre todo o conceito de atribuição no que se refere à Realidade Divina. Wiley argumenta que os atributos não são apreendidos nacionalisticamente, mas são o resultado da "análise do conhecimento pessoal de Deus que nos tem sido revelado em Cristo através do Espírito". Isto significa que o conhecimento pessoal é anterior, primário e unitário, assim como o nosso conhecimento de outras pessoas. Ou, nas suas palavras: "é o nosso conhecimento pessoal de Deus que torna possível um verdadeiro conhecimento dos Seus atributos e não é a mera soma racional dos mesmos que nos dá o nosso conhecimento de Deus" (*CT* 1:323-24).

Se, como Wiley defende, este conhecimento pessoal (existencial) é a experiência de Deus como amor, então, logicamente, todos os atributos específicos devem ser interpretados como expressões de amor. O que,

---

30 *CT* 1:324. Cf. também 367: "Podemos afirmar, com toda a justeza, então, que a natureza de Deus consiste em amor santo, mas nesta afirmação não identificamos nem confundimos os termos".

claramente, lhes dá um alcance radicalmente diferente das interpretações racionalistas encontradas em muita da teologia tradicional.

Um comentário adicional parece ser útil quanto aos suportes filosóficos de qualquer discussão dos atributos de Deus. A teologia do período pré--contemporâneo tratou, com frequência, este assunto em termos do antigo e do venerável, mas, agora, é um conceito de substância filosoficamente antiquado. Tecnicamente, o termo *substância* sugeria um substrato subjacente daquilo que sustentava os atributos. Pareceu possível a alguns descrever as qualidades desta substância subjacente que existia à parte dos atributos que sustentava. Embora pareça razoável ao senso comum, o modo de pensar dos filósofos contemporâneos afastou-se da categoria da substancialidade (vide discussão no Prefácio). O resultado foi que os modelos filosóficos, envolvendo conceitos mais dinâmicos, se aproximaram mais do pensamento bíblico, na verdade, do que quando prevalecia a herança do pensamento grego clássico. Como consequência desta mudança na perspectiva filosófica, o teísmo contemporâneo tendeu para uma relevância genuinamente religiosa dos atributos de Deus como a Origem de todos os seres.[31]

Classificação dos Atributos

Em geral, o entendimento bíblico da santidade de Deus questiona a distinção tradicional entre os chamados atributos naturais e morais de Deus. O Bispo Aulén insiste que, embora, tal distinção possa servir uma ideia racionalmente construída de Deus (metafísica racional), esta é "totalmente inapropriada para um conceito cristão de Deus".[32] De facto, os ditos atributos naturais de Deus são também denominados, por alguns, como metafísicos.

A explicação das duas categorias de atributos, dada por Wiley e Culbertson, serve adequadamente para descrever o significado das designações, bem como para destacar a sua imperfeição:

> Os atributos naturais são aqueles que são essenciais à Sua natureza e que não envolvem o exercício da Sua vontade... Os atributos morais são qualidades do Seu carácter e envolvem o exercício da Sua vontade... A fraqueza desta classificação é o facto de que reúne num grupo os atributos relativos de Deus na Sua relação com a criação e aqueles que se aplicam a Ele além da Sua relação com o mundo".[33]

---

31 Cf. Macquarrie, *God and Secularity*, 118-19.
32 *Faith of the Christian Church*, 104.
33 H. Orton Wiley and Paul T. Culbertson, *Introduction to Christian Theology* (Kansas City: Beacon Hill Press, 1946), 89.

Já estabelecemos que não podemos conhecer Deus como Ele é, em si mesmo, mas somente como Ele se dá a conhecer (*CT*, 1:217-18). Portanto, mesmo que a distinção psicológica, entre a Sua natureza e a Sua vontade, seja permitida é evidente que falar de atributos naturais, na forma acima descrita, é logicamente contraditório. Ao não permitir tal distinção de funções psicológicas dentro de Deus, a base para a distinção desaparece. Somos, então, solicitados a interpretar os chamados atributos naturais ou metafísicos, em termos da natureza de Deus, como amor santo. Para o fazer temos que os organizar de forma diferente, transformando-os em categorias verdadeiramente religiosas.

Soberania e Amor

Os atributos metafísicos são, geralmente, entendidos como expressões da soberania de Deus e introduzem a questão do poder de Deus. Se a natureza de Deus é revelada como amor, há uma tensão que se cria de imediato. A história do pensamento cristão regista numerosas tentativas de resolver o problema de forma racional, com um polo a anular outro, normalmente. A teologia nominalista de Scotus e Occam, que tornaram a vontade de Deus indefinível, caprichosa e déspota, obscurece o amor a favor do poder. Marcião, ao rejeitar o Deus Criador do Velho Testamento em favor do Deus de amor do Novo, dissolveu a tensão de forma igualmente insatisfatória.

O problema é intensificado quando visto em termos do problema do mal. Desde o tempo de Epicureu que os polos do amor e do poder têm sido apresentados como as antenas de um dilema com o qual a fé luta. As várias propostas de um Deus "finito" desistem da reivindicação do poder, no sentido de reterem o carácter do amor de Deus (p.ex., Edgar Sheffield Brightman e Edwin Lewis). Outros procuraram, de várias formas, negar a realidade do mal de modo a evitar o dilema.

Uma doutrina da criação que evita o idealismo absoluto e afirma a realidade do ser criado, inevitavelmente, levanta problemas à ideia da soberania absoluta. Nels F. S. Ferré coloca o dilema da seguinte forma: "Se Deus é poder e se há algum poder além Dele, Ele não pode ser todo-poderoso. Se, pelo contrário, não há poder algum além Dele, não temos qualquer realidade na história ou na natureza; e a teologia cristã é uma ilusão".[34]

Muitos teólogos contemporâneos procuraram resolver estas questões ao identificarem a soberania de Deus com a soberania do amor. Karl Barth escreve:

---

34 *The Christian Understanding of God* (Westport, Conn.: Greenwood Press, 1979), 99.

Este poder, Deus, é o poder do Seu livre amor em Jesus Cristo, activado e revelado Nele. ... O poder de Deus não é um poder incaracterizado; e, portanto, todas as questões infantis, de se Deus pode fazer com que dois mais dois sejam cinco e outras semelhantes, não têm sentido, porque atrás dessas questões está um conceito abstracto de "capacidade".

Barth chama, ainda, a atenção para o facto de o Credo Apostólico juntar os termos "Pai" e "Todo-Poderoso", um definindo o outro, qualificando, assim, o conceito de poder com o carácter da "paternidade", com todas as suas implicações (ver acima).[35]

Gustav Aulén afirma o mesmo compromisso face às tentativas de separar o poder e o amor. Em contradição com tal divisão, diz: "A fé cristã defende que o poder divino nada mais é do que o poder do amor. O poder de Deus não é um fado (fatalidade ou destino) obscuro e inerte ou uma vontade caprichosa e indefinível do exercício do poder, mas é única e exclusivamente o poder do amor".[36]

Ferré demonstra a forma como a interpretação da soberania como amor contorna o dilema criado por uma doutrina realista da criação:

> Suponhamos, então, que definimos o poder em termos de amor. O poder é a capacidade do amor levar a cabo o seu propósito. O poder é operacionalidade. O poder é o controlo e a persistência do propósito ou força, incluindo a capacidade para o valor da sobrevivência. Então, quando Deus partilha o Seu poder, Ele dá de Si mesmo sem Se limitar. A natureza do amor é conferir liberdade ao seu objecto.[37]

Asseidade. Este termo é derivado do Latim *a se*, que significa "de si mesmo" e é usado para sugerir que Deus é a fonte do Seu próprio ser. Não há realidade além Dele à qual Ele deve a Sua existência, mas Ele é "o próprio Ser". Quando reinterpretado como a asseidade do amor, diz-nos que o amor de Deus é espontâneo. O que implica que a sua causa está contida em si mesma e em nada mais. Não é chamado à existência por causas externas, mas surge por si mesmo. Tornando-se, assim, numa outra expressão da ideia da "graça preveniente de Deus". O amor de Deus é sempre preveniente. A sua causa não se encontra fora de Deus, mas no próprio Deus e na Sua natureza. Para a pergunta, porque é que Deus ama? Há somente uma resposta apropriada: porque essa é a forma de Deus agir e, portanto, é a forma de ser de Deus. O que exemplifica perfeitamente o significado do

---

35 *Dogmatics in Outline*, 49.
36 *Faith of the Christian Church*, 123.
37 *Christian Understanding of God*, 101; cf. MacGregor, *He Who Lets Us Be*. A teologia do próprio Ferré tende a trair este princípio, uma vez que ele vê Deus como amor que, em última análise, sobrepõe-se a toda a rebelião humana, ou seja, concedendo a salvação universal.

termo *ágape* utilizado pelos escritores do Novo Testamento para demonstrarem a natureza de Deus.

Eternidade. Nas categorias metafísicas, a proposta deste atributo pretendia transmitir a ideia de intemporalidade em relação ao tempo. Isto levanta a questão da relação de Deus com o tempo em termos da pergunta: "Será que o tempo é real para Deus?" Embora esta pergunta deva ser abordada noutra ligação (presciência), podemos, simplesmente, observar aqui que a imagem bíblica de Deus parece, muito claramente, sugerir que o tempo é, verdadeiramente, real para Deus. Vindo, assim, aliviar o dilema levantado por tais interpretações metafísicas, ao afirmarmos que a eternidade é a soberania do amor de Deus em relação ao tempo. Ou seja, "O amor de Deus não é transitório nem mutável como tudo o resto que pertence ao tempo".[38]

Omnipotência. Talvez seja este o atributo mais abrangente dos chamados atributos metafísicos e aquele que parece ser o mais religioso para atribuir a Deus. Mas uma reflexão cuidada revela que, aplicar esta ideia sem qualificação, pode conduzir a questões ridículas e insignificantes tais como: "Pode Deus criar uma rocha tão pesada que nem Ele mesmo a possa mover?" Tais questões têm como base um conceito da vontade de Deus de verdadeiro capricho. Numa palavra, o atributo da omnipotência levanta a questão das possibilidades de Deus. As Escrituras afirmam, por exemplo, que é "impossível para Deus mentir" (Heb. 6:18; cf. Tit. 1:2; 2 Tim. 2:13). Porquê? Porque isso seria contrário à Sua fidelidade.[39]

Se a natureza essencial de Deus é o amor, então, a questão das possibilidades de Deus é uma questão das possibilidades do amor divino. Deus faz e não quer mais do aquilo em que o amor divino se realiza. Deus pode fazer qualquer coisa que o amor pode fazer.

Omnipresença. Esta sub-qualidade da omnipotência conduz, igualmente, a dilemas surpreendentes quando interpretada de forma metafísica. Se Deus está igualmente presente em toda a parte, então, Ele está tão presente no coração do pecador quanto no do santo. Ou as orações que invocam a presença de Deus são um conjunto de palavras sem sentido.

Mas se a omnipresença de Deus for entendida do ponto de vista da soberania do amor divino estas anomalias desaparecem. Não é a questão se Deus enche todos os espaços. Significa que não há nenhum lugar fechado ao poder soberano de Deus como amor santo.

Quando o Salmista exclamou (139:7-10), "Para onde me ausentarei do teu Espírito? Para onde fugirei da tua face? Se subo aos céus, lá estás; se

---

38 Aulén, *Faith of the Christian Church*, 127.
39 Anselmo, no século XI, levantou esta objecção à atribuição de poder indiscriminado a Deus. *Cur Deus Homo*. I.xii.

faço a minha cama no mais profundo abismo, lá estás também; se tomo as asas da alvorada e me detenho nos confins dos mares, ainda lá me haverá de guiar a tua mão e a tua destra me susterá", estava a fazer uma declaração religiosa sobre a presença inescapável (inevitável) de Deus, não a propor uma teoria ontológica. Ele tinha consciência de que Deus estava presente onde quer que o Seu amor se concretizasse em graça e juízo.

Omnisciência. Muitos problemas emergem com este outro aspecto da omnipotência, ou seja, a afirmação da omnipotência de Deus na esfera do conhecimento. Mas, do ponto de vista do que estamos a explorar, resulta em algo totalmente diferente da ideia abstracta da Sua presciência. Em vez disso, expressa a infalível certeza do juízo de Deus: "Ele *conhece-me*". Ele é a visão absoluta do amor que vê tudo de forma cristalina. Qualquer tentativa de esconder algo deste olhar que tudo vê está condenada ao fracasso.

Imutabilidade. Esta é uma característica tradicionalmente atribuída a Deus tanto pela piedade popular quanto pela teologia clássica. O suporte bíblico para esta qualidade, no entanto, dá-nos uma imagem ambígua. Há um forte movimento na direcção positiva, por exemplo: "Porque eu, o Senhor, não mudo" (Mal. 3:6). Mas existem tendências de estabilização na outra direcção. Frequentemente, Deus é retractado como tendo mudado de ideias, em resposta ao arrependimento humano ou outro comportamento, ou seja, como dinâmico em carácter. Identificar a natureza essencial de Deus como amor santo proporciona-nos uma forma de sustentar ambas as ênfases bíblicas. O amor de Deus, a sua intenção para o bem, nunca mudam apesar da Sua reacção ser uma interacção com a liberdade humana. Uma forma, talvez mais satisfatória, de descrever este atributo é em termos de fidelidade, a fidelidade do amor a promessas feitas.[40]

Deus como Pessoal. Poucas características atribuídas a Deus têm sido mais vigorosamente discutidas do que esta. Muito do debate centra-se no significado contemporâneo do termo e, se Deus pode ou não ser, apropriadamente, chamado de pessoa. Esta linguagem, aplicada a Deus, surgiu muito tarde na história da teologia cristã. Foi, desde cedo usada, para as Pessoas da Trindade, mas não para o próprio Deus. A ideia parece estar presente primeiro na doutrina trinitária de Agostinho. A objecção principal ao seu uso, por parte de muitos teólogos, é que implica, no uso moderno, uma limitação que não parece ser adequada a impor a Deus como Derradeira Realidade. Portanto, parece mais saudável referirmo-nos a Deus como pessoal, ou seja, capaz de relações pessoais que envolvem a vontade e a liberdade. A imagem bíblica de Deus certamente apoia este carácter. Além disso,

---

40 cf. um bom desenvolvimento deste ponto em *God, Man and Salvation*, 155.

se a natureza de Deus é amor, então, é da própria natureza do amor estabelecer relações pessoais.

Paul Tillich fornece um forte argumento ontológico à retenção do símbolo de "pessoal" para nos referirmos a Deus. Se Deus é a Fonte do Ser (a designação distinta que Tillich usa para Deus), então, certamente, Ele tem que ser a Fonte do pessoal e não pode ser menos que pessoal em Si mesmo. Ele é "o poder ontológico da personalidade". Tillich defende o mesmo ponto, a partir da perspectiva da sua definição de religião, como "a derradeira preocupação": "O símbolo 'Deus pessoal' é absolutamente fundamental porque uma relação existencial é uma relação de pessoa-a-pessoa. O homem não pode estar, em última análise, preocupado sobre algo que seja menos que pessoal".[41]

H. H. Farmer argumenta, a favor da natureza pessoal de Deus, a partir das evidências bíblicas:

> Cada categoria, frase, doutrina ou movimento de pensamento [do Novo Testamento], pressupõe e implica a possibilidade... de um relacionamento pessoal com um Deus pessoal. "Deus é amor e aquele que permanece em amor permanece em Deus e Deus nele". "Se Deus nos amou de tal forma, devemos também amar-nos uns aos outros". Estas afirmações não têm qualquer significado sério, se Deus não for visto de forma pessoal, estabelecendo com os homens, em última análise, uma ordem de relações pessoais".[42]

A dimensão pessoal da natureza de Deus é fundamental a um entendimento adequado de muitas outras doutrinas teológicas. Se Deus for visto de forma impessoal, como é o caso de muitas das construções filosóficas (p. ex.: Aristóteles, neo-platonismo), torna-se impossível formular, satisfatoriamente, muitos dos compromissos cristãos nas categorias resultantes. Especialmente, em ligação com as muitas implicações da doutrina da criação, veremos como este assunto é crucial. Já vimos (cap. 4) como é essencial para a doutrina da revelação. Se Deus não é pessoal, uma religião vital é impossível – a menos que, claro, seja mera auto-sugestão. A experiência de gerações que encontraram uma realidade perturbante além delas mesmas, testifica contra isto. Devemos, agora, nos voltar mais explicitamente para as características pessoais deste Deus pessoal.

Atributos Bíblicos

Escolhemos falar de atributos bíblicos, em vez de atributos morais de forma a enfatizar a natureza da revelação bíblica. Deus é apresentado na revelação bíblica em relação ao homem, mais do que como Ele é, em Si

---

41 *Systematic Theology* 1:244. Vide a nossa discussão da relevância deste entendimento de Deus para a doutrina da revelação no cap. 4.
42 *World and God*, 9.

mesmo, ou em termos de qualquer metafísica racionalista. É este tipo de atribuição que os dogmáticos têm tradicionalmente denominado de *moral*. Incluímos aqui as qualidades: rectidão, misericórdia e verdade. O aspecto fascinante aqui é que os actos de Deus na história definem o significado destes atributos e, frequentemente, revelam-se bastante diferentes da típica conotação grega dos termos.

Uma singularidade adicional destas qualidades é que elas devem ser reproduzidas na vida do povo de Deus. Esta é a razão pela qual alguns teólogos se referem a elas como atributos "comunicáveis". Na verdade, elas vêm informar o conteúdo ético da santidade de Deus de maneira a providenciar uma definição parcial do que significa ser um "povo santo". O desenvolvimento deste entendimento de santidade no Velho Testamento foi proclamado como de extrema importância pelos profetas do século oitavo.

Verdade. A palavra hebraica *emeth*, traduzida como "verdade", é usada para descrever o carácter dos actos de Deus. Significa que Deus não é arbitrário, nem caprichoso, mas que podemos confiar Nele. A palavra designa algo que é firme, sólido ou fidedigno. Portanto, Deus é, absolutamente verdade, no sentido de ser digno de confiança. Ele é fiel às Suas promessas.

> O Deus de *emeth* (2 Cron. 15:3; Jer. 10:10) não é o Deus guardião de alguma entidade abstracta chamada "verdade" ou de alguém que pertence à esfera da verdade eterna estando em oposição à esfera da aparência; ele é o Deus em quem se pode confiar, que é capaz de agir e cujo cuidado pelo seu povo é verdadeiro.[43]

Isto significa que há um elemento ético na verdade em contraste com a perspectiva dominante grega ou intelectualista. Aqui, a verdade é a correspondência de uma ideia ou palavra com a sua realidade. Para o racionalista, o conhecimento da verdade é, então, uma actividade mental, enquanto que para o entendimento bíblico ele envolve obediência em fé. Fé é a resposta adequada à fidelidade.

O quarto Evangelho faz um uso central deste conceito e o uso que o autor faz dele "não indica tanto uma apreensão intelectual da verdade teológica, quanto uma apreensão pessoal da presença salvadora de Deus que veio aos homens em Jesus".[44]

Rectidão. Este atributo de Deus é a base para o apelo consistente das Escrituras, para a rectidão entre os homens. Como carácter de Deus, compreendido a partir dos Seus actos na história, a Sua rectidão foi, originalmente, manifestada na libertação da escravidão no Egipto. Portanto, o significado primário é salvífico. Refere-se à disposição de Deus de "rectificar

---

43 Ladd, *Theology*, 265.
44 Ibid., 268.

as coisas" e, portanto, é quase equivalente a *justiça*. Em particular, Deus demonstrou esta rectidão ao chegar em poder salvífico àqueles que estavam necessitados e impotentes. Quando o Faraó diz a Moisés e a Aarão (Ex. 9:27) que "o Senhor é justo[45], porém eu e o meu povo somos ímpios". (Ex. 9:27), ele não está a usar as palavras num sentido verdadeiramente ético. O que ele quer dizer é que Deus provou ser o mais forte; e o Faraó e o seu povo foram mais fracos – ou seja, no desafio das pragas, Deus venceu.[46]

Este significado torna-se normativo para o conceito de rectidão do Velho Testamento. "As palavras hebraicas originais *[tsedeq, tsedaqah]* incluem, portanto, a ideia da revindicação de Deus dos impotentes, com o resultado já do Velho Testamento (Sal. 112:19; Dan. 4:27), estão intimamente ligadas com o "mostrar misericórdia para com os pobres".[47]

Este significado é reflectido em todo o Velho Testamento na sua preocupação com a justiça social e especialmente com aqueles que são carenciados: "o estrangeiro, o órfão e a viúva" (Deut. 14:29; 16:11, 14; et al.) Também é visto no Novo Testamento, no livro de Tiago, no qual o autor define a pura religião como visitar "os órfãos e as viúvas nas suas aflições" (1:27).

O apóstolo Paulo faz uso da ideia da rectidão de Deus para se referir à Sua actividade justificativa para com aqueles que não a merecem, preservando, assim, a essencialidade da ligação salvífica à ideia vinda do Velho Testamento. Agostinho fez um grande desfavor à história do pensamento cristão quando (em *On the Spirit and the Letter*) interpretou o significado da rectidão (ética) que Deus outorga aos crentes, a qual, então, se torna na base pela qual Deus os aceita. Ao fazê-lo, apesar de explicitamente intencionar exaltar os méritos da graça, na verdade, lançou os alicerces para os desenvolvimentos católicos posteriores que interpretaram a salvação em termos de obras de rectidão. Uma das contribuições de Martinho Lutero foi a restauração da compreensão bíblica de que a rectidão de Deus era a Sua livre concessão de misericórdia ao pecador que crê, que é justificado (rectificado) somente pela fé.

Ao rever a sua peregrinação, Lutero faz o seguinte comentário sobre a sua grande descoberta:

---

45 Nota de Tradução: As palavras rectidão / recto, por opção do tradutor da Bíblia Portuguesa, são normalmente traduzidas como justiça / justo. Esta tradução poderá levar a uma compreensão legal e forense do conceito de justificação e uma compreensão meramente ética do conceito de justiça, que são tão predominantes no meio teológico lusófono.
46 Norman H. Snaith, "Righteousness" in *A Theological Word Book of the Bible*, ed. Alan Richardson (New York: Macmillan Co., 1950)
47 Ibid.

Por fim, pela misericórdia de Deus, meditando dia e noite, dei atenção ao contexto das palavras, nomeadamente, "Nisto se revela a rectidão de Deus, como está escrito, 'Aquele que, pela fé, é justo, viverá.'" Aí comecei a entender que a rectidão de Deus é aquilo pelo qual o recto vive, através de um dom de Deus, nomeadamente pela fé. E este é o significado: a rectidão de Deus é revelada pelo evangelho, nomeadamente a rectidão passiva, com que o Deus misericordioso nos justifica pela fé, como está escrito, "O justo viverá pela fé". Aqui senti que era, totalmente, nascido de novo e que tinha entrado no próprio paraíso através das portas abertas. Ali, uma face totalmente nova das Escrituras foi-me mostrada.[48]

Misericórdia. No Velho Testamento, esta palavra é a tradução principal da palavra *chesed*, um dos termos mais ricos do vocabulário teológico hebraico. É traduzido de várias formas, como "benignidade", "benevolência" ou simplesmente como "misericórdia". Esta é uma palavra de aliança e refere-se à fidelidade para com os compromissos da aliança. Neste sentido, está bem perto da ideia de *verdade*.

A *chesed* de Deus é vista em contraste com a infidelidade de Israel. Deus deu a Sua palavra e comprometeu-Se e não falhou ao viver em conformidade com a Sua palavra. Tudo o que Ele prometeu cumpriu-se. Pelo contrário, Israel quebrou as suas promessas e voltou-se para outros amantes. O livro de Oséias é provavelmente a mais vívida exposição destas verdades.

Ao falar do paradoxo que surge quando consideramos os atributos do amor e da omnipotência em série, John Macquarrie diz: "O paradoxo fundamental encontra expressão no símbolo cristão da cruz, onde o poder e o sofrimento, a exaltação e a humilhação se apresentam juntos".[49] H. Orton Wiley uma vez abordou a questão: O que aconteceria se todos os atributos de Deus fossem trazidos à superfície num momento? A resposta: A cruz de Cristo. E citou o Salmo 85:10: "Encontraram-se a graça e a verdade, a justiça e a paz se beijaram".[50]

---

48 Preface to Latin Writings, from *Martin Luther* (selections), ed. John Dillenberger (Garden City, N.Y.: Doubleday and Co., 1961).
49 *God and Secularity*, 127.
50 Numa palestra no Trevecca Nazarene College, ca. 1947.

CAPÍTULO 7

A Trindade

O entendimento cristão de Deus inclui a convicção de que há uma triplicidade na natureza divina. De facto, tem sido argumentado que o entendimento cristão de Deus é a sua fé na Trindade.[1] Por um lado, este compromisso encontra-se entre a rígida crença unitária e, por outro, o politeísmo, embora a dificuldade em articular esta doutrina em termos racionais tenha resultado, com frequência, na queda para uma ou outra destas perversões. Mas a posição cristã clássica está firmemente comprometida com um monoteísmo que se manifesta num modo de ser trinitário.

A questão Trinitária é, em grande parte, uma questão do desenvolvimento dogmático. Certos elementos no Velho Testamento podem ser vistos, em retrospectiva, como compatíveis com um entendimento trinitário de Deus, mas é anacrónico falar da Trindade no Velho Testamento.[2] O Novo Testamento providencia os dados, mas não afirma explicitamente a doutrina da Trindade.[3] No entanto, as claras afirmações sobre a divindade

---

1   Ver Norman Pittenger, *The Divine Triunity* (Philadelphia: United Church Press, 1977) 97-99.
2   Cf. Purkiser, Taylor, and Taylor, *God, Man, and Salvation*, 239ss; Edmund J. Fortman, *The Triune God* (Philadelphia: Westminster Press, 1972), 3-33. As palavras de Bernard Lonergan encaixam-se aqui: "Muitos estudantes têm sido levados, erradamente, a acreditar que, através de uma misteriosa intuição, podem, num só relance, ver nas Escrituras algo que originalmente surgiu apenas com a passagem do tempo e muito trabalho; algo a que muitos resistiram e muitos negaram; algo que exigiu grandes mentes para a sua compreensão e que só gradualmente recebeu aceitação na Igreja". Citado por Conn O'Donovan no prefácio do tradutor de Bernard Lonergan, *The Way to Nicea* (Philadelphia: Westminster Press, 1976), xi.
3   Bernard Lonergan faz um breve, mas esclarecedor contraste entre os dados bíblicos e as formulações doutrinárias que surgiram posteriormente: "O desenvolvimento dogmático contém dois elementos distintos que são, também, dois tipos de transição. A primeira destas transições faz-se de um género literário para outro: as Escrituras dirigem-se à pessoa como um todo, enquanto que os concílios se dirigem somente ao esclarecimento do intelecto. A segunda transição diz respeito à ordem da verdade: enquanto as Escrituras apresentam uma multidão de verdades, o pronunciamento conciliar expressa uma única verdade, que está relacionada com as muitas verdades das Escrituras, como um tipo de princípio ou alicerce". *Way to Nicea*, 1-2.

do Filho, tornam necessário o desenvolvimento desta doutrina.[4] Assim, desde muito cedo, tem sido objecto de discussão na indagação teológica.[5]

Haverá uma abordagem distintamente wesleyana a esta questão? Não, se pensarmos numa formulação filosófica específica. Contudo, o próprio Wesley dá-nos algumas sugestões no seu sermão "On the Trinity" [Sobre a Trindade] que nos podem ajudar a identificar uma posição singularmente wesleyana a respeito deste assunto. Se seguirmos a sua deixa, seremos levados por um caminho diferente da habitual abordagem evangélica.

Wesley sugere três qualificações importantes sobre este assunto. Primeiro, recusa-se a insistir com alguém na adopção de uma "explicação" específica da doutrina, apesar de reconhecer que a melhor que conhece é expressa pelo Credo Atanasiano (*Quicunque Vult*). As suas reservas são, obviamente, baseadas no reconhecimento do que atrás salientámos que estamos a tratar de formulações dogmáticas e não de ensinamento bíblico explícito. Wesley não irá impor, como absolutamente essencial para a fé cristã, o uso de termos como *Trindade* ou *Pessoa*, uma vez que estes não se encontram nas Escrituras. Embora, não tenha qualquer dificuldade em utilizá-los, afirma: "Se algum homem tem escrúpulos quanto ao seu uso, quem o poderá forçar a usá-los? Eu não posso".

Esta posição sugere, não que Wesley não teria interesse em discussões ontológicas, mas que estas deveriam ser sempre reconhecidas como opiniões que não podem ser santificadas com autoridade divina. Esta atitude reflecte uma tomada de posição sobre as afirmações de fé a que Paul Tillich chama de "Princípio Protestante".[6] Assim, a teologia wesleyana examinava, com mente aberta, qualquer proposta ontológica, não a rejeitando apenas devido ao meio filosófico em que emergia, mas sem nunca se comprometer claramente com qualquer delas. No entanto, alicerçava a rejeição de qualquer explicação proposta no facto de não ser compatível com o testemunho bíblico. Esta foi, na verdade, a força dos credos mais antigos: O seu poder estava na rejeição de desvios e não em formulações positivas.

Segundo e relacionado de perto com o primeiro, Wesley insiste num reconhecimento da distinção entre a substância da doutrina e as explicações filosóficas da mesma. Em termos de distinção podemos colocar a primeira ênfase de forma diferente: A fé cristã está comprometida com a substância, mas não com a explicação da substância. Um facto importante sobre a

---

4 J. S. Whale escreve: "Não se pode escapar a alguma... formulação trinitária se tomarmos o testemunho do Novo Testamento seriamente". *Christian Doctrine* (London: Cambridge University Press, 1960), 91.
5 Cf. Fortman, *Triune God*, para uma pesquisa profunda e detalhada da história da discussão doutrinária trinitária desde o seu início até ao século XX.
6 Cf. *Dynamics of Faith* (New York: Harper and Row, Publishers, 1957), 29.

natureza da teologia surge nesta altura. As ferramentas conceptuais do trabalho teológico são derivadas da filosofia. Quando vamos além da linguagem e das formulações bíblicas (e, até certo ponto, mesmo quando não se vai), não temos outra opção senão usar a linguagem da filosofia.[7] Os esforços feitos na busca da exactidão das afirmações levam o teólogo a escolher a ferramenta mais correcta ao seu dispor, mas reconhecendo sempre que esta é, tanto temporalmente condicionada como, de certa forma, inadequada para o assunto. Agostinho fala provavelmente por todos os teólogos reconhecendo a profundidade da matéria: "Quando se questiona que três, a linguagem humana luta com uma grande pobreza de vocabulário. Contudo, a resposta é dada, três 'pessoas,' não para que possa ser (completamente) falada, mas para que não seja (totalmente) silenciosa".[8]

Wesley faz esta distinção de forma diferente ao referir-se ao facto e ao modo. É o facto que tem sido revelado, não o modo. É no primeiro que somos chamados a acreditar. Consequentemente, não nos é pedido que acreditemos no que não compreendemos. (Isto, sem dúvida, reflecte a crença de Wesley, compartilhada com seus contemporâneos do séc. XVIII, de que a fé e a razão são totalmente compatíveis. Veja-se *Earnest Appeal to Men of Reason and Religion*, onde afirma: "A Bíblia apenas requer que acreditemos em tais factos, não no seu modo. O mistério não está no *facto*, mas no *modo*".

Poderíamos retorquir que é impossível distinguir entre a substância e a explicação. Contudo, a terceira ênfase de Wesley aborda este assunto e leva-nos ao que poderá ser, talvez, o aspecto mais distintivo de uma abordagem exclusivamente wesleyana. A substância não é ontológica, mas soteriológica. Uma vez que a palavra *fundamental* é demasiado ambígua, Wesley hesita em declarar quais são as verdades "fundamentais", mas defende que a doutrina do Pai, do Filho e do Espírito é uma das que devemos conhecer, pois "tem uma ligação íntima com a religião vital". Afirma, ainda, que não existe sabedoria em rejeitar o que Deus tem revelado (o facto), "especialmente quando consideramos aquilo que a Deus aprouve revelar sobre esta cabeça, longe de ser um ponto de indiferença, é uma verdade da maior importância, que penetra no próprio coração do cristianismo: *Ela jaz na raiz de toda a religião vital*" (itálico acrescentado).

Na Introdução, a propósito da discussão sobre o princípio da teologia wesleyana, realçámos a centralidade da soteriologia, como aquela pela qual se afinam todas as outras doutrinas cristãs. Esta análise vem reforçar, ainda mais, a validade dessa posição. Por fim, a teologia wesleyana questiona

---

7   Cf. Tillich, *Ultimate Reality*.
8   *On the Trinity*, 5.9.10.

a relevância salvífica de cada doutrina cristã e resiste em trazer para a arena da teologia fundamental questões puramente especulativas.

O *Manual da Igreja do Nazareno* é informado por esta mesma perspectiva. A "Declaração de Fé Convencionada" é prefaciada pela condição de que "requeremos somente uma declaração de fé inerente à experiência cristã" (§20, *Manual 2017—2021*). O mesmo não é dizer que acreditar em tais declarações, como as enumeradas, torna alguém cristão, mas antes que tais verdades devem estar presentes, se a experiência cristã for, de facto, uma realidade. A primeira de tais afirmações diz: "Cremos que há um só Deus – o Pai, o Filho e o Espírito Santo" (§20.1.).

Isto leva-nos de volta às questões ontológicas e salienta o facto de que, apesar de termos de nos apegar a explicações específicas de forma tentada, há dimensões ontológicas neste assunto às quais podemos e devemos legitimamente dar atenção. J.S. Whale sublinha-o da seguinte forma: "Se Jesus é realmente o Verbo de Deus Encarnado, os problemas da soteriologia envolvem, em última análise, os problemas insolúveis da Trindade e da Encarnação que nenhum teólogo que se preze alguma vez minimizou ou negligenciou".[9]

Por isso, neste capítulo, propomo-nos tentar pesquisar as dimensões principais da discussão Trinitária, tanto histórica como contemporânea, com a intenção de destacar a substância soteriológica dessas discussões e conclusões onde aparecerem. Não podendo ser exaustivo, devido a limitações de tempo e espaço, procuraremos que seja representativo. Contudo, um levantamento desta natureza não pode deixar de tocar nos aspectos filosóficos/ontológicos da questão.

A Caminho de Nicéia

O período desde o final do Novo Testamento até ao Concílio de Nicéia, em 325 d.C., pode ser denominado como o período decisivo do desenvolvimento doutrinário da Trindade. A questão sobre a qual o debate se concentrou foi o relacionamento do Logos (que se encarnou em Jesus de Nazaré) com Deus.[10] Apesar da discussão ter implicações cristológicas, era uma questão fundamentalmente Trinitária. Com a instituição plena da divindade de Cristo, a questão Trinitária ficou praticamente assente. Num sínodo convocado por Atanásio, na Alexandria, em 362 d.C., a igreja Oriental considerou que, aquilo que era verdade para o Filho deveria ser, também, verdade para o Espírito. A consubstancialidade do Espírito,

---
9   *Christian Doctrine*, 91.
10 "Deve ser levado em conta que a construção da doutrina da Trindade na sua forma teológica não cresceu tanto de uma consideração das três Pessoas, como de uma crença na divindade do Filho". *CT* 1:407.

assim como a do Filho, foi reconhecida pelo Concílio Ecuménico de Constantinopla em 381. Com estas conclusões, a expressão da doutrina da Trindade ficou completa.[11]

Foram três os compromissos básicos da Igreja Primitiva que entraram na discussão. Estes existiam em tensão entre si e, de facto, pareciam excluir-se mutuamente.[12] O primeiro era o monoteísmo, derivado tanto da fé hebraica como da filosofia helénica dominante. "A doutrina de um Deus, o Pai e Criador, concebeu o pano de fundo e a premissa indiscutível da fé da Igreja". [13]

O segundo compromisso era a fé na divindade de Cristo, como testemunhada no Novo Testamento. O terceiro era a experiência de que Deus é Espírito, "imanente em toda a criação como os hebreus o tinham conhecido, mas, agora, experimentado e entendido de uma nova forma como o Espírito Santo de Deus e o Pai do Senhor Jesus Cristo".[14]

No processo de procurar produzir formulações doutrinárias adequadas e que fizessem justiça a todos estes compromissos, a Igreja resistiu a três desvios trinitários básicos: o sabelianismo (modalismo), o subordinacionismo, e o triteísmo.[15] De facto, foram estes desvios que levaram a Igreja a formulações dogmáticas adequadas. Como Wiley afirma: "Durante os períodos apostólico e sub-apostólico, a doutrina da Trindade era guardada de forma não dogmática. Não havia qualquer expressão científica ou técnica desta, nem sequer havia necessidade disso, até que as heresias surgiram, exigindo a protecção e a exactidão de tais afirmações" (*CT* 1:405).

Triteísmo

Este termo refere-se a uma interpretação que considera o Pai, o Filho, e o Espírito como "três deuses" e enfatiza a distinção das Pessoas de tal forma que obscurece a unidade de Deus. É o compromisso com o monoteísmo que impede tal desagregação.

Nas primeiras tentativas de explicar a triplicidade de Deus, foi quase inevitável que fossem utilizadas formas de expressão que viessem a ser interpretadas, pelo menos por alguns, como o colapso da "Monarquia". Este foi o caso do trabalho de Orígenes, em que procurou justificar a vida tripla de Deus. Escolheu o termo *hypostasis* para identificar os três e utilizou-o com o significado de "subsistência individual" ou "existência individual". Numa tentativa de contrariar o modalismo (ver abaixo), um ensino que

---

11 Kelly, *Doctrines*, 263; Whale, *Christian Doctrine*, 110.
12 Whale, *Christian Doctrines*, 101-10.
13 Kelly, *Doctrines*, 87.
14 Whale, *Christian Doctrines*, 108, ver nota 13, acima.
15 Fortman, *Triune God*, 61.

não distinguia os três; procurou delinear mais claramente as distinções. Portanto, há uma forte tendência pluralista no seu trinitarianismo. "Os Três, nas suas analogias, são eterna e realmente distintos; são hipóstases separadas, ou até mesmo, na sua linguagem mais rude, 'coisas.'"[16]

Não nos surpreende que o Papa Dionísio ficasse incomodado com o que pensou ser triteísmo e, numa carta pública, falasse contra os que pregavam "três deuses diferentes, visto dividirem a sagrada unidade em três hipóstases completamente separadas umas das outras".[17] Este encontro salienta algumas considerações importantes no desenvolvimento do entendimento Trinitário, a maior das quais, o facto de os teólogos do Leste colocarem a ênfase na pluralidade divina, enquanto que os do Ocidente enfatizavam a unidade divina.

Modalismo

Um ensinamento popular e muito disseminado, aparentemente dominante no Ocidente devido à ênfase colocada na unidade divina, foi o monarquianismo modalista. Esta interpretação negava qualquer distinção real entre Deus e Cristo. Afirmava que o Pai, o Filho e o Espírito eram somente modos, ou fases sucessivas do Deus uno.

O homem cujo nome tem sido, tradicionalmente, ligado a esta perspectiva é Sabélio, que lhe deu uma expressão mais filosófica, tentando evitar alguma rudeza e ingenuidade do modalismo, nos seus primórdios:

> Sabélio, dizem-nos, considerou a Divindade como uma Mónade... que se expressava em três intervenções. Usou a analogia do sol, um único objecto que irradia luz e calor; o Pai seria, nessa analogia, a forma ou essência, e o Filho e o Espírito os Seus modos de auto-expressão. Logo, a única Divindade considerada como Criador e Legislador era o Pai; para a redenção projectava-Se como o raio do Sol e depois retirado; em terceiro lugar, a mesma Divindade actuava como Espírito para inspirar e conferir graça.[18]

Outro desenvolvimento fascinante a partir do modalismo surgiu do seu aparente corolário lógico, que seria o Pai que sofre na cruz, morre e é enterrado. Embora hajam enigmas lógicos que podem ser imaginados a partir daqui o factor abominável para muitos era a implicação de um Deus sofredor. E, assim, Cipriano apelidou este ensinamento de patripassianismo. Isto torna evidente a influência da perspectiva helénica, sobre a Derradeira Realidade, no cristianismo primitivo. Hoje em dia, com um entendimento mais bíblico, muitos teólogos contemporâneos abraçam de bom grado a "heresia" do patripassianismo na sua implicação de que

---

16 Kelly, *Doctrines*, 129-31.
17 Fortman, *Triune God*, 58-59; Kelly, *Doctrines*, 134.
18 Kelly, *Doctrines*, 122.

Deus entra empaticamente na situação humana, não nas suas implicações ontológicas.[19]

Subordinacionismo

De muitas e variadas formas, este foi o mais profundo e disseminado desvio, de todas as tentativas pré-Nicenas falhadas, para explicar a relação entre o Pai e o Filho. O auge da sua expressão, que levou à sua rejeição pelo Concílio de Nicéia (325) e subsequentemente pelos Concílios de Constantinopla (381) e Calcedónia (451), foi o arianismo, mas houve várias formas pré-arianas que suscitaram reacções menos críticas, mas que ainda assim, foram rejeitadas implicitamente pela "declaração" de Nicena.[20]

O *Monarquianismo Dinâmico* (Adopcionismo), apesar de não ser o mais antigo, era uma versão popular do subordinacionismo, embora não tivesse exercido uma influência significativa no desenvolvimento doutrinário. É no compromisso "monoteísta" do cristianismo primitivo que se criam, obviamente, tensões ao entendimento trinitário.[21] Deus é entendido como o *Monarca* (termo de Tertuliano) que escolhe o "homem comum", Jesus de Nazaré, como veículo de redenção. Paulo de Samósata foi o mais famoso defensor deste entendimento que podemos classificar como um "subordinacionismo mundano" para o distinguir das suas formas posteriores; a relação singular entre o Pai e o Filho iniciou-se na esfera "mundana" da existência.

Por trás desta solução está uma doutrina de Deus pouco cristã. O adopcionismo não concebia um Deus que pudesse tomar a iniciativa na salvação humana, mas antes tinha que esperar que um "homem bom" surgisse. Por isso, a Igreja rejeitou esta doutrina, porque colocava Deus no meio do processo e não no início da obra redentora. Embora pudesse ser intelectualmente satisfatório para certos pressupostos racionais, era soteriologicamente inaceitável.

---

19 "A noção que Deus Pai pode sofrer é incompatível com qualquer teologia cristã que esteja profundamente enraizada num sistema metafísico desenvolvido segundo a tradição platónica; mas, à excepção de um elemento nessa tradição, parece não haver qualquer objecção específica para ela. Aqueles que olham para a Bíblia como a sua garantia de ortodoxia notam que Deus é chamado Pai não só porque Ele é o Criador, mas também, porque tem as características de um bom pai humano, que O simbolizam convenientemente". MacGregor, *He Who Lets Us Be*, 51.

20 As controvérsias subsequentes, tanto políticas como teológicas, juntamente com a rejeição reiterada pelos dois concílios posteriores, mencionados acima, mostram que o Credo de Nicéia não foi uma "declaração" a não ser somente em princípio.

21 J. N. D. Kelly defende que a preocupação dos adopcionistas originais foi mais influenciada pelo "racionalismo filosófico corrente" do que por um cuidado em "salvar o dogma bíblico de que Deus é Um". Por isso, colocámos o *termo monoteísta* entre aspas para mostrar o sentido adaptado. O resultado não é afectado pelo meio onde a preocupação surgiu. *Doctrines*, 115-16.

O adopcionismo não conhece um Deus que ama o suficiente para tomar a iniciativa na salvação do mundo. Fica aquém da doutrina cristã de Deus, ao não nos falar de um Deus que ama de tal maneira, que se interessa de tal forma pelos assuntos do homem, que concebeu um plano para salvação da humanidade... A doutrina cristã da Pessoa de Cristo é, na realidade, uma doutrina da natureza e do amor de Deus.[22]

Os *Apologistas* (Justino Mártir et al. no séc. II) foram os primeiros a tentar enquadrar uma solução intelectual para a questão da relação de Cristo com Deus o Pai. Também comprometidos com um monoteísmo rígido, tentaram usar o conceito do Logos para providenciar uma resposta à questão.[23] Ao fazê-lo, desenvolveram o que veio a ser designado por "teoria das duas fases do Logos", largamente sustentada antes de Nicéia e que culminou na versão ariana que despoletou a grande controvérsia.[24] Os seus pressupostos levaram a um "subordinacionismo pré-mundano" (ver acima).

Os apologistas faziam uso explícito da distinção técnica Estóica entre o Verbo imanente e o Verbo expresso. Apoiavam ou ilustravam o seu uso com referência às teofanias do Velho Testamento. O Logos foi, primeiramente, imanente em Deus e depois tornou-se distinto Dele, no mesmo sentido em que a razão humana é inerente ao homem, mas expressa-se quando a palavra é falada. O Verbo imanente tornou-se em Verbo expresso para propósitos de criação, de revelação e de redenção. A problemática nesta imagem é se esta geração ocorreu nalgum momento antes da criação ou existiu desde toda a eternidade.[25]

Estas categorias filosóficas tornaram possível aos apologistas manter a pré-existência do Logos como a inteligência ou o pensamento racional do Pai. Ele torna-Se distinto sem diminuir o Pai, de forma que a Divindade não é dividida de modo a existirem duas semidivindades. Usaram várias

---

22 Richardson, *Creeds in the Making*, 47. Cf. a discussão da natureza de Deus como amor no cap. 6.
23 Kelly, *Doctrines*, 95-101; Fortman, *Triune God*, 44-51.
24 Cf. a nossa discussão da perspectiva dos apologistas sobre Deus e da função do Logos em relação à questão da revelação divina no cap. 4.
25 Existem algumas ambiguidades em Justino que resultaram na diferença de opiniões sobre a extensão do seu subordinacionismo. J. N. D. Kelly toma a perspectiva de que não foi crítico baseado na sua crença que Justino ensinava uma geração eterna do Filho. Isto é questionável e Fortman está provavelmente correcto na sua observação: "Será que Justino foi, então, um subordinacionista? Ele não foi subordinacionista no pleno sentido Ariano do termo, pois considerava o Logos-Filho, não como uma coisa feita, uma criatura, mas como Deus, nascido do Pai. Mas se, como é bastante provável, a seu ver, o Logos não era uma pessoa divina desde a eternidade, mas somente se tornou uma, quando foi gerado como Filho de Deus, pouco antes da criação, de modo a que fosse o instrumento do Pai para criação e revelação, então, até este momento o Logos-Filho era subordinado a Deus tanto quanto à Sua pessoa, que não era eterna, como quanto à Sua função, que era instrumental". *Triune God*, 46.

ilustrações para demonstrar esta ideia; por exemplo, o sol emite a luz, que é da mesma natureza, mas o sol não é diminuído pela geração da luz. O Logos tem pré-existência e é da natureza da Divindade, pelo que é digno de adoração.

Uma questão chave que surge com os apologistas diz respeito a se o Logos é gerado por um acto da vontade do Pai, ou como uma expressão da Sua natureza. Os próprios apologistas parecem, de forma uniforme, atribuí-lo à vontade. Isto, realmente, milita contra uma Trindade essencial e, posteriormente, é trazido à discussão por Atanásio, nas suas polémicas anti-Arianas.

Uma importante contribuição para o desenvolvimento do dogma Trinitário foi feita por Orígenes que introduziu a famosa expressão "a Geração Eterna do Filho". Esta formulação reflectia uma certa forma de subordinacionismo, visto que reconhecia que o ser do Filho era derivado do ser do Pai, mas, claramente, o Filho não era um ser criado. O termo "geração" foi usado para evitar a ideia de que o Filho era uma criatura. A expressão de uma geração eterna clarificou qualquer ambiguidade, que pudesse ter estado presente nos apologistas, e atribuiu não somente a pré-existência ao Logos, mas também uma existência separada e distinta, ao mesmo tempo que procurou manter a Sua divindade intacta. As contribuições de Orígenes, nota Wiley, são "de tal importância que marcam uma época na história do trinitarianismo" (*CT* 1:413).

A "geração eterna" de Orígenes tem dois significados: Primeiro, a geração não tem início. "Nunca houve um momento em que o Filho não fosse o Filho...não houve um tempo em que Ele não existisse" (*Wis.* 7.25). Segundo, não tem fim, mas é contínuo: "O Pai não gerou o Filho e O dispensou depois de o ter gerado, mas está sempre a gerá-Lo" (*Hom.* 9.4 em Jer.).[26]

Mas, embora Orígenes tenha marcado um avanço, "acabou, em rigor, por conceber o Filho e o Espírito Santo, não como criaturas, mas como 'deuses menores,' inferiores ao Pai, o qual era somente Deus, no sentido mais restrito".[27] Tendo, assim, se tornado numa fonte de autoridade, tanto para arianos como para anti-arianos, na controvérsia para a qual nos voltamos agora.

---

26 Citado em Fortman, *Triune God*, 55. Isto também aponta para uma ênfase clara numa Trindade essencial ou imanente, não somente como manifestada na "economia". "Esta é uma das suas contribuições mais importantes para a teologia grega e deriva directamente da sua crença na geração eterna do Filho". Ibid., 58.
27 Ibid., 68. Cf. Wiley, *CT* 1:413-14. Cf. Kelly, *Doctrines*, 130: "Temos que ter cuidado, contudo, de não atribuir a Orígenes qualquer teoria de consubstancialidade entre o Pai e o Filho... Orígenes sempre representa a união entre o Pai e o Filho, ... como uma união de amor, de vontade e de acção".

arianismo

Ário começa com uma "visão pagã de Deus como incognoscível, impassível, imutável e inalcançável", e, portanto, não pode conceber a encarnação de tal ser.[28] Assim, tal como os apologistas, visionou que só o Logos podia ter encarnado; mas, ao contrário dos apologistas, Ário declarou-O como criatura, afirmando que "houve uma altura em que este não existia".[29]

A conclusão da premissa ariana é que adorar a Cristo é adorar uma criatura, portanto, idolatria. Para apoiar a sua posição Ário recorreu a várias passagens bíblicas que apontavam para uma submissão de Cristo ao Pai e interpretou-as no seu próprio modo subordinacionista. Apelou, ainda, para a tendência subordinacionista de Orígenes. Aqui encontramos a expressão plena do motivo subordinacionista que temos vindo a traçar. Portanto, como afirma Wiley, "o arianismo puro foi o melhor inimigo encontrado no desenvolvimento da doutrina Trinitária". (*CT* 1:414). J. S. Whale declara: "Carlyle acertou no alvo quando escreveu 'Se o arianismo tivesse ganho, o cristianismo teria degenerado numa lenda.'"[30]

O opositor mais célebre do arianismo foi Atanásio, que "foi, em grande parte, o responsável pela sobrevivência do cristianismo católico, pelo menos no Leste, numa altura em que o triunfo Ariano parecia certo".[31]

A oposição de Atanásio ao arianismo foi motivada, em grande parte, por uma preocupação soteriológica, e, assim, também nós, somos agora chegados ao ponto em que se funde com a preocupação central do wesleyanismo. Atanásio partilhava, com os seus contemporâneos, a crença de que a situação humana mais difícil era a futilidade, criada pela constante ameaça da não existência, ilustrada vividamente pela morte. Portanto, a salvação era vista em termos de imortalidade ou de vida. Uma vez que a imortalidade é uma propriedade "exclusiva" da Divindade, a salvação espera a divinização do homem. Se o que era encarnado era Deus na sua plenitude, então, a Encarnação proporcionava a esperança da salvação. Caso contrário, não havia redenção possível. Logo, era, literalmente, um assunto de vida ou de morte para Atanásio, se o Filho que se tornou encarnado era uma criatura ou o próprio Deus. Se era uma simples criatura (como Ário dizia)

---

28 Alan Richardson, *Creeds in the Making*, 52.
29 A sua perspectiva de Deus como absolutamente transcendente, incluindo a intemporalidade, evitou que a sua fórmula dissesse: "Houve um tempo em que Ele não existia", porque *o tempo* só começou com a criação. Que isto é, logicamente, auto-refutável é suficientemente claro, mas para sermos historicamente correctos, as perspectivas de Ário devem ser fielmente apresentadas. Cf. citação de Ário em Wiley, *CT*, 1:415: "antes do tempo".
30 *Christian Doctrine*, 105.
31 Alan Richardson, *Creeds in the Making*, 54.

então Ele não podia redimir a humanidade, mas tinha, ele próprio, necessidade de redenção.[32]

Contra a posição de Ário, que o Filho é produzido por um acto da vontade do Pai, Atanásio vai contra uma longa tradição e declara que o Filho é gerado por natureza. "Ele [Deus] é verdadeiramente o Pai do Filho por natureza e não por vontade".[33] Wiley assume a posição de Atanásio na sua discussão da Trindade e defende que a Trindade é uma necessidade da natureza. Isto seria um forte apoio a uma Trindade "essencial" em contraste com uma Trindade meramente "económica". No entanto, um concílio católico posterior viria a repudiar ambas as ideias da necessidade e do voluntarismo.[34]

O Acordo de Nicéia

De um modo geral, pode dizer-se que os Pais do período pré-Niceno estavam preocupados em preservar a unidade de Deus. O que era natural, face às ameaças do paganismo e do gnosticismo. Portanto, "revelaram pouca disposição para explorar as relações eternas dos Três, mas antes em construir uma estrutura linguística e conceptual capaz de as expressar".[35] O resultado foi que muitos formularam a teologia Trinitária em alguma forma de subordinacionismo. O Concílio de Nicéia examinou este assunto e decidiu, com firmeza, contra qualquer forma de subordinação do Filho. Rejeitou claramente a solução ariana, de que Jesus era um "segundo" Deus, e declarou que Ele é "Deus verdadeiro, de Deus verdadeiro".

A palavra-chave ao redor da qual o debate se concentrou foi *homoousia*. O Senhor Jesus Cristo foi afirmado como "de uma substância" (*homoousion*) com o Pai. Não é totalmente clara a conotação do termo para os bispos Nicenos. Alguns grupos resistiram à sua utilização. Os conservadores estavam reticentes porque, para além de ser um novo termo, não era bíblico. Os arianos porque sabiam que se este fosse adoptado, seria totalmente incompatível com a sua posição.

Há duas possibilidades para o seu significado. Durante algum tempo significou "genericamente da mesma substância". Poderia também ter significado "numericamente da mesma substância". Alguns intérpretes têm defendido que os bispos intencionavam o primeiro significado.[36] Posteriormente, os teólogos católicos vieram defender o segundo,

---

32 Cf. o tratado clássico de Atanásio, *De Incarnatione*, para uma entusiástica e extensa discussão da Encarnação, a partir da perspectiva desta "teoria realista da redenção".
33 Citado em Fortman, *Triune God*, 73.
34 "O 11º Concílio de Toledo em Espanha, declarou que 'tem de se acreditar que Deus o Pai não gerou nem por vontade nem por necessidade". Ibid.
35 Kelly, *Doctrines*, 109.
36 Ibid., 233-37.

embora esse significado corresse o perigo de lembrar o sabelianismo. Bernard Lonergan explica da seguinte forma:

> A ambiguidade teológica aparecerá claramente se compararmos, por um lado, Pedro e Paulo e, por outro, o Pai e o Filho. Pedro e Paulo são consubstanciais; o Pai e o Filho são consubstanciais. Mas Pedro e Paulo são consubstanciais não porque têm numericamente a mesma substância individual – porque, na verdade, não têm – mas porque a substância individual de Pedro e a substância individual de Paulo, embora distintas, pertencem ambas à mesma espécie: Pedro e Paulo são duas evidências particulares de uma mesma espécie, o homem. O Pai e o Filho são, também consubstanciais, mas a analogia com Pedro e Paulo falha aqui, porque ao contrário da consubstancialidade de Pedro e Paulo, que são dois homens, os consubstanciais Pai e Filho são um só e o mesmo Deus: há, numericamente, um só Deus, que é, ainda assim, verdadeiramente Pai e verdadeiramente Filho.[37]

O resultado prático e, da perspectiva wesleyana, o mais significativo é sugestivamente descrito por Richardson nestas palavras:

> A sua relevância está no facto de que nega o velho conceito grego ou gnóstico de Deus como remoto, transcendente, desinteressado e incognoscível; afirma que a essência de Deus é a de Jesus e que a presença e substância de Deus são realizáveis e conhecíveis, através de Jesus, no seu carácter de amor. Afirma que Deus não é incognoscível, mas é revelado, na sua própria natureza de amor, em Jesus Cristo. O Deus encarnado em Jesus não é o Ser Supremo distante e inamistoso da filosofia pagã ou do humanismo moderno.[38]

Agostinho e os Capadócios

O acordo de Nicéia abordou a questão da divindade de Cristo. Embora, como notámos, fosse uma questão essencialmente Trinitária, o assunto não era prioritário na discussão. O estabelecimento da ortodoxia Trinitária ainda havia de ser conseguido. Tal foi feito, embora de forma diferente no Leste (igreja Grega) e no Ocidente (igreja Latina). Os teólogos mais influentes no Leste ficaram conhecidos como os Pais Capadócios (Basílio o Grande, Gregório de Nazianzo e Gregório de Nissa). No Ocidente foi Agostinho de Hipo quem deu forma ao entendimento Trinitário.

Os Capadócios abordaram as questões herdadas de Atanásio. Apesar de ter lutado, vigorosamente e com grande sucesso, pela consubstancialidade (*homoousia*) do Pai, do Filho e do Espírito Santo, não formulou um vocabulário técnico capaz de expressar os seus compromissos nem lidou com o

---

37 *Way to Nicea*, 88-89. Wiley, na sua interpretação, afirma que o significado é "não só genericamente..., mas numericamente" a mesma substância. Cf. *CT* 1:423-25.
38 *Creeds in the Making*, 57-58.

problema de como pode Deus ser, mesmo tempo e objectivamente, Um e Três. Tentar responder a estas questões foi a maior contribuição feita pelos Capadócios.

Os termos escolhidos para exprimir o seu entendimento foram *ousia* e *hipostase*. O Concílio de Nicéia tinha igualado ambos os termos, mas Basílio insistiu na sua distinção, pelo que a fórmula aceite foi *mia ousia, treis hypostaseis* (uma substância e três hipóstases).

Hipóstase tinha sido usado por Orígenes, para se referir ao Pai, ao Filho e ao Espírito Santo, mas, como vimos anteriormente, tinha interpretado o Filho e o Espírito Santo de um modo subordinacionista como "deuses diminuídos". Os Capadócios rejeitaram este subordinacionismo. Mas o uso deste termo deixou-os sujeitos à acusação de triteísmo, uma vez que hipóstase implicava um ser individual. Procuraram explicar a unidade da *hipóstase* identificando a *ousia* com a universalidade e a *hipóstase* com o particular. Muito da mesma forma que Pedro, Tiago e João (*hipóstases* individuais) partilhando a substância comum (*ousia*) da humanidade, assim, cada uma das hipóstases divinas é a *ousia* ou essência da Divindade.

Os Capadócios reconheceram a imperfeição desta analogia e rejeitaram as suas implicações triteístas ao insistirem, com firmeza, na unidade da Divindade. A distinção das hipóstases de forma alguma destrói a unicidade da natureza. Há diferenças entre os académicos quanto a se teriam interpretado "uma ousia" como uma unidade numérica ou como uma unidade de natureza (ver a discussão na secção anterior).

Uma forma, muito mais satisfatória, de explicar a distinção entre *ousia* e *hipóstase* é a explicação de que a Divindade una existe, simultaneamente, em três "modos de ser". Basílio refere-se ao Espírito Santo como "um modo de existência inefável" (*De Sp.* s.46). Gregório de Nissa fala de ambos, Filho e Espírito, em termos de "modos de existência".[39]

À questão de como podia Deus ser objectivamente Um e Três, ao mesmo tempo, afirmavam a distinção das *hipóstases* em termos das suas origens e da relação mútua. Procurando cuidadosamente evitar o subordinacionismo, ensinavam que o Pai é a Fonte ou o princípio da Divindade. De certa forma, o Pai causa os outros dois Seres, porque Lhes concede o Seu próprio ser. Cada hipóstase divina é distinta em termos da característica única que Lhe pertence, e as propriedades são relacionais, ou seja, prendem-se com a relação que cada uma tem com as outras hipóstases na *ousia*. Basílio vê estas propriedades distintas como "a paternidade, a filiação, e a santificação" e comenta que "o Pai precede o Filho de acordo com a relação das causas com as coisas que delas procedem" e acrescenta que "é claro, para quem

---

39 Fortman, *Triune God*, 81; Kelly, *Doctrines*, 246; William G. Rusch, ed and trans., *The Trinitarian Controversy* (Philadelphia: Fortress Press, 1980), 24.

pense nos nomes *pai* e *filho*, quando mencionados isoladamente, apenas indicam uma relação mútua".[40] Numa palavra, os nomes divinos não implicam uma multiplicação da substância divina, mas significam apenas relações mútuas.

O problema que surge da conceptualização do Pai como a Fonte do ser das outras duas hipóstases é o estatuto relativo e a relação do Filho e do Espírito. Se o Filho e o Espírito forem ambos gerados, poderá parecer que existem dois Filhos, deixando a Segunda Pessoa de ser o "Filho unigénito". Os Capadócios tentaram evitar este dilema ao referirem-se ao Filho como a "geração da imagem do Pai", e ao Espírito como "sopro do Pai". Gregório de Nissa forneceu a resposta definitiva, o Espírito provém de Deus e é de Cristo; procede do Pai e recebe do Filho; não pode ser separado do Verbo. Gregório de Nissa usa a analogia de uma tocha dando a sua luz a uma segunda tocha e, através desta, a uma outra terceira tocha, de forma a ilustrar a relação entre as três Pessoas. Kelly comenta: "Depois dele [Gregório] o ensino normal da igreja Oriental é que a precedência do Espírito Santo é 'do Pai, através do Filho.'"[41]

Os Capadócios insistiram na unidade da Divindade ao darem ênfase às actividades específicas de cada hipóstase como sendo o trabalho de uma única *ousia*. O Pai nunca age independente do Filho, e o Filho do Espírito. Nenhuma das Pessoas tem uma acção separada, pertencente a Si mesma, mas há uma energia individual que passa por todas as Três. Gregório de Nissa escreve:

> Se observarmos uma única actividade do Pai, do Filho e do Espírito Santo, em nenhum aspecto diferente no caso de qualquer um, somos obrigados a inferir a unidade da natureza a partir da identidade da actividade, porque o Pai, o Filho e o Espírito Santo cooperam em santificar, despertar, consolar, e assim por diante.[42]

Ao concluir esta pesquisa, precisamos de acrescentar que os Capadócios incorporam a tendência Oriental para enfatizar a triplicidade da Trindade. Começam com as três Pessoas e tentam explicar a unidade. Assim, o problema é colocado de uma forma peculiar, em que a questão é evitar o triteísmo. Uma das suas maiores contribuições foi demonstrar que Deus não era Um e Três no mesmo sentido e ao fazê-lo amorteceram as críticas racionalistas à fé Trinitária.

Quando nos viramos para o Ocidente e para Agostinho como o auge do seu desenvolvimento Trinitário, encontramos um sentido ligeiramente

---

40 Citado em Fortman, *Triune God*, 80-81.
41 *Doctrines*, 263.
42 Cf. ibid., 266-67.

diferente. Agostinho começa com a unidade de Deus e, então, procura explicar como o Deus Uno pode existir em três hipóstases. Prosseguindo que o Pai, o Filho, e o Espírito Santo não podem ser conceptualizados como três indivíduos separados da mesma forma como três seres humanos que pertencem ao mesmo género. Em vez disso, cada uma das Pessoas divinas, sob o ponto de vista da substância, é idêntica às outras ou à própria substância divina. Todas as Pessoas da Trindade estão envolvidas em todas as acções divinas.

Seguindo a sugestão dos capadócios, Agostinho distingue as Pessoas em termos das suas relações mútuas dentro da Divindade, mas sem qualquer traço de subordinacionismo. Estando disposto a adoptar o termo *Pessoa* para distinguir a fé católica do modalismo. O Pai, o Filho, e o Espírito Santo são, portanto, relações no sentido em que, o que quer que cada um seja, é-o em relação a cada um dos outros ou a ambos. Esta posição evita as armadilhas filosóficas implícitas no uso da categoria de substância. O comentário de Kelly sobre este assunto, deve ser elucidativo:

> Para as pessoas modernas, a menos que treinadas em filosofia técnica, a noção de relação (p.ex. "acima", "à direita de", "maior que"), como tendo subsistência real, parece estranha, apesar de estarem geralmente preparados para admitir a sua objectividade, por exemplo, que existem por direito próprio, independentemente do observador.[43]

Sobre a distinção entre o Filho e o Espírito, Agostinho afirma:

> O Filho é do Pai, o Espírito também é do Pai. Mas o primeiro é unigénito, o segundo procede. Portanto, o primeiro é Filho do Pai, o Seu unigénito, mas o segundo é o Espírito de ambos uma vez que procede de ambos. ... O Pai é o autor da precedência do Espírito porque O gerou como Filho e ao gerá-Lo fê-Lo, também, fonte a partir da qual o Espírito procede.[44]

No seu esforço de explicar a forma como o Deus Uno, indivisível, pode sustentar tal triplicidade sem se dividir, Agostinho partiu da premissa que, uma vez que o homem é feito à imagem de Deus, deve haver um reflexo da vida divina no indivíduo. A analogia central, por si deduzida, é a da actividade da mente, quando orientada para si ou para Deus. Pode tomar a forma de mente, o conhecimento de si própria, e o amor por si mesma; ou de memória, entendimento e vontade; ou a mente que se lembra, conhece e ama o próprio Deus. Cada uma destas ilumina a vida divina interior, mas de forma vaga e inadequada. E afirma: "A imagem da Trindade é uma Pessoa, mas a própria Trindade Suprema são três Pessoas".

---

43 Ibid., 272-73.
44 Citado ibid., 276.

O Credo Atanasiano

O trabalho teológico intenso dos primeiros séculos alcançou a sua consumação e culminação no Ocidente no *Quincunque Vult*, erradamente chamado de Credo Atanasiano. O qual, por sua vez, é edificado sobre o trabalho de Agostinho. O credo tem relevância teológica, tanto para a Trindade como para a Encarnação, mas aqui reproduziremos apenas aquela porção que se relaciona com o assunto que estamos a tratar:

1. Quem quer que venha a ser salvo, antes demais, precisa de ter a Fé Católica.
2. Cuja Fé, a menos que seja mantida completa e sem mácula, fará, sem dúvida, com que pereça eternamente.
3. E a Fé Católica é esta, que adoramos a um Deus em Trindade e à Trindade em Unidade.
4. Sem confundir as Pessoas, nem dividindo a Substância.
5. Porque há uma Pessoa do Pai, outra do Filho e outra do Espírito Santo.
6. Mas a Divindade do Pai, do Filho e do Espírito Santo é só uma, de igual glória e de co-eterna majestade.
7. Tal como o Pai é, assim é o Filho e, assim, é o Espírito Santo.
8. O Pai não-criado, o Filho não-criado e o Espírito Santo não-criado.
9. O Pai incompreensível, o Filho incompreensível e o Espírito Santo incompreensível.
10. O Pai eterno, o Filho eterno e o Espírito Santo eterno.
11. E, no entanto, não há três eternos, mas um só.
12. E, também, não existem três incompreensíveis, nem três não-criados, mas um não-criado e um incompreensível.
13. Assim, da mesma forma que o Pai é Todo-Poderoso, o Filho é Todo-Poderoso e o Espírito Santo é Todo-Poderoso.
14. E, porém, não há três Todos-Poderosos, mas um Todo-Poderoso.
15. Assim, o Pai é Deus, o Filho é Deus e o Espírito Santo é Deus.
16. E, porém, não há três Deuses, mas um Deus.
17. Da mesma forma que o Pai é Senhor, o Filho é Senhor e o Espírito Santo é Senhor.
18. E, contudo, não há três Senhores, mas um Senhor.
19. Pois da mesma forma que somos constrangidos pela verdade cristã a reconhecer cada pessoa por si como Deus e Senhor.
20. Da mesma forma somos proibidos pela Religião Católica de dizer que há três Deuses ou três Senhores.
21. O Pai não foi feito por ninguém, nem criado, nem gerado.
22. O Filho é do Pai somente, nem feito, nem criado, mas gerado.

23. O Espírito Santo é do Pai e do Filho, nem feito, nem criado, nem gerado, mas procedente.
24. Então há um Pai, não três Pais; um Filho, não três Filhos; um Espírito Santo, não três Espíritos Santos.
25. E, nesta Trindade, nenhum é antes ou depois dos outros; nenhum é maior ou menor que os outros.
26. Mas as três Pessoas por inteiro são co-eternas juntas e co-iguais.
27. De forma que, em todas as coisas, como dito anteriormente, a Unidade em Trindade e a Trindade em Unidade, deve ser adorada.
28. Portanto, aquele que venha a ser salvo tem que pensar desta forma sobre a Trindade.

No início do credo encontramos uma ligação declarada entre a crença na Trindade e a salvação. Edmund J. Fortman afirma que, esta não sugere que a "Fé Católica" seja meramente uma aquiescência intelectual, mas sim, que envolve a "adoração do Deus Uno em Trindade e da Trindade em Unidade". Se esta é realmente a intenção, então, concorda com a abordagem de John Wesley, assinalada no início deste capítulo. Sobre esta afirmação de credo, Wesley afirma: "Estou longe de dizer que aquele que não concordar, 'sem dúvida, perecerá para a eternidade.' Por causa desta e de outra cláusula que, desde há algum tempo, hesito em subscrever aquele credo".[45]

As formulações são muito cuidadosas de forma a excluir todos os desvios da fé que estudámos: o subordinacionismo, especialmente na sua forma ariana, o triteísmo e o modalismo. É profundamente Agostiniano nas suas ênfases da unidade da substância divina, na aplicação de todos os atributos de Deus a cada Pessoa da Trindade, mas sem dividir a natureza divina. A sua fórmula resumida no verso 4 proporciona as directrizes para toda a reflexão Trinitária subsequente, enquanto que, ao mesmo tempo identifica a falácia de cada uma das "heresias" anteriores, "nem confundindo as Pessoas, nem dividindo a Substância".

A linguagem do credo requer especial atenção. Sem dúvida que o leitor já terá reconhecido que as discussões Trinitárias foram marcadas por uma considerável confusão terminológica. Não só existiam dois idiomas [latim e grego] a considerar, como também termos específicos que poderiam ter significados diferentes, dependendo do contexto filosófico de onde fossem retirados. Havia um grande desentendimento na medida em que várias pessoas usavam termos como *ousia, persona, prosopon, substantia* e *hypostasia*.

---

45 *Works*, 6:200.

Não é de estranhar que, como H. A. Wolfson afirma: "Qualquer termo que fosse usado, poderia ser suspeito de algum tipo de doutrina herética".[46]

As duas palavras-chave no credo são "substância" e "Pessoa". Ambas transmitem, aos ouvidos hodiernos, ideias bem diferentes do que era intencionado pelos Pais da Igreja. Substância parece relacionar-se com solidez, mas basicamente implica "natureza" ou "essência". Agostinho prefere "essência" a "substância", porque "substância" parece independente dos seus atributos e, esse, não é o caso com Deus.

A "Pessoa" é um termo que tem causado maiores reservas entre os teólogos modernos. Este termo tem ganho significado como o centro individual de consciência ou personalidade. Mas, no seu uso original era muito menos concreto e, de forma alguma, dissolvia a unidade de Deus, como faz, se o termo for entendido no seu sentido contemporâneo. Quase todos os escritores teológicos concordam com as palavras de Gustav Aulén: "Se fôssemos explicar aos homens da igreja antiga o que queremos dizer com pessoa e personalidade, os Pais da Igreja primitiva, sem dúvida, nos negariam o direito de usar esta fórmula trinitária, segundo o *nosso* conceito de pessoa, iriam rotular-nos como hereges triteístas".[47]

H. Orton Wiley reconhece este problema e nega que o uso teológico do termo tenha o significado moderno em mente (*CT* 1:419). Isto sugere que podemos continuar a usar o termo tradicional, mas reconhecendo que tem um significado especial e adaptado. Fazê-lo coloca-nos perante o uso de uma linguagem esotérica e, portanto, daqui em diante será geralmente mostrado, na primeira vez em que for usado, entre aspas. Hoje em dia, a maioria dos teólogos opta pela terminologia "modos de ser" para se referirem à triplicidade em Deus, mas negam claramente o seu significado Sabeliano. Esta linguagem, conforme apurámos, tem uma venerável história.[48]

Em última análise, encontrar-nos-emos incapazes de formular, de uma forma completamente satisfatória e compatível, estes dois movimentos na Realidade Divina. O mistério de Deus acabará por iludir uma formulação racional. Cyril Richardson está, sem dúvida, correcto ao dizer:

> Não há forma de ultrapassar o paradoxo que enfrentamos ao pensar em Deus, *ao mesmo tempo*, como um e como uma comunidade. Logicamente não podemos conceber ambos; no entanto, temos que o afirmar. ... simplesmente,

---

46 *The Philosophy of the Church Fathers* (Cambridge: Harvard University Press, 1964), 1:334. Esta fonte contém uma análise profunda dos termos usados nos debates.
47 *Faith of the Christian Church*, 227.
48 Se o estudante conseguir dominar a matéria coberta neste capítulo até este ponto, terá uma adequada e suficiente estrutura de referência para ler, com um razoável nível de compreensão, a maioria das discussões contemporâneas dos assuntos Trinitários.

não há forma do pensamento humano compreender o paradoxo. Todas as soluções, por mais geniais que sejam, de uma ou outra forma, escondem o paradoxo. Não seria melhor admitir o paradoxo, confessar que chegámos ao limite do raciocínio humano e reconhecer que, para salvaguardar as verdades cristãs, temos afirmações [aparentemente] contraditórias entre si?[49]

É interessante e não desprovido de relevância, que cada uma das duas abordagens básicas à Trindade, registadas previamente (Capadociana e Agostiniana), podem ser acusadas de cair, ou pelo menos de se aproximarem demasiado, de uma heresia clássica. A construção que se inicia com a triplicidade evita, por pouco, o triteísmo, se é que o consegue de todo, enquanto que a orientação Agostiniana que parte da unidade com a sua subsequente tentativa de explicar a triplicidade, quase sempre, incorre no perigo do modalismo.

Trindade Económica ou Essencial

Como Wiley observa, "a ideia dupla da 'Trindade essencial' e da 'Trindade económica' tem que ser firmemente captada, para que haja uma visão apropriada desta doutrina fundamental do cristianismo" (*CT* 1:422). O *Manual da Igreja do Nazareno* no seu primeiro Artigo de Fé, afirma a sua crença na Trindade essencial. Este assunto necessita de mais discussão em termos do pensamento contemporâneo.

O entendimento económico fala do Pai, do Filho e do Espírito Santo não em si mesmos, mas como manifestados, sucessivamente, na criação, na redenção e na santificação. A visão imanente da Trindade defende que estas distinções funcionais revelam distinções reais, ontológicas e eternas na Divindade.

Historicamente, esta distinção tem sido largamente debatida em termos de sabelianismo vs. ortodoxia (ver acima). O primeiro, nega quaisquer distinções em Deus, mas afirma que existiram três manifestações sucessivas de um Deus indiviso, na Sua gestão dos assuntos mundanos, reflectidas na criação, na redenção e na santificação.

A ortodoxia rejeitou esta interpretação. Consequentemente, muito do debate teológico que se seguiu sobre este assunto girou à volta de uma metafísica especulativa que tentou explicar a estrutura tríplice da vida divina interior. Contudo, muitos dos Pais da Igreja tentaram reconhecer ambos os aspectos. Ireneu, por exemplo, ensinou que, no Seu ser intrínseco, Deus é o Pai de todas as coisas, inefavelmente um e, no entanto, contendo em Si

---

49 *The Doctrine of the Trinity* (New York: Abingdon Press, 1958), 95. Compare a nossa discussão de paradoxo no capítulo 1. Aplica-se perfeitamente a este caso. Isto não implica a aceitação das conclusões a que Richardson chega no seu esclarecedor livro.

mesmo desde toda a eternidade o Seu Verbo (o Filho) e a Sua Sabedoria (o Espírito). Na revelação estas realidades inerentes são extrapoladas ou manifestas, afirmando que "pela própria essência e natureza do Seu ser existe um só Deus", ao mesmo tempo que "segundo a economia da nossa redenção existem tanto o Pai como o Filho". Ireneu é seguido nesta ênfase por Hipólito e Tertuliano.[50]

Martinho Lutero, com as suas tendências anti-metafísicas, tinha pouco tempo para as subtilezas dos estudiosos (escolasticismo). O seu princípio, que não podemos conhecer Deus como é em Si mesmo, mas somente na medida em que Ele se revela, parecia impedir a especulação sobre a Trindade imanente. Mesmo assim, afirmava repetidamente que a fé cristã estava prisioneira da fórmula Trinitária dos credos, fundamentando-a na revelação, em vez de na especulação filosófica. Tal como Wesley, também Lutero identificava a Trindade com a experiência cristã vital, ligando-a à criação, à redenção e à santificação. Calvino, graças a Michael Servetus, deu um considerável apoio à ideia de uma Trindade imanente, embora a sua metodologia teológica a tornasse um pouco incongruente.[51]

Os desenvolvimentos da filosofia, simbolizados centralmente pela filosofia crítica de Immanuel Kant, fizeram com que os teólogos do século XVIII em diante hesitassem em abordar os assuntos levantados pela ideia de uma Trindade imanente. Daí que muitos se tenham contentado em procurar ressaltar a importância teológica da doutrina da Trindade sem entrar na complexidade da análise metafísica.[52]

Contudo, várias análises recentes têm providenciado fortes apoios a uma interpretação essencialmente Modalista da vida divina. Estas, têm chamado a atenção para o facto de as antigas discussões patrísticas funcionarem em termos de uma perspectiva do Ser Divino que era mais helénica do que bíblica e, assim, distinguiam entre o Pai e o Filho em termos de Base e de Expressão, ou de Absoluto e de Relação. O Pai é o símbolo da Base Divina que está para além – o Absoluto – e o Filho é a Sua Relação com o mundo, na criação e na redenção. Estas críticas defendem que a distinção deveria ser entendida como uma tensão paradoxal em Deus e não requer necessariamente duas hipóstases diferentes. Portanto, em substância, o Pai e o Filho são basicamente expressões da nossa experiência da natureza paradoxal de Deus.[53]

---

50 Kelly, *Doctrines*, 104-12.
51 Cf. Fortman, *Triune God*, 239-42; Aulén, *Faith of the Christian Church*, 229. Sou devedor às pesquisas do Dr. Craig Keen, por uma avaliação mais positiva das preocupações Trinitárias de Lutero do que as fontes acima permitem.
52 Cf. Kaufman, *Systematic Theology*, 100-102; Aulén, *Faith of the Christian Church*, 225-30.
53 Cyril Richardson, *Doctrine of the Trinity*, tem uma análise cuidada e sólida das várias

O grande teólogo Karl Barth declarou que, ele próprio, defendia uma Trindade essencial, e exerceu uma grande influência entre os pensadores do século XX. Falou sobre os três modos de ser que são essenciais e não meras manifestações da vida divina, apesar de derivar a construção Trinitária a partir da análise da revelação.[54]

Geddes MacGregor produz aqui uma afirmação simples sobre a posição de Barth:

> Se dissesse nada conhecer de Deus [como Ele é em si mesmo], mas, mesmo assim, fizesse afirmações sobre como Ele me parece ser, tudo o que dissesse acerca de Deus seria uma mera descrição do meu próprio entendimento. Se dissermos saber algo sobre Deus, diremos saber que os símbolos sob os quais O conhecemos apontam, de uma ou de outra maneira, para a sua natureza essencial; não são mais que simples descrições das suas manifestações.[55]

Seguindo a ênfase de Barth, que Deus se revelou verdadeiramente, "e não apenas parte de Si", T. F. Torrance comenta:

> É na medida em que o nosso conhecimento de Deus passa daquilo a que chamamos de "Trindade económica" para a "Trindade ontológica" que temos *teologia*, no sentido supremo e correcto, o conhecimento de Deus no livre arbítrio do seu próprio Ser, conhecimento Dele, em que o nosso conhecer é controlado e moldado por relações eternamente imanentes em Deus.[56]

Apesar de não usarem a linguagem tradicional de "económica" e "essencial" vários teólogos contemporâneos têm, de facto, defendido uma Trindade essencial, usando os métodos de uma "ontologia existencial". Esta abordagem compreende Deus como Ser e, a partir do lugar onde o Ser parece mais significativo, isto é, nos seres humanos (*Dasein*, na gíria do filósofo Martin Heidegger), extrapolando a teoria sobre a estrutura da Realidade como Ser-Ele próprio. Eles descobriram, através deste método, que Deus como Ser reflecte uma estrutura Trinitária. Paul Tillich, talvez o mais proeminente destes teólogos, com John Macquarrie a ir mais além, no desenvolvimento das perspectivas de Tillich, nesta linha de pensamento. . "É impossível desenvolver uma doutrina do Deus vivo e da criação

---

formas de construção Trinitária e mostra que todas têm pelo menos algumas dimensões desta dicotomia Absoluto-Relação que serve como princípio de diferenciação dentro da Divindade. MacGregor, *He Who Lets Us Be*, discute o assunto, defendendo a sua incongruência com base na afirmação bíblica de que "Deus é amor".

54 *Church Dogmatics*, 1.1; Cf. Bloesch, *Essentials of Evangelical Theology*, 1:35, que segue Barth explicitamente.
55 *He Who Lets Us Be*, 52.
56 *Reality and Evangelical Theology*, 24. Cf. este princípio da revelação divina, tanto derivado da natureza de Deus como revelado e o equilíbrio implícito entre imanência e transcendência no cap. 6 sobre a doutrina de Deus.

sem distinguir a 'base' e a 'forma' em Deus, o princípio do abismo e o princípio da auto-manifestação em Deus",[57] afirma Tillich.

> Seguindo uma longa tradição, começando com Agostinho, Tillich vê a Terceira "Pessoa" surgir na vida divina como o princípio da unidade que junta o Pai e o Filho. Assim, como o espírito é o princípio unificador na experiência humana (existencial), da mesma forma o Espírito é o princípio unificador do Ser (ontológico). Então, o Espírito tem uma função e uma realidade necessária e separada. Sobre a antiga luta que, resultou no estabelecimento da Divindade total da terceira "hipóstase", Tillich afirma: O motivo para isso era... cristológico. O Espírito divino que criou e determinou Jesus como o Cristo não é o espírito do homem Jesus e o Espírito divino que cria e dirige a igreja não é o espírito de um grupo sociológico. E o Espírito que capta e transforma o indivíduo não é uma expressão da sua vida espiritual. O Espírito divino é o próprio Deus como Espírito no Cristo e através Dele na igreja e no cristão.[58]

Em princípio, podemos concordar com as afirmações de Barth e de outros. Portanto, com uma fundamentação da Trindade económica na Trindade ontológica podemos, agora com segurança, voltar à relevância da doutrina e reflectir a preocupação, distintamente wesleyana, das implicações práticas. Neste contexto, podemos tirar proveito daquelas fontes que enfatizam a Trindade económica sem nos comprometermos com o mero modalismo ou a simples apropriação subjectiva, mas confiando na veracidade da revelação bíblica quanto ao facto, sem nos determos mais com o modo.

Teologicamente, a doutrina da Trindade salvaguarda a doutrina de Deus de cair quer no panteísmo, quer no deísmo. Este último é uma ênfase exclusiva na transcendência, enquanto que o primeiro resulta de uma ênfase demasiadamente exclusiva na imanência. Foi a perspectiva Ariana da transcendência que levou à negação da divindade plena do Encarnado. Mas afirmar a consubstancialidade do Pai e do Filho evita esta armadilha e afirma que Deus realmente Se envolveu na Sua criação. O Espírito, como presença de Deus, na e com a Sua criação, especialmente na Sua nova criação, também previne contra a retirada deísta. O Pai, como Fonte do Ser do Filho e do Espírito, previne contra o panteísmo ao afirmar que Deus é totalmente outro.

John Macquarrie reconhece este ponto quando afirma: "O cristão não poderia alinhar com um monoteísmo radical em que Deus é totalmente transcendente e soberano e ainda menos com um panteísmo em que Deus

---

57 *Systematic Theology*, 3:288.
58 Ibid., 289; cf. também John Macquarrie, *Principles of Christian Theology* (New York: Charles Scribner's Sons, 1966), 174-85.

é inteira e universalmente imanente", porque, como Aulén nota, "todas as chamadas interpretações unitárias tendem a tornar-se inevitavelmente panteístas ou deístas e empobrecem o conteúdo e vividez da fé em Deus".[59]

Voltando-nos agora para o próprio Wesley, notamos a importância que dá ao facto Trinitário das Escrituras. Primeiro, esta é a base para honrar o Filho, ou seja, a adoração. Na controvérsia ariana este foi um ponto crítico. Se, como Ário pensava, o Filho fosse uma criatura, seria inapropriado adorá-Lo. Mas, a Fé Católica insistiu que a adoração adequada da Segunda Pessoa era, em si, uma indicação da Sua divindade.

Em termos soteriológicos, a Trindade está envolvida na medida em que, pensando no Pai como Aquele com Quem somos reconciliados, Ela é a base da nossa aceitação perante Deus (o Filho) e a base do testemunho do Espírito. Wesley conclui: "Portanto, não vejo como será possível para alguém ter uma religião vital se negar que os Três são Um".[60]

Wiley afirmou a implicação redentora da Trindade de uma forma ligeiramente diferente: "Deus, o Pai, enviou o Seu Filho ao mundo para nos remir; Deus, o Filho, tornou-Se encarnado de forma a nos salvar; e o Espírito Santo faz o trabalho redentor nas nossas almas" (*CT* 1:394).

Esta formulação, exige que nos lembremos que o entendimento ortodoxo da Trindade salvaguarda a divisão de uma Pessoa da Trindade contra a outra ou a divisão da actividade de forma a torná-la numa acção sucessiva do trabalho de salvação. A indivisibilidade da actividade de Deus foi garantida pela doutrina tradicional da *perichoresis* (grego) ou *circumincession* (latim), segundo a qual as Três Pessoas da Divindade não são, de forma alguma, independentes, mas de facto coabitam uma na outra. Isto refere-se tanto à coabitação de Pessoas como de trabalho. A última é descrita na doutrina da *opera Trinitatis ad extra sunt indivisa* (indivisibilidade das obras visíveis da Trindade).

Este aspecto da doutrina de Deus tem importantes implicações para o nosso estudo subsequente das doutrinas da expiação e da santificação, guardando-nos contra a visão da obra da salvação como um trabalho do Filho em contraste com o Pai e, garantindo, que é inteiramente uma obra de Deus (Pai, Filho e Espírito). Além disso, a doutrina de Deus defende-nos da identificação da obra da santificação com o Espírito de forma exclusiva, não incluindo o Filho e o Pai, como expressa popularmente, mas equivocada e piedosa: "Recebendo o Filho na salvação inicial, mas o Espírito Santo na santificação".[61]

---

59 Macquarrie, *Principles*, 175; Aulén, *Faith of the Christian Church*, 229.
60 *Works*, 6:205.
61 Whale cita o relato de Sydney Cave: "Na piedade irreflectida da Igreja, as 'pessoas' da Divindade têm sido tão distinguidas que é possível ler numa revista revivalista as

Uma outra barreira Trinitária a estes conceitos erróneos é encontrada na questão, vigorosamente, debatida do *filioque*, ou procedência do Espírito a partir do Filho. Em 1054, as igrejas Orientais e Ocidentais dividiram-se sobre o assunto, com as Ocidentais a afirmarem e as Orientais a negarem que o Espírito procedia tanto do Pai quanto do Filho. Para os ouvidos modernos, esta parece uma subtileza tão insignificante que seria simplesmente um pretexto, mas na realidade tem implicações práticas, especialmente para a doutrina da santificação. O Espírito procedendo do Filho assegura-nos que o trabalho do Espírito na vida do crente, concedendo-lhe os benefícios da salvação providenciados através do Filho, tanto irá partilhar quanto produzir o carácter do Filho, que, por sua vez, reproduz perfeitamente (devido à *homoousia*) o carácter do Pai.

Falando destes desvios da ortodoxia Trinitária na interpretação errónea da obra da salvação, Aulén faz um comentário incisivo: "Em comparação com este perigo, de dividir o conceito de Deus num triteísmo [em relação à salvação], as numerosas especulações abstractas sobre a Trindade 'imanente' e a relação mútua das três pessoas são relativamente inofensivas".[62]

As palavras de Gloria Patri expressam, adequadamente, a atitude de adoração a que a verdade da Trindade deve suscitar:

Glória seja dada ao Pai, e ao Filho e ao Espírito Santo; como foi no princípio, é agora, e será para toda a eternidade. Amén.

---

orações feitas por uma criança doente, oferecidas em vão a Deus Pai e a Deus Filho e que quando oferecidas a Deus Espírito Santo, a criança terá sido imediatamente sarada". *Christian Doctrine*, 113.

62 *Faith of the Christian Church*, 228.

CAPÍTULO 8

Deus o Criador

Uma das importantes implicações da doutrina da Trindade é que não podemos falar da criação, exclusivamente, em termos de uma só Pessoa da Trindade. O testemunho bíblico testifica que o Pai, o Filho e o Espírito estiveram todos envolvidos no acto/ processo da criação (Col. 1:16-17; Jo. 1:3; Gen. 1:2; 1 Cor. 8:6; Sal. 104:30). Portanto, quando falamos de Deus o Criador, estamos a falar da Divindade total.[1]

Em termos estritamente teológicos (vide capítulo 1), devemos falar não de cosmologia ou pseudociência, mas de Deus e das implicações para o homem em relação a Deus. Ou, mais especificamente, falamos sobre a relação de Deus e do mundo. Colocando a questão de forma diferente, estamos preocupados com a implicação teológica da verdade que Deus é o Criador.[2]

Existem poucas doutrinas cujas implicações sejam tão abrangentes para a vida e para a crença como esta. Toca em questões ontológicas, proporcionando a base para o entendimento ético e os alicerces para as instituições sociais humanas; está relacionada com a providência, o milagre e a oração. Na educação, influencia toda a questão da relação entre a fé e a aprendizagem e liga, de forma inseparável, o fenómeno da educação cristã em artes liberais.[3] Traz a ecologia para dentro do domínio da teologia cristã e abre as

---

1 "Quando ouvimos falar do *decreto* divino da Criação, como em Génesis, tendemos a pensar no Pai; se há uma execução real do *decreto*, pensamos no Filho, o *Logos* criativo; e quando ouvimos falar da renovação da Terra pensamos no Espírito de Deus, o Senhor e Dador da vida... se o pericorético [derivado de *perichoresis*, que significa interpenetração das 'Pessoas'] for levado a sério, como firmemente acredito que o deva ser, o que podem tais distinções significar? Se as obras da Trindade *ad extra* são indivisíveis, o que for atributo de uma *persona*, uma *hipóstase*, deve certamente ser atribuído a todas elas". MacGregor, *He Who Lets Us Be*, 50-51.
2 Vide Aulén, *Faith of the Christian Church*, 156-57: "Tem sido muito comum confundir as afirmações de fé sobre a criação com as teorias cosmológicas, ou interpretar estas afirmações como uma teoria da origem do universo. ... Mesmo que tal teoria das origens pudesse ser teoricamente demonstrada, o que é impossível, todo este conceito é completamente irrelevante para a fé, visto não ter carácter religioso".
3 Vide Arthur F. Holmes, *The Idea of a Christian College* (Grand Rapids: Wm. B. Eerdmans Publishing Co., 1975).

portas a uma visão sacramental da natureza. Portanto, vai muito para além das meras considerações cosmológicas e das questões sobre a relação entre a ciência e a religião. Esta questão insere-se mais propriamente no domínio da filosofia da religião do que no da teologia propriamente dita. Langdon Gilkey vai ao ponto de dizer que: "A ideia que Deus é o Criador de todas as coisas é o alicerce indispensável sobre o qual todas as outras crenças da fé cristã estão baseadas".[4]

Análise Teológica de Gen. 1:1-2:4*a*[5]

É lamentável que esta passagem tenha sido utilizada tão frequentemente para criar uma luta entre a ciência e a revelação. Tal conflito resulta da falha em reconhecer a natureza deste relato: "Embora o relato bíblico da criação não seja mitológico [ver abaixo], também não tem a intenção de ser cosmológico ou científico".[6] Emil Brunner sugere uma analogia mais apropriada em que demonstra como os dois meios de explicação (o científico e o teológico), nunca poderão colidir verdadeiramente, se cada um reconhecer os seus próprios contextos metodológicos:

> Como podemos combinar a análise química de uma tela pintada com o julgamento estético, dessa mesma tela, como obra de arte? Obviamente, ambas se excluem mutuamente, porque as duas disciplinas estão em plataformas diferentes. Onde o químico vê somente os vários elementos de uma mistura química, o artista vê todo um significado, uma expressão da mente e do espírito.[7]

H. Orton Wiley na sua discussão das narrativas da criação, permanece firmemente, dentro destas limitações contextuais. Ele refere-se ao relato como um "Salmo inspirado", designando-o como o "Hino da Criação" ou o "Poema da Alvorada". Sendo da natureza da poesia, não pode ser considerado como um tratado técnico-científico, apesar de termos que enfatizar, como Wiley o faz, que é por natureza histórico.[8]

---

4 *Maker of Heaven and Earth*, 15. Arthur Holmes, ao desenvolver as considerações necessárias para uma cosmovisão, diz: "O tema Deus-criação, portanto, diferencia o teísmo cristão de outras cosmovisões e é crucial para pensar Cristâmente sobre tudo o resto". *Contours*, 58.
5 O estudante faria bem em rever o Apêndice 2, visto que nele se oferece a metodologia que está subjacente a este exercício. Pode servir como exemplo da "exegese teológica" proposta, formalmente, nessa discussão. Gerhard von Rad diz, acerca desta unidade das Escrituras: "Estas frases não podem ser facilmente interpretadas teologicamente, em demasia! Na verdade, parece-nos que o maior perigo é que o expositor fique aquém da descoberta do conteúdo doutrinário concentrado". *Genesis* (Philadelphia: Westminster Press, 1961), 46.
6 *God, Man, and Salvation*, 56.
7 *Creation and Redemption*, 39-40.
8 *CT*, 1:449ss.

Devemos ter muito cuidado em compreender o que se pretende, quando afirmamos que um relato é histórico apesar de poético. De forma a observar a relevância desta distinção temos, primeiramente, que diferenciar entre o simbolismo poético e o mito. O mito, nas religiões antigas, era retirado do reino natural, em que os rituais celebravam fenómenos repetitivos, tais como a recorrência cíclica das estações.[9] A história da criação não é mítica, no sentido em que foi um evento único e não um evento repetido; assim, é histórico. Neste contexto não falaríamos das estações do ano recorrentes como sendo históricas. Karl Barth sugeriu o termo *saga* para descrever tais narrativas:

> Certamente é um erro básico falar de mitos da criação... Um mito prende-se com o grande problema que, em todos os tempos, se coloca perante o homem e que, portanto, é intemporal; o problema da vida e da morte, do dormir e do acordar, do nascimento e da morte, da manhã e da tarde, do dia e da noite, e assim por diante. São estes os temas do mito. ... Se fossemos dar à narrativa bíblica um nome ou colocá-la numa categoria, então seria o de *saga*.[10]

Dizer que o relato de Génesis é histórico, é dizer algo bem diferente de interpretações como as seguintes:

> A doutrina cristã da criação é uma afirmação simbólica, não de que o mundo foi feito pelo Grande Artífice como um carpinteiro faria uma caixa, mas que o homem, em toda a sua finitude, vem de Deus e vai para Deus; ele não está rodeado de um mero abismo de inexistência. ... A Criação do nada não deve ser entendida como um evento histórico, mas como uma descrição da existência.[11]

> A doutrina da criação não é a história de um evento que teve lugar "há muito, muito tempo". É a descrição básica da relação entre Deus e o Mundo. ... A doutrina da criação não descreve um evento. Aponta para a condição de criatura e o seu correlativo, a criatividade divina.[12]

Devemos responder com um não e com um sim a estas afirmações. A nossa perspectiva é que a dimensão histórica (um evento) não deve ser rejeitada, mas que a dimensão que aponta para a situação humana deve ser afirmada. É, certamente, o caso que os relatos da criação nos proporcionam, uma introspecção da situação existencial do homem, mas isso não

---

9   Este é apenas um dos muitos usos do termo *mito* na teologia contemporânea. Para um breve panorama de outras formas de o interpretar, ver Eric Dinkler, "Myth", no *Handbook of Christian Theology*, ed. Marvin Halverson and Arthur A. Cohen, Meridian Books (Cleveland: World Publishing Co., 1958), 238-43; Van A. Harvey, "Myth", no *A Handbook of Theological Terms* (New York: Macmillan Co., 1964), 155-56.
10 *Dogmatics in Outline*, 51.
11 Whale, *Christian Doctrine*, 13, 30.
12 Tillich, *Systematic Theology*, 1:252-53.

impede a possibilidade da sua historicidade. Apesar da dimensão histórica do relato estar além da nossa experiência e, portanto, inacessível, ainda que histórico por natureza.

Com este pano de fundo, propomo-nos focar na exegese teológica das narrativas bíblicas da criação. As dimensões puramente teológicas são vistas mais claramente quando colocadas em contraste com a criação épica da babilónica, que as antecede.[13] A cosmologia é essencialmente a mesma, mas a teologia é significativamente diferente. Estes relatos têm, "acima de tudo confirmado a real inspiração divina"[14] da Bíblia, que vimos no capítulo 2 encontrar-se na teologia que informa o texto.

No texto babilónio, o universo como os antigos o conheciam, a criação era descrita como resultado do conflito entre os deuses. Bel, o deus supremo da Babilónia, venceu Tiamat e cortou o seu corpo em dois, com uma metade fez o firmamento que suportava as águas superiores no céu e a outra tornou-se "nas águas abaixo". Os paralelos com Génesis são evidentes. Mas o relato inspirado atribui a origem do universo a um Deus, sendo, portanto, monoteísta. Não há nenhum material divino ou inerte pré-existente do qual o universo fosse formado. É ético e monoteísta, em vez de imoral e politeísta.[15]

A estrutura do relato do processo da criação em Génesis 1 está claramente estabelecida para enfatizar a verdade teológica que o princípio do Sábado está enraizado na actividade criativa de Deus. Em última análise, faz pouca diferença, para este ponto, se o *yom* (dia em hebraico) é interpretado literalmente como um período de 24 horas ou como épocas de tempo de duração indefinida. A questão é que o sétimo dia é um dia de descanso. A própria natureza do universo apoia este princípio e, portanto, ignorá-lo na prática é namoriscar com o caos que foi limitado por decreto divino. A mudança do dia de adoração, do sétimo para o primeiro dia, não o invalida, mas é baseada no princípio de "um dia de descanso" e o próprio dia da observância cristã é baseado na "nova criação" em vez da "velha criação".[16]

---

13 Este documento foi descoberto em 1872, por George Smith, em algumas placas de barro que continham relatos da criação e do Dilúvio do ponto de vista religioso dos babilónios.
14 "Genesis and the Babylonian Inscriptions", no *A Commentary on the Holy Bible*, ed. J. R. Dummelow (New York: Macmillan Co., 1936), xxxii.
15 Vide Bernhard W. Anderson, *Creation Versus Chaos*; Alexander Heidel, *The Babylonian Genesis* (Chicago: University of Chicago Press, 1951).
16 Wiley defende extensamente a perspectiva que o "dia" não deve ser tomado literalmente. Esta posição é, indubitavelmente, o resultado dos esforços para reconciliar a cosmologia primitiva com a ciência moderna. Suficientemente interessante, Wright e Fuller seguem a perspectiva de que a intenção original do escritor foi a de sete dias, de 24 horas. O que, segundo eles, iria reforçar ainda mais o ponto teológico sobre o Sábado. *Acts of God*, 50.

Outra instituição, também vista como fundamentada na criação, é o casamento monogâmico. Este acordo não é uma construção artificial ou sociológica que possa ser violado sem penalização. A estrutura da pessoa humana é de tal forma que falhar na conformidade com esta lei natural é naufragar nos destroços da nossa natureza criada. Não só o casamento monogâmico é "bom", por causa do decreto de Deus, mas como também é uma forma de realização pessoal.[17]

Fazer tal afirmação é defender que o casamento não é essencialmente legal ou artificial, mas natural. Isto tem implicações de longo alcance para a ética social e questões políticas quando interpretados sob uma perspectiva cristã.[18]

A Bondade da Criação

Uma das características centrais da narrativa da criação é o parecer crítico do Criador de que é "bom". Qual é a relevância desta avaliação? Primeiro, é o parecer de Deus e não o da criação; portanto, pode não ser primariamente bom para os seres criados, apesar de não podermos dizer, à priori, que isso esteja excluído. Mas obsta a que o parecer crítico seja, originalmente, derivado a partir da experiência finita. Somente Deus tem a perspectiva, como Criador, para dar um parecer.

A palavra hebraica traduzida como "bom" também pode significar "bonito", mas a sua relevância nesta passagem transcende este significado. Contudo, pode ser incluído num sentido secundário como uma descrição do quão incrível e ordenado é o mundo criado. Basicamente, "bom" é uma palavra de propósito e, portanto, o Criador pronunciou o Seu trabalho bom porque cumpria, perfeitamente, o propósito que tinha em mente. Embora não nos seja dada uma pista clara na narrativa de Génesis sobre o que esse propósito possa ser, o Salmo 148:1-6 pode dar-nos uma indicação.

Louvai ao Senhor!

---

17 O que, claro, não quer dizer que as pessoas solteiras estejam condenadas a vidas sem realização. Há obviamente excepções a esta regra, mas as Escrituras parecem sugerir que é devido a uma dispensação especial (1 Cor. 7:7-9). Também, deveremos lembrar-nos que a intrusão do pecado no mundo criado enviesou a situação natural de variadas formas, mas não destruiu a natureza humana na sua essência, a qual é estruturada pelo acto criativo e mantida pela graça preveniente.

18 "Relativamente ao casamento, mais uma vez, a perspectiva religiosa que esta é uma instituição ordenada por Deus tem sido largamente ultrapassada pela perspectiva contratual em que o casamento é um acordo totalmente humano, uma convenção social, que criamos, podemos rever e que somente um contrato legal mantém o casal no mesmo. Como Paul Ramsey aponta, isto tem uma relevância profunda quanto ao sexo, aborto, adopção, esterilização, etc., porque se um casamento é somente um contrato convencional e se o contrato não especifica nada sobre estes assuntos, então o casamento não tem quaisquer implicações éticas quanto a estes". Holmes, *Contours*, 29.

> Louvai ao Senhor do alto dos céus,
> louvai-O nas alturas.
> Louvai-O, todos os seus anjos;
> louvai-O, todas as suas legiões celestes.
> Louvai-O, sol e lua;
> louvai-O, todas as estrelas luzentes.
> Louvai-O, céus dos céus
> e as águas que estão acima do firmamento.
> Louvem o nome do Senhor,
> pois Ele ordenou e logo foram criados.
> E os estabeleceu para todo o sempre;
> fixou-lhes uma ordem que não passará.

O propósito da criação é, aparentemente, entendido pelo Salmista como sendo o louvor e a glória de Deus e este é o propósito para o qual ela foi apropriadamente estruturada para cumprir. Portanto, o parecer de que "era tudo muito bom" (Gen. 1:31) diz-nos que há um propósito na finitude criada. Esta fé fornece o contexto em cujos termos o homem efectivamente experimenta, ou pode experimentar, a bondade da criação.

Podemos alcançar uma visão mais alargada do propósito e da bondade da criação ao voltarmo-nos para o Novo Testamento, em que o Logos, ou Cristo, é colocado como o Agente da criação (João 1; Efésios 1; Colossenses 1; e 1 Coríntios 8). Assim, o carácter da palavra criativa é aqui definido pelo carácter de Cristo e a intenção proposital de Deus é iluminada deste modo. Emil Brunner sugere que a teologia deve começar com o Novo Testamento e não com o Velho Testamento. Discordamos deste procedimento, visto questionar implicitamente a autoridade do Velho Testamento.[19] A afirmação de Brunner que "o Verbo, pelo qual *Yahweh* cria os céus e a terra, é uma pura palavra de comando que expressa o Seu poder, mas não é o Verbo que dá significado divino à Sua criação"[20], segue o caminho anteriormente feito por Marcião. Implica uma separação entre o Deus da criação e o Deus da redenção. Embora seja verdade que o Verbo Criativo é melhor entendido quando interpretado à luz do Verbo Encarnado, eles são uma e a mesma coisa.

---

19 Vide Bright, *Old Testament*, onde defende que todas as abordagens ao Velho Testamento que começam com o Novo Testamento terminam inevitavelmente com um relato insatisfatório da Bíblia hebraica. A única solução para este dilema é começar com o próprio Velho Testamento e depois avançar para o Novo, para amplificação, ou, como ele diz, tornar a palavra a.C. numa palavra d.C.

20 *Creation and Redemption*, 13.

Creatio ex Nihilo

W. T. Purkiser distingue duas palavras hebraicas (*bara* e *asah*) no relato de Génesis. Uma (*bara*) implica trazer à existência o que previamente não existia e a segunda (*asah*) implica a formação ou modelagem de material já existente.[21] Desde os tempos mais remotos, a teologia cristã fez esta distinção ao formular a doutrina da criação como *creatio ex nihilo* (criação a partir do nada).[22] Esta doutrina tem várias implicações importantes.

Deus a Fonte. Primeiro, diz-nos que Deus é a Fonte de tudo o que existe. É difícil para uma pessoa não instruída em filosofia pensar em "nada" sem o tratar como "algo". Mas "a partir do nada" diz que não há nada além de Deus, nada a partir do qual o mundo se tivesse formado. Isto exclui todas as formas de dualismo. A maneira do homem moldar algo novo é sempre a partir de material previamente existente, mas Deus trouxe à existência a Sua matéria-prima.

O exemplo clássico de uma perspectiva dualista da criação é a cosmologia de Platão (na verdade ele tem três realidades e não duas, mas o princípio é o mesmo). Em *Timaeus*, o Demiurgo toma o receptáculo previamente existente (espaço)[23] e molda-o de acordo com as formas ou ideias eternas, transformando-o no universo ordenado do presente. As formas são os princípios de significado e o receptáculo é o princípio de recalcitrância que resiste constantemente à ordem que lhe é imposta. Ambos providenciam elementos limitadores a Deus (o Demiurgo), então Ele não é o Derradeiro (A Derradeira Realidade, no pensamento de Platão, é a Forma de Bom, que se identificou com Deus no pensamento cristão posterior).

Podem ser derivadas várias lições positivas desta verdade da criação.

1. Deus foi a única Fonte de toda a existência. Apesar desta afirmação ser redundante, é importante reafirmá-la. Neste ponto, a Igreja Primitiva foi confrontada com uma forte ameaça à sua fé pelo gnosticismo. Baseando as suas especulações metafísicas na premissa de que a matéria era má, os gnósticos atribuíram a criação a um deus menor. É bem conhecida a forma como Marcião rejeitou o Velho Testamento, com o seu Deus Criador, por não conseguir reconciliar a criação com a redenção. Esta foi uma das

---

21 *God, Man, and Salvation*, 57. Von Rad concorda com esta interpretação: "É correcto dizer que o verbo *bara*, 'criar,' contém, ao mesmo tempo as ideias de facilidade e *creatio ex nihilo*". *Genesis*, 47.
22 Brunner escreve: "A formulação explícita da ideia da *creatio ex nihilo* aparece pela primeira vez na literatura do judaísmo posterior, no segundo Livro dos Macabeus". *Creation and Redemption*, 11. A ocasião mais antiga do seu uso cristão parece ser em Teófilo de Antioquia. Cf. Jaroslav Pelikan, *The Emergence of the Catholic Tradition* (Chicago: University of Chicago Press, 1973), 36.
23 Cf. A. E. Taylor, *Plato: The Man and His Work* (Cleveland and New York: World Publishing Co., 1964), 456-57.

razões porque a Igreja Primitiva se comprometeu de forma tão inflexível com a manutenção do Velho Testamento, como verdadeiras Escrituras e com a identificação do Deus da criação com o Deus da redenção, de quem o Novo Testamento deu testemunho, apesar dos sérios problemas de hermenêutica que trouxe. Ireneu foi talvez o defensor mais preponderante da autenticidade da verdade da criação em oposição aos gnósticos na sua obra *Against Heresies [Contra as Heresias].*

2. Visto que tudo o que existe é derivado da vontade de Deus, nada do que existe pode ser intrinsecamente mau; nem a matéria, ou realidade finita, como já vimos, nem nenhuma outra forma de existência, seja pessoal ou impessoal.

Esta afirmação de fé levanta sérias questões acerca do mal. De onde é que ele surgiu? O dualismo não tem problemas com a questão, porque o mal é facilmente atribuído a uma outra fonte que não Deus, frequentemente a algum ser malévolo. Sob a influência do pensamento dualista encontrado na Babilónia, os pensadores judeus começaram a falar dualisticamente, especialmente no género literário conhecido como apocalíptico.[24] Assim, neste contexto, surge nas páginas do Novo Testamento a sinistra personagem de Satanás como a personificação do mal. A preocupação com o diabo tem levado muitos cristãos modernos a uma versão popular de dualismo que envolve uma negação da doutrina do *ex nihilo*.

Para tais pessoas, a leitura do Velho Testamento pode causar um poderoso choque cultural. Os escritores do Velho Testamento levam a sério o seu monoteísmo e atribuem tudo a Deus, inclusive o mal (cf. 1 Sam. 16:14ss; 18:10; 19:9; 1 Reis 22:20-23). O Velho Testamento serve assim, como um importante suporte teológico para o Novo, ajudando-nos a evitar que o dramático dualismo ético, encontrado nas suas páginas, caía num dualismo metafísico. Portanto, o mal moral tem de ser visto como uma perversão do bom que Deus criou.

Em 1945, quando o mundo foi irremediavelmente afectado pela dimensão demoníaca da história humana, com a subida ao poder de Hitler

---

24 Cf. Leon Morris, *Apocalyptic* (Grand Rapids: Wm. B. Eerdmans Publishing Co., 1972). Uma ilustração fascinante deste ponto encontra-se em 1 Cron. 21:1, onde esta história do pós-Exílio atribui a Satanás o influenciar a David para que realizasse um censo, enquanto que o relato mais antigo de 2 Sam. 24:1 atribui essa influência a Deus. William Robinson comenta que "esta é uma clara evidência, nos livros *canónicos* daquele desenvolvimento teológico radical que teve lugar em Israel entre o regresso do Exílio e o surgimento do cristianismo". *The Devil and God* (Nashville: Abingdon-Cokesbury Press, 1945), 56. Os livros do Velho Testamento mais recentes falam sobre Satanás, mas ali ele não é retratado de forma tão sinistra quanto no Novo Testamento. Deve ser cuidadosamente notado que o apocalíptico é um fenómeno complexo. Tanto quanto a literatura canónica manifesta características apocalípticas, não é nunca dualista.

e das atrocidades que o acompanharam, o optimismo cor-de-rosa, que florescia no século XIX e no início do século XX, foi obrigado a reavaliar os seus pressupostos. William Robinson escreveu um roteiro compreensível e teologicamente sólido da questão, a que deu o título de *The Devil and God[O Diabo e Deus]*. Rejeitando o dualismo como uma impossibilidade do pensamento cristão, revelou como isto não enfraquece a verdadeira crença bíblica da realidade do diabo. Ele defende que a tentação de Jesus é a passagem decisiva e conclui: "A história da Tentação claramente implica que Jesus está em confronto com alguma força individual sinistra activa no mundo e recusar aceitar isto leva-nos a uma terrível dificuldade em relação à doutrina da Encarnação".[25] Robinson refere-se ao facto registado acima dizendo que os autores mais antigos do Velho Testamento atribuíram o mal a Deus, como um entendimento primitivo. Por outras palavras, o Novo Testamento apresenta-nos a perspectiva totalmente revelada da natureza do mal moral.

A origem da ideia de Satanás não é extremamente difícil de identificar, mas a sua origem é, na realidade, mais complexa. Algumas Escrituras usadas para abordar esta questão são de exegese questionável, enquanto umas falam de anjos caídos (Jud. 6; 2 Ped. 2:4) outras implicam directamente uma apostasia satânica (Jo. 8:44; 1 Jo. 3:8). Deve-se recorrer primeiramente a inferências de certas doutrinas teológicas, especialmente a da criação, como aqui explorada. No entanto, deve-se ter cuidado ao executar tal tarefa de forma a evitar especulação imaginativa. Além disso, devemos reconhecer que muitas das imagens populares do diabo vêm de fontes não-canónicas. As fontes canónicas estão surpreendentemente livres dessas descrições.

Satanás, como a personificação do mal, tem de ser visto como tendo existência dependente, caso contrário a *creatio ex nihilo* fica comprometida. Além disso, não pode ser declarado como tendo sido criado por Deus como uma realidade maléfica. Portanto, a única conclusão lógica a que se pode chegar é que Satanás é uma realidade individual tendo uma dimensão de liberdade, como Adão e Eva, que foi bom no início, mas que por uma escolha prévia à criação, se rebelou contra o seu Criador, como fez o primeiro casal, e assim perverteu a boa criação de Deus. É nesta base que as passagens das Escrituras acima mencionadas nos chegam, visto reflectirem tal padrão. Portanto, é aparente que o mal seja pessoal por natureza concreta, mas não empírica, uma perversão do bem, em vez de ter um significado positivo final. Em suma, o ensino do Novo Testamento não contradiz a revelação do Velho Testamento sobre a qual está firmemente erigido.

---

25 P. 67.

3. Em toda a criação não há nada para além de Deus, merecedor da adoração do homem. Tudo mais é finito e deve, em última análise, a sua existência a Deus. Portanto, colocar a dependência em qualquer aspecto da criação é ser culpado de idolatria. Isto exclui todas as formas de superstição da vida cristã coerente. Condena como pagã qualquer tipo de crença no destino, como a astrologia, em que se acredita que o destino do homem é de alguma forma determinado pelas estrelas. Somente Deus é digno do género de dependência que é religiosa por natureza. Aqui está a verdadeira importância da definição de religião de Friedrich Schleiermacher como "o sentimento de absoluta dependência".[26] A definição de fé de Paul Tillich como a derradeira preocupação é também uma descrição gráfica de um verdadeiro entendimento da natureza religiosa da existência humana quando a verdade da criação é reconhecida.

O Estatuto da Criação

A segunda principal implicação da doutrina da criação, como classicamente formulada, é que as criaturas são dependentes, mas reais e boas. Na gíria filosófica isto exclui o panteísmo no qual a distinção entre Deus e a Sua criação (se o termo pode até ser usado) é confusa.

Não é geralmente conhecida a formulação completa, desenvolvida pela teologia no sentido de reflectir todas as implicações da doutrina, a saber: *creatio ex nihilo, non de Deo, sed ex nihilo* (criação a partir do nada, não a partir de Deus, mas do nada).[27] Isto evita uma interpretação da criação como uma emanação, na qual a natureza de Deus é projectada na realidade como os raios de sol que emanam da fonte, como no neo-platonismo. Nessa imagem a distinção entre as realidades finita e infinita é obscurecida.

Nesta perspectiva o que não é Deus não é real nem bom. O resultado é que o ser finito é ilusório, como a seguinte análise o demonstra claramente:

> Agora, coisas finitas como finitas, ou seja, como criaturas materiais, individuais, parciais, históricas ou pessoais são claramente e, apenas, em muito pequena proporção, idênticas a Deus. Porque Deus, como a fonte transcendente de todas as coisas, é a negação de todas estas características da finitude. O Ser divino que está acima de todos e em todos, claramente não pode ser nem material, nem individual, nem pessoal ou temporal; como o princípio da unidade de todas as coisas tende inevitavelmente a absorver e, assim, a remover estas mesmas características que fazem as coisas finitas e diversificadas. Se as coisas finitas *são* Deus e se Deus transcende as suas características finitas, inevitavelmente então, a criação *como* finita torna-se irreal. Somente se as coisas

---

26 Baseando a sua teologia na filosofia monista e panteísta de Espinoza, o entendimento explícito de Schleiermacher desta dependência não é totalmente cristão e certamente não é a consequência da doutrina bíblica da criação.

27 Augustine, *On Marriage and Concupiscence*, cap. 48.

finitas têm uma existência, por assim dizer, "própria", separada e distinta de Deus, é que se pode dizer serem reais como finitas.[28]

A doutrina da criação *non de Deo* afirma, por contraste, que o mundo, com todos os seres finitos que nele se encontram, não são parte de Deus, mas possuem existência real, porém dependente. Aqui, o cristianismo está separado da maioria, se não de todas, as religiões Orientais, que veem toda a existência criada como manifestações mais ou menos ilusórias do real. Portanto, o caminho da salvação, ou da iluminação, consiste na meditação de modo a penetrar nas profundezas do próprio ser, onde o Divino pode ser encontrado. A seguinte passagem das escrituras hindus reflecte esta identificação panteísta da nossa própria realidade com a do Tudo, ou o Todo: "Aquilo que é a essência mais fina – todo este mundo tem-na como sua alma. Isso é a realidade. Isso é Atman [alma]. Isso és tu, Svetaketu".[29] A salvação final na cosmovisão panteísta é sempre procurada através da fuga da existência espaço-tempo ou das limitações da história.

Mas afirmar que as criaturas são reais não sugere um estatuto de independência. O próprio facto de que a criação foi a partir do nada implica que a continuação da sua existência depende do poder sustentador de Deus. Se, ou quando, tal poder for retirado, a criatura reverte ao nada. Portanto, toda a criação vive na beira do precipício da não-existência. É isto que explica um entendimento cristão existencialista da ansiedade, a ameaça do não-ser do qual somente o ser humano está consciente. Paulo sublinhou este ponto quando falou aos atenienses acerca do Deus Criador: "pois nele vivemos e nos movemos e existimos", (Act. 17:28). Wesley reflecte este entendimento: "O homem é meramente um ser dependente... A dependência está tecida na sua própria natureza; de forma que, se Deus se retirasse dele, afundar-se-ia em nada" (*Works* 9:456).

Por isso, é claro que levar a sério a doutrina da criação irá influenciar directamente o nosso entendimento da natureza da salvação. A perspectiva que vê a salvação somente como o salvar de almas é inadequada. A salvação, no seu pleno sentido bíblico, abrange todo o homem, tocando as suas necessidades físicas, psíquicas e políticas. Esta é a dimensão de fé bíblica que William Temple tinha em mente quando fez a sua clássica afirmação que "o cristianismo é, certamente, a mais materialista de todas as grandes religiões".[30]

Este é o compromisso que torna a Encarnação totalmente compreensível no princípio e ao mesmo tempo deprecia qualquer perspectiva que

---

28 Gilkey, *Maker of Heaven and Earth*, 60.
29 Citado dos Upanishads por Gilkey, ibid., 75 n.8.
30 *Nature, Man, and God*, 478.

despreze o corpo, fazendo-o ipso facto mau. O corpo não somente pode ser santificado nesta vida, mas, em última análise, a esperança cristã inclui a ressurreição corpórea, e não uma existência incorpórea. Uma pesquisa cuidadosa de toda a tentativa de alcançar a vida além da morte no Velho Testamento revelará que, em lugar nenhum, esta é concebida como uma possibilidade de qualquer outra forma que não na carne.

Podemos agora ver que ao manter-se a realidade do ser finito, mantém-se a realidade do pecado como um acto significativo contra Deus. Os homens não são epifenómenos da Realidade Divina, mas verdadeiros centros de acção efectiva. Aqui está o calcanhar de Aquiles da Ciência Cristã. Sendo uma versão popular de panteísmo, ela nega a realidade do pecado, mas declara-o apenas como sendo uma forma errada de pensar. A cura para o pecado, bem como para a doença, é uma avaliação adequada do estado de tais conceitos ilusórios, diz o praticante da Ciência Cristã.

Além disso, a *creatio ex nihilo* implica que ao relacionar-se com Deus, o homem não se despe da sua condição de criatura, mas permanece finito. Esta é a base da nossa humildade (não humilhação) da qual Paulo falou quando se referiu ao "tesouro em vasos de barro" (2 Cor. 4:7).

Uma outra implicação da verdade, que as criaturas têm existência real e são essencialmente boas, é que o pecado não está nas coisas, mas no seu mau uso. Toda a criação material e todos os apetites físicos naturais do corpo são bons em si mesmos. Podem ser pervertidos, satisfeitos da forma errada ou usados de maneira totalmente distorcida; mas tal é resultado da vontade rebelde do homem que escolhe exercer a sua liberdade para se revoltar contra os propósitos do seu Criador.

Liberdade e Propósito

A terceira principal implicação da *creatio ex nihilo* é que Deus cria em liberdade e com propósito. A liberdade de Deus em relação à Sua criação significa que o homem não pode descobrir o como e o porquê da criação, visto que está fora da sua experiência. As nossas explicações científicas ocorrem no contexto de relações finitas, que estão sujeitas ao nosso conhecimento. Mas a relação entre o Criador e a criação não é a mesma que a relação entre um evento (ou pessoa) finito e outro.

O mais perto que podemos chegar de uma explicação é através do uso de analogias, no entanto, as analogias ficam aquém, uma vez que derivam da experiência comum. As críticas de David Hume relativamente a todas as formas do argumento cosmológico para a existência de Deus fazem esta contribuição positiva de preservação da transcendência e liberdade de Deus. No século XVIII, William Paley propôs o famoso argumento da analogia entre o relógio e o olho humano, pelo qual achou ter demonstrado a existência de um Arquitecto cósmico do universo. Hume simplesmente respondeu que quando descobrimos um relógio inferimos um relojoeiro porque tivemos a experiência de que relojoeiros fazem relógios. Mas nunca tivemos qualquer experiência de um Artífice Divino criando um mundo a partir do nada. Portanto, como prova, a analogia falha. "A fórmula básica 'a partir do nada' é de facto um abandono explícito de qualquer explicação do 'como'".[31]

Esta fórmula também impossibilita a descoberta naturalista do propósito de Deus na criação. Visto que o propósito implica "pessoa-lidade" somos introduzidos a uma dimensão adicional: Para conhecer os propósitos e intenções de uma pessoa, temos que receber dela uma palavra pessoal de explicação. (Vide a discussão deste ponto, no que diz respeito à "revelação", no cap. 4.) Pertinente para este assunto é o facto de os Hebreus terem entendido ser a história mais do que a natureza, a fonte primária de revelação. Os propósitos pessoais de Deus podem ser mais rapidamente distinguidos nos Seus actos salvíficos do que em fenómenos naturais. Os eruditos do Velho Testamento são praticamente unânimes em sustentar que a cronologia hebraica de crença vem da actividade de Deus em trazer Israel para Deus como Criador, ou seja, da história para a natureza, e não vice-versa.[32] Como Langdon Gilkey afirma: "O conhecimento do 'propósito' de Deus na criação resulta da experiência do Seu amor na Aliança com Israel e em Cristo".[33]

> Isto ilumina a relevância da interpretação cristológica da criação feita por Karl Barth.

Seguindo a deixa de Barth, Gustav Aulén afirma:

> O conteúdo da sua [criação] importância e do seu objectivo deriva do facto que todo o acto da criação [começo, processo e clímax] está ligado a Cristo. (…) Quando Cristo está ligado desta forma com a criação como um todo, e o seu acto de redenção ilumina isso, o significado e propósito da vontade criativa de Deus torna-se claro e inequívoco.[34]

Criação, Vida e História

Anteriormente registámos as modernas tentativas de interpretar a doutrina da criação exclusivamente em termos daquilo a que poderíamos chamar do seu significado "existencial". Contra isto temos afirmado que a

---
31 Gilkey, *Maker of Heaven and Earth*, 65.
32 Vide Norman Young, *Creator, Creation, and Faith* (Philadelphia: Westminster Press, 1976), 40.
33 *Maker of Heaven and Earth*, 72.
34 *Faith of the Christian Church*, 157.

narrativa de Génesis é também histórica, mas agora temos de reconhecer a validade que reside nestas afirmações. As narrativas têm mesmo um teor existencial, e esta é principalmente que a doutrina da criação é a afirmação da fé de que a finitude não está a ser rodeada por um "mero precipício do nada" ou, dito de forma positiva, que a vida tem significado.

Se o mundo, e especialmente o homem, forem o produto do destino, ou de forças irracionais, ou forem a base da sua própria explicação, o resultado é inevitavelmente, a insignificância. Mas a fé bíblica declara que há uma Base transcendente da existência finita e que essa Base é inteligente e tem um propósito.

Langdon Gilkey sugere que existem três factores necessários para um sentido de significado: (1) a esperança da satisfação final das nossas mais profundas necessidades; (2) uma visão de uma ordem inteligente e intencional de importância em que a nossa vida pode participar; e (3) alguma promessa de unidade e saúde interior.[35] À parte destes, só pode existir o cinismo e o desespero. Podemos resumir estes factores como (1) uma Base de Esperança, (2) uma Base de Coerência, e (3) uma Base de Totalidade. Todas estas são afirmadas na doutrina de Deus o Criador.

As versões modernas do niilismo são todas consequência da perda de fé em Deus. A acusação do significado da vida feita pelo existencialista francês Jean-Paul Sartre (vide a sua novela *No Exit*) é o resultado directo da negação da existência de um propósito para a existência humana, e essa rejeição, por sua vez, resulta de uma rejeição da existência de Deus. Ao contrário de um corta-papéis, cujo fabricante pressupôs uma função para o seu produto, a qual ele embutiu no mesmo, a humanidade é atirada na história sem qualquer propósito pré-concebido de existência, sem essência e é abandonada à "terrível liberdade" de criar os seus próprios valores e qualquer significado que a vida possa ter.[36]

O que é verdade da vida individual é também verdade da história. Deus como a Base transcendente e Criativa da história é a garantia da fé que a história não é uma série de eventos fortuitos sem padrão ou propósito. Um dos factos mais fascinantes da história é que os hebreus, praticamente os únicos entre os povos antigos, produziram um sentido de história que é a herança do mundo Ocidental. Isto porque entendiam a história como sendo linear por natureza, tendo origem na vontade criativa de Yahweh, e

---

35 *Maker of Heaven and Earth*, 153.
36 Vide o seu ensaio *"Existencialism Is a Humanism"*. Muitas pessoas identificam erradamente o existencialismo somente com este tipo de existencialismo ateu. Mas há outras versões mais positivas, p.ex., o de Kierkegaard.

sendo guiada pela Sua providência para uma consumação escatológica no reino de Deus.[37]

Quase todos, se não todos, os povos antigos conceptualizaram a história nalguma forma de movimento cíclico. Se a história se move em ciclos, não vai a lugar algum, e história sem um objectivo é história sem um propósito e, portanto, sem significado. Assim, a vida nessa história partilha das mesmas características.

Um dos mais misteriosos e menos compreendidos livros do Velho Testamento é Eclesiastes. A sua heterodoxia é um puzzle para muitos. Mas se for visto como uma tentativa de mostrar a futilidade da vida à luz de uma perspectiva cíclica de história, ele torna-se numa apologia brilhante da doutrina bíblica da fé em Deus, o Criador.

"Vaidade de vaidades! Tudo é vaidade" é uma perfeita descrição da vida numa história que não vai a lugar algum, porque se a história simplesmente se repete "nada há, pois, novo debaixo do sol" (Ecl. 1: 2, 9). A maioria das perspectivas cíclicas derivam o seu entendimento de Deus e história da natureza (vide os comentários acerca da "ordem cronológica" da fé de Israel acima). Esta derivação pode ser vista claramente nos versículos 5-7, em que os processos cíclicos da natureza providenciam o paradigma para a história:

Levanta-se o sol, e põe-se o sol,
e volta ao seu lugar, onde nasce de novo.
O vento vai para o sul
e faz o seu giro para o norte;
volve-se, e revolve-se, na sua carreira,
e retorna aos seus circuitos.
Todos os rios correm para o mar,
e o mar não se enche;
ao lugar para onde correm os rios,
para lá tornam eles a correr.

Agostinho encontrou esta perspectiva devastadora no seu dia, com a sua consequente futilidade e opôs-se-lhe vigorosamente, tanto numa base criacional quanto cristológica.[38] Ele aponta a impossibilidade de relevância e felicidade (bênção) a menos que a história conduza a um final: "Porque como é que aquilo pode verdadeiramente ser chamado de abençoado, que não tem certeza de o ser eternamente, e, ou está em ignorância da verdade e cego para a miséria que se aproxima, ou conhecendo-a, está em miséria e medo?" em contraste com a amortecedora perspectiva cíclica do tempo, "se

---

37 Vide Bernhard W. Anderson, *Creation Versus Chaos*, 26-33.
38 "Longe de nós, digo, esteja o crermos nisto. Pois uma vez Cristo morreu por nossos pecados e ressurgindo dos mortos, não mais morreu". *City of God*, bk. 12, chap. 13; daqui em diante, 12.13.

ela [a alma] passa à bênção, e deixa, para todo o sempre, a miséria, então acontece no tempo uma coisa nova, que o tempo não acabará".[39]

Se a história é real e linear, como a doutrina da criação valida, há a possibilidade de liberdade e propósito, acção criativa e mudança. Todos são essenciais para a existência histórica ter significado. Consequentemente, existe um teor existencial profundo na afirmação: "Creio em Deus Pai, Todo-Poderoso, Criador dos céus e da terra".

A Criação e o Mal

O problema mais difícil para todas as formas de fé teísta é o que tem sido chamado de problema do mal. Temos passado por cima de vários assuntos ao longo da discussão como sendo mais propriamente assuntos da disciplina de filosofia da religião. A filosofia está, na verdade, bastante preocupada com este problema, mas a teologia também tem de lidar com ele de frente por ser o desafio mais devastador que a fé religiosa tem de enfrentar. O que procuraremos fazer é concentrarmo-nos nas dimensões distintamente teológicas da questão e na melhor das hipóteses, poderemos somente sugerir.

O primeiro passo é um de definição. O mal, como o bem, não pode ser primariamente definido a partir da experiência do homem. Se isto for feito, estará demasiadamente sujeito a ser identificado com a ausência de prazer, ou pelo contrário, simplesmente com a dor, ou de outras formas antropocêntricas. O mal é a perversão do bem. Temos visto que o bem é um propósito ou ideia teleológica. Portanto, o mal é disteleológico ou a perversão ou frustração de propósito – o propósito de Deus. Evitar uma definição meramente antropocêntrica já elimina alguns aspectos da questão, mas não a resolve, porque existem, claramente, muitos factores presentes neste mundo finito que se opõem e frustram os propósitos de Deus. Isto é o mal.

Quando o escritor bíblico rejeitou as mitologias politeístas que informavam a cosmologia babilónica e "hordas de divindades guerreiras foram forçadas a abrir caminho para o único criador todo-soberano", o problema do mal foi acentuado e intensificado.[40] Enquanto o mundo fosse atribuído a múltiplas fontes e não fossem consideradas particularmente éticas por natureza, o mal era relativamente fácil de explicar.

Consequentemente, as pessoas sensíveis têm muitas vezes recorrido a explicações dualistas como um escape para este dilema excruciante para a fé. Mas a criação a partir do nada, como temos visto, impossibilita esta resposta fácil e a fé bíblica não a permitirá. Outros têm tentado evadir a

---

39 ibid.
40 Norman Young, *Creator, Creation, and Faith*, 38.

dificuldade negando a realidade do mal. Esta maneira não é tanto uma abordagem ao problema de esconder o sol com a peneira, como é uma tentativa de explicar o mal como uma parte necessária da criação de forma a completar o quadro. Assim como as cores escuras são necessárias para um retrato, defende que da mesma forma o mal é necessário para uma imagem total da história. Esta tem sido a saída para as teologias influenciadas pela filosofia monista. Uma interpretação mais séria e muito útil procura ver o mal como intencional, como sendo pedagógico.[41] Uma versão moderna desta tradição tem sido sugerida por Geddes MacGregor sobre o princípio de que "Deus é amor" (1 Jo. 4:8, 16) e que isto implica um modo especial de relacionamento com a Sua criação. Ao dar-nos liberdade, Deus reconhece que o seu significado total não pode ser atingido sem luta e que o mal se torna a ocasião para a sua realização. O pressuposto metafísico, diz ele, de um Deus impassível

> está na raiz das nossas mais sérias dificuldades com o conceito do mal. Raramente levamos a sério o testemunho bíblico supremo sobre o carácter de Deus: Deus é amor. O caso que tenho defendido, longe de magoar o conceito de omnipotência divina, exalta-a como omnipotência quenótica [*kenosis*]. O que então permanece do problema do mal torna-se numa questão sobre a natureza da liberdade e a necessidade da luta implicada no seu desenvolvimento. A realidade dessa liberdade e dessa necessidade na Natureza confronta-nos diariamente. Nada do que conhecemos na Natureza parece chegar ao seu estado sem luta. Desenvolvimento, quer da vida, quer da mente, é uma sucessão de evasões da prisão.[42]

Ainda não distinguimos entre o mal moral (pecado) e o mal natural (por vezes chamado de mal físico). Obviamente, estamos a referir-nos ao último, mas uma forte tradição tem atribuído o mal natural ao pecado, de forma a que o próprio homem é responsável por tudo no mundo que é perversão dos propósitos de Deus, incluindo todas as perturbações na natureza que causam a miséria humana.[43] Esta foi a teologia que informou os "consoladores miseráveis" de Job e foi com este entendimento que o livro estava a lutar.

É o caso que muitos dos exemplos dados do mal, por exemplo a guerra, têm de ser atribuídos ao pecado. A vontade rebelde do homem, a sua

---

41 Tomás de Aquino afirmou que Deus permite o mal para um bem maior e a história do pensamento cristão inclui uma tradição que defende que Deus tenciona, através do sofrimento, edificar a fé e o carácter em nossas vidas. Vide Aquino, *Summa Theologica* 1.48-49; John Hick, *Evil and the God of Love* (New York: Harper and Row, Publishers, 1966).
42 MacGregor, *He Who Lets Us Be*, 146.
43 Richard S. Taylor advoga uma versão modificada desta perspectiva em *Exploring Christian Holiness*, 3:20ss.

recusa em reconhecer o Senhorio do seu Criador, tem implicações de longo alcance, e muitas formas de dor, sofrimento e doença podem ser directa ou indirectamente resultado da rebelião humana – muito mais do que muitas vezes imaginamos. Estas formas de mal não colocam um sério problema intelectual para a fé teísta porque não questionam o poder (assumindo que Ele o auto-limitou pela a liberdade humana) ou o amor de Deus.[44]

Temos também de identificar aqueles aspectos da experiência a que por vezes chamamos de mal, que são as consequências inevitáveis da finitude. A menos que sejamos Deus, não podemos evitar a dor, sofrimento e morte em virtude de estarmos neste género de mundo, ou seja, por sermos criados. Isto não nos parece ser uma acusação crucial do Criador. Como diz H. H. Farmer:

> A menos que peçamos um mundo tão totalmente diferente daquele no qual nos encontramos vivos, que é impossível formar qualquer conceito dele, parece óbvio que a vida não poderia persistir, nem se desenvolver, a menos que, por um lado, pudesse sofrer o desconforto de pelo menos o desejo temporariamente insatisfeito [sic], e a menos que, por outro lado, estivesse num mundo suficientemente estável e regular no seu comportamento para negar, ainda que dolorosamente, quaisquer desejos que na verdade presumam ser o que não são.[45]

Contudo, quando levamos estas limitações até à extensão plena do problema, ainda somos deixados com males para os quais não podemos encontrar explicação racional nos limites da nossa esfera finita e que *parecem* questionar ou o poder ou o amor de Deus. Será que a Bíblia nos oferece algum tipo de solução? Não, se estivermos à procura de uma explicação racional e bem organizada de natureza filosófica. Na verdade, tem sido observado por alguns rabis judeus que a essência da religião Judaica é a luta com Deus e o problema do mal é um assunto acerca do qual os rabis têm tentado um "xeque-mate" a Deus, mas sem nunca serem capazes de o conseguir. (Habacuque é um exemplo típico dessa luta.) Ainda assim, há algumas pistas nas Escrituras que nos podem sugerir a saída da fé para este dilema.

---

44 Alguns sugeriram que Deus pode dar liberdade real e ao mesmo tempo eliminar a possibilidade de pecar, mas isto parece um trocadilho de palavras. H. H. Farmer diz: "O facto da iniquidade, de um ponto de vista, não constitui um problema para a mente religiosa ou até para a humanidade em geral. Está ligado com o facto da liberdade, sem a qual tudo na natureza de um relacionamento verdadeiramente pessoal é impensável. Sejam quais forem os problemas levantados à filosofia pelo problema da liberdade, não levanta nenhum para a vida prática e muito menos para o homem religioso uma vez que ele está consciente de estar num relacionamento vivo com Deus". *World and God*, 94.

45 Ibid., 90.

A primeira delas é uma pista que se inicia no próprio relato da criação em Génesis, e que deixa os seus vestígios de forma subtil por toda a Bíblia, até que se revela totalmente no livro do Apocalipse. Em Génesis 1:1-2 aparece a adaptação de um "caos" que é simbolizado pelo mar, ou águas turbulentas.[46] É isto que Deus vence no acto ordenador/processo da criação. Como diz Gerhard von Rad:

> não só fala de uma realidade que uma vez existiu num período pré-primevo, mas também de uma possibilidade que sempre existe. O homem sempre suspeitou que por trás da criação existe o abismo da ausência de forma; que toda a criação está sempre pronta para cair no abismo informe; que o caos, portanto, significa simplesmente a ameaça a tudo o que foi criado.[47]

Este complexo de ideias parece providenciar um simbolismo do mal que tem sido rejeitado por Deus no início, mas que permanece como ameaça constante à boa criação e, que mesmo em certas alturas, até consegue-se impingir ao mundo de Deus. O relato do Dilúvio pode, até certo ponto, reflectir a mesma imagem. A rebelião pecaminosa do homem abre as portas ao caos de água que por pouco engole o mundo, levando à promessa de Deus de preservação, simbolizada pelo arco-íris. É de todo possível que a separação das águas do Mar Vermelho tenha passado a mesma ideia para a mente hebraica.

Ao longo das Escrituras, o "mar" e as "águas", por vezes, simbolizam o mal e por vezes a fé encontra consolo e esperança ao lembrar-se da separação inicial que Deus fez das águas do caos (cf. Sal. 74; 77; Is. 51:9-11). Os milagres com a água que Jesus fez poderiam sugerir o mesmo poder criativo em acção para derrotar o mal. Norman Young defende que a intenção de Marcos nos seus relatos do acalmar da tempestade (4:41) e de Jesus a andar por sobre as águas (6:51) é para chamar a atenção para o poder da nova criação que estava a subjugar (ainda mais) os poderes do mal.[48]

A imagem final da vitória derradeira sobre o mal no Livro do Apocalipse apresenta-nos a conquista do que, à parte deste simbolismo, poderia ser um comentário enigmático: "Vi novo céu e nova terra, pois o primeiro céu e a primeira terra passaram e *o mar já não existe*". (21:1, itálico do autor). O resultado de "o mar já não existe" era resultado da ausência de todas as consequências do mal sobre a velha criação: "E lhes enxugará dos olhos toda lágrima, e a morte já não existirá, já não haverá luto, nem pranto, nem dor" (v. 4).

---

46 Existe uma vasta literatura sobre este assunto, começando com o trabalho pioneiro de Herman Gunkel, *Creation and Chaos*, publicado em 1895. Vide bibliografia massiva em Bernhard W. Anderson, *Creation Versus Chaos*.
47 *Genesis*, 48-49.
48 *Creator, Creation, Faith*, 73-74.

Esta breve consideração geral parece-nos sugerir que o mal é uma realidade excluída (isto é, não existe como tendo existência positiva, mas como a ausência do ser, o "nada" a partir do qual todas as coisas foram feitas; não é um dualismo velado) que Deus segura para que com toda a sua força não destrua a Sua criação; e, em última análise, quando a finitude for engolida pela imortalidade será totalmente vencida. Por analogia, nós também estamos envolvidos numa luta contra o mal, mas com Deus poderemos vencê-lo, tanto *en via* para como no final. Portanto, sugere-se que a questão principal com o mal, para a fé bíblica, não é entendê-lo, mas vencê-lo.

Isto leva-nos à próxima pista para o entendimento bíblico do problema que é a cruz de Cristo. A cruz pode ser interpretada como a palavra final de Deus para com a questão do sofrimento. O Velho Testamento luta repetidamente com este problema e oferece propostas penúltimas que apontam para a cruz. O Livro de Job é a mais conhecida destas tentativas. O que é mais marcante nesta teodiceia é que o livro apresenta pelo menos cinco soluções racionais propostas para o sofrimento, mas a sua palavra final encontra-se quando Job transcende a sua situação difícil e vem a colocar uma fé implícita em Deus:

Então, respondeu Jó ao SENHOR:
Bem sei que tudo podes,
e nenhum dos teus planos pode ser frustrado.
Quem é aquele, como disseste, que sem conhecimento encobre o conselho?
Na verdade, falei do que não entendia;
coisas maravilhosas demais para mim,
coisas que eu não conhecia.
Escuta-me, pois, havias dito, e eu falarei;
eu te perguntarei, e tu me ensinarás.
Eu te conhecia só de ouvir,
mas agora os meus olhos te vêem.
Por isso, me abomino e me arrependo no pó e na cinza.
(42:1-5)

Esta não é uma resposta racional, mas sim pessoal.

O ponto alto do esforço do Velho Testamento para que o sofrimento faça sentido encontra-se nas passagens do Servo Sofredor em Isaías 40-55, onde o sofrimento do servo justo de Deus é visto como redentor. Está apenas um curto passo do Calvário, onde o Servo sofre e, no momento da Sua mais intensa agonia reflectido no grito de abandono da cruz, domina o mal. Assim, vemos por esta perspectiva, mais uma vez, que na fé cristã o mal e o sofrimento são-nos apresentados, não como um problema a resolver, mas como um desafio, como algo a ser conquistado com consequências redentoras. William Robinson sugere que vemos três coisas na cruz: (1) vemos, à luz de todas as evidências contrárias, que Deus é amor. (2) Vemos que Deus é recto, que Ele não é indiferente a considerações morais. E (3) vemos que este não é apenas uma informação - "consolo frio para um sofrimento como o nosso. Envolvido nela está a *acção* de Deus".[49]

A sua conclusão é: "A centralização das nossas perplexidades na cruz, dá-nos uma *fé* pela qual vivemos, algo muito melhor que um *gnosis* fazendo cada passo do caminho óbvio – que, no fim de contas, é uma receita para os covardes e não para os heróis".[50]

A natureza e a história criam o problema do mal. A cruz aponta o caminho da solução. E à luz da cruz, o caminho cristão é uma caminhada fiel, por vezes através das "águas profundas", até que "o mar não mais exista".

Providência, Milagre e Oração

A questão da relação contínua de Deus com a Sua criação levanta vários assuntos cruciais para a teologia e muito práticos na sua orientação. Uma coisa é falar de Deus, trazendo o mundo à existência através do decreto divino, para que tenha um início; outra é falar acerca do estatuto dessa criação depois do acto *ex nihilo*. Será que Deus estabeleceu um conjunto independente de leis pelo qual o reino da natureza opera, de modo a que Ele já não intervenha (deísmo – transcendência radical)? Ou será que toda a chamada ocorrência natural pode ser atribuída a actividade divina imediata (primitivismo)? As mesmas questões podem ser levantadas em relação à esfera da história como o mundo da realidade humana, mas outras dimensões impingem-se a si mesmas no quadro, quando seres humanos estão envolvidos, devido ao facto da liberdade. O termo mais geral para este complexo de questões é *Providência*.

Providência

A providência é uma extensão lógica do conceito de criação. A menos que prossigamos para a Sua providência, teremos um conceito parcial do significado da afirmação "que Deus é o Criador". Ninguém seriamente acredita que o mundo foi criado por Deus, que não esteja também persuadido de que Ele cuida das Suas obras.

O termo *providência* é derivado de duas palavras latinas *pro* e *videre*, significando olhar para o futuro, prever, e, portanto, planear adiantadamente. Também significa "executar um plano". Em suma, sugere a ideia de propósito ou intenção e direcção para a realização desse propósito.

---

49 *Devil and God*, 82-83.
50 Ibid., 81.

Teologicamente, a doutrina é geralmente dividida em providência geral, que tem a ver com a supervisão geral da criação por Deus; e providência especial (ou pessoal), que tem a ver com a vida individual ou actos específicos de Deus.

A providência geral relaciona-se mais ou menos com a ideia ontológica que Deus sustém a criação de forma a que a sua existência contínua dependa, momento a momento da Sua actividade. Ele sustenta todas as coisas pela palavra do Seu poder (Heb. 1:3; Act. 17:28). Pode também ser usada em referência à Sua liderança universal da história humana até ao seu auge cósmico.

A providência especial relaciona-se sempre, directa ou indirectamente, com os assuntos dos homens. Num sentido, todo o Velho Testamento pode ser considerado como uma história da actividade providencial de Deus em relação ao povo de Israel. Há alturas em que os propósitos de Deus podem ser vistos a trabalhar em e através, mas passando por cima do pecado do homem. Talvez o exemplo mais dramático e auto-consciente disto seja o caso de José, cujas palavras em Gen. 45:7-8*b* captam a confiança de que Deus derruba as intenções maléficas do homem de forma a cumprir os Seus próprios planos a longo prazo.

A principal passagem do Novo Testamento é Rom. 8:28. Um problema aqui é que versões amplamente citadas deixaram este texto com um sabor um tanto naturalista, mas talvez um factor ainda mais desmoralizador é que o versículo é frequentemente citado fora do seu contexto, que essencialmente inclui o versículo 29. Ele não afirma que Deus é a Fonte imediata de todas as ocorrências que afectam a vida do crente, mas que Deus é capaz de fazer brotar o bem do que quer que aconteça. O significado depende da definição do termo "bem". Esta é uma palavra de propósito, como temos visto várias vezes, e o versículo 29 torna claro o que é o bem, o que Deus Se propõe produzir nas vidas do Seu povo através das ocorrências da vida: que eles possam ser "conformes à imagem de Seu filho". Se identificamos o bem com prazer, falta de desconforto, ou outras consequências egocêntricas, em última análise, iremos ficar desapontados. Mas se em fé a nossa reacção às adversidades da vida for adequada, o resultado será semelhança com Cristo em carácter e atitude e, portanto, o bem a que Deus se propõe será alcançado.

Esta análise leva-nos ao facto fundamental que a providência tem um elemento pessoal do qual não podemos escapar. É uma verdade que é vista através dos olhos da fé. Se tomarmos eventos específicos em que vemos Deus a trabalhar e os generalizarmos numa teoria abstracta, acabaremos por ter não um Deus de amor, mas um monstro. Como H. H. Farmer tão bem o coloca: Fé na providência significa, "não uma afirmação quási-filosófica de uma harmonia final nas coisas, mas uma confiança que a vida pessoal do homem é a preocupação de uma sabedoria e poder superiores a si mesmo".[51]

Um dos assuntos mais críticos da doutrina da providência envolve a relação entre a soberania de Deus e o livre arbítrio. Uma cosmovisão determinista, seja filosófica ou teológica, evita a questão, mas abandona quaisquer dimensões pessoais significativas no relacionamento de Deus com o mundo. Se os homens são peões que (não quem) o Soberano Mestre de Xadrez move de uma forma unilateral, e até caprichosa, o carácter pessoal da relação divino-humana é efectivamente eliminado.

Tomar a outra posição é reconhecer uma limitação da soberania de Deus que pode ser vista como auto-imposta. Geddes MacGregor, num esforço continuado de especificação das implicações sistemáticas da declaração bíblica de que Deus é amor, diz sobre este ponto:

> Dizer que o Deus bíblico é amor é dizer que a sua criação é um acto, não de auto-expansão, mas de auto-limitação. Porque o Deus bíblico, sendo ontologicamente perfeito em si mesmo, bem como soberano e independente das suas criaturas, não teria para onde ir em termos de expansão... O único caminho que poderia tomar no seu acto criativo seria um caminho de auto-limitação, auto-esvaziamento, auto-abnegação. É isso que *ágape* implicaria.[52]

E, no entanto, por outro lado, poderia ser argumentado que se Deus é amor, não é uma limitação, mas uma expressão expansiva para dar liberdade total ao homem, visto que o amor se manifesta de forma abnegada. Em qualquer dos casos, o resultado é o mesmo, e a perspectiva wesleyana afirma a actividade de Deus no contexto da liberdade humana. Isto significa que Deus não determina as escolhas de cada um, mas influencia-as. O homem pode submeter a sua vontade a Deus para obter direcção, mas isso não viola a sua liberdade. Deus pode até influenciar vontades opostas, mas não por coacção. Embora isto seja um mistério além da nossa capacidade de total compreensão, talvez o mais próximo que podemos chegar de uma explicação é dizer que Deus usa métodos de persuasão. Em última análise, a doutrina da providência está coberta por um véu de mistério que a fé não pode penetrar afim de formular uma solução racional. Contudo, isto não detém a confiança da fé no cuidado do Deus vivo pela Sua criação.

William Robinson põe o dedo no âmago da questão, quando diz:

> Se ousadamente livrarmos as nossas mentes de conceitos metafísicos e exangues e pensarmos em Deus em termos pessoais, como a Bíblia nos convida a fazer, e aceitarmos a perspectiva de que tanto a criação como a redenção,

---

51 *World and God*, 89.
52 *He Who Lets Us Be*, 19.

a níveis diferentes, envolvem a noção de auto-limitação em Deus, então não seremos, realmente, capazes de entender completamente o mistério da providência de Deus, mas pelo menos não estaremos a partir de pressupostos que nos impedem de chegar a qualquer género de entendimento.[53]

Milagre

A discussão de providência entra directamente na questão de milagres. O aspecto mais crucial deste tópico muito debatido é a nossa definição de milagre. A definição faz toda a diferença no mundo quanto à questão de acreditamos ou não na possibilidade de milagre, apesar de não ser, claro em última análise a questão decisiva. C. S. Lewis está certamente correcto ao observar que "o que aprendemos da experiência depende do género de filosofia que trazemos para a experiência. É, portanto, inútil apelar para a experiência antes de termos resolvido, tão bem quanto pudermos, a questão filosófica".[54] É por esta razão, acima de tudo, que uma teologia contemporânea nunca poderia pensar em usar os milagres como evidências para a proposição de que a revelação ocorreu.[55]

O ponto de partida habitual para uma discussão de milagres é o levantamento da questão da sua relação com a lei natural. Mas isto seria cometer o que Gilbert Ryle chamou, a outro respeito, um "erro de categoria". Esta abordagem trata milagres como uma categoria científica, embora seja principalmente, se não exclusivamente, uma categoria teológica (vide discussão acerca de teologia, em relação a outras disciplinas no cap. 1). Se não for tratada desta forma, torna-se uma pseudo-categoria no que diz respeito à fé religiosa.

A etimologia do termo dá-nos um ponto de partida. Significa "aquilo que produz espanto, ou reverência, ou maravilha", ou pode significar "aquilo que leva alguém a maravilhar-se". Isto abre-nos a porta, mas ainda não distingue a relevância distintamente religiosa dos milagres. Por exemplo, não diferencia os milagres da magia, que também produziria "espanto". Um passo adicional é necessário para dar conteúdo ao espanto. Um

---

53 *Devil and God*, 116.
54 *Miracles* (New York: Macmillan Co., 1947), 7.
55 Este era um procedimento normal das teologias pré-modernas. Contudo, ao fazer isto muitas vezes conduziu à falácia lógica de questionar se o argumento tomasse o rumo de usar o milagre para autenticar a revelação e depois afirmasse a validade dos relatos de milagres porque aqueles eram inspirados. Interessantemente, John Wesley, que viveu no apogeu de tais apelos, recusou-se a partilhar desta apologética e explicitamente rejeitou a ideia que milagres servem para provar as afirmações teológicas básicas. Estas autenticam-se. Vide "The Principles of a Methodist Farther Explained" em *Works* 8:467-68.

milagre é um evento (ou não-evento) que cria no indivíduo uma consciência pessoal de Deus.

Muitos eventos transcendem o nosso entendimento e criam uma sensação de mistério, mas não geram uma experiência de êxtase, ou seja, a resposta a Deus em fé obediente, louvor, adoração, e gratidão que o milagre bíblico se propõe a produzir. Isto explica porque Jesus recusou-se a operar "sinais e maravilhas" para aqueles que queriam ter as suas vontades coagidamente persuadidas por eventos espectaculares. Os seus pressupostos proibiam-nos, não de acreditar nos eventos milagrosos, mas de permitir que tais ocorrências os levassem à verdade como está presente em Jesus. Tem sido defendido de forma persuasiva que a mensagem central da história de Jesus do homem rico e de Lázaro foi na linha climática da resposta de Abraão ao pedido do homem rico que enviasse Lázaro como evangelista a seus irmãos: "Eles têm Moisés e os Profetas(...) Se não [os] ouvem, tampouco se deixarão persuadir, ainda que ressuscite alguém dentre os mortos" (Luc. 16: 29, 31).

Com este entendimento básico e classificação de categoria adequada em mente, podemos prosseguir para falar da questão da relação dos milagres com outros aspectos da experiência que temos do mundo à nossa volta, ou seja, da sua relação com a "lei natural".

Antes de mais deve ser notado que lei natural é um conceito que seria estranho aos autores bíblicos. É uma estrutura relativamente moderna. Ademais, a lei natural não deve ser vista de forma alguma como determinista, mas simplesmente como uma generalização descritiva da forma como os vários fenómenos normalmente se comportam. Isto, em si mesmo, deveria causar uma atitude cautelosa no julgamento do milagre religioso à luz deste critério.

A definição mais comum e popular de milagre é "uma interferência na natureza por um poder sobrenatural".[56] Pouco vezes são notadas as consequências desastrosas em que esta restrição pode resultar. Pode, de forma lógica, levar à impossibilidade de reconhecer quando um milagre ocorre, visto que o nosso entendimento finito nunca poder ter certeza se um evento ostensivamente milagroso contorna realmente uma lei natural. Mas, talvez mais óbvio sejam os resultados históricos. Não tendo visto tais eventos que possam ser identificados como genuínos,[57] muitos cristãos conservadores modernos têm seriamente tomado a posição de que os dias de milagres são passado, tendo estes sido restringidos aos tempos bíblicos. Outros, menos

---

56 Esta é a definição com a qual C. S. Lewis abre a sua apologética de milagres. *Miracles*, 10.
57 Esta afirmação é feita em plena consciência do facto de que há muitos charlatões

conservadores, foram mais além e racionalizaram as histórias de milagres na Bíblia, com base na sua experiência presente das leis científicas.

Mas este entendimento popular não é a única interpretação e há uma forte tradição que rejeita esta maneira de o ver. Agostinho pronuncia-se a favor de uma outra construção: "Porque dizemos que todos os portentos são contrários à natureza; mas não é assim. Porque como pode ser contrário à natureza aquilo que acontece por vontade de Deus, uma vez que a vontade de tão poderoso Criador é certamente a natureza de cada coisa criada? Por isso, um portento acontece não contrariamente à natureza, mas contrariamente ao que conhecemos como natureza".[58]

H. Orton Wiley concorda com esta tradição, uma vez que qualifica a sua definição de milagre com a expressão "além de qualquer medida criada" (*CT* 1:150).

Já vimos que muitas facetas da doutrina de Deus requerem um delicado equilíbrio entre transcendência e imanência. Aqui, temos que andar no mesmo caminho. Evitar a imanência na totalidade colocaria Deus de tal forma fora da Sua criação que a Sua actividade directa iria sempre envolver uma interrupção da ordem natural e, portanto, eliminaria muitas facetas daquilo que o homem de fé reconhece como milagre. Ao tomar uma posição extremamente imanente, o verdadeiro significado de milagre seria dissipado e acabaríamos com a definição muito insatisfatória de Schleiermacher, que dogmatizou "Milagre é simplesmente o nome religioso para evento".[59]

Definir o milagre como estamos a sugerir, significa que é virtualmente sinónimo de revelação. Todos os milagres genuínos, de uma perspectiva bíblica, são reveladores, e toda a revelação é milagrosa (em contraste com a mera descoberta humana). Por isso, há aqui uma relação simétrica entre os conceitos. Alan Richardson argumenta que tanto a revelação geral como a especial são, por natureza própria, milagrosas, pois não podem ser explicadas em termos de qualquer um dos processos naturais conhecidos da percepção e apreensão humana, e desperta em nós, ao mais alto nível o sentimento de maravilha, reverência e humildade.[60]

Não é necessário que restrinjamos milagre a um evento que aparentemente interrompa os processos normais da natureza e/ou história. Pode ser um evento puramente padronizado, cuja oportunidade da ocorrência

---

religiosos que são vendedores de milagres, explorando os mais credíveis e fazendo muito mal – juntamente com um pouco de bom, como engodo, sem dúvida.
58 *City of God*, 21.8.
59 Friedrich Schleiermacher, *On Religion: Speeches to Its Cultured Despisers*, trans. John Oman (New York: Harper and Row, Publishers, 1958) 88.
60 *Apologetics*, 165.

nos faz conscientes da actividade de Deus. Então, como todas as outras apreensões do Divino que estudámos, está implicado tanto um lado que dá (o evento) como um lado que recebe (a apreensão da fé de Deus a operar) com a resultante reacção religiosa. Neste contexto a definição de George Kaufman é excelente: "Qualquer evento que nos leve a interpretá-lo com referência a um acto de Deus, em vez de um acto ou causa finita (ainda que não necessariamente negando que tal agência finita também esteja envolvida) é um milagre".[61] Devemos enfatizar que esses eventos podem transcender o nosso entendimento da lei natural, mas não é necessário que isso aconteça.

Oração

A oração está relacionada tanto com a providência como com os milagres. Fazer uma oração de petição é apelar à providência de Deus. E como H. H. Farmer sugere na seguinte citação, a oração e os milagres são inseparáveis:

> Onde devemos então procurar aquelas experiências em que a palavra milagre vem com um máximo de espontaneidade e inevitabilidade aos lábios do homem religioso? A resposta é, naquela relação com Deus a que chamamos de oração, especialmente quando esta tem origem num profundo sentido de necessidade e toma a forma de uma petição crente.[62]

Não só é a oração a mais difícil das práticas cristãs para se teologizar, mas G. Campbell Morgan observa de forma correcta que "qualquer discussão da doutrina de oração que não resulte na prática da oração não só não ajuda, como é perigosa".[63]

A oração pode ter formas diferentes: acção de graças, louvor, adoração, bem como petição ou intercessão. Os primeiros tipos, que reconhecem principalmente, o estado de situações ordenadas por Deus, não criam qualquer problema teológico. Mas a oração peticionária é o tipo de oração acerca da qual é difícil dar um raciocínio teológico e, no entanto, Farmer defende que esta forma é realmente a *essência* da oração.[64]

Haveria duas formas possíveis de abordar a questão, qualquer uma das quais gira em torno da relação Criador-criatura. Poderíamos começar com o conceito bíblico de Deus e tentar deduzir as implicações disto para a oração; ou poderíamos começar com o padrão bíblico de oração e procurar determinar as implicações dessa imagem para a natureza de Deus. No

---

61 *Systematic Theology*, 307.
62 *World and God*, 116.
63 *The Practice of Prayer* (Westwood, N.J.: Fleming H. Revell Co., 1960), 11.
64 *World and God*, 127-28.

contexto deste capítulo acerca de "Deus o Criador" a abordagem lógica seria a primeira.

A oração é a reacção natural de alguém que sente profundamente o sentimento de dependência implicado num entendimento correcto da finitude. Portanto assume a qualidade de espontaneidade. Assim, num nível, a oração peticionária pode ser vista como a resposta normal da pessoa de fé – o reconhecimento que "toda boa dádiva e todo dom perfeito são lá do alto, descendo do Pai das luzes, em quem não pode existir variação ou sombra de mudança" (Tiago 1:17). Isto explica a razão pela qual as pessoas que normalmente não oram (por se sentirem auto-suficientes), voltam-se normalmente para a oração em tempos de dificuldade, por chegarem ao reconhecimento que estes são aspectos da vida sobre os quais não têm qualquer controle.

Mas num outro nível, toma a forma de oração cuja intenção é efectuar uma mudança no estado das coisas. Várias objecções têm sido levantadas quanto a isto: Deus já conhece as nossas necessidades e pretende supri-las, de forma que é inútil informá-Lo ou tentar persuadi-Lo a fazê-lo; ou poderia ser dito que tal oração é infantil e até mesmo egocêntrica se os seus fins forem eudemonistas.

Com base nestas e noutras dificuldades, muitos têm sentido que a petição deveria ser abandonada em favor de outra forma de oração que seja menos presunçosa quanto às suas pretensões de influenciar Deus a mudar alguma coisa. Em vez disso, a oração deveria ser ou uma confissão de resignação quanto à realidade das coisas como são, ou um método devocional de levar a nossa vida interior em submissão à imutável vontade divina.

Temos que evitar a falácia do "tudo ou nada" ao abordarmos a questão e reconhecer o valor destas objecções, embora não capitulando completamente às suas implicações. Certamente que a oração, mesmo de petição e intercessão, pode adequadamente servir para nos capacitar ao alinhamento dos nossos alvos e desejos com a vontade de Deus.

É também geralmente reconhecido que a oração tem um poderoso valor terapêutico. O Dr. Alexis Carrel, laureado com o prémio Nobel da Medicina, é citado como denominando a oração como "a mais poderosa forma de energia que se pode gerar" e afirmando que "a sua influência na mente e corpo humanos é tão demonstrável como a influência das glândulas secretoras".[65]

Contudo, é a dimensão objectiva da petição que traz mais dificuldades. Contudo, a Bíblia e a experiência cristã estão repletas de respostas à oração de "montanhas movidas", e isto para a fé, não pode ser desmentido.

---

65 Citado por MacGregor, *He Who Lets Us Be*, 158.

Podemos conceder que em muitos casos, causas finitas podem ser apeladas como tendo peso no resultado, mas, como no caso dos milagres, isto não invalida o reconhecimento da fé, de que Deus esteve providencialmente a trabalhar.

Em última análise, o assunto da oração permanecerá um mistério. Mas enquanto Deus for visto como pessoal (não um Brahman impessoal ou um Motor Imóvel Aristoteliano), a interacção das vontades do Criador e da criatura tem de ser reconhecida como tendo possíveis resultados dinâmicos.

À luz da imagem bíblica de Deus, podemos fazer, com algum grau de certeza, alguns juízos teológicos acerca deste relacionamento. Primeiro, a oração não deve ser vista como um meio de conquistar a relutância de Deus, ou como alguma forma de "torcer o braço", ou de incessante menção do assunto, para pressionar Deus a fazer algo que Ele não quer fazer. Deus, como um Pai de amor, impossibilita tal paródia.

Como, então, explicar as parábolas de Jesus que pedem a importunidade ou a persistência na apresentação do nosso caso ao Pai Celestial? Podemos sugerir que tal período mais extenso de petição pode servir pelo menos uma função muito importante. A oração pode, no processo de busca, levar quem a faz para além de motivos puramente egoístas, e purgar as suas atitudes de assuntos eudemonistas. O que ele começa por pedir, como meio de alívio próprio, pode acabar por pedir para a glória de Deus. Hendrikus Berkhof apoia de forma implícita esta sugestão, no seguinte texto:

> Até mesmo o mais supersticioso que vinha a Jesus, pedindo pão ou cura, não mandava embora sem resposta. Pelo contrário, em comunhão com ele, aprendiam a pedir por mais do que o que inicialmente tinham pedido, e pedir de maneira diferente: não mais somente partindo das suas próprias necessidades, mas muito mais a partir da perspectiva dos propósitos de Deus os quais incluíam os seus próprios cuidados.[66]

Orações infantis, que veem Deus como um Pai Natal Divino, compondo listas de presentes para as crianças bem-comportadas, podem ser inevitáveis no início da vida cristã. Mas, no processo de maturação, embora a petição não deva ser abandonada, esta torna-se mais centrada em Deus e menos egocêntrica. As palavras de Gustav Aulén captam bem este ponto:

> O propósito final da oração da fé militante é o cumprimento da vontade amorosa de Deus. Este é o elemento constitutivo de toda a oração militante. Seja o que for que a oração de fé peça, o seu alvo final aponta nesta direcção. A fé não pode e não deseja nada que não seja o cumprimento da vontade

---

66 *Christian Faith*, 493.

amorosa de Deus. Portanto, a oração de todas as orações é "Seja feita a Tua vontade".[67]

Todas as manipulações que tenham como seu propósito o dobrar da vontade divina à nossa vontade são indignas do relacionamento Criador-criatura. Esforços para encontrar fórmulas, padrões de oração, ou práticas de oração que sejam mais pragmaticamente efectivas em criar resultados quando uma simples petição de fé fica aquém do esperado, são em última análise, o resultado de conceitos errados sobre a natureza de Deus e a Sua relação com as pessoas finitas.

Esta análise leva-nos ao tópico da fé. Oração e fé são gémeos siameses da vida devocional. Entender a sua ligação irá aclarar ainda mais o tema da oração. A oração da fé, ensina o Novo Testamento, é a oração efectiva. Fé é a reacção humana à vontade divina revelada. "a fé vem pela pregação, e a pregação pela palavra de Cristo" (Rom. 10:17). A fé não é possível onde a promessa ou vontade de Deus ainda não foram manifestadas. Posso ter fé somente naquilo que é de acordo com a Sua vontade.

O artigo de fé sobre a cura divina no *Manual da Igreja do Nazareno* reflecte o entendimento bíblico: "exortamos o nosso povo a procurar oferecer a oração da fé". Nem sempre é possível. Mas onde a vontade de Deus é positiva, podemos ser capazes de oferecer a "oração da fé", e Deus responderá afirmativamente. Mas tal oração é impossível quando a vontade de Deus vai noutra direcção. A fé verdadeira submete-se à vontade amorosa do Pai e sempre ora: "Seja feita a Tua vontade".

Uma palavra acerca do jejum e oração talvez venha a aclarar ainda mais a questão. Jejuar é primariamente uma actividade do Velho Testamento e é simbólico de arrependimento. À luz disto, é claramente entendido como o alinharmo-nos em conformidade com a vontade de Deus, seja a nível pessoal ou nacional. O Novo Testamento somente fala do assunto de forma dispersa, e aqui, ou o significado do Velho Testamento é continuado, ou pode ser interpretado como um auxílio para a fé.[68]

O jejum nunca deve ser entendido como um acto de auto-negação porque o corpo e os seus apetites são maus (como já vimos, isto viola toda a doutrina da criação) ou como meio de alguma forma, apelar à piedade divina e assim O persuadir. Antes, propriamente entendido, o jejum é uma

---

67 *Faith of the Christian Church*, 356-57.
68 Nos seus comentários sobre Marcos 9:29, Ralph Earle diz: "Esta passagem é uma de várias no Novo Testamento, em que os mais antigos e melhores manuscritos Gregos não fazem qualquer referência ao jejum. Exemplos são os textos paralelos em Mateus 17:21, Actos 10:30 e 1 Coríntios 7:5. Parece evidente que a ênfase crescente no ascetismo na igreja primitiva levou à interpolação do 'jejum' em vários locais onde este não existia no original Grego". *The Gospel of Mark*, in *The Evangelical Commentary* (Grand Rapids: Zondervan Publishing House, 1957).

forma de estarmos em união mais íntima com a vontade divina, e assim, num sentido, é oração encenada buscando a mente de Deus.

Mais uma vez temos que encontrar o nosso melhor entendimento entre a transcendência radical e imanência completa. A oração nem é uma aquiescência estóica ao inevitável, mesmo se visto como a vontade de Deus, nem um chamar desesperado de uma Divindade retirada que tem que ser coagida a relacionar-se com o mundo. É o andar do "caminho estreito entre a magia e o misticismo".[69] A oração verdadeira é a interacção de parceiros de aliança pessoais da qual consequências podem ter lugar que de outro modo não ocorreriam. Claramente a dinâmica desta interacção e os seus resultados transcendem qualquer metafísica racional e até mesmo eludem o mais piedoso dos teólogos.

A Criação como Escatológica

O padrão geral reflectido nas Escrituras judaico-cristãs pode ser descrito como um movimento partindo da velha criação para a nova criação. Este movimento tem de ser visto como analógico ou típico, mas não cíclico. Não é um retorno ao princípio, mas uma nova criação a ocorrer na consumação da história.

A apropriação, por Israel, do simbolismo prevalente da criação, como vimos anteriormente, quebrou decisivamente com as representações mitológicas encontradas nas religiões pagãs. Tudo foi decididamente historizado na medida em que foi agarrado e usado para informar os eventos cruciais da história de Israel. Os actos salvíficos de Deus, especialmente o Êxodo, foram interpretados como o poder criativo de Deus manifestando-se no desviar das águas do caos. Assim, este mesmo historicizar envolve uma dimensão escatológica.

> Os profetas e poetas israelitas apropriaram-se da velha imagem do caos de forma a retratar o contínuo trabalho criativo e redentor de Deus. A luta entre Criador e caos é uma que continua na esfera da história, e esta luta histórica continua do primeiro ao último dia.[70]
>
> Ao início corresponde um final, à criação uma culminação, ao "muito bom" aqui o "perfeito" além; correspondem-se cada um com cada qual; na teologia do Velho Testamento a criação é um conceito escatológico.[71]

A dimensão escatológica é encontrada de forma implícita nos Salmos, mas o ponto em que se torna mais explícita é nas profecias de Isaías 40-55.

---

69 Hendrikus Berkhof, *Christian Faith*, 493.
70 Bernhard W. Anderson, *Creation Versus Chaos*, 132.
71 Ludwig Kohler, *Old Testament Theology*, trans. A.S. Todd (Philadelphia: Westminster Press: 1953), 71.

O profeta dirige-se a um povo que caminhou por um vale profundo, quase eclipsando a sua fé em Yahweh, e a sua tarefa era reacender a fé no seu Deus. Sem esta renovação de confiança, o seu anúncio de que Deus estava prestes a renovar a Sua actividade redentora na história, iria cair em ouvidos não receptivos. De forma a poder alcançar este alvo, o profeta apela à Criação como paradigma (vide 40:21-23, 25-26). Os ídolos que desafiaram a posição de Yahweh no coração do Seu povo estão, eles mesmos, cativos dos limites da natureza e história; Yahweh o Criador transcende ambos, e assim é o Controlador da história. Portanto, a história é a continuação do poder criativo de Deus.

Israel passou agora pelo caos do Cativeiro Babilónico e quase ficou derrotado, mas o Deus Criador reprimiu o Dilúvio como prometeu a Noé (Is. 54:9-10). Agora, Ele irá conceder-lhes vitória redentora sobre as águas e trazer à existência uma nova criação. (vide 48:6*b*-7; a palavra "criadas" vem do verbo *bara* usado em Génesis 1 para o decreto criativo. Ver também 44:24-28, onde a linguagem explícita da criação a conquistar o caos informa o anúncio de Ciro como instrumento de Deus no novo Êxodo.)

O coração da mensagem do profeta é que Deus está a conquistar o caos do Cativeiro Babilónico e a fazer um caminho através do "mar" para os redimidos passarem e voltarem a Sião com "alegria e gozo" (Isa.35:10).

Eventualmente, a profecia do Velho Testamento passou a apocalíptica, com a sua visão de uma consumação que se iria actualizar somente para além dos limites da história. Na visão apocalíptica, o "monstro do caos", que foi conquistado no início irá libertar-se das suas cadeias no final do tempo, e irar-se contra o Senhor e o Seu povo. Mas então ele será decisivamente derrotado, de uma vez por todas. No "Pequeno Apocalipse" encontrado em Isaías 24-27, a derrota do Leviatã que se intrometeu ao longo dos conflitos da história, será final:

"Naquele dia, o SENHOR castigará com a sua dura espada, grande e forte, o leviatã, a serpente veloz, e o leviatã, a serpente tortuosa e matará o dragão que está no mar". (27:1).

O culminar será "um novo céu e uma nova terra" onde habitará a justiça (ver Isa. 65:17; 66:22; 2 Ped. 3:13; Apoc. 21:1). Edmund Jacob diz:

> A escatologia é um regresso ao princípio, mas com algo que estava ausente na primeira criação. É por isso que o interesse na nova criação anda de mãos dadas com a intensidade da esperança de Israel, que se torna cada vez mais entusiasta à medida que o pecado vai, gradualmente, levando a terra ao caos. Os novos céus e a nova terra não serão essencialmente diferentes da primeira

criação, mas serão livres das forças do caos que ameaçam a sua integridade e segurança.[72]

Esta dimensão cósmica da fé bíblica é captada nas palavras resumidas de Bernhard Anderson:

> Assim, no apocalíptico, o drama histórico total, da criação à consumação, é visto como um conflito cósmico entre o divino e o demoníaco, criação e caos, o reino de Deus e o reino de Satanás. De acordo com esta perspectiva, o resultado do conflito será a aniquilação victoriosa dos poderes que ameaçam a criação feita por Deus, incluindo a morte, que os escritores apocalípticos vêem como um inimigo hostil a Deus. Visto nesta perspectiva, o papel do Ungido, o Messias, não seria somente libertar os homens do cativeiro do pecado, mas também batalhar triunfantemente contra os formidáveis poderes do caos.[73]

O Cristo que foi o Instrumento da criação no princípio e que no meio combateu com sucesso os poderes do caos, irá por causa disso, ser o *Christus Victor* no final. "Eles [os poderes do caos] combaterão contra o Cordeiro [que foi morto na cruz], e o Cordeiro os vencerá, porque é o Senhor dos senhores e o Rei dos reis; vencerão os que estão com ele, chamados, eleitos e fiéis" (Apoc. 17:14).

Ética da Criação

As discussões da ética teológica (quer denominada do Velho Testamento, Novo Testamento, bíblica ou cristã), tradicionalmente não reconhecem uma distinção entre o que pode ser chamado de ética da *criação* e a ética da *redenção*. A última tem sido normalmente o centro das atenções. Mas deveria ser reconhecido que esta compreensão ética só se aplica ao povo de Deus e somente de forma muito estranha a outros. Esta verdade de forma alguma invalida o carácter universal da ética da redenção, mas simplesmente reconhece o seu carácter distinto.

A ética da criação assume, com base na doutrina da criação, que Deus embutiu o mundo criado com certas estruturas. Estas estruturas não podem ser validamente comparadas com a lei natural científica devido a pelo menos três razões: (1) a lei natural é simplesmente uma descrição do comportamento normal de fenómenos inertes; (2) a ética só pode ter significado num contexto de liberdade, portanto, não é de forma alguma determinista; (3) a experiência humana não pode descobrir uma lei de criação inexorável que não possa ser violada ou que funciona de modo rígido, inevitável e sem excepção.

---

72 *Theology of the Old Testament* (New York: Harper and Row, Publishers, 1958), 142.
73 *Creation Versus Chaos*, 143.

Assume que, no que diz respeito a pessoas humanas, há certos comportamentos (por ex.: casamento monogâmico, ver acima) que são mais satisfatórios, e que quando estas estruturas são violadas, há danos infligidos ao espírito humano.

Existe uma correlação íntima entre esta perspectiva e o ramo conservador da literatura de Sabedoria do Velho Testamento. Esta literatura pode ser classificada como uma "teologia da criação". Como representada principalmente nos Provérbios, os homens sábios "buscaram um princípio estrutural unificado na vida. Ao generalizarem, a partir da experiência, eles propuseram regras como indicadores desta estrutura moral da vida e como marcos no caminho".[74] O homem sábio religioso viu este princípio "embutido" na ordem moral, pelo Criador.

Hoje, esta direcção pareceria relacionar-se principalmente com o campo secular, mas a mente hebraica não conhecia tais distinções entre o sagrado e o secular.

É muito importante notar que os provérbios éticos recomendam (não impõem) certos comportamentos por causa das consequências em termos do interesse próprio. É para vantagem da própria pessoa que ela siga este conselho, porque resultados indesejáveis normalmente ocorrem quando ele é ignorado; e bons resultados quando é seguido.

O ramo céptico da literatura de Sabedoria (notavelmente Job e Eclesiastes) lutam com o problema de reconciliar os princípios gerais deduzidos pelos homens sábios, com os factos divergentes da experiência. Daí observarmos a distinção da lei natural referida anteriormente no ponto 3.

Talvez a expressão mais clara do cepticismo desta literatura seja encontrada em Ecl. 8:14: "Ainda há outra vaidade que se faz sobre a terra: há justos a quem sucede segundo as obras dos ímpios, e há ímpios a quem sucede segundo as obras dos justos".

Em Job, o problema torna-se muito intenso por causa da sua natureza existencial. O ponto é que o "princípio estrutural" não é questionado, não é simplesmente entendido. A luta de Job é tentar ver o que Deus está a fazer, não pôr em causa o facto de Deus ter, de alguma forma, embutido na criação os Seus propósitos. Numa palavra, a dificuldade na identificação da ética da criação não invalida a fé do homem sábio de que esta exista.

Outra ilustração desta ética universal encontra-se na profecia de Amós. Numa série de oráculos contra nações estrangeiras (caps. 1-2) o profeta condena estes povos com base no seu tratamento desumano de outros seres humanos. Por outras palavras, há uma aliança de fraternidade à qual

---

74 R. B. Y. Scott, *Proverbs, Ecclesiastes*, vol.18 in *The Anchor Bible*, ed. William Foxwell Albright and David Noel Freedman (Garden City, N.Y.; Doubleday and Co., 1965), xvii.

todos os homens, ainda que fora da lei revelada, aderem. Deus trá-los-á a juízo quando a violam. Os próprios hebreus, por contraste, são condenados por Amós por pecados especificamente religiosos. Isto implica, claramente, que há uma ética que se aplica a pessoas fora do povo da aliança. O seu entendimento e aplicação é bastante menos preciso do que a lei revelada, mas mesmo assim está presente como uma realidade da qual teremos que prestar contas.

Os homens não obedecem a esta ética automaticamente por ser uma questão de instinto ou por causa de alguma tendência inata. Mas as suas vidas corporativas e individuais têm mais significado e são mais felizes se se conformarem a ela. Contrariamente, a vida corporativa e individual fica danificada e ferida quando esta ética é violada. A condição caída do homem tem, sem dúvida, criado sérios problemas para a clara identificação do conteúdo. Mas alguma luz pode ser obtida pela análise das facetas destrutivas e construtivas da existência humana.

PARTE IV

As Doutrinas de Deus o Salvador

CAPÍTULO 9

A Humanidade como Pecadora

Falar de Deus como Salvador traz à mente aquelas doutrinas tradicionalmente associadas com o Filho, apesar de devermos evitar falar de Cristo como Salvador de tal forma que coloquemos o Filho em oposição ao Pai, ou de forma a deixar a impressão que a salvação não é a obra de Deus. Também introduz a questão do objecto do amor e trabalho salvífico de Deus (humanidade) e a razão pela qual esse trabalho salvífico é necessário (pecado). Vamos primeiro abordar a questão do pecado.

Não podemos falar de forma adequada de pecado isoladamente como um conceito abstracto. O pecado não existe independente dos seres humanos. Ademais, não deve ser visto como uma parte defeituosa ou faltosa da natureza humana. A Bíblia fala sempre dos seres humanos na sua totalidade a este respeito. Assim, devemos falar, não tanto do pecado em si, mas da humanidade enquanto pecaminosa. W. T. Purkiser afirma que o pecado "é melhor definido não como uma coisa, uma entidade ou quantidade tendo um estatuto ôntico, mas como a condição moral de um ser pessoal" e reforça ainda mais esta posição com as seguintes palavras: "Deve ser lembrado que o bem e o mal são termos pessoais. São actos e qualidades das pessoas, não abstracções tendo existência independente".[1]

As fontes bíblicas usam uma quantidade quase desconcertante de termos para a ideia que é frequentemente reduzida à palavra "pecado". É muito difícil organizá-los num padrão sistematizado. O primeiro passo para a clarificação parece ser o reconhecimento do contexto em que são usados, especialmente os que têm significados mais latos. No Velho Testamento muitos são usados como termos de aliança. Ou seja, são melhor entendidos como

---

1 *God, Man, and Salvation*, 87, 120. Ele também sugere que o entendimento do Velho Testamento de pecado é como uma "distorção" e que "a evidência se inclina na direcção de categorias privativas, *relacionais* e dinâmicas" (itálico do autor). 86.

sendo referências a um fenómeno dentro do relacionamento do pacto. O pecado constituía uma violação dos termos do pacto. O Novo Testamento apresenta mais ou menos a mesma imagem, especialmente quando os seus comentários sobre o pecado têm o Velho Testamento como pano de fundo.[2]

O outro lado da moeda é que para o Velho Testamento, a fonte mais pungente para o nosso entendimento da humanidade como pecaminosa, Génesis 1-11, faz uso mínimo da terminologia padrão. A passagem central no Novo Testamento é Romanos 1-3, na qual Paulo lida com todo o mundo fora de Jesus Cristo. Contudo, noutros textos, mais do que qualquer outro autor neo-testamentário, aborda de forma especial a questão da situação delicada da humanidade caída, mas sempre em termos da humanidade longe de Cristo. Neste contexto mais lato, o ponto fulcral é Rom. 3:23: "Porque todos pecaram [*hēmarton*] e destituídos estão da glória de Deus". Isto refere-se ao presente estado humano longe de Cristo.

O termo chave neste versículo, *hamartanō*, significa literalmente, "errar o alvo". Embora seja um pouco redundante, visto reiterar a relevância da palavra, a frase final do versículo pode ser vista como uma definição de pecado. Isto abre a porta para um entendimento do que essencialmente significa para o homem ser um pecador. O termo "glória" é um sinónimo do Novo Testamento para "imagem" (cf. 1 Cor. 11:7; 2 Cor. 3:18; et al.). O homem foi criado para ser portador da semelhança de Deus; idealmente, ele é a "imagem e glória de Deus". Isto dá-nos a pista para o significado da presente passagem. "A glória de Deus" é a semelhança divina, de que o homem deve ser portador. Na medida em que o homem se aparta da semelhança de Deus, ele é pecaminoso. "Ficar aquém da glória de Deus é pecar. Esta definição, simples, lata e profunda, deve ser mantida em mente sempre que Paulo tem ocasião de falar sobre o pecado".[3]

Gustav Aulén ressalta este assunto de forma decisiva:

> O conceito da imagem de Deus não pode ser demonstrado ou estabelecido independentemente da fé; é uma afirmação de *fé* que toma significado na e através da revelação de Deus e na medida que o homem compreende o que comunhão com Deus significa. Ele emerge no e através do encontro com o amor condenador e restaurador de Deus. Torna-se então aparente que o

---

2   Um exemplo vívido tanto da inadequação da tentativa de construção de uma doutrina de pecado sobre estudos linguísticos das palavras envolvidas, como do fracasso em não se levar em conta o contexto é o livro de C. Ryder Smith, *The Bible Doctrine of Sin* (London: Epworth Press, 1953). O resultado é um tratamento muito insatisfatório que acaba por definir pecado como desobediência a Deus. Este é um conceito de aliança muito adequado; mas como Smith demonstra no seu próprio desenvolvimento lógico, leva inevitavelmente a uma negação do conceito do pecado original ou pecaminosidade como uma categoria viável.

3   Dodd, *Romans*.

destino do homem é viver sob o domínio de Deus, que o pecado é aquilo que separa o homem daquele tipo de vida que Deus tencionou que ele vivesse.[4]

Esta perspectiva remete-nos directamente para o Velho Testamento, onde podemos encontrar a base teológica para um entendimento verdadeiramente bíblico de pecado, como errar o alvo do ideal divino, a *imago Dei*.

Rectidão Original e a *Imago Dei*

Numa secção anterior discutimos a *imago* em termos da sua implicação dualista na fé bíblica e aí tentámos demonstrar a viabilidade de uma interpretação relacional e o que isso significava em termos de revelação geral e especial. Ali olhámos para a relação em que a humanidade permanece perpetuamente, apesar de caída (graça preveniente) e falámos da humanidade como sendo constituída por "confrontação" (Barth). Temos agora que ver, mais especificamente, o conteúdo envolvido quando os seres humanos estão numa relação correcta com o seu Criador, para que possamos entender a perversão que é o pecado. As palavras de Wesley reflectem de forma aguçada este entendimento do pecado, como a perversão da condição original da humanidade de estar num relacionamento correcto com Deus: "E assim, o homem foi criado olhando directamente para Deus, como seu alvo final; mas, caindo no pecado, desprendeu-se de Deus e voltou-se para si mesmo" (*Works* 9:456). A implicação teológica do(s) relato(s) de Génesis providencia muitos dos recursos escriturísticos para o nosso desenvolvimento sistemático.

Na nossa discussão anterior, onde explorámos a tese de que o *humanum* do homem é constituído por graça preveniente interpretada como "o homem em relação com Deus" a nossa ênfase estava na *imago* que foi retida (ou restaurada) depois da Queda, a imagem num sentido mais lato. Agora, voltamo-nos para a *imago* propriamente dita, ou para a humanidade em relacionamento correcto com o seu Criador, o que tem sido tradicionalmente referido como a "imagem moral". É este relacionamento que, queremos afirmar, constitui a rectidão original, em que o pecado original é visto como a perda desse relacionamento pré-Queda.

A teologia Ocidental, em geral, incluindo especificamente os Reformadores Protestantes, têm interpretado a *imago* no contexto da lei e, portanto, a rectidão original foi identificada com a rectidão legal.[5] É aqui que vemos a teologia wesleyana como mais uma expressão do pensamento Oriental, com a sua ênfase na santificação como uma mudança real (ontológica). A incapacidade de muita da teologia Ocidental em manter uma

---

4 *Faith of the Christian Church*, 236-37.
5 Cf. Barth, *Church Dogmatics* 3.1.192.

doutrina de santificação viável está, em grande parte, na sua tendência para categorias legais, enquanto que a teologia wesleyana e Oriental ao enfatizarem a participação ontológica em Deus, são capazes de proporcionar uma estrutura da natureza humana que permite uma experiência de santificação realista. Em suma, a ontologia que adoptámos nesta teologia sistemática, em contraste com uma perspectiva substancial, torna possível um desenvolvimento compatível de uma doutrina de santificação, como será completamente demonstrado mais adiante.

A rectidão original é então constituída por uma liberdade quádrupla. O uso do conceito de *liberdade* neste contexto pressupõe a realidade da liberdade, como o poder de escolher estar ou permanecer nesta relação de *liberdade*, mas os dois usos não são sinónimos. Quando falamos teologicamente, em vez de filosoficamente, ambos se perdem com a Queda, com a liberdade de escolher voltar para Deus restaurada somente pela graça preveniente. Liberdade, no sentido em que a usamos aqui e segundo Dietrich Bonhoeffer,

> não é algo que o homem tenha para si mesmo, mas algo que tem para os outros. Nenhum homem é livre "como tal", ou seja, num vácuo, da mesma forma que pode ser músico, inteligente ou cego. A liberdade não é uma qualidade do homem, uma habilidade, uma capacidade ou algum género de ser que de alguma forma surge nele. Qualquer um que investigue o homem de forma a descobrir a liberdade, não encontrará nada. Porquê? Porque a liberdade não é uma qualidade que possa ser revelada – não é uma possessão, uma presença, um objecto ou uma forma de existência – mas um relacionamento e nada mais. Na verdade, a liberdade é um relacionamento entre duas pessoas. Ser livre significa "ser livre para o outro" porque o outro me ligou a ele. Somente na relação com o outro eu posso ser livre.[6]

A *imago* original inclui: (1) Liberdade para Deus; (2) Liberdade para o Outro; (3) Liberdade da Terra ou Mundo; e (4) Liberdade do Autodomínio. As primeiras três estão explicitamente presentes, por símbolos, em Génesis 1-11, e a quarta está claramente implícita nas outras três.

Liberdade para Deus

A mesma ideia pode ser transmitida pelo termo *abertura*. É simbolizada pelo tempo de comunhão que Adão e Eva podiam disfrutar com o Criador, ao entardecer (Gen. 3:8). Este relato bastante antropomórfico é uma profunda apresentação teológica de um tête-a-tête desinibido, uma vez que não havia nada a esconder na relação. Ela era informada pela Verdade, visto

---

6 *Creation and Fall* (New York: Macmillan Co., 1967), 37.

não serem necessários subterfúgios: nenhum virar de cara, desviar de olhos, conversa dupla, o sim era sim e o não era não (cf. Mat. 5:37; Tia. 5:12).

Esta liberdade do primeiro par para com Deus era fundada na liberdade de Deus para com eles. Para Deus esta era *a se*, mas com eles, era um dom. Com Deus havia não só uma relação "Eu", mas uma relação "Eu-Tu" dentro da natureza divina. Com a humanidade é o Eu que está em relacionamento com o Tu, que é Deus. Portanto, a analogia de relação é, como Barth afirma, a "correspondência dos dessemelhantes".

Atanásio reconheceu o mesmo significado no simbolismo do jardim. Ele fala de Adão como

> tendo, no início, tido a sua mente na direcção de Deus numa liberdade sem embaraços causados pela vergonha e, em associação com os santos, naquela contemplação de coisas percebidas pela mente no local onde ele estava – o local a que o santo Moisés chamou, figurativamente, jardim. Então a pureza de alma é, por si só, suficiente para reflectir Deus, pois o Senhor também diz: "Bem-aventurados os puros de coração, pois eles verão a Deus".[7]

H. Orton Wiley, seguindo W. B. Pope, defende que a árvore da vida no jardim é simbólica da comunhão com Deus e sugere que ela dá fruto sacramental. Ela tem uma relação com as outras árvores no jardim, da mesma forma que o pão na Ceia do Senhor tem com o pão como sustento de vida. É sacramental no sentido que ela dá significado a toda a vida (*CT* 2:54-55).

A obediência é a condição para manter esta abertura. O fruto proibido do relato de Génesis simboliza o ponto de teste. Nenhuma relação genuína é possível a menos que seja livremente escolhida e, a menos que haja a possibilidade de ser violada, não pode ser afirmada. A obediência, como meio de manter a relação "Eu-Tu", não deve ser entendida de forma moral. A decisão de obedecer ou não obedecer é, mais profundamente, uma decisão de manter ou violar a relação pessoal.

Liberdade para o Outro como Imago

Uma das características mais intrigantes da narrativa da Criação de Génesis é o uso da forma plural para a Divindade. Gen. 1:1 declara: "No Princípio criou *Elohim* [forma plural do singular *El*] os céus e a terra". Os pronomes plurais tornam-se, ao mesmo tempo, pronunciados e abundantes quando o autor fala da origem do ser humano. Até essa altura a primeira narrativa (1:1-2:4*a*) relata: "Deus Disse" em relação à actividade criadora de cada dia com o decreto originador imediatamente a seguir. Mas

---

7 Citado em David Cairns, *The Image of God in Man* (New York: Philosophical Library, Xerox copied in 1978), 91.

em 1:26 é seguida por uma consulta "interna" acerca desta potencialidade específica: "Façamos o homem à nossa imagem, conforme a nossa semelhança;" o plural é, então, transferido para o ser criado proposto: "e domine". No versículo 27, a criação da humanidade é sublinhada na forma de "homem e mulher" uma criatura plural. Certamente que todos os outros "animais" também tinham género masculino e feminino, mas a estrutura claramente indica que algo especial está implícito nesta característica do ser humano.

Karl Barth, em particular, tem influenciado a teologia contemporânea ao chamar a atenção para a relevância teológica crucial do factor "homem e mulher" na definição da *imago Dei*. Barth insiste que este é o elemento mais definitivo no relato. Parece ser, claramente, o caso em que ele, pelo menos, está correcto sobre a importância decisiva do ponto e, quando ligado às outras evidências da passagem, parece quase inequívoco que a criação à imagem de Deus envolveu uma dimensão social.[8]

Tradicionalmente, os estudiosos bíblicos têm tido dificuldades com as formas plurais usadas para Deus nestas passagens. Alguns têm defendido que isso indica a ideia de uma corte celestial, em que a Divindade Suprema junta a corte de seres menores à Sua volta e juntos planeiam a estratégia para culminar do trabalho criativo. É afirmado que as evidências desta ideia podem ser encontradas noutros partes do Velho Testamento. Os conservadores têm sugerido, muitas vezes, que temos aqui um leve vislumbre da Trindade. Desde que isto não seja tomado como um ensino explícito, pode ser devidamente reconhecido como apontando para uma verdade importante. A revelação Neo-testamentária da natureza Trinitária de Deus não está aqui em conflito com o monoteísmo do Velho Testamento. A sugestão que vai mais ao encontro da mente hebraica é a dos indicadores plurais reflectirem a totalidade do ser de Yahweh, o que não envolve qualquer compromisso do monoteísmo, mas apoia a teologia de Deus como uma realidade social.[9]

Agostinho procurava uma verdade básica sobre a humanidade, nos seus esforços de identificar uma estrutura Trinitária na natureza humana, baseado no pressuposto de que a *imago* envolvia a mesma estrutura ontológica nos seres humanos que a revelação manifestada obtinha na natureza divina. Contudo, o seu erro básico foi tentar limitar a estrutura social ao

---

8   Cairns correctamente observa neste ponto que "é o elemento pessoal nesta situação e não o sexual que é distintivo." *Image of God*, 175.
9   Este não tenciona ser um apoio às teorias da "Trindade social" conforme avançadas por alguns estudiosos britânicos como Leonard Hodgson. Estas teorias, no entanto, apontam para uma verdade fundamental acerca de Deus.

indivíduo.¹⁰ A verdade para a qual estas afirmações bíblicas apontam é uma estrutura interpessoal ontológica. Os entendimentos modernos do eu, claramente, trouxeram isto à superfície, no entanto, esta é uma verdade que há muito a mente bíblica tinha entendido.¹¹

Como no caso da relação divina-humana básica, a relação pessoa-pessoa pode ser descrita como "abertura". Esta é a relevância da expressão "liberdade para". É uma relação "Eu-Tu" marcada pela ausência de vergonha. As referências no segundo relato da criação (2:25), quanto ao facto de "ambos estavam nus... e não se envergonhavam" simboliza este género de abertura. Eles eram radicalmente "livres" um para o outro. A ausência da luxúria, que tem a auto-gratificação (vide discussão sobre a liberdade do ego) como um elemento na sua motivação, tornou tal abertura sem vergonha possível, nesta imagem quase inconscientemente ingénua.

Muitos dos Pais da Igreja lidaram com a ideia, de alguma forma, que o corpo está incluído na rubrica da "imagem de Deus". Isto não era totalmente repugnante para a mente hebraica, que não "distinguia, nitidamente, entre o corpo e o espírito, como faz o pensamento Ocidental, o corpo era, por assim dizer, um sacramento do espírito".¹² Sob a influência do pensamento posterior, sobre a natureza espiritual de Deus, esta perspectiva foi abandonada como indigna. Gerhard von Rad e Walther Eichrodt, teólogos do Velho Testamento contemporâneos, explicitamente rejeitam-na como uma interpretação possível. Contudo, na sua obra *The Bible Doctrine of Man*, C. Ryder Smith defende que Gen. 1:26 refere-se a uma semelhança física entre Deus e a humanidade. Nesta base, argumenta que a imagem pode ser retida após a Queda. Usando o método de estudo de palavras, que achamos ser o menos adequado, ele procurou demonstrar que os termos usados em relação à imagem, tanto no hebraico como no grego, se referem todos a uma forma visível. Sugeriu que os hebreus pensavam que Deus tinha uma forma visível, ainda que não um corpo material, uma perspectiva que simplesmente falha em reconhecer as implicações teológicas de um grande antropomorfismo.¹³

No contexto da interpretação da *imago*, como relação com o outro, é possível reconhecer a relevância legítima do lugar do corpo no entendimento bíblico. Podemos concordar com David Cairns que existem

---

10 Ver críticas a esta forma de identificar a imagem de Deus, por Agostinho, em Cairns, *Image of God*, 93-99.
11 Karl Barth defende que o homem é criado na imagem de Deus porque a sua relação com a mulher é como o confronto harmonioso entre as Pessoas da Trindade.
12 Cairns, *Image of God*, 23.
13 (London: Epworth Press, 1951).

"indícios físicos na concepção" como desenvolvida nas narrativas. Seria diferente, no entanto, do argumento de Cairns que

> haveria uma linha de desenvolvimento através da noção de imagem no Novo Testamento, em que a transformação na imagem envolve, também, uma nova vida física e onde é prometido que o crente será também revestido com um novo corpo espiritual quando a semelhança espiritual for revelada na sua glória.[14]

O simbolismo que estamos a sugerir como indicador da abertura do homem para com a mulher e vice-versa, bem como a de cada ser humano para com os outros, gira à volta do corpo. O corpo é o meio pelo qual um ser humano se relaciona com outro.

Esta perspectiva dá-nos uma base teológica sólida para as admoestações acerca dos adornos físicos que encontramos em 1 Ped. 3:3-5 e 1 Tim. 2:9-10. Clemente de Alexandria dedica muito espaço admoestando contra a decoração do corpo com roupas, jóias e cosméticos porque seria, basicamente, uma tentativa de apresentar uma falsa imagem do eu, não sendo, assim, a verdadeira abertura de pessoa para pessoa. Ele comenta:

> Mas se retirarmos o véu do templo - quero dizer o chapéu, a cor, as roupas, o ouro, a tinta, os cosméticos -, ou seja, o véu, com o intuito de encontrarmos interiormente a verdadeira beleza, ficaremos repugnados, sei bem. Porque não encontraremos a imagem de Deus habitando lá dentro, como seria de esperar, mas em vez disso, uma fornicadora e uma adúltera ocupando o santuário da alma. E a verdadeira besta será então detectada – um macaco manchado com tinta branca.[15]

Liberdade da Terra como Imagem

Devido ao estatuto do homem em relação a Deus, foi-lhe dado o "domínio" sobre a restante realidade criada. Como muitos têm defendido, é verdade que não podemos igualar este domínio à imagem de Deus, mas parece ser, claramente, um aspecto subsidiário dela. Quando a relação divino-humana está correcta, a terra não domina o homem, mas serve-o. A tarefa de Adão, de dar nomes aos animais, simboliza o seu domínio sobre eles e a subserviência destes aos seus objectivos.

A comissão de "frutificai e multiplicai-vos; enchei a terra e sujeitai-a; dominai sobre os peixes do mar, sobre as aves dos céus e sobre todo o animal que se move sobre a terra". (Gen. 1:28) é um mandato de cultura. A cultura implica um lavrar e a função destinada ao homem é a de lavrar a criação de Deus, ou cultivá-la. A pista para os limites deste mandato é "a

---

14 *Image of God*, 23.
15 *The Instructor*, Bk. 3, chap. 2.

glória de Deus" com a qual, o homem antes da Queda, está comprometido. Assim, esta acarreta responsabilidade, bem como privilégio e implica cuidado ecológico.

Liberdade do Eu como Imagem

Implícito, em cada uma das outras relações, está a concentração em Deus e na Sua glória, de forma que o Senhor é o Parceiro dominante na confrontação primária e este domínio informa e dá carácter às outras. Esta é, contudo, uma relação que não é impessoal, arbitrária ou forçada, mas livre. A consequência lógica é que a relação pode ser perturbada se o parceiro não-coagido (homem) decidir dissolver a situação de Senhorio do Criador e tentar assumir o papel de parceiro igual ou usurpar as prerrogativas do Criador. Basicamente, esta possibilidade foi realizada na Queda que teve a forma de uma revolta contra o céu.

Humanidade em Revolta

Até este ponto a nossa discussão tem-se concentrado na relação com Deus que é a rectidão original e vimos como esta relação pode ser violada pelo pecado efectivo. Voltamo-nos agora para este aspecto do pecado, o que envolve fazer uso adicional das implicações teológicas do relato bíblico da Queda. Mas primeiro temos que fazer algumas observações gerais sobre a natureza do pecado.

É crucial, para qualquer discussão sobre o pecado, reconhecê-lo como uma categoria religiosa. Tem significado apenas em termos da relação do indivíduo com Deus. Qualquer tentativa de entender a natureza do pecado, mas que ignore isto irá perverter a verdade.[16]

O Salmista entendeu claramente esta verdade e, na sua clássica confissão, articulou a dimensão religiosa: "Contra ti, contra ti somente pequei e fiz o que a teus olhos é mal, para que sejas justificado quando falares e puro quando julgares". (Sal. 51:4).

Na esfera judicial, ou no reino da justiça criminal, falamos de crime não de pecado. Em ética falamos sobre o bem e o mal, o certo e o errado, mas não sobre pecado. Em psicologia falamos de anormalidades e desordens de personalidade, mas não de pecado. A ideia de pecado só tem significado em relação a Deus e, quando é retirada desta esfera, como Gustav Aulén correctamente aponta, "torna-se fraca e debilitada".[17]

Não só o pecado não pode ser interpretado como um conceito ético (apesar de existirem elementos éticos envolvidos), como também não deve

---

16 Cf. E. J. Bicknell, *The Christian Idea of Sin and Original Sin* (New York: Longmans, Green, and Co., 1923), ix.
17 *Faith of the Christian Church*, 232.

ser interpretado como uma categoria ontológica ou metafísica. Interpretar o relato da criação como histórico, apesar de simbólico, como Wiley o faz aprofundadamente (*CT* 2:52ss), é necessário para salvaguardar o carácter religioso do pecado. Logicamente, se este não for o caso, o pecado torna-se igual à finitude e é, portanto, inevitável na situação humana.

Os teólogos contemporâneos, excepto os conservadores, são quase todos unânimes em rejeitar a historicidade de um "estado de integridade" e, assim, são virtualmente unânimes em afirmar a futilidade de afirmações sobre a possibilidade de liberdade do pecado nesta vida. No entanto, esta possibilidade está no centro do testemunho wesleyano da revelação bíblica. Este ponto chama a atenção para a natureza crucial desta discussão para a teologia wesleyana.

Um exemplo influente da interpretação ontológica da situação humana é a posição de Paul Tillich, cuja interpretação revela o resultado de abordarmos a questão desta forma. Ele desenvolve a questão da Queda como a transição da essência para a existência. Sob as condições da existência, os seres humanos não podem realizar a sua essência; então a descrição da humanidade em Génesis antes da Queda é um mito que descreve um estado, a que Tillich chama de "inocência sonhadora". Este termo refere-se à ideia de que "o estado de ser essencial não é uma fase real do desenvolvimento humano que pode ser conhecido, directa ou indirectamente", mas que, mesmo assim, pode pensar-se sobre ou "sonhar-se acerca" dele. Aponta para uma potencialidade não-realizada, para algo que precede a própria existência. Mas "não tem tempo; precede a temporalidade e é supra-histórico".[18] A consequência desta perspectiva é a igualação da finitude com o pecado pois a humanidade está em oposição a Deus como infinito e, portanto, nunca poderá actualizar a sua essência sob as condições da existência. Esta abordagem obscurece a verdadeira natureza do pecado.

A estrutura teológica do relato da Queda está explicitamente concebida para deixar claro que o pecado não é o resultado do facto da humanidade ser criada ou que, de alguma forma, seja o resultado de forças ou factores

---

18 *Systematic Theology* 2:31ss. A filosofia clássica, especialmente a de Platão e Plotino, também igualavam o ser-no-tempo com a pecaminosidade ou separação da Fonte do Ser. Daí o tempo ser da mesma essência que a situação difícil do homem nestas teorias. Agostinho fez uso de uma grande parte da interpretação de Plotino e, portanto, tem sido mal-entendido como defendendo uma visão ontológica do pecado. No entanto, Agostinho usou a doutrina cristã da criação para modificar o esquema neo-platónico de emanações e, assim, tornou o tempo uma boa criação de Deus. O ser-no-tempo do homem está relacionado não com a sua pecaminosidade, mas com a sua separação de Deus em termos de rebelião e amor pervertido. Daí que união com Deus, para Agostinho, não fosse uma perda de historicidade, mas uma relação de amor que retém a temporalidade do homem, que é somente a marca da sua finitude. Cf. Hans Urs von Balthasar, *A Theological Anthropology* (New York: Sheed and Ward, 1967), chap.1.

para além do seu controle. Ela é consequência do exercício do dom da liberdade dado por Deus. Não pode haver um sentido significativo em a humanidade ser livre *para* Deus, a menos que seja possível, por vontade própria, tornar-se livre *de* Deus.

Esta verdade é claramente vista quando comparamos o papel da serpente em Génesis com o mesmo simbolismo no Épico Babilónico. No mundo antigo, o símbolo padrão para o mal era a cobra. Foi só mais tarde que a teologia cristã a identificou com Satanás.[19] No Épico, a história da "Queda" gira ao redor de um homem chamado Utnapishtim (o Noé babilónico) que está à procura da vida eterna. Ele aprende que esta pode ser adquirida comendo uma certa erva que se encontra num lago. Utnapishtim mergulha até ao fundo, agarra a planta e volta à superfície. Exausto pelo mergulho profundo, deita-se para recuperar. É nesta altura que a serpente aparece, rouba a planta e come-a, ganhando assim a vida eterna.[20]

No relato inspirado, a serpente é o agente na tentação, mas de alguma forma, rouba a vida a uma vítima inconsciente. O primeiro par considera as opções e toma uma decisão consciente de violar a condição da sua existência paradisíaca. Obviamente, isto não sugere, que tenham completa consciência de todas as consequências do seu acto, mas eles conheciam e voluntariamente decidiram contra Deus. Este facto leva-nos para uma outra questão.

A Essência do Pecado

Tem-se defendido que pecado é essencialmente uma categoria religiosa, mas é necessária uma definição adicional, pois a religião pode ser concebida de várias maneiras. Se a religião for interpretada de forma farisaica, em termos da lei, o pecado é definido como a transgressão de preceitos, ou seja, de forma moral. É possível conceber a religião de forma racional e, nesse caso, o pecado tende a ser visto como heresia, em não acreditar em certas formulações doutrinárias. Mas até aqui, temos insistido que a relação de Deus com a humanidade tem que ser concebida de forma pessoal. Portanto, o pecado é aquilo que viola essa relação e causa a separação entre Deus e a humanidade. Interpretámos a relação divino-humana como sendo o que constitui a *imago Dei*, portanto, neste contexto, as palavras

---

19 Um dos aspectos significativos da identificação da serpente com Satanás pelo pensamento cristão é mostrar que "o pecado existia no universo antes da sua origem no homem" (Wiley) e que, portanto, "que não é consequência inevitável da situação em que se encontra" (Niebuhr).

20 A cobra é, também, um símbolo padrão para tempo sem fim no mundo antigo, devido à ideia que quando renova a sua pele, anualmente, renova a sua vida. Alguns calendários, retratando uma visão cíclica da história, têm a calandra redonda rodeada por uma cobra com a sua cauda na boca.

de Gustav Aulén são bem apropriadas: "Do ponto de vista do pecado, o conceito da 'imagem de Deus', ressalta o destino perdido do homem e, do ponto de vista da salvação, revela o propósito divino na criação".[21]

Têm sido propostas, como candidatas à identificação da essência do pecado, quatro categorias principais: (1) Incredulidade; (2) Egocentricidade ou Orgulho (*hubris*); (3) Desobediência; e (4) Sensualidade.

Pecado como Incredulidade. Esta proposta é mal-entendida se a incredulidade for interpretada intelectualmente. Nesse caso seria, simultaneamente, superficial e insignificante. Mas se definirmos correctamente a fé como a segurança e a confiança em Deus, podemos ver a importância da afirmação de Paulo, o que não é da fé é pecado (Rom. 14:23). Talvez seja melhor designarmos incredulidade como "falta de fé".

John Wesley usa a sua percepção lógica para sublinhar este ponto: "Todas as verdadeiras *boas obras... seguem depois da justificação*; e são assim boas e 'aceitáveis a Deus em Cristo,' porque 'brotam de uma fé verdadeira e viva.' Pela mesma razão, todas *as obras feitas antes da justificação não são boas*, no sentido cristão, *porquanto não brotam da fé em Jesus Cristo*'... sim, antes, (...) têm a natureza do pecado.'"[22]

Na tentação, no jardim, o elemento de não acreditar na verdade da palavra de Deus, estimulado pelas insinuações da serpente, está presente; mas esse não é o elemento mais profundo. O que é mais sério é a perda da confiança que inclui o reconhecimento da relação Criador-criatura. Isto resulta na rejeição de Deus como Senhorio, com o resultado inevitável de que algum outro senhor é reconhecido e esse é, primariamente, o *eu*.

Egocentricidade ou Orgulho como Pecado. Se Deus não tiver o domínio na vida humana, outra coisa o terá e essa coisa é o próprio ego do indivíduo. Este é o estado que Martinho Lutero define como *incurvatus in se* (humanidade encurvada sobre si mesma). Portanto, a incredulidade e a egocentricidade são simplesmente a mesma coisa vista de perspectivas diferentes.

Reinhold Niebuhr analisa com precisão a situação humana ao demonstrar a forma como o pecado e o orgulho emergem. A existência humana está presa no paradoxo da finitude e da liberdade. Estes constituem, ao mesmo tempo, a sua limitação e a sua grandeza. O homem, como finito, é uma criatura, mas na sua liberdade está a capacidade de procurar transcender a sua condição de criatura. No entanto, é precisamente aqui onde sai do caminho. No exercício desta liberdade, a humanidade recusou-se a aceitar essa condição de criatura, ou na linguagem do relato bíblico, procurou

---

21 *Faith of the Christian Church*, 237.
22 Sermon on "Justification by Faith," *StS* 1:123-24.

"tornar-se como Deus" (cf. Gen. 3:5). Em suma, o ego exaltou-se ao ponto de ser o seu próprio deus.[23]

Agostinho é um dos proponentes clássicos da posição de que o pecado deve ser identificado com o orgulho. Em *The City of God* define o pecado desta forma:

> O que poderia começar esta vontade malvada senão o orgulho, que é o princípio de todo o pecado? E o que é o orgulho senão um desejo perverso de altura, em esquecê-Lo – a Quem a alma deve unicamente apegar-se, como o seu princípio – e de fazer ego parecer o princípio. É quando gosta demasiado de si.[24]

Quando interpretado nestes termos, é aparente que o pecado tem um elemento de auto-engano. Apesar da humanidade poder escolher o caminho da soberania, este é sempre ilusório, pois continuamos a ser apenas criaturas finitas. É, portanto, correcto referirmo-nos à ilusão da auto-soberania.

Este aspecto do pecado também tem sido correctamente caracterizado como idolatria, visto envolver a elevação de uma realidade criada e dependente (o ego) à posição que só pode ser, propriamente, ocupada pelo Criador, a quem somente pertence a existência independente. A auto-idolatria não é menos perversa que a adoração de artefactos finitos, ou forças naturais, ou objectos deificados.

O sumário de G. Eldon Ladd, do ensino de Paulo, toca de forma fulcral neste aspecto do pecado:

> A natureza do pecado pode ser vista a partir de um estudo das várias palavras que Paulo usa, mas a palavra teológica mais profunda para o pecado é *asebeia*, traduzida por 'impiedade' em Romanos 1:18. O pecado fundamental dos gentios é a sua recusa de adorarem Deus como Deus; toda a maldade (*adikia*) surge da perversão da adoração. O pecado fundamental dos judeus que têm a Lei é "vanglória", p. ex.: perverterem a Lei de forma que se torna na base da auto-confiança que busca a glória antes de Deus e descansa em si mesma. Portanto, vangloriar-se é a antítese da fé. Tanto para o gentio como para o judeu, a raiz do pecado não se encontra nos actos pecaminosos, mas numa vontade perversa e rebelde. Isto é apoiado pela perspectiva de Paulo, do homem como "carne" - o homem em rebelde oposição a Deus.[25]

Desobediência como Pecado. John Wesley definiu o pecado, "propriamente assim chamado", como "uma transgressão voluntária de uma lei conhecida". Esta definição tem sido frequentemente criticada por aqueles que não concordam com a perspectiva de Wesley, como sendo superficial e

---
23 *The Nature and Destiny of Man*, 2 vols. (London: Nisbet and Co., 1946), vol. 1.
24 Bk. 12, chap. 13.
25 *Theology*, 405.

moralista. Esta crítica é, ela própria, superficial visto falhar em reconhecer o entendimento profundo que informa a definição. Virtualmente, é uma reprodução da afirmação Joanina em 1 João 3:4 de que "o pecado é iniquidade". A tradução inglesa do Rei Tiago obscureceu as profundezas desta afirmação com a sua tradução incorrecta "o pecado é a transgressão da lei". Na verdade, isto tornaria o pecado tanto moralista como atomista e, basicamente, destituindo-o da sua dimensão religiosa distintiva.

A iniquidade é uma atitude, uma forma de pensar, que declara a liberdade do indivíduo de limitações legítimas. Tenciona libertar-se através de formas anárquicas. É para esta rebelião interior que a definição de Wesley realmente aponta. Ele não está a definir pecado em termos de pecados ou acções erradas, mas em termos da motivação que está por trás de actos específicos que expressam essa rebelião interior.

Uma vez que a rebeldia é a antítese da fé, não vemos o pecado como desobediência essencialmente diferente do pecado como incredulidade ou egocentricidade. As Escrituras realmente definem fé em termos de obediência (Rom. 1:5; 16:26; 1 Ped. 1:14); então, desobediência é uma manifestação da incredulidade que envolve a elevação do ego a uma posição que pertence somente ao Criador.

Sensualidade como Pecado. Aqui encontramos outro possível desvio da natureza distintamente religiosa do pecado. Se o entendimento de pecado como desobediência pode tender ao pelagianismo, o entendimento do pecado como sensualidade tende no sentido do gnosticismo. Reinhold Niebuhr destaca que quando influenciado pelo pensamento helénico, o cristianismo sempre foi tentado a ver o pecado como, basicamente, luxúria e sensualidade.[26]

Isto pode tomar várias formas, incluindo a distinção metafísica entre uma natureza física (má) e uma espiritual (boa) na humanidade. O pecado, ou mais especificamente o mal, é identificado com o corpo e os seus apetites, enquanto que o Espírito permanece puro mesmo que limitado por estar aprisionado num "vaso de barro". Neste modelo, a salvação envolve o escape da carne e a fuga para uma existência puramente incorpórea. O problema é que esta interpretação faz o pecado tão inevitável, destruindo, assim, o seu carácter religioso, como parcial, uma vez que a perspectiva bíblica é que o homem está totalmente sob o pecado.

A sensualidade, no seu sentido mais literal, é a busca da gratificação própria. Esta auto-gratificação está directamente em ligação com o pecado básico da egocentricidade. Uma vez que a luxúria sexual é um dos exemplos mais gráficos da forma como a egocentricidade se manifesta na forma

---

26 *Nature and Destiny of Man*, 1:242-55.

de auto-gratificação, esta tem sido a preocupação dos pensadores cristão e muitos identificaram, erradamente, o pecado com a sexualidade sob a rubrica da concupiscência.

Agostinho é, talvez, o exemplo mais proeminente disto. Usando o exemplo de Paulo de "cobiça" (Rom. 7:7-8) como sendo o ponto alto da pecaminosidade e juntando a isso a sua própria experiência de um apetite sexual desmesurado, Agostinho desenvolveu uma elaborada explicação do pecado original como concupiscência, resumida pela sexualidade. No entanto, isto deve ser qualificado observando que Agostinho também ensinou uma perspectiva muito mais sã do pecado como amor pervertido. Teremos ocasião de\ examinar isto mais tarde.

Lutero reagiu contra esta tradição e redefiniu a concupiscência como "amor próprio", com um sentido muito mais certo do entendimento bíblico da humanidade e do pecado. Assim, leva a sensualidade a uma relação directa com a natureza mais fundamental do pecado como a egocentricidade.

Podemos permitir que a análise penetrante de Reinhold Niebuhr resuma este ponto:

> Se descontarmos a teologia helénica com a sua inclinação para fazer da sensualidade o pecado primário e derivá-lo das inclinações naturais da vida física, temos de chegar à conclusão que a teologia cristã, tanto na sua forma agostiniana como na semi-agostiniana (tomismo), vê a sensualidade (mesmo quando usa as palavras *concupiscentia* ou *cupiditas* para denotar o pecado em geral) como um derivado do pecado mais primário do amor próprio. A sensualidade representa ainda uma outra confusão, consequente da confusão original da substituição de Deus pelo ego como centro de existência. O homem, tendo perdido o verdadeiro centro da sua vida, não mais é capaz de manter a sua própria vontade como centro de si mesmo.[27]

Pecado Original e Graça Preveniente

O pecado original envolve a perda da rectidão original; portanto, pode ser visto como a ausência ou perversão da relação em que Adão e Eva estavam no "estado de integridade". Contudo, devemos enfatizar que é algo mais do que privativo. Existe um aspecto positivo na interpretação de que a humanidade no seu estado natural como está agora, é corrupta em todos os aspectos da sua existência. Em linguagem teológica clássica, isto é "totalmente depravada". Ambas as verdades devem ser seriamente

---

27 *Nature and Destiny of Man* 1:247. Deve ser aqui notado que Niebuhr interpreta Agostinho de forma clássica ao tentar mostrar que a sua perspectiva de pecado como concupiscência deriva da sua perspectiva de pecado como orgulho e, portanto, estão organicamente ligadas.

consideradas em qualquer abordagem da humanidade como pecaminosa, bem como na procura de uma avaliação da actividade redentora de Deus na vida humana.

Pecado Original como Perda de Relacionamento

Ao analisar teologicamente Génesis 1-11, vemos indicadores de que todos os quatro relacionamentos que constituem a rectidão original (*imago*) são quebrados. Quando chegou o tempo para o encontro da tarde, Adão e Eva não compareceram, porque agora, através da desobediência, não estavam mais abertos para o Senhor Deus e, por isso, tinham medo da Sua presença. Aqui vemos o primeiro exemplo da experiência do homem da ira de Deus. Note-se que o Criador vem à Sua criação em graça e amor, mas a desobediência levou a humanidade a experimentar esse amor como ira. Com uma simplicidade encantadora, o autor bíblico destaca este aspecto ao deixar a impressão que o Senhor Deus nada sabia sobre a apostasia. Este antropomorfismo é um profundo testemunho, não da ingenuidade de Deus e esquecimento do pecado humano, mas da sua disposição em buscar a comunhão apesar da obstinação. Existe aqui um sentido em que temos um vislumbre da obra expiatória de Deus, que culminou com a morte de Cristo. Ele é um Deus que busca.

A primeira palavra de Deus para o homem depois da Queda foi uma pergunta: "Onde estás?" (Gen. 3:9). Esta pergunta não foi feita para Seu próprio benefício, mas para a humanidade caída. Nas palavras de Delitzsch: "Deus busca-o, não porque ele está longe do Seu conhecimento, mas da Sua comunhão".[28]

Vimos que o jardim é simbólico nessa comunhão que marcou a relação divino-humana original. Como resultado da rebelião do primeiro par contra a autoridade divina, eles foram expulsos do jardim ou parque. De relevância particular é o simbolismo da "espada inflamada" que Deus colocou no portão do jardim para barrar o caminho até à árvore da vida (Gen. 3:24). É tanto um símbolo de julgamento como de graça. Testifica do facto que, apesar do homem ter quebrado o relacionamento com Deus, por vontade própria, não pode encontrar o caminho de volta por iniciativa própria. A espada monta guarda contra todas as formas de rectidão pelas obras como meio de ganhar o favor de Deus. Este relacionamento só pode ser restabelecido do lado de Deus – e isso é graça.

A desobediência, também, alterou radicalmente a relação interpessoal de forma que o primeiro par deixou de estar livre um para o outro. Esta perda foi simbolizada pela cobertura do corpo com folhas de figueira e pelo

---

28 Citado por E. F. Kevan, "Genesis," in *New Bible Commentary*, ed. F. Davidson, 2nd ed. (Grand Rapids: Wm. B. Eerdmans Publishing Co., 1960).

sentimento de vergonha que surgiu (Gén. 3:10). Agostinho, apesar de, erradamente, fazer da sexualidade a essência do pecado original, sublinhou os resultados desta apostasia ao apontar para a vergonha que está ligada à concepção, de forma que, embora todos saibam a causa, sempre ocorre no maior segredo possível.

Uma ilustração gráfica das consequências devastadoras para a comunidade ocorre nesta secção de história pré-salvífica de Génesis, com a história da Torre de Babel (11:1-9). A base para comunidade é uma linguagem comum como meio de comunicação. Assim, com a confusão de línguas há uma estranheza que se introduz na situação humana e que resulta em que as pessoas tomem direcções diferentes. Não é acidental que a diversidade de línguas seja retratada como resultado da relação quebrada com Deus. A construção da torre é um símbolo de auto-exaltação que não mais reconhece a condição humana de criatura, mas que agora tenta forçar o seu caminho de volta, através da espada flamejante, construindo uma torre até ao céu. Este não é tanto um espectáculo de ingenuidade cosmológica como uma tragédia religiosa.

O resultado seguinte envolveu a perda de liberdade da terra. Isto é simbolizado pelo amaldiçoar do solo com os resultantes "espinhos e cardos" (Gén. 3:18). Não foi o trabalho que foi trazido à existência através da maldição, mas a resistência da terra aos esforços humanos de a cultivar.

A descrição desta perda feita por Dietrich Bonhoeffer é pungente:

> Nós... tentamos reger, mas é o mesmo aqui que na noite de Walpurgis. Pensamos que estamos a empurrar, mas estamos a ser empurrados. Não regemos, somos regidos. A coisa, o mundo, regem o homem. O homem é um prisioneiro, um escravo do mundo e o seu domínio é uma ilusão. A tecnologia é o poder com o qual a terra agarra o homem e o subjuga. E porque não mais dominamos, perdemos terreno e, então, a terra deixa de ser a *nossa* terra e, então, tornamo-nos estranhos na terra. Não dominamos porque não reconhecemos o mundo como criação de Deus e porque não recebemos o nosso domínio como dom de Deus, mas tentamos obtê-lo nós mesmos.[29]

Temos observado a crescente sofisticação da humanidade na sua conquista da terra. Os seus segredos foram-lhe arrancados e têm sido criados artefactos com aparentes possibilidades ilimitadas, mas a humanidade tem sido incapaz de os manter sob controle. Estas invenções parecem tomar vida própria e afirmam-se a si mesmas com domínio sobre os seus criadores. E quanto maior e mais complexa a invenção, mais destrutiva se parece tornar para o bem-estar humano. Não é, por exemplo, o monstro do poder nuclear que ameaça a vida humana. É o ser que o descobriu que não tem

---

29 *Creation and Fall*, 38.

auto-domínio e, portanto, perde o controle daquilo que muitos sonharam ser a solução para muitos dos problemas humanos. Tendo-se revoltado contra o seu próprio Criador, a humanidade perdeu o poder de dominar sobre a sua própria criação.

Torna-se claro, agora, como entrelaçado, nas outras três relações, está o lugar do ego. A rejeição de Adão da soberania do Criador resultou num assumir consciente da soberania do ego. O que, como vimos anteriormente, foi a essência do pecado. Assim, o julgamento divino do primeiro par foi que eles se "tornaram como um de nós" (Gén. 3:22). Sob a influência da serpente, eles aspiraram a ser como Deus e conseguiram tornar-se nos seus próprios deuses.

A grande tragédia disto é vista no facto de Adão e Eva terem sido barrados da árvore da vida. A maldição da morte estava sobre eles ainda assim foram chamados a viver. Excepto que agora já não tinham a graça da vida, mas tinham que viver a partir dos seus próprios recursos e estes eram totalmente inadequados. Uma imagem gráfica da falta de vida fora da graça é retratada em Jeremias 17:5-8, quando o profeta descreve o ímpio como um arbusto desenraizado soprado, para aqui e para acolá, pelos ventos da vida: "Maldito o homem que confia no homem, faz da carne o seu braço e aparta o seu coração do SENHOR! Porque será como a tamargueira no deserto e não sentirá quando vem o bem; antes, morará nos lugares secos do deserto, na terra salgada e inabitável. [Por contraste] Bendito o varão que confia no SENHOR (...) Porque ele será como a árvore plantada junto às águas".

A intrusão de uma relação pervertida, com um ego em relação com outro, deu um carácter específico à interacção humana. A abertura simbolizada pela nudez foi agora substituída pela vergonha e resultou no esconder dos seus corpos um do outro. O que agora polui a relação é o lema da auto-gratificação. Todas as pessoas agora têm tendência a fazer como Agostinho confessou ter feito: "poluí a fonte de amizade com a luxúria da concupiscência". Isto é o que nós vimos ser a relevância da sensualidade como uma expressão fundamental do pecado. A relação sexual torna-se o exemplo mais óbvio do domínio da auto-gratificação nas relações interpessoais. É o que faz, por si, da actividade sexual fora do casamento um pecado. Uma vez que o elo do casamento implica compromisso para com a outra pessoa, buscar os benefícios do casamento fora desse compromisso não tem como evitar a motivação primária da auto-gratificação.

É verdade, como sugeriu Martinho Lutero quando falou da "violação da noite de núpcias", que o casamento não evita, necessariamente o domínio da auto-gratificação dentro da relação matrimonial; e embora este seja, também, uma expressão essencialmente pecaminosa, isso não justifica o comportamento sexual extraconjugal. Em suma, o que acontece é que a relação primária "Eu-Tu" degenera numa relação "Eu-aquilo". Em termos do imperativo categórico de Kant, as outras pessoas não são tratadas como fins nelas mesmas, mas como meios para atingir um fim.

A relevância do *ágape*, como a forma distintamente bíblica de amor, surge mais uma vez neste ponto. Outras formas de amor, por exemplo o *eros*, têm como aspecto essencial do seu significado o desejo pelo que é amado porque contribui com algo para o amante. O *ágape*, por contraste, na sua forma pura, busca somente o bem-estar do amado. Não é influenciado por qualquer auto-satisfação. Arthur F. Holmes, ao desenvolver a ideia de personalismo numa perspectiva cristã, diz, seguindo esta linha:

> Se eu me relaciono com a minha esposa como com um objecto, eu-aquilo, então domino-a, uso-a e reprimo-a e permaneço fechado para o que ela poderia ser para si mesma. Mas, se nos relacionamos um com o outro como pessoas, sujeito com sujeito, com confiança e abertura e mutualidade, então desenvolve-se a comunicação, bem como a amizade. Isto é igualdade, pessoas iguais igualmente respeitadas e igualmente responsáveis. Evoca o amor, não o *eros* que deseja para si mesmo, frequentemente *egoisticamente*, mas o *ágape* que dá de si mesmo ao serviço do outro. Tais relações com outras pessoas são a matriz onde a liberdade e a responsabilidade ganham vida. Eu torno-me no guardião do meu irmão e ele no meu.[30]

A exaltação do ego para a torre de controlo da vida perverte da mesma maneira a relação da humanidade com a natureza ou a terra. O seu mandato original tinha sido para cultivar o mundo criado (cultura) para a glória de Deus. A Queda torceu isto de tal modo que a tarefa de cultivo da terra (desenvolvimento da cultura) se tornou motivada pelo benefício próprio. Os resultados práticos em termos da "violação da terra" são assustadores. A exploração, a irresponsabilidade e a ganância pintam, em conjunto, uma imagem sombria para o futuro do ambiente, porque os seres humanos buscaram explorar a terra para seu próprio prazer de formas que excedem, em muito, as suas necessidades.[31]

Pecado Original Como Corrupção da Natureza

Génesis 1-11 dá-nos também, exemplos vívidos da perversão positiva da natureza humana que resultou da perda da *imago*, ou da relação com Deus, com todos os aspectos relacionados. O ciúme (como expressão de egocentricidade) brotou como uma erva daninha e manifestou o seu fruto em fratricídio. O assassinato que Caim cometeu de seu irmão foi apenas o primeiro numa longa linha de derramamento de sangue. Uma das razões

---

30 *Contours*, 113.
31 Vide Robert E. Webber, *The Secular Saint* (Grand Rapids: Zondervan Publishing House, 1974), chap.3

pelas quais a Guerra Civil Americana tem sido vista com tamanho mórbido fascínio é porque foi uma batalha entre irmãos e, isso, parece incompatível com a natureza humana. No entanto, a um nível mais profundo, todos os homens são irmãos e todas as guerras expressam esta contradição dentro da natureza humana. Este facto realça a profundidade da depravação que se expressa em actos cruéis de violência. (cf. a condenação por Amós do tratamento desumano de outros, nos capítulos 1-2. Ela foi dirigida a outros povos que não Israel e é geralmente interpretada como implicando uma aliança de fraternidade pela a qual todos os homens são responsabilizados por Deus, mesmo sem o conhecimento específico da aliança do Sinai.) A sequela do primeiro homicídio revela graficamente a forma como esta acção covarde resultou da perda da relação com o outro que formava a constituição original do homem. Caim tentou fugir à sua responsabilidade dada por Deus com a sua pergunta: "sou eu o guardador do meu irmão?" (Gen. 4:9). A perda do sentido de "Tu" tornou possível a violência e a negação verbal da responsabilidade pela outra pessoa não a invalidou.

Aquela passagem misteriosa em Génesis 6:1-8, um prelúdio do Dilúvio e usada como uma justificação para isso, aclara ainda mais o ignóbil abismo que foi aberto no coração humano. O crescimento da civilização simplesmente proporcionou à humanidade meios mais subtis para manifestar a sua perversidade interior.

A profunda perversidade do pecado original, que afecta a raça humana e a natureza da sua manifestação (egocentrismo), levanta uma pergunta relevante. A ganância e a aquisitividade, que são expressões deste egotismo, certamente que resultariam em auto-destruição, se não fossem controladas. Porque é que isso não aconteceu? E mais, como é que justificamos o altruísmo e outras expressões semelhantes, tão frequentemente encontradas entre a humanidade não redimida? Talvez a avaliação cristã da natureza humana seja demasiado pessimista; talvez haja afinal alguma bondade natural. Esta sugestão tem aparecido de tempos a tempos, mas as realidades da história têm sempre destruído esse optimismo.

Thomas Hobbes não estava longe da verdade quando diagnosticou a condição humana como uma "guerra de todos contra todos" e propôs que a única solução, para a inevitável auto-aniquilação, que resultaria seria o instinto de auto-preservação, resultando no estabelecimento de um contrato social que controlasse a agressividade humana. Mas se Hobbes estivesse totalmente correcto, então a única forma assegurada de governo seria um Leviatão (monstro) totalitário que mantivesse as pessoas dominadas pela sanção da força. Não haverá um quadro mais brilhante?

Teologicamente, a resposta cristã clássica à questão do controle, colocado sobre a ganância desmedida que evita que a humanidade se auto-destrua, é a *graça*. João Calvino desenvolveu a ideia da "graça comum" para explicar esta ideia. Mesmo não sendo potencialmente salvífica, foi estendida a toda as pessoas e era a fonte de toda a bondade, valores estéticos, assim por diante, do homem natural. Donald Bloesch, um teólogo reformado contemporâneo, dá uma excelente expressão a este tema:

> É ... a graça comum de Deus que justifica a capacidade de o homem pecador chegar a uma certa medida de justiça. A graça comum é a graça da preservação pela qual a rapacidade do homem é controlada. Na verdade, se não fosse pela graça comum, o mundo cairia em anarquia e desordem, mas Deus preserva a sua ordem criada pela sua misericórdia, para que as pessoas possam ouvir as boas novas da redenção através de Cristo e se voltem para ele e sejam libertadas dos seus pecados. A graça comum... é responsável pelos fragmentos de sabedoria e verdade que existem nas religiões não-cristãs e também nos códigos morais das grandes civilizações pagãs da antiguidade.[32]

O wesleyano alargaria o domínio da graça preveniente para cobrir a função que Calvino atribuiu à graça comum. Portanto é um juízo teológico que as consequências mais devastadoras do pecado original sobre a raça humana tenham sido mitigadas pela intervenção de Deus para preservar a Sua criação da auto-destruição. Contudo, sendo a graça persuasiva e não coerciva, infelizmente não é uma garantia absoluta contra a possibilidade assustadora de que a raça humana possa finalmente destruir-se, como a presente ameaça de guerra nuclear atesta.

Pecado Original e Pecado Efectivo

A nossa discussão da humanidade como pecaminosa, até ao momento, deverá ter tornada clara de que o pecado é, por natureza, duplo: É um estado de existência e é uma manifestação desse estado. É um pouco enganador o uso da forma abreviada, "agir e ser", porque o estado de pecaminosidade expressa-se em atitudes e motivos, assim, como em comportamentos e todos estes caem na rubrica de pecado efectivo.

A condição da existência pecaminosa da humanidade está na perda da sua relação com Deus. Esta forma de conceptualizar o pecado original torna possível, quando acoplado com a graça preveniente, manter a totalidade da Queda enquanto que, ao mesmo tempo, mantem que a condição humana não foi perdida. Este tema foi plenamente desenvolvido na nossa discussão da revelação, no que diz respeito à questão do conhecimento humano de Deus. Os mesmos princípios elucidados ali, devem ser aplicados neste contexto. Os Reformadores Protestantes tentaram explicar a

---

32 *Essentials of Evangelical Theology* 1:91. Para obter a afirmação original de Calvino, ver *Institutes* 2.3.3.

situação humana defendendo que a "relíquia" da *imago* permaneceu depois da Queda. Mas como Brunner correctamente critica, ela diz muito e não diz nada. Muito, porque indica que há na nossa natureza um local que não foi danificado; e nada, porque esquece que, até no nosso pecado, damos testemunho da nossa relação original com Deus.[33]

Uma versão moderna desta mesma abordagem (e sujeita à mesma crítica) é expressa por Donald Bloesch:

> Na nossa perspectiva, a natureza essencial do homem é boa, por ter sido criada por Deus, mas a sua natureza existencial, o seu ser no mundo está corrompido. A humanidade do homem permanece, tal como o olho permanece depois de um ferrão venenoso de insecto o ter destituído de visão, apesar de agora estar privada do seu brilho e controlada na sua actividade moral (Abraham Kuyper). A verdadeira natureza humana, como a encontramos em Jesus Cristo, é sem pecado e, portanto, o pecado é visto correctamente como um desvio da natureza humana. Significa a falta de natureza do homem, o anormal que agora se tornou natural. A imago dei, o reflexo do ser de Deus no homem, está danificado, mas não destruído. O homem ainda é responsável perante Deus, embora a sua liberdade tenha sido consideravelmente diminuída.[34]

É a forma de expressar desta posição e não a verdade que tenta defender, que levanta questões de adequação teológica. A posição wesleyana da graça preveniente dá uma solução muito mais viável do que a perspectiva Reformada de uma relíquia da *imago*. Identifica esta graça com a "imagem mais lata" por meio da qual a relação com Deus é restaurada o que se torna, na realidade, a base para o personalismo do homem, visto que o personalismo é constituído pela relação.

Além disso, definir o ser humano ontologicamente em termos de relação e falar de pecado original (condição de existência) relacionalmente torna possível uma doutrina viável da santificação como "renovação na imagem de Deus", que é a forma central da conceptualização de João Wesley desta doutrina. Descrever a condição da existência da humanidade em pecado, usando modos de pensamento substanciais torna a inteira santificação difícil, se não mesmo impossível, de encaixar logicamente numa conceptualidade teológica.

Pecado Original e Culpa

A questão da culpa tem sido largamente discutida entre teólogos na sua ligação com o pecado original. Será que a culpa se estende aos descendentes

---

33 *Man in Revolt: A Christian Anthropology*, trans. Olive Wyon (New York: Charles Scribner's Sons, 1939), 96.
34 *Essentials of Evangelical Theology* 1:95.

de Adão devido à apostasia do progenitor? Uma tradição defende que todos nascem culpados devido à transgressão de Adão. Esta posição está à vontade com a corrente Agostiniana-Calvinista do pensamento cristão e fornece uma base lógica para a predestinação específica. Não está implicado qualquer problema ético em afirmar a condenação eterna de crianças que não estão entre os eleitos, se nascerem culpadas, ou seja, culpáveis e merecendo o castigo. Isto também se torna numa base lógica para a doutrina de baptismo infantil, entendido como "lavagem da culpa do pecado original".[35]

Outra tradição interpreta a culpa de forma legalista e nega a possibilidade ou questiona a justiça ética de atribuição de culpa quando não está presente qualquer possibilidade de acção responsável. Esta perspectiva defende que a culpa só pode estar associada ao pecado efectivo. Portanto, nega que a culpa esteja de alguma forma associada ao pecado original.

H. Orton Wiley faz uma distinção significativa entre a "culpa pessoal, respeitante à comissão do pecado" (*reatus culpoe*) e "passível de penalidade" (*reatus poenoe*). O pecado efectivo, diz ele, inclui ambas as formas, enquanto que somente a segunda se associa ao pecado original (*CT* 2:88). Esta distinção é reconhecida por Wesley e, de acordo com ela, ele liga "culpa" ao pecado original quando interpretada como penalidade. Seguindo Paulo (Romanos 5), Wesley identifica a morte como a penalidade do pecado (vide *Notes* de Wesley sobre Rom. 5:13) e, portanto, todas as pessoas nascem culpadas do pecado original, porque todas morrem. Mas de forma alguma isso envolve culpabilidade e, portanto, susceptível de castigo eterno.

Pecado Efectivo como Expressão da Existência

As Escrituras apontam, frequentemente, para a depravação interna do ser humano como a fonte dos males encontrados na vida humana. Jesus é bem explícito acerca desta relação: "O que sai do homem, é o que contamina o homem. Porque do interior do coração dos homens saem os maus pensamentos, os adultérios, as prostituições, os homicídios, os furtos, a avareza, as maldades, o engano, a dissolução, a inveja, a blasfémia, a soberba e a loucura. Todos estes males procedem de dentro e contaminam o homem". (Marcos 7:20-23).

O movimento profético, eventualmente, chegou à compreensão, nas pessoas de Jeremias e Ezequiel, de que a grande fraqueza da velha aliança estava na sua falta de provisão explícita para a existência do pecado. O pecado efectivo tinha sido proibido. Os primeiros profetas tinham reiterado as suas condenações das fugas à lei. Mas Jeremias agora via que "Enganoso

---
35 O baptismo infantil não tem de ser necessariamente interpretado desta forma, como veremos mais adiante numa discussão acerca dos sacramentos.

é o coração, mais do que todas as coisas e perverso" (17:9). Portanto ele, juntamente com Ezequiel, apontou para o futuro, para uma nova aliança que lidaria não só com as transgressões da lei, mas também com a causa interior destes pecados e abordaria o assunto do coração onde a "existência" do pecado reside. Em suma, eles anteciparam uma provisão divina tanto para a reconciliação como para a santificação, uma solução para o pecado original e também para o pecado efectivo.

A Universalidade do Pecado

A doutrina do pecado original é o modo da teologia afirmar a universalidade do pecado. Alguém observou que esta é a doutrina mais empiricamente verificável de todas as doutrinas cristãs. Contudo, várias questões se levantam. Um problema importante tem que ver com a questão do determinismo. Afirma a doutrina que todas as pessoas *têm de* pecar, ou que elas simplesmente *pecam*? Embora sendo paradoxal, a fé cristã afirma que o pecado é tanto inevitável como volitivo. Esta afirmação vai contra as muitas tentativas de dissolver o paradoxo racionalmente, numa ou noutra direcção.

O pelagianismo ultrapassou o paradoxo ao definir pecado de um modo casuístico e atomista, de forma a efectivamente negar a doutrina do pecado original. Cada homem é o seu próprio Adão, nascendo neste mundo na mesma condição de existência que o primeiro homem e, ele mesmo, comete o pecado original. Isto significa que há liberdade, para pecar ou não pecar, na sua própria vontade. A graça, entendida como a capacitação ou cura divina, não é necessária neste caso. Contudo Pelágio não negou abertamente a graça, somente a definiu externamente como o dom da liberdade, a luz da lei, o exemplo de Cristo, bem como o encorajamento de uma recompensa. Pelágio explicou a universalidade do pecado com a infiltração de maus exemplos. Embora ele retivesse a realidade (se bem que grandemente enfraquecida) do pecado efectivo, a verdade da inevitabilidade do pecado, para a qual a doutrina do pecado original aponta, foi perdida.

As interpretações da situação humana que igualam o pecado com a finitude, ou com algum aspecto da natureza humana que é essencialmente mau, dissolvem o paradoxo numa outra direcção ao torná-lo inevitável ao ponto da exclusão do volitivo. Isto encaixa-se bem em esquemas deterministas, como o calvinismo extremo.[36]

---

36 Tanto Calvino como Lutero negam a possibilidade de liberdade do pecado nesta vida, mas estão demasiado firmes nas Escrituras para atribuírem isso ao facto do corpo ser mau. Eles simplesmente não partilham do "optimismo da graça" que informou a confiança de Wesley na possibilidade do triunfo da graça sobre o pecado nesta existência. Eles afirmariam que todos os homens *têm de pecar*, mas os wesleyanos ficariam nervosos em ir além da afirmação de que todos os homens *pecam*.

A interpretação histórica da Queda, que tentámos manter, evita a posição de tornar o pecado endémico à situação humana. Mantém a posição expressa por Wiley de que "o pecado é somente um acidente da natureza do homem e não um elemento essencial ao seu ser original" (*CT* 2:95). Mas levanta a dificuldade, por outro lado, de explicar porque é que todos os homens pecam e temos de evitar a armadilha da solução racionalista proposta acima. Isto pode ser possível, simplesmente, ao afirmar com Paulo, que empiricamente todas as evidências apontam para a conclusão, que "todos pecaram e destituídos estão da glória de Deus" (Rom. 3:23).

Esforços racionalistas têm sido feitos para resolver o paradoxo ao explicar a universalidade do pecado em termos de teorias da transmissão do pecado. Algumas destas, tais como o chamado modo genético de transmissão, são patentemente inadequados por serem demasiadamente físicas, muito ligadas a uma perspectiva não-bíblica do pecado (a tendência de igualar a sexualidade com a pecaminosidade) e à luz da capacidade em desenvolvimento da medicina moderna de manipular os genes, ficam não-essencialmente relacionadas com a graça como uma cura. Outras teorias dependem da contemporaneidade dos realismos filosóficos. É verdade que o conceito do Velho Testamento de "Personalidade Corporativa" (H. Wheeler Robinson) proporciona-nos uma *Weltanschauung* viável para o explicar, mas desenvolvê-lo em termos filosóficos contemporâneos cria algumas dificuldades, apesar de não inultrapassáveis.

Teologicamente, a doutrina do pecado original destaca duas verdades fundamentais. Em primeiro lugar, refere-se a cada ser humano como um todo. Esta é a verdadeira relevância do termo *depravação total*. Perante Deus (*coram Deo*) "o juízo de que o homem é pecador é um juízo total e, portanto", aplica-se também "ao 'interior' e 'espiritual' no homem".[37] É isto que é a base para a afirmação de Agostinho, reiterada por Lutero e Wesley, entre outros, de que "as virtudes dos pagãos são nada mais que vícios esplêndidos". A humanidade está errada, totalmente errada, perante Deus e, portanto, tudo o que faz é errado. É neste sentido que o pecado efectivo é sempre uma expressão do pecado original.

Segundo, a doutrina do pecado original tenciona ver a humanidade como um todo. É aqui que a relevância do conceito hebraico de personalidade corporativa entra em jogo (ver anteriormente). Há uma solidariedade no pecado que abrange todos os "filhos da raça de Adão". Pode ser que, legitimamente, lhe possamos chamar "o corpo místico de pecado" comparável ao "corpo místico de Cristo" (Oswald Chambers). É esta solidariedade

---

37 Aulen, *Faith of the Christian Church*, 239.

do homem no pecado que traz ao de cima a ideia da inevitabilidade do pecado.

As palavras de Gustav Aulén fornecem um resumo incisivo de toda a nossa discussão da humanidade como pecaminosa:

> Quando a ideia do estado original e da queda são combinadas com a fé cristã, o "estado original" revela a cada homem o destino que lhe é dado por Deus e "a queda" declara que a inter-relação solidária do pecado não remove o carácter do pecado como um acto da vontade, ou por outras palavras, quando o pecado se torna efectivo na nossa vida, estamos envolvidos na destruição do destino que nos foi dado por Deus.[38]

Em última análise, estamos mais preocupados com a resposta divina para o problema do pecado e da provisão Dele para a sua cura, do que com respostas racionalistas acerca da sua origem e fonte. Assim, voltamo-nos, agora, para a obra salvífica de Deus.

---

38 Ibid., 247.

CAPÍTULO
10

A Pessoa do Salvador

O assunto da cristologia traz-nos a um dos temas centrais da teologia wesleyana (vide cap. 1). O que, por sua vez, está organicamente relacionado com a ênfase primária da nossa norma, visto que as questões cristológicas têm sempre que ver com as preocupações soteriológicas. No entanto, também é verdade que as questões de soteriologia moldam as questões cristológicas. Na verdade, John Deschner sublinha que afirmações cristológicas, como as encontradas nos escritos de Wesley, estão "largamente embutidas em ou até mesmo ocultas sob o material soteriológico".[1] Wolfhart Pannenberg defende que todas as cristologias são, na verdade, informadas por preocupações soteriológicas e procura demonstrar as relações sistemáticas em certas teorias proeminentes.[2]

Esta orientação soteriológica em Wesley está correlacionada com a atitude fase à cristologia a qual, descobrimos também, está presente na sua abordagem à doutrina da Trindade. Wesley tem pouco interesse em teorias especulativas, mas distingue entre o "facto" e o "modo" da Encarnação. Do modo pode dizer, "Não sei nada sobre isso… Não é mais o objecto da minha fé, do que é do meu entendimento".[3] Mas do facto (que Cristo é tanto divino como humano) fala com muito mais certeza: "Que Jesus é o Cristo; que Ele é o Filho de Deus; que Ele veio na carne, é uma verdade indivisível e aquele que negar qualquer parte dela, na verdade nega o todo".[4]

---

1 *Wesley's Christology*, 5. Ele também sugere, na sua introdução, que certas "deficiências" nas formulações teológicas de Wesley, p.ex., a teoria da Expiação da satisfação penal, podem ser melhor modificadas ou alteradas "em bases Cristológicas". 4.
2 *Jesus – God and Man*, trans. Lewis L. Wilkins and Duane A. Priebe (Philadelphia: Westminster Press, 1977).
3 *Works* 6:204.
4 *Notes* sobre 1 João 2:22. Colin Williams comenta sobre este ponto: "Não pode haver qualquer dúvida que Wesley aceitava as afirmações cristológicas ortodoxas, mas o seu interesse sempre esteve na relevância de Cristo para a salvação. Ele mostrou um desgosto constante por especulações metafísicas. Levar erradamente as pessoas à discussão de subtilezas doutrinárias poderá, facilmente, produzir um espírito argumentativo, enquanto que, o conhecimento verdadeiro e vivo de Cristo produz uma crescente

Isto sugere que Wesley estaria mais interessado numa cristologia funcional do que numa ontologia especulativa. Sem dúvida, isto é, em parte, devido ao facto de o Novo Testamento não oferecer uma doutrina explícita da pessoa de Cristo, ou seja, não explica como as duas naturezas se relacionam. Mas, talvez, seja mais por causa do seu forte interesse em relacionar todas as doutrinas com a salvação. Contudo, como notámos com a Trindade, até mesmo as questões funcionais reflectem inevitavelmente uma base ontológica, apesar de podermos não ter à mão as categorias conceptuais necessárias para as formularmos adequadamente.

É nossa intenção, ao desenvolver uma teologia sistemática wesleyana, trabalhar sob as limitações implicadas por esta perspectiva. Consequentemente, não iremos discutir os vários esforços especulativos contemporâneos de formulações cristológicas, mas daremos, basicamente, um panorama dos debates cristológicos clássicos. Esta abordagem desvendará os compromissos centrais da fé cristã clássica. Ao fazer isto, procuraremos concentrar a atenção naqueles aspectos da pessoa do Salvador que tenham influência sobre as questões da reconciliação e da santificação.

Relevância Teológica da Encarnação

O termo *Encarnação* (literalmente, o processo de en-carnar) refere-se à crença singularmente cristã de que Deus entrou na história na forma humana. "E o Verbo se fez carne e habitou entre nós" (João 1:14), esta é uma das pedras basilares sobre a qual a fé cristã se sustenta ou cai. É o "ponto fulcral" da "confissão de fé em Cristo" que identifica a substância da doutrina cristã.[5]

A afirmação que Deus se tornou imanente num evento específico da história do mundo inclui o compromisso de que esse evento é normativo para a globalidade da história. Esta crença é um escândalo para a mente racionalista, mas o seu propósito não é, simplesmente, criar uma pedra de tropeço à crença, ou seja, a sua relevância não está no seu absurdo. Existem verdades fundamentais que se tornam problemáticas se não houver a Encarnação; portanto, o facto de Deus ter encarnado em Jesus de Nazaré, tem um profundo significado teológico para certas afirmações básicas da doutrina cristã.

---

dependência Dele e nutre o espírito de amor, os argumentos especulativos acerca da Sua pessoa poderão resultar em divisão e amargura. (cf. *Letters* 4:159)

"Contudo, quando o conhecimento verdadeiro e vivo de Cristo estava de facto em risco, Wesley estava preparado para perseguir com as exactidões das formulações doutrinais". *John Wesley's Theology Today*, 91-92

5 Aulen, *Faith of the Christian Church*, 185.

Revelação

Já descobrimos no nosso estudo da ideia da revelação (cap. 4) que, a menos que Deus, de alguma forma, se torne imanente, ("acomodação", Calvino) não há qualquer conhecimento Dele. Notámos ainda que a característica distintiva da teologia cristã, em contraste com outras teologias, é a crença de que Deus Se deu a conhecer de forma decisiva e final em Jesus Cristo. Assim, a Encarnação ergue-se como o pilar da confiança de que a verdadeira natureza de Deus é conhecida, de forma adequada, através deste acontecimento histórico.

A afirmação de Gordon Kaufman relaciona-se lindamente com este complexo de ideias:

> Deus é um ser totalmente auto-suficiente, Aquele incomparável a todos os outros, absolutamente único, o limite final do homem e de todas as outras realidades finitas. Como poderíamos chegar a conhecer tal ser? Se Deus nos transcendesse e ao nosso mundo, de forma absoluta e em todos os aspectos, nunca poderíamos conhecer algo acerca dele – mesmo o facto de que ele existe e que é transcendente. Esse ser poderia vir a existir e a significar algo para nós somente através de Sua entrada no nosso mundo, tornando-se assim, um objecto possível do nosso conhecimento. Deus teria que tomar a forma, por assim dizer, de algo que pudéssemos experimentar e entender e, assim, fazer-se conhecido. Esta é precisamente a reivindicação da fé cristã: o próprio Deus veio ao homem na própria pessoa do homem.[6]

O Quarto Evangelho enfatiza, como um dos seus temas centrais, a tese de que Deus é plenamente conhecido através do Filho. O Cristo joanino diz, "Quem me vê a mim, vê o Pai" (João 14:9). E João declarou, "Deus nunca foi visto por ninguém. O Filho unigénito, que está no seio do Pai, este o fez conhecer" (1:18). Fé em Deus é, simultaneamente, fé em Cristo e vice-versa. O resumo de Aulén capta esta verdade:

> A confissão de fé em Cristo é, portanto, não uma afirmação sobre Cristo, mas do princípio ao fim, uma afirmação sobre o Deus que se revelou a si mesmo. Se a fé cristã afirma que Cristo é da mesma substância que o Pai está, assim, a fazer uma afirmação sobre o carácter do ser de Deus. Então, a função verdadeira da confissão de fé em Cristo é guardar o conteúdo e a pureza do conceito cristão de Deus.[7]

A Encarnação não só revela a Deus, como também revela o homem. No quarto século, Atanásio viu esta verdade e descreveu-a de forma fascinante. Ele sugere que a Encarnação teve como propósito a restauração do homem à *imago Dei*. Os homens não poderiam fazer este trabalho de restauração

---
6 *Systematic Theology*, 168.
7 *Faith of the Christian Church*, 189.

uns pelos outros, visto que, na melhor das hipóteses, eram apenas cópias da imagem e, ainda por cima, danificadas. Se um retrato pintado for danificado por manchas, diz Atanásio, terá de ser restaurado pelo pintor, que terá de o pintar de novo a partir do original, que terá de posar novamente. Assim, o Verbo teve que vir à terra, para que a imagem pudesse ser, mais uma vez, visível e copiada novamente na natureza do homem.[8]

Como a teologia contemporânea enfatiza, de forma consistente, nós não temos acesso ao homem no início (Adão) para que possamos derivar uma imagem normativa adequada do ser humano. O nosso conhecimento dessa realidade é "a partir do meio" (Bonhoeffer). Em Jesus Cristo, apercebemo-nos da medida completa da humanidade, não deformada pelo pecado. Ele não é apenas o que o homem refere como Deus, mas também o que Deus refere como homem.

João Wesley traça uma excelente comparação entre Cristo e a lei. Quando descreve a origem e a natureza da lei usa uma linguagem peculiar, adequada à Encarnação.[9] O seu argumento é que a natureza e a vontade de Deus, conforme se relaciona com a natureza, o destino e o comportamento humano são incorporados na lei que, desde modo, torna na revelação da virtude e da sabedoria divinas. Uma vez que a lei era um meio menos adequado à auto-manifestação e estava sujeita a perversões legalistas, Deus incorporou, na perfeição, a Sua vontade e natureza, conforme se relacionou com o destino do homem, pela encarnação da Sua natureza em Jesus Cristo. Portanto, Cristo é a imagem expressa da natureza divina, o *eikón* de Deus (Col. 1:15; cf. Heb. 1:3). A relação entre estas duas revelações é discutida por Paulo, em 2 Coríntios 3, em termos de "glória". A glória desvanecente da lei (ilustrada pela glória temporária que brilhava da face de Moisés) foi superada pela glória permanente que brilha (perpetuamente e sem distorções) da face de Jesus Cristo.

Redenção

A igreja Ocidental, com a sua inclinação para a justificação e modos legais de pensamento, tem falado, de modo geral, da redenção quase exclusivamente em termos da morte de Cristo. Neste contexto, a Encarnação é interpretada como a necessidade da redenção, sob grande influência da teoria da satisfação da Expiação defendida por Anselmo. Teve maior ênfase na explicação da satisfação penal, classicamente formulada por João Calvino. Neste caso a redenção é interpretada como resultante da satisfação da honra de Deus (Anselmo) ou justiça (Calvino) em que esta satisfação é cumprida por Jesus Cristo, como homem, cuja morte cumpre com os requisitos

---

8 *De Incarnatione*, chap.14.
9 *StS* 2:45-47.

da justiça. Uma vez que a redenção é obra do homem e só de forma descontínua a obra de Deus, a Encarnação é necessária para providenciar o sacrifício. (Este é o argumento de Anselmo em *Cur Deus homo?*) Portanto, ela não parece ter relevância significativa em si mesma para a redenção.[10]

O cristianismo Oriental, por outro lado, com a sua maior preocupação com a santificação, viu a Encarnação como significativa para este aspecto da redenção. Em categorias tipicamente wesleyanas, podemos falar da ênfase Oriental em termos da restauração da imagem de Deus. Na citação acima, de Atanásio, pode ser vista a ênfase Oriental na importância da Encarnação como modelando a *imago*. Mas ainda mais crucial é a crença de que a Encarnação potencialmente transforma a natureza humana, tornando possível ao homem tornar-se como Deus, através da união com Cristo. O ensino de Ireneu, da grande recapitulação, demonstra a forma como Jesus Cristo efectua a reversão da Queda em cada fase da vida humana. Portanto, "ele [Cristo] tornou-se no que nós somos [homem] para que nos possamos tornar no que ele é [divino]". Os problemas com a divinização da natureza humana inerentes à teoria realista da redenção, como formulada por Atanásio e Ireneu, não invalidam a importância formal da relevância santificadora da Encarnação. A conclusão de David Cairns apoia esta avaliação positiva das teorias realistas:

> A linguagem de divinização é uma tentativa de fazer justiça à mudança real efectuada na natureza humana através da união com Cristo na Sua Igreja. Mas esta união é uma união de fé. É real e os frutos do Espírito dão testemunho dela, mas nunca é sinónimo de uma fusão do crente ou da Igreja com o Senhor. É uma união singular de pessoas com a Pessoa Divina, pela qual os benefícios de Cristo passam para os Seus discípulos, enquanto que o Seu Senhorio permanece irrefutado e a fronteira entre o Criador e a criatura

---

10 John Deschner defende que, a adopção por Wesley, da teoria da satisfação penal, cria uma base para o seu entendimento da necessidade da Encarnação, para que "a justiça de Deus e o Seu amor sejam harmonizados na substituição penal de Cristo na cruz pelo pecado do homem". *Wesley's Christology*, 19. No entanto, ele destaca que isto cria uma tensão dentro do pensamento de Wesley e tem dificuldade em relacionar isto com o seu ensino sobre a santificação. Este é apenas um aspecto daquilo a que Deschner chama de lado duplo da teologia de Wesley, "um lado moralista" que vem do seu entendimento pre-Aldersgate e "um lado evangélico que vem da sua conversão, o qual, é aqui afirmado, trabalha para converter a sua teologia, mas somente com uma transformação parcial na sua forma". 77. Creio que Deschner está correcto na sua análise, bem como na sua asserção de que o lado evangélico "domina a intenção da sua teologia". Ibid. Esta tensão aponta para a incompatibilidade de uma teoria de satisfação da Expiação com uma doutrina de santificação viável, como observaremos mais tarde e, portanto, mostra a forma como o uso não crítico, por Wesley, de categorias de satisfação, quando se refere à obra de Cristo (tais como "mérito"), são inconsistentes com os principais compromissos da sua teologia e devem, por isso, ser rejeitados num desenvolvimento sistemático de teologia wesleyana.

permanece sem ser atravessada. Descrever esta união é o verdadeiro objectivo de Ireneu, Clemente e Atanásio.[11]

R. V. Sellers concorda com esta estimativa. Ele defende que o conceito de Atanásio era moral e espiritual e não tão realista quanto a sua linguagem implica, significando, por ela, que o homem pode "em Cristo" desfrutar de perfeita comunhão com Deus.[12]

A ênfase na Encarnação, que aqui estamos a encorajar, não diminui de forma alguma a relevância decisiva da morte de Cristo. Clama, sim, por um entendimento, com bases mais alargadas, da forma como a obra de Cristo se relaciona com a salvação. Isto será explorado mais aprofundadamente no próximo capítulo.

Cristologia do Novo Testamento[13]

A Cristologia do Novo Testamento é um recurso indispensável para o trabalho da teologia sistemática. Embora a tarefa da teologia vá além da tarefa descritiva inerente à teologia bíblica, não pode desenvolver categorias e interpretações que violem a perspectiva do Novo Testamento, se levar a sério a autoridade das Escrituras. Mas, pelo lado positivo, procura formular uma afirmação contemporânea que seja a extrapolação das perspectivas dos escritores bíblicos.

O mais comum, assim como o mais adequado, ponto de partida para a exploração da resposta do Novo Testamento, para a questão de Cristo é

---

11 *Image of God*, 108-9.
12 *Two Ancient Christologies* (London: SPCK, 1954).
13 Este é um dos assuntos mais discutidos na área dos Estudos neo-testamentários. É até mesmo impossível cobrir a vasta quantidade de materiais que já foram produzidos sobre este tópico. Consequentemente, iremos simplesmente apresentar algumas das questões principais e conclusões que parecem a este escritor, que não é um académico especialista do Novo Testamento, serem razoavelmente válidas. Sem dúvida que muitas, se não todas, as posições aqui tomadas irão parecer incrivelmente ingénuas a pelo menos alguns especialistas. Irá assumir a confiança nos documentos do Novo Testamento e que os Evangelhos reproduzem fielmente na pessoa e nos ensinamentos de Jesus em substância e não a fé, posterior, dos primeiros cristãos que teria passado por um período de desenvolvimento evolucionário. As teorias de todas estas questões são uma verdadeira floresta de pontos de vista e interpretações variadas. Tentar abrir caminho por este matagal emaranhado é uma tarefa árdua. O estudioso não-especialista do Novo Testamento é muitas vezes tentado a pensar que a necessidade de produzir alguma nova interpretação se sobrepõe à busca da verdade entre os estudiosos especialistas. O panorama de alguns dados básicos, influenciando as questões da cristologia do Novo Testamento, pode ser visto na leitura do Apêndice 2 sobre a esquemática do ministério de Jesus. A presente discussão apoia-se em relativamente poucos estudos primários, que foram escolhidos entre muitos, por razões utilitárias, mas também porque o seu trabalho gera a confiança do escritor tanto no seu estudo quanto no seu compromisso com a autoridade e veracidade das Escrituras.

examinar os títulos atribuídos a Jesus nos Evangelhos. É aqui que o entendimento da Igreja Primitiva quanto a quem Jesus era, assim como o Seu auto-entendimento, tiveram expressão central. Embora não possamos examinar todos aqueles títulos que poderão ser isolados quando o Novo Testamento é pesquisado a pente fino, examinaremos aqueles que parecem ter um significado decisivo e um uso mais alargado nos documentos.

É importante notar, desde o início, que "o problema cristológico" do Novo Testamento não foi o problema da Sua pessoa e obra. Essa forma de abordar a questão surgiu nos primeiros séculos à medida que a igreja procurou responder a questões sobre a relação de Cristo com o Pai e sobre a relação das naturezas divina e humana em Cristo. Isto foi, sem dúvida, um desenvolvimento inevitável, mas ao colocar a questão desse modo, tornou possível a separação da pessoa de Cristo da Sua obra, ou seja, a cristologia e a soteriologia podiam agora tornar-se em duas considerações separadas. O Novo Testamento, no entanto, quase não fala da pessoa de Cristo sem, ao mesmo, tempo falar da Sua obra. As várias respostas Neo-testamentárias à pergunta "Quem é Cristo?" incorporam ambos, a pessoa e a obra de Cristo, como realidades indistintas. Isto implica que, como Richard Longenecker defende, todos os títulos atribuídos a Jesus pela Igreja Primitiva são entendidos como funcionais e não ontológicos.[14]

Ao responder à questão "Quem é Jesus?" os primeiros cristãos tinham à sua disposição certos conceitos do seu passado judaico que pareciam aplicar-se a Jesus. O problema cristológico do Novo Testamento era, portanto, responder a perguntas como: até que ponto é que Jesus cumpriu estes conceitos judaicos? O resultado de abordar a questão desta forma, levou, eventualmente, a um significado que transcendeu todos esses conceitos, tomados separadamente ou em conjunto. Mas a nossa tarefa aqui é a de seguirmos estas tentativas à medida que elas ganham expressão no Novo Testamento.

Duas questões críticas principais surgem nessa investigação. Primeiro, temos de determinar se estamos a lidar com o próprio auto-entendimento de Jesus nos Seus ensinos registados, ou com entendimento teológico posterior da comunidade cristã. Temos encontrado esta questão em certos pontos-chave deste livro, portanto, simplesmente reiteramos as conclusões afirmadas naquelas secções. Embora seja verdade que os Evangelhos reflectem a perspectiva e a situação posteriores da Igreja Primitiva, somos, contudo, presenteados com a imagem fiel de Jesus, que aceitamos como fidedigna. Segundo, a decisão deve considerar a origem dos títulos atribuídos a Jesus. Vieram de um meio hebraico ou helénico? Em alguns casos não há

---

14 Vide Richard Longenecker, *The Christology of Early Jewish Christianity* (Naperville, Ill.: Alec R. Allenson, 1970).

opção possível, mas onde ela exista, é muito significativo identificar qual a fonte. Em geral, nesta discussão, estamos a assumir a posição tomada por muitos estudiosos de confiança de que a fonte primária é hebraica, apesar de alguns títulos terem um contacto especial com o mundo helénico. Onde houver questões cruciais em causa, estas serão notadas.

O Messias

Básica à cristologia dos primeiros judeus cristãos era a convicção de que Jesus era o Messias. De facto, era tão básica que a palavra grega para Messias (*Christos*) tornou-se associada à pessoa de Jesus como nome próprio. Este, na verdade, era um fenómeno muito estranho porque (1) era uma designação muito incerta, um termo genérico para um conceito bastante fluído no judaísmo; (2) Jesus não cumpriu muitos dos aspectos básicos da esperança messiânica, especialmente na sua forma contemporânea; e (3) Jesus raramente aplicou esse termo a Si mesmo. Apesar destas considerações, este foi um termo a que a Igreja se apegou como o mais proeminente. Portanto, a questão a ser abordada é: até que ponto os cristãos se apoderaram da perspectiva judaica; e de que forma a transformaram? Ou a mesma questão poderia ser formulada e talvez devesse sê-lo, em relação ao próprio auto-entendimento de Jesus.

O ponto de partida é o significado do termo ou ideia. Apesar de, como designação técnica, o termo "Messias" não se encontrar no Velho Testamento, a ideia está certamente presente. (Uma possível excepção é a referência enigmática e misteriosa em Dan. 9:25-26. No entanto, a academia está de tal forma fragmentada, na sua interpretação e tradução, que o seu uso se tornou bastante problemático. Compare os comentários de *Abingdon Bible Commentary*, com a interpretação diametralmente oposta no *New Bible Commentary*). Era primariamente um conceito político (cf. Eze. 37:21ss), visto envolver um rei davídico reinando sobre um Israel restaurado. Aparentemente, a esperança primária para o futuro não é a de um rei messiânico, uma vez que em muitas passagens escatológicas encontramos uma imagem pintada da Era Dourada e um reino restaurado, mas a descrição do rei está ausente. A esperança messiânica, como a encontramos entre o povo Judeu dos dias de Jesus, era principalmente um produto do período pós-exílio.

Alguns estudiosos identificaram pelo menos duas tendências da esperança messiânica, ambas escatológicas. A primeira é a de um dirigente deste mundo, natural, político e nacionalista. Esta parece ser a substância da perspectiva popular. T. W. Manson defende, a partir dos Salmos de

Salomão, que esta é a forma como o "Judeu médio, temente a Deus e patriota" vê o Ungido do Senhor no primeiro século a.C.[15]

Outros têm sugerido uma segunda interpretação que é a de um Messias transcendente e do outro mundo, que vem com obras milagrosas de Deus. Sigmund Mowinckel descreve estas duas perspectivas da seguinte forma:

> Parece que, como na esperança geral do judaísmo mais tardio, existiam duas tendências, originalmente bastante distintas, mas agora fundidas uma com a outra, assim o conceito do Messias no judaísmo mais tardio manifesta o mesmo carácter duplo. Um lado é nacional, político, deste mundo, com tendências particularistas, apesar de universalista quando no seu melhor. A outra é supra terrestre, do outro mundo, rica em conteúdo religioso e conceitos mitológicos, universalista, numinosa, confortável na esfera do "Santo" e do "totalmente Outro".[16]

John Wick Bowman propôs uma terceira tendência, a qual ele identifica como o verdadeiro entendimento profético e a que se refere como o "Messias-Remanescente". Exploraremos esta sugestão de forma mais completa, posteriormente, nesta secção.

O primeiro uso técnico do termo Messias ocorre como exemplo do primeiro complexo de ideias e envolve uma modificação do material do Velho Testamento. Este uso do termo aparece nos Salmos de Salomão, 17 e 18, que vêm de meados do primeiro século a.C. Em que, como já vimos, a Era Dourada é a ideia mais significativa na literatura profética, com o Messias a aparecer em algumas instâncias e não em outras, o entendimento de Messias aqui era o de agente de Deus que traz o Reino. No Velho Testamento, ele era um aspecto do Reino, mas agora é o instrumento efectivo da sua realização pela derrota dos inimigos ao seu estabelecimento. E, claro, é sempre visto em termos nacionalistas judaicos. Embora este desenvolvimento não esteja em contradição grosseira com os principais contornos da esperança bíblica, há uma excepção notável: Zac. 9:9 mostra o futuro rei como um dirigente pacífico em vez de uma imagem guerreira que exterminava os inimigos de Israel. Esta foi a passagem com a qual Jesus se identificou explicitamente na Entrada Triunfal. Era a que mais aproximadamente reflectia o Seu próprio entendimento do Messias.

Houve também uma outra modificação da expectativa messiânica durante o período inter-bíblico. Nos apocalipses judaicos a ideia surgiu de que o Messias iria dar lugar a um reino provisório. O próprio Yahweh iria

---

15 *The Servant-Messiah* (Grand Rapids: Baker Book House, 1977), 23ff.
16 *He That Cometh* (New York: Abingdon Press, n.d.), 281.

trazer o reino permanente. Portanto, nesta perspectiva, o Messias era o precursor de Yahweh, resultando na ideia de um tempo entre os tempos.[17]

O resumo de Longnecker proporciona-nos uma afirmação de fundo, adequada para examinarmos o uso do título no Novo Testamento, em relação a Jesus:

> Enquanto outros elementos competiam por reconhecimento, este conceito político e nacionalista veio a tomar o lugar de ascendência no pensamento judaico. E, no tempo de Jesus, este entendimento do Messias como filho-de--David era dominante.[18]

Jesus e o Título Messiânico

Jesus é o "caldeirão" para onde todas as ideias do messianismo judaico fluem. É a forma como Ele lida com estes conceitos que se torna crucial, especialmente, se levamos seriamente, como estamos a fazer, o Jesus histórico e a Sua própria auto-consciência.

Para começar, temos que ter em conta aquilo a que William Wrede se referiu, em 1901, como o "segredo messiânico". Especialmente no Evangelho de Marcos, Jesus é apresentado como evitando o título. Ele silenciou os demónios que O reconheceram como Messias (1:23-25, 34; 3:11-12). Ele ordenou aos que curou que não dissessem a ninguém (1:43-44; 5:43; 7:36). Depois da Transfiguração, disse aos discípulos que não contassem o que tinham visto (9:9). Como explicamos isto?

Os estudiosos liberais, como Rudolph Bultmann e Gunther Bornkamm, dizem que Jesus não tinha consciência Messiânica. Os estudiosos mais conservadores, como Oscar Cullmann, sugerem que Jesus rejeitou totalmente o título devido às suas conotações políticas. Existem várias passagens decisivas que devem ser examinadas como evidências antes que possamos chegar a alguma conclusão.

É bastante claro que Jesus rejeitou os aspectos políticos da Sua missão na Tentação do deserto. Ele recusou transformar-Se no tipo de Messias que, nessa base, atrai a multidão. O encontro com Satanás estabelece o padrão para o seu ministério subsequente e proporciona-nos, sem dúvida, um padrão em termos do qual podemos avaliar eventos posteriores.

Existem quatro passagens em que a relação de Jesus com o título messiânico é um assunto crítico:

---

17 William Barclay defende que este conceito de um reino provisório, que surgiu no primeiro século a.C., foi a fonte da ideia de um reino interino de Cristo de 1000 anos (milénio) encontrado no enigmático capítulo 20 do Apocalipse. *Daily Study Bible: The Revelation of John*, 2 vols. (Philadelphia: Westminster Press, 1960), vol. 2.
18 *Christology*, 66.

Marcos 14:61-62. Em resposta à pergunta do sumo-sacerdote, "És tu o Cristo, o Filho do Deus Bendito?" Jesus responde de uma forma que parece ser inequívoca: "Eu o sou". Mas no relato de Mateus a Sua resposta é bem mais ambígua: "Tu o disseste". (isto é apoiado por evidência em manuscritos, mesmo que algumas traduções mais recentes tenham "sim" como a resposta dada.) Pareceria que o propósito de Mateus o teria predisposto, muito mais, a tirar partido da vantagem de uma resposta sem ambiguidade, se tivesse mesmo acontecido. Além do mais, em ambos os relatos, Jesus é mencionado a identificar-Se a si mesmo como o Filho do Homem. A reacção dos sacerdotes parece apoiar, claramente, a declaração de que Ele é o Filho do Homem, do que a declaração de ser o Messias. Eles acusaram-no de blasfémia, o que era mais adequado ao conceito dominante de Filho do Homem, no judaísmo. Se tivessem entendido que se afirmava como Messias, outro tipo de reacção mais adequada seria de esperar, visto que isso não implicaria quaisquer afirmações de "sobrenatural" (ver abaixo a discussão acerca do Filho do Homem). Oscar Cullman, num argumento bastante esotérico, insiste que o relato de Marcos é realmente uma evasão, mais do que a resposta directa sugerida pelas nossas traduções. Ele baseia esta conclusão em bases filológicas envolvendo uma re-tradução do grego para o aramaico originalmente falado por Jesus.

Marcos 15:2 ss. No Seu encontro com Pilatos, Jesus é confrontado com outra questão directa sobre a Sua ascendência Real. Mas Ele responde de forma igualmente ambígua, ao dizer "Tu o dizes". Mateus relata a discussão da mesma forma. Portanto, temos aqui uma clara evasão da terminologia messiânica.

Marcos 8:27ss. Aqui, a grande confissão de Pedro em Cesaréia de Filipe declara a conclusão dos discípulos de que Jesus é o Messias (Cristo). Apesar deste anúncio ser recebido entusiasticamente por Jesus, como registado em Mat. 16:17, Ele ordena aos Seus discípulos que não o digam a homem algum e, depois, prossegue falando sobre o Filho do Homem e enfatiza o papel do sofrimento, que é estranho ao conceito judaico de Messias. Que Pedro confessa mais do que entende é reflectido na sua reacção negativa à amplificação que Jesus faz da missão messiânica, como envolvendo rejeição e morte. Ele está, ainda, a usar a terminologia messiânica no sentido popular judaico.

Porque é que Jesus, obviamente, evitou o termo quando tinha oportunidade de fazer afirmações claras e ao mesmo tempo de avisar os seus discípulos sobre a disseminação das suas conclusões? A perspectiva conservadora é de que os contextos destas passagens estavam carregados de conotações nacionalistas, que era precisamente o que Jesus desejava evitar.

Uma passagem adicional no Quarto Evangelho carece de atenção. Em **João 4** Jesus parece anunciar-Se precisamente como Messias à mulher samaritana. Em resposta ao seu reconhecimento, que a sua tradição religiosa inclui a esperança no Messias que virá (v. 25), Jesus declara: "Eu o sou, eu que falo contigo". Existem aqui duas considerações relevantes. Primeiro, não há obviamente perigo de um levantamento político. Segundo, não é insignificante o facto de as Escrituras samaritanas incluírem apenas o Pentateuco, tendo ao seu alcance somente um "messias profético" e não político. É possível identificar a ideia de um "profeta como Moisés" de Deuteronómio 18 com a esperança samaritana. O próprio contexto da conversa de Jesus com a mulher sublinha este facto: A resposta dela foi "Vinde e vede o homem que me disse tudo quanto tenho feito; porventura, não é este o Cristo?" (v. 29). Assim, esta passagem parece, também, simplesmente contornar a perspectiva messiânica tradicional.

Mas há uma outra consideração para a qual vários estudiosos têm chamado a atenção. Apesar do facto de Jesus, muito claramente, recusar associar-se com a ideia reinante de um messias político, até mesmo ao ponto de se retirar dos seus seguidores quando estes o tentaram forçar a isso (Jo. 6:15), Jesus dificilmente poderia ter afirmado ser o cumprimento da profecia do Velho Testamento, sem pelo menos implicar que seria, de alguma forma, o Messias da esperança de Israel. O mínimo necessário tem de envolver uma continuidade entre a obra de Jesus e a missão do povo escolhido de Israel.

A resposta proposta para este dilema surge de um padrão de pensamento judaico descoberto nos Rolos do Mar Morto. Como Richard Longenecker afirma: "Do ponto de vista estritamente teológico, nenhum homem pode ser definido como messias sem antes ter cumprido a tarefa do ungido". Isto é, na perspectiva judaica a função e a tarefa têm de ser cumpridas antes do título poder ser, por direito, reclamado. O que significa que Jesus seria "messias designado" ou "messias eleito" devido à sua paixão e ressurreição vindouras.[19]

Esta análise leva-nos à conclusão que a função de Messias, como reinterpretada por Jesus, está intimamente ligada com o sofrimento e, em substância, torna-se no Servo Sofredor. Portanto, a obra do Messias não era da forma com os Judeus a tinham concebido. Na verdade, a conjunção das duas ideias, de Messias e de sofrimento, criara uma séria pedra de tropeço para a crença judaica porque as duas ideias não foram identificadas, pelo menos, não na sua interpretação das Escrituras.[20]

---

19 Ibid., 73ss.
20 H. H. Rowley, *The Meaning of Sacrifice in the Old Testament* (The John Rylands Library Bulletin, vol. 33, no. 1, [September, 1950]) cita alguns autores que contestam esta

John Wick Bowman tenta dar uma interpretação alternativa às que foram exploradas acima. Ele toma como ponto de partida a questão levantada pela reinterpretação radical da profecia do Velho Testamento envolvida na aplicação do termo messiânico a Jesus. O que é que isto faz à questão da revelação divina? Será que não haveria, pergunta, um verdadeiro conceito revelado por Deus em eras passadas, registado pelos profetas inspirados por Deus, que encontrasse o seu cumprimento em Jesus como Messias?

Em resposta a estas questões, Bowman defende que havia uma outra tendência que o judaísmo obscureceu através da sua perversão nacionalista. Ele chama a esta tendência "a herança profética" e identifica-a como a "revelação divina correctamente concebida". Esta voz tinha a sua própria doutrina do Messias, que podia ser caracterizada como universalista devido à sua natureza altamente ética e espiritual. Em apoio a esta posição cita C. F. Burney dizendo: "Podemos traçar nos profetas a doutrina de um universalismo religioso futuro, no qual as nações estão unidas a Israel, pela comunhão do mais alto dos interesses. Isto desenvolve-se lado a lado com o ideal messiânico e é parte com ele. As duas ideias não podem, por isso, ser propriamente desassociadas" (*Outlines of Old Testament Theology*, 99-100).

Este universalismo, que parece ser a chave para a sua posição, foi alcançado através de vários passos. Começou com a doutrina do remanescente, que aparece implicitamente em Amós, mas ganha expressão mais explícita no ensino de Isaías de Jerusalém. Esta limitação do "povo de Deus" a um grupo fiel dentro da nação quebrou com a ideia de que Israel estava em relação com Deus, como uma *unidade*. Assim, tornou-se claro que o homem permanecia em relação com Deus a nível pessoal. A adesão ao remanescente tornou-se não numa questão de laços raciais, mas numa escolha moral. O corolário necessário deste individualismo foi a universalização da relação do homem com Deus. "Tire-se da religião a sua base racial e nacional", diz Bowman, "fazendo-a uma questão de relacionamento individual, alcançado entre Deus e o homem e, obviamente, a religião está no caminho de se tornar numa fé universal".

O conceito de Messias desenvolveu-se em conjunto com estes dois conceitos de remanescente e universalismo, de acordo com a interpretação de Bowman. Defende que, no pensamento mais elevado dos profetas, o remanescente foi visto como um ajuntamento de forças com indivíduos

---

afirmação, mas acrescenta: "Nenhuma evidência sólida vinda de uma data pré-cristã pode ser produzida para apoiar a sua posição e a evidência do Novo Testamento está firmemente contra ela. Porque os Evangelhos mostram que sempre que o nosso Senhor falou da Sua missão, em termos de sofrimento, os discípulos ficaram completamente atónitos e não conseguiram compreender o que Ele queria dizer. Portanto, grande parte dos estudiosos apoiam a perspectiva [que é] expressa ... acima". 103-4 n. 4.

de todas as raças e nações que vinham adorar o verdadeiro Deus, como uma porção genuína do Seu povo. O Messias do Remanescente foi claramente um messias ético-espiritual, muito afastado do Messias nacionalista do pensamento popular. Assim, temos o verdadeiro conceito profético do Messias do Remanescente.

Apesar desta tendência não estar ligada, no Velho Testamento, com o Servo Sofredor, ambos estão fundidos na pessoa de Jesus e são proclamados no baptismo, na fórmula única da ordenação: Messias Servo Sofredor do Remanescente (Is. 42:1 e Sal. 2:7). Bowman sugere que a correlação dos conceitos é a base da teologia do Novo Testamento e que, somente, sentimos o seu impacto quando traduzimos estas expressões hebraicas para o habitual discurso cristão, que é largamente moldado por formas do pensamento Grego, formas essas com as quais estamos mais acostumados. Traduzindo, de acordo com os conceitos Gregos, a frase Messias Servo Sofredor do Remanescente obtém-se a frase Salvador Crucificado, Senhor da Igreja. Bowman conclui: "É essa simples combinação de frases, na verdade, que é responsável pela transformação da religião. Separadas, elas estavam estéreis na literatura profética. Colocadas num relacionamento umas com as outras, formam juntas a semente viva a partir da qual a fé cristã nasceu".[21]

Jesus como Filho do Homem

O título de Filho do Homem é unicamente uma auto-designação de Jesus. Pertence peculiarmente aos Evangelhos, aparece somente quatro vezes noutros textos, em que três dessas referências são citações do Velho Testamento (Heb. 2:6; Apoc. 1:13; 14:14; Act. 7:56). É usado exclusivamente para Jesus e nos Evangelhos é encontrado, sem excepção, nos Seus lábios.

Existem pelo menos quatro possibilidades sobre a sua origem e, portanto, para o que Jesus tenciona comunicar através do seu uso. Tem sido mostrado que era utilizado pelos rabis como um circunlóquio para "eu". O uso feito por Jesus claramente transcende esta função retórica. Poderia significar, como frequentemente no Velho Testamento significava, simplesmente o homem como criatura frágil e transitória (Sal. 8:4-5). Alguns têm sugerido que foi derivado da linguagem religiosa dos povos circundantes onde "Homem" geralmente significava "o Homem original" ou o "Homem

---

21 *The Intention of Jesus* (Philadelphia: Westminster Press, 1943) 72, 82. Esta passagem no texto resume a tese de Bowman, desenvolvida ao longo do livro. Uma implicação adicional destas ideias para a Teologia do Novo Testamento é que a Igreja Primitiva deveria ser propriamente interpretada como o cumprimento do conceito de remanescente do Velho Testamento.

Primordial" que viria à terra como Salvador para levar a humanidade de volta ao seu destino original. Contudo, a fonte geralmente aceite é Dan. 7:13. Uma sugestão adicional é que a cristologia do "Filho do Homem" da passagem de Daniel é delineada pela literatura apocalíptica judaica, onde o Filho do Homem é visto como o Juiz pré-existente, universal e celestial dos últimos dias. Richard Longenecker, juntamente com outros estudiosos, tem chamado atenção para o facto de que não há evidências de que a suposta fonte destas ideias (1 Enoque 37-71) seja um documento pré--cristão. A evidência mais antiga para a sua existência está no quarto século d.C. Portanto, Longenecker conclui:

> A evidência até à data, é de tal natureza que torna, a utilização de 1 Enoque 37-71 para a reconstrução do pensamento pré-cristão, realmente precária e sugere que a confiança com que estes capítulos são usados na discussão corrente, como representantes do apocalipticismo judaico antigo, é apoiada mais por uma afirmação dogmática do que por um juízo crítico.[22]

A conclusão desta análise é que, embora o uso posterior do título Filho do Homem, de facto continha a implicação da Sua humanidade total, nos lábios de Jesus referia-se exclusivamente ao Filho do Homem, de Daniel.

Porque é que Jesus optou tão claramente por este título em vez da designação messiânica? Um exame aos textos dos Evangelhos levam a maior parte dos estudiosos à perspectiva de que Jesus escolheu este título por ser o menos comprometido com o nacionalismo Judeu e com as esperanças de guerra. Além disso, é significativo que no contexto, o título contenha um lema sofredor. C. F. D. Moule aclarou este ponto:

> Mas o facto permanece que em Daniel 7:21, 25, o "chifre" especialmente agressivo na cabeça da besta "fazia guerra contra os santos e prevalecia contra eles" e estava destinado a "magoar os santos do Altíssimo"; e é precisamente com estes santos do Altíssimo que o Filho do Homem é identificado. É irrelevante que esta interpretação da visão do Filho do Homem seja uma interpretação secundária (como, por vezes, afirmado): tudo o que importa para a presente investigação é que foi em Daniel 7, como Jesus e os Seus discípulos o conheciam – e eu não conheço qualquer evidência em contrário. Mas, assim sendo, o Filho do Homem, no único documento conhecido e que estava disponível então, diz respeito a um grupo leal, martirizado, que é trazido à glória e vindicado pelo sofrimento.[23]

Podemos distinguir três tipos de uso por Jesus: (1) Em algumas passagens, Ele refere-se a Si mesmo como o Filho do Homem quando fala (Mar. 2:10, 28; 14:41). (2) Em muitas passagens, Ele refere-se ao Seu sofrimento

---

22 *Christology*, 82ff.
23 Citado ibid., 87.

e à ressurreição que se aproximam (Mar. 8:31; 9:12; 10:45; cf. Lc. 17:24-25). (3) Existem outros locais que envolvem um uso escatológico: Ele é o Juiz que há-de vir (Mar. 14:61-62; Mat. 25:31-46).

Podemos concluir que o uso do termo Filho do Homem, por Jesus, tinha duas conotações:

Primeiro, Jesus usou esta auto-designação precisamente para significar um Messias sofredor, de acordo com as Escrituras, a característica distintiva acerca da doutrina cristã do Messias, em contraste com a judaica. Isto explica porque Jesus preferiu o título acima do messiânico. Este último estava repleto de ideias feitas que necessitavam de correcção radical; portanto, deixou-o de lado e usou um título em que podia derramar um conteúdo mais bíblico. Em suma, combinou o Filho do Homem com o Servo do Senhor.

Segundo, existe um elemento de julgamento incorporado nos dizeres sobre a vinda do Filho do Homem no final dos tempos. Este segundo significado é resultado do primeiro. É, precisamente, o Filho do Homem que sofre, que será o Agente de julgamento no final e a base de julgamento será a resposta à Sua missão como Servo. Ligado a isto está a dimensão corporativa que muitos têm encontrado no Filho do Homem de Daniel. Há uma afinidade tão próxima entre os "santos" e o Filho do Homem que recebe o Reino do "Ancião de Dias", que estão irremediavelmente ligados. Jesus acolhe esta ideia também em frases como "quando o fizestes a um destes meus pequeninos irmãos, a mim o fizestes" (Mat. 25:40).

Jesus como Senhor

A confissão cristã mais antiga parece ter sido "Jesus é Senhor" (Rom. 10:9). Esta, juntamente com a confissão de que "Jesus é o Cristo [Messias]" (Jo. 20:31), exprime a convicção mais profunda da fé cristã primitiva. A designação "Senhor" incorpora, como nenhuma outra, o pensamento de que Cristo está exaltado à dextra de Deus e glorificado, agora, intercede diante do Pai. Declara que Jesus é uma realidade viva no presente. Por conseguinte, o crente ora a Jesus e a Igreja apela a Jesus em adoração e faz as suas orações em Seu nome. Como Senhor, Jesus é a exaltada Cabeça da Igreja, que é o Seu Corpo (Carta de Inácio aos Efésios, 1:23).

Com este título somos confrontados, pela primeira vez na nossa discussão, com uma decisão sobre a origem do termo. Os dois anteriores eram derivados, de forma inequívoca, de um contexto hebraico. Contudo, Senhor (*kyrios*) era um termo comum na cultura helénica e alguns defendem que terá surgido desta fonte. No contexto helénico tinha o significado geral de "mestre" ou "dono". No discurso era simplesmente o equivalente a "senhor". Este foi o uso feito pela mulher samaritana quando se dirigiu a Jesus, em João 4.

No seu uso religioso, o título foi dado a vários deuses. Paulo refere-se a este uso, em 1 Cor. 8:5 ss., quando fala de "muitos deuses" e "muitos senhores". Foi também usado no sentido religioso para designar o poderio do imperador romano. A confissão era "César é Senhor". Esta fórmula tornou-se o ponto de discórdia na situação reflectida no livro do Apocalipse.

Contudo, no entendimento hebraico, Senhor era a designação exaltada para o próprio Deus e foi usado como o nome substituto para o nome pessoal venerado, Yahweh. Carregava assim implicações específicas da mais alta adoração e significava claramente Deidade.

À medida que o termo veio a ser empregue, no início do cristianismo, referia-se à obra presente, o pós-Páscoa, de Cristo no Seu estado de exaltação (cf. Act. 2:36). Apesar do termo ser usado nos Evangelhos, não tem, ali, a relevância decisiva que vem a tomar depois da ressurreição (excepto, possivelmente, em Mat. 7:21-23). A nossa posição é que o significado hebraico, e não o helénico, é que informa este uso cristão primitivo.

Assim, o título Senhor atribuído a Jesus aponta além da Sua obra para a Sua pessoa, apesar de não ser radicalmente separado da Sua obra. O ponto é que, depois de completar a sua missão, Deus deu a Cristo a Sua própria autoridade singular (Rom. 1:3-4; cf. Heb. 1:1-3). Em Jesus como Senhor, Deus exerce a Sua soberania. Isto significa que Jesus é totalmente Deus.

Como consequência deste entendimento, o Novo Testamento pode, em princípio, aplicar a Jesus todas as passagens do Velho Testamento que falam de Deus. Claro que isto não é verdade das próprias palavras de Jesus, visto que quando Ele cita o Velho Testamento, a palavra *kyrios* se refere a Deus. Mas nas cartas do Novo Testamento, que reflectem a fé pascal dos primeiros crentes, os autores habitualmente aplicam tais passagens do Velho Testamento a Jesus. Por exemplo, Isa. 45:23 é citado, em Fil. 2:10-11, como sendo uma referência a Jesus. O Sal. 102:25-27 é usado em Heb. 1:10-12 da mesma forma. No salmo, a referência é obviamente a Deus, o Pai, o Criador. Mas como resultado da transferência do título Senhor para Jesus, o autor da Carta aos Hebreus não hesita em dirigir-se a Ele com as palavras do salmo e assim, designa-o como Criador.

A consequência final de chamar "Senhor" a Jesus é que todos os títulos de honra do próprio Deus (excepto o de Pai) podem ser transferidos para Jesus. Senhor é o "nome que é sobre todo o nome" (Fil. 2:9). Não é de admirar que a confissão central fosse "Jesus é Senhor".

Uma conclusão importante desta análise é que podemos ver, mais claramente, a correlação entre a pessoa e a obra de Cristo, no Novo Testamento. Não deve ser inferido que, depois da ressurreição, Jesus Se tornou Deus em algum sentido ontológico que não tinha antes da ressurreição. Antes, a Sua obra e a sua validação pelo facto de Deus O haver ressuscitado de entre os mortos, declaram o Seu Domínio e demonstram que, devido à plena implementação da Sua missão de Servo, Ele é reconhecido como Senhor.

Jesus como Filho de Deus

Um título adicional precisa de ser examinado de forma minuciosa, título esse que tem ocasionado uma discussão considerável com conclusões muito variadas. Falar de Jesus como Filho de Deus levanta numerosas perguntas, mas simplesmente restringir-nos-emos às duas questões principais identificadas desde o início: a própria auto-consciência de Jesus e o contexto cultural no qual surgiu, seja o hebraico ou o helénico.

No pensamento helénico, Filho de Deus era uma designação proeminente, com uma considerável variedade de significados. Implicava um homem muito bom ou um homem recto. Uma comparação de Marcos 15:39 com Lucas 23:47 torna claro que era este o significado que o soldado romano tinha em mente quando disse da Vítima, na cruz central: "Verdadeiramente, este homem era um Filho de Deus". (NEB)

Neste contexto, o mundo estava cheio de homens divinos que afirmavam ser filhos de Deus e que eram realmente adorados como manifestações da divindade (cf. Act. 8:10; 12:22; 14:11ss; 28:6). Com base na crença antiga de que reis, filósofos, sacerdotes e homens rectos tinham descendência de Deus (vide 17:28), o imperador era chamado de "Filho de Deus". Mas estas perspectivas estão no extremo oposto do ensino bíblico do homem como criação de Deus. Alan Richardson correctamente observa que:

> é muito improvável que quaisquer cristãos, até mesmo helénicos, tivessem começado a chamar a Jesus "o Filho de Deus" por o terem confundido com um dos "filhos de Deus" gregos, do tipo do Mago Simão, ou Elimas, ainda menos do tipo de Calígula ou Herodes Agripa (cf. Act. 12:22) ou do tipo dos filósofos estóicos itinerantes.[24]

O título era usado, no pensamento hebraico, para anjos (Gen. 6:2; Job 1:6; 38:7) e para o rei (2 Sam. 7:14; Sal. 2:7; 89:26ss). Mas o seu uso mais definitivo parece ser em relação a Israel (Ex. 4:22; Os. 11:1). Neste contexto, a ideia de filiação transmite o conceito de obediência (cf. Ex. 24:7). O Filho de Deus é aquele que faz a recta vontade do Pai.

Jesus, segundo os relatos do Evangelho, manifestou um sentido singular de filiação. Ele ensinou a Paternidade de Deus àqueles que, pelo arrependimento e fé, entraram no Seu reino e aceitaram a obediência de filhos, mas pareceu relacionar isto com a Sua própria Filiação (cf. Mat. 11:25-27).

---

24 *Theology*, 147-48.

Jesus dirigiu-Se a Deus como Aba, um termo muito íntimo. Ele refere-Se a "Meu Pai" e a "vosso Pai", mas não a "Nosso Pai", como se juntasse no mesmo saco Ele e os Seus seguidores; assim, Ele reflecte o Seu relacionamento especial com Deus no qual o homem não tem parte.

À luz do entendimento do Velho Testamento de filiação e obediência é agora aparente a forma como se torna relevante que nos refiramos a Jesus como o Novo Israel.

> Jesus claramente concebeu a sua Filiação como a perfeita obediência do Servo do Senhor. O reiterado "Se Tu és o Filho de Deus" na história da Tentação (Mat. 4:3, 6; Luc. 4:3, 9) dá ênfase ao facto de que a filiação de Cristo é a mesma coisa que a obediência do Servo. A própria forma da narrativa do Evangelho ressalta o significado da Filiação de Cristo como a obediência do Novo Israel.[25]

Em algumas passagens "Messias" e "Filho de Deus" são conjugados, implicando que o último seria a implicação lógica do primeiro. Contudo, uma importante qualificação tem, agora, de ser feita. O cumprimento da Sua missão, por parte de Jesus, foi consequência do Seu sentido de relacionamento filial e não o contrário. Ele era o Filho de Deus e, assim, cumpriu a vontade de Deus. Richard Longenecker afirma, com perspicácia, que com o próprio Jesus a "consciência do seu próprio carácter precedia e dava entendimento para a natureza da sua missão", mas para os discípulos "a apreensão da sua missão precedia e dava orientação à natureza da sua pessoa". Ou seja, "a ressurreição confirmou e manifestou uma realidade existente".[26]

Portanto, temos o mesmo padrão como com o título de Senhor. O cumprimento da missão do Servo tornou-se na base da declaração do Domínio e Filiação de Jesus, mas isso não envolve a transmissão de uma realidade ontológica que anteriormente não existia. Simplesmente trouxe-a à luz reforçando assim a relação íntima entre a Pessoa e a obra. O uso posterior do termo Filho de Deus comunicava convicções específicas sobre a Sua pessoa (ver especialmente Paulo e Hebreus) e sem dúvida tornava-se proeminente num contexto helénico. Mas no seu uso mais antigo implicava uma relevância funcional que estava presente apenas para designar a natureza divina como uma consequência epistemológica.

Desenvolvimento da Cristologia na Igreja

O que encontramos nos documentos do Novo Testamento pode ser melhor descrito como a matéria-prima para uma doutrina cristológica

---
25 Ibid., 150.
26 *Christology*, 96-97.

desenvolvida. Os primeiros cristãos estavam satisfeitos em simplesmente afirmar a dupla declaração de que Jesus era plenamente homem e plenamente Deus, mas sem tentar articular qualquer explicação racional sobre este compromisso. A história, desta discussão em desenvolvimento, é longa e demasiado complexa, chegando a um clímax com o Credo da Calcedónia de 451 d.C. Este credo é o culminar de um longo período de controvérsia envolvendo "políticas imperiais e eclesiásticas e formulações doutrinárias".[27] Visto que esta não é a história da doutrina, vamos tentar delinear, apenas, as considerações sistemáticas mais importantes que foram trazidas para o foco no Credo e notar alguns aspectos teológicos deste símbolo ecuménico.

Desde o início, o problema da cristologia tem sido a forma como se define a relação entre o divino e o humano em Cristo. A discussão Trinitária, abordada no Credo de Niceia de 325, estabeleceu a plena divindade do Logos (*homoousios* com o Pai) e assim lidou com uma fase do problema cristológico. A Igreja resistiu fortemente a todas as soluções propostas que comprometessem, de alguma forma, qualquer aspecto da pessoa de Jesus. Assim, desde cedo rejeitou a heresia Ebionita que "resolveu" o problema negando a divindade por completo. Esta foi uma heresia judaica que resultou do compromisso judaico com o monoteísmo e uma consequente incapacidade de afirmação da divindade de Jesus. Do outro lado, estava o docetismo, um ensinamento complexo baseado nos pressupostos da filosofia helénica que rejeitava a humanidade de Jesus, declarando-O como sendo um fantasma. Os aspectos humanos da Sua pessoa eram meras aparências.

A posição clássica dos primeiros teólogos foi bem representada por Inácio de Antioquia, martirizado em 117. As suas "cartas revelam um sentido quase apostólico da pessoa de Jesus como um todo e deixam uma profunda marca na cristologia posterior".[28] Inácio é profundamente influenciado pelo pensamento joanino (como foi todo o cristianismo Oriental primitivo) e, como João, afirma tanto a divindade como a humanidade do Salvador.

Existem fortes afirmações da Sua divindade, enfatizando que Jesus Cristo é Deus. Frases como "Jesus Cristo, nosso Deus", "o sangue de Deus" e "a paixão do meu Deus" reflectem uma cristologia tão elevada quanto se pode imaginar. Porém, ele também enfatizou a Sua humanidade, de forma a evitar o docetismo. Ele afirma especificamente na sua Epístola aos Esmirniotas: "Ele sofreu verdadeiramente, tal como ressuscitou verdadeiramente; não como certos descrentes dizem, que Ele sofreu em aparência,

---

27 R. V. Sellers, *The Council of Chalcedon* (London: SPCK, 1961), xi.
28 Hugh Ross Mackintosh, *The Doctrine of the Person of Christ* (New York: Charles Scribner's Sons, 1915), 130.

sendo eles mesmos, mera aparência". Na verdade, a carne, na perspectiva de Inácio, pertence à natureza de Cristo, permanentemente, até no céu. Todo o valor do cristianismo pereceria com a negação da vida genuinamente humana de Jesus. No sentido de apoiar as suas perspectivas, apela às Escrituras e à tradição, também, à luz do seu encarceramento, argumenta: "Se Cristo não sofreu, porque estou eu em cadeias?"

Como H. R. Mackintosh afirma, para Inácio "a união destes dois lados numa união vital e indissociável" é a marca indelével da sua Cristologia.[29] Este pai da igreja disse, "Há somente um médico, da carne e do espírito, gerado e não-gerado, Deus no homem, vida verdadeira na morte, Filho de Maria e Filho de Deus, primeiro passível e depois impassível" (Epístola de Inácio aos Efésios, 7).

Contudo, Inácio não faz qualquer esforço para dar uma explicação filosófica sobre a forma como estes dois atributos indispensáveis e inseparáveis coexistem em Jesus Cristo. Ele meramente pronuncia os clássicos paradoxos cristológicos e deixa-os para a igreja resolver: "Ele foi homem e Deus... nascido, mas não gerado... sofredor, mas eterno... morte, mas vida... de Maria, mas de Deus... carne e espiritual". Como Mackintosh escreve: "Ele prefere gloriar-se nos paradoxos e antíteses do ser de Cristo".[30]

Nas discussões subsequentes houve três fontes principais de interpretação teológica. Uma das fontes foi a teologia da Igreja no Ocidente, cujo temperamento era mais jurídico e dogmático e menos especulativo que no Leste. As outras duas fontes tiveram a sua origem no Leste, onde dois padrões emergiram, primariamente identificados com as escolas de Alexandria e Antioquia. Estas compõem as posições básicas que se reuniram no Concílio da Calcedónia.

A Igreja Ocidental, sob a influência de Tertuliano e Cipriano, tornou-se cada vez mais legalista na sua interpretação da vida cristã. Este temperamento influenciou também as suas preocupações doutrinárias. Foi Tertuliano, essencialmente jurista, quem deu ao Ocidente os termos para responder ao problema cristológico. Ele insistiu na existência de duas naturezas em Cristo, para as quais ele preferiu o termo *substâncias*. Ele foi o primeiro a abordar directamente a questão da relação entre ambas. Ele rejeita a possibilidade de o Verbo se ter metamorfoseado na carne, visto que seria perder a qualidade distintiva que existe depois da Encarnação. Nem o resultado é um terceiro tipo de ser, um *tertium quid*. Ambas as substâncias permanecem inalteradas e ilesas depois da união. Assim, o Deus-homem é uma pessoa (*una persona*) na qual são apresentadas as duas substâncias da

---

29 Ibid., 131.
30 Ibid., 130-31.

Divindade e da humanidade. A fórmula de Tertuliano avisa: Não confundir as substâncias ou dividir a Pessoa.

Os Ocidentais, para além disso, fizeram um uso alargado do princípio da comunicação de propriedades (*communicatio idiomatum*). Assim, as qualidades de uma substância podem ser comunicadas à outra, de modo que é apropriado referir os atributos da natureza humana que mais especificamente pertencem à natureza divina e vice-versa. Esta é a sua forma de evitar a divisão da Pessoa e ao mesmo tempo insistir no reconhecimento dos atributos plenos, não diminuídos e distintos de cada natureza.

No Leste, o quarto século testemunha um vigoroso debate, entre as duas perspectivas principais, sobre a questão da relação das duas naturezas. Uma foi chamada tipo "Verbo-carne" e a outra tipo "Verbo-homem" e foram designadas, respectivamente, como Alexandrina e Antioquiana, devido aos centros eclesiásticos onde predominavam estas tendências. (vide apêndice 2, onde pode ser vista a forma como estas duas escolas demonstraram abordagens hermenêuticas das Escrituras significativamente diferentes e distintas.)

Nos esforços desenvolvidos na abordarem da questão cristológica, estas escolas distinguem-se pelo uso de antropologias divergentes. O tipo "Verbo-carne" trabalhava com a visão platónica que concebia o homem como um corpo animado por uma alma ou espírito e que era, essencialmente, estranho a esse corpo. Defendia uma tricotomia ontológica (em contraste com uma funcional) em que o espírito era o local da vontade ou da personalidade e, assim, a mais distintiva parte racional do indivíduo humano.

O tipo "Verbo-homem" usava o conceito do aristotelismo do homem, como uma unidade psicofísica que não concebia a pessoa humana como sendo composta por partes separáveis. O homem é mais um ser unitário nesta antropologia, o que é, na verdade, mais próximo da perspectiva hebraica.

É significativo que o tipo "Verbo-carne" pode ser detectado desde cedo no ensino da ala esquerda de Alexandrino de Ário. Embora fosse mais conhecido pelo seu ensinamento sobre a origem do Logos, como corolário deste, ensinou que o Logos se uniu a um corpo humano sem alma racional, da qual ele tomou o lugar.

As controvérsias do quarto século, contudo, foram precipitadas pelo ensino de Apolinário, que reproduziu, para todos os efeitos, a Cristologia Ariana. Neste engenhoso esforço de explicar a união cristológica, ensinou que o Logos eterno (assim, diferiu de Ário) assumiu o lugar da alma racional (espírito) na pessoa de Jesus. Portanto, o pressuposto foi que o Verbo divino em Cristo foi substituído pela psicologia humana normal.

Apolinário expressou-o deste modo: "A energia divina cumpre o papel do espírito de animação e da mente humana". J. N. D. Kelly afirma que isto significa que "o Verbo era, ao mesmo tempo, o princípio directivo e inteligente em Jesus Cristo e o princípio vivificador da Sua carne".[31] Portanto, há uma unidade orgânica e vital da Pessoa.

É importante notar as preocupações soteriológicas de Apolinário, que reflectem as perspectivas alexandrinas, tão convincentemente expostas por Atanásio. A apropriação da natureza humana pelo Logos divinizou-a e assim proporcionou a salvação num modo realístico (ver acima).

A reacção a este ensino foi rápida e decisiva. Foi visto, facilmente, que a Pessoa resultante não era plenamente homem, uma vez que a alma racional era divina e não humana. Assim, a preocupação soteriológica válida foi suplantada, uma vez que "o que não foi assumido, não foi restaurado; é o que está unido com Deus, que é salvo" (Gregório de Nazianzo). Talvez a crítica mais reveladora tenha sido que, a imagem pintada por Apolinário, era inconsistente com a imagem dos Evangelhos de uma pessoa inteiramente humana.

A perspectiva alternativa do tipo "Verbo-homem" foi melhor representada, no quarto século, por Teodoro de Mopsuéstia. Em resposta à tendência de desumanização da Escola Alexandrina, estes pensadores tentaram dar uma imagem de uma vida totalmente humana, fiel aos Evangelhos. Em suma, eles restauraram o Jesus histórico.

Em oposição a Ário e Apolinário, Teodoro afirmou a plena humanidade de Cristo incluindo a alma racional humana. "Ele pressupõe uma natureza humana que é completa e independente, que passa por um crescimento verdadeiro do conhecimento e do discernimento do bem e do mal, bem como no desenvolvimento físico e que tem de lutar com a tentação".[32]

Deve ser claro, agora, que as tendências alexandrinas são movidas por preocupações redentoras, enquanto que os teólogos antioquianos são dominados por uma preocupação ética. Esta diferença torna-se ainda mais óbvia em relação ao assunto da tentação. Na premissa da primeira, em que o local da vontade era o Logos Divino, era impossível para Jesus ceder a quaisquer tentações, as quais só poderiam ser uma charada. Mas para a segunda posição, a vontade humana mutável de Jesus foi confrontada com a possibilidade real de se submeter às sugestões do tentador.[33]

---

31 *Doctrines*, 292.
32 Ibid., 304.
33 É um facto fascinante que ambas as tradições antigas têm representação na história teológica da Igreja do Nazareno. Dois dos principais teólogos dos primeiros 50 anos da história nazarena foram H. Orton Wiley e Stephen S. White, cada um ensinando em instituições diferentes e cada um exercendo grande influência sobre os seus alunos. Wiley estava claramente posicionado na tradição alexandrina. Ao assumir, basicamente,

O período decisivo que culminou com o Concílio da Calcedónia, em 451, começou com a controvérsia nestoriana. Entronizado como patriarca de Constantinopla, em 428, Nestório foi chamado desde cedo a pronunciar-se quanto à utilização adequada do termo *theotokos* (Mãe de Deus; Aquele que carrega Deus) aplicado à Virgem Maria, um termo muito querido pelos Alexandrinos. Utilizando uma linguagem intemperada, rejeitou-a como "questionável" e propôs *Christotokos* (Mãe de Cristo; Aquele que carrega Cristo) como mais adequado. Cirilo de Alexandria, um bispo sem escrúpulos e contencioso, usou as demonstrações de Nestório para o acusar de ensinar "dois Filhos" e assim dividir a pessoa de Cristo.[34] Este facto, de Nestório ter na realidade ensinado isto, é disputado por muitos estudiosos contemporâneos.[35]

> a posição tomada por Apolinário, defendeu a impossibilidade de Jesus pecar: "O pecado é uma questão da pessoa e uma vez que Cristo foi o Logos preexistente, a Segunda Pessoa da Trindade a quem adoramos, Ele era como tal, não somente livre de pecado, mas da possibilidade do pecado". *CT* 2:177. Esta conclusão foi o resultado da sua interpretação da união cristológica: "a união das naturezas humana e divina em Cristo é pessoal – ou seja, a união está na sua posse de um Ego comum, ou um Eu interior, o do Logos eterno". 180. A consciência desta tendência iria também alertar-nos para a influência consistente do temperamento alexandrino sobre Wiley, na sua propensão para a alegorização das Escrituras. (vide o seu livro de sermões *God Has the Answer* [Kansas City: Beacon Hill Press, 1956].)
>   Stephen S. White, por outro lado, firmou os seus pés em solo Antioquiano. No seu popular livrinho (White não foi extensamente publicado) *Essential Christian Beliefs* (Kansas City: Beacon Hill Press, n.d.) deu ênfase central à limitação de Cristo na humanidade completa. Acerca do assunto da tentação, escreveu: "Jesus Cristo, como O Encarnado, enfrentou a tentação da mesma forma que os seres humanos, com a excepção de que não havia pecado na Sua natureza humana. O que fez possível que Ele fosse tentado em todos os pontos da mesma forma que nós somos. Poderia o Deus-homem ter pecado? Claro que poderia. Ou este era o caso, ou então a Sua tentação foi uma farsa. Não pode haver tentação genuína onde não existir a possibilidade de pecado... No reino dos actos morais, não pode haver impossibilidades ou imposições; há somente a escolha de fazer ou não". 48. Este autor lembra-se – e agora entende mais sobre isso – de estar sentado nas aulas de teologia de White no Seminário Teológico Nazareno e ouvir os alunos de Wiley (que ensinava na Faculdade de Pasadena) debater com ele questões sobre a possibilidade de Jesus ceder à tentação. Era uma réplica do debate da Igreja Primitiva.

34 Alan Richardson diz, sobre Cirilo, ele "não era uma figura que inspirasse simpatia; os seus motivos para atacar Nestório não eram insuspeitos, visto ele desejar exaltar a Sé de Alexandria às custas da sua rival Oriental, Constantinopla. Ele desejava tornar-se o 'papa' das Igrejas Orientais. Nem os seus métodos eram acima de crítica. Mas ele era um teólogo astuto e capaz e teve um papel importante na formulação da doutrina cristológica da Igreja". *Creeds in the Making*, 74-75.

35 Cf. Donald M. Baillie *God Was in Christ*, 91 n.1 para bibliografia. Havia um problema real de terminologia envolvido no debate entre os dois sectores da igreja. Quando Nestório falou de natureza (*physis*) entendia-a como sendo "o carácter concreto de uma coisa". Com isto queria transmitir, não que cada natureza era realmente uma entidade subsistente, mas que era objectivamente real. Cirilo, o seu oponente, falou de Deus-homem como tendo uma natureza produzida por uma união hipostática. Isto sugeriria

Em resposta ao ensino de Nestório que insistia que Jesus era plenamente homem e não o Logos assumindo a carne do homem, Cirilo desenvolveu a doutrina da *anhipostasia* (humanidade impessoal), em que "não havia um homem Jesus, com existência independente do Logos divino: o elemento humano na Encarnação era simplesmente a natureza humana assumida pela Segunda Pessoa da Trindade".[36] Isto significava que Jesus era homem, mas não um homem. E aí estava a distinção entre a cristologia do tipo "Verbo-carne" (Alexandrino) e do tipo "Verbo-homem" (Antioquiano).

Embora a interpretação *anhipostasia* da Encarnação tenha recebido apoio alargado e alguns estudiosos contemporâneos terem optado por ela, várias críticas podem ser levantadas contra ela. D. M. Baillie demonstra ser extremamente difícil distingui-la do apolinarianismo. Mas a crítica básica da *anhipostasia* é que nos deixa com um Cristo menos que (ou mais que) humano. Como R. C. Moberly disse, "A natureza humana que não é pessoal, não é natureza humana".[37]

Através da manipulação política, Cirilo conseguiu a condenação de Nestório no Concílio de Éfeso, em 431. Os delegados de Antioquia chegaram atrasados e o concílio teve início somente com os delegados de Alexandria presentes. O que fez com que Cirilo facilmente assegurasse a condenação do seu inimigo. Os delegados atrasados de Antioquia formaram o seu próprio Concílio e retribuíram a Cirilo a cortesia do gesto.

Depois da morte de Cirilo, em 444, um dos seus seguidores declarados, de nome Eutiques, precipitou uma fase adicional da controvérsia. Ele era um velho monge desnorteado, que assumiu a posição alexandrina extrema e "caiu no poço que Cirilo conseguira evitar por pouco",[38] ensinando que a natureza humana de Cristo fora transformada numa natureza divina. Havia duas naturezas antes da Encarnação, mas somente uma depois. Os esforços de decidir o debate resultaram em violência e como consequência o imperador convocou uma reunião do concílio, na Calcedónia, para trazer paz à igreja.

---

a Nestório que as naturezas estavam confundidas, e isso ele deplorava. No entanto, a forma como Nestório colocava a questão sugeria a Cirilo a ideia de duas pessoas ligadas artificialmente, visto que para ele o termo *natureza* significava um "indivíduo concreto, ou existência independente". Neste sentido a natureza aproximava-se, sem ser realmente sinónimo, da hipóstase.

36 Ibid., 86.
37 Citado ibid., 92.
38 Alan Richardson, *Creeds in the Making*, 78. Segundo J. L. Neve, *History of the Christian Thought*, 2 vols. (Philadelphia: Muhlenberg Press, 1946), 1:134, Cirilo realmente evitou esta posição apenas em palavras. Ele descreve a posição de Cirilo da seguinte forma: "somente antes da união e *in abstracto* é que podemos falar de duas naturezas; depois da encarnação e *in concreto* somente podemos falar de uma natureza divino-humana [teantrópica]".

Como tentámos sugerir, as duas tendências Orientais principais, inclinaram-se para a ênfase ou na divindade (Alexandrina) ou na humanidade (Antioquiana) de Cristo, perdendo, dessa forma a ênfase adequada na outra. Cada uma das ênfases era necessária, mas os perigos precisavam de ser evitados. Estes dois movimentos alimentaram-se das considerações calcedonianas. A influência Ocidental foi ouvida na forma de uma carta do Papa Leão, chamada Tomo de Leão, no qual ele afirmou a posição Ocidental de uma pessoa e duas naturezas em Cristo. "Não entra em qualquer consideração do problema que deixava os gregos perplexos e a simplicidade dogmática do papa é revelada de forma marcante".[39]

A preocupação com a existência de duas naturezas por parte dos Antioquianos e a preocupação com a unidade da Pessoa por parte dos Alexandrinos foram preservadas na fórmula, contudo, foram todas amalgamadas no credo que rejeitou as heresias clássicas. O qual se lê da seguinte forma:

> Seguindo, então, os pais sagrados, unidos ensinamos todos os homens a confessar um único e mesmo Filho, nosso Senhor Jesus Cristo. É perfeito, tanto na sua divindade como, também, na sua humanidade; É verdadeiramente Deus e verdadeiramente homem, com uma alma racional [A] e um corpo. Ele é da mesma realidade que Deus, no que diz respeito à sua divindade [B] e da mesma realidade que nós, no que diz respeito à sua humanidade [C]; sendo, assim, como nós em todas as coisas, excepto no que diz respeito ao pecado. Antes do tempo começar, ele foi gerado do Pai, no que diz respeito à sua divindade [B], e agora nestes "últimos dias" por nós e para nossa salvação, foi nascido da virgem Maria, a que carrega Deus (theotokos), em respeito à sua humanidade [D].
>
> Também ensinamos que apreendemos este único e mesmo Cristo – Filho, Senhor, unigénito – em duas naturezas, sem transmutar uma natureza na outra [C], sem as dividir em duas categorias separadas [D], sem as contrastar quanto à área ou função. A distinção de cada natureza não é anulada pela união [C]. Pelo contrário, as "propriedades" de cada natureza são conservadas e ambas as naturezas concorrem numa só "pessoa" e em uma *hipostasis*. Não estão divididas ou cortadas em duas *prosopa* [D], mas estão juntas no único e o mesmo, unigénito Logos de Deus, o Senhor Jesus Cristo. Assim testificaram os profetas de antigamente, assim o próprio Senhor Jesus Cristo nos ensinou; assim o Símbolo dos pais nos foi passado.[40]

---

39 Reinhold Seeburg, *Textbook of the History of Doctrines*, trans., Charles E. Hay, 2 vols. in 1 (Grand Rapids: Baker Book House, 1964), 1:270.

40 Trans. Albert C. Outler, tirado de *Creeds of the Churches*, ed. John H. Leith, rev. ed. (Atlanta; John Knox Press, 1977). Ensinamentos especificamente excluídos são indicados neste excerto por este autor como se segue: [A] anti-apolinarianismo; [B] anti-arianismo; [C] anti-eutiquianismo; [D] anti-nestorianismo.

O Grande Paradoxo

A definição da Calcedónia deixou os teólogos cristãos seguintes com alguns parâmetros claramente definidos. No entanto, o ponto positivo não foi abordado de forma definitiva, mas deixou a porta aberta a mais pensamento criativo, à medida que novas categorias filosóficas passaram a ficar disponíveis. Contudo, todos os esforços, até este ponto, deixaram-nos simplesmente com um prevalente sentido de mistério. Quando o mistério foi eliminado, uma certa fronteira do credo foi violada. Consequentemente, muitos estudiosos contemporâneos têm reconhecido que o paradoxo cristológico permanece e deve ser reconhecido como tal.[41]

Alguns, como Gustav Aulén, defendem que a verdadeira relevância da confissão está no seu significado religioso, mais do que na sua relevância metafísica. A verdadeira intenção dos Pais da Igreja, afirma Aulén, não foi o de santificar um conceito de substância filosófica que o tornaria agora antiquado e ultrapassado. Em vez disso, a "questão à qual a confissão de fé em Cristo dá resposta é a questão do género do ser que Deus é, qual a sua vontade e como age".[42] Os esforços escolásticos de ir além desta preocupação básica têm simplesmente caído na armadilha (para utilizar as palavras de Aulén) de uma "Cristologia teofania" (que nega a Sua humanidade total), ou de uma "Cristologia de separação" (que compromete a Sua divindade). Em contraste com ambas as perversões, o elemento do paradoxo é essencial à fé religiosa, porque "Deus não pode ser compreendido em quaisquer palavras humanas ou em quaisquer das categorias do nosso pensamento finito".[43] Assim, isto é, "não porque a realidade divina seja, em si, contraditória, mas porque quando a 'objectivamos' todos os nossos juízos são, em alguma medida, falsificados e, a verdade mais elevada que os reconcilia, não pode ser totalmente expressa em palavras, embora seja vivida e experimentada no relacionamento da fé 'Eu-Tu' para com Deus".[44]

Tais paradoxos têm de ser distinguidos da contradição. Isso pode ser feito apenas quando ambas as afirmações do paradoxo brotam das "elocuções imediatas da fé" (H. R. Mackintosh). Isto simplesmente significa que os discípulos de Jesus, tanto na altura (directamente), como agora (indirectamente, através dos Evangelhos), experimentaram-no como um ser humano pleno e, contudo, ao mesmo tempo, encontraram Deus Nele. Eles experimentaram o mistério e proclamaram-no, apesar de não conseguirem explicá-lo totalmente.

---

41 Vide A. N. S. Lane, "Christology Beyond Chalcedon", in *Christ the Lord*, ed. H. H. Rowdon (Downers Grove, Ill.: InterVarsity Press, 1982).
42 Vide n. 7, acima.
43 *God Was in Christ*, 108.
44 Ibid., 109.

Sem dúvida, o racionalista fica insatisfeito com esta posição; mas o wesleyano reconhece que a sua fé se mantém fiel ao facto, enquanto que o seu intelecto, frequentemente, deve ser mantido em suspensão quanto ao modo deste mistério central da fé cristã – a Encarnação. No entanto, o wesleyano insiste, o facto tem que ser mantido com firmeza porque em concordância com os debates de Calcedónia, vê a sua salvação solidamente baseada na realidade da pessoa e da obra do Deus-homem.

CAPÍTULO
11

A Obra do Salvador

Chegados a este ponto do nosso estudo podemos afirmar, num verdadeiro sentido, que chegamos ao fim de tudo o que tem precedido, visto que na teologia wesleyana todas as doutrinas são interpretadas como tendo relevância soteriológica (vide norma desenvolvida no capítulo 1). A soteriologia é baseada na obra do Salvador e, portanto, como Cell diz do próprio Wesley, a Expiação é o "centro ardente da fé", "abrangendo o significado completo do Evangelho", "o todo do cristianismo".[1]

Numa carta a um correspondente, Wesley afirma, "Na verdade, nada no sistema cristão é de maior consequência do que a doutrina da Expiação. Ela é realmente o ponto de distinção entre o deísmo e o cristianismo".[2] No entanto, apesar de ter um papel central no seu pensamento, não existe qualquer sermão específico ou tratado, entre os seus escritos, sobre o assunto, apesar das referências serem abundantes ao longo de toda a obra.[3]

Como no caso das doutrinas da Trindade e da Encarnação, Wesley insistiu no facto da Expiação, mas não insistiu numa explicação ortodoxa.[4] Acerca deste ponto, Colin Williams diz da posição de Wesley:

> É verdade que devemos falar dos benefícios que derivam da cruz e, portanto, é correcto dizer que o ponto de vista abelardiano é inadequado. Mas visto não podermos compreender como estes benefícios são conseguidos pela morte de

---

1 Cell, *Rediscovery of John Wesley*, 297.
2 *Letters*, 6:197-98.
3 "The Lord Our Righteousness" tem sido sugerido como a possível excepção a este facto largamente reconhecido. Mas este sermão não aborda exactamente a questão da Expiação tanto quanto o assunto da rectidão infundida ou imputada, que é um assunto proximamente relacionado.
4 Em referência a algo que Lord Huntingdon disse sobre a Expiação, Wesley escreveu: "É verdade que não posso compreendê-la mais do que o seu senhorio; talvez possa dizer do que os anjos de Deus, do que o mais alto entendimento *criado*. A razão de cada um fica aqui rapidamente perplexa; se tentarmos dissertar neste campo, 'não encontraremos fim' ao 'andar por labirintos perdidos', mas a questão, a única questão para mim, não considero nada mais, é o que dizem as Escrituras". *Letters,* 2:297.

Cristo, não podemos fazer um esforço específico para tentar explicar o mistério ortodoxo.⁵

O facto é que não foi formulado pela igreja qualquer afirmação ecumenicamente acordada acerca desta doutrina. Portanto, não podemos falar de uma doutrina ortodoxa da Expiação, no mesmo sentido em que falamos de doutrinas ortodoxas da Trindade ou da Pessoa de Cristo.

Esta perspectiva wesleyana lembra-nos o *dictum* de Philipp Melanchthon que "conhecer a Cristo é conhecer os Seus benefícios". Esta compreensão proporciona-nos um critério através do qual podemos avaliar qualquer explicação da obra de Cristo e, positivamente, oferece-nos a direcção para construir uma posição wesleyana. Os benefícios que Wesley vê como resultado da Expiação são sempre articulados como a justificação e a santificação (vide norma). Mas, como afirma no seu sermão "*The Scripture Way of Salvation*", no seu sentido mais lato, a salvação pode ser estendida "à obra completa de Deus, do primeiro despertar da graça na alma, até à sua consumação na glória" e, assim, inclui a graça preveniente bem como a salvação final. Todos estes benefícios são entendidos como providenciados pela obra de Cristo.

A expiação é a base objectiva para o "optimismo da graça" de Wesley, que garante a disponibilidade da aceitação do pecador por Deus e a possibilidade da perfeição do crente em amor. É a base para a obra de Deus tanto por nós como em nós. É também a fonte da graça preveniente, que é estendida a todos os homens e em toda a parte como "a verdadeira luz que, vinda ao mundo, ilumina todo homem" (João 1:9; universalidade). Assim, qualquer teoria da Expiação, que falhe em não incluir todos estes benefícios, é inadequada, do ponto de vista wesleyano.

A ausência de um tratado sistemático sobre a Expiação, por Wesley, é uma séria fraqueza e cria uma profunda tensão, visto resultar na sua aparente adopção, ou pelo menos, de certa forma, na utilização das formulações da teoria da satisfação.⁶ Ele teve que lutar constantemente contra as suas implicações. Se tivesse desenvolvido a sua própria análise lógica, talvez se tivesse apercebido que esta perspectiva não apoiava, na verdade era antitética, os seus mais importantes compromissos teológicos. Registamos

---

5   *John Wesley's Theology Today*, 76 n.8. J. Ernest Rattenbury observa que "*quanod* a doutrina tradicional, que [os Wesley] herdaram e em que acreditaram, foi desafiada eles recusaram-se a especular e voltaram ao facto da Expiação e da sua experiência pessoal dos seus benefícios. Esse facto era dinâmico e central em toda a sua pregação. Era suficiente para o seu apelo evangélico". *The Evangelical Doctrines of Charles Wesley's Hymns* (London: Epworth Press, 1941), 206.

6   Ver John Rutherford Renshaw, "The Atonement in the Theology of John and Charles Wesley" (tese de doutoramento, Boston University, 1965).

este ponto em numerosas conjunturas críticas no nosso desenvolvimento até aqui, mas agora necessitamos de unir os pontos.

Podem ser sugeridas três razões porque Wesley seguiu esta linha de pensamento, além da observação negativa de não ter feito, aparentemente, qualquer teologização neste ponto. Primeiro, esta era a posição dos Trinta e Nove Artigos e das Homílias da Igreja Anglicana.[7] Wesley estava convencido da ortodoxia da sua igreja e esforçava-se por evitar conflito com os seus ensinos autoritários. Na conferência de 1788, depois de uma longa conversa sobre a questão da separação da Igreja de Inglaterra, "foi acordado: (1) que, no decorrer de 50 anos, não nos tínhamos, nem premeditada, nem propositadamente, desviado de qualquer artigo seja de doutrina ou de disciplina. (2) Que ainda não estávamos conscientes de qualquer desvio em qualquer ponto da doutrina".[8]

Uma segunda razão pode ser o compromisso de Wesley com uma Expiação objectiva. Certamente que a teoria da satisfação é objectiva e não subjectiva, visto envolver uma transacção entre Jesus e Deus relacionada com a salvação do homem, que ocorre à parte do envolvimento do homem. Visto que talvez não se tenha apercebido de uma alternativa pronta para uma interpretação objectiva, esta pode-lhe ter parecido ser, subconscientemente, a única opção real. Veremos, no nosso desenvolvimento posterior, que existe um caminho muito mais viável de identificar uma dimensão objectiva da obra de Cristo que é mais compatível com os compromissos principais da teologia wesleyana, bem como com a teologia do Novo Testamento.

Renshaw sugere além disso que, possivelmente, a orientação prática da teologia de Wesley explica a ausência de um tratado especial sobre a Expiação. Todo o fardo da sua preocupação, diz, "não está na esfera da inquirição especulativa ou formalmente académica, mas na apropriação pessoal e na aplicação prática do acto salvífico de Deus, em Cristo, nas vidas de todos os que ouviam a mensagem".[9]

Teorias Clássicas

Nesta altura devemos notar que existem basicamente três formulações clássicas da teoria da Expiação, com algumas pequenas variações destas três formas básicas. Estas emergiram na história do pensamento cristão como a amplificação de um ou mais temas neo-testamentários, elaborado em

---

7 Cf. discussão por Lindström, *Wesley and Sanctification*, 60ss.
8 *Journal*, 7:422.
9 Renshaw, "Atonement", 69-70.

termos de determinado contexto cultural. Assim, William Spurrier pode afirmar:

> Se tirarmos qualquer das interpretações da Expiação do seu contexto cultural, se as tomarmos literalmente e como sendo descrições autoritárias para todos os tempos, iremos tanto falsificá-las por um lado, como torná-las num disparate, por outro.[10]

Iremos resumir sucintamente as características mais salientes destes três modelos como base para a discussão sistemática[11] e chamaremos a atenção para os pontos fortes e fracos de cada uma delas.

Teoria do Resgate

Aparentemente a primeira a ser elaborada foi a teoria do resgate. A primeira afirmação desta teoria parece ser encontrada em Ireneu.[12] Ela toma como ponto de partida afirmações as palavras de Jesus que "o Filho do Homem [veio para] ... dar a sua vida em resgate de muitos" (Mat. 20:28; Mar. 10:45). Em resposta às perguntas óbvias que surgem da tentativa de tornar esta uma explicação completa, é declarado que o homem é um cativo de Satanás, a quem Deus paga o preço do resgate de Seu Filho. Os exponentes posteriores usam ilustrações bastante bizarras para mostrar como Deus "engana" o diabo e pela ressurreição recupera o resgate que tinha sido exigido pela liberdade do homem.

J. Glenn Gould explica que uma das razões para a popularidade desta perspectiva está no seu poder de apelo homilético. Era uma perspectiva fácil e aceitável de pregar. Apelava ao gosto pelo dramático da alma humana. A ideia de um resgate pago a Satanás, ou de um negócio, entre Deus e o diabo com a alma de Jesus como consideração redentora, era facilmente compreendida pelo ouvinte mais humilde e mais iletrado da mensagem cristã.[13]

Esta teoria tem menos destaque em Wesley que os outros dois modelos tradicionais, segundo Williams e Lindström que falam desta como "subserviente"; mas Deschner acha-a mais disseminada.[14]

---

10 *Guide to the Christian Faith*, 155.
11 Uma análise perspicaz mais completa e muito adequada, pode ser encontrada em Gould, *Precious Blood of Christ*. Vide também Wiley, *CT*, vol. 2.
12 Ireneu articula uma outra perspectiva que parece ser mais central para a sua teologia e que é muito mais próxima do pensamento wesleyano. Discutiremos a sua teoria da recapitulação posteriormente.
13 *Precious Blood of Christ*, 34.
14 Williams, *John Wesley's Theology Today*, 87.

Teorias da Satisfação

A afirmação clássica da teoria da satisfação foi desenvolvida por Anselmo, no século XXI, em parte como reacção às expressões grotescas da teoria do resgate e como resultado de um contexto cultural diferente, o qual foi influente na formação do entendimento predominante de Deus. Contudo, as suas raízes recuam bastante atrás na história. Tanto Tertuliano (cf. *On Repentance*, 2; *Scorpeace*, 6) como Cipriano (*Treatises*, 8.5) sugerem que as boas acções acumulam mérito aos olhos de Deus, mas que as más acções requerem satisfação pela expiação. Nesta base, a ideia de penitência para satisfação foi desenvolvida e a possibilidade da transferência de mérito que excede os limites da obrigação foi avançada. Contudo, até Anselmo, estas noções não eram efectivamente integradas no conceito de Expiação. "Em Anselmo… a satisfação feita por Cristo à honra divina é a aquisição e a oferta de mérito".[15]

A ideia de honra, que apareceu durante a era do cavalheirismo, teve um papel proeminente na teoria de Anselmo. Deus foi conceptualizado como um senhor feudal cuja honra tinha sido violada pelo homem, cujo pecado era o fracasso em Lhe dar o Seu devido respeito. Portanto, a honra de Deus tem que ser satisfeita e, assim, Deus envia o Seu Filho, como o Deus-homem, de forma que a Sua morte na cruz possa realizar a função da satisfação substituta.

Usando as ideias políticas e legais emergentes no século XVI, João Calvino criou uma versão modificada da teoria de Anselmo, normalmente chamada de teoria penal, a partir das ideias da inviolabilidade da lei e da justiça de Deus. Deus é perfeitamente justo e a lei do castigo divino nunca pode ser colocada de lado. O pecado é visto como uma violação da lei e todas essas violações têm de ser punidas para que a lei possa ser satisfeita. A justiça de Deus é de tal forma que o pecado não pode ficar sem punição.

Nesta perspectiva, a morte de Cristo ainda é entendida como a satisfação feita pelo pecado, mas enquanto que Anselmo tinha feito do pecado uma violação da honra divina e distinguido entre satisfação e castigo, Calvino tratou o pecado como uma violação da justiça divina e a satisfação como o verdadeiro castigo de Cristo.[16]

Uma modificação posterior à teoria da satisfação, foi desenvolvida por Hugo Grotius como a teoria governamental. Foi uma tentativa de providenciar uma versão arminiana que evitasse a implicação indesejável da teoria calvinista de uma expiação limitada. Contudo, Grotius, como os outros, assumiu a necessidade de uma "satisfação antecedente" como a

---
15 Renshaw, "Atonement", 21.
16 *Institutes*, bk. 2, chaps. 12-27.

condição para a remissão dos pecados. Ele definiu-a como o castigo aceite por Cristo, não no interesse da justiça retributiva, mas com o propósito de providenciar um "exemplo distinto" do castigo que o pecado merecia e, assim, agiu como um desencorajador para a continuidade do pecado, no interesse do bem comum. Portanto, é uma teoria da influência moral na ordem inversa. Reconhece o princípio do desencorajamento, mais do que o da retribuição, como central para o conceito da Expiação.[17]

Teoria da Influência Moral

O terceiro modelo clássico é a teoria da influência moral, aparentemente elaborada pela primeira vez por Abelardo, em reacção à teoria de Anselmo. Segundo esta interpretação, a morte de Cristo é o exemplo mais gráfico do amor de Deus e, ao mesmo tempo, da atrocidade do pecado ao matar o "amor personificado". O seu propósito é impactar a consciência humana com estas duas derradeiras realidades teológicas e, assim, influenciar os seres humanos a responderem a este amor encarnado e a voltar as costas ao pecado ou à rebelião contra Deus. A ênfase wesleyana, da inabilidade moral do homem caído de voltar as costas ao pecado (por si mesmo), militaria contra esta perspectiva na obtenção da exclusividade do crédito. Ela estaria mais à vontade no contexto pelagiano.[18]

Benefícios da Expiação

Descobrimos que a pista, para obter uma construção coerente e autenticamente wesleyana da obra de Cristo, requer uma pesquisa dos benefícios obtidos por essa obra. Tal análise irá, então, providenciar os parâmetros pelos quais julgaremos se uma proposta é ou não adequada. Contudo, este método tem de sempre ser testado pela revelação bíblica, visto não estarmos a propor uma abordagem indutiva que comece com uma premissa teológica formulada "a partir do pano completo". Temos, por outras palavras, que estabelecer primeiro a compatibilidade da afirmação wesleyana, sobre os benefícios da Expiação, com a afirmação Neo-testamentária dos mesmos. Assim, o nosso trabalho inicial será analisar as provisões soteriológicas sublinhadas pela teologia wesleyana, como são interpretadas na teologia do Novo Testamento.

---

17 A influência de Grotius sobre a teologia Metodista mais antiga foi profunda, no entanto, a sua doutrina não foi, de modo algum, recebida sem críticas. Vide, p. ex., Richard Watson, *Theological Institutes* (New York: Lane and Tippett, 1848), 2:87-148; William Burt Pope, *A Compendium of Christian Theology*, 3 vols. (London: Wesleyan Conference Office, 1880), 2:313.

18 Collin Williams tenta demonstrar que a teoria da influência moral é atraída para a teologia de Wesley em relação à sua imagem da vida cristã, mas este autor acha que ele falhou na argumentação do seu caso. Cf. *John Wesley's Theology Today*, 77-82.

Graça Preveniente

O nosso estudo da teologia wesleyana, até aqui, tem demonstrado o papel crucial da graça preveniente em várias conjunturas importantes, especialmente em ligação com o entendimento wesleyano da revelação. Estes usos são todos subservientes à função soteriológica desta graça. É aqui que uma das características mais distintas da perspectiva wesleyana é trazida à luz.

A graça preveniente não é um termo bíblico, mas uma categoria teológica desenvolvida para captar um tema bíblico central. Wesley não foi o primeiro teólogo a usá-lo (sempre falou de "graça preventiva", mas o significado era o mesmo) e não-wesleyanos, desde o seu tempo, têm-no usado. Mas parece ser mais determinante para Wesley do que para qualquer outro professor.[19]

Literalmente, significa "a graça que vem antes" e refere-se à actividade de Deus, antes de qualquer movimento humano na direcção de Deus. Do lado humano, a sua necessidade, pela disseminação completa do pecado original ou a depravação total, que afirma a total inabilidade do homem em dar início ao relacionamento divino-humano. Do lado divino a afirmação da natureza de Deus, como amor. É, na verdade, uma inferência directa do entendimento de Deus no Novo Testamento.

Uma vez que o carácter de Deus é revelado de forma final na pessoa e obra de Cristo, Wesley insiste que a graça preveniente está, em última análise, firmada na morte de Cristo na cruz.[20]

Uma série de implicações teológicas desta doutrina central têm de ser observadas. A graça preveniente não pode ser confundida com livre arbítrio. Na Queda, o homem perdeu completamente a sua liberdade para com Deus. Isto não afectou o seu poder de escolha contrária na esfera do mundano, mas resultou na perda, do que Wesley chamou, de "imagem moral". Assim, a liberdade para Deus deixou de ser, agora, uma possibilidade humana, mas é restaurada pela graça de Deus.[21] Isto implica que é impossível ao homem adquirir mérito perante o seu Criador. Tudo o que ele tem vem de Deus.

Esta doutrina expressa a centralidade do compromisso wesleyano na universalidade da Expiação. Ao contrário da perspectiva limitada do

---

19 Tomás de Aquino defende este termo, mas não tem papel decisivo na sua teologia. *Summa Theologica* 14.111.3.
20 Vide Arthur Skevington Wood, "The Contribution of John Wesley to the Theology of Grace", in *Grace Unlimited*, ed. Clark H. Pinnock (Minneapolis: Bethany Fellowship, 1975).
21 cf. Chiles, *American Methodism*, onde o movimento liberalizante que se distanciou de Wesley e dos seus sucessores é referido como "Da Graça Livre para o Livre Arbítrio".

calvinismo, a graça para Wesley é estendida a todos os seres humanos, mas é resistível. Assim Deus oferece-Se a todos os homens em todo o lugar como uma presença salvífica (vide cap. 5). Ela cria, ao mesmo tempo, a consciência e a capacitação, mas não é salvífica a menos que o indivíduo lhe responda pelo exercício da sua liberdade capacitada pela graça.

Reconciliação

O Novo Testamento fornece-nos várias metáforas descrevendo a salvação que resulta da obra de Cristo. O próprio termo "expiação"[22] é usado uma só vez no Novo Testamento e apenas na Versão Autorizada do Rei Tiago em Rom. 5:11: "e não apenas isto, mas também nos gloriamos em Deus por nosso Senhor Jesus Cristo, por intermédio de quem recebemos, agora, a reconciliação". A palavra grega *katallagē*, aqui usada e traduzida noutros textos como "reconciliação", sugere que este é o significado básico para a ideia de expiação no pensamento do Novo Testamento.

Vincent Taylor tem defendido, de forma convincente que, apesar da fusão do perdão, da justificação e da reconciliação pela teologia moderna, a teologia do Novo Testamento, claramente, os separa. A reconciliação, insiste, é o tema central do pensamento de Paulo, com o perdão e a justificação a servirem de meios para remover as barreiras que estão no caminho da reconciliação. Falhar em reconhecer esta distinção tem resultados infelizes em ligação com a doutrina da Expiação. "Poucas coisas", defende Taylor, "têm contribuído tanto para a opinião de que as teorias objectivas, que encontram um aspecto dirigido a Deus na obra de Cristo, estão obsoletas e erradas, como a identificação dos usos modernos e bíblicos do termo perdão".[23]

Herman Ridderbos concorda que "talvez pudéssemos dizer que a reconciliação como paz com Deus é a consequência da justificação", mas não faz bem a mesma distinção radical entre elas como Taylor faz.[24] Mesmo assim, apoia a ideia que a reconciliação é a categoria soteriológica primária. Ralph P. Martin, numa monografia sobre a reconciliação propôs que este tema é "o centro do pensamento e ministério de Paulo" e afirma o apoio de Peter Stuhlmacher, T. W. Manson, e Johannes Weiss, bem como de Ridderbos.[25]

---

22 Nota Tradutor: A palavra inglesa *"atonement"* tem o significado literal do "acto de ficar como UM" (at-one-ment). Em português ela tem sido geralmente traduzida como "expiação" que é também um dos aspectos incluídos no acto de Deus para trazer unidade ao relacionamento entre Deus e o homem. O texto bíblico referenciado pelo autor, traduz no português a palavra grega por "reconciliação", no inglês na tradução do Rei Tiago é usada a palavra *"atonement"*.
23 *Forgiveness and Reconciliation* (New York: Macmillan Co., 1960), 27.
24 *Paul*, 182ss. Ele hesita em subordinar uma destas metáforas à outra, mas sugere que "estamos aqui a lidar com dois conceitos de esferas diferentes de pensamento e vida".
25 *Reconciliation*, (Atlanta: John Knox Press, 1981).

G. Eldon Ladd toma a mesma posição e afirma:

> A justificação é a pronunciação divina da absolvição do pecador; a reconciliação é a restauração à comunhão que resulta da justificação. A justificação é a condição ética da reconciliação, a dádiva para o pecador daquela condição pela qual pode entrar em comunhão com Deus.[26]

Concordamos com estes estudiosos. A reconciliação, portanto, proporciona-nos uma metáfora da expiação que é pessoal nas suas implicações e, portanto, menos susceptível a perversões legalistas ou impessoais.

A reconciliação implica um distanciamento nas relações pessoais que foi ultrapassado. A ideia é encontrada, tanto explícita como implicitamente, na literatura Paulina, onde o apóstolo interpreta a reconciliação como algo que ocorre (através da obra de Cristo) a três níveis diferentes: (1) Reconciliação entre Deus e o homem (Rom. 5:1; 1 Cor. 7:15; Gal. 5:22; Fil. 4:7; Col. 3:15; 2 Tes. 3:16). (2) Reconciliação entre o homem e o homem (Ef. 2:12-17; 4:3-6). (3) Reconciliação ao nível cósmico (2 Cor. 5:19; Col. 1:20). Isto correlaciona-se com a sua consciência profunda do pecado como pessoal, social e cósmico.

Na teologia do Novo Testamento a reconciliação é, ao mesmo tempo, um acto completo e uma realidade 'ainda-por-se-realizar'. Ambas as dimensões estão presentes na passagem clássica de 2 Cor. 5:16-21. Deus, em Cristo, fez algo na história antes da sua realização na experiência. Assim ela é, em simultâneo, terminada e por terminar. No primeiro sentido, é a obra de Deus e, de forma alguma, o resultado de um acto humano de satisfação oferecida pelo homem a Deus. Isto é devido "aos rebeldes não estarem numa posição de efectuar a reconciliação".[27] No sentido de "por terminar", a sua consumação espera a resposta do rebelde. A mensagem de reconciliação dada ao embaixador de Cristo reforça esta verdade. A mensagem é "sede reconciliados com Deus" (v. 20). É uma exortação ao homem para abandonar a sua hostilidade para com Deus, em resposta à obra completa de "Deus ... em Cristo" (v. 19).

Também Rom. 5:10 se refere a uma reconciliação que ocorreu "enquanto ainda eramos pecadores" (v. 8). Mas a reconciliação não é efectiva enquanto não se remover a inimizade do homem para com Deus. É desta

---

26 *Theology*, 455. W. D. Davies, *Paul and Rabbinic Judaism* (Philadelphia: Fortress Press, 1980), concorda que a justificação não deve ser feita a quinta-essência do pensamento de Paulo. Pelo contrário, a essência do seu pensamento está "na sua consciência de que com a vinda de Cristo a Era Vindoura se tinha tornado em facto presente, cuja prova foi o advento do Espírito; está naqueles conceitos de estar sob o juízo e misericórdia de uma Nova Torah, Cristo, de morrer e ressuscitar com esse mesmo Cristo, de se submeter a um Novo Êxodo Nele e, assim, ser incorporado no Novo Israel, a comunidade do Espírito". 221-24.

27 Alan Richardson, *Theology*, 216.

forma que a expiação limitada é evitada na ênfase do Novo Testamento, na obra terminada de Cristo. A morte de Cristo não proporciona salvação automática para os eleitos, mas torna disponível a possibilidade de salvação para todos os que responderem em fé. Quando o homem é reconciliado com Deus, então experimenta o Deus já reconciliado. Existencialmente, ele pode cantar como Charles Wesley, "O meu Deus está reconciliado".

Além do mais, a reconciliação é tanto presente como futura. Por causa da característica dupla já notada, esta não é a base para um universalismo final, mas implica que a obra reconciliadora de Cristo tem proporções cósmicas (ver acima) que só serão completamente consumadas no eschaton.

Uma sub-metáfora da reconciliação é a *Filiação* ou a *Adopção*. Em contraste com o conceito grego, o homem não é filho de Deus em nenhuma forma de descendência física. Assim, o termo "adopção" é apropriado para descrever o estatuto de uma filiação conferida em contraste tanto com a visão pagã como com a inerente Filiação do próprio Cristo. A adopção é a forma do Novo Testamento falar da partilha da Filiação de Cristo como um dos benefícios da Sua obra. Em virtude do seu relacionamento com Cristo, o crente é capacitado a, com Ele, clamar, "Abba, Pai!" (Rom. 8:15; Gal. 4:6).

A adopção é um dom imerecido tornado possível pelo amor de Deus através de Jesus Cristo. Implica uma liberdade em relação ao Pai, que está ausente no relacionamento senhor-escravo e com a qual é feito o contraste da realidade da filiação (Ef. 1:5; Gal. 4:3-7). O resultado da adopção é a herança, o privilégio de possessões, o que não é uma possibilidade para os escravos.

A adopção tem a mesma dualidade que está presente noutras metáforas da salvação: É tanto presente como futura, é realizada na era presente e contem a promessa de consumação futura no tempo do cumprimento escatológico (Rom. 8:23). Quanto à sua realização no presente o Espírito Santo dá testemunho (vv. 15-16).

Um resultado adicional da reconciliação é a *comunhão* com Deus e com outros crentes. Embora Paulo se refira à comunhão com Deus, ou com Cristo, em várias ocasiões (1 Cor. 1:9; 10:16; Fil. 3:10), a ideia parece ser um tema básico da Primeira Epístola de João. Talvez seja a forma deste autor falar sobre a reconciliação.

Nesta Epístola, o tema que informa todo o livro é vida eterna, que é equivalente à salvação. Descreve a natureza da vida eterna como a comunhão "com Deus e com o Seu Filho, Jesus Cristo" (cf. 1:3). O princípio, que informa a sua análise da vida eterna, é que esta deve ser definida como comunhão com Deus e que esta comunhão é estabelecida e mantida com base na natureza de Deus. A condição da comunhão é a conformidade com a natureza divina, como revelada em Jesus Cristo. Na Epístola são mencionadas quatro características de Deus e à volta das quais toda a carta se agrupa. Deus é luz (1:5) e, portanto, a comunhão depende do nosso "andar na luz" (cf. v. 7). Deus é justo (2:29), portanto, não é possível qualquer comunhão com Deus em injustiça. Deus é amor (4:8), portanto, qualquer um que viva em comunhão com Deus ama tanto a Deus quanto ao seu irmão. Finalmente, Deus ofereceu-nos vida no Filho (5:12) e isto providencia a comunhão dinâmica que inclui a victória sobre o mundo.[28]

A *redenção* é uma terceira metáfora para a salvação. Significa ser liberto da prisão ou da escravatura, o "comprar de volta" (literalmente) de algo perdido ou vendido. No Velho Testamento, a pessoa incumbida da responsabilidade de ser o redentor (*go'el*) era, geralmente, o parente mais próximo. Esta imagem tem um papel proeminente em Isaías 40-55, onde Yahweh é repetidamente chamado de *go'el* de Israel (ver 41:14; 43:1; 44:6; 47:4).

O padrão normalmente usado no Velho Testamento para ilustrar a redenção é o Êxodo. Quando a salvação futura é antecipada, é geralmente descrita em termos e imagens derivadas deste acontecimento redentor original. Isaías, em particular, olhava com antecipação para o grande dia da redenção escatológica que ele descrevia como um novo Êxodo. Os autores do Novo Testamento também retêm, em certas alturas, as imagens do Êxodo, mas proclamam que, na obra de Jesus Cristo, a redenção prefigurada por esse evento, e predita pelos profetas, entra na história (Luc. 1:68; Tito 2:14). Resulta no trazer à existência um novo Israel da mesma forma que o primeiro Êxodo cria o velho Israel.

O próprio Jesus relaciona de forma explícita a relevância redentora da Sua obra ao Servo de Isaías (Mar. 10:45). Alan Richardson comenta:

> É, certamente, indicativo da perspicácia suprema do Mestre sobre o propósito redentor de Deus, como revelado nas Escrituras, que Ele tenha precisamente recorrido à única passagem do Velho Testamento que claramente aponta para o próprio Deus como iniciador do acto da sua própria oferta redentora, realizado pelo Messias-Servo.[29]

A quarta metáfora que mencionaremos é a *Justificação*. Esta metáfora é usada principalmente por Paulo, primariamente em Romanos e Gálatas. Pode ser entendida somente em conjunto com "a rectidão", visto serem conceitos correlacionados. Um outro factor, que tem criado confusão considerável, nas tentativas de entender o que ela implica para a teologia bíblica. Esta é a ambiguidade que se prende à "rectidão" devido ao facto de

---

28 Vide H. Ray Dunning, *General Epistles*, New Testament vol. 15 in *Search the Scriptures* (Kansas City: Nazarene Publishing House, 1960).
29 *Theology*, 220.

ter múltiplos significados. Primeiro, notar que devemos registar o seu significado como aplicado a Deus. Este significado deriva principalmente do seu uso em Isaías 40-55, onde se refere o carácter de Deus experimentado como "fidelidade". Em 43:24*d*-26, o profeta diz, "e me cansaste com as tuas iniquidades. Eu, eu mesmo, sou o que apago as tuas transgressões por amor de mim e, dos teus pecados não me lembro. Desperta-me a memória; entremos juntos em juízo; apresenta as tuas razões para que possas justificar-te". A fidelidade de Deus é aqui enfatizada em contraste com a infidelidade de Israel.

Nestas passagens o profeta apropriou-se da conjunção da rectidão com a salvação que foi enfatizada no Êxodo (cf. Ex. 14:13; 15:2) e adaptou o mesmo conjunto de conceitos para relacionar a libertação iminente da Babilónia com o regresso do Exílio (Is. 45:17; 46:13; 52:10). Da mesma forma que Deus Se lembrou das Suas promessas a Abraão e libertou os escravos egípcios, assim, "por amor a si mesmo" (rectidão), Ele lembrar-Se-á e libertará os exilados babilónicos. Longe de ensinar que o homem é justificado pelas obras da lei, o Velho Testamento, desta forma, avança com a doutrina da salvação baseada na rectidão de Deus. É a justificação, não pelas obras, mas pela fidelidade (rectidão) de Deus apenas. Numa palavra, é a "graça", é Deus agindo para com o homem de acordo com a Sua própria natureza.

É a recuperação deste ensino do Velho Testamento que Jesus coloca em oposição à rectidão pelas obras do judaísmo, tanto por preceitos como por parábolas. Mas é Paulo que, apropriando-se da perspectiva do Velho Testamento, desenvolve totalmente a verdade da rectidão justificadora de Deus, como fluindo da obra completa de Cristo. Este ensino não deixa espaço para as ideias de "mérito" e de "satisfação", tais ideias não ocorrem no Novo Testamento. Têm origem noutras fontes.

Quando aplicada ao homem, a "rectidão" tem duas dimensões possíveis. O primeiro significado é ético e levanta a questão de como a rectidão de Deus, como fidelidade, se relaciona com a rectidão do homem, como ética. Esta questão tem criado problemas interpretativos, desde o início da era cristã, na compreensão do significado da justificação. É para este problema nos voltamos agora.

Norman Snaith fala destas duas referências de rectidão, sugerindo que Paulo herda ambas as perspectivas do Velho Testamento, e comenta:

> Ele [Paulo] usa o substantivo no sentido duplo, às vezes num sentido puramente ético e, outras vezes, praticamente, como o equivalente de salvação. Quando escreve da lei da justiça [rectidão] (Rom. 9:31), está a referir-se às exigências éticas da lei Mosaica, mas quando usa a frase "a justiça [rectidão]

de Deus", ele refere-se à salvação que Deus realiza através de Cristo (Rom. 3:21).[30]

O problema da relação entre estes dois usos, tem gerado duas construções principais do conceito de justificação, na história do pensamento cristão, sobre a salvação. Estas são, normalmente, identificadas como as perspectivas católica e protestante. A explicação católica representada, classicamente, pelo ensino de Agostinho e Tomás de Aquino, afirma que na justificação, o homem é "feito [eticamente] recto" pela infusão da graça divina. Esta rectidão infundida, então, torna-se na base da aceitação do homem por Deus. Mas esta posição envolve uma confusão entre a justificação e a santificação e faz da última a base da primeira. Se a justificação for um termo forense, podemos simplesmente dizer que aqui é interpretado como Deus declarando a pessoa recta, porque ela já o é. Eventualmente, esta interpretação tornou-se na base de toda a doutrina católica de rectidão pelas obras e do sistema penitencial da salvação. Ela falha na compreensão do significado de "justiça [rectidão] de Deus", em Romanos, interpretada como a rectidão ética requerida por Deus e defende que produzimos a nossa própria rectidão pelas boas obras.

A alternativa protestante interpreta, correctamente, a rectidão de Deus como fidelidade, mas retém o significado ético da rectidão em relação ao homem. Uma vez que rejeita o ensino católico, de que a rectidão ética é necessária para a justificação, insiste que a justificação significa "declarar recto", e não "fazer recto". Isto leva a uma doutrina de imputação, de acordo com a qual a fé é aceite por Deus como equivalente da rectidão (eticamente entendida).[31]

Embora esta interpretação evite os perigos da rectidão pelas obras, cai vítima de crítica, igualmente devastadora, como sendo uma "ficção legal". Deus considera a pessoa recta apesar de ela não o ser. Assim, Deus engana-Se a Si mesmo. O homem que é justificado pela fé é, nas palavras de Lutero, *simul justus et pecator* (ao mesmo tempo pecador e justificado). Nenhuma destas interpretações clássicas consegue ser satisfatória.

John Wesley luta com este dilema. Por um lado, tenta distinguir a justificação da santificação ao negar que a primeira é "o ser feito, efectivamente, justo e recto", como dizem os católicos. Por outro lado, não está disposto a contentar-se com uma ficção legal, como os protestantes ensinam. Insiste que Deus não é enganado naqueles que justifica. Ele não os conta "como sendo algo, que não são. Não significa, de forma alguma, que Deus

---

30 "Righteousness".
31 Vincent Taylor, *Forgiveness and Reconciliation*, 55ss. Vide também Willard H. Taylor, "Justification", in *Beacon Bible Dictionary of Theology*, ed. Richard S. Taylor (Kansas City: Beacon Hill Press of Kansas City, 1983).

nos julga contrariamente à natureza real das coisas; que nos acha melhores do que realmente somos, ou que nos crê rectos, quando não o somos". No entanto, mantem-se firmemente longe da perspectiva Católica, não permitindo que qualquer mérito humano entre na imagem.[32]

Linguisticamente, a maioria das autoridades concorda que o verbo *dikaioō* (justificar) significa, propriamente, "pronunciar recto" e que não pode significar "fazer recto". Mas isso não resolve o assunto quanto à relevância teológica do termo. A questão é se temos que decidir entre as duas interpretações tradicionais discutidas acima? Aparentemente, sem se aperceber da implicação total das suas palavras, o próprio Wesley apontou uma saída para o impasse, ao distinguir justificação como a "mudança relativa", e santificação como a "mudança real". A maior parte dos esforços para escapar ao dilema acabam por confundir as duas, mas G. Eldon Ladd fornece uma explicação, baseada num outro significado para rectidão, que evita ambos os extremos e é totalmente compatível com as preocupações teológicas wesleyanas.[33]

Começando com a premissa de que o pensamento de Paulo é informado pelo Velho Testamento, defende que a rectidão, naquele contexto, não é, primariamente, uma qualidade ética, mas significa "a norma seguida nos assuntos do mundo, à qual os homens e as coisas se devem conformar e pela qual podem ser medidos". Assim, o homem recto é o que se conforma à norma dada. É o contexto que determina a norma e, assim, os parâmetros do que significa ser recto. A ilustração de Ladd é muito clara, ao falar dos vários contextos em que a palavra é usada:

> Por vezes a norma consistia em exigências impostas pelos relacionamentos familiares. Assim, Tamar, que fingia ser prostituta, era mais recta que Judá, porque cumpria estas exigências, coisa que Judá não fazia (Gen. 38:26). David era visto como recto por se recusar a matar Saul, com quem tinha uma relação de aliança (1 Sam. 24:17; 26:23) e a condenar os que assassinaram Isbosete, filho de Saul (2 Sam. 4:11). Mas depois da queda da casa de Saul, Mefiboset não tinha razão para esperar bondade do novo rei (2 Sam. 19:28). As exigências de rectidão mudaram com a relação.

---

32 "Justification by Faith", *Works* 5:53-64.
33 *Theology*, 439ss. Bernhard W. Anderson, ao discutir a "rectidão" nos Salmos, dá a mesma interpretação que Ladd. Diz: "Ao enfrentarmos esta questão deveríamos despojar-nos das noções de rectidão que herdámos da nossa cultura, largamente sob a influência Grega e Romana. Normalmente assumimos que uma pessoa "recta" é alguém que se conforma com algum padrão legal ou moral. Essa pessoa é tida como recta segundo a lei". A perspectiva de rectidão ilustrada por Abraão em Gen. 15:1-6 é diferente. "A rectidão que lhe foi imputada era *estar num relacionamento correcto* com Deus, como era demonstrado pela sua confiança na promessa de Deus, mesmo quando não havia evidências que a apoiassem – nenhumas excepto as miríades de estrelas nos céus!" *Out of the Depths*, 100-101.

Assim, a rectidão torna-se num conceito de relacionamento. Aquele que cumpre as exigências, sobre si colocadas pelo relacionamento em que se encontra, é recto. Não se refere ao carácter ético pessoal da pessoa envolvida, mas à fidelidade no relacionamento. A conclusão é que se a justificação é uma mudança de relacionamento, como disse Wesley, essa nova relação constitui uma rectidão real, que pode ser distinguida da santificação como transformação ética do carácter. Não envolve uma rectidão anterior que, de uma forma ou outra, se torna na base do novo relacionamento, mas é uma realidade que é criada em e com a declaração forense de Deus de que o homem de fé é justificado. A justificação é a proclamação de Deus de que a pessoa é recta e, essa proclamação, torna-a recta. Desta forma, a via católica da rectidão pelas obras é evitada, por um lado e o conceito da Reforma de uma ficção legal, pelo outro.

Em Rom. 3:24-4:25 a ideia de rectidão de Deus como fidelidade e a rectidão relacional do homem, baseada na fé, são misturadas com o conceito de sacrifício, como expresso no sacrifício de Isaque por Abraão. Deus se vindica ao mostrar-Se fiel à Sua promessa e Abraão é justificado ou provado justo, pela sua confiança e obediência. É um contexto de tribunal, no qual tanto o Juiz como o réu são justificados, ou provados justos. Assim, Deus dá o Seu Filho como sacrifício expiatório, mostrando-Se fiel à Sua promessa; e a resposta daquele que "tem fé em Jesus" justifica tal crente, ou seja, coloca-o numa relação correcta com Deus. Isto não deve ser interpretado como a fé sendo uma boa obra ou como sendo a própria fé que justifica. É a aceitação do dom de Deus.

A estreita conjugação da justificação e da rectidão leva-nos a falar ainda do carácter escatológico da justificação. O tempo da salvação, há muito prometido, raiou agora e aí é revelada a rectidão de Deus (Rom. 3:21). Esta interpretação reflectiu a estrutura básica do pensamento Paulino, de que a era vindoura entrou na era presente.[34] O que tinha sido previamente antecipado, como uma possibilidade futura, tornou-se realidade presente.

> Enquanto que para o judaísmo era um assunto incontestável, que esta rectidão, como factor decisivo e crucial na declaração judicial de Deus, não devia ser tratado de qualquer outra forma que não escatologicamente, Paulo proclamava esta rectidão como uma realidade presente já realizada em Cristo.[35]

A possibilidade presente da justificação está disponível à fé. Apesar de ser uma possibilidade objectiva em Cristo, é a fé que toma posse da rectidão justificadora de Deus, em Cristo. Neste sentido, o veredicto do juízo final já foi dado. Ainda, assim, é falado no futuro. "Porque nós, pelo

---

34 Vide Ladd, *Theology*, cap. 27; e Ridderbos, *Paul*, 44ss.
35 Ridderbos, *Paul*, 164.

Espírito, aguardamos a esperança da justiça que provém da fé" (Gal. 5:5). É um benefício já alcançado e, em simultâneo, ainda a alcançar. Em suma, existe tanto uma justificação presente como futura (final).

Um benefício final da salvação que deve ser registado é a *Santificação*. Tanto "santificação", como o seu termo cognato, "santidade", são unicamente categorias religiosas, ao contrário de muitos outros termos que são emprestados dos contextos seculares. A santidade é o termo primário, em que a santificação é o acto ou o processo pelo qual uma coisa ou um indivíduo é feito santo. Uma vez que a santidade pertence primariamente a Deus e, os objectos ou as pessoas só podem ser feitos santos num sentido relativo ou derivativo, os conceitos só têm significado na esfera religiosa.

Na sua expressão mais antiga, a santidade não tem qualquer conteúdo ético necessário. Isto é visto na referência do Velho Testamento às "prostitutas santas [p.ex. do templo]" (ver Gen. 38; Deut. 23). Elas são santas porque pertencem à divindade. É o carácter do Deus pessoal de Israel que eventualmente informou a ideia com conotações éticas. A santificação foi, originalmente, um termo cerimonial, no sentido em que através de rituais específicos uma pessoa ou objecto era dedicado ao serviço de Deus ou limpo da impureza para o qualificar para esta tarefa.

O contexto cúltico das ideias que rodeiam a "ideia do santo" levaram a perversões que foram confrontadas pelos profetas em nome da rectidão ética. Quando a cerimónia se tornou em cerimonialismo, desacompanhado pela justiça e pela bondade, exigiu condenação. Assim, os profetas do século oitavo, em particular, clamaram por um entendimento de santidade em termos éticos. É esta ênfase posterior que se tornou o pano de fundo para a interpretação normativa do Novo Testamento.

A vertente de ensino escatológico está, também, claramente presente na visão profética que antecipava o dia em que Deus providenciava a santificação verdadeira, não só ritualista. Esta esperança era concomitante com o reconhecimento de que o pecado era uma inclinação inerente à natureza humana bem como o comportamento sem lei. Ambas as necessidades têm de ser providas.

Jeremias e Ezequiel, ambos reconheceram antes do Exílio que uma nova aliança, com novas provisões, era a necessidade real do povo de Deus (Jer. 31:31-34; Eze. 36:25-27). À medida que o profeta Zacarias descrevia os obstáculos que tinham de ser removidos de forma a que o reino Messiânico viesse, ele via tanto os pecados como o pecado eliminado, em duas das suas oito visões místicas. Na visão do rolo voante (5:1-4) o pecador é removido da comunidade; e, na visão da "mulher sentada no efa", é o "próprio princípio do pecado que tem de ser erradicado" (5:5-11).[36]

Na secção apocalíptica do mesmo livro (caps. 9-14), o profeta antecipa o Dia do Senhor quando afirma "haverá uma fonte aberta para a casa de Davi e para os habitantes de Jerusalém, que removerá o pecado e a impureza" (13:1). G. N. M. Collins cita Henderson ao afirmar que este versículo "exibe as duas grandes doutrinas do evangelho – a justificação e a santificação" e acrescenta: "A graça do Espírito de Cristo é necessária para a última, como a virtude do sangue de Cristo é necessária para a primeira".[37]

Quando nos viramos para o Novo Testamento, a análise do uso dos termos "santificar, santificação, santificado" fornece a imagem seguinte. Primeiro há alguns usos não-normativos, puramente cerimoniais, que indicam que uma pessoa ou objecto se torna sagrada pela sua relação com Deus ou coisas sagradas, ou pelo cumprimento de um propósito divino (notar especialmente Mat. 23:17, 19).

O segundo uso, que parece ser normativo, é distintamente ético relacionando-se especificamente com a nova vida em Cristo. A linguagem cerimonial está ainda presente, como é inevitável, mas é profundamente informada pelo entendimento ético. Este segundo uso é claramente ilustrado em Romanos 6; Efésios 4; 1 Tess. 4:3; e Colossenses 3. Aqui refere-se à vida ética que segue (é subsequente a) a justificação e é a consequência dela. Esta dimensão ética é ainda mais enfatizada pelo uso único do termo em 1 Tess. 5:23, que é a afirmação climática de uma série de exortações, destinadas a enfatizar a santidade de toda a vida. Enfatiza o envolvimento total da pessoa na vida santa. É o texto que mais claramente incorpora o conceito da inteira santificação significando "em tudo". Paulo ora para que sejam santificados (tempo aoristo) "espírito, alma e corpo", abrangendo assim todas as funções do ser humano, não as três partes da pessoa. Este último é grego e não hebraico.[38] Assim, ao considerar a santificação (neste sentido), podemos formular uma proposição teológica exegeticamente derivada: "Santificação é logicamente subsequente à justificação".

Esta conclusão lida com a questão principal do debate da Reforma. A posição católica, conforme formulada por Tomás de Aquino, era que a santificação precedia a justificação. Quando o processo de santificação, interpretado como "fé formada pelo amor", tiver chegado ao seu final, Deus

---

36 Vide J.E. McFayden, "Zechariah", em *Abingdon Bible Commentary*, ed. F.C. Eiselen (New York: Abingdon-cokesbury Press, 1929).
37 "Zechariah", em *New Bible Commentary*, ed. F.Davidson (Grand Rapids: Wm. B. Eerdmans Publishing Co., 1960).
38 Vide W. T. Purkiser, *Exploring Christian Holiness*, vol. 1, *The Biblical Foundations* (Kansas City: Beacon Hill Press of Kansas City, 1983), 188-89.

nessa altura declara a pessoa justificada e pronta para o céu. Lutero insistiu em reverter esta ordem e defendeu, com base nas Escrituras, que a santificação não era a base para a justificação, mas vice-versa (vide discussão acima sobre a justificação).

Mas existem outros usos do termo no Novo Testamento. Pelo menos no sentido cerimonial, é referente a todos os crentes; ou seja, todos os crentes pertencem a Deus (cf. 1 Cor. 1:2; 6:11). O significado cerimonial está presente de forma óbvia no Livro aos Hebreus, como seria de esperar da sua natureza. No livro, a maioria dos usos estão ligados com o sangue de Cristo e, portanto, o conceito é que o sangue do Cordeiro sacrificial santifica aquele a que é aplicado. Esta é uma conclusão lógica da ênfase principal do livro sobre Cristo, como Sumo Sacerdote, que se oferece a Si mesmo como o Sacrifício eterno (cf. Heb.10:10, 14, 29; 9:13-14; 13:12).

Isto, leva-nos a uma segunda proposição teológica: "Todos os crentes são santificados". Como vimos, no Novo Testamento, apesar da linguagem cerimonial e conceptual serem retidas, os termos são totalmente informados pelo ético. Portanto, tanto no sentido cerimonial (pertencendo a Deus), como no sentido ético, claramente ilustrado em Heb. 9:11-14 e 1 Cor. 6:11, todos os crentes são santificados. Isto é o que os escritores da santidade têm tradicionalmente referido como sendo a santificação inicial.

Isto leva, imediatamente, a uma terceira proposição teológica: "A justificação e a santificação são cronologicamente simultâneas". Ou seja, no momento da justificação, naquele mesmo instante, o processo de santificação inicia-se, apesar de não ser uma obra completa, como no caso da justificação ou da regeneração. Falando da contenda de William Law, de que a regeneração é uma obra progressiva, Wesley responde:

> Inegavelmente é a verdade da santificação; mas não da regeneração, do novo nascimento. Isto é uma parte da santificação, não o todo; é o portão de entrada. A nossa santificação, a nossa santidade interior e exterior começa quando nascemos de novo; e, a partir daí, gradualmente, "crescemos Naquele que é a nossa Cabeça".[39]

Esta é a verdade, à qual as palavras de Karl Barth, adequadamente, se aplicam:

> O que se entende por santificação, pode também ser descrito, em termos bíblicos menos comuns, por regeneração, ou renovação, ou conversão ou penitência, que desempenha um papel tão importante, tanto no Velho como no Novo Testamentos, ou, ainda, compreensivamente, pelo termo discipulado que, especialmente, nos Evangelhos Sinópticos é tão marcante.[40]

---

39 *StS* 2:240.
40 *Church Dogmatics*, 4.2.500.

Um outro grupo de Escrituras relaciona a santificação com o Espírito Santo (cf. 2 Tess. 2:13; 1 Ped. 1:2; Rom. 15:16). Aqui a santificação é vista, essencialmente, como a separação, ou o colocar à parte, do uso comum para o serviço de Deus. Esta é a obra do Espírito Santo. A conclusão lógica, a ser retirada daqui, resulta numa quarta proposição teológica: "Todos os crentes, sendo santificados pelo Espírito Santo, são recipientes do Espírito" (vide também 1 Cor. 6:11; cf. Rom. 8).

Uma análise geral dos conceitos, apesar de se afastar um pouco dos termos chave, resulta num desenvolvimento definitivo do pensamento: A base da santidade do homem é a santidade de Deus (Lev. 19:1-2; 1 Ped. 1:15-16; e possivelmente Mat. 5:48). Tal implica que o conteúdo da vida santa ou o viver santo (ético) é a semelhança com Deus. O Novo Testamento enfatiza claramente que Deus é revelado plenamente em Jesus Cristo, o que nos leva a uma quinta proposição teológica: "A santificação, no Novo Testamento, é orientada para Jesus Cristo". As passagens cruciais aqui são 2 Cor. 3:18; e Efes. 4:13.

Esta análise cobre a terminologia e o conceito de uma forma geral, sem ter em consideração, na globalidade da obra santificadora de Deus, os momentos específicos, especialmente, a inteira santificação que será considerada numa secção subsequente.[41]

Muitas destas metáforas da salvação implicam, explicitamente, o trazer à existência de um povo com quem Deus estabelece uma aliança. Elas são todas pessoais, mas não individualistas. O recebimento dos benefícios, indicados por estas várias imagens de salvação, é equivalente a tornar-se parte da comunidade da fé. A implicação desta verdade Neo-testamentária é que a salvação e, portanto, a Expiação que a torna disponível, tem de ser vista de uma forma mais que individualista. Tem que ter uma dimensão corporativa.

Componentes Sistemáticos

Como a realidade da própria salvação, a Expiação é descrita no Novo Testamento por uma profusão de figuras de estilo. Devido ao carácter largamente metafórico destas referências, Nathaniel Micklem defende que estas não se podem tornar numa teoria de Expiação, mas reflectem "o profundo sentido daquilo de que fomos libertados, pela graça de Deus". Por outras palavras, o uso de vários termos diz algo sobre como os homens apreendem a sua redenção, em termos da sua própria experiência religiosa.[42]

---

41 cf. E. C. Blackman, "Sanctification", no *Interpreter's Dictionary of the Bible*, vol. 4, ed. George A. Buttrick, 4 vols. (New York: Abingdon Press, 1962).
42 *The Doctrine of Our Redemption* (New York: Abingdon-Cokesbury Press, 1953), 41ff.

Se esta afirmação for verdade, não é um caso isolado. Já descobrimos que a Bíblia não nos dá uma doutrina, totalmente explícita e desenvolvida, da Trindade ou da Encarnação, mas regista as experiências das realidades que estão incorporadas nessas doutrinas.[43] Portanto, não é de todo incongruente fazer com a obra de Cristo o mesmo que fizemos com as outras doutrinas: tomar a matéria-prima da mensagem personalística das Escrituras e procurar formular uma teoria compatível com todas as evidências.

Temos de começar com uma exegese teológica cuidada de modo a identificar, tão claramente quanto possível, o significado do material bíblico relevante. Em conjunto com este recurso, a afirmação teológica da obra de Cristo inclui, logicamente, a doutrina de Deus, a doutrina do pecado, a doutrina da salvação e uma compreensão da natureza da relação divino-humana. A maioria destas doutrinas já foi abordada.

Imagens do Novo Testamento para a Obra de Cristo

Os autores de *God, Man, and Salvation* destacam, correctamente, que a elaboração do ensino do Novo Testamento sobre a obra salvífica de Cristo está "enraizado nas palavras e na obra de Cristo. Por essa razão, é necessário examinar as palavras do Senhor sobre a Sua missão na morte, antes de nos aventurarmos a formar uma imagem composta pelo ensino de todo o Novo Testamento sobre a Expiação".[44]

Como enfatizado, em várias ocasiões, o próprio entendimento central de Jesus sobre a Sua missão concentra-se no ideal do Servo Sofredor, Ele viu a Sua morte na cruz como o evento culminante dessa vocação. Toda a Sua vida foi um viver deste padrão Messiânico e, portanto, é assim possível falar de todo o Seu ministério como Expiação. O facto de Jesus livremente ter perdoado os pecados testifica desta verdade. Não necessitou de esperar até depois da cruz, para oferecer este benefício àqueles que buscaram a Sua ajuda.

Enquanto que a imagem do Servo, em Isaías, informou implicitamente todas as facetas do ministério público e privado de Jesus, a identificação mais explícita e constante que Jesus fez da tarefa do Servo, com a Sua própria tarefa, ocorre nos "dizeres da Ceia". Talvez a palavra mais esclarecedora, neste contexto, seja a encontrada em Mat. 26:28 - "porque isto é o meu sangue, o sangue da nova aliança, derramado em favor de muitos, para a remissão dos pecados". Tanto o contexto como as palavras relacionam a morte iminente de Jesus com o cordeiro pascal degolado no Êxodo,

---

43 Vide Francis M. Young, *Sacrifice and the Death of Christ* (Philadelphia: Westminster Press, 1975), 3ff., para uma interpretação semelhante da relação entre a experiência e o dogma.
44 P.373.

não com o sistema sacrificial de adoração estabelecido posteriormente, em Israel.[45] Tanto Jesus como o cordeiro pascal são mortos como o símbolo do trazer à existência um povo da aliança através da salvação (este termo é, primeiramente, usado no Êxodo). Ambos significaram o culminar de um conflito entre Yahweh e os poderes do mal, em que estes últimos foram conquistados pelo poder de Deus. As dez pragas foram mais que mecanismos para deixar os egípcios inconfortáveis; foram desafios directos aos vários domínios controlados pelas divindades egípcias, mostrando ao Faraó que, no concurso entre os deuses da nação, o Deus dos hebreus era maior.[46] De forma semelhante, a morte de Jesus foi o encontro máximo com os "poderes" do ar e de uma forma decisiva Ele conquistou-os na cruz, levando "cativo o cativeiro" (Col. 2:15; Efes. 4:8). A grande diferença entre os dois conflitos paradigmáticos é que na cruz o poder de Deus se manifestou em aparente fraqueza. O Servo, no momento de mais intenso sofrimento, foi o poder de Deus na sua forma mais prevalecente (1 Cor. 1:20-31). Nesta diferença observamos a transformação do conceito de poder, que terá relevância crucial para o entendimento cristão do Espírito Santo (vide cap. 13).

Isto junta o tema do Servo Sofredor com a função do Servo, como afirmado em Isaías 42:6: "te farei mediador da aliança com o povo e luz para os gentios" e, também em Isaías 49:8, "eu te ouvi e te socorri no dia da salvação; guardar-te-ei e te farei mediador da aliança do povo". Assim, como Alan Richardson explica:

> Isaías interpreta toda a redenção, trazida pelo Servo de Yahweh, como uma segunda libertação e o êxodo do Egipto, em que o Servo é um novo Moisés, que é dado com o propósito de estabelecer uma (nova) aliança com o povo (de Deus).[47]

O facto de nos referirmos à literatura das escrituras cristãs como a Nova Aliança (Testamento) dá testemunho eloquente da centralidade da ideia, no entendimento cristão, da obra de Cristo.

A segunda principal fonte de metáforas da Expiação é a ideia de sacrifício. Markus Barth e muitos outros estudiosos do Novo Testamento reconhecem e enfatizam tanto as imagens do Servo como as do Sacrifício como as duas mais importantes fontes de ideias da Expiação.[48] Ao discutir a morte de Cristo como sacrifício, Barth escreve:

---

45 Vide Joachim Jeremias, *The Eucharistic Words of Jesus* (Philadelphia: Fortress Press, 1966).
46 John James Davis, *Moses and the Gods of Egypt* (Grand Rapids: Baker Book House, 1971).
47 *Theology*, 231.
48 Vide Vincent Taylor, *Jesus and His Sacrifice* (London: Macmillan and Co., 1937), 131;

Concluímos que, no Novo Testamento e (excluindo Hebreus) nas obras de cada um dos seus autores, o número de passagens que lidam com a morte de Cristo, sem usar a linguagem, os temas ou as doutrinas sacrificiais, é maior do que o número de textos que, distintamente, tocam o ponto sacrificial. A principal competição para a soteriologia "sacrificial" parece vir do Velho Testamento e das citações retiradas de Isaías 53.[49]

O significado de sacrifício é uma das questões mais debatidas pela teologia bíblica. Em parte alguma no Velho Testamento nos é dada uma fundamentação lógica para o sacrifício e, como W. D. Davies observa, "é de duvidar se há alguma fundamentação lógica para o sacrifício, no primeiro século".[50] Ele sugere que o adorador, simplesmente, observava o ritual porque Deus o tinha ordenado e, assim, não buscava uma explicação para o seu significado. Isto é difícil, mas não impossível, de aceitar, porque envolve a adopção de um comportamento impensado. Parece mais razoável sugerir que, a ausência de uma fundamentação lógica era, sem dúvida, o facto do significado ser geralmente aceite, pelo que não havia necessidade de uma articulação explícita.[51] Existem também questões debatidas sobre a extensão do uso de imagens sacrificiais no Novo Testamento, especialmente no caso do apóstolo Paulo.[52] A literatura académica, na tentativa de explicar o significado de sacrifício, tem-se tornado tão imensa que desafia o resumo. Mesmo assim, é necessário tentar alguma explicação porque, como Robert Culpepper nota de forma acertada,

> Um entendimento do significado de sacrifício no Velho Testamento é essencial para a interpretação de muito do material neo-testamentário relacionado com a expiação, para uma avaliação das perspectivas históricas sobre a expiação e para uma interpretação construtiva do significado da morte de Cristo.[53]

W. D. Davies, *Paul*, 250.
49 *Was Christ's Death a Sacrifice?* (Edinburgh: Oliver and Boyd, 1961), 7.
50 *Paul*, 235.
51 Cf. Francis Young, *Sacrifice*.
52 Vide Vincent Taylor, *Atonement in New Testament Teaching* (London: Epworth Press, 1963); W. D. Davies, *Paul*.
53 *Interpreting the Atonement* (Grand Rapids: Wm. B. Eerdmans Publishing Co., 1966), 23. Markus Barth faz a sugestão preceptiva de que "é concreta e praticamente devido ao 'levantar do véu' pelo Novo Testamento que podemos captar algumas visões do que distingue as afirmações do Velho Testamento sobre o sacrifício de outros sacrifícios [pagãos]. 2 Cor. 3:7-18 mostra que Jesus, a revelação do Senhor pelo Espírito é pressuposição, legitimação e mandamento para 'ler Moisés', além da ignorância, negligência ou repúdio que Jesus Cristo possa sugerir. Somente à luz do que 'agora é revelado' *pode* ser dito – que 'a lei e os profetas' dão testemunho da rectidão de Deus que é manifesta no sangue do Messias Jesus (Rom. 3:21-26). Ler e tratar a Bíblia como se não tivesse havido um Gólgota, um dia de Páscoa, ou 'um abrir da mente para entender as escrituras' (Luc.24:45, 25-27) pelo Cristo ressurrecto, é impossível, absurdo e ilógico para Paulo e Mateus, para os autores da Primeira de Pedro e Hebreus.

Deve ser notado que as imagens do Servo e as imagens sacrificiais, frequentemente, se interpenetram, ou seja, não são mutuamente exclusivas. Este é, especialmente, o caso de Paulo, onde nem sempre é certo se a expiação sacrificial do pecado ou a representação vicária do Servo Sofredor, ou ambas, são as que ele quer usar.[54] Isto, em parte, explica a base para a disputa sobre se o apóstolo usa ou não imagens sacrificiais. Uma razão para esta ambiguidade é devida, sem dúvida, ao facto de os temas sacrificiais estarem incorporados na passagem de Isaías 53, que é tão crucial para a imagem do Servo. Contudo, estas referências são vagas na melhor das hipóteses e implicam uma transformação de toda a ideia de sacrifício. Culpepper clarifica este significado transmutado:

> No ritual do sacrifício a vítima é um animal, cuja inocência e pureza são não-morais, mas em Isa. 53 a vítima é uma pessoa, cuja inocência e pureza são morais e espirituais. A ideia de sacrifício é, assim, espiritualizada. O sacerdote e a vítima são um.[55]

Os temas sacrificiais, contudo, parecem ser bastante abrangentes nas suas implicações, e quando o espectro de possíveis implicações é levado em conta, parece apontar para duas funções principais. O primeiro uso de sacrifício tem que ver com o estabelecimento do relacionamento do pacto e é derivado dos numerosos eventos em que as alianças são feitas, no Velho Testamento, acompanhadas por um sacrifício.[56] O segundo grupo de termos sacrificiais é retirado do culto Hebraico. Visto o sacrifício cúltico pressupor uma aliança já existente e as ofertas serem especificamente designadas para manter os relacionamentos de aliança, eles agrupam-se ao redor da ideia de santificação (entendida de forma cerimonial). Portanto, a polaridade é estabelecida nas metáforas sacrificiais que passa frequentemente despercebida de forma que o uso indiscriminado de tais imagens leva geralmente a uma considerável confusão.

Uma pesquisa das cerimónias de celebração de alianças no Velho Testamento reflete a presença de sacrifício em muitas e, possivelmente em

---

Portanto, um intérprete do Novo Testamento tem de seguir a lógica dos livros do Novo Testamento em vez de lhes impor um esquema que lhes é estranho". *Was Christ's Death a Sacrifice?* 47, n. 1.

54 Markus Barth, *Was Christ's Death a Sacrifice?* 7 ; W. D. Davies, *Paul*, 230ss.

55 *Interpreting the Atonement*, 38. H. H. Rowley também chama a atenção para a transformação da ideia de sacrifício que aqui ocorre: "É a ideia de um sacrifício que transcende o sacrifício animal, no qual, em vez de um animal sem mácula física, um que não tem mácula moral é morto. Além disso, a própria vítima ao ser cruelmente maltratada e executada por outros, rende-se livremente a estes". *Meaning of Sacrifice*, 106.

56 Vide Markus Barth, *Was Christ's Death a Sacrifice?* e W. D. Davies, *Paul*, 253ss; G. B. Gray, *Sacrifice in the Old Testament* (New York: Katav Publishing House, 1971), 397.

todas, apesar de não lhes ser feita referência explícita, em todos os casos (cf. Gen. 15; Ex. 24).[57] O termo *berith*, traduzido como "aliança", pode significar "fazer uma aliança", implicando um sacrifício. Na cerimónia da aliança entre Deus e Abraão (Gen. 15) o animal sacrificial é dividido em duas porções e aquilo a que muitos chamam de "lâmpada fumegante" passou entre elas. A acção parece implicar a união criada entre as duas partes, semelhante à antiga aliança de sangue, em que duas pessoas misturam o seu sangue, tornando-se assim numa só. O Salmo 50:5 torna explícito a íntima ligação entre o sacrifício e a aliança: "Congregai os meus santos, os que comigo fizeram aliança por meio de sacrifícios".

Já notámos, ao olhar para as palavras da Eucaristia de Jesus, a forma como o cordeiro pascal simboliza a instituição de uma aliança. W. D. Davies defende que este é também o significado de Paulo, na sua passagem Eucarística (1 Cor. 15:23; 5:7):

> Assim, como na Páscoa Judaica temos um festival memorial de acções de graças por um evento passado, que levou à formação da comunidade do antigo Israel, assim, para Paulo a Morte de Jesus, quando ele pensa na Eucaristia, é primariamente o meio pelo qual a Nova Comunidade é constituída... Não é, então, como sacrificial ou expiatória, mas como aliança que Paulo pensa. primariamente, na Morte de Jesus, no contexto da Última Ceia, apesar de tudo o que é aliança ter uma base sacrificial.[58]

A segunda relevância de sacrifício é encontrada no contexto cúltico. A palavra primária aqui é *hilasmos* e outras palavras relacionadas. Somos confrontados com um problema de tradução, porque o termo pode ser traduzido de diferentes maneiras, que podem parecer antitéticas. Em certos contextos pode significar aplacar ou acalmar uma pessoa, ou deus zangado, com o objectivo de desviar a ira e aí é traduzida como "propiciação". Em outros contextos pode ser traduzida como "expiação", que implica reparação feita pela remoção da ofensa.

O primeiro significado é claramente a perspectiva da religião pagã. Se estiver ausente da fé bíblica, não é porque a Bíblia não mantenha um forte sentido da ira de Deus, mas porque, se há alguma propiciação a acontecer, é porque Deus e não o homem, a providencia. O sacrifício de Cristo é o dom de Deus como um sacrifício pelos pecados do mundo. Assim, como Alan Richardson correctamente afirma:

> Se retivermos a palavra "propiciação" como tradução de *hilasmos*, temos que nos certificar que é entendido que não há qualquer sugestão de que o homem

---

57 Vide Leon Morris, *The Apostolic Preaching of the Cross* (Grand Rapids: Wm. B. Eerdmans Publishing Co., 1972), 60ss.
58 *Paul*, 252.

pode propiciar Deus, ou de que Deus necessita de propiciação, antes que possa perdoar; é Deus, não o homem, quem propicia e torna possível o perdão. No seu sentido bíblico "propiciação" tem que ser considerada como mais ou menos sinónima de "expiação" [a execução de um acto pelo qual culpa ou mácula é removida].[59]

Culpepper, numa excelente discussão destes assuntos, conclui sabiamente:

> O facto de que é o próprio Deus quem cobre os pecados é a diferença básica no entendimento de sacrifício manifestado no Velho Testamento quando comparado com o de religiões pagãs. É o próprio Deus quem manifesta a Sua graça para com o homem ao proporcionar-lhe um meio de cobrir o seu pecado, de forma a que este, perca o poder de perturbar o relacionamento de aliança entre Deus e o homem.[60]

Falhar em ver esta posição é, largamente, o resultado de não reconhecer o contexto no qual estes conceitos surgem. Primeiro, devemos reiterar que estes sacrifícios/ofertas funcionam dentro da aliança; são actividades de adoração do povo de Deus. Além disso, neste contexto temos de manter em mente a natureza da aliança, que deve ser distinguida de um contrato. O contrato, como Elmer Martens demonstra, é caracteristicamente orientado para as coisas. A aliança, por outro lado, é orientada para as pessoas. Isto significa que a relação de aliança tem de ser interpretada não legalística, mas pessoalmente. Como Martens diz, a aliança, falando teologicamente, "surge, não com benefícios como o principal item de troca, mas de um desejo por uma certa intimidade".[61] Ele conclui nesta base que, enquanto que uma aliança, tal como um contrato, pode ser quebrada, "o ponto em que isso transparece é menos claro, porque aqui o foco não são as estipulações um, dois, três, mas a qualidade da intimidade. De todas as diferenças entre a aliança e o contrato, o lugar da lealdade pessoal, na aliança, é o mais marcante".

Aparentemente, a *hattath* (oferta pelo pecado) é a oferta mais significativa, visto parecer ser o pré-requisito para todas as outras. O significado original da ideia de expiação está provavelmente preservado na oferta. Muitos estudiosos pensam que a palavra *hattath* significa "purificar" ou "purgar". Ela faz provisão por pecados inadvertidos que têm de se tornar conhecidos e reconhecidos ou confessados. Mas, por implicação, é o santuário que é profanado e que necessita de ser purgado, visto que o sangue da oferta é aspergido nele e nunca na pessoa.

---

59 *Theology*, 224.
60 *Interpreting the Atonement*, 28; cf. também 23-30.
61 *God's Design* (Grand Rapids: Baker Book House, 1981), 73.

Este fenómeno pode ser explicado melhor teologicamente pela natureza colectiva da religião Hebraica. Isto é reforçado pelo facto de que, quanto mais grave a ofensa, "mais a impureza resultante penetra no santuário", como é reflectido nas instruções sobre os locais onde o sangue deve ser aspergido. Os pecados presunçosos profanam as partes mais interiores do santuário e só podem ser purgados pelos ritos do Dia da Expiação.[62]

Portanto, estes rituais estão ligados à actividade contínua de santificação, como descrita por H. Orton Wiley, referindo-se à "aspersão do sangue" mencionada em 1 Ped. 1:2:

> A santificação, como um acto instantâneo, limpa-nos de todo o pecado e leva-nos a um lugar de obediência; andando na luz da obediência somos recipientes de uma santificação progressiva ou contínua, que torna até a nossa obediência aceitável a Deus. É importante ter em mente, portanto, que somos limpos pelo sangue expiador, apenas, (1) quando estamos num relacionamento correcto com Jesus Cristo; e (2) somos continuamente limpos, ou mantidos limpos, somente enquanto este relacionamento correcto é continuado. Somos santificados por Cristo, não separados de, mas em e com Ele mesmo; não somente pelo sangue da purificação, mas sob a aspersão desse sangue (*CT* 2:485-86).

Os pecados tirânicos ou deliberados, se não forem confessados e a pessoa não se arrepender, são tratados através da expulsão da comunidade (Num. 15:30). Este tipo de pecado implica uma quebra da aliança, que então necessita de ser reestabelecida. Por vezes o Salmo 51:16-17 é interpretado como um repúdio do sacrifício. Mas, na verdade, é um reconhecimento de que não há sacrifício pelo assassinato e adultério (assumindo que esta é a oração de David, como a tradição a entende), mas que estes casos podiam ser perdoados em resposta a uma profunda penitência. Que tal perdão pode ocorrer fica claro, pela resposta de Natã à confissão de David.[63]

Os ritos do Dia de Expiação podem ser interpretados como fazendo provisão para os dois tipos de pecado. O sacrifício, cujo sangue é aspergido no propiciatório, é uma oferta de pecado, que, segundo Levítico 4, é para pecados não-intencionados de toda a comunidade. No ritual do bode expiatório, o sumo sacerdote coloca as suas mãos na cabeça do animal, transferindo simbolicamente a culpa do pecado [deliberado] para este "portador

---

62 Rowley, *Meaning of Sacrifice*, 98-101.
63 Cf. Jacob Milgrom, "Sacrifice", no *Interpreter's Dictionary of the Bible*, suppl. vol. ed. Keith Crim (Nashville: Abingdon, 1976); Victor P. Hamilton, "Recent Studies in Leviticus and Their Contribution to a Further Understanding of Wesleyan Theology", no *A Spectrum of Thought*, ed. Michael Peterson (Wilmore, Ky.: Asbury Publishing Co., 1982).

do pecado".⁶⁴ Portanto, em vez da expulsão do pecador da comunidade, os seus pecados são enviados para o deserto inabitado. O que é significativo aqui é que o bode expiatório não é um sacrifício a Deus, mas era levado para Azazel, que segundo uma certa perspectiva, era um demónio que residia no deserto. Com este método as condições para a remoção de todo o pecado são cumpridas, ou seja, ambas as formas: pecado efectivo e impureza cerimonial não-intencional.

Quando a linguagem sacrificial é aplicada à obra de Cristo, a partir de um enquadramento mais lato, ela implica uma relevância dupla, enriquecendo assim o conceito de expiação de forma a incluir tanto a reconciliação como a santificação. A última é o tema central da Carta aos Hebreus. Ali o sacrifício de Cristo providencia purificação real do pecado, não só cerimonial, como nos cultos Judaicos.

Esta polaridade no entendimento do Velho Testamento de sacrifício e que é retomada pelo ensino do Novo Testamento sobre a obra de Cristo, está reproduzida nas ênfases equilibradas da teologia wesleyana onde a reconciliação (justificação) e a santificação são vistas como benefícios gémeos da Expiação. Manter a tensão polarizada entre estas duas verdades é uma tarefa teológica delicada, assim como é uma teologia equilibrada em todas as outras áreas.

Considerações Doutrinárias

Cada doutrina da Expiação é a expressão de um entendimento específico de Deus. Cada uma das teorias clássicas acima resumidas reflecte a sua própria perspectiva. Uma dá ênfase a um atributo e outra sublinha um outro, diferente. Mas como Wiley diz, "uma verdadeira teoria da Expiação tem de satisfazer todos os atributos da natureza divina" (*CT* 2:258). Além do mais, a teologia que informa uma teoria da Expiação válida tem de se edificar sobre o entendimento bíblico destes atributos e não dessas características definidas por um ponto de vista estranho. No capítulo 6, "A Natureza e Atributos de Deus" procura identificar a perspectiva bíblica singular, elaborada de acordo com o melhor estudo bíblico contemporâneo. O foco central pelo qual optámos é que a natureza de Deus é amor santo, com todos os outros atributos morais sendo expressões deste centro decisivo.

Esta delineação da natureza divina proporciona os parâmetros exteriores de uma teoria wesleyana da Expiação. A santidade de Deus mantem a guarda contra uma perspectiva que ignore ou falhe em tratar de forma decisiva a questão do pecado. O amor de Deus serve como uma barreira

---

64 Culpepper também interpreta o bode expiatório como dizendo respeito aos pecados deliberados. *Interpreting the Atonement*, 25-26.

a qualquer teoria que insista em alguma forma de satisfação ou de justiça abstrata ou justiça pessoal antes que Deus esteja disposto a perdoar ou justificar o pecador.

A doutrina do pecado, como a elaborámos, é interpretada de forma a que haja uma dimensão interpessoal na reconciliação do homem com Deus. Ou seja, o pecado não pode ser concebido de forma abstracta de modo a que a Expiação trate do pecado, mas não do pecador, pois como vimos, tal separação é impossível.

Larry Shelton defende correctamente que "visto todo o pecado ser essencialmente relacional, a conquista da maldição do pecado tem que envolver meios pessoais e relacionais".[65] A salvação, nestes termos, envolve a vitória sobre o distanciamento e a restauração do homem ao seu destino criado sob as condições de existência. O resultado é uma relação pessoal que transcende, sem ab-rogar as considerações legais.

Com estas fontes de sabedoria em mãos, temos que tentar agora a tarefa de formular uma perspectiva distintamente wesleyana da obra salvífica de Cristo.

---

65 "A Covenant Concept of Atonement", *Wesleyan Theological Journal* 19, no. 1 (Spring 1984).

CAPÍTULO
12

Uma Perspectiva Wesleyana da Expiação

O nosso propósito neste capítulo é procurar, à luz dos assuntos explorados no último capítulo, e sugerir uma formulação coerente da forma como a obra de Cristo providencia os benefícios incluídos, do termo lato "salvação". Com estas sugestões, esperamos identificar aqueles aspectos que caracterizam uma perspectiva sistemática wesleyana da Expiação.

Antes de examinarmos as possibilidades de uma contribuição positiva, iremos explorar, com maior detalhe, a afirmação feita no capítulo anterior; de que a teoria da Expiação que John Wesley aparentemente apresentou parecia contrária às suas afirmações soteriológicas centrais. Isto envolve ver as falhas da perspectiva da satisfação penal que toma expressão no corpus wesleyano, pelo menos na linguagem que usa.

H. Orton Wiley avança cinco fraquezas desta teoria que faremos bem em resumir:

1. A sua premissa básica é de que o pecado tem de ser punido como tal. Isto é baseado na perspectiva de que a natureza primária de Deus é justiça, que é o princípio legal a que Ele está preso. Envolve ainda a separação entre o pecado e o pecador reflectindo, assim, na melhor das hipóteses, um conceito estranho de pecado. Envolve a transferência da culpa do homem para Cristo como o Substituto e, assim, sujeita à crítica de ser imoral, visto que o Substituto não é realmente culpado, mas "apenas a vítima inocente. É nesta tentativa de imputar o nosso pecado a Cristo, como sendo Seu, que a fraqueza deste tipo de substituição aparece" (*CT* 2:244-45).

A falácia básica desta forma de pensar está na interpretação da obra substitutiva de Cristo externamente, como "em vez de" mais do que "em nome de", uma distinção com uma tremenda diferença (*CT* 2:243).

2. A segunda fraqueza está na sua insistência em que a substituição de uma vítima inocente pela culpada, com a primeira a sofrer o castigo, que

a justiça requer que seja imposto ao pecado, seja a única forma de conceber uma expiação vicária. Wiley cita, com aprovação, uma explicação alternativa, proposta por W. B. Pope, na qual Cristo é interpretado como o Representante do homem perante Deus. Nos nossos esforços construtivos, tentaremos dar uma completa elaboração desta interpretação mais adequada da expiação vicária de Cristo.

3. A conclusão lógica da teoria penal ou é o universalismo ou a expiação limitada. Se Cristo sofre a penalidade pelo pecado, a justiça de Deus fica satisfeita e, portanto, nada mais é necessário. Aqueles por quem Ele morreu têm que sair livres das consequências do pecado. O próprio Calvino, bem como todos os seus firmes seguidores, opta por uma expiação limitada na qual Cristo é castigado pelos eleitos. O uso do termo *castigo* deve ser notado aqui. Já mostrámos anteriormente que este não é um conceito bíblico. Na linguagem bíblica é uniformemente "sofrido".

4. A quarta fraqueza é a implicação lógica da terceira. Infalivelmente, leva a uma perspectiva de graça irresistível. O resumo do próprio Wiley é, de forma admirável, adequado para expressar esta conclusão não-bíblica:

> Cristo morreu no lugar de alguns que têm, portanto, de ser salvos, visto que seria errado [injusto] castigar tanto o pecador como o seu substituto. Cristo morreu pelos eleitos, que não só são conhecidos segundo a presciência, mas estão pré-ordenados para este estado de salvação pelo decreto de Deus. Desta forma, aqueles que estão predestinados, estão incondicionalmente salvos pela concessão da graça regeneradora, da qual surgem o arrependimento, a fé, a justificação, a adopção e a santificação (*CT* 2:248).

Devemos notar que esta citação reconhece que o arrependimento segue a graça regeneradora, uma interpretação correcta do esquema calvinista. Considerando a perspectiva sobre a graça implicada na perspectiva penal da Expiação, não só não há necessidade, como não há a possibilidade de arrependimento antes da regeneração. O primeiro movimento da graça é, inevitavelmente, regenerativo. Assim, o arrependimento é uma virtude cristã praticada regularmente na obra contínua da santificação. Isto ignora a obra de Deus precedente e preparatória para a fé, a qual é reflectida na doutrina wesleyana da graça preveniente, que leva ao arrependimento como pré-requisito para a fé salvífica, apesar de não ser pré-requisito para a justificação (esta distinção irá ser desenvolvida posteriormente).

5. A quinta fraqueza aborda uma conclusão contra a qual John Wesley lutou com intrepidez e só conseguiu evitar por meios artificiais. A teoria da satisfação penal elimina a necessidade prática de uma doutrina de santificação ou, nas palavras de Wiley, "leva, logicamente ao antinomianismo"

(*CT* 2:248-49).¹

Wesley de forma veemente rejeitou a ideia de que a morte de Cristo era substituível no sentido de "cumprir toda a rectidão" a favor do homem, com base nesta noção que não era bíblica e levava ao antinomianismo. Gustav Aulén também faz uma forte crítica a este ponto:

> Se Deus pode ser representado como disposto a aceitar uma satisfação por pecados cometidos, parece seguir-se, necessariamente, que o dilema da imprecisão ou satisfação não expressa de forma adequada a inimizade de Deus contra o pecado. A doutrina proporciona espaço para a remissão do castigo devido aos pecados, mas não para retirar o pecado em si.²

Apesar dos sérios esforços feitos pelos seus exponentes para advogar a necessidade de uma vida santa baseada no seu entendimento da natureza da fé genuína, envolve sempre uma argumentação em círculo. Se somos verdadeiramente um dos eleitos – entre aqueles por quem Cristo morreu – não há base lógica para afirmar a necessidade de santidade de coração e de vida. Seremos salvos sem isso. Se essa santidade não aparece, o único apelo é invalidar a fé que é afirmada pela pessoa. Existe alguma verdade neste argumento, mas, no contexto da teoria penal, torna-se simplesmente na falácia de raciocínio circular. O problema real de uma teologia sólida é fazer a provisão para a santificação, sem perder a ênfase bíblica na justificação somente pela fé. Esta interpretação falha em proporcionar uma solução adequada a este problema. A solução wesleyana proposta, a ser explorada abaixo, é muito mais adequada tanto bíblica como logicamente.

Em acréscimo a estes problemas, podemos notar que a teoria penal não se enquadra bem com a doutrina de graça preveniente. Já observámos um aspecto disto na discussão anterior sobre o arrependimento. J. Glenn Gould põe o dedo na ferida deste ponto sensível da seguinte forma: "Talvez haja aqui uma incompatibilidade básica entre a doutrina da expiação de Wesley nebulosamente definida e a sua doutrina da graça preveniente claramente exposta".³

Além do mais, a teoria penal edifica-se sobre uma doutrina não-bíblica de Deus. Para a teologia calvinista, o amor divino está sujeito à vontade de Deus, portanto, não há problema em Deus detestar certos pecadores a quem Ele escolhe excluir, por decreto divino, da bênção eterna. Para o wesleyano (e para o pensamento neo-testamentário) o amor é uma manifestação da natureza de Deus e isto não permitirá todo o aparato legal sobre o qual a interpretação da satisfação é edificada.

---

1 *Works* 10:332, 333
2 *Christus Victor*, trans. A. G. Hebert (New York: Macmillan Co., 1961), 92.
3 *Precious Blood of Christ*, 75.

Gould cita uma selecção de William G. T. Shedd que incorpora, de forma espantosa, esta interpretação:

> A expiação pelo pecado, de um tipo ou outro, se não pessoal, então vicária, é necessária, não opcional. O transgressor ou tem de morrer ele mesmo, ou alguém tem de morrer por ele. Isto surge da natureza daquele atributo divino do qual a expiação é um correlativo. A justiça retributiva... é necessária na sua operação. A afirmação da lei sobre o transgressor para castigo é absoluta e irrevogável. O Juiz eterno pode ou não exercer misericórdia, mas tem que exercer justiça. Ele não pode prescindir das afirmações da lei em parte, nem aboli-las por completo. Consequentemente, o único modo possível, de livrar uma criatura detestável das exigências da justiça retributiva, é satisfazê-las por ela.[4]

Em adição, Gustav Aulén tem pressionado a crítica de que a teoria Latina, como ele chama, não é totalmente obra de Deus. Embora comece com Deus é a obra de Cristo "como homem" que oferece satisfação para a justiça de Deus. Nesta perspectiva, a ordem legal é ininterrupta, mas a ordem do amor é interrompida. Este ponto implica, ainda, que na perspectiva Latina, a Encarnação e a Expiação não estão organicamente ligadas. O propósito da Encarnação é providenciar uma humanidade perfeita, de modo a oferecer a Deus uma satisfação aceitável.[5]

Rumo a uma Perspectiva Wesleyana

Cabe-nos a nós, agora, procurar providenciar uma teoria alternativa. Interessante, a pista parece ser encontrada nas próprias obras de Wesley, apesar de nunca ter sido desenvolvida (tanto quanto sei) numa teologia da Expiação. É bem conhecido que a Cristologia de Wesley está edificada sobre os três ofícios de Cristo como Profeta, Sacerdote e Rei. As suas próprias afinidades com o pensamento do Novo Testamento poderiam levar-nos a suspeitar que ele interpretou estas funções de forma funcional e, portanto, de forma soteriológica. Isto em si mesmo, torna esta estrutura num tema da Expiação.

Esta trilogia, vista em conjunto ou individualmente, é liberalmente salpicada ao longo dos escritos de Wesley. Pode-se argumentar que esta é, realmente, a sua formulação mais pensada da obra de Cristo. Consistente com o modo de pensamento wesleyano, há tanto uma base objectiva como uma base subjectiva destes ofícios com as suas respectivas funções.

Objectivamente, eles são derivados do nome Cristo, que significa "ungido". Entre os hebreus, profetas, sacerdotes e reis todos eram empossados

---
4 Ibid., 70.
5 *Christus Victor*, 87ss, 146.

nas suas responsabilidades por uma cerimónia de unção com óleo.[6] A unção de Jesus com o Espírito Santo no Seu baptismo, da qual Ele deu testemunho no Seu primeiro sermão, na Nazaré (Lucas 4:18), juntou Nele a função profética, sacerdotal e real numa só Pessoa.

Subjectivamente, respondem a uma necessidade tripla que encontramos em nós mesmos. Primeiro, no que diz respeito ao nosso conhecimento de Deus, estamos no escuro e na ignorância, portanto, precisamos de um profeta para "iluminar as nossas mentes e nos ensinar toda a vontade de Deus". Segundo, encontramo-nos alienados de Deus e somos incapazes de reestabelecer relações correctas, de forma que necessitamos de um mediador, um sacerdote que construa uma ponte (o significado literal de "sacerdote" é "construtor de pontes", do latim *pontifex*) entre as duas partes separadas. Terceiro, encontramo-nos ainda interiormente escravizados por apetites e paixões, mas moralmente incapazes de nos libertarmos. Isto pede a acção do poder real de Cristo para reinar interiormente e "subjugar todas as coisas a Ele mesmo" (cf. *Notes* sobre Mat. 1:16).

Wesley relaciona distintamente cada um destes ofícios tanto com a justificação como com a santificação. Numa nota sobre Mat. 11:28-29, aparentemente pensando mais centralmente na função Real, diz: "Somente eu (pois mais ninguém o pode fazer) posso dar, livremente (o que não podes comprar), descanso da culpa do pecado pela justificação e do poder do pecado pela santificação". Todos estes ofícios estão assim relacionados numa nota sobre Fil. 3:8, em que as três funções são identificadas como "ensinando-me sabedoria, expiando os meus pecados e reinando no meu coração". Destes afirma: "Referir isto somente à justificação é perverter de forma miserável o alcance total das palavras. Elas também estão de forma evidente relacionadas com a santificação; sim e a ela principalmente". Parece impróprio que qualquer ofício seja interpretado como relacionando-se exclusivamente à justificação ou à santificação.

Estas três funções podem não ser mutuamente exclusivas, mas realmente apontam para características significativamente distintas da obra total de Cristo, todas se concentram na soteriologia, concebida no seu sentido mais lato. Visto serem tão interdependentes, não existe nenhuma ordem totalmente satisfatória de as tratar. Cada uma pressupõe as outras duas.

---

6   Com excepção de Eliseu (1 Reis 19:16) os profetas não eram, normalmente, ungidos no Velho Testamento. Este facto tem sido usado por alguns para questionar esta estrutura tripla. Contudo, parece ser viável pensar que os profetas eram ungidos pelo Espírito do Senhor para exercerem as suas funções. Alan Richardson nota que a figura - Profeta de Isaías, apesar de ser um caso especial ou ideal, é retratado como sendo ungido. *Theology*, 179 n. 1.

Consequentemente, seguiremos a ordem tradicional que Wesley também utiliza quando simplesmente as recita.[7]

Uma outra nota preliminar. Cada ofício, como muitos outros aspectos do pensamento de Wesley, tem tanto um lado objectivo como subjectivo (a não ser confundido com a distinção traçada acima usando a mesma terminologia). Ambos são necessários. Algo ocorre à parte do meu envolvimento, uma obra terminada. Mas o seu valor para mim depende de uma resposta existencial. Neste último sentido, toda a obra de Cristo pode ser concebida como incompleta.

A Obra Profética de Cristo

"Cristo como profeta é o revelador perfeito da verdade divina" (*CT* 2:213). Isto ocorre tanto na Sua pessoa como no Seu ensino e é decisivo porque a Sua obra profética é baseada na Sua relação com o Pai. O Seu ministério profético é o clímax e o culminar de todo o movimento profético começado com Moisés.[8] Como Profeta, Jesus proclama e incorpora tanto o evangelho como a lei. Ele é caracterizado por Wesley como "o grande Legislador".

Para compreendermos a completa relevância soteriológica deste ofício, teremos que prestar muita atenção ao entendimento de Wesley da lei e da sua função tripla. Uma apresentação estudada disto é encontrada nos seus dois sermões sobre "The Law Established Through Faith" [A Lei Estabelecida Através da Fé] e o sermão acerca "The Original, Nature, Property, and Use of the Law" [O Uso da Lei e a sua Origem, Natureza e Propriedade]. O que aqui explora é a lei moral, em contraste com a cerimonial.

Em substância, a lei é a incorporação da natureza de Deus. É uma "cópia da mente eterna, uma transcrição da natureza divina", "a virtude e a sabedoria divinas assumindo uma forma visível... as ideias originais da verdade e do bem, que estavam alojadas na mente incriada desde a eternidade, agora reveladas e cobertas com um tal veículo para que apareceram até ao entendimento humano". Ele pode até falar da lei como "Deus manifestado na carne".

O outro lado desta verdade é que a lei é também um reflexo da natureza humana como deve ser. No homem, antes da queda, a lei era realmente a lei do seu próprio ser, "o plano do seu Governador beneficente... para abrir caminho para um contínuo aumento da sua felicidade; vendo que

---

[7] John Deschner pensa que o ofício sacerdotal é o de maior relevância para Wesley, de forma que o coloca no final da sua análise, *Wesley's Christology*.
[8] *StS* 2:316.

cada instância de obediência a essa lei iria... adicionar à perfeição da sua natureza". Depois da Queda, esta lei foi parcialmente reescrita no coração do homem, assegurando-o de que continuaria sendo, estruturalmente, um ser humano (graça preveniente) e dada a Moisés, de forma positiva retratando o plano de Deus para o destino humano. Assim, a lei não é uma imposição arbitrária de regras sobre o homem que vai inibir a sua felicidade. Em suma, é a elaboração positiva da imagem de Deus.

Torna-se agora óbvio a forma como Cristo, como Profeta, é o cumprimento da lei em ambas as dimensões. A linguagem encarnacional usada por Wesley para a lei moral torna-se efectiva e mais realista na Encarnação. Cristo como *homoousios* com o Pai é a perfeita manifestação do carácter de Deus na carne (João 1:14). Cristo tem, também, como já tivemos ocasião de notar várias vezes, incorporado a essência do que significa para um ser humano reflectir a imagem de Deus. O contraste de Paulo em 2 Coríntios 3 ganha um novo significado, neste contexto, ao contrastar a glória (imagem) que se desvanece da lei, com a glória (imagem) permanente que brilha da face de Jesus Cristo.

A fraqueza da lei é a sua limitação a proibições e admoestações e, portanto, a sua susceptibilidade em ser pervertida no legalismo que permanece externo e perfunctório. Esta fraqueza é vencida na função profética de Cristo. Como aquele que incorpora a lei, Ele torna inevitável que seja o nosso ser e não apenas o comportamento, que esteja em causa. Cristo como a *imago* ideal, para a qual a obra de santificação move o espírito humano, é mais profundo do que perguntar "O que faria Jesus?" Implica "ter o mesmo sentimento que houve em Cristo Jesus" (cf. Fil. 2:5, margem da versão de Williams); vai até às origens do ser de cada um e afecta o que somos e não apenas o que fazemos.

Qual é, então, a função da lei? Como é que se relaciona com o evangelho? Como é que estas duas perguntas se relacionam com o ofício profético de Cristo? Estas questões são considerações importantes para qualquer entendimento teológico.

Wesley, juntamente com Calvino, reconhece três funções da lei.[9] A primeira é convencer o mundo do pecado, ao criar uma consciência de

---

9 Lutero e Calvino diferem neste ponto. Lutero só reconhece dois usos para a lei. A sua primeira função é despertar o pecador para uma consciência da sua necessidade, ou esmagar a arrogância da auto-rectidão do fariseu, enquanto que a sua segunda função é civil, manter as pessoas rebeldes na ordem. Mas Lutero não encontra lugar para a lei (um terceiro uso) na vida cristã, como Calvino o faz. A consequência disto é que Lutero tem uma doutrina muito menos adequada de santificação do que Calvino, cuja perspectiva se aproxima muito da de Wesley, em muitos aspectos. A consequência prática desta diferença é retratada graficamente por Tillich: "No luteranismo a ênfase no elemento paradoxal na experiência do Novo Ser era tão predominante que a

incumprimento. É como um espelho que o Espírito Santo usa para condenar os pecadores. Semelhantemente a Lutero, Wesley também caracteriza a lei, nesta função, como um "martelo", "sendo usado na consciência, geralmente quebra as rochas em pedaços". Noutras palavras, o primeiro uso da lei é "chacinar o pecador".

O segundo uso é a consequência lógica da primeira função. É trazer o pecador consciencializado a Cristo como pedagogo. (Este é diferente do segundo uso da lei, por Calvino, vide n. 9.) O terceiro uso da lei é manter-nos vivos. Ou seja, tem uma função santificadora. Ela coloca o ideal da santidade perante o crente e convence-o da sua própria necessidade.

Existem três usos da lei nesta terceira categoria. Primeiro, convence-nos do pecado que permanece dentro de nós depois da regeneração, levando-nos à fé em Cristo para a Sua perpétua purificação do remanescente desta corrupção da natureza. Segundo, torna-se na ocasião, em relação ao primeiro uso, de nos levar a Cristo para obtermos o poder para cumprir a lei. E terceiro, estimula a esperança de que Deus providenciará a graça que os Seus requisitos implicitamente prometem e assim liberta-nos de todo o pecado remanescente.[10]

Em suma, como Wesley disse, "Quanto mais estudo esta lei perfeita, mais sinto o quão aquém fico dela; e quanto mais sinto isso, mais sinto a minha necessidade do Seu sangue para expiar todo o meu pecado e do Seu Espírito para purificar o meu coração e fazer-me 'perfeito e inteiro, sem faltar nada.'"[11]

Mas, quando visto como exigência, o mesmo ideal que é experimentado como lei, pode ser experimentado como evangelho quando visto como uma promessa. E, da perspectiva wesleyana, todos os requisitos de Deus são promessas "cobertas". No seu Sermão 5 sobre o Sermão do Monte, Wesley diz:

---

santificação não podia ser interpretada em termos de uma linha movendo-se para cima na direcção da perfeição. Era visto, em vez disso, como um movimento de altos e baixos de êxtase e ansiedade, de ser agarrado pelo *ágape* e de ser lançado novamente na alienação e ambiguidade… A consequência, da ausência no luteranismo do valor calvinista e evangelístico da disciplina, foi que o ideal de santificação progressiva foi levado menos a sério e substituído por uma maior ênfase no carácter paradoxal da vida cristã". *Systematic Theology* 3:230-31.

10 *StS* 2:54. Isto chama a atenção para o entendimento comum que Wesley tem da fé, que é tomado de Heb. 11:1, que ela é "a substância das coisas que se esperam e a certeza das coisas que não se vêm". O que Deus requer é uma promessa "coberta" e o que Deus promete Ele faz, de forma que a fé é o anseio pela promessa cumprida. É um princípio básico para Wesley que aquilo que Deus requer, Ele também providencia. Este princípio torna-se numa das pedras angulares no seu optimismo de graça sobre a inteira santificação.

11 Ibid., 55.

Não existe contrariedade alguma entre a lei e o evangelho... não há necessidade para a lei morrer, de forma a estabelecer o evangelho. Na verdade, nenhum deles se sobrepõe ao outro, mas concordam juntos perfeitamente. Sim, as mesmas palavras, consideradas em diferentes aspectos, são tanto partes da lei como do evangelho: se forem consideradas como mandamentos, são parte da lei; se como promessas, do evangelho.

Visto que Cristo é a incorporação da lei e do evangelho (como definido), pregar a Cristo envolve essencialmente ambas as mensagens, embora a ênfase possa estar numa ou noutra. Isto é óbvio quando Wesley define o que quer dizer. "Com 'pregar o evangelho' quero dizer pregar o amor de Deus aos pecadores, pregar a vida, a morte, a ressurreição e a intercessão de Cristo, com todas as bênçãos que, consequentemente, são dadas gratuitamente a estes crentes. Com 'pregar a lei' quero dizer explicar e fazer cumprir os mandamentos de Cristo encontrados de forma resumida no Sermão do Monte".[12]

Este entendimento coloca Wesley na tradição protestante clássica acerca da sua teologia de evangelismo. Na carta referida acima, ele elabora plenamente o seu entendimento de pregação evangelística:

> Penso que o método correcto de pregar é este. No nosso primeiro princípio, pregar em qualquer sítio, depois de uma declaração geral do amor de Deus pelos pecadores e da Sua vontade para que eles sejam salvos, pregar a lei da forma mais forte, íntima e penetrante possível; somente incluindo o evangelho aqui e ali, e mostrando-o como se estivesse longe.

No Sermão 34 declara, "O método normal do Espírito de Deus é convencer os pecadores através da lei". E no Sermão 35, acrescenta que "um em mil podem ter sido despertados pelo evangelho: Mas esta não é a regra geral: O método normal de Deus é convencer os pecadores através da lei e somente por ela".

A Obra Sacerdotal de Cristo

Ao introduzir o aspecto sacerdotal da Expiação, encontramos uma complexa correlação de ideias que torna este no título mais compreensivo de todos quanto à Expiação. Tradicionalmente, esta função tem sido restringida ao "sacrifício e intercessão", mas as suas implicações cobrem muito mais do que isso. De facto, levando a sério as responsabilidades sacerdotais do Velho Testamento, incluiria mesmo a função profética (vide Ageu 2:11-13). Foi somente de forma gradual que os sacerdotes vieram a ocupar-se

---

12 Carta a um correspondente desconhecido, datada de 20 de Dezembro, 1751.

principalmente com as ofertas de sacrifícios, enquanto que a tarefa de interpretação da lei se tornou responsabilidade dos escribas.[13]

O sacerdote é um mediador, um construtor de pontes, que efectua a ligação entre as duas partes. O método mais óbvio de fazer isso é através de um sacrifício. A construção de pontes, no caso de Jesus, é mais alargada do que somente o sacrifício, apesar de isto proporcionar uma categoria teológica importante. Inclui as duas funções que encontrámos numa análise anterior como implícitas na ideia de sacrifício: (1) aquelas que indicam o estabelecimento de relações de aliança e (2) aquelas que significam a manutenção e desenvolvimento dessas relações.

A principal metáfora de salvação que está relacionada com o primeiro grupo é a reconciliação. A necessidade de reconciliação é a alienação causada pelo pecado do lado do homem. O lado divino desta separação é experimentado pelo homem em pecado, como a ira de Deus. É imperativo que entendamos a relevância destas causas de alienação e a sua inter-relação, se quisermos entender correctamente a obra reconciliadora do Sacerdote.

John Deschner sugere que, em Wesley, a "ira" é o lado objectivo da experiência do medo. O próprio Wesley, na sua nota sobre Romanos 5:9, diz que a ira deve ser vista de forma analógica, negando que ela seja o mesmo que uma emoção humana. Refere-se basicamente aos efeitos do pecado. Então, Deschner está, sem dúvida, correcto quando observa que "não podemos escapar à impressão... que Wesley está mais interessado em descrever algo que os pecadores experimentam dolorosamente do que em formular doutrina".[14] Renshaw na sua dissertação analítica, cuidadosamente estudada, das perspectivas de Wesley sobre a Expiação, diz essencialmente a mesma coisa: "Como resistido e rejeitado pelo homem, o amor santo de Deus foi experimentado como ira, mas o mesmo amor santo, ao ser recebido, confiadamente e em obediência, foi a realização da misericórdia divina".[15] Isto está em completo acordo com a análise da ira divina feita no capítulo 6, "A Natureza e Atributos de Deus".

A implicação lógica deste entendimento é que o pecado do homem é a barreira para a reconciliação. Quando o pecado é "solucionado", a ira de Deus deixa de ter objecto e é, dessa forma, satisfeita. É isto que o Novo Testamento, inequivocamente, quer dizer quando reconhece que o homem tem de ser reconciliado com Deus. Isso irá, então, resultar numa consciência existencial da reconciliação que pode ser validamente expressa nas palavras climáticas do hino de Charles Wesley, "Arise, My Soul, Arise":

---

13 G.B.Gray, "Sacrifice", na *A Theological Word Book of the Bible*, ed. Alan Richardson (New York: Macmillan Co., 1950).
14 *Wesley's Christology*, 151.
15 "Atonement", 86-87.

"O meu Deus está reconciliado". A mudança na relação é simultânea com a mudança no homem, o pecador, que agora deixa de ser pecador.

Quando esta alienação é colocada no contexto da lei, a necessidade de reconciliação toma a forma da necessidade de justificação. O mesmo padrão surge com esta metáfora como na reconciliação. A rectidão de Cristo, quer seja vista em termos de obediência activa ou passiva, não serve para satisfazer a justiça de Deus como substituto para a rectidão do homem, de tal forma que o homem seja escusado tanto de ser recto como de praticar a rectidão. A ideia de que Jesus sofre o castigo pelos pecados do homem é totalmente estranha ao Novo Testamento. A linguagem que usa é de "sofrimento" e não de "castigo". (É, verdadeiramente, lamentável que Wesley tenha falhado em reconhecer isto e assim, tenha introduzido um elemento incongruente com as suas outras perspectivas largamente bíblicas e sãs.) Embora Wesley use esta linguagem, existem pelo menos dois pontos que reflectem a sua consciência da inadequação das suas implicações: (1) a sua ênfase na necessidade contínua de justificação, bem como uma "justificação final;" as quais seriam totalmente irrelevantes se a morte de Cristo tivesse satisfeito a justiça de Deus no que diz respeito à lei e (2) a implicação desta afirmação por Deschner:

> O interesse principal de Wesley na justificação parece ser, então, não tanto a justiça de Deus como a comunhão restaurada do crente com Deus, que é o nervo da vida espiritual e o pressuposto para o crescimento na santificação.[16]

Se isto for verdade, a justificação é essencialmente um caso especial de reconciliação que ocorre num momento, mas tem de ser continuada, assim como todas as relações pessoais, pela manutenção das condições propícias.

Temos de nos voltar agora para a questão de como a obra de Cristo, como Sacerdote, efectua a salvação. Ao tentar desenvolver uma perspectiva que seja compatível com as evidências bíblicas, parecem existir dois conceitos cruciais que ocorrem em quatro relacionamentos diferentes. Estes são principalmente desenvolvidos por Paulo, que nos fornece o material mais criativo sobre a obra de Cristo, encontrada no Novo Testamento. Como Vincent Taylor diz do ensino do apóstolo:

> O paulinismo não é a perversão do cristianismo primitivo, é o produto reluzente derramado do cadinho de uma mente dotada e consagrada que, com perspicácia profética, tem visto na tradição existente os segredos meio adivinhados do amor redentor de Deus.[17]

---

16 *Wesley's Christology*, 176.
17 *Atonement in New Testament Teaching*, 57.

Estes dois conceitos chave, característicos do sacerdócio, estão incorporados nos termos *identificação* e *representação*. Na imagem global da Expiação que informa o pensamento de Paulo, Jesus Cristo identificou-se com o homem pecador de forma tão íntima que o pode representar diante de Deus (Ele morreu por mim) mesmo até ao nível derradeiro da Sua morte na cruz. Em João. 13:1, referindo-se à Sua morte na cruz, João diz de Jesus: "... sabendo Jesus que era chegada a sua hora de passar deste mundo para o Pai, tendo amado os seus que estavam no mundo, amou-os até ao fim". O outro lado da função representativa de Cristo é a Sua representação de Deus para o homem.

O homem que, em fé, é reconciliado com Deus nesta base então identifica-se com o seu Representante ("com Ele") e é este aspecto da correlação que dá a Paulo uma das suas principais vias para falar sobre a santificação.[18]

Ambos os temas (identificação e representação) são encontrados em cada uma das duas fontes básicas de metáforas da Expiação, isoladas na nossa discussão anterior (Servo do Senhor e Sacrifício). Ademais, estão presentes, quer explicita quer implicitamente, em ambas as dimensões do sacrifício.

No estabelecimento de alianças, o acordo era frequentemente feito com uma pessoa representativa (p.ex., Noé, Abraão, Jacó).[19] Aqueles identificados com esta pessoa representativa eram considerados herdeiros da aliança. O conceito hebraico de personalidade corporativa deu validade a esta relação e capacitou os herdeiros da aliança a considerarem-se como estando realmente presentes na pessoa do seu representante quando a aliança foi originalmente estabelecida.

Esta identificação com o(s) representante(s) da aliança está explicitamente afirmada em Deut. 5:2-3: "O SENHOR, nosso Deus, fez aliança connosco em Horebe. Não foi com nossos pais que fez o SENHOR esta aliança, e sim connosco, todos os que, hoje, aqui estamos vivos".

---

18 Isto não sugere que podemos encontrar uma afirmação teológica formal em Paulo nesta linha, mas antes que esta é uma forma fundamental em que ele apreende e elabora a obra da santificação implícita na Expiação. É desta forma que aborda uma questão crucial levantada quando começamos a pensar na obra reconciliadora de Deus. As palavras de Vincent Taylor reflectem o carácter dos escritos de Paulo sobre estas coisas: "O interesse supremo de S. Paulo não está na fundamentação lógica da Expiação, mas no problema de rectidão ética e religiosa que se tornou agudo com a convicção cristã de que homens pecadores podem ser recebidos em comunhão permanente por um Deus Santo e Recto. Um pensador profundo, não é um teólogo construtivo ansioso por construir uma teoria compreensiva do significado da morte de Cristo". Ibid., 65.
19 Deve ser mantido em mente que a aliança é normalmente estabelecida com um sacrifício. Estamos aqui a trabalhar com o tema sacrifício na sua função de estabelecimento da aliança.

Uma qualificação importante, que tem implicações para a Expiação, deve ser notada. Não existiam provisões automáticas para a aliança com aqueles que não estavam pessoalmente presentes e existencialmente envolvidos na cerimónia original da aliança. Tinham de validar o acordo por si mesmos. Cada patriarca e cada geração dos seus descendentes eram chamados a reafirmar o seu próprio compromisso com a relação de aliança, de forma a receber os compromissos divinos. Isto ocorria quando se identificavam a si mesmos (pela fé) com o seu representante na cerimónia original de celebração da aliança.

Esta verdade é reforçada pelas palavras de João Baptista, que aparentemente está a enfrentar uma perversão disso por parte dos Judeus. Ele declara-lhes: "não comeceis a dizer entre vós mesmos: Temos por pai a Abraão; porque eu vos afirmo que destas pedras Deus pode suscitar filhos a Abraão". (Mat. 3:9). Observe o significado desta afirmação, registada por Mateus, que escreve para uma audiência judaica.

Nos rituais sacrificiais dentro do culto, as ideias de identificação e representação tornam-se também bastante explícitas. Falhar em reconhecer a relevância da imposição das mãos na cabeça da vítima sacrificial, tem levado a interpretar o animal como um substituto da pessoa de forma a que é a vítima que morre, em vez do ofertante. O incidente do bode expiatório é diferente (ver acima), mas este acto ritualístico nos sacrifícios prescritos (Levítico 1-7) não significa a transferência da culpa, pois a oferta continua a ser vista como santa; é o reconhecimento do adorador de que a oferta é sua e que se identifica a si mesmo com ela. Assim, funciona como sua representante perante Deus, mas há ainda uma identificação mais profunda, conforme reflectido nas palavras de H. H. Rowley:

> O animal sacrificial não era meramente um substituto para o ofertante. Ele impunha as suas mãos sobre ele e era visto como, de certa forma identificado com ele, de forma que na sua morte ele era visto como morrendo – não fisicamente, mas espiritualmente. A morte da vítima simbolizava a sua morte para o seu pecado, ou para com o que quer que estivesse entre ele e Deus, ou a sua rendição de si mesmo a Deus, em gratidão e humildade.[20]

Vincent Taylor defende que a razão pela qual Jesus interpretou os Seus sofrimentos e morte à luz das ideias de Isa. 52:13-53:12 foi devido ao conceito de sofrimento representativo nelas contido, e isso estava, em última análise, baseado neste tema dos sacrifícios do Velho Testamento.[21]

De resto, ambos os temas estão presentes na passagem clássica do Servo de Isaías 53. A ideia de identificação está explicitamente expressa nas

---

20 *Meaning of Sacrifice*, 88.
21 *Jesus and His Sacrifice*, 48.

palavras do versículo 12, que Ele "foi contado com os transgressores", mas está implícita ao longo do capítulo. Todo o movimento da poesia está tecido em volta do tema da representação, especialmente nas frases dramáticas como, "ele foi trespassado pelas nossas transgressões e moído pelas nossas iniquidades" (v. 5). Neste sofrimento vicário, Ele estabelece uma aliança entre Deus e os homens errantes.

Além de estar presente nestas fontes principais da Expiação, a identificação é também um tema implícito no título de Filho do Homem, do qual Jesus tomou posse. No contexto original deste título, em Daniel 7, o Filho do Homem representa os santos na recepção do Reino do Ancião de Dias.

Cristo Identifica-Se com o Homem

A própria Encarnação é o principal acto de Deus ao entrar na história humana, na essência da humanidade através da qual Ele se identifica com a condição humana. Russell Phillip Shedd enfatiza esta verdade:

> A identificação de Cristo com o Velho Evo começa com a Sua pré-existência e subsequente encarnação. Ele, sendo o Filho de Deus (Gal.4:4) e existindo na forma de Deus, esvaziou-Se da forma divina para ser como o homem. A encarnação de Cristo por meio do nascimento humano identifica-O realisticamente com a totalidade da humanidade. Esta identificação não poderia ter acontecido sem que Cristo Se tornasse membro do grupo que representa. Ele, que antes estava fora da comunidade do homem, tornou-Se, pelo processo do nascimento, parte da família humana.[22]

A realidade da identificação total de Cristo com a família humana é selada pela insistência da Igreja na Sua plena humanidade e na sua resistência a qualquer interpretação da Sua pessoa que comprometa essa humanidade. No entanto, certas facetas específicas da Sua vida e obra enfatizam a totalidade da Sua identificação com a humanidade.

Baptismo

Notámos anteriormente a relevância do baptismo de Jesus, dada por João, para o Seu ministério como o Servo Sofredor. Isto supre o seu significado primário. Contudo, subsidiário a isso, está a Sua identificação com os pecadores neste acto. Como Ralph Earle comenta:

> Ele não necessitava do baptismo para arrependimento, mas este acto era um símbolo de toda a Sua carreira terrena, a qual foi um baptismo nas experiências e sofrimentos da vida humana. Falou de uma identificação íntima de Cristo com a necessidade humana.[23]

---

22 *Man in Community* (Grand Rapids: Wm. B. Eerdmans Publishing Co., 1964), 165-66.
23 *Gospel of Mark*, nota sobre 1:9.

Tentação

Assim como com o baptismo, a tentação de Jesus tem um papel significativo na formação do Seu ministério. Mas também é uma ocasião para a Sua identificação com os lugares comuns da vida. As provas são o lote de todos os seres humanos; e devido a todos os tipos de tentação possíveis ("a concupiscência da carne, a concupiscência dos olhos e a soberba da vida" [1 João 2:16]) estarem ali representados, o escritor aos Hebreus pode dizer: "Porque não temos sumo sacerdote que não possa compadecer-se das nossas fraquezas; antes, ele foi tentado em todas as coisas, à nossa semelhança, mas sem pecado" (4:15).

Morte

Mas a dimensão mais profunda da Sua identificação com a raça humana é na Sua morte. Em Romanos 5, Paulo fala da morte como sendo a evidência universal da pecaminosidade (cf. 1 Cor. 15:22, "em Adão, todos morrem"). É o símbolo mais penetrante não só da nossa finitude, mas também da nossa queda. Esta união com a situação humana nas suas profundezas mais angustiantes identificou Cristo com o homem como pecador tão intimamente que Ele experimenta a derradeira solidão à qual deu expressão no grito de desamparo na cruz.

Temos que concordar com F. W. Dillistone quando diz:

> O que quer que o seu sofrimento signifique, não significa que Deus o tenha abandonado ou mesmo que se tenha afastado temporariamente dele. Nunca o Filho esteve tão perto do coração do Pai como na hora da sua mais amarga tribulação; nunca o Pai esteve tão perto do Filho como no momento da sua mais profunda identificação com aqueles que veio para salvar.[24]

Se "Deus estava em Cristo, reconciliando consigo o mundo" (2 Cor. 5:19), nenhuma outra conclusão é possível. Contudo, o sentimento de separação foi real devido à intimidade da Sua identificação com a humanidade caída. Como Vincent Taylor correctamente o coloca,

A afirmação expressa um sentimento de desolação extrema, um sentimento de abandono pelo Pai, uma experiência de derrota e desespero… O sentimento de desolação é temporário, mas é real e é devido, tanto quanto pode ser explicado, à preocupação de Jesus com o facto e o fardo do pecado.[25]

---

24 *Jesus Christ and His Cross* (Philadelphia: Westminster Press, 1953), 27-28.
25 *Jesus and His Sacrifice*, 161. Esta citação é citada com forte aprovação por Dale Moody, *Word of Truth*, 372. Esta interpretação vai contra uma interpretação que veja uma relação substitutiva rude na qual Cristo se torna realmente culpado ao sofrer a penalidade do pecado do homem, e assim se torna "o maior dos pecadores". É esta relação representativa que deveria dar a explicação adequada para a difícil frase de Paulo

O mistério desta realidade transcende o nosso entendimento, mas apela à nossa devoção.

Representação

A identificação de Cristo connosco torna-se, então, no fundamento da possibilidade de Ele nos representar perante Deus, bem como no Seu encontro com o mal na cruz. As implicações completas desta última verdade podem ser vistas melhor em relação ao Seu ofício real. A primeira tem que ver especificamente com o Seu ofício sacerdotal. Da mesma forma que Adão nos representou, pobremente no início, Cristo como o segundo Adão, representa-nos magnificamente no meio. A solidariedade do homem em Adão e a possibilidade de solidariedade da nova raça em Cristo fazem deste entendimento a conceitualização mais adequada na concepção da obra sacerdotal e redentora de Cristo. Wesley faz muito esta relação representativa de Adão e Cristo com a raça humana.[26]

Purkiser, Taylor e Taylor, salientam que este relacionamento representativo é o que constitui o carácter vicário da morte de Cristo. Tomando literalmente o significado da palavra latina *vicarius*, da qual deriva o termo *vigário*, levando a denotação de "tomar o lugar de outro", comentam:

> Um vigário é um delegado ou ministro substituto; ele age como representante de outro ministro... Descrever a morte de Cristo como vicária, é declarar que Ele, de alguma forma, suportou ou sofreu uma experiência que nos era devida. No sofrimento vicário, os efeitos ou benefícios são concedidos a alguém que não é o sofredor. É suportado em nome dos outros, fazendo por eles o que os próprios não são capazes de fazer por si mesmos.[27]

Deve ser notado aqui que a ênfase está na obra de Cristo *por nós* como significando "em nosso nome". Já vimos, seguindo Wiley, que é crucial vermos a diferença entre esta interpretação e aquela que vê *por nós* como "em vez de". Existem dois prefixos gregos envolvidos nesta discussão. *Anti* sugere a noção de substituição "em vez de", ao passo que *huper* implica "em nosso nome". Os autores de *God, Man, and Salvation* defendem, com fontes lexicais, que mesmo nos raros casos em que *anti* é usado, este pode

---

em 2 Cor. 5.21: "Aquele que não conheceu pecado, ele o fez pecado por nós;"
26 Vide *Works* 9:332, 333; *StS* 1:118; *Notes* sobre 1 Cor. 15:47. Wesley vê isto como relacionado com a dimensão racial da Expiação.
27 *God, Man, and Salvation*, 385. Embora haja uma ligeira ambiguidade no seu tratamento deste tema, talvez devido, em parte, a uma fonte calvinista (Morris, *Apostolic Preaching*) e em parte devido à obra ter sido produzida por uma comissão, o peso da ênfase está claramente no carácter representativo da obra vicária de Cristo, em vez de na interpretação da substituição penal do conceito de vicariato. Esta última, como temos visto, tem de ser rejeitada pelo teólogo wesleyano. Daí ter seguido aquilo que percebo como sendo a ênfase central e ter ignorado os comentários periféricos e divergentes.

significar e realmente significa o que primariamente é transmitido por *huper*. Contudo, é este último termo que predominantemente é usado e preferido por Paulo. Assim, a ênfase está no que Cristo conseguiu por nós pela Sua representação "em nosso nome". Como dizem, "Ele age na cruz *em nosso nome* e *por todos os homens*".[28]

Na sua rejeição da teoria da substituição penal da Expiação, Wiley destaca a forma como os teólogos metodistas (Watson, Pope) fazem provisão para o carácter vicário da obra de Cristo, através do conceito da representação. Ele refere-se à afirmação de Pope como uma "abordagem mais profunda e bíblica do assunto". O resumo de Pope diz:

> Nenhum adjectivo equivalente ao termo Vicário, como expressão da relação do Redentor com a humanidade, é usado nas Escrituras; nem há qualquer equivalente para Substituição, o substantivo correspondente ao adjectivo. Mas a ideia de uma representação estritamente vicária está na raiz do seu ensino. A substituição absoluta, da obediência ou do sacrifício do Salvador em lugar do sofrimento ou da obediência do Seu povo, não é ensinada na Palavra de Deus. A ideia de substituição está, no caso deles [do Seu povo], qualificada, por um lado, pela ideia de representação e, por outro, pela comunhão mística dos Seus santos. Se totalmente desqualificada, é-o com referência à raça em geral ou ao mundo da humanidade.[29]

Antecedente Histórico

O pai da igreja que desenvolveu, mais completamente, a função representativa do Salvador na sua relevância soteriológica foi Ireneu de Lyon. Este teólogo grego antecipou várias ideias que se tornaram distintivas da teologia wesleyana, embora fazendo-o nos seus próprios termos. A sua doutrina de recapitulação é a expressão central tanto da representação como da identificação.

---

28 Pp. 385-87. Vincent Taylor comenta que "o significado da Morte de Cristo como vicária no entendimento de Paulo está na frase 'por nós.' Em todos os casos, excepto num, utiliza a preposição *huper*, significando 'em nome de.' Em 1 Tess. 5:10 (a excepção), ele usa *peri* 'por causa de' que não é grandemente diferente de *huper*. Em lado algum Paulo utiliza *anti*, 'em vez de.' Disto podemos certamente inferir que ele não via a morte de Cristo como a de um substituto. O alegado elemento substitutivo no seu pensamento deve ser antes discernido no seu ensino sobre a obra representativa de Cristo". *Atonement in New Testament Teaching*, 59.

29 *Compendium*, 2:269-70. Wiley, *CT* 2:246. É extremamente desconcertante que num tratamento posterior da "Expiação Vicária" Wiley defina "sofrimento vicário ou castigo" como "aquilo que é suportado por uma pessoa em vez de outra". 282ss. Não só o título da secção é contraditório em si mesmo, quando esta definição é afirmada, mas também vai contra a sua rejeição anterior da teoria da satisfação penal e aparente adopção da reinterpretação dos teólogos wesleyanos (metodistas) dessa perspectiva à luz da sua incompatibilidade com os pressupostos Arminianos.

O entendimento de Ireneu da obra redentora de Cristo incluía um número de temas teológicos que estavam ausentes em algumas das interpretações anteriores, temas que indicámos como sendo necessários incluir numa perspectiva wesleyana, de forma a abranger os benefícios salvíficos tanto da reconciliação como da santificação. Ele foi o primeiro pai da Igreja a fazer uso da Queda e dos seus efeitos como pano de fundo da Expiação. Neste trágico evento o homem perdeu "o nosso ser à imagem e semelhança de Deus" (ver *Adv. Her.*3.18.1) e ficou sob o controle de Satanás. Assim, a obra salvífica de Cristo envolvia a libertação do homem da escravidão do pecado (ver abaixo, no tema do *Christus Victor* considerado sob o ofício real de Cristo) e a restauração do homem à imagem de Deus. Para conseguir estes benefícios, o Salvador tem de ser verdadeiramente homem e verdadeiramente Deus. Portanto a encarnação e a morte de Cristo são ambos essenciais para Ireneu.

Na sua doutrina da recapitulação, Ireneu ensina que em Cristo é-nos restaurado o que perdemos em Adão. Se caímos pela nossa solidariedade com Adão, podemos ser renovados através da nossa solidariedade com Cristo. Isto é uma utilização da divisão Paulina da humanidade nas duas categorias principais daqueles que estão "em Adão" e dos que estão "em Cristo".

Ele toma emprestado o conceito de recapitulação da descrição de Paulo do propósito de Deus de "fazer convergir nele (...) todas as coisas" (Efes. 1:10). Assim, como o Representante perfeito do homem, Cristo sobe de novo a escada, degrau a degrau, pela qual Adão havia descido na Queda, vivendo uma vida de obediência perfeita a Deus. Ele de forma genial, traça paralelos entre Adão e Cristo, mostrando assim a forma como Cristo se tornou na Fonte de uma nova relação entre Deus e o homem, para aqueles que, pela fé, estão unidos a Ele. O Segundo Adão viveu a vida através de todas as suas fases, incluindo a morte, que foi o acto supremo de obediência. Portanto, "ao obliterar a desobediência do homem, originalmente decretada na árvore [do conhecimento do bem e do mal], Ele tornou-Se obediente até à morte, mesmo morte na cruz, curando a desobediência decretada na árvore, pela obediência numa árvore" (*Adv. Her.* 5.16.3).

Cristo o Perfeito Sacerdote e Sacrifício

A função representativa de Cristo no Seu ofício sacerdotal é expressa na imagem do sacrifício.[30] Embora o tema do sacrifício seja aplicado à obra de Cristo noutros escritos do Novo Testamento, o Livro aos Hebreus é a expressão clássica deste tema.

---

30 O ofício real também incorpora uma actividade representativa, como será visto posteriormente.

Já vimos que o propósito do sacrifício no Velho Testamento é expiar o pecado, de modo a fazer com que o ofertante seja aceitável a Deus. Uma vez que aquele que faz a oferta se identifica com a vítima, ele simbolicamente está a oferecer-se a Deus. Visto que ele não é perfeito, escolhe uma oferta sem mácula para o representar diante de Deus e assim, ser aceitável por Deus em seu nome. Cerimonialmente, a aceitação divina da oferta santa implica que Ele também limpa a impureza daquele que se oferece a si mesmo através de um substituto vicário a Deus. Oliver Chase Quick resume este entendimento do sistema sacrificial:

> A intenção verdadeira dos antigos sacrifícios pelo pecado era que o sangue de uma vítima sem mácula, representando a vida sem mácula oferecida a Deus pela morte, pudesse ser aplicado de forma a remover as imperfeições causadas pelo pecado, de modo a que o homem pudesse chegar-se a Deus em adoração e que a comunhão entre o homem e Deus pudesse ser estabelecida.[31]

No entendimento neo-testamentário, como expresso por Hebreus, a superioridade das provisões da nova aliança está na maior perfeição do sacerdote (porque ao mesmo tempo era sem pecado e totalmente humano) e do sacrifício (porque era tanto voluntário como moral e espiritualmente perfeito). Os sacrifícios do Velho Testamento removiam o pecado apenas de forma provisória, temporária e ritualista. Mas o sacrifício de Cristo, feito por Ele próprio, foi final e verdadeiramente eficaz em lidar com o problema do pecado (Heb. 9:14).

A diferença principal entre o ritual judaico e a morte de Cristo é que o animal (ou outra oferta) é dado pelo homem depois de se ter identificado simbolicamente com a oferta. No caso da morte de Jesus é um evento histórico, com o qual os homens, pela fé, subsequentemente se identificam e, portanto, testifica de forma ainda mais clara que é a provisão graciosa de Deus. Mas essa identificação pela fé tem de ser feita para que haja apropriação dos benefícios do sacrifício; ela não é automática.

O resumo de Culpepper junta estas ideias de forma admirável: "Devido à perfeição da sua obediência, porque Cristo é o cordeiro sem mancha ou mácula, o seu sacrifício é recebido por Deus. Mas porque as nossas vidas estão poluídas pelo pecado, não nos atrevemos a oferecermo-nos a nós mesmos".[32]

Estamos agora em posição de abordar de forma mais adequada a questão do que significa "que Cristo morreu pelos nossos pecados, segundo as Escrituras" (1 Cor. 15:3).

---

31 De *Doctrine of the Creeds*, 233, citado em Culpepper, *Interpreting the Atonement*, 151.
32 *Interpreting the Atonement*, 153.

Em termos históricos, é certamente verdade que Ele morreu pelos pecadores. Ao longo do Seu ministério, Jesus identificou-Se com a escória da terra, cobradores de impostos, prostitutas e outros pecadores. Nada provocou mais os "rectos" do Seu tempo que esta associação. Ele realmente afirmou que Deus estava mais interessado nesta classe de pessoas e o nosso Senhor até sugeriu que eles precederiam os "escolhidos" na entrada do Reino. Ele viveu a Sua vida como "amigo dos pecadores". Eventualmente, sem dúvida, foi esta identificação que em parte O colocou em desfavor perante o sistema estabelecido e que levou à Sua morte.

Mas, talvez ainda mais profundamente, significou que o próprio Deus, na pessoa do Seu Filho, estava a sofrer pelos pecados do mundo e que Ele estava a carregar os seus pecados no Seu próprio peito. É certamente verdade que para efectuar uma reconciliação entre partes alienadas tem de ocorrer perdão. E também, é verdade que a parte ofendida que tem que perdoar é aquela que suporta o custo de forma mais decisiva. Quanto mais profundo o amor do ofendido pelo que ofensor, mais profundo o sofrimento envolvido no perdão. Perdão não é um assunto leve; implica dor interior. Numa palavra, aquele contra quem o pecado é cometido, tem de suportar o pecado. Mas se aquele contra quem o pecado é cometido for Deus, quão mais profundo é o amor e quão mais profundo o sofrimento. Assim, podemos concluir que Jesus morrendo na cruz é "o próprio Deus... suportando a afronta e pagando o preço... Essa é a expiação pelos nossos pecados, que acontece no próprio coração e vida de Deus, porque Ele é o amor infinito; e é a partir desta pesada expiação que o perdão e a libertação chegam até nós".[33]

Se tem que existir um suportar do pecado e a santidade de Deus requer que o haja, existem somente duas possibilidades: Ou suportamos os nossos próprios pecados, ou o próprio Deus os suporta. Paulo, tanto pela experiência como no seu trabalho teológico, demonstra incontestavelmente a falência da primeira opção. Daí que, para que haja qualquer reconciliação entre Deus e o homem, esta tenha que ocorrer através do divino suportar do pecado. Como é que sabemos que este é, na verdade, o significado do evento de Cristo? A ressurreição de Cristo é a validação de Deus a esta afirmação. Ao ressuscitar Jesus de entre os mortos, Deus coloca o Seu selo de aprovação na missão do Servo Sofredor, que o Filho incorporou em toda a Sua vida e morte. É, por isso, que Paulo pode dizer em 1 Cor. 15:17: "E, se Cristo não ressuscitou, é vã a vossa fé e ainda permaneceis nos vossos pecados".

---

33 Donald M. Baillie, *God Was in Christ*, 177-79. A mesma interpretação é dada em *God, Man, and Salvation*.

A Intercessão do Grande Sumo Sacerdote

A carta aos Hebreus dá especial ênfase ao carácter único e definitivo do sacrifício de Cristo. Esta verdade sublinha a obra *terminada* da Expiação. Contudo, há também um aspecto *não-terminado* ou contínuo que a teologia wesleyana tem especificamente notado. Esta faceta da obra expiatória é vista de várias formas. A doutrina que principalmente a expressa é a chamada sessão de Cristo à dextra de Deus. Wiley diz-nos que a intercessão de Cristo "ensina que a Sua obra terminada da expiação foi somente o alicerce para a obra de administração que Ele próprio continuaria, através do Espírito" (*CT* 2:299). Isto implica, não que algo novo necessite ser acrescentado, mas que ela é perpetuamente efectiva, cobrindo toda a vida cristã desde o seu início até à sua glorificação final.

John Wesley reconheceu explicitamente a obra contínua de purificação que é um aspecto da contínua obra sacerdotal de Cristo. Ela é essencial para a aceitação contínua do crente por Deus. Ele fala disto em termos simples:

> Os melhores homens necessitam ainda de Cristo no Seu ofício sacerdotal, para expiar as suas omissões, as suas falhas (como alguns não incorrectamente falam), os seus erros de juízo e prática e os seus defeitos de vários tipos ... Creio que não haja uma perfeição tal nesta vida que exclua estas transgressões involuntárias, que apreendo serem consequência natural da ignorância e erros inseparáveis da mortalidade. Portanto, *perfeição sem pecado* é uma expressão que nunca uso, para que não pareça que me contradigo a mim mesmo. Creio que uma pessoa cheia com o amor de Deus esteja, ainda, assim, sujeita a estas transgressões involuntárias.[34]

Esta obra contínua de santificação foi a apropriação do Novo Testamento da função cúltica do sacrifício, que foi sempre para "pecado inadvertido", precisamente o que Wesley descreveu na citação acima. É esta a perspectiva que informa a confortante passagem em 1 João 2:1-2: "Filhinhos meus, estas coisas vos escrevo para que não pequeis. Se, todavia, alguém pecar, temos Advogado junto ao Pai, Jesus Cristo, o Justo; e ele é a propiciação [sacrifício expiatório] pelos nossos pecados e não somente pelos nossos, mas ainda pelos do mundo inteiro". De resto, apesar da obra estar terminada no sentido em que a provisão para a reconciliação estava plena e decididamente consumada no evento da cruz/ressurreição, necessitava de receber uma resposta. Como Vincent Taylor afirma: "O homem pode não conseguir a sua reconciliação com Deus, mas pode recusá-la".[35]

---

34 *Plain Account*, 53-54.
35 *Forgiveness and Reconciliation*, 73.

J. Ernest Rattenbury chama atenção para esta dualidade nos hinos de Charles Wesley. A obra terminada está reflectida na estrofe do hino "All Ye That Pass By":

Que poderia o teu Redentor fazer,
Mais do que o que Ele já fez por ti?
Obter a tua paz com Deus,
Poderia Ele fazer mais que dar o Seu sangue?

A obra inacabada, ou contínua, está implícita nas seguintes palavras:

Ele, a verdadeira arca e propiciatório,
Por fé relembramos,
Fé no sangue <u>ainda expiatório</u>
Por nós e toda a humanidade.

E transpira por todo o famoso "Arise, My Soul, Arise" especialmente nas palavras "e *agora* asperge o trono de graça".³⁶

A Nossa Identificação Com Ele

A obra expiatória de Cristo torna-se eficaz em nós, somente, na medida em que nos apropriamos dela pela fé. Não deve ser entendido como uma transacção entre Jesus e Deus da qual o homem é um espectador. Ele tem de se tornar num participante activo. Isto não sugere que ele contribui com algo para a sua própria salvação, de forma a comprometer a verdade de que a salvação é somente o resultado da graça. Esta resposta é descrita por Paulo e pelo autor aos Hebreus em termos de identificação com Cristo: Somos sepultados com Ele no baptismo, somos crucificados com Ele e somos ressuscitados com Ele.

Na Sua capacidade representativa, Cristo torna-Se a Cabeça de uma nova raça de humanidade redimida, um "novo Adão". Identificarmo-nos com Ele é tornarmo-nos identificados neste novo homem corporativo. Envolve o "estar em Cristo". É desta forma que a Expiação se torna efectiva na vida individual. Alan Richardson está, sem dúvida, correcto quando observa que o "significado fundamental da expiação no ensino do Novo Testamento é ... a incorporação na humanidade redimida de Jesus Cristo, através do baptismo, no 'corpo espiritual' de Cristo, a Igreja ou o Israel de Deus".³⁷

Rattenbury encontra também este tema presente na hinologia wesleyana. Os cristãos devem identificar-se com o Cristo que sofre, "têm que partilhar o Seu sacrifício de forma a participarem na Sua glória". Uma expressão hínica diz:

Será que o Salvador da humanidade

---
36 *Charles Wesley's Hymns*, 188-203.
37 *Theology*, 205.

> *Morreria sem o Seu povo?*
> *Não, a Ele estamos unidos,*
> *Como mais que espectadores.*
> *Livremente, como a vítima veio*
> *Ao altar da Sua cruz,*
> *Servimos o Cordeiro sacrificado,*
> *E sofremos pela Sua causa.*[38]

Visto estes temas envolverem a obra do Espírito Santo na administração dos benefícios da Expiação, iremos adiar o seu tratamento para mais tarde. Eles aparecerão na nossa discussão sobre a santificação, a Igreja e os sacramentos, todos os aspectos da obra do Espírito Santo em relação à vida cristã.

A Obra Real de Cristo

Quando considerado em relação à Sua obra mediatária, o ofício real de Cristo é normalmente restringido à Sua administração pós-ressurreição. Assim, Wiley descreve-o como "aquela actividade do nosso Senhor exaltado que exerce à dextra de Deus, governando sobre todas as coisas nos céus e na terra pela extensão do Seu reino" (*CT* 2:214).

Contudo, para John Wesley, o ofício real de Cristo é uma expressão da Sua eterna Divindade, ou seja, está baseado na Trindade. Mas no que diz respeito ao Seu reino mediatário, tem tanto um começo como um fim (ver *Notes* sobre 1 Cor. 15:24). Isto significa que, no que respeita à Sua natureza divina, a Sua autoridade régia não começa nem cessa. Mas, visto que Ele reina em ambas as naturezas como Mediatário, o Seu poder soberano tem que ser conferido à Sua natureza humana. Quando é que esta soberania começa?

Wesley defende que ela está prefigurada na realeza de David e este relacionamento providencia a base para a afirmação central do Novo Testamento de que Jesus é o prometido Filho de David, que cumpre a esperança Messiânica. Duas verdades principais da realeza de Jesus são prefiguradas pela realeza de David. Primeiro, em David, as promessas de Deus aos patriarcas sobre a terra de Canaã são concretizadas, pela primeira vez, pelos seus descendentes. Por analogia, as promessas de Deus ao Seu povo, foram concretizadas em Jesus Cristo. "Porque quantas são as promessas de Deus, tantas têm nele o sim; porquanto também por ele é o amém, para glória de Deus por nosso intermédio" (2 Cor. 1:20). A segunda é um corolário disto: Todos os seus inimigos (especialmente os Filisteus) foram derrotados e colocados "debaixo de seus pés" pelo governo Davídico. Da

---

[38] *Charles Wesley's Hymns*, 201-2.

mesma forma Cristo, como Rei, triunfou sobre todas os "principados e potestades" (Col. 2:15).

Mas, precisamente, quando este ofício Real foi realmente conferido é um pouco incerto. Claramente, ele o demonstrou nos Seus milagres, à medida que Ele manifestou poder soberano sobre o mundo espiritual, bem como sobre o mundo da natureza. Se isto deve ser interpretado como uma manifestação de um ofício já conferido, ou de uma forma proléptica, não é claro, mas visto os milagres terem sido reais e não ilusões, a primeira interpretação parece ter um maior apoio. De qualquer das formas, a grande revelação da Sua Realeza ocorre claramente na cruz, ressurreição e ascensão. É aqui que Ele é, publicamente, apresentado como Senhor.

A cruz é o encontro decisivo de Cristo com Satanás e o pecado. Foi uma batalha que teve que ser travada antes que o Reino pudesse ser estabelecido. Wesley diz, nas suas *Notes* acerca de I Cor. 15:26: "Satanás trouxe o pecado e o pecado gerou a morte. E Cristo quando, desde a antiguidade, travou batalha com estes inimigos, primeiro conquistou Satanás, depois o pecado na Sua morte; e finalmente, a morte na Sua ressurreição".

Christus Victor

Quando Cristo travou a batalha mortal com os poderes das trevas, foi como nosso Representante. Tal como Adão foi derrotado no jardim, no primeiro encontro, como Segundo Adão, Jesus conquistou a mesma força maligna e ganhou a vitória para nós, para que possamos recuperar o que foi perdido na Queda.

É nesta ligação que o tema *Christus Victor*, tão classicamente defendido no mundo moderno por Gustav Aulén, se enquadra.[39] Aulén defende que esta interpretação da obra de Cristo é a verdadeira perspectiva clássica, precedendo a de Anselmo, que se torna tão proeminente na igreja medieval. Ela certamente reproduz alguns dos temas principais da teologia do Novo Testamento.

O dualismo apocalíptico que proporciona as formas de pensamento, nas quais a teologia do Novo Testamento está lançada, vê a história do mundo dividida em duas eras: a era presente, sob o domínio dos seres demoníacos conhecidos como "potestades", com Satanás como "o príncipe das potestades do ar" (Ef. 2:2); e a era vindoura, que é a era do Reino. Segundo o ensinamento dos apocalipses judaicos, a era vindoura só poderia tornar-se uma realidade quando Deus irrompesse na história numa sublevação cataclísmica, trazendo um final à era presente. Contudo o Novo Testamento altera este pessimismo com a proclamação jubilosa que a era vindoura já entrou na história, não com tumulto na terra e nos céus, mas

---

39 *Christus Victor*.

silenciosamente, na pessoa e obra de Jesus Cristo e que as potestades foram confrontadas e derrotadas na cruz. Isto é o significado de Paulo em Col. 2:15, ao extrair das práticas antigas de guerra a ilustração dessa vitória: "e, despojando os principados e as potestades, publicamente os expôs ao desprezo, triunfando sobre eles na cruz".

Agora estão presentes duas esferas no mundo, representadas por estas duas eras. O apóstolo fala delas de numerosas maneiras. Ele descreve aqueles que estão nestas esferas como ou "em Adão" ou "em Cristo". Em Col. 1:13, dá graças a Deus que "nos libertou do império das trevas e nos transportou para o reino do Filho do seu amor". G. Eldon Ladd defende, com razão, que a consciência da vinda dos poderes da nova era evidenciada pelo advento do Espírito é o centro do pensamento Paulino.[40]

Anteriormente notámos que um problema para Wesley pode ter sido a ausência de uma alternativa para a teoria da satisfação, que fornecesse um carácter objectivo à Expiação. Sugerimos que não havia uma disponível naquele tempo. Este tema da vitória oferece uma alternativa viável que envolve uma dimensão verdadeiramente objectiva. Não é objectiva no sentido de uma transacção entre Cristo e Deus, que é completamente inaceitável para o pensamento neo-testamentário, mas objectiva no sentido em que algo transpira externamente, não depende da resposta humana, apesar de ser actualizada somente com tal resposta. Na cena da história, em que o problema do pecado foi confrontado, Jesus Cristo entrou em combate mortal com Satanás no seu próprio campo de batalha (esta era presente) e triunfou sobre ele, disponibilizando assim aos homens a mesma vitória sobre o pecado no aqui e agora e não apenas escatologicamente.

W. M. Greathouse tem contendido que, como um aspecto da obra redentora de Cristo, o tema *Christus Victor* dá à "teologia wesleyana uma base bíblica e histórica significativa para desenvolver uma doutrina da santificação profundamente cristológica".[41] A vitória de Cristo sobre o pecado, como nosso Representante, torna possível, através da fé Nele, a nossa vitória sobre o pecado. A vitória na cruz/ressurreição aborda a culpa, o poder e as consequências do pecado na justificação, santificação e glorificação, respectivamente. Assim, é ao mesmo tempo presente e futura, partilhando da mesma tensão que caracteriza todas as principais doutrinas experienciais do Novo Testamento.

O Reino de Deus

O ofício real de Cristo traz imediatamente à vista a ideia do Reino. Poucos assuntos têm atraído mais atenção ou têm sido objecto de estudo

---

40 *Theology*, 374
41 "Sanctification and the Christus Victor motif in Wesleyan Theology", *Wesleyan Theological Journal* 7, no. 1 (Spring 1972): 47-59.

mais sério do que este, com resultados significativamente diferentes. É universalmente aceite, no entanto, que esta era a mensagem central de Jesus, como registada nos Evangelhos Sinópticos. John Bright tem, de resto, defendido de forma convincente que este é o tema unificador de toda a Bíblia.[42]

O significado do termo "reino" envolve a ideia de "reinado" ou "governo" mais do que um local e pode ser assim interpretado. Nisto ele segue o uso do pensamento judaico posterior.[43]

Apesar do termo estar ausente no Velho Testamento, a ideia está presente desde o tempo do Êxodo e alguns têm defendido que a ideia de Deus como Rei é o conceito central vetero-testamentário de Deus. No ensino de Jesus é retratado como entrando na história pelo Seu próprio ministério. João Baptista anuncia que o Reino está "próximo" e, no início do Seu ministério, Jesus faz a mesma proclamação (Mat. 3:2; 4:17; Mar. 1:15).[44]

A questão central na interpretação do significado de Reino é se este é presente, futuro ou ambos. A forma como respondemos a esta pergunta em larga escala determina a nossa perspectiva do futuro, visto esta ser uma das mais decisivas categorias escatológicas.

Um forte contingente de estudiosos tem defendido que a esperança do Reino foi totalmente realizada no presente. O termo "escatologia realizada" tem sido aplicado a esta perspectiva (C. H. Dodd). Na sua forma extrema, rejeita qualquer vinda futura do Reino, mas vê tudo como sendo cumprido na experiência do aqui e agora. É claro que existe alguma verdade nesta posição. "Ao longo dos Evangelhos Sinópticos, a missão de Jesus é repetidamente entendida como o cumprimento das promessas do Velho Testamento".[45] Contudo, ela negligencia certas provas irrefutáveis de que existe uma dimensão futura, ainda por ser realizada. Entre outras coisas, Jesus realmente ensinou os Seus discípulos a orar "venha o Teu reino" (Mat. 6:10; Luc. 11:2).

Outros estudantes das Escrituras têm defendido consistentemente uma interpretação futura do Reino. Isto tem ocorrido frequentemente na interpretação bíblica radical, sendo introduzida no

---

42 *Kingdom of God.*
43 Ladd, *Theology*, 63; Richardson, *Theology*, 84-85.
44 Os teólogos dispensacionalistas tentaram fazer a distinção entre o reino dos céus e o reino de Deus. Mas uma comparação das passagens sinópticas bem como uma consciência da situação histórica faz desta uma distinção impossível. O Reino dos céus é simplesmente uma expressão idiomática judaica usada para evitar o uso do nome de Deus, que era visto como demasiado sagrado para passar pelos lábios dos indivíduos. Sem dúvida, em alguns contextos judaicos, Jesus usou o termo para evitar criar barreiras desnecessárias. Mateus, que escreve para os Judeus, faz uso proeminente da frase pela mesma razão.
45 Ladd, *Theology*, 65.

estudo moderno, principalmente por Johnannes Weiss e Albert Schweitzer. Rudolph Bultmann também defendia esta perspectiva. Tais estudos, em que se destaca Schweitzer, frequentemente ligam isto com a ideia de que, apesar de esse ser o ensino de Jesus, Ele estava errado nisso, visto o Reino não ter vindo logo depois da Sua morte como Ele esperava.

Estranhamente, esta é a perspectiva partilhada pelo dispensacionalismo moderno, uma teologia fundamentalista, muito popular entre os cristãos conservadores. O dispensacionalismo, tal como a esperança popular rejeitada pelos profetas do Velho Testamento, iguala o Reino com o nacionalismo judaico e visto que Jesus não estabeleceu um reino Messiânico político entre os judeus no Seu primeiro advento, eles defendem que isto é o que Ele fará no eschaton (vide Apêndice 1).

No entanto, o estudo bíblico mais sólido defende uma perspectiva dualista que ensina que o reino de Deus é tanto presente como futuro. Ele entrou na história no triunfo de Cristo sobre as forças malignas do reino espiritual, mas será totalmente estabelecido no Segundo Advento. O modo mais significativo de descrever esta interpretação dupla é falar do Reino como *inaugurado* no Primeiro e *consumado* no Segundo Advento.[46]

Esta tensão entre o presente e o futuro simplesmente reflecte a estrutura básica da teologia do Novo Testamento, que vê uma realização presente da era vindoura, mas ainda não o banimento final da era presente. G. Eldon Ladd, que teve a tarefa hercúlea de desenvolver o tema do Reino no Novo Testamento, resume-o desta forma: "Existe um dualismo (se é dualismo, é duplo) no Novo Testamento: a vontade de Deus é feita no céu; o seu Reino trá-la à terra. Na Era Vindoura, o céu desce à terra e eleva a existência histórica a um novo nível de vida redimida".[47]

O reino de Deus é, ao mesmo tempo, uma realidade presente e uma esperança futura. É Jesus quem, simultaneamente, o traz no início e o estabelecerá no final.

O Lado Negro da Expiação

Vários dos temas introduzidos na nossa discussão da Expiação têm um significado negativo. Embora a nossa maior ênfase esteja na consequência salvífica da obra de Cristo, existe também a dura realidade que muitas pessoas não tomarão posse desses benefícios. Que diremos a respeito do resultado dessa rejeição? Isto levanta o assunto do destino pessoal. Se a salvação final é o destino daqueles que recebem o dom da vida, a separação final é o fim para os que recusam a vida.

---

46 Anthony A. Hoekema, *The Bible and the Future* (Grand Rapids: Wm. B. Eerdmans Publishing Co., 1979).
47 *Theology*, 69.

Numa teologia de expiação limitada (calvinismo) é feita provisão para tais pessoas no plano de Deus. Existem aqueles que são eleitos para serem condenados, da mesma forma que alguns são eleitos para a salvação final. Refere-se a isto como "dupla predestinação". Mas numa interpretação wesleyana, a expiação universal não é coerciva na sua efectividade, mas espera uma resposta de fidelidade. Portanto, maior agonia deveria ser acoplada à tragédia da rejeição final, visto que (ao contrário do calvinismo) não podemos falar dos finalmente perdidos, como contribuindo, de alguma forma, para a glória de Deus. Contudo, o compromisso com a verdade bíblica proíbe o wesleyano de sucumbir à tentação de estender os benefícios da Expiação a todos, independentemente da sua condição.

O *Manual da Igreja do Nazareno* afirma as opções básicas de destino da seguinte forma:

> Cremos na ressurreição dos mortos: que tanto os corpos dos justos como dos injustos serão ressuscitados e unidos com os seus espíritos – "os que tiverem feito o bem, sairão para a ressurreição da vida; e os que tiverem feito o mal, para a ressurreição da condenação".
>
> Cremos no juízo vindouro, no qual cada pessoa terá de comparecer diante de Deus, para ser julgada segundo os seus feitos nesta vida.
>
> Cremos que uma vida gloriosa e eterna é assegurada a todos aqueles que creem em Jesus Cristo, nosso Senhor, para salvação e O seguem obedientemente; e que os que são impenitentes até ao fim sofrerão eternamente no inferno (Artigo XVI).

Deve ser notado que há uma ausência judiciosa de especulação nestes artigos acerca de detalhes quanto ao destino final das pessoas. Isto sugere que um tratamento teológico seria sábio em fazer o mesmo e contentar-se com a exploração de certos temas teológicos relevantes.

O primeiro de tais tópicos relevantes é a ira de Deus. Já discutimos isso com algum detalhe em duas ocasiões (vide caps. 6 e 11). No entanto, devemos estender essas discussões de forma a incluir uma dimensão escatológica desta afirmação simbólica.

É importante, nesta ligação, evitar comprometer o nosso compromisso teológico central para com a revelação bíblica da natureza de Deus como amor santo. Muitos têm questionado a ideia da separação final, na base do amor de Deus. Esse entendimento incorrecto não se apercebe da compatibilidade essencial entre o amor e a justiça. Se a justiça é "o lado do amor que afirma o direito independente do objecto e do sujeito dentro da relação de amor",[48] então é reconhecida como aquele aspecto da natureza divina que torna a relação divino-humana numa relação totalmente pessoal porque é o resultado de uma escolha livre. Não estabelece uma relação baseada na coacção ou acção monergística, mas na atracção e convite.

---

48 Tillich, *Systematic Theology* 1:282.

Contudo, tal amor como justiça – porque respeita o sujeito – abandona à auto-destruição aquele que recusa as suas propostas. Assim, a ira de Deus é o símbolo escatológico para a obra de amor que permite ao seu objecto a escolha de auto-destruição.

A ira de Deus é um conceito escatológico no Novo Testamento da mesma forma que a maioria dos outros temas são: existe ao mesmo tempo uma realidade presente e uma realidade futura. As pessoas que rejeitam as propostas do amor e resistem à graça divina estão sob a ira de Deus agora, mas também experimentarão a "ira vindoura" (1 Tess. 1:10; Mat. 3:7; Luc. 3:7).

O tema que de forma mais central incorpora esta dimensão futura da ira é o julgamento. Este ensino ganha extensa expressão nos Evangelhos Sinópticos de tal forma que, como Alan Richardson afirma, "não pode haver dúvida que Jesus ensinou sobre a realidade pavorosa do julgamento final (p. ex., Mat. 5:21s; Marcos 9:43-48, etc.)"[49] Mas também temos de ter consciência da afirmação de Ladd que "é impossível construir um esquema escatológico a partir do ensino de Jesus. Ele está preocupado com a certeza do futuro e o peso que o futuro tem no presente, não com esquemas apocalípticos".[50]

O julgamento, assim como a ira de Deus, é interpretado no Evangelho Joanino tanto como presente como futuro. É uma separação espiritual presente e uma separação futura no último dia. Ambos os aspectos são vistos em relação a Cristo, daí Ele assumir o papel de Juiz. A forma como Ladd resume esta verdade é adequada:

> Este julgamento futuro chegou ao presente na pessoa de Cristo; e o futuro julgamento escatológico, irá ser, essencialmente, a execução da sentença de condenação que tem, de facto, sido determinada com base na resposta do homem à pessoa de Cristo aqui e agora.[51]

Assim, o julgamento é um processo que está a acontecer onde quer que a Palavra de Deus esteja a ser proclamada. Pela aceitação ou rejeição do evangelho, os homens estão a julgar-se a si mesmos (cf. Heb. 4:12; João 3:18-20). Ao identificarem-se com o julgamento sofrido por Cristo, os homens de fé já experimentaram o veredicto do último dia (ver 1 João 4:17). Por outro lado, aqueles que não acreditam selam a sua perdição, de forma que "o julgamento final será, na realidade, a execução do decreto de julgamento que já foi promulgado".[52]

---

49 *Theology*, 77
50 *Theology*, 205.
51 Ibid., 307. A mesma relevância dupla liga-se à ideia de "perdido" no Novo Testamento. Homens longe de Deus estão perdidos tanto agora como escatologicamente.
52 Ibid., 308.

Em reconhecimento disto, Wiley correctamente afirma, que "o propósito supremo do julgamento geral é, portanto, não tanto de descoberta de carácter, como o da sua manifestação" (*CT* 3:350).

O julgamento aponta então para a realidade da prestação de contas humana a Deus. Quando é ensinado que os seguidores de Cristo "comparecerão perante o tribunal de Cristo" (II Cor. 5:10), pode ser interpretado como implicando diferentes graus de recompensa no estado final. Ou pode, mais coerentemente com a verdade da salvação pela graça, ser interpretado como um símbolo indicando que todos os crentes prestam contas a Deus pela sua mordomia. Para os descrentes, representa a verdade de que as escolhas do homem têm consequências eternas e o destino está directamente relacionado com as decisões e as respostas presentes.

Isto leva-nos ao assunto da separação final. O termo utilizado para este terrível prospecto é "inferno". Esta é a tradução da palavra Gehenna, extraída da palavra hebraica de um vale a sul de Jerusalém identificada com julgamento (ver Jer. 7:32; 19:6). Pensa-se que o vale de Hinnom se tornou, posteriormente, na lixeira da cidade, onde o lixo era continuamente queimado, e, portanto, tornou-se no símbolo apropriado para destruição final. Como Alan Richardson proclama, "É impossível suavizar a severidade do aviso de Jesus contra o pecado do qual não há arrependimento e o sentimentalismo que procura fazer isto é uma distorção do ensino de Jesus e do Novo Testamento como um todo".[53]

Mas temos que nos lembrar constantemente do aviso de G. Eldon Ladd, que "as imagens vívidas dos castigos a serem suportados no inferno, que são frequentemente encontradas nos escritos apocalípticos, estão quase ausentes nos Evangelhos".[54] A linguagem de Jesus (cf. Mat. 7:23; 8:12; 22:13; 25:12, 30) implica que é a separação de Deus a forma mais adequada de falar desta triste verdade e que além do mais, é adequado evitarmos especulações imaginativas e descrições baseadas em fontes não-canónicas. Ladd também realça que uma vez que as imagens utilizadas para descrever o destino dos perdidos envolve tanto o fogo como as trevas (cf. Mat. 10:28 com 8:12) e que estes não são conceitos homogéneos,

> o facto central não é a forma desta destruição final, mas a sua relevância religiosa. Esta é encontrada nas palavras, "nunca vos conheci. Apartai-vos de mim, os que praticais a iniquidade" (Mat. 7:23; Luc. 13:27). Aqui está o significado de destruição: exclusão das alegrias e prazeres da presença de Deus no Seu Reino.... Exclusão da presença de Deus e do disfrutar das suas bênçãos – esta é a essência do inferno.[55]

---

53 "Hell", in *A Theological Word Book of the Bible*, ed. Alan Richardson (New York: Macmillan Co., 1950).
54 *Theology*, 1:282.
55 Ibid., 74, 196.

PARTE V

As Doutrinas de Deus o Espírito

CAPÍTULO
13

A Experiência Cristã do Espírito Santo

O título deste capítulo tenciona transmitir o enfoque da secção final desta teologia. Também procura sugerir que há uma experiência do Espírito distintamente cristã. É o nosso propósito tentar delinear a natureza desta distinção.

O Espírito é a forma doutrinal de falar da relação de Deus com o mundo e, particularmente, com o espírito humano. É a doutrina da imanência divina, que é diferente da imanência encarnacional, mas não sem relação com esta, como veremos. Daí que a história da teologia cristã tenha falado menos da doutrina do Espírito Santo do que sobre experiência cristã. Apesar de nos referirmos ao Espírito Santo como a Terceira Pessoa da Trindade, não se pretende sugerir, de forma alguma, um terceiro Deus, ou que a experiência do Espírito é algo diferente da experiência de Deus (vide cap. 7, "A Trindade").

A Natureza da Experiência

Nas famosas palavras de William James, existem infinitas "variedades de experiências religiosas". Isto é, sem dúvida, a base para a verdade do comentário de William Barclay na abertura do seu livro sobre o Espírito Santo, que "na maior parte, continua a ser verdade que a nossa reflexão sobre o Espírito é mais vaga e mais indefinida do que a nossa reflexão sobre qualquer outra parte da fé cristã".[1] Como podemos dar conta desta multiplicidade e aparente imprecisão? Em qualquer caso, o resultado é que muitos teólogos têm passado por cima da tarefa de tentarem falar da experiência e restringiram-se a lidar com doutrinas mais "objectivas".[2] Mas o

---

1   *The Promise of the Spirit* (Philadelphia: Westminster Press, 1960), 11.
2   É interessante que Donald G. Bloesch, na sua obra de dois volumes intitulada *Essentials of Evangelical Theology*, não tenha um capítulo ou secção sobre o Espírito Santo. Dale

teólogo wesleyano não pode evitar o esforço de chegar a conclusões sobre a desconcertante pletora de experiências, mesmo dentro da própria Bíblia, visto que a experiência é central à perspectiva wesleyana.

Haverá algum princípio que nos possa ajudar a deslindar esta "florescente e estonteante confusão", em que todas se chamam de experiência cristã? No capítulo 3, da nossa discussão sobre a experiência, tocámos em algumas considerações importantes e, também, noutros pontos da discussão do nosso conhecimento de Deus. Agora, vamos focarmo-nos nisto de forma mais central, no sentido de encontrar direcção no discernimento da experiência cristã normativa.

A experiência tem tanto um aspecto objectivo como subjectivo. É sempre "de" algo, ainda que sejam somente os nossos estados emocionais. Existe uma influência formadora que cada pólo tem na forma ou conteúdo da experiência, resultando do encontro entre estes pólos. Quanto mais o carácter empírico do objecto de experiência prevalecer, maior a influência formadora tem sobre o encontro. Contudo, o elemento subjectivo nunca está inteiramente ausente, mesmo na observação empírica mais mundana.

Em proporção directa à diminuição do elemento empírico, existe uma crescente influência do pólo subjectivo sobre o conteúdo e o resultado do encontro. É nosso compromisso que na experiência religiosa, existe uma contrapartida objectiva e verdadeira a essa experiência, mas obviamente, no reino espiritual esta é, grandemente, de natureza não-empírica. É aqui que o princípio encarnacional se torna essencial para a experiência cristã.

É neste ponto que está o perigo do misticismo e de várias formas de "luz interior". O misticismo é aqui definido como a experiência imediata, directa e sem mediador do Divino (ou Realidade Final).[3] O misticismo cristão tem frequentemente surgido como uma reacção ao institucionalismo ou sacramentalismo e, como tal, tem tido uma influência saudável. Mas em muitas das suas formas rejeita o princípio encarnacional, seja de Cristo ou das Escrituras e, portanto, abre-se a divagações doutrinárias e éticas. A tendência desta abordagem à religião é colocar de lado o intelecto e até mesmo perder a própria identidade, apesar desta última ser principalmente

---

Moody, na sua volumosa obra *Word of Truth*, também exclui uma secção especial sobre o Espírito, apesar de existirem várias referências espalhadas pelo livro. Moody, no entanto, escreveu uma monografia sobre o assunto. Gustav Aulén, de outra forma, na sua excelente teologia sistemática, escrita do ponto de vista luterano (*The Faith of the Christian Church*), tem muito pouco a dizer directamente sobre o Espírito e virtualmente nada sobre a experiência cristã, excepto corporativamente, como igreja. Esta é uma tendência comum entre os estudiosos não-wesleyanos.

3 Vide Rufus M. Jones, "Mysticism (Introductory)," na *Encyclopedia of Religion and Ethics*, ed. James Hastings, 13 vols. (New York: Charles Scribner's Sons, 1917).

enfatizada nas religiões não-cristãs. O budismo Zen talvez seja o exemplo mais extremo de uma ênfase na experiência totalmente vazia de conteúdo.[4]

Profundamente influenciado pela metafísica racionalista Grega, o misticismo tem tendência a desacreditar o histórico. Além disso, vê a experiência como "o voo solitário para o Só" e, assim, perverte o carácter comunitário da fé bíblica. Daí a verdade que "o Novo Testamento contém uma demonstração de misticismo muito ligeira, no sentido técnico".[5] Quando Paulo é acusado de ensinar um "Cristo-misticismo", devemos lembrar que, embora esta seja uma designação verdadeira, é completamente encarnacional. Consequentemente, a experiência do Novo Testamento do Espírito (ou do Senhor ressurrecto) está baseada na realidade do Jesus histórico.

O que estamos a sugerir é que a experiência é cega. Foi Immanuel Kant quem nos ajudou a ver que o que é apresentado à mente uma "variedade sensível" que é recebida por categorias não dadas na experiência, mas levadas até ela. Como disse, no início da sua justamente famosa crítica, "Todo o conhecimento começa com a experiência, mas nem todo o conhecimento surge da experiência".[6]

Se Kant está correcto quanto à existência de categorias padrão da mente, em termos das quais todos os seres racionais apreendem os fenómenos, é um ponto discutível. Certamente que existem categorias em termos das quais todos os homens experimentam realidades espirituais, mas estas não são por causa da estrutura da mente, mas são resultado da educação. Já anteriormente encontrámos apoio, tanto psicológico como teológico, para esta interpretação. Vamos revê-los brevemente.

No trabalho de Karl Rogers e Gordon Allport defende-se que, psicologicamente, não é a experiência que temos, mas as expectativas que trazemos para a experiência que determinam o comportamento expressivo. Já descobrimos, também, que as análises teológicas de John Fletcher secundam esta interpretação psicológica. A sua teoria de dispensações enfatiza tanto os elementos cognitivos como existenciais. A natureza do segundo é informada pelo primeiro. No seu famoso *Gospel of the Comforter*, Daniel Steele, reconhece a mesma verdade na observação inicial do prefácio: "Este livro é experimental e prático, em vez de teológico. Mas visto que cada experiência escriturística tem de ser baseada na verdade apreendida pelo intelecto, deveria haver uma afirmação clara e científica desta verdade".[7]

---

4   Huston Smith, *Religions of Man*, 140-53.
5   Rufus M. Jones, "Mysticism (Christian, NT)," na *Encyclopedia of Religion and Ethics*, ed. James Hastings, 13 vols. (New York: Charles Scribner's Sons, 1917).
6   *Critique of Pure Reason*, trans. Norman Kemp Smith (New York: St. Martin's Press, 1965), 41.
7   (Apollo, Pa.: West Publishing Co., n.d.), 7.

Tendo identificado um princípio hermenêutico pelo qual podemos interpretar o material bíblico, voltemo-nos agora para uma análise da experiência do Espírito, como reflectida nos documentos canónicos.

A Experiência do Espírito no Velho Testamento

De forma a ganhar uma perspectiva sobre o entendimento da experiência do Espírito de Yahweh no Velho Testamento, temos que notar primeiro a relevância do termo *ruach*, que é traduzido como "Espírito". Originalmente significava "ar em movimento" e, portanto, poderia referir-se a vento ou a respiração.[8] Visto o vento ser referido, frequentemente, em termos poéticos como o sopro de Deus (p.ex., Ex. 15:8; 2 Sam. 22:16; Sal. 18:15; Isa. 11:4) é fácil de ver como a ligação entre o "vento" e o "Espírito" foi feita, numa relação que transborda para o Novo Testamento (vide a conversa de Jesus com Nicodemos, em João 3 e a narrativa Pentecostal, em Actos 2).

Em particular, a energia ou o poder misterioso, invisível e imprevisível do vento providenciou um paradigma para identificar a actividade do *Ruach* de Yahweh. Daí que, quando os homens (ou as mulheres) eram possuídos por um poder para além de si mesmos e se comportavam de forma proporcional, eram identificados como homens (ou mulheres) do Espírito. Nas fontes mais antigas, isso era visto como uma experiência inesperada e intermitente que energizava as pessoas, de forma obscura e pouco competente, para realizarem grandes proezas, no interesse da liberdade nacional. Este era um dom temporário em tempos de crise e com o propósito de lidar com essa crise. Numa palavra, produzia líderes carismáticos (dotados do Espírito) (cf. Juí. 3:10; 6:34; 11:29).

A profecia mais antiga de Israel também partilhava desta "possessão do Espírito" que elevava as capacidades naturais do profeta a uma intensidade que o levava a comportar-se de forma pouco habitual. Esta possessão do Espírito era frequentemente, se não universalmente, precipitada por música e dança (vide 1 Sam. 10:6ss; 19:20ss).[9]

Saul de Quis, na altura da sua preparação para ser rei, é um exemplo clássico desta imagem antiga da experiência do Espírito de Yahweh (1 Sam. 10:6, 9-10). Alguns sugerem que o resultado da possessão, causada pelo estímulo dentro do grupo acompanhado por música, é um tipo de glossolalia. Contudo, um estudioso do Velho Testamento demonstrou a incerteza desta opinião e defendeu que, em vez de "sons estranhos", a característica

---

8   David Hill, *Greek Words and Hebrew Meanings* (Cambridge: Cambridge University Press, 1967), 205-6.
9   Walter Eichrodt, *Theology of the Old Testament*, 3 vols. (Philadelphia: Westminster Press, 1961), 1:310ss, discute o papel da dança *sacra* neste fenómeno.

distintiva do êxtase eram "acções estranhas".[10] Foi este estranho comportamento que deu azo às palavras de troça: "O que é que sucedeu ao filho de Quis? Está também Saul entre os profetas?" (v. 11).

Além dos aspectos marcantes das poucas experiências que classificamos de comportamento anormal, existe uma característica distinta, das experiências do Espírito no Velho Testamento, que tem um grande significado. Essas experiências carismáticas (dotadas do Espírito) estão limitadas, principalmente, àqueles que funcionam como líderes, em Israel. Eichrodt defende que a validação da liderança pelo dom carismático vem do próprio Moisés. Apontando para a dificuldade de classificar Moisés, sob qualquer categoria tradicional, tal como profeta, rei, ou outros títulos, insiste que a sua combinação pouco comum de dons, sublinhada pela energia iniciadora do Espírito, é a chave para a sua singularidade. Nisto, Moisés coloca o seu selo sobre todas as subsequentes reivindicações de liderança. Eichrodt conclui:

> Desde o próprio princípio da religião Israelita, encontramos o carisma, a especial capacitação individual de uma pessoa; e, de tal forma, toda a estrutura está baseada nela, que sem ela seria inconcebível.[11]

Isto explica a importância central dos juízes e dos profetas terem o poder do Espírito, para demonstrarem que eram enviados por Deus. Isto é o que o tratamento mais popular de Barclay, também, sugere quando diz: "Os grandes líderes do Velho Testamento são homens que possuem o Espírito, que são possuídos pelo Espírito e em quem o Espírito habita".[12]

Os profetas mais tardios não manifestaram, geralmente, os mesmos traços ou afirmações extáticas, que os profetas mais antigos manifestaram, mas a sua autenticidade era atestada pelo facto de Deus ter colocado o Seu Espírito dentro deles e lhes ter dado a sua mensagem (cf. Num. 11:25ss.; Miq. 3:8; Ez. 2:2; 3:24; etc.).[13]

Sem dúvida que, o princípio da liderança carismática, foi a base da grande oposição à instituição da realeza, no antigo Israel. A transição foi transposta pelos primeiros reis, pensa John Bright, sendo líderes carismáticos. David foi um exemplo a este respeito (cf. 1 Sam. 16:13-14; 2 Sam. 23:2).[14]

---

10 Charles D. Isbell, "The Origins of Prophetic Frenzy and Ecstatic Utterances in the Old Testament World," *Wesleyan Theological Journal* 11 (Spring 1976): 62ss.
11 *Theology*, 292.
12 *Promise of the Spirit*, 14.
13 Um extenso contraste entre os profetas extáticos e os literários é feito por Abraham J. Heschel, *The Prophets* (New York: Harper and Row, Publishers, 1962), 2:131-46. Cf. também Isbell, "Origins."
14 *Kingdom of God*, 31ss.

Pode haver uma relevância semelhante, ligada à unção dos reis, quando do seu empossamento: a esperança de que seriam governantes carismáticos.

Em adição a estes dons mais óbvios do Espírito, no entendimento do Velho Testamento, havia também um dom, menos explosivo e espasmódico, que inspirava e equipava para as tarefas mais mundanas, tais como o artesanato (Ex. 28:3; 31:3; 35:31). Dons mais permanentes do poder do Espírito são, também, sugeridos, em alguns casos excepcionais, tais como Moisés e Josué (Num. 11:17; 27:18; Deut. 34:9).

Deve ser notado que estas experiências que temos visto são orientadas para a tarefa. De resto, não parece haver qualquer acompanhamento ético necessário para os dons especiais. Nem todos reflectiram o baixo tom moral de um Sansão, mas as estipulações éticas estão, geralmente, ausentes da descrição da posse do Espírito. Poder-se-á defender que uma excepção a isso, são os profetas clássicos que, sob inspiração do Espírito, denunciaram comportamentos não-éticos entre o povo de Deus e exortaram à conformidade com a rectidão de Deus.

Com este pano de fundo, podemos agora notar a dimensão escatológica do entendimento do Velho Testamento, que se baseia, de forma sólida, nestas perspectivas. Primeiro, há um acorde de esperança que anseia e depois prediz a democratização do Espírito. A distribuição do Espírito pelos 70 anciãos, capacitando-os a partilhar os fardos de Moisés, foi uma antevisão. Mas o seu cumprimento mais lato foi ansiado nas palavras magnânimas de Moisés, face ao ciúme sobre a sua própria posição, como líder dotado pelo Espírito: "Tomara que todo o povo do SENHOR fosse profeta, que o SENHOR lhes desse o seu Espírito!" (Num 11:29).

A profecia de Joel visiona, de forma explícita, a sequela do Dia do Senhor, sendo o derramamento universal sobre toda a carne (referindo-se à carne "judaica"), em 2:28-29. É importante notar, aqui, que esta visão se refere directamente à profecia e, portanto, está em continuidade directa com o entendimento central do Velho Testamento da obra do Espírito, como direccionado para tarefas.

Para além destas expectativas existe um tema de esperança que, a vinda do Espírito na era escatológica, trará uma renovação moral. Neste aspecto, estas passagens vão além da órbita da percepção habitual do Velho Testamento e indubitavelmente crescem de um profundo sentido da necessidade por tal transformação interior, tanto para o indivíduo como para o povo.

Nos Salmos, notavelmente no 51º, existem orações pela renovação interior por força para cumprir a vontade de Deus. Neste Salmo (v.11), juntamente com Isa. 63:10-11, temos as únicas ocasiões da expressão "Espírito santo". A designação normal no Velho Testamento é "Espírito de Yahweh", mas aqui não temos tanto uma antecipação da terminologia do Novo Testamento, como um reconhecimento de que o Espírito de Deus é quem capacita para a santidade. A frase pode ser traduzida literalmente como "Espírito de santidade". Em Isa. 63:10, "o 'contristar do espírito santo' significa a rejeição da instrução profética pela qual Deus procurou guiar o seu povo para a santidade e rectidão".[15]

Em Ez. 36:26ss. o profeta-sacerdote reconhece implicitamente a imperfeição de um ritual restaurado e, juntamente com Jeremias (31:31ss.), antecipa um tempo escatológico de transformação do coração. Ele, de forma explícita, atribui isso à operação do Espírito: "porei dentro de vós o meu espírito e farei que andeis nos meus estatutos" (36:27). A visão do vale dos ossos secos (37:1-14) pode também transmitir esse mesmo tema.[16]

Além disso, existe uma segunda linha de esperança escatológica que relaciona o Espírito com as duas figuras ideais: o Rei Messiânico e o Servo do Senhor.[17] Em ambos os casos, uma dádiva permanente do Espírito é uma característica proeminente (vide Isa. 11:2; 42:1-4).

Embora haja um núcleo sólido de evidências, no próprio Velho Testamento canónico, relativamente ao carácter de ungido pelo Espírito do Rei Messiânico (que está de acordo com a validação do governo referida acima), este tema é bastante mais desenvolvido no judaísmo inter-testamentário. Esse desenvolvimento é, sem dúvida, intensificado pela crença rabínica de que o Espírito de Profecia tinha sido retirado de Israel, o que explica a necessidade de os escritores apocalípticos atribuírem as suas visões a escritores antigos, que viveram durante a era profética.[18] Daí haver, na literatura rabínica, uma referência frequente ao Espírito de Profecia.[19]

Edificando de forma sólida sobre Isa. 11:2, os rabis retrataram a vinda do Messias como tendo o Espírito de Profecia. Através Dele, a Era Dourada do Espírito voltaria. Uma vez que o Espírito foi retirado, devido ao pecado de Israel, o Seu regresso seria acompanhado pela santificação. "O impulso maligno seria tirado do coração de Israel na era vindoura e o Espírito, como o poder de renovação moral, descansaria sobre ele".[20] O mesmo tema é encontrado no "Manual de Disciplina" entre os Rolos do Mar Morto: "Unidos através do santo espírito da verdade de Deus, o

---

15 Hill, *Greek Words*, 211.
16 Vide ibid., 213; George S. Hendry, *The Holy Spirit in Christian Theology* (Philadelphia: Westminster Press, 1965), 18.
17 Já abordámos suficientemente este assunto e não precisamos de elaborar ainda mais a tese de que estas duas figuras não são identificadas, no Velho Testamento, nem no judaísmo pós-Velho Testamento, mas são somente fundidas na pessoa de Jesus Cristo.
18 Cf. W. D. Davies, *Paul*, 215.
19 Hill, *Greek Words*, 227.
20 Ibid., 232-33.

homem será purificado de todas as suas iniquidades: devido a um espírito recto e humilde o seu pecado será expiado" (1QS 3:6-7). Hill comenta: "Estamos aqui, mais uma vez, em contacto com o pensamento expresso no Salmo 51, de que a poderosa influência da verdade e rectidão de Deus sobre a vida do homem, cria o desejo e a vontade de alcançar a santidade, através da obediência e de uma conduta recta".[21]

Assim, os temas de um derramamento universal do Espírito de Deus, o ministério do Rei Ideal ungido pelo Espírito e a antecipada regeneração moral do coração humano, estão entretecidos nas expectativas judaicas no despontar do Novo Testamento.

Jesus e o Espírito

Existem uma série de assuntos que surgem em ligação com este tema: Qual é a relação pessoal de Jesus com o Espírito? Qual é o Seu ensino sobre o Espírito? Como é que podemos relacionar as referências mínimas ao Espírito, encontradas nos Sinópticos, com o ensino desenvolvido no Quarto Evangelho? Quais são as implicações de todos estas questões para o entendimento do Novo Testamento, da experiência do Espírito? É óbvio que não poderemos abordar em detalhe todos estes assuntos, uma vez que eles requereriam, por si mesmos, um livro por completo, mas precisamos, pelo menos, de chegar a algumas conclusões preliminares.

Os temas referidos na secção anterior parecem ser o ponto fulcral do ensino dos Evangelhos Sinópticos acerca de Jesus e do Espírito. Introduzem a actividade do Espírito em pontos cruciais da vida e do ministério de Jesus, aparentemente assumindo que o significado é bem conhecido e que será prontamente reconhecido de que estes incidentes são a evidência do amanhecer de uma nova era. Iremos ver a relevância das referências ao Espírito nestas conjunturas, mas devido à natureza desta obra não tentaremos fazer quaisquer distinções extensas entre as referências mais completas em Lucas e os outros Sinópticos (Mateus e Marcos).

A Concepção e o Nascimento de Jesus

Estamos em dívida para com Lucas pelo registo da obra do Espírito em relação à concepção e nascimento de Jesus. Antes do baptismo de Jesus, a obra do Espírito partilha, em grande parte, do modo distinto do Velho Testamento. Contudo, existe uma relação directa com a esperança escatológica de profecia, em que o Espírito é visto como iniciando a nova era de profecia nestes eventos preliminares. O Espírito é entendido como o poder e a presença de Deus (*Shekinah*), funcionando como o Agente dador

---

21 Ibid., 240.

de vida no nascimento Daquele que irá trazer a nova era. Isto é enfatizado pelas numerosas ocasiões da presença do Espírito de Profecia nas narrativas do Nascimento. Estes são sinais de que a era escatológica está a nascer.

É nesta luz que a relevância teológica central do Nascimento Virginal pode ser vista. Nunca foi usado pela Igreja primitiva como evidência do Senhorio de Cristo. Eles sempre apelaram à ressurreição para validar esta afirmação. Não era uma parte do *kerygma*, pelo que vemos nos exemplos registados no Novo Testamento. Mas nada disto nos dá bases para questionar a validade do Nascimento ou dos registos do Evangelho desse facto. O Credo Apostólico, sem grandes floreados, afirma que Jesus Cristo foi "concebido pelo Espírito Santo, nascido da Virgem Maria". Daí não necessitarmos de debater a factualidade disso, mas simplesmente inquirir sobre a sua relevância teológica.

Podemos dispensar, à partida, a proposta de que o Nascimento Virginal foi uma expressão da ideia de que a concepção natural era pecaminosa, daí que a única maneira de Jesus ter nascido livre do pecado original era através de um nascimento que excluísse a relação sexual. Esta teoria, por vezes proposta, é baseada numa perspectiva da sexualidade humana que não é bíblica e, como no sistema católico romano, leva inevitavelmente à imaculada concepção da Virgem Maria e, em última análise, a uma teoria de virgindade perpétua.

A um nível mais secundário, o Nascimento Virginal testemunha sobre a verdade da descontinuidade em relação à Encarnação. Nas palavras de Isa. 53:2, ele era a "raiz de uma terra seca". Jesus não pode ser explicado como um produto de causas naturais, o clímax de um desenvolvimento evolucionário, mas somente como o irromper de Deus na história humana.

Mas no contexto escriturístico de Mateus e Lucas, a ênfase primária é como um evento escatológico. Talvez como o exemplo mais pungente da actividade do Espírito Santo, especialmente sublinhado por Lucas, reforça que nessa actividade despontava a nova era. Interpretado neste contexto, podemos concordar, de coração, com a cintilante apologia feita por Alan Richardson:

> A doutrina do Nascimento Virginal de Cristo é uma parte integrante da teologia do Novo Testamento. Expressa a verdade de que Deus colocou em movimento a cadeia de eventos que culminará com o juízo final do mundo e a salvação dos seus eleitos; é uma doutrina tão bíblica e judaica como qualquer crença que possa ser encontrada no Novo Testamento. O nascimento de Cristo é um evento escatológico inerente à Nova Era e é, ele mesmo, uma manifestação da esperada actividade da vinda do Espírito nos últimos dias... A relutância, da parte de alguns cristãos modernos, em acreditar no Nascimento Virginal de Cristo deve-se a uma falha de entendimento da

Bíblia e da natureza do seu testemunho; a ignorância do significado bíblico resulta sempre da falha de percepção da maravilhosa actividade de Deus (cf. Mat. 22:29).[22]

O Baptismo de Jesus

Em palavras quase idênticas, os três Sinópticos descrevem a descida do Espírito em forma de uma pomba, que se havia tornado um símbolo do Espírito Santo no judaísmo posterior.[23] Já notámos o significado das palavras "do céu" como uma fusão das fórmulas de ordenação tanto para o Rei Messiânico (Sal. 2:7) como para o Servo do Senhor (Isa. 42:1). Então, isto é um cumprimento óbvio da esperança do Velho Testamento da vinda do Espírito, como capacitação para estas figuras (ver acima). Em Actos 10:38, onde Pedro recita o *kerygma* em casa de Cornélio, afirma-se que no baptismo, Jesus foi "ungido... com o Espírito Santo e com poder". Segue-se uma breve referência aos sinais da vinda da nova era incorporando a vitória de Jesus sobre o "homem valente" e do "saquear da sua casa" (Mat. 12:29; Mar.3:27). É de profunda importância, no entendimento dos desenvolvimentos subsequentes do conceito do Espírito Santo, reconhecer esta junção das duas funções (Messias e Servo) numa só Pessoa; e de resto, é a junção destas duas funções que está envolvida na inauguração da nova era. Deste momento em diante, Jesus está lançado na missão de trazer o Reino.

Nesta ligação podemos notar a relevância da mensagem de João Baptista. Ao anunciar Aquele que viria, João disse "tenho-vos baptizado com água; ele, porém, vos baptizará com o Espírito Santo" (Mar. 1:8; Mat. 3:11; e Luc. 3:16 acrescenta "e com fogo"). Uma discussão considerável surgiu entre os estudiosos, debatendo se isto se referiu a um baptismo de julgamento ou purificação e quando será, precisamente, cumprido.[24] As palavras de Lucas em Actos 1:5 tornam bastante claro que o cumprimento tem de estar relacionado ao Pentecostes, a menos que se defenda a existência de tradições divergentes dentro do Novo Testamento, das quais Lucas é somente uma.[25] Se é julgamento ou purificação é uma questão muito mais difícil.

Primeiro, temos que manter em mente que o baptismo de João era escatológico. O Baptizante estava consciente do seu papel como percursor – aquele que preparava o caminho para O Maior – e, como tal, estava, também, a preparar o povo para a Sua vinda. Daí o seu baptismo simbolizar a preparação para o despontar da nova era. J. Jeremias defende que parte

---

22 *Theology*, 175-76.
23 Hill, *Greek Words*, 242 n. 4.
24 cf. Dale Moody, *Spirit of the Living God* (Philadelphia: Westminster Press, 1968), 34-37; Hill, *Greek Words*, 244-47.
25 Cf. J. E. Yates, *The Spirit and the Kingdom* (London: Epworth Press, 1963).

das expectativas de Israel era que, como no Sinai, ele seria preparado para o dia da salvação por um banho de imersão. Assim, ele conclui que "João Baptista pode ter sentido que esta purificação do povo de Deus na hora escatológica era tarefa sua".[26]

Portanto, a mensagem de João, com a sua dimensão escatológica iria antecipar o baptismo que haveria de vir como cumprimento de uma esperança iminente. Essas expectativas são descritas de uma forma fascinante nos Manuscritos do Mar Morto (1QS 4:20-21):

> Então Deus purificará pela sua verdade todas as obras de um homem
> E refinará alguns dos filhos dos homens,
> De forma a abolir todo o espírito iníquo do meio da sua carne;
> E para os purificar por um espírito santo de todas as acções malignas;
> E aspergirá sobre ele um espírito de verdade como água purificadora...
> Assim ele dará ao recto a visão do conhecimento do Altíssimo e a sabedoria dos filhos do céu.[27]

Em relação à questão de purificação ou julgamento, a melhor interpretação é concluir que ambos estão envolvidos, mas a nossa preocupação aqui é chamar a atenção para o elemento da graça ou renovação moral que está claramente presente no pronunciamento de João.[28] De tudo isto, pode-se sugerir que, na profecia de João, o Espírito Santo é visto tanto como Agente de purificação (renovação moral) como uma dádiva. Anteriormente, vimos estes unidos no uso do Salmo 51. Como teremos ocasião de notar posteriormente, ambos os elementos provavelmente estariam presentes no entendimento daqueles que experimentaram o cumprimento inicial desta profecia no Pentecostes e daqueles que interpretaram os "Pentecostes" subsequentes (p. ex., o incidente de Cornélio e a experiência samaritana).

A Tentação de Jesus

Marcos diz que o Espírito "impeliu" Jesus para o deserto para ser tentado pelo diabo. Mateus e Lucas suavizam isto dizendo que o Espírito o "conduziu" (Mar. 1:12; Mat. 4:1; Luc. 4:1). Lucas, enfatiza ainda que Ele estava "cheio do Espírito Santo". "Lucas tem um interesse especial no facto de Jesus ter ido além da inspiração profética dos profetas. Os profetas eram 'cheios' enquanto entregavam as suas afirmações extáticas no Espírito, mas Jesus permanecia 'cheio'".[29]

---

26 *New Testament Theology: The Proclamation of Jesus*, trans. John Bowden (New York: Charles Scribner's Sons, 1971), 44.
27 Citado em Hill, *Greek Words*, 246.
28 Vide Willard Taylor, "The Baptism with the Holy Spirit: Promise of Grace or Judgment?" *Wesleyan Theological Journal* 12 (Spring 1977): 23.
29 Moody, *Spirit of the Living God*, 54.

Nesta passagem, no deserto, como o recém ungido Messias-Servo, Jesus confronta as forças demoníacas e, pelo poder do Espírito, derrota-as ao afirmar a Sua aceitação incondicional do papel de sofredor como natureza da Sua missão. Esta é uma afirmação clara de que o dom do Espírito deve ser implementado em termos do Servo Sofredor. Tão espectaculares demonstrações eram frequentemente vistas como o resultado da possessão do Espírito no Velho Testamento, são aqui reinterpretadas por outro modelo de poder.

O Ministério de Jesus

A mesma verdade, observada nos eventos preliminares, é vista ao longo do ministério de Jesus, que é interpretado como tendo sido feito "no Espírito". Lucas, em particular, enfatiza a obra do Espírito em relação à vida de Jesus. É Lucas quem regista a forma como Jesus inaugurou o Seu ministério com a afirmação de ser o cumprimento de Isa. 61:1. Ele é o Profeta ungido pelo Espírito "cuja missão é trazer a era da salvação.... Esta importante passagem é como que um prólogo ao trabalho de Lucas: é a carta régia do ministério, o programa Messiânico".[30]

Um encontro crucial, registado nos três Sinópticos, é o conflito entre Jesus e os Seus opositores sobre "por que espírito" Jesus expulsa demónios. Embora existam diferenças entre os registos, o propósito primário é claro. Com lógica inexorável, Jesus demonstra o absurdo de atribuir o Seu trabalho a Belzebu (Mar. 3:22-26). Implicitamente, Ele reivindica, desta forma, o poder do Espírito Santo em relação à esfera demoníaca. Mas esta afirmação é feita explicitamente em Mateus e Lucas. Mateus regista-O dizendo: "Mas, se eu expulso os demónios pelo Espírito de Deus, então é chegado a vós o Reino de Deus". (12:28). Lucas usa a frase "o dedo de Deus" em vez de "Espírito de Deus" (11:20). Este termo crítico é derivado do Velho Testamento, onde é usado quando Deus escreve na pedra os Dez Mandamentos (Ex. 31:18, neste contexto, sugerindo, talvez, renovação moral); e, de forma mais gráfica, no Êxodo quando os mágicos atribuem a terceira praga ao "dedo de Deus" (8:19). Neste contexto de Lucas, sugere que o poder do Êxodo está sendo libertado na inauguração do "novo Êxodo", através do poder do Espírito e assim ilustra o tema da dádiva.

Dois pontos importantes necessitam de ser notados nesta ligação. (1) A controvérsia de Belzebu ocasionou os comentários de Jesus acerca do pecado de blasfémia contra o Espírito Santo. Visto ser pelo poder do Espírito que Jesus expulsa demónios e de ser este poder a dinâmica do Seu ministério, "aquele que atribuir estes exorcismos a Satanás cometeu blasfémia

---

30 Hill, *Greek Words*, 255.

contra o Espírito Santo (vide Mar. 3:30)".[31] Essa blasfémia, regista Mateus, "não lhe será perdoada, nem neste século nem no futuro" (12:32). Note a relevância da linguagem dos séculos. É, mais do que certo, que isso não significa "tempo e eternidade", mas que aquele que não reconhece o poder, pelo qual a nova era está a ser inaugurada, não poderá receber os benefícios da nova era, quando for completamente inaugurada.

(2) Segundo, é de importância crítica que Mateus combine com este registo uma das canções do Servo de Isaías e, aparentemente, o use para lhe dar uma perspectiva teológica. Está implícito que o poder do Espírito, que é o sujeito da discussão subsequente, seja compreendido com tendo o carácter do Servo.

A conclusão deste breve estudo do ensino Sinóptico sobre Jesus e o Espírito é que Jesus é visto como sendo o recipiente do Espírito, o qual é o Espírito de purificação (renovação moral)[32] e de capacitação, cuja vinda é a marca da era escatológica. De forma mais crucial, a recepção e o exercício do poder do Espírito por Jesus envolve uma reinterpretação radical da natureza deste poder. Isto está implícito na união dos dois ofícios ungidos (Messias e Servo) numa só Pessoa. Assim como houve uma re-orientação da expectativa Messiânica através desta fusão (vide acima), também houve uma reorientação semelhante do poder do Espírito que foi subsequentemente derramado sobre o povo Messiânico. Numa palavra, isto significa que ao ser cheio do Espírito (inicialmente no baptismo, no que respeita ao Seu ministério), Jesus deu nova forma à experiência de ser cheio do Espírito – deu-Lhe novo conteúdo. Este mesmo significado é aparente nos contextos e na interpretação, usados pelos escritores Sinópticos, para falar desta característica especial da obra de Jesus.

Quando olhamos para o Evangelho Joanino, esta verdade algo velada nos Sinópticos torna-se óbvia e explícita. O Quarto Evangelho tem uma estrutura clara quanto aos seus ensinos sobre o Espírito Santo.[33] Existem doze referências, divididas igualmente em dois grupos de seis cada. Nas primeiras seis, a referência é ao Espírito em relação ao ministério de Jesus, atingindo o clímax com a sexta (7:38-39), que enfatiza o facto de o Espírito não ser concedido até à glorificação de Jesus (o modo abreviado de João se referir à morte, ressurreição e ascensão de Jesus). O segundo grupo refere-se à relação do Espírito com os seguidores de Jesus, chegando a um clímax em 20:22, em que Jesus "soprou" o Espírito Santo sobre os Seus

---

31 Moody, *Spirit of the Living God*, 39.
32 Uma leitura da variante textual da versão de Lucas do Pai Nosso (11:2) é: "Que o Espírito Santo venha sobre nós e nos purifique," em vez de "Venha a nós o Teu reino".
33 Sou primeiramente devedor a Dale Moody, *Spirit of the Living God*, por me chamar a atenção para esta estrutura.

discípulos, depois da ressurreição. Na primeira parte, Jesus é apresentado como o Portador do Espírito e na segunda como Aquele que confere o Espírito. Embora estas ênfases não estejam hermeticamente separadas, a distinção é geralmente válida.

João 1:32-33. Este é o relato do baptismo de Jesus por João (apesar desse facto não ser explicitamente feito) e regista algumas características únicas. João irá reconhecer o cumprimento da sua própria obra pela descida do Espírito Santo em forma de pomba. Ou seja, Jesus é, assim, autenticado como o Messias. A ênfase distinta está sobre a permanência do Espírito, em contraste com a visitação temporária nas pessoas carismáticas do Velho Testamento. Assim, há uma ênfase bastante mais forte na posse que Jesus tem do Espírito do que nos Sinópticos. Este facto identifica Jesus como Aquele que baptizará com o Espírito. Jesus recebe o Espírito para que outros possam partilhar da Sua habitação.

João 3:1-8. Esta passagem é, talvez, a mais difícil de encaixar no padrão sugerido pelo ensino Joanino sobre o Espírito. Isso pode ser conseguido melhor ao notar o "dualismo vertical" que é característico de João e que está em contraste (não contradição) com o "dualismo horizontal" Sinóptico.[34] Daí o nascimento do Espírito ser "do alto", expressão que deve ser preferida a "de novo" em 3:3. Visto o próprio Jesus ser do alto (8:23), pode ser inferido que o Espírito "do alto", que efectua a regeneração, vem Dele.

Em Mateus e Lucas, a actividade do Espírito em relação à concepção e nascimento do Messias deu ênfase ao poder e à actividade criativas de Deus, trazendo à existência a nova criação. Parece haver aqui um paralelo ao Espírito, que é o poder que vivifica, fazendo o homem de novo.

João 3:33-34. Esta passagem refere de forma bem explícita a possessão que Jesus tem do Espírito é "sem medida". Embora seja um pouco ambígua quanto ao sujeito, o versículo 35, que diz, "O Pai ama o Filho e todas as coisas entregou nas suas mãos", capacita-nos a dizer com alguma certeza, que foi sobre Jesus que Deus conferiu o Espírito completamente.[35] Aqui está outra ênfase na obra de Jesus como o Portador do Espírito. O contraste na passagem é entre o dom medido do Espírito, para João Baptista e o dom imensurável para o Filho. Este encaixa perfeitamente no relato joanino do baptismo.

João 4:14-24. Nesta passagem, Jesus é retratado como a Fonte do Espírito e o Mestre da verdadeira adoração no Espírito. A descrição feita

---

34 Vide Ladd, *Theology*.
35 Moody defende que é Jesus quem dá o Espírito, mas esta interpretação não se encaixa com a sua própria proposta de estrutura e também corrói a distinção entre a experiência que Jesus teve do Espírito e a experiência dos Seus seguidores.

por Jesus da "verdadeira adoração" como sendo "em espírito e em verdade" é reflexiva. A verdade veio através de Jesus Cristo (1:17) e é à luz desta verdade que a adoração Espirit(o)ual ocorre. "Esta união de 'espírito e verdade' é o ensinamento mais distinto sobre o Espírito no pensamento Joanino (vide 1 João 5:7)".[36] Um dos títulos, mais caracteristicamente Joaninos, para o Espírito Santo é "o Espírito de Verdade" (usado três vezes). Hill defende que a linguagem sugere que "'espírito e verdade' devem ser considerados como uma entidade". Ele continua insistindo que a pista para entender a passagem é a afirmação de Jesus de que "Deus é Espírito" e que isto, deve ser entendido de forma hebraica, em vez do conceito estóico de espírito, como uma substância semi-material que permeia todas as coisas. Conclui: "Quando João diz que Deus é 'Espírito' está a afirmar a sua natureza, como poder criativo dador da vida, em relação ao seu povo. Adorar 'em espírito' é, portanto, adorar na esfera desta actividade divina, que foi de forma suprema manifesta em Cristo que é 'a verdade'".[37]

João 6:35-65. O poder vivificante do Espírito é de novo sublinhado no discurso sobre o Pão da Vida, como a secção explanatória torna claro (6:63). A vida é o modo Joanino de falar do conteúdo da salvação. A igreja tem, tradicionalmente, entendido esta passagem como tendo um significado Eucarístico. Assim, a carne (elementos Eucarísticos) não é mais do que o veículo do Espírito. Mas, paralelamente, visto os elementos simbolizarem o corpo e o sangue de Cristo, em última análise, é através Dele que o Espírito é mediado ao crente. Neste caso, são as Suas palavras que são, especificamente, a fonte de vida, e, portanto, do Espírito.

Não há qualquer descrédito do Jesus histórico aqui (carne), mas o reconhecimento que é o Cristo terreno, físico, encarnado que é a ocasião para o conhecimento de Deus no Espírito. Como G. Eldon Ladd afirma: "É básico para a teologia Joanina que a carne se torne no veículo do Espírito".[38] O princípio encarnacional em relação à experiência cristã do Espírito é, assim, explicitamente afirmado, embora reconhecendo que somente a carne, à parte da actividade do Espírito, é ineficaz.

João 7:38-39. Chegamos agora à principal passagem da estrutura Joanina e que deve ocupar maior atenção, visto que realmente define a perspectiva, não só do Quarto Evangelho, mas de todo o Novo Testamento. É-nos explicitamente afirmado que a concessão do Espírito, aos seguidores de Jesus, aguarda a conclusão da Sua obra.

Um dos maiores problemas interpretativos sobre esta passagem precisa de ser abordado, uma vez que tem relevância para o tema teológico em

---

36 Moody, *Spirit of the Living God*, 159.
37 *Greek Words*, 288-89.
38 *Theology*, 291.

debate. Existe uma controvérsia sobre a pontuação do versículo 38. A forma (Oriental) refere "do seu ser mais íntimo, rios de água viva fluirão" com o crente em Cristo. A outra (a forma Ocidental) relaciona-a com Cristo. A última forma tem apoio maciço entre os estudiosos contemporâneos e, interpretar o versículo desta forma, torna-o internamente coerente com a fonte de onde o Espírito flui. Raymond E. Brown chama a atenção para a dificuldade em identificar a passagem do Velho Testamento, à qual o texto se refere, se a forma Oriental for adoptada, destacando que há um preconceito dogmático envolvido na hesitação Oriental em aceitar a perspectiva de que o Espírito "flui de" Cristo. Esta é a sua rejeição ao ensino do *filioque* da igreja Ocidental. Brown sugere, por outro lado, que é plausível referir a passagem de fundo com o evento do Êxodo, quando Moisés feriu a rocha e a água fluiu dela (17:6). "Esta rocha", destaca, "foi vista na Igreja primitiva como um tipo de Cristo (1 Coríntios 10:4) e, portanto, este pano de fundo favoreceria a interpretação cristológica da fonte, na citação de João".[39]

Se esta for a interpretação apropriada, temos um momento de glória no ensino Joanino que, como Portador do Espírito, Jesus coloca o selo da Sua própria pessoa sobre o conteúdo do Espírito que é concedido aos Seus seguidores. O restante ensino do Evangelho sobre o Espírito é desenvolvido nesta luz.

O que é de profundo e revolucionário significado é a afirmação que a dádiva do Espírito espera a glorificação de Jesus. Porque é este o caso? Deve ser dito primeiro que não é por haver aqui um começo ontológico. Literalmente, o versículo 39 diz: "O Espírito ainda não era". Mas interpretar isto ontologicamente é negar o ensino bíblico sobre a Trindade. William Barclay viu, claramente, a implicação nestas palavras: "Acontece frequentemente que numa determinada altura e, devido a alguma acção ou evento, o homem tem uma experiência totalmente nova de algo que já há muito existia".[40]

E. Stanley Jones dá-nos, em termos bíblico, a melhor, a mais directa e a mais coerente explicação do assunto, alguma vez encontrada por este escritor.[41] Ele sugere duas razões pelas quais o Espírito não poderia ser dado até que Jesus fosse glorificado. Primeiro, se o poder do Espírito fosse poder semelhante a Cristo, era necessário ver esse poder manifestado em toda a Sua vida, desde a bancada de carpinteiro ao trono do universo. Teria de ser visto em humilhação e triunfo, na cruz e na ressurreição. Segundo, os discípulos tinham de ver que, este poder manifestado em Jesus, era o poder

---

39 *The Gospel According to John 1-12*, vol. 29 da *Anchor Bible*, ed. William Foxwell Albright and David Noel Freedman (Garden City, N.Y.: Doubleday and Co., 1966).
40 *Promise of the Spirit*, 32.
41 *The Way to Power and Poise* (New York: Abingdon-Cokesbury Press, 1949), 42, 47, 55.

final. Tal visão seria chocante, desafiando todas as suas noções preconcebidas sobre a missão Messiânica. Eles foram "alimentados com a ideia de que o poder messiânico seria manifestado de forma impressionante, que levaria à aceitação". Mas quão diferente foi a expressão real do poder manifestado por Jesus!

Numa palavra, teve que haver uma total reorientação do conceito de poder do Espírito de Deus. Se lhes tivesse sido dado o dom do Espírito, antes desse Espírito se ter manifestado, todo o alcance do Seu significado em Jesus, os discípulos, sem dúvida, se teriam tornado fervorosos nacionalistas, agitando as armas como Sansão de antigamente. Mas nunca teriam reconhecido o poder do amor. "Teria sido o Espírito do Senhor, mas não o Espírito Santo".

As palavras de H. B. Swete proporcionam-nos uma excelente transição da primeira para a segunda secção de João e, dessa forma, para a discussão desta última.

> O Quarto Evangelho, nos seus primeiros capítulos, revela o Espírito Santo como o autor da vida Espiritual dos homens e o nosso Senhor como o dador do Espírito aos que a Ele vierem, para receberem esse dom. Na última parte do livro, que contém as instruções privadas dadas aos discípulos na noite antes da paixão e depois da ressurreição, o Espírito Santo é visto numa outra luz. A relação em que o Espírito estará com a irmandade cristã, os ofícios que irá cumprir para com a Igreja futura, representada na companhia reunida no Cenáculo, entram nesta perspectiva.[42]

Esta segunda secção do Evangelho, como notámos, contém seis afirmações sobre o Espírito. Existem cinco passagens sobre o *Paráclito* (14:15-17; 14:25-26; 15:26-27; 16:5-11; 16:12-15) e a passagem culminante (20:22) que se referem à concessão do Espírito, por Jesus, aos Seus discípulos reunidos depois da Sua ressurreição.

Em vez de fazer um estudo exegético de cada passagem, como na secção anterior, proporemos, aqui, uma tese geral, que será depois demonstrada por uma análise estruturada do ensino destas afirmações, como um todo. A tese proposta é: O Espírito Santo tem que ser entendido como, inseparavelmente, relacionado com a pessoa de Jesus Cristo. Existem cinco verdades que apoiam esta proposta.

A vinda do Espírito depende da ida de Jesus. Esta verdade é inicialmente proposta pela proclamação de Jesus, na Festa dos Tabernáculos (7:37-39), mas é explicitamente declarada em 16:7 - "Todavia, digo-vos a verdade: que vos convém que eu vá, porque, se eu não for, o *Paráclito* não virá a vós;

---

42 Henry Barclay Swete, *The Holy Spirit in the New Testament* (Grand Rapids: Baker Book House, 1964), 148.

mas, se eu for, enviar-vo-lo-ei". Já notámos que a razão principal disto é que a obra completa de Cristo, incluindo a ascensão, possa dar carácter à obra do Espírito.

O significado do nome do Espírito implica uma continuação da obra de Cristo. Já ocorreu muita discussão sobre a origem e significado do termo, escolhido por Jesus, para denominar o Espírito. As várias traduções incluem: "Advogado", "Conselheiro" e "Ajudador". Todos estão de acordo que, no contexto linguístico contemporâneo, "Consolador" é o menos satisfatório. Eu sugeriria que "Ajudador" é, provavelmente, o termo mais lato e a melhor tradução.

A melhor maneira de ver o significado deste termo é pensar na situação à qual Jesus falou. O desespero dos discípulos com o anúncio de Jesus que os iria deixar, seria, sem dúvida, devido à dependência que sentiam Dele. No seu entendimento e esforços trôpegos em segui-lo, Ele tinha estado sempre presente, com palavras de encorajamento e apoio moral, para não falar, das promessas divinas. Remover este apoio só poderia produzir frustração. Agora, Jesus promete-lhes que irá providenciar *outro* Ajudador, Um que irá continuar esta obra que Ele proporcionou, de forma mais interna, coerente e ininterrupta. Parece seguro afirmar que o pensamento envolve uma continuação do ministério de Jesus aos Seus discípulos.

A recepção do Espírito está dependente de um conhecimento anterior de Jesus. O mundo, disse Jesus, não pode receber o prometido Ajudador, porque não O vê, nem O conhece. Mas "vós o conheceis, porque habita convosco e estará em vós". (14:17). É digno de nota que esta afirmação é introduzida pela identificação do Espírito como o "Espírito de verdade". Quando isto é relacionado com o versículo 6, do mesmo capítulo, temos uma correlação interessante. Jesus diz "Eu sou a verdade". À luz disto, "conhecer" pode ter a conotação de "reconhecer". Os discípulos reconhecerão o Ajudador quando Ele vier porque já se terão familiarizado com Ele, através do Mestre, que molda a natureza do Espírito – o Ajudador será uma bênção semelhante a Cristo.

Jesus identifica a vinda do Espírito com a Sua presença pessoal e residente. Existe uma interacção interessante de pronomes nestas afirmações: "Eu", "Ele" e "Nós". Parecem ser usados indistintamente, de forma que, como A. M. Hunter diz, "O Espírito vem, não tanto para suprir a ausência de Jesus, como para realizar a Sua presença".[43] O Espírito não está a tomar o lugar de Jesus; a Sua presença é equivalente à presença do Senhor Ressurrecto. Alan Richardson defende que isto é a realidade em todo o entendimento

---

43 Citado por W.T. Purkiser, fonte desconhecida.

neo-testamentário, de modo que "o Cristo Ressurrecto e o Espírito Santo não são diferenciados, pelo menos no que diz respeito às suas operações".[44]

Finalmente e de forma mais geral, *A obra do Espírito é decididamente cristocêntrica*. Em 14:26, o Ajudador é enviado pelo Pai, no nome de Jesus e a Sua função será "vos (...) lembrar de tudo quanto vos tenho dito". Em 15:26, Jesus envia o Espírito e declara "[Ele] testificará de mim". E, em 16:13-14, é declarado que o ministério de ensino do Espírito não é da Sua própria autoridade, mas virá da pessoa de Jesus: "Ele me glorificará, porque há de receber do que é meu e vo-lo há de anunciar".

Isto leva-nos, finalmente, à passagem da "concessão": "E, havendo dito isso, assoprou sobre eles e disse-lhes: Recebei o Espírito Santo" (20:22). O contexto está repleto de um sentido de missão. Jesus encontra os Seus discípulos atrás de portas fechadas com medo dos Judeus, sem nenhuma da ousadia que Ele lhes tinha prometido e que eles vão necessitar para dar prosseguimento ao Seu ministério contínuo no mundo. Cumprimentando-os com um *shalom* judaico, imediatamente lhes dá uma comissão: "Assim como o Pai me enviou, também eu vos envio". A seguir ao sopro fala, mais uma vez, da continuação da Sua própria missão através deles: "Àqueles a quem perdoardes os pecados, lhes são perdoados; e, àqueles a quem os retiverdes, lhes são retidos" (v. 23). Neste contexto, "o dom do Espírito significa poder e autoridade para declarar o evangelho da redenção".[45] As palavras de Ladd são aguçadas: "Independentemente da forma como este versículo é interpretado, significa, pelo menos, que Jesus estava a conceder aos Seus discípulos o mesmo Espírito que tinha descido sobre Ele no Seu baptismo e o tinha enchido durante o Seu ministério".[46]

É bastante óbvio que a linguagem aqui usada tem em mente a criação original do homem, quando Deus soprou em Adão o sopro da vida. Isto vem em paralelo, ainda, com a actividade iniciadora do Espírito, no ministério de Jesus, como mencionado acima.

Aqui encontramos um difícil problema de interpretação. Como é que este evento se relaciona com o derramamento Pentecostal? Muitos têm identificado este como o "Pentecostes Joanino", sugerindo que este é um relato alternativo do mesmo evento. Ladd oferece, alguns, fortes, argumentos contra esta perspectiva: (1) é difícil acreditar que qualquer cristão escrevendo, no final do primeiro século, não tivesse conhecimento do Pentecostes. (2) É difícil acreditar que tivessem existido duas concessões do Espírito. (3) O próprio Quarto Evangelho ensina que o Espírito não poderia ser dado até à ascensão de Jesus e, portanto, se esta for a própria

---

44 *Theology*, 112-24.
45 Hill, *Greek Words*, 287.
46 *Theology*, 289.

concessão, então, existiriam duas ascensões. (4) Não há evidências de que os discípulos tenham iniciado a sua missão senão depois do Pentecostes.

A própria proposta de Ladd parece ser a mais coerente com as evidências. Ele sugere que este "sopro" era "uma parábola encenada, promissória e antecipatória, da vinda real do Espírito no Pentecostes". Embora existam numerosos paralelos entre as passagens sugerindo dois relatos do mesmo evento, não há nenhuma razão premente pela qual uma não possa ser promissória da outra.[47]

A Experiência Cristã Primitiva

Os primeiros relatos da experiência cristã do Espírito Santo são encontrados no livro de Actos, o qual é, de forma eminente, um livro do Espírito. Em Actos encontramos o dobro das referências ao Espírito divino, relativamente às que ocorrem em qualquer outro livro do Novo Testamento e quase um quarto do número total das referências encontradas em todo o Novo Testamento.[48] Infelizmente, uma das questões mais inquietantes no estudo do Novo Testamento é o significado dessas experiências.[49] O dogmatismo é, portanto, pouco aconselhável. Além disso, as considerações exegéticas devem ter maior autoridade sobre as dogmáticas.

Que pistas deveríamos procurar ao tentar identificar as características distintas e singulares destes encontros iniciais? Dois factores primários podem ser sugeridos. Primeiro, o propósito de Lucas ao escrever estes relatos. A questão do propósito sugere que a perspectiva teológica influencia a dimensão do significado que é abertamente enfatizado, mas isso não exclui outros significados que podem estar discretamente presentes. No início, o levantamento desta questão é uma tentativa de garantir que fazemos as perguntas certas quando abordamos o texto de Actos.[50]

Segundo, devemos procurar pelo entendimento que informou os recipientes do Espírito. Esta pista é uma aplicação específica do princípio hermenêutico discutido na primeira secção, deste capítulo. Isto permitir-nos-á

---

47 Ibid.
48 J. H. E. Hull, *The Holy Spirit in the Acts of the Apostles* (Cleveland: World Publishing Co., 1968), 12.
49 Ibid.; W. F. Lofthouse, "The Holy Spirit in the Acts and the Fourth Gospel," *Expository Times* 52, no. 9 (1940-41): 334ss; G. W. H. Lampe, "The Holy Spirit in the Writings of St. Luke," no *Studies in the Gospels*, ed. D. E. Nineham, (Oxford: Blackwell, 1955); H. B. Swete, *Holy Spirit*; Frederick Dale Bruner, *A Theology of the Holy Spirit* (Grand Rapids: Wm. B. Eerdmans Publishing Co., 1970); James D. G. Dunn, *Baptism in the Holy Spirit* (Philadelphia: Westminster Press, 1970).
50 Gordon D. Fee e Douglas Stuart, *How to Read the Bible for All Its Worth* (Grand Rapids: Zondervan Publishing House, 1982), destacam a diversidade de interpretações que ocorrem quando abordamos o texto de Actos com diferentes expectativas e/ou interesses, 88-89.

identificar tais significados encobertos na medida em que podem estar legitima e verdadeiramente presentes, mas não evidentes à superfície.

O Propósito de Lucas

Dentro de certos limites, existe um incrível grau de unanimidade entre os estudiosos sobre o propósito do escritor do livro de Actos. Um resumo de muitas afirmações poderia ser algo como o seguinte: a intenção primária e mais abrangente de Lucas foi demonstrar a forma como, pelo poder e sob a direcção do Espírito Santo, a Igreja, cuja origem tinha base em Jerusalém, numa seita de crentes judeus, orientados para o judaísmo, se tornou num fenómeno, principalmente, gentio, à escala global, reflectindo uma crença na salvação universal, baseada apenas na graça.[51]

William M. Greathouse reafirma, essencialmente, este propósito, no seu comentário sobre Actos:

> Lucas tem um propósito principal em mente ao escrever Actos: esboçar pelo poder do Espírito o testemunho da Igreja começando em Jerusalém, espalhando-se pelas regiões circundantes e estendendo-se por todo o mundo. A sua preocupação específica era a pregação do evangelho e a plantação da Igreja em centros radiais ao longo de uma grande parte do Império Romano.[52]

Existem propósitos secundários que podem também ser reconhecidos. Existe um propósito apologético, para demonstrar que o cristianismo não era politicamente perigoso e que a violência, que acompanhou a sua disseminação, foi instigada pelos judeus e não pelos cristãos. Lucas poderá, também, ter tido a intenção de ajudar a sarar o conflito entre os crentes judeus e gentios, pelos seus tratamentos de Pedro e Paulo, mas o propósito primário é claro e inequívoco.

Com esta perspectiva hermenêutica como ponto de referência, podemos excluir uma série de interpretações propostas de Actos. Não é intenção primária de Lucas providenciar um padrão normativo ou normal da experiência individual. Obviamente, existem implicações a serem extraídas daqui, mas tentar fazer disso um princípio exegético levaria a grande confusão, visto haver uma tamanha diversidade de padrões presentes. Fee e Stuart destacam isto de forma clara:

> Quando ele [Lucas] regista conversões individuais existem normalmente dois elementos incluídos: baptismo com água e o dom do Espírito. Mas estes podem acontecer na ordem inversa, com ou sem a imposição de mãos, com ou

---

51 Fee e Stuart apresentam um panorama estrutural do livro, demonstrando como cada segmento principal da história é deliberadamente apresentado para reforçar o modo como este movimento universal se desenvolve em fases. Ibid., 90-91.
52 *Acts*, Novo Testamento vol. 5 em *Search the Scriptures* (Kansas City: Beacon Hill Press, 1954), 6.

sem a menção das línguas e, raramente, com a menção específica de arrependimento, mesmo depois do que Pedro afirma em 2:38-39.[53]

Este entendimento do propósito de Lucas sugere, imediatamente, a ideia de missão e esse é precisamente o tema que nos confronta desde o início e nos esmaga com a sua difusão. É o tema que domina o pensamento de Lucas do início ao fim da sua "história do cristianismo primitivo". Isto significa que teria a tendência para enfatizar o dom do Espírito como concessão, uma das principais linhas de pensamento da esperança escatológica do Velho Testamento.

As palavras de abertura do tratado dão-nos uma pista clara sobre a sua intenção: "Fiz o primeiro tratado, ó Teófilo, acerca de tudo o que Jesus começou, não só a fazer, mas a ensinar". A implicação é que o presente escrito tenciona falar do que Jesus continuou a fazer através do Espírito operante nos Seus discípulos. O último mandamento de Jesus aos Seus discípulos enfatiza, de forma explícita, este tema: "Mas recebereis a virtude do Espírito Santo, que há de vir sobre vós; e ser-me-eis testemunhas tanto em Jerusalém como em toda a Judeia e Samaria e até aos confins da terra". (1:8).

Os eventos do Dia de Pentecostes concentram-se nos factores que sublinham a universalidade da mensagem sobre o Cristo ressurrecto (a ressurreição é aquilo que se deve testemunhar) e o poder para proclamá-la. Os sinais, especialmente o dom das línguas, têm, indubitavelmente, a intenção de realçar essa verdade. Finalmente, quando Pedro providencia a explicação para a multidão inquiridora, fá-lo citando a passagem de Joel que fala da concessão para a profecia. É clarificador pensar que outras passagens poderiam ter sido citadas (ou relatadas como citadas) se a intenção fosse realçar outros significados.

É este tema dominante que torna possível, a alguns intérpretes, avaliarem os primeiros relatos das experiências do Espírito, em Actos, como pouco mais do que fenómenos do Velho Testamento. À superfície esta poderia ser uma interpretação válida. Contudo, dada a situação, é impossível contentarmo-nos com esta explicação como, totalmente, adequada. Isto leva-nos, de forma quase imperceptível, à segunda consideração.

O Entendimento Que Informou os Recipientes

Até o conceito de missão tinha sido transformado à luz do facto de que era a continuação da obra de Cristo. E este novo entendimento envolvia renovação moral (santificação), porque somente através de uma reorientação radical do ser interior, bem como do seu entendimento da natureza

---

53 *How to Read the Bible*, 92.

do poder, podia o papel de servo ser adoptado. Assim, somos rapidamente introduzidos à segunda linha de pensamento da esperança escatológica do Velho Testamento.

Como resultado disto, temos agora que reconhecer um significado diferente no uso que Lucas faz da expressão "cheios do Espírito Santo", em ligação com as narrativas do nascimento e do seu uso aqui, ao descrever a experiência dos discípulos. Hull coloca-o de forma incisiva:

> Podemos dizer, por agora, que era o mesmo Espírito, o Próprio Espírito Santo, que enchia Isabel e Zacarias e também os discípulos. Mas enquanto que Isabel e Zacarias foram somente capazes de sentir que estavam cheios do Espírito Daquele que não tinham visto, nomeadamente Deus, os discípulos estavam conscientes que estavam cheios do Espírito que tinha estado Naquele que eles tinham visto, nomeadamente, no próprio Cristo.[54]

Este facto dá conta da ambiguidade, a qual Alex R. G. Deasley refere como estando presente no movimento wesleyano, desde o início, surgida, numa primeira discussão entre John Wesley e John Fletcher. Deasley chama, correctamente, a atenção para as qualificações que Daniel Steele foi chamado a fazer nas suas exposições sobre a teologia de santidade. Steele reconheceu explicitamente que a frase "baptismo, ou plenitude do Espírito" tinha múltiplos significados: Existe um "enchimento extático", envolvendo uma inundação de paz, gozo e poder que "pode prostrar o corpo, sem purificar a alma"; existe um "enchimento carismático" em que nos pode ser concedido algum dom do Espírito extraordinário; e depois existe um "enchimento ético" que implica inteira santificação.[55]

W. F. Lofthouse tem defendido que a novidade do conceito do Espírito como aparece em Actos, geralmente, não é notado devido à familiaridade. É tão novo, defendeu, que é bastante diferente do conceito do Velho Testamento, nem podia ter sido sugerido pelo Velho Testamento. Propõe que é o entendimento do Espírito que ganha expressão no Quarto Evangelho, especialmente nos capítulos 14-16, que nos providencia o pano de fundo para o entendimento de Actos.[56]

A nossa pesquisa tem insistido que há mais a ser dito, sobre as contribuições dos Evangelhos Sinópticos, para o entendimento do Espírito em Actos, do que aquele que Lofthouse e outros estudiosos do Novo Testamento permitem; contudo, isso é mais implícito do que explícito nestes documentos. Daí ser importante notar a contribuição dos últimos dizeres de Jesus, os quais surgem, significativamente, no limiar da Sua paixão.

54 *Holy Spirit in Acts*, 68.
55 "Entire Sanctification and the Baptism with the Holy Spirit: Perspectives on the Biblical View of the Relationship," *Wesleyan Theological Journal* 14, no. 1 (Spring 1979), 27ss.
56 "Holy Spirit."

Em particular, somos aqui capacitados para ver a relação entre a oração sacerdotal de Jesus e a(s) experiência(s) do Espírito, em Actos. Do mesmo modo, em João 17, o tema de missão é inevitavelmente presente e só pode ser evitado por pressupostos dogmáticos anteriores. O peso da oração de Jesus pelos Seus discípulos é que "o mundo creia que tu me enviaste" (v. 12). No decorrer da oração Ele dedicou-Se (santificou-se) ao cumprimento da Sua missão e orou que Deus dedicasse (santificasse) os Seus discípulos para continuação dessa missão. A prossecução desta missão envolve muito mais do que um discurso persuasivo; envolve uma unidade ("que eles sejam um" [v. 22, cf. v. 21]) que somente pode ocorrer através da metamorfose da sua natureza. Assim, o derramamento Pentecostal, bem como os outros subsequentes, têm como alvo a renovação moral (santificação) dos discípulos para que estes possam dar seguimento a esta missão. As descrições de vida corporativa da Igreja Primitiva confirmam que o Pentecostes foi, de facto, efectivo na obtenção desse resultado.

Um dos factores cruciais, na tentativa de identificar o entendimento dos discípulos, do que poderá ter significado o derramamento do Espírito sobre eles será a comissão de Jesus, em Actos 1:4-5: "E, estando com eles, determinou-lhes que não se ausentassem de Jerusalém, mas que esperassem a promessa do Pai, que (disse ele) de mim ouvistes. Porque, na verdade, João baptizou com água, mas vós sereis baptizados com o Espírito Santo, não muito depois destes dias". O que é "a promessa do Pai"? Lofhouse tem defendido que, visto isto ser afirmado como algo dado por Jesus, só pode referir-se às passagens Joaninas que lidam com a promessa do *Paráclito*. Daí a promessa do Pai ser do Espírito Santo, que é o Espírito de Cristo. O conteúdo de Jesus estava na promessa, com o resultado de que, aqueles que receberam o Espírito na Sua plenitude, entenderam não só que lhes fora dado um especial tipo de poder para prosseguir a missão de Jesus no mundo, mas que, também eles, estavam a ser transformados numa nova existência que envolvia a santificação total das suas naturezas.

Em adição a isto, contudo, poderíamos dizer que incluído na "promessa do Pai" estava a profecia de João Baptista. Eles ouviram isto de Jesus, também. Como vimos anteriormente, a predição de João do "baptismo com o Espírito Santo" envolvia tanto a concessão como a renovação moral ou santificação.

Pode ter havido aqueles, nomeadamente os 3.000, cuja experiência inicial do dom do Espírito os levou somente até à regeneração, mas para aqueles que tinham vivido com Jesus e que passaram pela sessão de treino de 40 dias, sobre o que tinha acontecido e estava prestes a acontecer, sem dúvida, levou-os à dispensação plena do Espírito (Fletcher) e, o seu baptismo com o Espírito, resultou em plena ou inteira santificação. Estamos a sugerir que tanto a medida como o carácter da obra do Espírito foram o resultado da fé entendedora daqueles que se apropriaram Dele em algum ponto da sua experiência.[57]

A mesma posição foi substancialmente articulada por Alex R. G. Deasley, com base em muitas das mesmas evidências. Conclui:

> Eu sugeriria, com grande hesitação, que o que Lucas está a fazer é usar a frase "baptismo do Espírito Santo" com a mesma amplitude que a raiz *hagios--hagiazo* é usada nas epístolas do Novo Testamento… O entendimento de Lucas da salvação, expresso em termos do Espírito Santo, está em harmonia com este [uso]. Contudo, não é essa a sua preocupação primária, em Actos. A sua preocupação é antes com o Espírito, como agente da missão… Em conformidade com isto, a sua linguagem é correspondentemente lata e termos como "salvação" e "plenitude" podem ter qualquer grau de significado que seja apropriado ao seu contexto.[58]

A conclusão de tudo isto é que a experiência cristã primitiva do Espírito é interpretada cristologicamente, seja em termos de concessão ou em termos de renovação moral (santificação); e que, além disso, o resultado do enchimento do Espírito é correlativo ao entendimento de quem O recebe e da sua fé apropriadora.

Paulo e a Experiência do Espírito

A expressão matura da perspectiva, totalmente desenvolvida do Novo Testamento, da normativa da experiência cristã do Espírito, encontra-se nas Epístolas Paulinas. Alasdair I. C. Heron, correctamente, observa que "ao voltar dos Sinópticos e de Actos para Paulo, encontramos um conceito mais rico e uma exploração mais profunda da natureza do Espírito, da sua actividade e da *sua ligação inerente com Jesus Cristo*" (itálico acrescentado).[59]

A avaliação de James Stewart da contribuição de Paulo, para o entendimento do Espírito, é clarificadora:

> Na comunidade cristã primitiva havia, no início, uma tendência– talvez muito natural, dadas as circunstâncias – de reverter a conceitos mais rudes do Espírito e de traçar a Sua obra, principalmente, em tais fenómenos, como

---

57 John Wesley, seguindo "Macário, o Egípcio" ensinou que um dos pré-requisitos para a realidade da plenitude santificadora do Espírito era o entendimento tanto da necessidade quanto da provisão. Vide Paul M. Basset e William M. Greathouse, *Exploring Christian Holiness*, vol. 2, *The Historical Development* (Kansas City: Beacon Hill Press of Kansas City, 1985).
58 "Entire Sanctification," 39. Cf. Basset e Greathouse, *Exploring Christian Holiness*, vol. 2, para ver como o baptismo, como entendido e pregado na Igreja Primitiva, tinha esta mesma conotação múltipla.
59 *The Holy Spirit* (Philadelphia: Westminster Press, 1983), 44.

falar em línguas. Foi Paulo quem salvou a fé nascente de tão perigosa retrogressão. Não em fenómenos acidentais e estranhos, insistiu, nem em emoções espasmódicas ou êxtases intermitentes, se podiam encontrar as verdadeiras provas do Espírito de Deus; mas na vida normal, calma e constante da fé, no poder que funcionava a níveis morais, na certeza interior e secreta da alma da sua filiação de Deus, em amor, gozo, paz, paciência e um carácter semelhante ao de Jesus.[60]

Uma das mais discutidas, mas também mais clarificadores, características do pensamento de Paulo é a sua correlação próxima de Cristo e do Espírito.[61] Alguns têm até levantado a possibilidade de que os dois são idênticos, na mente do apóstolo. Passagens como 2 Cor. 3:17 parecem claras: "Ora, o Senhor é Espírito; e onde está o Espírito do Senhor, aí há liberdade". Mas esta identificação é ontologicamente impossível à luz da totalidade do ensino Paulino. "Nunca poderia ter ocorrido a Paulo que este Ser pessoal, este Cristo histórico e o Espírito de Deus deveriam simplesmente ser identificados".[62] Mas este fenómeno, mesmo assim, destaca a ligação bastante próxima entre Jesus e o Espírito, na teologia de Paulo.

Ele pode usar, sem distinção, termos como "Espírito Santo" e "Espírito de Cristo"; e estar "em Cristo" é sinónimo com estar "no Espírito" (vide Rom. 8:9-11). O Espírito que habitou em Cristo tornou-se no Espírito de Cristo que Ele concede a todos os crentes. A. M. Hunter coloca-o de forma sucinta: "Paulo não identifica Cristo com o Espírito. A verdade é, antes, que é através do Espírito, que Cristo vem aos cristãos. Teologicamente, Cristo e o Espírito são diferenciáveis; experiencialmente, eles são um".[63]

À luz desta perspectiva da doutrina de Paulo sobre o Espírito, é fácil entender, como o seu desenvolvimento da pneumatologia, ou como sinónimo de "vida no Espírito", é ético por natureza e a dimensão ética é definida pela pessoa de Jesus.

Já notámos uma dupla herança, na esperança do Espírito, do Velho Testamento: (1) concessão, especialmente em relação ao fenómeno da profecia e (2) renovação moral do espírito humano ou santificação. Ambos os temas estão presentes em Paulo, mas é o último que se torna predominante.

A concessão está presente nos primeiros escritos de Paulo. Na primeira carta existente (1 Tessalonicenses), ele lembra os Tessalonicenses

---

60 *A Man in Christ* (New York: Haper and Row, Publishers, n.d.), 308.
61 Vide E. Earle Ellis, "Christ and Spirit in 1 Corinthians," in *Christ and Spirit in the New Testament*, ed. Barnabas Lindars and Stephen Smalley (Cambridge: Cambridge University Press, 1973).
62 Stewart, *Man in Christ*, 310.
63 *The Gospel According to Paul* (Philadelphia: Westminster Press, 1966), 35-36. Também James Denney, "2 Corinthians" no *Expositor's Bible*, ed. W. Robertson Nicoll, 25 vols. (New York: A .C. Armstrong and Sons, 1903), 134.

convertidos a forma como "o nosso evangelho não foi a vós somente em palavras, mas também em poder, no Espírito Santo e em absoluta certeza" (1:5). Num aparente paralelismo, ele exorta-os a "não extinguir o Espírito" e a "não desprezar as profecias" (5:19-20). Mas deve ser notado que profetizar não é automaticamente sadio, mesmo quando atribuído ao Espírito. A exortação do apóstolo de "examinar tudo, retendo o que é bom" (v. 21) sugere, sem dúvida, um testar das profecias quanto a um conteúdo distintamente cristão. No entanto, não nos é dito de forma explícita, quais possam ser os critérios para tal avaliação.

Mas nesta sua carta mais antiga, também revela que juntou os conceitos do Espírito, da santificação e da dimensão ética. Em 4:3ss. chama os seus convertidos à vida santa, o que implica evitar a impureza sexual e sugere que aquele que não o fizer "não despreza ao homem, mas sim a Deus que nos deu também o seu Espírito Santo". Assim no início dos seus esforços literários, Paulo reflecte a correlação que informa o seu pensamento mais maturo: A santificação é a obra do Espírito e o seu alvo é a produção do carácter ético, visto em termos da semelhança com Cristo (cf. também 2:13).

O que Paulo está a fazer na sua obra é a elaboração das implicações totais da vida na nova era. Nos Evangelhos, esta fora anunciada; em Actos, o seu despontar foi celebrado; nas Epístolas, as suas implicações são descritas. Daí Paulo geralmente falar sobre a nova vida "em Cristo" ou "no Espírito", em vez de fazer proposições teológicas sobre a natureza ou a pessoa do Espírito. Isto, está de acordo com o enfoque que estamos a tentar transmitir pelo título deste capítulo e o seu desenvolvimento. Existem duas esferas de existência: a vida no Espírito (em Cristo) e a vida na carne (em Adão). Estas representam a existência na nova era (evo) e no velho evo, respectivamente. Como Herman Ridderbos diz:

> O contraste, tão constitutivo para a pregação de Paulo, entre o Espírito e a carne não deve ser visto como metafísico ou antropológico, mas como um contraste redentor-histórico, nomeadamente, como dois princípios dominantes dos dois evos, marcados pela aparição de Cristo.[64]

Apesar dos ensinamentos sobre a vida no Espírito estarem presentes em todas as cartas de Paulo, com uma pletora de implicações em quatro delas (1 e 2 Coríntios; Gálatas; Romanos), *pneuma* é um termo chave e elas providenciam-nos material abundante relativamente à questão a ser aqui explorada.

A informação básica do entendimento de Paulo de "tornar-se num crente" é o dom do Espírito. Ele assume este facto em todas as discussões (cf. Rom. 8:9; Gal. 4:6; 1 Tes. 1:4-6; Fil. 2:1). Na sua teologia, este dom

---

64 *Paul*, 215.

acompanha a aceitação da pregação do Salvador crucificado (vide Gal. 3:1-5). É assim que os convertidos se tornam *oi pneumatikoi* ou têm uma experiência pneumática. A implicação, nem sempre vista pelos seus convertidos, é que a palavra do evangelho dá conteúdo ao seu encontro pneumático e um estilo de vida subsequente. Daí que, no cumprimento das esperanças do Velho Testamento, a igreja é uma comunidade carismática resultante da democratização do Espírito. Esta é simplesmente uma extensão da teologia de Actos.

Para além disso, está claro, que o dom do Espírito não é um fenómeno sem ambiguidade. As duas situações eclesiásticas mais controversas de Paulo (Corinto e Galácia) andavam à volta de entendimentos pervertidos da vida cheia do Espírito. Em Corinto, levou à "libertinagem" enquanto que na Galácia levou ao "monismo".[65]

Os problemas de Corinto trouxeram Paulo face-a-face com a situação em que a obra do Espírito era identificada com manifestações cristãs menos normativas. Ela interpretava o significado da espiritualidade em termos de dons, especialmente os mais espectaculares. É totalmente possível que a chamada glossolalia fosse uma reprodução das possessões divinatórias, comuns nas religiões pagãs, de Corinto. A vida cheia do Espírito era até vista como sendo compatível com a imoralidade bem patente (vide 1 Coríntios 5). É de notar que, em ligação com os dons (não com a imoralidade), Paulo não rejeita a afirmação de que o Espírito está a trabalhar, mas apela, antes, a um entendimento mais adequado do que o verdadeiro carácter da obra do Espírito deve ser.[66] O que vemos em Corinto é a confrontação entre a espiritualidade cristã normativa e a sub-normativa. A piedade de Corinto via a espiritualidade em termos de sinais e dons carismáticos; Paulo via a espiritualidade normativa em termos de amor (1 Coríntios 13).

Na Galácia, parece que ali, os cristãos encontraram a vida no Espírito, tal como a entendiam, insuficiente para os guardar contra a carne, portanto, foram tentados a recorrer à lei Mosaica, como meio para evitar a libertinagem. Aqui Paulo teve que defender a suficiência do Espírito, como um princípio ético, para que não tivessem de recorrer ao legalismo. Mas isso envolvia o desenvolvimento de um entendimento cristológico da vida cheia do Espírito.

---

65 Estes assuntos foram-me grandemente clarificados por David John Lull, *The Spirit in Galatia* (Chico, Calif.; Scholar's Press, 1980).
66 Para um estudo exegético fascinante de 1 Coríntios 14 que mostra como Paulo procura eliminar a prática de glossolalia pela demonstração da superioridade do dom de profecia sobre o dom das línguas, vide Charles D. Isbell, "Glossolalia and Propheteialaia," *Wesleyan Theological Journal* 10 (Spring 1975): 15ss.

Em particular, é aos Gálatas que Paulo enumera os frutos do Espírito e nota que "contra essas coisas não há lei" (5:23). As palavras clássicas de Friedrich Schleiermacher de que "o fruto do Espírito são as virtudes de Cristo" captam de forma esplêndida o essencial do que Paulo está a dizer. É Cristo quem dá conteúdo ao fruto e, portanto, a vida no Espírito, correctamente entendida, não pode levar, nem a uma vida segundo a carne, nem a uma vida segundo a lei.[67]

O ensino de Paulo sobre o Espírito tem muitas ramificações para teologização adicional, tanto sobre a experiência cristã pessoal como a corporativa. Iremos adiar a análise destas para um contexto apropriado na estrutura teológica. Podemos simplesmente concluir que, para este grande apóstolo, o Espírito é sempre visto de forma ética e o conteúdo ético é o carácter de Cristo.

As palavras de C. H. Dodd captam a relevância crucial, da virtual identificação de Paulo, da experiência do Espírito com a experiência da habitação interior de Cristo:

> Salvou o pensamento cristão de cair num conceito não-moral, num conceito meio mágico do sobrenatural na experiência humana e trouxe toda a experiência "espiritual" ao teste da revelação histórica de Deus, em Cristo.[68]

Em conclusão, este panorama dos relatos bíblicos e ensinamentos sobre a experiência do Espírito tem apoiado de forma sólida a tese proposta no início deste capítulo. O âmbito da revelação bíblica reflecte um padrão claro de um entendimento em desenvolvimento da experiência, com uma marcada relevância a surgir no Novo Testamento, devido à necessidade de uma revelação distintiva, como pré-requisito para a concessão escatológica do Espírito. Seguindo esta pista, toda a teologização acerca do Espírito Santo, que seja informada pela revelação bíblica, levará a sério este carácter Cristológico e insistirá que todas as facetas da experiência cristã sejam avaliadas por este critério cristológico. Uma vez que a obra única do Espírito Santo, visionada pelo Novo Testamento, é a *santificação* vista, no seu significado mais lato e profundo, como uma teologia cristã de santificação é cristológica em carácter. Ou, dizendo o mesmo de forma diferente, a pneumatologia Neo-testamentária é inteiramente cristológica.

---

67 Para uma discussão devocional do fruto, a partir desta perspectiva, vide a obra deste autor *Fruit of the Spirit* (Kansas City: Beacon Hill Press of Kansas City, 1983).
68 *Romans*, 140.

CAPÍTULO 14

A Obra do Espírito Santo

A tese proposta no último capítulo implica um entendimento da relação divino-humana que é sinergística por natureza. Esta está em contraste com a interpretação monergística, que vê o Espírito apoderando-se das pessoas e produzindo certos resultados, mais ou menos automaticamente, independentemente da natureza, do entendimento ou da contribuição da pessoa. Nestes casos, os homens tornam-se seres inertes em vez de parceiros activos e racionais no encontro. Na perspectiva sinergística existe uma "divisão laboral" entre o Espírito e o sujeito humano, por isso não há a necessidade de explicar todo o fenómeno induzido pelo Espírito em termos exclusivamente sobrenaturais (se não mágicos). A teologia wesleyana está claramente comprometida com esta perspectiva teológica e, portanto, deve ser diferenciada de um entendimento monergístico popular. Deve notar-se com cuidado, porém, que esta é uma "sinergia da graça" e não uma negação pelagiana do pecado original.

Ned B. Stonehouse, um coerente estudioso da perspectiva Reformada, reconhece esta distinção e defende uma actividade monergística do Espírito, no livro de Actos. Afirma:

> O baptismo com o Espírito naquele dia [Pentecostes] constituiu uma acção unilateral e escatológica da parte de Cristo, tão imediata e milagrosa como a ressurreição de Jesus. Se a cooperação humana ou uma resposta humana tivesse sido indicada como sendo da essência do que teve lugar, o significado fundamental do Pentecostes teria sido obliterado ou obscurecido.

Numa passagem anterior do mesmo artigo, sugeriu que um entendimento alternativo teria "um sabor pelagiano", reflectindo assim o típico mal-entendido Reformado da perspectiva sinergística, como desenvolvida dentro do contexto wesleyano.[1]

A intenção desta discussão é destacar um compromisso fundamental da teologia wesleyana na interpretação da obra do Espírito Santo. O pecado original, como descrito anteriormente, é levado em conta com grande seriedade, mas a doutrina da graça preveniente, com uma dádiva tanto universal como particular, concede ao homem caído a capacidade de ser pessoa, a qual inclui a liberdade, a capacidade para relacionamentos genuínos (não coagidos), a racionalidade e a individualidade, mesmo dentro do encontro divino-humano. Este compromisso dá certas características distintas às várias obras do Espírito Santo, em relação ao espírito humano.

Tradicionalmente, os tratados sobre a obra do Espírito têm incluído uma secção cosmológica. Embora seja verdade que existe uma referência mínima à actividade do Espírito na criação, ela é muito reduzida e o enfoque da Bíblia está definitivamente na correlação entre o Espírito divino e o espírito humano. De facto, há uma só passagem, no Velho Testamento, (Gen. 1:2) na qual o *Ruach* de Deus é claramente associado com a actividade cosmológica.[2] Se existem alusões a isto no Novo Testamento, estão apenas a usar a afirmação da criação como uma analogia para a função do Espírito na recriação do espírito humano.

Daí que iremos restringir a nossa discussão, da obra do Espírito, àquelas funções singulares que incidem sobre as pessoas humanas. Abordámos, anteriormente, a função do Espírito em relação à inspiração e, portanto, abster-nos-emos de quaisquer comentários adicionais.[3] Também explorámos completamente o conceito da graça preveniente (o qual é sinónimo com a obra do Espírito) em relação à revelação, pelo que, do mesmo modo, passaremos ao lado de quaisquer discussões adicionais. Neste capítulo, iremos concentrar-nos na obra do Espírito relacionada directamente com a salvação no seu sentido mais lato e dividiremos a forma como versaremos o assunto em duas secções principais: (1) A Obra do Espírito na preparação para a Salvação e (2) A Obra do Espírito no Processo da Salvação.[4]

---

1 "The Gift of the Spirit", *Westminster Theological Journal* 13, no. 1 (November 1950): 2, 6.
2 Vide Hill, *Greek Words,* 213.
3 Estamo-nos a referir aqui à inspiração das Escrituras. João Wesley usou o termo *inspiração* para se referir ao ministério geral do Espírito Santo na vida cristã. Vide Starkey, *Work of the Holy Spirit,* 17.
4 O termo *processo*, aqui usado, não pretende comunicar a ideia de que a salvação é um processo, de forma a negar os momentos decisivos, mas para abranger o alcance total dos fenómenos incluídos sob o termo genérico *salvação*.

Preparação para a Salvação

A maior parte das notas do Novo Testamento acerca do Espírito Santo referem-se à Sua Obra em relação ao crente.[5] No entanto, existe também um reconhecimento de que um aspecto da Sua função executiva se relaciona com o mundo dos incrédulos. Notámos anteriormente as implicações disto em termos da graça comum e vimos a obra da graça preveniente como sendo a base para toda a bondade nas pessoas não-regeneradas, uma força restritiva. Iremos considerar aqui a obra do Espírito cuja intenção específica é levar à salvação.

"Despertamento"[6]

O primeiro passo para a salvação é a auto-consciência e esta é criada pelo Espírito. Aqui, o compromisso da teologia wesleyana é que a actividade do "despertamento" do Espírito é universal no seu alcance. Isto está em contraste com a selectividade do entendimento calvinista, que implica que a obra do "despertamento" seja apenas direccionada aos eleitos.[7]

Porém, Wesley de forma alguma é um pelagiano. O homem natural está totalmente destituído de qualquer capacidade para se voltar para Deus, por sua própria iniciativa. Contudo, "o homem natural" é uma abstracção lógica, visto que "nenhum homem vivo está sem alguma graça preveniente e

---

5   Vide Purkiser, Taylor, and Taylor, *God, Man, and Salvation*, 430.
6   "Despertamento" é um termo usado na teologia para denotar aquela operação do Espírito Santo pela qual as mentes dos homens são estimuladas para uma consciência do seu estado de perdição". *CT* 2:341. [Nota do Tradutor: embora não seja um termo completamente correcto em português europeu é usado no presente documento como um termo teológico com a interpretação indicada pelo autor.]
7   Isto é dito tendo como pressuposto que nos referimos a um "despertamento" que tem por alvo a salvação. Existe na tradição calvinista o reconhecimento de um fenómeno conhecido como "fé temporária" que existe entre os não-eleitos, mas que não leva à salvação final. Isto não pode ser chamado de "despertamento" no sentido wesleyano ou mesmo calvinista. Calvino tem um parágrafo clarificador reflectindo a sua posição: "Porém esta primeira função da lei é exercida também nos reprovados. Pois embora não prossigam tão longe como os filhos de Deus, de forma a serem renovados e a florescer de novo no homem interior depois da humilhação da sua carne, são atacados pela mudez, pelo primeiro terror e permanecem em desespero, no entanto, o facto de as suas consciências serem esbofeteadas por tais ondas serve para demonstrar a imparcialidade do julgamento divino. Pois os reprovados sempre desejam livremente escapar ao julgamento de Deus. Agora, embora aquele julgamento ainda não esteja revelado, o seu caminho está de tal forma traçado pelo testemunho da lei e da consciência, que traem, de modo próprio, o que tinham merecido". *Institutes* 2.7.9. Um estudo aprofundado do fenómeno da "fé temporária", a partir de uma perspectiva calvinista, é de R. T. Kendall, *Calvin and English Calvinism to 1649* (Oxford: Oxford University Press, 1979).

cada grau da graça é um grau de vida".⁸ Portanto, a função do "despertamento" do Espírito opera na vida de todos os homens, pois

> não há homem algum que esteja num estado de mera natureza; não há homem algum, a menos que tenha extinguido o Espírito, que esteja totalmente vazio da graça de Deus. Nenhum homem vivo está inteiramente destituído daquilo que é vulgarmente chamado de *consciência natural*. Mas isto não é natural: é mais propriamente designada por *graça preveniente*. Todo o homem tem uma maior ou menor medida disto, que não aguardou ser chamada (pelo homem). Mais cedo ou mais tarde, todos têm bons desejos; embora a generalidade dos homens os abafem antes que eles atinjam raízes profundas ou produzam qualquer fruto considerável. Todos têm alguma medida dessa luz, algum raio fraco e trémulo que, mais tarde ou mais cedo, mais ou menos, ilumina cada homem que vem ao mundo. E cada um, a menos que seja do reduzido número daqueles cuja consciência está cauterizada como com um ferro quente, sente-se mais ou menos incomodado quando age contrariamente à luz da sua própria consciência. De forma que nenhum homem peca porque não tem graça, mas porque não usa a graça que tem.⁹

Desta citação é aparente que a obra de "despertamento" do Espírito ocorre ao nível mais universal em termos da consciência. Wesley definiu a "consciência" como "a faculdade pela qual nós ficamos de uma vez conscientes dos nossos pensamentos, palavras e acções; e do seu mérito ou demérito, de serem bons ou maus; e, consequentemente, merecendo louvor ou censura".¹⁰ Essencialmente, é um acto de auto-consciência em relação aos nossos conceitos de certo ou errado.

Wesley reconhece, de forma explícita, a verdade fundamental sobre a consciência: que o seu conteúdo cognitivo é sempre relativo às fontes que a informam. Defende que existem algumas distinções básicas universais reconhecidas pela consciência "a menos que tenham sido cegadas pelos preconceitos da educação", mas isto admite implicitamente a função informativa da educação. Daí que possa admitir grande variedade no aspecto cognitivo da consciência que depende da "educação e de outras mil circunstâncias".¹¹

Em coerência com esta perspectiva, Oswald Chambers rejeita a ideia que a consciência seja a voz de Deus porque "se a consciência fosse a voz de Deus, seria a mesma em toda a gente". E esse não é manifestamente o caso.¹²

---

8 *Letters* 6:239.
9 *Works* 6:512
10 Sermon "On Conscience", *Works* 7:187.
11 Ibid.
12 "Conscience", no *The Philosophy of Sin* (London: Simpkins and Marshall, 1949), 61.

Podemos dizer que formalmente a consciência é a obra do Espírito (graça preveniente), mas que materialmente é o resultado do passado, experiências e educação. Por outras palavras, o conteúdo é aprendido. Portanto, está de acordo com a interpretação sinergística acima proposta. Consequentemente, através da obra do Espírito Santo, uma pessoa é desperta para a disparidade entre o seu comportamento e os seus próprios critérios reconhecidos como correctos e aí é estimulada a procurar compatibilizar os dois. Aqui temos o correlativo à teologia da revelação geral que foi plenamente desenvolvida no capítulo 5.

Além desta obra preliminar, existe também uma obra mais normativa de "despertamento" que liga abertamente esta actividade com a obra de Jesus Cristo, da mesma forma que a graça preveniente está enraizada na cristologia. Isto é visto quando nos viramos para a passagem em João 16:8-11 que fala explicitamente da obra do "Ajudador" no mundo dos incrédulos.

Infelizmente, o significado desta passagem é obscuro e há diferenças consideráveis entre os intérpretes quanto ao seu significado.[13] No entanto, existem duas verdades básicas que podem ser estabelecidas: (1) a referência primária é feita em relação àqueles que entregaram Jesus à morte; e (2) a referência é em relação ao testemunho / pregação daqueles em quem o Paráclito habitará. Daqui devemos prosseguir para identificar a relevância teológica que tem aplicação universal.

Um dos problemas é a relevância do termo *elenchein*, cuja tradução varia entre "culpar", "convencer", "expor" e palavras semelhantes. Usando o princípio de que deve fazer sentido quando aplicado em todos os três casos, parece que "convencer" é a melhor escolha. Com esta breve referência, propomos a seguinte interpretação.

Através da pregação / testemunho dos discípulos (na altura e agora), o Espírito convence o incrédulo do seu pecado em relação ao Cristo crucificado. Isto é, convence-o da sua necessidade de salvação, que ele está em pecado, que está perdido e que este é o resultado directo da rejeição de Cristo. Como B. F. Westcott correctamente observa: "A falta de crença em Cristo, quando Ele é feito conhecido, está na raiz de todo o pecado e revela a sua natureza".[14] Então, a mera proclamação da Palavra é vista como não sendo efectiva em si mesma para despertar o pecador, mas como a Palavra vivificada e aplicada pelo Espírito. Somente isto pode levar a pessoa a reconhecer-se a si mesma como pecador e a clamar: "Ai de mim!"

---

13 Barnabas Lindars declara que "João sacrificou a clareza para ganhar um equilíbrio artificial entre as frases". *The Gospel of John,* in *The New Century Bible Commentary,* New Testament ed. Matthew Black (Grand Rapids: Wm. B. Eerdmans Publishing Co., 1981), 500.
14 *The Gospel According to John* (Grand Rapids: Wm. B. Eerdmans Publishing Co., 1967)

Se o primeiro aspecto da obra convincente do Espírito diz respeito à necessidade de salvação, o segundo aponta para a sua fonte: o Cristo crucificado. Notamos em várias ocasiões que o caminho que Jesus escolheu era uma pedra de tropeço para as pessoas dos Seus dias. Reivindicar que a salvação está disponível através da crença num homem que estava a morrer como um criminoso numa cruz, o qual até o Velho Testamento designa de "maldito" (Deut. 21:23), era um escândalo da mais alta ordem. A ressurreição foi a validação de Deus deste plano de salvação. Se Jesus tivesse continuado a aparecer pessoalmente, no Seu corpo ressurrecto, a todos os homens, sem dúvida que teria servido para verificar isto; mas Ele foi para o Pai e restava aos Seus seguidores a proclamação da mensagem que Aquele que fora crucificado era a Fonte da salvação. Foi desta rectidão (vindicação) que o Espírito teve de convencer o mundo, através da pregação da cruz.

A terceira obra de convencimento relaciona-se com a possibilidade da salvação e está solidamente assente na estrutura teológica do Novo Testamento. A era presente estava sob o domínio de Satanás, que é o "príncipe deste século" (cf. 2 Cor. 4:4; Efes. 2:2). O homem só pode escapar deste seu domínio quando Satanás é subjugado e julgado. É o compromisso central do Novo Testamento que, na cruz, Jesus decididamente amarrou o homem forte e saqueou os seus bens (Mat. 12:29; Mar. 3:27); e agora é possível os seus súbditos saírem em liberdade, aproveitando eles mesmos, pela fé, do julgamento que já ocorreu na cruz e encontrarem libertação da escravidão. Por isso, não temiam o julgamento vindouro porque já lá tinham estado antecipadamente e tinham sido absolvidos (vide João 12:31-33).

O que é crucial em tudo isto é que a obra de "despertamento" do Espírito ocorre sempre em relação a Jesus Cristo. E ocorre à medida em que Ele é pregado pelas testemunhas da ressurreição.

Numa discussão anterior sobre o evangelho e a lei, observámos que tanto Wesley como o Novo Testamento vêem a lei como o meio que o Espírito usa para realizar este "despertamento". Defendemos que isto é um princípio que, simplesmente, implica que o homem precise de ouvir as más notícias antes que esteja pronto para ouvir as Boas Novas. Não significa necessariamente que tenha que haver uma proclamação propriamente dita da lei Mosaica (ou qualquer outro conjunto de regras) antes que a preparação possa ser feita para o evangelho. Mas com base na premissa que a lei está, singularmente incorporada, em Jesus Cristo, vemos realmente que a pregação de Cristo nos termos do Novo Testamento é, ao mesmo tempo, a pregação da lei e do evangelho. Daí que a pregação de Cristo seja o veículo através do qual o Espírito pode, de forma mais eficaz e normativa, realizar a Sua obra de "despertamento".

Oswald Chambers vê este aspecto em termos da consciência. Compara a consciência com o olho e afirma:

> O olho no corpo regista com exactidão aquilo para que olha. O olho simplesmente regista e o registo é de acordo com a luz lançada naquilo para que olha. A consciência é o olho da alma que olha para o que é ensinado, é Deus e a forma como a consciência regista depende inteiramente da luz que é lançada sobre Deus. O nosso Senhor Jesus Cristo é a única luz verdadeira sobre Deus. Quando um homem vê Jesus Cristo não ganha uma nova consciência, mas uma luz totalmente nova é lançada sobre Deus e a consciência regista em conformidade, com o resultado que ele fica absolutamente perturbado pela convicção do pecado.[15]

O que estamos a discutir aqui é aquilo que, tradicionalmente na linguagem teológica, fica sob a rúbrica da "chamada". Abordando isto, nestes termos, H. Orton Wiley faz a distinção entre a chamada universal, que é aquela influência secreta exercida sobre a consciência do homem, à parte do Verbo revelado como encontrado nas Sagradas Escrituras e a chamada directa ou imediata, que se refere àquela feita através da Palavra de Deus revelada à humanidade. Ele compara-as, ainda, com a distinção entre a revelação geral e a especial.

Nestes termos a ideia está também directamente relacionada com os conceitos de eleição e predestinação. O último é o propósito gracioso de Deus de salvar a humanidade da ruína completa e a eleição é a escolha universal de Deus de todos os homens, a qual aguarda pela sua resposta não coagida. "Os eleitos são escolhidos, não por um decreto absoluto, mas pela aceitação das condições da chamada" (*CT* 2:334-40).

Arrependimento

Quando se responde de forma apropriada à obra de "despertamento" do Espírito, ela resulta em arrependimento. De facto, pode mesmo ser igualada ao arrependimento (vide abaixo). Tentar lidar com este assunto independentemente do tema da fé, é falsificá-lo; portanto, teremos de fazer referência à relação entre estes dois resultados da obra do Espírito dentro de nós, ao explorarmos o significado de arrependimento.

O termo "arrepender" é frequentemente usado no Velho Testamento em relação ao próprio Deus e tem a conotação de "mudança da maneira de pensar" ou "reverter um julgamento anteriormente feito". O Velho Testamento não é adverso a descrever Deus em tais termos dinâmicos. Neste contexto, pode ser um termo moralmente neutro. A ideia específica de arrependimento, como um termo moral, é principalmente expressa

---

15 Vide n. 12 acima.

no Velho Testamento através das palavras "virar" ou "voltar". O uso repetido destes termos pelos profetas demonstra que este era um tema fundamental na sua pregação. Estavam constantemente a chamar Israel de volta para Deus, o que implicava uma mudança de pensar e de comportamento. Inclui "uma reorientação de toda a nossa vida e personalidade, o que inclui a adopção de uma nova linha de conduta ética, um abandono do pecado e uma viragem para a rectidão".[16]

João Baptista renova a chamada profética ao arrependimento em preparação para o despontar da nova era e o anúncio de Jesus, sobre a presença do Reino, ecoa a mesma chamada. O arrependimento é um elemento central na proclamação da Igreja Primitiva à medida que pregava a mensagem da nova era. A ideia de arrependimento, em Actos, parece particularmente transmitir a conotação da mudança da mente do indivíduo. Em conformidade com a pregação primitiva, ela sem dúvida envolve uma reorientação radical do pensamento sobre a natureza do Messias e do Seu reino. O corolário directo disto é um novo entendimento do caminho para a entrada no Reino, que é a fé. Daí que, no entendimento do Novo Testamento, o arrependimento e a fé sejam corolários inseparáveis.

Como instrumentos do "despertamento", então, a lei e o evangelho são realidades concomitantes. Pela lei vem o conhecimento do pecado; pelo evangelho, a esperança de libertação. A fé, gerada pelo evangelho, responde ao sentido de necessidade criada pela lei. Isto sugere duas "formas" de arrependimento: (1) a primeira levaria ao desespero; (2) a segunda levaria à conversão. Como Hendrikus Berkhof tão bem o coloca:

> O conhecimento da graça e o conhecimento do pecado vão juntos; eles pressupõem-se e reforçam-se mutuamente. Sem arrependimento todas as notas da fé cristã ficam desafinadas ou são silenciadas. Então, o evangelho é mudado de uma maravilhosa mensagem de libertação para uma ideologia mais ou menos auto-evidente de uma graça barata. Se o arrependimento desaparece, a surpresa e a alegria pela livre graça de Deus também desaparecem.[17]

O relacionamento entre arrependimento e fé tem sido assunto de debate através da história cristã. Na Idade Média, no pensamento católico, centrava-se em torno do sacramento da penitência. A estrutura original deste sacramento incluía: contrição, confissão, satisfação e absolvição. Mais tarde, foi debatido que a contrição (lamentar ter pecado) era uma virtude distintamente cristã e que era mais apropriado descrever este aspecto do sacramento como atrito (lamentar devido ao medo do castigo). O Concílio de

---

16 Alan Richardson, "Repent", no *A Theological Word Book of the Bible*, ed. Alan Richardson (New York: Macmillan Co., 1950).
17 *Christian Faith*, 429. Isto não implica que estejamos totalmente de acordo com o entendimento total de Berkhof sobre o arrependimento.

Trento atribuiu ao atrito uma relevância preparatória.[18] Isto, claro, estava organicamente ligado a uma perspectiva da salvação pelas obras.

O pensamento Luterano enfatizava a função de "despertamento" da lei, mas insistia no relacionamento estreito entre a lei e o evangelho e, portanto, entre arrependimento e fé. Certamente nunca concebeu o arrependimento como uma obra meritória. "Este começo, a partir da dualidade do arrependimento e da fé, que corresponde respectivamente ao *opus alienum* da lei e ao *opus proprium* do evangelho no próprio Deus, têm-se mantido como característica do luteranismo".[19]

João Calvino, no entanto, no desenvolvimento coerente das doutrinas da eleição e da predestinação, que resultam do seu ponto de vista particular sobre a soberania divina, coloca a fé/regeneração no limiar da vida cristã e o arrependimento como subsequente à fé. Ele não deixa qualquer dúvida sobre a sua posição:

> Que o arrependimento, não só, sucede sempre à fé, mas é produzido por ela, deveria ser sem controvérsia. (...) Aqueles que pensam que o arrependimento precede a fé, em vez de fluir dela, ou é produzido por ela, como o fruto da árvore, nunca entenderam a sua natureza e são motivados a adoptar aquela perspectiva com uma fundamentação muito insuficiente.[20]

A doutrina wesleyana da graça preveniente leva a uma perspectiva significativamente diferente da de Calvino, mas próxima de Lutero em muitos aspectos. Wesley aproxima-se da identificação do arrependimento com o auto-conhecimento. De facto, é bastante claro que, este é o ingrediente fundamental no seu raciocínio.[21] Mas inclui, também, a cessação de fazer o mal e a aprendizagem para fazer o bem, tudo isto, é necessário para a salvação.

Sendo basicamente auto-conhecimento, o arrependimento tem de estar presente no pecador, mas também no crente convertido ainda não completamente santificado. Para o pecador envolve a consciência de que os seus pecados o tornam inaceitável para Deus. Esta consciência resulta num sentimento de culpa. No filho de Deus o arrependimento é um conhecimento

---

18 Ibid., 430.
19 Ibid., 431.
20 *Institutes* 3.3.1. Os Calvinistas contemporâneos ainda insistem nesta ordem. Vide G.C. Berkouwer, *Sin* (Grand Rapids: Wm. B. Eerdmans Publishing Co., 1971), chap. 7. Donald G. Bloesch, *Essentials of Evangelical Theology* 1:97, escreve: "Nós não nos arrependemos verdadeiramente e esquecemos os nossos pecados até que os nossos corações sejam regenerados pelo Espírito Santo, à medida que ouvimos a mensagem do Evangelho".
21 *Sts* 1:155, 212.

do pecado restante, mas sem qualquer condenação, porque diz respeito à sua natureza herdada. Porém, é a ocasião para estar pesaroso pela pureza.[22]

A principal questão a ser abordada é saber se o arrependimento é uma obra meritória que de alguma forma contribui para a salvação do indivíduo. Esta é, de facto, uma das principais razões pela qual alguns teólogos reformados o rejeitam como um "estado preliminar da graça". Mas a perspectiva wesleyana da graça preveniente permite que seja obra do Espírito Santo, porém, de forma alguma uma boa obra. Wesley aborda o assunto desta forma:

> Deus, indubitavelmente, nos ordena tanto o arrependimento, como o dar frutos dignos do arrependimento; os quais, se voluntariamente negligenciarmos, não podemos, razoavelmente, esperar ser de alguma forma justificados: portanto, tanto o arrependimento como os frutos dignos do arrependimento, são, de alguma forma, necessários para a justificação. Mas não são necessários no *mesmo sentido* que a fé, nem no *mesmo grau*. Não no *mesmo grau*, porque aqueles frutos são somente necessários *condicionalmente*; se houver tempo e oportunidade para eles. De outra forma um homem pode ser justificado sem eles, tal como o *ladrão* na cruz; (...), mas não pode ser justificado sem a fé; isto é impossível. Da mesma forma um homem pode ter tanto arrependimento, ou tantos frutos dignos do arrependimento, contudo, de forma alguma aproveita; ele não é justificado até que creia. Mas no momento em que crê, com ou sem esses frutos, sim, com mais ou menos arrependimento, ele é justificado. – Não no *mesmo sentido*; porque o arrependimento e os seus frutos são apenas *remotamente* necessários; necessários para a fé; enquanto que a fé é *imediata* e *directamente* necessária para a justificação. Resta então, que a fé é a única condição, que é *imediata* e directamente necessária, para a justificação.[23]

Desta forma genial, Wesley retém a ênfase bíblica na fé como a única condição para a salvação e ao mesmo tempo preserva a ênfase, igualmente bíblica, sobre o lugar do arrependimento.[24] Da mesma forma, que o pensamento Luterano, preserva a unidade inseparável do arrependimento e da

---

22 Cf. ibid. 2:361-97.
23 Ibid., 451-52.
24 Cf. discussão de Colin Williams sobre este ponto, a qual é bastante preceptiva e demonstra a forma como Wesley procurava evitar os dois lados do dilema. Ele defende que o arrependimento é a "fé preliminar", que é uma resposta à graça preveniente e compara-o à famosa categoria de Wesley da "fé de um servo", enquanto que a "fé justificadora" é a "fé de um filho". Williams conclui: "A sua ênfase crescente nos frutos dignos do arrependimento, nada fez para alterar a sua doutrina da justificação somente pela fé, pois estas obras são o fruto da fé do arrependimento e o dom da graça de Deus e longe de nos fazer capazes, em qualquer sentido moral, para receber a fé justificadora, eles são apenas o sinal da nossa prontidão em permitir que Deus continue a sua obra dentro de nós". *John Wesley's Theology Today*, 61-66.

fé, da lei e do evangelho como vimos, no nosso desenvolvimento anterior no capítulo 12, na explicação da obra profética de Cristo. Isto leva-nos directamente ao dom apropriador do Espírito: a fé.

Fé

Encontramos aqui um dos termos mais ambíguos do vocabulário cristão. A fé pode comunicar numerosos significados. No entanto, no que diz respeito à salvação, existem fundamentalmente duas possibilidades: (1) a crença e (2) a confiança. Nós desenvolvemos, o relacionamento dinâmico destes dois conceitos de fé, na nossa análise da doutrina da revelação e, vamos apenas diferir para aquela secção, quanto às distinções básicas entre os dois. Eles são na realidade inseparáveis, mas no relacionamento com a salvação, a fé como confiança, é dominante.

No seu resumo das Homilias da Igreja de Inglaterra, sobre "A Doutrina da Salvação, Fé, e Boas Obras", Wesley aprova estas palavras:

> A verdadeira e correcta fé cristã é não somente crer que as Sagradas Escrituras e os artigos da nossa fé são verdadeiros, mas também ter uma confiança segura e a certeza de estar salvo da condenação eterna por Cristo, da qual segue um coração amoroso para obedecer os seus mandamentos.[25]

Tal fé tem como seu corolário a(s) promessa(s) de Deus. Como Paulo diz em Rom. 10:17 – "E, assim, a fé vem pela pregação e, a pregação pela palavra de Cristo". Por isso, a fé é uma resposta e não uma iniciativa humana. É uma criação do Espírito, em termos gerais e específicos, em resposta à Palavra de Deus. A fé que salva é a resposta à oferta gratuita do perdão.[26]

Ao que parece, Wesley, tem plena consciência deste carácter essencial da fé, visto que a sua definição clássica é Heb. 11:1 – "Ora, a fé é a certeza de coisas que se esperam, a convicção [prova, Revista e Corrigida] das coisas que se não vêem". A fé é a certeza segura de que, o que quer que Deus tenha prometido ou ordenado, pode ser realizado no aqui e agora. Esta é a base para o seu "optimismo da graça".

Deve insistir-se, tal como Wesley, que a fé pela qual o indivíduo é justificado não pode ser entendida como uma boa obra ou uma causa meritória da nossa aceitação. As palavras que Wesley cita, das Homilias, declaram que esta fé pela qual somos justificados

> não é um acto próprio, crer em Cristo, ou esta nossa fé em Cristo, que está dentro de nós, que de facto nos justifica (porque isso, seria considerar a nossa

---

25 Citado em Albert Outler, ed., *John Wesley* (New York: Oxford University Press, 1980), 128.
26 Vide ibid. "E, portanto, S. Paulo nada declarou no favor do homem a respeito da sua justificação, mas somente sobre a sua fé viva e verdadeira, a qual é o *dom de Deus*". 125, itálico adicionado.

justificação como algum acto ou virtude que está dentro de nós), mas apesar de termos fé, esperança e caridade dentro de nós, nunca fazemos obras suficientes para tal, contudo, temos de renunciar ao mérito de todas, da fé, da esperança, da caridade e de todas as outras virtudes e boas obras que fizemos no passado, fazemos ou poderemos fazer, como sendo demasiado fracas para merecer a nossa justificação.[27]

Wiley resume de forma ordenada todos os elementos que temos aqui abordado nesta discussão sobre fé que salva ou justifica:

> Vimos que o principal elemento da fé é a confiança; daí a fé que salva ser uma confiança pessoal na Pessoa do Salvador. Podemos dizer, em ligação a isto, que a causa eficiente desta fé é a operação do Espírito Santo e a causa instrumental é a revelação da verdade a respeito da necessidade e a possibilidade de salvação (*CT* 2:367-68).

Um assunto adicional deve ser notado. Embora a fé seja o modo de entrada na vida cristã é, também, um elemento da sua continuidade. Não se exerce a fé num evento isolado, mas começa-se com aquilo que é uma caminha de fé, marcada pela dependência contínua da misericórdia e da graça de Deus. Por isso Paulo diz em Col. 2:6-7 – "Ora, como recebestes Cristo Jesus, o Senhor, assim andai nele, nele radicados, edificados e confirmados na fé, tal como fostes instruídos, crescendo em acções de graças".

O Processo da Salvação

Uma vez que a fé é o dom de Deus que apreende o perdão ou a justificação, a primeira operação do Espírito, à qual damos a nossa atenção, é o testemunho do Espírito quanto à nossa aceitação. É desta forma que a justificação está ligada com a Sua obra. As outras operações do Espírito ligadas com a vida cristã podem ser resumidas sob a rubrica da santificação, definida, de acordo com o entendimento distintamente wesleyano, como uma "mudança real" em contraste com a justificação como uma "mudança relativa". A primeira é o que Deus faz por nós através do Seu Filho; a última é o que Ele faz em nós pelo Seu Espírito.[28]

Daí que possamos falar de todas estas obras "transformadoras do ser" do Espírito Santo como "obras de santificação" e reconhecer o conteúdo, especificamente cristão de cada uma, como delineado no capítulo anterior. Então, em adição ao Testemunho do Espírito, abordaremos também a Regeneração, a Inteira Santificação (a ênfase distintamente wesleyana) e o Crescimento na Graça, como várias facetas da obra mais abrangente da santificação.

---

27 Ibid., 127.
28 *StS* 1:119; 2:227, 445-46.

O Testemunho do Espírito

Este tema é normalmente referido como a doutrina da segurança do crente. É uma das doutrinas mais identificadas com a teologia wesleyana e, ao mesmo tempo, uma das mais difíceis e controversas. H. B. Workman diz que é "a contribuição fundamental do metodismo para a vida e o pensamento da Igreja";[29] porém ela foi denegrida e criticada, Wesley gastou muito do seu tempo a defender a sua validade e a explicar o seu significado. Algum do seu esforço esteve envolvido em tentar entendê-la ele próprio.

O próprio Wesley afirmou que esta doutrina "é uma grande parte do testemunho que Deus lhes deu [os metodistas] para mostrar a toda a humanidade. É pela Sua bênção peculiar sobre eles, na pesquisa das Escrituras, confirmada pela experiência dos Seus filhos, que esta grande verdade evangélica tem sido recuperada, a qual esteve durante muitos anos quase perdida e esquecida.[30]

Que queria Wesley dizer com "testemunho do Espírito"? Em ambos os sermões sobre o tópico, pregados (ou escritos), com 20 anos de intervalo entre eles, definiu-o da mesma forma:

> O testemunho do Espírito é uma impressão interior na alma, pela qual o Espírito de Deus testifica directamente ao meu espírito, que eu sou um filho de Deus; que Jesus Cristo me amou e se deu a Si mesmo, por mim; que todos os meus pecados estão apagados e que eu, mesmo eu, estou reconciliado com Deus.[31]

Ambos os sermões foram exposições de Rom. 8:16, que parece ser a base fundamental da sua doutrina: "O próprio Espírito testifica com o nosso espírito que somos filhos de Deus". Com um apoio das Escrituras tão claro, porque é que encontrou tanta oposição? Como a sua afirmação, acima citada, sugere, irrompeu no cenário Inglês como uma "nova doutrina" que poucos tinham, alguma vez, ouvido. De facto, quando João encontrou a ideia entre os Morávios, especialmente Peter Böhler, teve a mesma reacção. "Fiquei bastante espantado", afirma, "e vi isso como um novo evangelho".[32] Sugden sugere, resumidamente, duas razões para o seu desaparecimento da cena religiosa: Ter sido obscurecida, tanto pelo ensino sacramental do catolicismo romano, como pelo exagero dos místicos.

O Concílio de Trento tinha-se pronunciado, definitivamente contra qualquer testemunho directo do Espírito Santo ao crente individual, sobre a sua salvação presente e a aceitação de Deus. Watkin-Jones, contudo,

---

29 *A New History of Methodism* (London: Hodder and Stoughton, 1909), 19.
30 *StS* 2:343-44.
31 Ibid. 1:208; 2:345.
32 *Journal* 1:475-76.

observa: "O conceito católico romano de salvação por mérito, graça sacramental e prova, não poderia levar a qualquer outra conclusão".[33]

Depois de pesquisar as evidências que, houve aqueles que em Inglaterra, nos séculos XVI e XVII, ensinaram que a segurança estava disponível directamente a todos os crentes, Watkin-Jones observa, no entanto, que "sem dúvida a atitude teológica da Igreja de Inglaterra, no século XVIII, era desfavorável a esta doutrina". Ele atribui isto, largamente, à influência do calvinismo que "nunca favoreceu a segurança como um privilégio de todos os crentes".[34]

Wesley teve de defender a sua fé contra duas principais acusações. Primeiro, acreditava-se que tais operações directas do Espírito estavam, largamente, limitadas à era apostólica e eram garantidas, apenas, a umas quantas pessoas seleccionadas. Por outras palavras, a segurança era um dom extraordinário. Contra esta objecção, Wesley continuamente insistiu que era um privilégio dos cristãos comuns, disponível a todos. Nisto podia apelar para a experiência de muitos dos seus contemporâneos.

A segunda acusação foi sem dúvida a mais séria. Foi acusado de entusiasmo (fanatismo). Reivindicar um testemunho directo e imediato do Espírito podia levar a todo o tipo de excessos e tornar-se facilmente num assunto de racionalização e auto-dissimulação. Os desenvolvimentos profundos na psicologia, desde o tempo de Wesley, deram um maior ímpeto a esta crítica e deve ter a devida e cuidadosa consideração. Como Wesley respondeu a esta crítica pode, porventura, ser visto melhor através de uma análise mais profunda do seu ensino.

É importante notar que o testemunho do Espírito está directamente relacionado com a justificação pela fé.[35] A experiência da segurança da salvação do próprio Wesley ocorre a 24 de Maio de 1738, com a sua experiência, de Aldersgate, do "coração inexplicavelmente aquecido". Este evento teve lugar como um clímax dos encontros de Wesley, durante um período de tempo, com os Morávios, especialmente Peter Böhler e A. G. Spangenberg.

É instrutivo comparar as conversas com estes homens e as próprias palavras de Wesley na descrição do que lhe aconteceu em Aldersgate. A entrevista com Spangenberg registada no seu *Journal* é clara:

> Pedi conselho ao Senhor Spangenberg a respeito de mim mesmo – à minha própria conduta. Disse-me que nada poderia dizer até que me colocasse duas

---

33 Howard Watkin-Jones, *The Holy Spirit from Arminius to Wesley* (London: Epworth Press, 1929), 305.
34 Ibid., 313.
35 Watkin-Jones diz: "No sistema Metodista a doutrina do testemunho do Espírito procede naturalmente da doutrina da salvação pela fé". 319.

ou três questões. "Conheces-te a ti mesmo? Tens tu o testemunho dentro de ti mesmo? Dá o Espírito de Deus testemunho ao teu espírito de que tu és um filho de Deus?" Fiquei surpreendido e não sabia o que responder. Ele observou-o e perguntou: "Conheces Jesus Cristo?" Pausei e disse: "Sei que Ele é o Salvador do mundo". "Verdade", respondeu, "mas sabes se Ele te salvou?" Respondi: "Espero que Ele tenha morrido para me salvar". Ele apenas acrescentou: "Conheces-te a ti mesmo?" Eu disse: "conheço". Mas creio que foram apenas palavras vãs.[36]

As suas palavras descritivas de Aldersgate reflectem a particularidade da fé exigida no exame de Spangenberg:

> À noite fui, sem muita vontade, a uma sociedade na Rua Aldersgate, onde alguém estava a ler o prefácio de Lutero à Epístola aos Romanos. Cerca de um quarto para as nove, enquanto ele descrevia a mudança que Deus opera no coração através da fé em Cristo, senti o meu coração inexplicavelmente aquecido. Senti que realmente confiava em Cristo, somente Cristo, para a salvação: e uma segurança foi-*me* dada, que Ele tinha tirado os *meus* pecados, mesmo os *meus* e que *me* tinha salvo da lei do pecado e da morte.[37]

No seu segundo sermão sobre "O Testemunho do Espírito" estava provavelmente a referir-se a este evento quando disse: "O próprio Espírito testemunhou com o meu espírito que eu era um filho de Deus, deu-me as evidências disso e imediatamente clamei, Aba, Pai!"[38]

Isto torna óbvio que Wesley se moveu de uma fé algo vaga e geral, para uma fé particular e individual que se apropria. Ou poder-se-ia dizer que envolveu uma mudança, de um entendimento intelectual da fé (assentimento) para a confiança. Sobre esta transformação, Cannon diz que "é, portanto, no ponto da fé, da sua natureza e função, que notamos a mudança radical, que teve lugar no pensamento de Wesley, a respeito da justificação".[39]

Além disso, parece haver uma mudança de ênfase na ideia da justificação. Antes de Aldersgate, a ênfase de Wesley estava nas obras como um modo de aceitação diante de Deus. Não é que não conhecesse a doutrina, mas ele estava algo confuso sobre a eficácia única da fé. Numa revisão da sua vida religiosa, anterior a 24 de Maio de 1738, falou de muitos confortos sensíveis, que eram pequenas antecipações da vida de fé, porém, ele não tinha "o testemunho do Espírito com o seu espírito e na realidade não podia ter; porque o buscava não pela fé, mas como se fosse pelas obras da lei".[40]

---

36 *Journal* 1:151.
37 Ibid., 475-76.
38 *Sts* 2:350.
39 *Theology of John Wesley*, 74.
40 *Journal* 1:470, 71.

É importante uma qualificação adicional. De Peter Böhler, Wesley aprendeu sobre a centralidade de Cristo em relação à fé salvadora. Daí que, somos apresentados ao que, anteriormente, chamámos de princípio encarnacional, como essencial para uma doutrina cristã do Espírito Santo. Ele reaparece aqui em ligação com a fé para a justificação.

Com estes breves resumos em perspectiva, podemos agora ver a validade do sumário de A. S. Yates:

> A segurança, como Wesley veio a entendê-la, é a segurança da salvação; salvação baseada na justificação somente pela fé; não de tipo geral e vaga, mas uma fé pessoal, centrada em Cristo; um Cristo que "me amou e Se deu a Si mesmo por mim".[41]

O testemunho do Espírito, então, não é uma impressão geral, que surge do nada, sem base em algo objectivo. Antes, está directamente relacionado com a promessa implícita de Deus, observada em Jesus Cristo, que Deus me ama e enviou o Seu Filho, como sacrifício expiatório pelos meus pecados. Realmente, o testemunho é tanto, ou mais, uma segurança do amor de Deus por mim, como do meu estado subjectivo. Com a segurança outorgada como o resultado do evento histórico, aproprio-me dos seus benefícios num momento de fé existencial e pode ocorrer (vide abaixo), ou idealmente deveria ocorrer, uma segurança instantânea, baseada na fidelidade de Deus, que a expiação feita universalmente, agora, é proveitosa para mim. Esta segurança, que Wesley defende persistentemente, é mais do que uma libertação psicológica; é a interacção sobrenatural do Espírito divino com o espírito humano, uma actividade que desafia explicação. Aqui, assim como com outras doutrinas transcendentais, Wesley insiste no facto, mas confessa uma inabilidade para explicar a forma.

Finalmente, para responder à acusação de entusiasmo, precisamos de notar as defesas que Wesley ergueu contra esta perversão. Ele insistiu que o testemunho genuíno podia ser testado por vários critérios: tinha de ser precedido pelo arrependimento, que por sua vez tinha de ser seguido por uma "vasta e poderosa mudança [ética]". As marcas bíblicas de alegria, amor e obediência à lei Deus devem seguir. Estas podem estar presentes e o testemunho ausente, mas se estas estiverem ausentes, o testemunho não pode estar presente.[42]

Nos seus sermões, Wesley parece, realmente, distinguir três níveis de testemunho: (1) Existe uma inferência a partir de evidências empíricas. Se o fruto do Espírito estiver presente numa vida, juntamente com outros fenómenos observáveis, marcadamente, cristãos, pode-se, racionalmente,

---

41 *A Doutrina da Segurança* (London: Epworth Press, 1952), 59.
42 *StS* 1:211-16.

inferir que o indivíduo é salvo. (2) Existe o testemunho do nosso próprio espírito. Isto refere-se a realidades interiores que são completamente privadas, mas das quais estamos familiar e directamente conscientes, como estamos de o sol brilhar. Esta é "uma consciência pura diante de Deus" (Actos 24:16). (3) Existe o testemunho directo do Espírito e este é anterior aos outros dois e o aspecto do testemunho que está preocupado em defender. Ele defende que basear a segurança, unicamente, nos frutos é voltar atrás à justificação pelas obras.[43]

Os primeiros dois acima descritos são vulgarmente designados como "testemunho indirecto", enquanto que o terceiro é o próprio testemunho e é chamado de testemunho "directo". Wesley insiste, porém, que os primeiros dois são, também, obra do Espírito. "É Ele que, não só opera em nós de todas as maneiras o que é bom, mas também brilha na Sua própria obra e, claramente, demonstra que Ele a operou".[44]

Wesley também defende a prioridade do testemunho directo de forma lógica:

> Que este testemunho do Espírito de Deus precisa, por necessidade, pela própria natureza das coisas, ser antecedente ao testemunho do nosso próprio espírito, pode aparecer a partir desta única consideração. Precisamos de ser santos de coração e santos na vida, antes que possamos estar conscientes que o somos; antes de podermos ter o testemunho do nosso espírito, que somos interiormente e exteriormente santos. Mas precisamos de amar a Deus, antes que possamos de alguma forma ser santos; sendo esta a raiz de toda a santidade. Agora, nós não podemos amar a Deus, até que saibamos que Ele nos ama. (...) E não podemos conhecer o Seu amor perdoador por nós, até que o Seu Espírito testemunhe disso ao nosso espírito. Uma vez que, portanto, este testemunho do Seu Espírito tem de preceder o amor de Deus e toda a santidade, por consequência tem de preceder a nossa consciência interior, ou o testemunho do nosso espírito a respeito deles.[45]

Uma importante distinção, feita por Wesley, foi entre a "segurança da salvação" e a "segurança da fé". Numa carta a Arthur Bedford, a 4 de Agosto de 1738, Wesley afirma: "Aquela segurança de que, somente, eu falo, não deveria ter-lhe chamado segurança da salvação, mas antes (com as Escrituras) segurança da fé. (...) Creio que as palavras das Escrituras são sempre as melhores.[46]

Isto é muito mais que uma querela semântica. Tanto Bedford como Wesley entendiam que o termo "segurança da salvação" significava um

---

43 Lindström, *Wesley and Sanctification*, 115.
44 *StS* 1:208.
45 Ibid., 211-15
46 *Letters* 1:255.

conhecimento que *perseverávamos* num estado de salvação, enquanto que Wesley estava apenas disposto a reivindicar que tínhamos o testemunho do Espírito que *agora* estávamos num estado de salvação.[47]

João Calvino mantinha a posição de que o cristão podia estar certo, não somente do seu estado presente de salvação, mas também da sua perseverança na fé até ao fim. Este é, claro, um corolário da crença na segurança eterna. Como um calvinista contemporâneo o coloca: "Isto não nega que, por causa da teimosia ou presunção, eles não caiam de vez em quando, mas nunca cairão fora da esfera da graça".[48]

Por fim, devemos observar que o entendimento de Wesley sobre este ensinamento bíblico passou por algumas modificações significativas no processo do tempo sob o impacto da experiência. Portanto, as suas perspectivas mais maturas foram o resultado de um processo evolutivo. No início, estava preparado para negar a fé salvífica ou a aceitação por parte de Deus, a todos os que não experimentassem a certeza interior dela. Esta foi a base da avaliação do seu próprio cristianismo, vivido antes de Aldersgate, como menos que salvífico. Mas, ao meditar na experiência de muitos crentes, veio a permitir excepções. Numa carta de 28 de Março de 1768, Wesley afirma: "Eu não pensei, durante muitos anos, que uma consciência da aceitação fosse essencial para a fé justificadora".[49]

Podemos ver a ocasião da emergência de algumas das suas categorias peculiares, bem como a sua deferência para com a experiência, ao formular o seu entendimento da vida cristã, nas suas próprias palavras, as quais fazem um excelente resumo do nosso ponto. Wesley tinha 85 anos quando escreveu:

> Há quase 50 anos atrás, quando os Pregadores, vulgarmente chamados de metodistas, começaram a pregar aquela grande doutrina bíblica da salvação pela fé, não foram suficientemente informados [sic] da diferença entre um servo e um filho de Deus. Eles não entenderam, claramente, que até alguém "que temesse a Deus e andasse em rectidão era aceite por ele". Em consequência disto, estavam inclinados a entristecer os corações daqueles a quem Deus não tinha entristecido. Pois, frequentemente, perguntavam àqueles que temiam a Deus, "Sabes que os teus pecados estão perdoados?" E com base da sua resposta, "Não", imediatamente respondiam, "Então, és um filho do diabo". Não, uma coisa não segue a outra. Poderia ter dito (e é tudo o que se pode dizer com exactidão), "Até agora és somente um *servo*, não és um *filho* de Deus. Já tens uma grande razão para louvar a Deus por Ele te chamar para o seu honrado serviço".[50]

---

47 A. S. Yates, *Doctrine of Assurance*, 61, 133-34.
48 Bloesch, *Essentials of Evangelical Theology* 1:236.
49 *Letters* 5:359.
50 *Works* 7:199.

No entanto, ele nunca deixou de sustentar que essa era uma experiência que todos os cristãos deveriam buscar. Escreveu em 1768: "a consciência de estar no favor de Deus (...) é um privilégio comum dos cristãos tementes a Deus e que trabalham em rectidão".⁵¹

Escolhemos desenvolver este tópico historicamente, uma vez que todos os wesleyanos que tentaram fazê-lo de forma sistemática, simplesmente, repetiram as análises de Wesley. Também Wesley parece ter abordado a maioria dos assuntos sistemáticos. No entanto, tentaremos um sumário em conclusão.

Notámos que o testemunho do Espírito, como Wesley o entendia, está relacionado com o princípio encarnacional que anteriormente articulámos, como sendo informativo de uma perspectiva Neo-testamentária da obra do Espírito. Notámos a ligação inseparável, própria da teologia wesleyana, entre a religião e a ética. Nenhuma relação mística com Deus pode contornar os requisitos éticos do discipulado. A distinção, entre a segurança da salvação e a segurança da fé, identifica o carácter sinergístico do pensamento wesleyano. Vimos a importância da verificação experimental das afirmações dogmáticas, para Wesley e, a consequente disposição para modificar as perspectivas à luz da experiência, sem que nenhum ensinamento inequívoco das Escrituras fosse comprometido, constituindo uma consideração metodológica importante para algumas das nossas futuras análises. Além disso (embora não tenha sido abordado na pesquisa, visto que Wesley não fala explicitamente disso), uma vez que o testemunho do Espírito é um privilégio comum, aberto a todos os crentes, é óbvio que, como H. B. Workman destaca, "A doutrina da segurança de Wesley envolvia, como corolário necessário, a teoria arminiana da expiação".⁵²

Regeneração

A regeneração é uma metáfora, retirada do campo da biologia, para aludir à "mudança real" que é efectuada pelo Espírito Santo, no limiar da vida cristã. O termo ocorre somente duas vezes no Novo Testamento. Em Mat. 19:28 a referência é à regeneração cósmica. É usado, em ligação com o baptismo, como a actividade renovadora do Espírito, em Tito 3:5. Contudo, a ideia comunicada pela metáfora é expressa em várias passagens, empregando a imagística de nascer de novo (cf. Tiago 1:21; 1 Ped. 1:23; e a conversa com Nicodemos em João 3).

No seu sermão "*The Great Privilege of Those That Are Born of God*" [O Grande Privilégio Daqueles que Nasceram de Deus], Wesley distingue, de forma clara, a regeneração da justificação, enquanto mostra a sua relação:

---

51 *Letters* 5:235.
52 *History of Methodism*, 34.

> Mas embora seja permitido, que a justificação e o novo nascimento sejam, numa determinada altura, inseparáveis um do outro, contudo são facilmente diferenciáveis, como não sendo o mesmo, mas coisas de natureza muito diferente. A justificação implica somente uma mudança relativa, o novo nascimento uma real. Deus ao justificar-nos faz algo *por* nós; ao fazer-nos nascer de novo, Ele faz a obra *em* nós. A primeira, muda a nossa relação externa com Deus, de maneira que de inimigos nos tornamos em filhos; pela última, o mais profundo das nossas almas é mudado, de forma que de pecadores nos tornamos em santos. Uma restaura-nos ao favor, a outra à imagem de Deus. Uma retira a culpa, a outra o poder do pecado; de forma que, embora estejam juntas, numa determinada altura, são, contudo, de naturezas completamente distintas.[53]

A explicação adequada desta linguagem figurativa é, em última análise, impossível como estava implícito no comentário de Jesus feito a Nicodemos, que "O vento sopra onde quer, ouves a sua voz, mas não sabes donde vem, nem para onde vai; assim é todo o que é nascido do Espírito" (João 3:8). João Wesley, com base nesta passagem, notou que "esperar uma detalhada justificação filosófica, de como isso acontece", é esperar demasiado. Ele aqui afirma o facto, mas confessa que a maneira lhe escapa.[54]

No entanto, se reconhecermos a sua inadequação, podemos usar uma definição psicológica para obter alguma luz sobre a natureza da regeneração. Olin A. Curtis dá-nos uma excelente definição: "A regeneração é a reorganização principal de todo o sentido da vida de uma pessoa, pela acção vital e da presença permanente do Espírito Santo, de forma que a derradeira motivação é a lealdade a Jesus Cristo".[55] Isto relaciona-se muito bem com a definição de Alan Richardson de arrependimento, notada acima, como representando "uma reorientação fundamental de toda a personalidade"[56]

Quando isto ocorre, uma pessoa torna-se "numa nova criatura (...) em Cristo" (2 Cor. 5:17). Ela experimenta uma reorientação radical da totalidade do seu ser, uma inversão de valores, de forma que, o que antes amava, agora odeia e vice-versa. A nova vida regenerada envolve a morte para um estilo de vida antigo e a adopção de um novo estilo de vida. Esta transformação do sistema de valores do indivíduo é possível apenas, através do poder capacitativo do Espírito Santo.

A regeneração está, intimamente ligada, com a metáfora da "adopção". Wesley iguala o ser "nascido do Espírito" com o ter o "Espírito de

---

53 *StS* 1:299-300.
54 Ibid., 2:231.
55 *The Christian Faith* (New York: Eaton and Mains, 1905), 365.
56 *Theology*, 31.

adopção".⁵⁷ A adopção pode ser considerada como o aspecto social da conversão. Como Wiley diz, o termo refere-se "ao acto de um homem levar para sua casa como seus, filhos que não nasceram de si" (*CT* 2:429). Podemos mais uma vez referir-nos à definição de O. A. Curtis: "A adopção é um termo legal que S. Paulo pediu emprestado à lei romana para expressar a fase social da conversão, nomeadamente, que um pecador salvo, não somente é justificado e regenerado, mas também é, realmente, incorporado na família de Deus para disfrutar a comunhão e partilhar o seu destino".⁵⁸ Assim, a regeneração inaugura o relacionamento entre o crente e Deus, chamado de filiação.

Helmut Burkhardt refere-se a esta filiação resultante como uma categoria ontológica.⁵⁹ É, então, apropriado falar da nova vida trazida à existência pela regeneração, como ontológica, somente se não for conceptualizada em termos de uma ontologia substantiva. Uma ontologia relacional, como sugerimos na nossa abordagem da *imago Dei*, em que a essência do homem é identificada como "homem em relação com Deus", permitir-nos-á considerar, de forma legítima, a mudança real envolvida no novo nascimento como ontológica por natureza.

Burkhardt aparentemente não defende esta cláusula; portanto, vítima do resultado de pensar em termos de uma ontologia substantiva e, portanto, conclui que "a filiação é algo duradouro, que não pode ser cancelado, diferente, por exemplo, de uma amizade. A filiação é uma afirmação sobre a existência".⁶⁰ A falácia disto é imediatamente aparente e dá lugar ao calvinismo popular, que afirma a perseverança dos santos em termos de "uma vez filho, para sempre filho", defendendo que uma vez nascidos, não se pode desfazer o nascimento. Esta conclusão é válida apenas se abandonarmos o entendimento relacional das metáforas envolvidas.

A regeneração é frequentemente relacionada com o baptismo. Existe uma ligação que deferiremos, para abordar mais tarde, observando aqui, simplesmente, que embora o Novo Testamento não ensine a regeneração baptismal, o rito é simbólico do dom do Espírito, que efectua o novo nascimento. O baptismo pode ser administrado sem o acompanhamento necessário da regeneração, então não é, portanto, um sinal infalível que ela tenha ocorrido.

Wesley dá grande atenção às marcas do novo nascimento. O primeiro resultado desta obra do Espírito é que Deus capacita o regenerado de

---

57 *StS* 1:283.
58 *Christian Faith*, 367.
59 *The Biblical Doctrine of Regeneration*, trans. O. R. Johnston (Downers Grove, Ill.: InterVarsity Press, 1978).
60 Ibid., 30.

forma a evitar cometer pecado. Mesmos os bebés em Cristo, insiste, "são tão perfeitos ao ponto de não cometer pecado". O pecado ao qual ele se refere é a "transgressão voluntária de uma lei de Deus conhecida".[61] Isto é o fruto imediato da fé. A segunda marca é a esperança, a qual ele relaciona com o testemunho directo e indirecto do Espírito. A terceira e a maior de todas, é que o amor de Deus é derramado no coração daquele que se converte. Numa palavra, é a fé, a esperança e o amor.[62]

Para Wesley, a regeneração é o primeiro momento da santificação ou a que se pode chamar de santificação inicial. Isto é claro a partir de várias das suas afirmações normativas, incluindo aquela citada perto do início desta secção. No seu sermão, com o mesmo nome, define o novo nascimento como:

> a grande mudança que Deus opera na alma quando Ele a traz para a vida; quando a levanta da morte do pecado para a vida de rectidão. É a mudança feita em toda a alma, pelo Poderoso Espírito de Deus, quando é "criada de novo, em Cristo Jesus"; quando é "renovada à imagem de Deus em rectidão e verdadeira santidade"; quando o amor ao mundo é mudado pelo amor a Deus; o orgulho em humildade; a paixão em mansidão; o ódio, a inveja e a malícia em amor sincero, meigo e desinteressado por toda a humanidade.[63]

Mais tarde no mesmo sermão, ele diferencia o novo nascimento da santificação, mas torna explícito que é uma distinção entre uma obra instantânea e uma obra progressiva. Àqueles (p.ex., William Law) que fizeram da regeneração uma obra progressiva, diz:

> Isto é, inegavelmente, verdade da santificação; mas da regeneração, do novo nascimento, não é verdade. Isto é uma parte da santificação, mas não o todo; é o portão e a entrada para ela. Quando nascemos de novo, então, a nossa santificação, a nossa santidade interior e exterior começa; e, daí em diante, devemos gradualmente "crescer n'Ele que é a nossa Cabeça".[64]

O que Wesley faz de forma consistente é aplicar a sua definição genérica de santificação à regeneração, mostrando que ele a entende como sendo uma expressão particular da obra do Espírito, na restauração do homem à imagem de Deus, uma mudança real envolvendo a verdadeira santidade. Existe um tipo de santidade que está presente, em graus, em cada fase da vida cristã. Ele torna isto óbvio no seu sermão *"On Pacience"* [Sobre a Paciência] (1788). A Inteira Santificação, afirma,

---

61 *Works* 11:375; 12:239.
62 *StS* 2:285-94.
63 Ibid., 234.
64 Ibid., 240.

não implica nenhum *novo tipo* de santidade: que nenhum homem imagine isso. Desde o momento em que somos justificados, até darmos o nosso espírito a Deus, o amor é o cumprimento da lei (...) O amor é a síntese da santificação cristã; é o único *tipo* de santidade, que é encontrado, em vários *graus*, nos crentes que são diferenciados por S. João em "filhinhos, jovens e pais". A diferença entre um e outro está, propriamente, no grau de amor.[65]

Destas referências é inequívoco que Wesley iguala a regeneração com o primeiro movimento da graça santificadora da alma. Embora estivesse completa num momento, não era qualitativamente diferente da operação subsequente da graça. Ele não usou o termo *santificação inicial* para se referir a este aspecto da conversão. Esta terminologia surgiu entre os seus sucessores, aparentemente, para se opor a um ensino teológico que igualava a regeneração com a santificação sem remanescente.[66]

Não é claro quem primeiro cunhou a frase, mas a identificação da regeneração e do início da santificação foi mantido entre os representantes mais significativos do movimento wesleyano. Richard Watson enumera os componentes da redenção inicial como "justificação, adopção, regeneração e o testemunho do Espírito Santo", mas não inclui o termo *santificação inicial* entre eles. Insiste que existe, realmente, uma distinção entre um estado regenerado e um estado de inteira e perfeita santidade, à medida que procura providenciar um lugar na economia divina para a inteira santificação. Wilson T. Hogue (1916) afirma que "a obra de santificação do Espírito Santo é começada e, em bom grau, realizada na regeneração. Nesta experiência uma nova vida é gerada na alma, uma vida de amor santo". Ele afirma ainda: "Nunca é demais insistir no facto de que a santificação tem o seu início na obra da regeneração".[67]

Nas primeiras aparições da ideia de santificação inicial, no século XIX, ela foi usada de forma algo ambígua, à medida que o movimento de santidade Americano procurava refinar os ensinos de Wesley, sobre a doutrina de santificação. É, sem dúvida, esta ambiguidade que leva Wilber T. Dayton a observar que, embora seja claro que tenhamos de distinguir entre santificação "inicial" e "inteira", "é menos simples definir a extensão e a natureza" da santificação "inicial" e reconhece que "nem todos estão satisfeitos" com a interpretação que parece ter-se tornado padrão[68] (vide abaixo).

---

65 *Works* 6:488.
66 John L. Peters, *Christian Perfection and American Methodism* (New York: Abingdon Press, 1956), 150ss.
67 Referências encontradas em Richard S. Taylor, ed., *Leading Wesleyan Thinkers*, vol. 3 of *Great Holiness Classics,* ed. A. F. Harper (Kansas City: Beacon Hill Press of Kansas City, 1985), 25, 308, 309.
68 "Initial Salvation and Its Concomitants", no *The Word and the Doctrine: Studies in Contemporary Wesleyan-Arminian Theology*, comp. Kenneth E. Geiger (Kansas City:

As tendências de Watson vão na direcção de enfatizar a santificação gradual. W. B. Pope deixou claro que ele entendia a inteira santificação com sendo "na realidade a perfeição do estado regenerado".[69] Thomas N. Ralston afirma de forma inequívoca que "a santificação no seu estado inicial, é sinónima de regeneração" e, portanto, que a perfeição cristã é "a regeneração desenvolvida para a maturidade".[70]

Estas referências ilustram as tendências do pensamento wesleyano que estamos a sugerir levaram os advogados da "segunda bênção" a desenvolver a doutrina da santificação inicial. A obra de R. S. Foster reflecte a ambiguidade que acompanhou a transição. Ele diferencia entre as duas posições, as quais vêm a possibilidade de alcançar a inteira santificação nesta vida, mas uma colocando a ênfase na maturação, no amadurecimento ou no processo, sustentando que a inteira santificação "é distinta, somente, como um ponto no processo da regeneração;" e a outra enfatizando que é "uma obra imediata ou instantânea e é quase sempre uma obra distinta; a ser alcançada por intermédio do Espírito Santo, através da fé" e é diferente do que a precede (regeneração) "em tipo e grau".[71]

Não é muito claro qual das posições Foster adopta, mas a ordem dos argumentos e a forma de apresentação indicam o seu apoio à última. Se ele estiver a sugerir que o estado santificado é diferente, tanto em tipo como em grau, do estado regenerado, reflecte uma perspectiva mais próxima do próprio Wesley numa passagem mais recente:

> Mas não é uma pessoa regenerada uma criança perfeita e a santificação nada mais do que o desenvolvimento? Quando uma alma é regenerada, todos os elementos de santidade são infundidos nela, ou as graças são implantadas nela em número completo e a perfeição destas graças é a inteira santificação; e daí que, insistamos que a inteira santificação não acontece na regeneração, pois as graças não são nessa altura perfeitas. E, novamente, apesar de na regeneração todos os elementos de santidade estarem infundidos, todos os rudimentos do pecado inato não estão destruídos e daí, novamente, a ausência da santificação completa, a qual quando acontece expulsa todo o pecado. A regeneração é a santificação incipiente neste sentido – é da mesma natureza da santificação e, na medida do seu alcance, é santificação.[72]

A regeneração e a santificação inicial são, noutras fontes, separadas de tal forma que se cria uma diástase entre elas, que resulta em que a obra da

---

Beacon Hill Press of Kansas City, 1965), 208-9.
69 *Compendium* 3:89.
70 *Elements of Divinity* (New York: Abingdon-Cokesbury Press, 1924), 460ss.
71 *Christian Purity* (New York: Eaton and Mains, 1897), 56-57.
72 Ibid., 109. Isto podia bem passar como um resumo do sermão de Wesley "*On Pacience*", sec. 10, *Works* 6:488-90.

santificação seja descontínua da obra regeneradora do Espírito. Isto aparece na citação seguinte, em que a regeneração é definida como

> a infusão da vida espiritual na alma humana, na qual Deus infunde, organiza e chama à existência as capacidades, atributos e funções da nova natureza. É uma mudança da morte para a vida, do domínio do pecado para o reino da graça e que restaura a vida espiritual que foi perdida pela queda.[73]

A separação é vista, ainda, mais claramente nas palavras de J. T. Peck que radicalmente distingue a "vida" de "santidade": "Da mesma forma que a vida natural e a condição do ser vivente são distintos, a vida espiritual e a condição moral dos espiritualmente vivos são distintas". Elas são "totalmente distintas uma da outra, tanto quanto o facto e a qualidade do facto, uma coisa e o acidente de uma coisa, podem ser".[74]

A perspectiva que veio a ser considerada como padrão, no movimento de santidade Americano, identificava a santificação inicial como concomitante com a justificação, que purifica da depravação e das culpa adquiridas, as quais se prendem aos pecados efectuados, pelos quais o próprio pecador é responsável. Wiley, refere-se também a este momento inicial como "parcial" em contraste com "inteira". Na última, o crente é purificado da depravação herdada (*CT* 2:480-81). Richard S. Taylor reconhece que tanto a regeneração como a santificação inicial são mudanças reais, portanto, caindo genericamente sob a rubrica alargada de "santificação" e define a depravação adquirida, "purificada" pela santificação inicial, em termos comportamentais; por exemplo, "velhos hábitos desaparecem, mudanças no vocabulário, formas de pensar viradas do avesso". Estas parecem incorporar o que Wesley refere como "santidade exterior", a qual começa com o novo nascimento.[75]

---

73 J. A. Wood, *Perfect Love* (Chicago: Christian Witness Co., 1880), 17.
74 Citado em Wiley, *CT* 2:471. O Wiley reflecte a mesma ambiguidade vista em Wood. Insiste que a regeneração deveria ser definida como "a comunicação de vida pelo Espírito a uma alma morta em delitos e pecados" e recusa-se a identificar a regeneração com a santificação inicial, estando disposto a conceder que a última é concomitante com a primeira. 407, 413. Isto, no entanto, mantém-se em tensão com outras afirmações, tais como "a regeneração, como temos visto, é a infusão de uma vida que é santa na sua natureza". 446, vide também 423. Também diz da regeneração que "é uma mudança ética". 426. Isto, em terminologia wesleyana, é o que entendemos por santificação. A pista para este ponto de tensão interior está, talvez, no facto de que Wiley parece identificar a santificação não com uma mudança ética, mas com a purificação, o que é uma metáfora cerimonial sem quaisquer graus. Teremos ocasião de falar mais tarde deste problema com a terminologia da santidade.
75 Richard S. Taylor, *Exploring Christian Holiness* 3:139-41; cf. também A. Elwood Sanner, "*Initial Sanctification*", no *Beacon Dictionary of Theology*, ed. Richard S. Taylor (Kansas City: Beacon Hill Press of Kansas City, 1983).

Se enfatizarmos os resultados positivos do novo nascimento, como o fruto do Espírito, seremos mais capazes de ver a forma como a obra santificadora do Espírito se procura mover em direcção ao final da obra que Ele começou no homem mesmo na graça preveniente.[76] Colocar uma ênfase exclusiva no lado negativo da santificação (p. ex., purificação do pecado) tende a fazer com que esta continuidade se perca, ainda que não se possa excluir este aspecto da obra do Espírito de uma teologia da vida cristã. Parece-nos agora que, à luz destas considerações, estamos prontos para avançar directamente para um desenvolvimento da inteira santificação.

Inteira Santificação[77]

Por *justificação* referimo-nos àquela declaração da graça divina (como atitude) que restaura o pecador a um relacionamento correcto com Deus, pelo perdão e remissão da culpa; por *regeneração* entendemos a operação do Espírito Santo (graça como poder) que vivifica o pecador para Deus; por *inteira santificação* referimo-nos àquela obra do Espírito no crente que "abrevia a Sua obra em rectidão" (Wesley, cf. Rom. 9:28), liberta de todo o pecado e cria uma relação com Deus que pode ser referida como perfeição.

Todos os termos e frases, nesta última definição de trabalho proposta, necessitam de clarificação e qualificação. Por inteira santificação referimo-nos a uma fase especial de existência que é vista em continuidade com a obra mais alargada de santificação na vida do crente. Pela qualificação, inteira, entendemos o mesmo que Paulo, em 1 Tess. 5:23 – "O mesmo Deus da paz vos santifique em tudo; e o vosso espírito, alma e corpo sejam conservados íntegros e irrepreensíveis na vinda de nosso Senhor Jesus Cristo". "Tudo" significa "de uma ponta a outra" (cf. cap. 11). De forma alguma sugere algo completo que impeça crescimento adicional. Como Wesley, correctamente, insistiu, "Não existe perfeição em graus, (...) nenhuma que não admita um contínuo aumento".[78]

Nesta secção da nossa discussão da inteira santificação (mais virá depois), queremos restringimo-nos a duas questões cruciais: (1) Será a inteira santificação possível? e (2) Como a buscamos?

---

76 Vide *Fruit of the Spirit* do autor para uma demonstração da forma como isto pode ser explanado.

77 A literatura sobre este tópico é imensa. Existem assuntos exegéticos e psicológicos que têm sido explorados *ad infinitum*. Visto esta obra ser uma teologia sistemática e não uma monografia sobre santificação, embora ela tenha um papel primordial, não podemos esperar tratar todas as ramificações dos assuntos ligados ao tópico da inteira santificação. Seria necessário referir muitas obras sobre o assunto para encontrar muitos outros tópicos explorados que, aqui, não foram mencionados ou apenas tocados de passagem.

78 *StS* 2:156.

Ao abordar a questão sobre a possibilidade da inteira santificação nesta vida, primeiro, precisamos de estar conscientes que esta questão não pode ser, inteligentemente, respondida isolada de um complexo de outros assuntos. Numa palavra, só pode ser explorada de forma adequada como uma componente da teologia sistemática. Estes relevantes assuntos, ou são explorados explicitamente, ou assumidos implicitamente, em todas as obras teológicas que lidam com o assunto. Entre os assuntos prementes estão incluídos a doutrina do pecado, o significado da expiação, a natureza do homem, o significado da graça e o significado ligado ao conceito de perfeição. Já demos atenção a todos estes aspectos excepto aos últimos dois e o estudante deve familiarizar-se com estas outras áreas desta proposta teológica, em ligação com o estudo deste tópico.

Existem dois entendimentos básicos da graça, na história do pensamento cristão. Um e talvez o mais antigo, vê a graça como o poder para curar. Este, mais antigo, aparece nas palavras de Inácio de Antioquia, que se refere à Eucaristia como o "medicamento da imortalidade". É a ênfase de Agostinho e torna-se normativo para as perspectivas da piedade católica medieval. A graça foi conceptualizada como uma substância ontológica, de natureza espiritual, que foi infundida na pessoa, através dos sacramentos. A sua presença foi demonstrada através da sua capacitação para fazer as boas obras.

Martinho Lutero, juntamente, com várias das suas outras transformações teológicas, substituiu este entendimento, por uma perspectiva da graça como a atitude de Deus, pela qual Ele estava disposto a aceitar o pecador e a perdoá-lo, antes de qualquer dignidade de sua parte. Ao abandonar a ideia da graça como cura e concentrando-se na ideia de justificação em ligação com ela, a doutrina de santificação de Lutero sofreu uma fraqueza séria. Resultou numa visão ambígua da vida cristã, marcada pela oscilação entre a vitória e a derrota, o êxtase e o desespero.

Como antecipação, podemos notar que Wesley com a sua habitual abordagem à teologia da *via media* foi capaz de optar por ambas as perspectivas da graça e, portanto, produziu um equilíbrio entre a justificação (graça como atitude) e a santificação (graça como cura). Na sua discussão, da perspectiva teológica de Wesley, Harald Lindström, leva em conta estas distinções e observa:

> A corrupção básica do homem natural é (...) retratada como uma doença, a salvação como uma restauração da saúde [cura]. Um conceito de religião que aceite essa perspectiva de pecado tem de estar determinada pela ideia de santificação.[79]

---
79 *Wesley and Sanctification*, 43.

Propomo-nos explorar o assunto da perfeição notando as várias formas como a santificação tem sido (ou pode ser) interpretada e as implicações destas explanações para a questão da possibilidade da inteira santificação. Parecem existir quatro principais maneiras de interpretar a santificação, com a possibilidade de alguma sobreposição entre elas. Estas são (1) em termos de lei, (2) em termos de amor, (3) em termos de transformação do ser e (4) cerimonialmente ou de forma cúltica.

Vários entrelaçamentos destas diferentes formas de interpretar a santificação têm aparecido ao longo da história do pensamento cristão sobre a vida cristã. Houve transições dinâmicas de uma para a outra e é, sem dúvida, uma simplificação exagerada atribuir uma versão da vida cristã, exclusivamente, em termos de qualquer uma, a um determinado pensador. Porém, ver a implicação de cada interpretação, capacitar-nos-á a separar alguns assuntos importantes ao lidarmos com a questão da possibilidade da inteira santificação nesta existência finita.[80]

As exposições mais antigas da doutrina da santificação foram desenvolvidas em termos da "transformação do ser". Isto ocorreu largamente entre os teólogos da Igreja Oriental (Ireneu, Atanásio), em termos da teoria realista da redenção. Isto envolve uma deificação da natureza humana com a perspectiva da imortalidade. Já notámos os problemas desta forma de conceptualizar a mudança real, quando ou se for tomada no contexto grego de apoteose, mas não é necessário que ela seja interpretada desta forma. De qualquer modo, é a estrutura formal deste modo de ver, mais do que o seu conteúdo, que nos interessa aqui. Ireneu acreditava e ensinava que esta transformação era a obra do Espírito recebido no baptismo e implicava que uma certa medida de perfeição era concedida nesta vida, bem como uma "deificação" escatológica final. "O que temos em Ireneu, então, é o que temos no Novo Testamento – a tensão emocionante entre o 'já' e o 'ainda não'. (...) Mesmo aqui, graças ao dom do Espírito, vindo do Pai, através do Filho, nós conhecemos o Espírito na Sua plenitude e somos já feitos perfeitos, como parte da obra diligente de Deus".[81] Esta cura, da natureza humana, é interpretada por Ireneu, como a restauração do homem à *imago Dei*.

A ideia de uma perfeição, em termos de amor, aparece nos Pais da Igreja mais antigos e tem grande expressão em Clemente de Alexandria. O seu

---

80 O que estou a tentar fazer com o material que se segue é uma análise sistemática das ideias baseadas nas pesquisas de Paul Bassett, cujo trabalho em *Exploring Christian Holiness*, vol. 2, é um esforço pioneiro, a única obra desta natureza que, tanto quanto sei, existe. O Dr. Bassett procura traçar a história da ideia da inteira santificação diferenciando de "perfeição cristã" como um ideal. O estudante sério pode evitar a artificialidade, sugerida pelas minhas próprias inferências, lendo a obra de Bassett simultaneamente com esta secção.

81 Ibid., 50.

"gnóstico cristão" é principalmente caracterizado como alguém que ama a Deus, com todo o seu coração, alma, mente e força, e o seu próximo como a si mesmo. Tradicionalmente, Clemente tem sido interpretado como tendo tomado emprestado a virtude estóica da apatia ou ausência de paixão, como um paradigma para esta vida cristã superior. Isto contradiz, de forma significativa, algumas das suas outras descrições, nomeadamente a da centralidade do amor e, portanto, levanta a questão sobre a adequação desta interpretação. É pelo menos possível que Clemente esteja a falar da "ausência de paixão", em termos platónicos (socráticos), em vez de estóicos. Em *Phaedo*, Sócrates reivindicou que o filósofo é o único homem, verdadeiramente, virtuoso porque ele ama e busca as virtudes por elas mesmas e não com um motivo secundário. Isto é, quase, precisamente a forma como Clemente descreve o relacionamento ideal do cristão com Deus. Na *Stromata*, diz:

> Podíamos então, supor que se qualquer um propusesse ao gnóstico se escolheria o conhecimento de Deus ou a salvação eterna; e, se estes, que são totalmente idênticos, fossem separáveis, ele escolheria, sem o mínimo de hesitação, o conhecimento de Deus, julgando aquela propriedade da fé, que do amor ascende ao conhecimento, desejável, por si mesma. Isto, então, é a primeira forma de fazer o bem do homem perfeito, quando é feito não por qualquer vantagem que lhe diga respeito; mas porque julga correcto fazer o bem; e a energia sendo vigorosamente empregue em todas as coisas, no próprio acto torna-se boa; não boa em algumas coisas e não boa em outras; mas consistindo no hábito de fazer o bem, nem para a glória, nem, como os filósofos dizem, para a reputação, nem por recompensa seja dos homens ou de Deus; mas para viver a vida à imagem e semelhança do Senhor.[82]

Daí que o verdadeiro gnóstico seja caracterizado por um amor a Deus como Ele é em si mesmo e, não só, pelos Seus benefícios. Este é um amor que exclui todos os amores inferiores. Perfeição em amor é uma possibilidade presente.[83]

Mas encontramos algumas modificações singulares destas ideias na obra de Agostinho. Ele deixou à igreja um legado duplo com respeito ao pecado. Usando a estrutura conceptual do neo-platonismo, definiu o pecado como "amor pervertido". A ontologia de Plotino proporcionou-lhe uma solução intelectual para o problema do mal, na qual foi capaz de identificar o mal

---

82 Bk. 4, chap. 18.
83 Muito cedo, Wesley ficou impressionado com a descrição de Clemente do cristão perfeito (*Journal* 5:197), mas em 1774 ele critica a "apatia" do ideal de Clemente e afirma: "Não admiro aquela descrição como o fazia antes". *Works* 12:297-98. Se a minha interpretação tem alguma validade, então Wesley, não tinha de se ter desiludido, mas teria encontrado um forte apoio para as suas próprias percepções.

com o não-ser e evitar o dualismo do maniqueísmo. Isto envolvia uma escala de estar com Deus, que é o próprio Ser, como a Fonte de tudo o que existe, com variados graus de existência, misturados com o não-ser à medida que nos afastamos da Base do Ser. O lugar do homem nesta escala é determinado pelo seu amor. Se alguém ama as coisas ou a si mesmo, isto é pecado, porque só Deus é o objecto digno do amor. O perfeito amor de Deus seria então a liberdade do pecado, então, teoricamente é possível, de acordo com este modelo, ser inteiramente santificado.

Agostinho realmente fala de uma forma maravilhosa em como o Espírito Santo infunde o amor por Deus, como um acto da graça, no coração do homem: "Nós(...) afirmamos que a vontade do homem é tão divinalmente ajudada na busca da rectidão, que ele recebe o Espírito Santo, através de quem é formado na sua mente um deleite e um amor por aquele bem supremo e imutável que é Deus".[84]

Mas mesmo nesta base, Agostinho nega de forma vigorosa que qualquer pessoa esteja livre do pecado nesta vida. Baseia isto numa colecção de escrituras que parecem afirmar o estado pecaminoso universal do homem e conclui: "Visto que(...) estas passagens não podem ser falsas, segue claramente a minha mente que, qualquer que seja a qualidade ou a extensão da rectidão que podemos, com certeza, atribuir à vida presente, não existe um homem vivo que esteja absolutamente livre do pecado".[85] Mas face a esta rejeição, ainda afirma a possibilidade da perfeita rectidão, visto ela ser a obra de Deus e quem pode pôr um limite ao poder de Deus?

No entanto, oferece o raciocínio da razão, pela qual o homem finito não pode amar a Deus perfeitamente, um raciocínio que se torna muito significativo, em discussões posteriores. Este argumento é baseado no pressuposto que existe uma correlação entre o amor e o conhecimento ou a visão. Quanto mais conhecemos Deus, mais O amamos; mas visto que o nosso conhecimento presente é defeituoso ("Vemos como em espelho, obscuramente" [1 Cor. 13:12]), o nosso amor também o é. Uma vez que nunca teremos um conhecimento imaculado de Deus até que experimentemos a visão beatífica, a perfeição do amor aguarda por esta realidade escatológica.

Uma segunda perspectiva do pecado, no ensino de Agostinho, coloca-nos um tipo de problema diferente. Surgindo parcialmente da sua própria experiência e, parcialmente, da sua preocupação com a aparente perspectiva de Paulo, que resumia todos os mandamentos a uma proibição, "Não cobiçarás", Agostinho identificou o pecado com a concupiscência, particularmente, com o desejo sexual. À partida, pode ser afirmado que

---

84 *On the Spirit and the Letter*, chap. 5.
85 Ibid., chap. 13.

atendendo a esta perspectiva de pecado, os seres humanos estão impossibilitados de alcançar a liberdade do pecado nesta vida.

Mas existem outros factores complexos envolvidos nos seus debates com o pelagianismo, no que respeita a esta interpretação que influenciam a nossa discussão. A perspectiva pelagiana do pecado era atomística, sendo identificada com transgressões voluntárias de preceitos particulares. A possibilidade de escolher não pecar, desta forma, estava no poder da vontade do homem. Daí que a liberdade do pecado quando a lei é interpretada desta forma é uma possibilidade relativamente fácil. Agostinho reconheceu esta "perfeição fácil" e opôs-se-lhe com a sua perspectiva de pecado como concupiscência. Ao igualar a lei com a concupiscência, ele destaca que a conformidade *interior* com a lei é o ponto fundamental do assunto. Enquanto que a conformidade exterior é possível, somente, pelo homem, a interior apenas é possível através da graça. Diz:

> Pois quem fez mesmo aquilo que a lei manda, sem a ajuda do Espírito da graça, agiu através do medo da punição, não do amor à rectidão e, portanto, aos olhos de Deus isso não estava na vontade, que na visão do homem aparecia na obra; e tais cumpridores da lei foram achados culpados daquilo que Deus sabia que eles teriam preferido cometer, se isso, somente, fosse possível com impunidade.[86]

Antes de prosseguir para uma breve abordagem a Tomás de Aquino e depois para os Reformadores, devemos notar que, cedo no pensamento cristão, a interpretação cerimonial da santificação era muito proeminente. Como Paul Bassett destaca, desde o início a plenitude do Espírito (santificação) esteve ligada com o baptismo, especialmente, o segundo momento do ritual, que era marcado por unção com óleo. O segundo momento foi, eventualmente, separado do rito iniciático do baptismo e tornou-se conhecido como confirmação.

Desde o princípio, o ritual, era entendido como o símbolo, através do qual a realidade se concretizava, mas com o decorrer do tempo a perspectiva sacramental tomou o seu lugar e os rituais foram vistos como operando automaticamente. A cerimónia, que sem dúvida, era acompanhada da realidade no início, teve tendência a tornar-se num fim em si mesma. Bassett sugere que um dos maiores contributos de "Macário o Egípcio" (que teve bastante influência em Wesley) foi a sua insistência em que a santificação deveria ser uma obra da graça viva e existencial e não a mera liturgia.

Quando nos voltamos para Tomás de Aquino, encontramos uma análise fascinante da santificação em termos de *amor*. Não temos espaço, nem se encaixa no nosso propósito, apresentar o contexto total do ensino de

---

86 Ibid., chap. 14.

Tomás. Podemos, simplesmente, observar que ele identifica três tipos de perfeição: (1) Há uma perfeição em que amamos a Deus por tudo o que *Ele* vale. Este grau de amor é somente possível a Deus, visto que somente Ele se conhece ou se compreende a Si mesmo, com este grau de adequação. (2) Concordando com Agostinho, reconhece um grau de amor em que amamos a Deus por tudo o que *nós* valemos. Uma vez que a nossa capacidade total existe somente na vida vindoura, isto está excluído como possibilidade no presente. (3) Mas existe um terceiro tipo de perfeição que exclui "tudo 'o que seja contrário ao motivo ou movimento (*motus*) do amor por Deus.' Este terceiro tipo de perfeição 'é possível nesta vida de dois modos': excluindo da vontade qualquer coisa 'contrária ao amor, isto é, o pecado mortal' e na rejeição da vontade de qualquer coisa que impeça a disposição da alma (*mentis*) para com Deus de ser total".[87] Não é uma perfeição do nosso agir, mas uma perfeição da intenção e /ou disposição.[88]

Os teólogos da Reforma fizeram uma transformação subtil, mas significativa do conceito de santificação, tendo tendência a interpretá-lo a partir do problema da fé e das obras, em termos da lei. Lutero falou muito do amor, mas a sua perspectiva foi largamente influenciada pelas controvérsias sobre a justificação, que sempre foram influenciadas pela lei. A santificação é fazer boas obras e, claro, é subsequente à justificação como expressão da fé.

Mas a interpretação da santificação desta forma, tinha várias lacunas para a questão da possibilidade de libertação do pecado, nesta vida. Se a lei e a natureza humana forem interpretadas de uma forma pelagiana, não há problema, mas os reformadores seguiam Agostinho na doutrina do pecado original e aplicaram a lei nas suas mais completas e internas exigências. As exposições de Calvino dos Dez Mandamentos demonstram como a lei era interpretada nas suas mais profundas exigências espirituais.

À luz disto, Calvino admoestava os seus leitores: "Não deveríamos ficar assustados longe da lei, ou fugir da sua instrução, apenas porque ela requer uma pureza moral mais rígida do que a que alcançaremos, enquanto trouxermos connosco a prisão do nosso corpo".[89]

Assim, como Agostinho nega, vigorosamente, que alguém possa alcançar a perfeita rectidão nesta vida, nestes termos: "Se pesquisarmos o passado mais remoto, digo que nenhum dos santos, vestidos com o corpo

---

87 Bassett, *Exploring Christian Holiness* 2:137-38.
88 Deve ser mantido em mente que tudo isto é com a perspectiva de justificação e, assim, perde a sua verdadeira relevância evangélica.
89 *Institutes* 2.7.13. Estas passagens podem ser mal interpretadas como sugerindo que o corpo, como substância material, é mau em si mesmo. Paul Bassett dá razões pelas quais esta é uma posição impossível de atribuir a Calvino. *Exploring Christian Holiness*, vol. 2.

da morte, tem alcançado aquele alvo de amor de forma a amar a Deus 'com todo o seu coração, toda a sua mente, toda a sua alma e toda a sua força.' Digo mais, não houve ninguém que não fosse vítima da praga da concupiscência".[90]

Ao estudarmos as formas de interpretação da santificação, anteriores a Wesley, precisamos de notar mais um ponto. Agostinho, Lutero e Calvino propõem uma completa santificação nesta vida, em termos de imputação. Enquanto o pecador, em si mesmo, não mudar completamente, a perfeita rectidão de Cristo é-lhe imputada e, portanto, posicionalmente, é considerado perfeito aos olhos de Deus. Embora não hajam rituais envolvidos, propomos que esta perspectiva fique sob a rubrica da santidade cerimonial, no sentido em que não implica uma mudança real, mas envolve uma transacção que ocorre exteriormente à pessoa, de forma a que nenhuma transformação moral necessária tenha de ocorrer. É nesta base que Lutero pode afirmar a sua posição clássica de que o crente é ao mesmo tempo pecador e justificado (*simul justus et peccator*).

Podemos agora, fazer algumas observações, muito gerais, às quais admitimos que falte alguma exactidão, mas que podem ajudar na nossa transição para Wesley. O pensamento católico tinha a tendência de interpretar a santificação em termos de amor; o pensamento protestante tinha a tendência de vê-la em termos da lei, enquanto que o pensamento Oriental estava inclinado a falar de uma transformação do ser. Com o seu temperamento de síntese e profunda perspicácia teológica, podemos agora entender melhor, como pode ser dito, que as perspectivas de Wesley foram uma síntese da ética de santidade católica e da ética da graça protestante (Cell). Mas precisamos de acrescentar a isso uma observação adicional, que a sua síntese alcança, também, o temperamento Oriental e faz dele uma parte integrante do seu entendimento da vida cristã.

Com este pano de fundo em mente, à medida que lemos o manual da doutrina de santidade de Wesley, *A Plain Account of Christian Perfection [Explicação Clara da Perfeição Cristã]*, podemos ter um sentimento mais seguro de onde vem e para onde vai. Para começar, ele reconhece que a sua posição difere dos seus irmãos, na sua resposta positiva à pergunta: "Devemos esperar ser salvos de todo o pecado, antes do artigo de morte?"[91] Esta confiança está baseada numa fundamentação quádrupla que descobriu nas Escrituras: (1) há passagens que prometem isto (p.ex., Sal. 130:8; Ez. 36:25, 29; 2 Cor. 7:1; Deut. 30:6; 1 Jo. 3:8; Ef. 5:25-27; Rom. 8:3-4). (2) Há orações pela inteira santificação como João 17:20-23; Ef. 3:14-19; 1 Tess. 5:23. (3) Há mandamentos para a perfeição (Mat. 5:48; 22:37,

---
90 *Institutes* 2.7.5.
91 P. 43.

39). (4) Podem ser identificados exemplos nas Escrituras que foram chamados perfeitos.

A posição geral de Wesley não é afectada pela exegese de passagens particulares que podem não demonstrar o peso que nelas se coloca; o teor do seu pensamento ainda, assim, é são. O princípio sobre o qual trabalha, relaciona-se directamente com o seu entendimento de fé, como "as substâncias das coisas esperadas, a evidência das coisas que não são vistas" (Heb. 11:1). Já vimos que a relevância desta definição está ligada à existência de uma promessa divina. Embora as promessas sejam explícitas, os mandamentos, orações e exemplos são "promessas encobertas". Se Deus promete a liberdade do pecado (perfeição), quer seja explícita ou implicitamente na Sua Palavra, podemos ficar seguros que ela é uma possibilidade dentro do poder divino. Aqui, está a base para o "optimismo da graça" de Wesley. Não está na habilidade ou potencialidade humana, mas na graça sobrenatural vista como cura e capacitação.

Além disso, se as Escrituras providenciam a possibilidade, temos de chegar a um entendimento sobre o que tal perfeição envolve, para que não envolvamos a Bíblia em contradição, pois na perspectiva de Wesley todo o ensino bíblico está sujeito à verificação empírica. É aqui que tece o seu caminho, através das questões espinhosas implicadas na pesquisa anterior, das várias formas em que a santificação tem sido interpretada. Se a perfeição implica guardar a lei nos seus requisitos mais profundos, não é possível. Se o amor puder ser perfeito somente com a visão beatífica, aguarda o eschaton. Podemos ver aqui a profunda relevância das descobertas que ele fez na literatura devocional de Jeremy Taylor, Thomas à Kempis e William Law. Em resumo, descobriu a centralidade da "pureza de intenção" e o carácter interior da verdadeira religião. "Eu vi", disse ele, "que a 'simplicidade de intenção e a pureza de afeição' são um desígnio em tudo o que falamos ou fazemos e um desejo que governa todos os nossos temperamentos, são na verdade 'as asas da alma,' sem as quais ela nunca poderá ascender ao monte de Deus".[92]

Depois, ele lançou-se na tarefa de dar conteúdo ao ideal da Bíblia. Antes de mais, a sua primeira descoberta do que significava a santificação, foi que era a renovação do homem na imagem de Deus. Como a única perfeita personificação dessa imagem, desde a Queda, é Cristo, poderia chamar-se a esse alvo Semelhança de Cristo. Mas mais, a partir dos dados bíblicos, podia também resumir-se no termo "amor", que é melhor expresso, naquilo a que Jesus chamou de primeiro e maior dos mandamentos: "Amarás, pois, o Senhor, teu Deus, de todo o teu coração, (...) alma, (...) entendimento e

---

92 Ibid., 9-10.

(...) força" e o segundo, "Amarás o teu próximo como a ti mesmo" (Mar. 12:30-31). De forma negativa, envolvia a ausência do pecado, pelo qual se referia ao pecado interior como o orgulho, vontade própria, amor do mundo, ira, impertinência e outras disposições contrárias ao "sentimento(...) que também houve em Cristo" (Fil. 2:5).[93]

Podem ser usadas certas fórmulas para ilustrar o desenvolvimento do catolicismo, através de Lutero até Wesley, à medida que é feito o ajustamento entre a fé e o amor. Para a teologia católica romana, seguindo Tomás de Aquino, a ordem da vida cristã pode ser caracterizada como "fé, formada pelo amor". Lutero rejeitou isto, porque fazia com que a santificação precedesse a justificação e substituiu-a por "fé, formada por Cristo". Wesley, porém, com as suas preocupações éticas, adoptou a fórmula de Paulo em Gálatas: "fé que atua pelo amor" (cf. 5:6). Isto, pensava, mantinha juntas a sua ênfase sobre a fé, como a base da vida cristã e a sua insistência que o amor é a manifestação dessa vida.

Do seu entendimento da *imago Dei* como amor, Wesley interpreta a vida cristã como um processo de desenvolvimento do amor que se move, em parte, através de fases determinadas. O amor é instilado no coração da regeneração. A partir daí, existe um desenvolvimento gradual que não tem fim, nem mesmo a morte. Mas, há um momento instantâneo no processo, que pode ser chamado de perfeito amor ou de inteira santificação, perfeito, somente, no sentido de ser sem mistura. A própria descrição de Wesley apoia a reivindicação de John Peters, que o termo mais apropriado para o entendimento de Wesley da inteira santificação é "expulsão" ou amor que expele o pecado: "É o amor excluindo o pecado, o amor enchendo o coração, ocupando a capacidade total da alma. (...) Porque, enquanto o amor ocupar todo o coração, que lugar existe para o pecado?"[94]

Com esta pesquisa superficial, podemos ver de forma clara que Wesley interpretava a santificação em termos de amor (como Tomás) e como a transformação do ser (como os Pais Orientais), mas sempre no contexto da justificação pela graça, através da fé (como os Reformadores). Todos eles foram fundidos num entendimento teológico único, que levava a sério o estado caído da natureza humana e o poder de Deus, juntamente com o ensino bíblico sobre a ética perfeccionista. Com todas estas qualificações, Wesley podia proclamar ao mundo que "onde abundou o pecado, superabundou a graça" (Rom. 5:20).

Vejamos agora a segunda questão: "Como buscamos a inteira santificação?" Muita da história da teologia da vida cristã não aborda esta questão,

---

93 Ibid., 11, 28, 41, 12, 17, 29. Vide também o sermão sobre "*Sin in Believers*". [Pecado nos Crentes]
94 *StS* 2:448, 457; Peters, *American Methodism*, 59.

em parte, porque tem havido uma afirmação irregular da sua possibilidade. Muitas vezes, quando abordada, é vista como sendo procurada através de boas obras e/ou disciplina, mas esta abordagem está normalmente dentro do contexto de uma certa forma de rectidão pelas obras. Daí que nos voltemos directamente para Wesley, para o seu ensino sobre a maneira como nos devemos preparar, a nós mesmos, para a obra de aperfeiçoamento do Espírito. E, devemos manter sempre em mente que a santificação é consistentemente vista no contexto da justificação pela fé. A nossa santidade, seja em que grau for, nunca é a base para a nossa aceitação por Deus.[95]

Embora Wesley não forneça um esquema que, se seguido, leve automaticamente à experiência da inteira santificação, de facto fala de três factores que nos preparam para o tempo em que, na Sua liberdade soberana, Deus "encurtará a Sua obra de rectidão" (cf. Rom. 9:28).[96]

O primeiro factor é o *arrependimento*.[97] Este arrependimento é diferente daquele que precede a justificação. Não implica culpa, mas uma auto-consciência a respeito da existência de pecado que permanece de uma natureza interior que tem que ver com uma disposição. É semelhante ao primeiro arrependimento, no sentido em que a auto-consciência é o ingrediente central. Este arrependimento envolve, ainda, a compreensão da nossa total incapacidade para nos libertarmos a nós mesmos do pecado interior.

O segundo factor é a *mortificação*.[98] Isto é obviamente uma operação sinergística e é a dimensão gradual da obra de santificação. É em ligação a isto, que a descrição muito usada de Wesley, de que a santificação é tanto gradual como instantânea, é melhor entendida:

> Um homem pode estar a morrer há já algum tempo; contudo, ele não morre, propriamente, até que a alma seja separada do corpo; e, naquele instante, ele vive a vida da eternidade. Da mesma forma, ele pode estar a morrer para o pecado há já algum tempo; contudo, não está morto para o pecado até que o pecado seja separado da sua alma; e, naquele instante, ele vive a vida completa de amor. E, assim, como a mudança acontecida, quando o corpo morre, é de um tipo diferente e, infinitamente maior de outra qualquer que tenhamos conhecido antes, sim, tal como até aquele ponto é impossível de conceber;

---

95 Falar em graus de santidade é possível no entendimento de Wesley. Apenas a santidade cerimonial não permite esta ideia. Mas a santidade cerimonial não envolve uma mudança real e, portanto, não se encaixa na definição genérica de santificação de Wesley como transformação moral.
96 Nota do tradutor: a versão do versículo apresentada é uma tradução livre para o Português da tradução Inglesa do Rei Tiago (King James version), não se encontrando no Português uma tradução que transmita o mesmo sentido pretendido pelo autor.
97 Vide sermão "The Repentance of Believers", em *StS* 2:379ss.
98 *Plain Account*, 42.

assim, a mudança efectuada, quando a alma morre para o pecado, é de um tipo diferente e infinitamente maior que qualquer outra antes, que possa ser concebida, até que ele a experimente. Contudo, ele ainda cresce na graça, no conhecimento de Cristo, no amor e imagem de Deus; e fá-lo-á, não somente, até à morte, mas por toda a eternidade.[99]

Deve ser notado que a ênfase irredutível de Wesley sobre a santificação, como essencialmente ética, faz com que seja possível manter, coerentemente, o aspecto progressivo do processo de chegar ao momento da salvação completa. Quando a santificação é interpretada de forma cerimonial, não há lugar para a santificação gradual. Não existe tal coisa como graus de pureza ritual. Esta ocorre no momento do ritual e é tão completa e real naquele momento, como alguma vez será.

O terceiro factor é a *fé*. Este elemento responde à segunda definição de arrependimento, mencionada acima. A fé aqui é a confiança nas promessas de Deus para libertar do pecado interior. Sabendo que não nos podemos libertar da inerente corrupção da natureza (que tem o carácter de amor incompleto ou pervertido), esperamos com paciência pela acção de Deus dentro de nós. É a fé que responde à instantaneidade da inteira santificação. Como disse Wesley, se não houver uma libertação instantânea da semente do pecado (amor ao ego), não existe inteira santificação.

A fé é também a base para a sua crença de que podemos esperar que a obra de Deus ocorra cedo na vida cristã. Wesley sentiu cedo na sua experiência que, somente, pouco antes da morte, depois de um longo período de maturação, é que uma pessoa poderia esperar ser totalmente santificada. Uma mudança nesta posição está reflectida no *Plain Account*, onde afirma que ambos "o meu irmão [Charles] e eu [temos] mantido (...) que devemos esperá-la, não na morte, mas a qualquer momento; que agora é o tempo aceitável, agora é o dia desta salvação".[100]

No século posterior ao avivamento wesleyano, surgiu uma outra interpretação, significativamente diferente, sobre o caminho para a inteira santificação. Esta proposta está associada ao nome de Phoebe Palmer. A Senhora Palmer era casada com um médico de Nova York que, juntamente com o seu marido, viajava durante os meses de Verão como evangelista leiga e tornou-se numa proeminente líder nos círculos da santidade, particularmente entre os grupos de senhoras. Com o início da sua liderança da "reunião de terça-feira para a promoção de santidade", o seu sucesso em levar pessoas à experiência da inteira santificação foi fenomenal e espalhou-se largamente até à sua morte em 1874.

---

99 Ibid., 62.
100 P. 50.

O contributo único da Senhora Palmer para a teologia de santidade foi a sua famosa "fraseologia do altar". Numa carta, datada de 15 de Novembro de 1849, ela explica como chegou a esta posição, pela qual a sua biografia reivindica originalidade:

> As suas ilustrações dos processos - humano e divino - que estão envolvidos na inteira santificação do discípulo cristão, tiradas do altar israelita da oferta queimada, dos ritos e costumes a ele associados, são suas por direito, se não pela descoberta, contudo pela distinta aplicação, no presente século.[101]

A Senhora Palmer explicou que procurava apoio bíblico para a sua convicção, de que é nosso dever acreditar, depois de termos cumprido as condições de consagração, até à santificação. A sua atenção foi captada por Heb. 12:10, sentiu que lhe dava a base para reivindicar que era um "dever crer que a oferta foi *santificada*, quando deixada sobre o altar". Esta metodologia tornou-se numa ferramenta, nas mãos da Senhora Palmer, para encurtar o intervalo de tempo entre a regeneração e a inteira santificação e que levou muitas pessoas a professar a inteira santificação desde cedo na sua experiência cristã. Existem dois passos simples: Primeiro, cumprir com as condições que, em resumo, são: "apresentarmo-nos como sacrifício vivo a Deus, através de Cristo – deixando tudo, conhecido ou desconhecido, no altar que santifica a oferta"; e segundo, a fé – fé que Deus cumpre a Sua promessa.[102]

Wheatley resume as suas actividades usando este método:

> Nas expedições evangelísticas a diferentes lugares, a Senhora Palmer repetidamente testemunhava de(...) almas despertadas, justificadas e inteiramente santificadas dentro do compasso de alguns dias ou horas. Em uma das suas obras ela narra a experiência de alguém que foi justificado, inteiramente santificado e chamado para a pregação do evangelho em três dias.[103]

Houve sérias questões levantadas, entre os seus contemporâneos, sobre esta nova metodologia. A principal objecção tinha que ver com o testemunho do Espírito. A Senhora Palmer defendia que reivindicar o testemunho antes que alguém pudesse estar certo que Deus aceita o sacrifício é fazer disso "um assunto de conhecimento e, claro, não exigiria a fé". Os seus críticos, porém, chamaram a atenção para o perigo da presunção envolvida no acto de professar, sem que fosse acompanhado pelo testemunho do Espírito, tanto internamente como em termos de frutos éticos.

---

101 Richard Wheatley, *The Life and Letters of Mrs. Phoebe Palmer* (New York: Palmer and Hughes, 1884), 532.
102 Ibid., 536-37.
103 Ibid., 531. Vide análise por W. M. Greathouse no Bassett and Greathouse, *Exploring Christian Holiness* 2:299 ss., para as mesmas conclusões.

Talvez o problema mais sério com esta interpretação é a definição de santificação em termos cerimoniais, deixando-a assim aberta a muitos perigos práticos.[104]

À luz das numerosas distinções notadas ao longo desta abordagem, pode ser útil que juntemos algumas coisas, como uma análise da linguagem "santificacionista". Podemos fazê-lo com uma taxonomia de termos, usando uma versão simplificada da filosofia linguística contemporânea – ou seja, procuraremos identificar quais os "contextos linguísticos" (estamos a usar este termo para nos referirmos ao que Ludwig Wittgenstein chamou de "jogos da linguagem", não tendo nada a ver com o fazer jogos de palavras, mas simplesmente reconhecendo que os mesmos termos têm conotações diferentes quando usados em contextos diferentes; por exemplo, o termo *taco* pode ter conotações significativamente diferentes num jogo de bilhar, no chão de uma casa ou num restaurante mexicano) envolvidos no uso dos vários termos normalmente empregues para se referirem à experiência da inteira santificação. Podemos identificar pelo menos quatro categorias diferentes. Classificar termos como *cerimonial* implica que este é o contexto linguístico de onde, originalmente, surgiram. Isto não exclui a possibilidade de poderem ser usados num sentido adaptado para funcionarem noutros contextos linguísticos. Isto é, claramente, o que Ezequiel o sacerdote fez quando disse que Deus estava "*purificando*" o Seu povo "da idolatria", um conceito *ético* que retém aspectos cerimoniais de conspurcação. A conspurcação (ao contrário da pureza) é um termo cerimonial ou é usado num sentido completamente metafórico. Usaremos o termo *dinâmica* para nos referirmos aos termos que identificam a santificação em termos do Agente Divino que efectua na pessoa e *estrutural* para nos referirmos aos termos que falam da estrutura da experiência sem dar atenção particular ao conteúdo.

ESTRUTURAL	CERIMONIAL	ÉTICA	DINÂMICA
Segunda Bênção	Purificação	Perfeito Amor	Baptismo com o Espírito Santo

---

[104] Vide H. Ray Dunning, "Sanctification – Ceremony or Ethics?" *Preacher's Magazine* 55, no. 1 (September, October, November, 1979). Mildred Bangs Wynkoop faz uma crítica devastadora desta metodologia proposta: "Nada na Bíblia apoia o significado que lhe é dado hoje. Numa tentativa de clarificar um conceito teológico a Senhora Phoebe Palmer, uma das luzes mais brilhantes no início da história de santidade Americana, criou inadvertidamente um cliché que tem confundido e perturbado os que sinceramente buscam a Deus, desde então. Certamente ela não deve ser culpabilizada, mas nós somos culpados por fazermos uma teologia 'bíblica' (?) a partir de uma frase que foi útil numa situação específica". *A Theology of Love: The Dynamic of Wesleyanism* (Kansas City: Beacon Hill Press of Kansas City, 1972), 189.

Segunda Obra da Graça	Pureza de Coração	"o sentimento que esteve em Cristo" "renovação na imagem de Deus" Perfeição Cristã	A Plenitude do Espírito

Será óbvio, a partir de uma vista de olhos rápida a isto, que Wesley usou quase exclusivamente terminologia ética. Embora de forma alguma tenha minimizado a obra do Espírito, ou evitado a ideia de purificação do pecado, sem dúvida, compreendeu que a linguagem pneumatológica necessitava sempre de uma definição, enquanto que a linguagem ética, especialmente, quando informada por conceitos cristológicos, se definia a si mesma. Daniel Steele revela uma consciência, tanto dos factos históricos como da perspicácia teológica, do cuidado que Wesley tinha com a terminologia. Numa resposta a um inquiridor disse que, tinha contado 26 termos usados por Wesley, para se referir à experiência de santificação.

> Mas "o baptismo do (ou com) o Espírito" e a "plenitude do Espírito" não são frases usadas por ele, provavelmente porque há uma plenitude emocional de uma natureza temporária, não descendo às próprias raízes da natureza moral.[105]

Além disso, uma vez que a linguagem cerimonial não implica, necessariamente, qualquer conteúdo ético, também, tem a necessidade constante de qualificação. Essa linguagem também está em perigo de se tornar em algo menos que ética, por causa da sua orientação "não-empírica". Wesley reinterpretou de forma consistente a linguagem cerimonial em termos éticos.[106] A conclusão para tudo isto é que a inteira santificação, no entendimento wesleyano, é melhor expressa por termos cristológicos.

Começando com John Fletcher e Joseph Benson, os sucessores de Wesley, começaram a fazer um maior uso da linguagem pneumatológica. Embora Wesley estivesse, aparentemente, pouco à vontade com isto, não considerava que o ensino de Fletcher contradissesse o seu.[107]

A linguagem cerimonial pareceu tornar-se no tipo mais proeminente usado por Adam Clarke e os seus sucessores no movimento de santidade americano e como resultado, este ensino tomou um carácter bem diferente

---

105 *Steele's Answers* (Chicago: Christian Witness Co., 1912), 130-31.
106 Cf. Wynkoop, *Theology of Love*, 252-53. Todo o cap. 13 nesta fonte lida com este assunto, especialmente a terminologia de purificação, que se tornou a palavra-chave do movimento de santidade do século XIX. Vide abaixo e note o uso quase exclusivo que Wiley faz desta linguagem, no seu capítulo sobre inteira santificação. *CT*, vol. 2.
107 Vide Bassett and Greathouse, *Exploring Christian Holiness* 2:240.

daquele de Wesley. W. M. Greathouse diz de Clarke: "A obra do Espírito santificador abarca a nossa total salvação, mas a intenção do seu derrame é sempre a purificação do coração. Este é o argumento invariável de Clarke".[108] Foi a preocupação quase total de Clarke com este contexto linguístico que levou à afirmação, frequentemente citada, da sua *Christian Theology*:

> Em lugar algum das Escrituras somos dirigidos a buscar a santidade *gradatim*. Nós devemos chegar a Deus tanto para uma instantânea e completa purificação de todo o pecado, como para o perdão instantâneo. Nem o perdão, *um por um*, nem a purificação *gradatim*, existem na Bíblia.[109]

Crescimento na Graça

A linguagem, como já vimos, pode ser encantadora. Haverá poucas ocasiões, em que isto será mais óbvio, do que nas discussões teológicas sobre o crescimento espiritual ou maturação. O crescimento, quando aplicado à vida espiritual, é uma metáfora tirada do campo da biologia. Quando o seu carácter metafórico não é reconhecido e é usado como uma analogia para o crescimento espiritual, resulta na aplicação de uma imagística completamente inapropriada ao assunto. O crescimento natural é simplesmente o resultado de factores puramente naturais, não volitivos e não envolve uma mudança real. Os paradigmas do campo de desenvolvimento pessoal são bem mais apropriados para elucidar a ideia de crescimento.

O resultado de se aplicar explanações impessoais à vida pessoal, não só é pouco útil, em termos práticos, mas também cria o que Mildred Bangs Wynkoop chamou de "fosso de credibilidade".[110] Este é um fosso entre a doutrina e a vida que, em última análise, leva ao cepticismo a respeito da verdadeira exequibilidade das análises teológicas.

Além disso, como notámos na secção anterior, quando a santificação é interpretada, exclusivamente, em termos de conceitos cerimoniais (pureza, purificação), torna-se extremamente complicado falar de um desenvolvimento real, com o resultado de as discussões tidas neste contexto, sem o reconhecimento do carácter metafórico da linguagem, não fornecerem uma teoria de crescimento espiritual, verdadeiramente, viável e deixam a impressão que não existe qualquer desenvolvimento verdadeiro na vida cristã, depois do momento da inteira santificação. Nesta base é possível distinguir entre a santificação gradual ou progressiva e o crescimento na graça. Mas em termos da definição wesleyana de santificação como uma

---

108 Ibid., 247.
109 (New York: T. Mason and G. Lane, 1840), 207-8.
110 *Theology of Love*, chap. 3.

mudança verdadeira, o desenvolvimento real que caracteriza pessoas em vez de coisas, cumpre os requisitos da definição.

O que propomos aqui é uma versão simplificada do desenvolvimento pessoal que acreditamos ser apropriada como um paradigma para o entendimento do processo de crescimento na graça. O desenvolvimento que é real inclui (1) intenção, (2) alvo e (3) ocasião.

As plantas e os animais normalmente crescem no sentido da maturidade física pelo próprio ambiente. Mas o ambiente, por si só, é insuficiente para criar o crescimento do espírito humano. Tem de haver a dimensão interior do desejo, compromisso ou intenção. Teologicamente, vemos este impulso infundido pela obra do Espírito Santo, tanto no "despertamento" como no arrependimento. Notámos que o "despertamento" ocorre quando uma pessoa fica consciente de uma discrepância entre o seu estado presente e um ideal com o qual tem sido confrontada. O arrependimento é a resposta humana (tornada possível pela graça preveniente) a este "despertamento" que envolve, precisamente, passos que reflectem a intenção de nos levar à conformidade com este ideal. Tem tanto conotações negativas como positivas. Isto é, inclui desviarmo-nos daquilo que é inconsistente com o ideal; e voltarmo-nos para aquilo que incorpora ou exemplifica o ideal. Isto é o fruto do arrependimento. A regeneração, seguindo o arrependimento, é definida psicologicamente como a reorientação de toda a nossa estrutura de valores, o que implica que a nossa intencionalidade é dramaticamente redireccionada.

As palavras de Gordon Allport, proporcionam uma compreensão clara, sobre esta reorientação a partir da perspectiva de um psicólogo:

> Às vezes acontece que o próprio centro de organização da personalidade muda repentinamente e, aparentemente, sem aviso. Alguns ímpetos, vindos talvez de uma perda por morte, uma doença, ou uma conversão religiosa, até vindos de um professor ou de um livro, podem levar a uma reorientação.[111]

A literatura de santidade tem insistido, frequentemente, que o crescimento na graça acelera depois do momento da inteira santificação. Isto tem sido normalmente explicado em linguagem metafórica retirada da esfera biológica e tem levado o entendimento popular a conclusões que não podem ser transpostas para a acção. Contudo, é neste ponto de "intenção" que a verdade desta contenda realmente vem à luz. A experiência de muitos, infelizmente, faz eco às palavras do hino "propenso para vaguear" (original "*Come, Thou Fount*")[112] ou como Wesley estava acostumado a dizer,

---

111 *Becoming*, 87.
112 Nota tradução: O hino a que o autor faz referência é o hino *Ebenezer* do hinário em português *Louvor e Adoração*, no. 23. A linha traduzida em português pela expressão

o amor do indivíduo estava misturado e não puro. Mas com a resolução desta mente dúbia e a expulsão de todos os amores inferiores, de forma que o indivíduo possa verdadeiramente amar a Deus com todo o seu coração, alma, mente e força, ele alcança a pureza de coração que, como Søren Kierkegaard correctamente afirma, é "desejar uma só coisa". Então é apenas natural que, aquele cuja intenção, desejo, ou compromisso para com o ideal, esteja tão concentrada que consiga com maior efectividade alcançar a conformidade com o ideal.

Crentes indolentes, apáticos, presunçosos e auto-satisfeitos só podem estagnar em padrões estáticos de vida. Apenas um que, como Paulo, "prossiga para o alvo" alcançará o desenvolvimento dinâmico que deve caracterizar o cristão normal. É instrutivo que na passagem (Fil. 3:12-16), na qual Paulo de forma algo indirecta reivindica a perfeição, ou a maturidade (v. 15), ele a identifica com o estar "esticado", no sentido de alcançar a perfeição ou maturidade que ele abertamente rejeita.

Mas o maior grau de intenção é misturado e ineficaz, se for destituído de direcção. Daí que haja a necessidade de um alvo ou de telos. Até mesmo uma leitura superficial do Novo Testamento fará a identificação desse ideal inequívoco: É o carácter de Cristo. O Senhor Jesus Cristo é o padrão de maturidade espiritual e, portanto, Paulo fala do estado adulto da Igreja como alcançando a "unidade da fé e do pleno conhecimento do Filho de Deus, à perfeita maturidade, à medida da estatura da plenitude de Cristo" (Efes. 4:13).

Esta passagem sugere dois ingredientes importantes envolvidos na maturação espiritual e o contexto alargado introduz um terceiro. Primeiro, esta imagem de maturidade seguindo o padrão de Cristo é corporativa por natureza. É a Igreja de que ele fala. Embora o crescimento seja individual, não é individualista, mas ocorre normativamente no contexto da comunidade da fé. Esta verdade será notada mais completamente no capítulo sobre a Igreja.

Segundo, o elemento do conhecimento é introduzido. A difusão desta ideia no Novo Testamento é notável e uma expressão explícita do elemento do alvo que nós aqui propomos (cf. 2 Ped. 3:18; Fil. 1:9; etc.). O conhecimento não é o resultado do crescimento, mas o pré-requisito do crescimento. É o "conhecimento do nosso Senhor e Salvador Jesus Cristo" que dá conteúdo ao nosso entendimento de forma a providenciar direcção. O próprio conhecimento não deve ser igualado com maturidade, mas considerado como um ingrediente indispensável para que ela seja alcançada.

---

usada pelo autor, nada tem a ver com o que o autor deseja comunicar, daí termos optado por uma tradução literal.

A análise psicológica é capaz de identificar desordens da personalidade em termos de desvios da personalidade normal. À parte de algum conceito de normalidade, seria impossível reconhecer tais desvios, ou alcançar uma personalidade normal. Na esfera espiritual esses critérios normativos não são derivados a partir da média, mas d'Aquele que é o único completamente normal. Todos os outros ficam aquém da completa humanidade.

O terceiro elemento no crescimento, sugerido no contexto alargado da passagem de Efésios é a exortação de Paulo a que "vos despojeis do velho homem, que se corrompe segundo as concupiscências do engano, vos renoveis no espírito do vosso entendimento e vos revistais do novo homem, criado segundo Deus, em justiça e rectidão" (4:22-24).

O "velho homem" aqui refere-se à vida antes da regeneração e inclui tanto o comportamento como o estado de existência que está por trás do comportamento. Nas três instâncias em que Paulo faz uso da metáfora (Rom. 6:6; Col. 3:9; Efes. 4:19-25), quando lidas em contexto, não podem admitir qualquer outro significado lógico.[113] Paulo está a exortar os seus leitores a deixarem para trás tudo o que dizia respeito à sua velha vida em termos tanto de acções como do ser e a vestir a nova vida, à qual é dada conteúdo pelo carácter de Cristo.

A maturação espiritual é tanto negativa como positiva. É libertarmo-nos, a nós mesmos, de tudo o que é contrário à mente de Cristo e adicionar aquelas virtudes que são definidas pela pessoa do Salvador. A passagem mais pungente que incorpora esta verdade e também indica o agente dinâmico do processo, como sendo o Espírito Santo, é 2 Cor. 3:18: "E todos nós, com o rosto desvendado, contemplando, como por espelho, a glória[imagem] do Senhor [na face de Jesus Cristo], somos transformados, de glória [semelhança] em glória, na sua própria imagem, como pelo Senhor, o Espírito".

Estes primeiros dois factores do crescimento espiritual podem ser esclarecidos no tanto o que A. H. Maslow refere como défice e motivos de crescimento. Os motivos de défice pedem a redução da tensão e a restauração do equilíbrio. Isto pode corresponder à motivação que, geralmente, pode informar o arrependimento e leva a uma ética de obrigação. Contudo, estar constantemente motivado pelo medo ou culpa não leva a uma vida espiritual saudável. Devemo-nos mover para os motivos do crescimento. Estes mantêm a tensão (em vez de a eliminarem) no interesse de alvos distantes e muitas vezes não alcançáveis. Esta característica dos motivos do crescimento distingue o tornar humano do tornar-se animal e o tornar-se

---

113 Cf. J. Kenneth Grider, "The Meaning of 'Old Man,'" *Nazarene Preacher*, February 1972, 15ss., para uma cuidadosa e irrefutável (na opinião deste autor) exegese destas passagens que defende esta interpretação.

adulto do tornar-se infantil. Os motivos de crescimento produzem o que Allport chama de "tornar-se orientado". Ele comenta estes dois tipos de motivação (ou intenção):

> Por motivos de crescimento referimo-nos ao domínio que os ideais ganham sobre o processo de desenvolvimento. Os propósitos a longo-prazo, valores subjectivos, os sistemas compreensivos de interesse são todos desta ordem. (...) Dizer que uma pessoa faz certos actos e se abstém de outros porque teme o castigo de Deus, seria caricaturar a experiência da maioria das pessoas religiosas, cujas consciências têm mais a ver com o amor do que com o medo. Um caminho de vida inclusivo é adoptado, que requer disciplina, caridade, reverência, todos experimentados como obrigações vivas por uma pessoa religiosa. Se encontrarmos numa personalidade medo do castigo divino como a única sanção para fazer o correcto, podemos estar certos que estamos a lidar com uma consciência infantil, com um caso de desenvolvimento suspenso.[114]

O terceiro elemento principal que propomos ser essencial para o crescimento na graça é a ocasião. O desenvolvimento real não se dá num vácuo, mas num encontro com situações que pedem por uma resposta à luz do ideal. Se crescemos em fé, é em relação à apropriação das promessas de Deus em casos específicos; se crescemos em amor, é em termos de amarmos uma ou mais pessoas e não como um aumento em alguma quantidade abstracta. A transformação ética real resulta de um encontro que requer uma decisão. Se a minha intencionalidade for forte, eu decido o meu comportamento na base da imagem do tipo de pessoa em que me quero tornar e então torno-me nessa pessoa num sentido real. O ideal torna-se mais e mais realizado. Na interacção entre a disciplina e o esforço humano e a graça divina, a conjugação destes ingredientes básicos do crescimento estimula uma maior conformidade com a imagem de Deus, como Jesus Cristo espelha para nós. Estamos a ser transformados de um grau de semelhança para outro.

O Espírito Santo como Dom Escatológico

O aspecto final da obra do Espírito que iremos notar é um ensino distintamente Paulino. O Espírito que habita em todos os crentes transmite-lhes a certeza da salvação final, ou da sua ressurreição. O Espírito "que ressuscitou a Cristo Jesus de entre os mortos vivificará também o vosso corpo mortal, por meio do seu Espírito, que em vós habita" (Rom. 8:11). Note-se novamente o relacionamento estreito entre Jesus e o Espírito. A compreensão que o poder do Espírito é poder da ressurreição é derivado do

---

114 *Becoming*, 68, 72-73.

conhecimento de que foi este mesmo poder que levantou Jesus do túmulo. Esta é mais uma razão para Lhe chamar o Espírito de Cristo.

Levando esta compreensão adiante, Paulo fala do Espírito como "as primícias", ou "penhor", ou "sinal" da ressurreição final (Rom. 8:23; 2 Cor. 1:22; 5:5; Efes. 1:13-14). Temos aqui outra expressão do tema fundamental da teologia do Novo Testamento: a tensão entre a escatologia realizada e a futurista. O futuro irrompeu pelo presente, mas ainda não se realizou completamente. Isso aguarda a consumação final.

A ressurreição de Cristo foi mais do que um evento isolado no qual um indivíduo venceu a morte; ela foi a morte do velho evo e o nascimento do novo evo. Daí que estar em Cristo ou no Espírito (que vimos serem sinónimos) é estar na era vindoura e participar no seu poder.

G. Eldon Ladd, correctamente, observa que "a morte e a ressurreição de Cristo não foram meramente eventos na história passada, mas eventos escatológicos". Mas ao tentar restringir estes eventos a uma relevância exclusivamente objectiva e histórica, ele perde um dos ensinos fundamentais de Paulo. Os seus esforços, para demonstrar que Paulo não ensina que a vida cristã envolve uma "experiência subjectiva", falham em tomar em conta a verdade universal que, para Paulo, existe uma apropriação subjectiva da era vindoura na nossa própria experiência. De facto, a ênfase do apóstolo implica uma dimensão existencial da experiência cristã que é realmente a santificação, concebida em termos latos.[115]

A experiência presente do Espírito é do poder da ressurreição. Esta é a implicação da frase de Paulo "ressuscitados com ele" (Col. 2:12). James S. Stewart descreve-o assim:

> Esta vida que flui de Cristo para o homem é algo totalmente diferente de qualquer coisa experimenta no plano meramente natural. É diferente, não somente em grau, mas também em tipo. É *kainotas zoas*, uma nova qualidade de vida, uma qualidade sobrenatural. Como Paulo o coloca noutra passagem, "Há uma nova criação" – não somente uma intensificação de poderes já possuídos, mas o surgimento repentino de um elemento inteiramente novo e original – "quando um homem vem para estar em Cristo". Ele começa a viver na esfera da vida pós-ressurreição de Jesus.[116]

Isto leva-nos a observar que a salvação final é vista em termos da ressurreição. A esperança futura, dentro do contexto bíblico da criação, não antecipa uma existência incorpórea. De facto, isto seria menos que satisfatório para a mente hebraica. A vida futura para ser uma esperança real envolvia a redenção completa do corpo (Rom. 8:23) através da ressurreição

---

115 *Theology*, chap. 34.
116 *Man in Christ*, 193.

dos mortos. Martinho Lutero, num sermão durante a época de Páscoa, proclamou esta fé:

> Se formos, no último dia, ressurgir corporalmente, na nossa carne e sangue, para a vida eterna, temos de ter tido uma ressurreição espiritual anterior aqui na terra. As palavras de Paulo, em Rom. 8:11, [significam] Deus tendo-te despertado, justificado e salvado espiritualmente, não esquecerá o corpo, o edifício ou o tabernáculo do espírito vivo; o espírito estando nesta vida ressurrecto do pecado e da morte, o tabernáculo, ou a vestimenta corruptível da carne e do sangue, tem também de ressurgir; deve emergir do pó da terra, visto ser o lugar de habitação do espírito salvo e ressurrecto, para que os dois sejam reunificados para a vida eterna.[117]

---

117 *Compend*, 239.

CAPÍTULO
15

Santificação: Restauração à Imagem de Deus

O Novo Testamento e João Wesley proclama a uma só voz que o grande propósito da redenção é restaurar o homem à imagem de Deus. Este é o "propósito da religião".[1] A salvação é definida como "a restauração das nossas almas segundo a imagem de Deus".[2] Todo o processo da santificação, desde o seu início no novo nascimento, à sua "perfeição em amor" na inteira santificação e o seu progressivo desenvolvimento rumo à plena salvação, tem como objectivo restaurar o homem, de acordo com o seu destino original.[3] Isto é, como Lindstrom correctamente observou, "o uso mais lato, mas também o mais apropriado da palavra santificação".[4]

Este entendimento, do significado da santificação, não desapareceu do quadro teológico com o encerramento do Novo Testamento, apenas foi redescoberto por João Wesley no século XVIII, sendo identificado, por todos os principais intérpretes da vida cristã, ao longo de todo este período. As breves notas sobre a história do pensamento cristão sobre a santificação apontam para a sua prevalência no ensino cristão clássico. A principal questão não é saber se esta é a forma mais apropriada de se falar da substância da santificação, mas antes, (1) qual a relevância ou o significado da *imago* à qual o homem é chamado e, (2) como e em que medida é restaurada.[5]

À partida devemos ser cautelosos, no sentido de notar que existe tanto um aspecto positivo como negativo neste grande alvo da salvação. O lado

---

1 *Sts* 2:223-24.
2 *Works* 8:47.
3 Vide *StS* 2:445ss.; *Works* 6:509.
4 *Wesley and Sanctification*, 123.
5 Aqui estamos a inverter, deliberadamente, uma tendência popular na literatura de santidade do século XIX, ao darmos primazia à substância em vez da estrutura da santificação. Para elaborações da distinção entre estas duas e a relevância da sua relação, vide Staples, "Sanctification and Selfhood", 3ss, Wynkoop, *Theology of Love*, caps. 15 e 16. A sua linguagem é "a substância" e "a circunstância", a qual reivindica ser de Wesley.

positivo é a infusão de amor e o negativo é a erradicação do pecado. W. B. Pope insiste que a combinação destes dois elementos é própria da teologia metodista.⁶

Quando o aspecto positivo é enfatizado, a continuidade da vida cristã, da sua origem, no novo nascimento, à salvação final, é vista de uma forma muito mais clara. Quando o aspecto negativo é enfatizado o momento instantâneo da inteira santificação torna-se mais óbvio. Isto não implica que não haja um momento definitivo em ambos os movimentos, mas que é mais facilmente reconhecível num do que no outro. Tanto a natureza do pecado que é erradicado, como o apoio a esta premissa, podem ser vistos nas palavras de Harald Lindström:

> Quando a partir desta perspectiva [santidade como amor] Wesley compara a fase da justificação e do novo nascimento com a da perfeita santificação, a diferença é somente de grau. O tipo de vida é o mesmo na inteira santificação como no novo nascimento.
>
> A inteira santificação é vista mais claramente como uma fase distinta, mais alta e diferente da do novo nascimento, quando nos voltamos para a perfeição como a libertação do pecado. A inteira santificação envolve um amor incompatível com o pecado. É um amor não misturado com o pecado, um amor puro. Anteriormente, a santidade era misturada com inclinações para o pecado, que afectavam a alma. Depois da experiência de inteira santificação, porém, não há "mistura de quaisquer afeições contrárias: tudo é paz e harmonia". [Do sermão "On Patience".]⁷

Na restauração do homem à Sua imagem, o grande alvo de Deus em todo o processo da salvação, temos de considerar ambos os lados, o negativo e o positivo. Assim, começamos com a questão do pecado e a sua possível erradicação do coração do crente.

Eliminando o Negativo

A linguagem, como notámos no capítulo anterior, em conexão com os contextos linguísticos da santificação, pode ser encantadora. Isto é, igualmente verdade com a terminologia do pecado. Como resultado, tem surgido muita confusão e inadequações filosóficas e teológicas que se têm propagado militantemente contra um entendimento teológico apropriado e contribuíram, ainda mais, para o "fosso de credibilidade" (Wynkoop).

No capítulo 9, discutimos a questão do pecado com maior profundidade e isto deve ser assumido na presente discussão. Deixámos demonstrado que o pecado deve ser definido em termos da imagem de Deus, no sentido em que o homem falha o objectivo do seu destino, o qual é estar num relacionamento correcto com Deus. Isto significa que o pecado é a perversão

---

6 *Compendium* 3:97.
7 *Wesley and Sanctification*, 142.

da existência humana plena, o qual, na sua essência, é a ausência de santidade. Como Mildred Bangs Wynkoop observa de forma incisiva "a santidade não é a antítese do pecado (nessa ordem), mas a antítese da santidade. A santidade é anterior e positiva. Não é a "ausência do pecado" da mesma forma em que o pecado é a ausência da santidade".[8]

Compreender o pecado como amor imperfeito ou pervertido fornece uma base conceptual sã para teologizar sobre a *ordo salutis*. No pecador, o pecado reina (cf. Rom. 5:21; 6:12); ou seja, ele dá expressão descontrolada (excepto, internamente, pela graça preveniente, ou externamente, pela pressão social) a este amor mal direccionado ou egocêntrico. Portanto, ele está sob o poder ou escravizado pelo pecado. Na justificação a culpa da manifestação desse pecado é tratada (perdão) e na regeneração o poder do pecado é quebrado.

Ele quebra o poder do pecado cancelado;
Ele liberta o prisioneiro.
—CARLOS WESLEY

Contudo, permanece no crente o ser do pecado.[9] Wesley encontra três apoios para a sua afirmação que, embora o pecado não mais reine, permanece no convertido.

O primeiro apoio encontra-o nas Escrituras. Aqui, a luta entre a carne e o Espírito é o assunto decisivo. "De facto o grande ponto de que existem dois princípios contrários nos crentes – a natureza e a graça, a carne e o Espírito – atravessa todas as Epístolas de S. Paulo, através das Sagradas Escrituras".[10] Isto sugere que, a interpretação apropriada do uso que Paulo faz da carne (*sarx*), é crucial para o entendimento da natureza do pecado que permanece.[11]

O segundo apoio é encontrado na experiência. A sua pesquisa levou-o a afirmar que é a experiência universal dos crentes de que não foram totalmente libertos de todo o pecado na "primeira obra da graça". Ainda que possa não ser evidente, nas fases iniciais do brilho da nova fé, eventualmente, a sua presença vem à superfície.

O terceiro apoio é encontrado nos credos. Os credos históricos, de todas as tradições, falam do pecado que permanece nos crentes. Contudo, aqui, Wesley encontra menos apoio do que pensa, visto que as afirmações dos credos, frequentemente, identificam este pecado que permanece como

---

8 *Theology of Love*, 152.
9 Sermão "On Sin in Believers", StS 2:373.
10 Ibid., 367.
11 Vide Dennis F. Kinlaw, "Sin in believers: The Biblical Evidence", no *The Word and the Doctrine*, comp. Kenneth E. Geiger (Kansas City: Beacon Hill Press, 1965), 119ss., para uma discussão esclarecedora das fontes bíblicas na ideia do pecado nos crentes.

concupiscência. Do nosso estudo anterior de Agostinho, aprendemos que, se o pecado for interpretado desta forma, permanece em todos os humanos até ao fim. E, isto, é de facto o que muitos dos credos afirmam de forma explícita.[12] Portanto, a questão crítica diz respeito à natureza do pecado que persiste.

Primeiro, precisamos de observar que não é por natureza substancial, ou seja, uma substância espiritual. Wesley tem sido acusado, até por intérpretes simpatizantes, de ver o pecado desta forma. Edward H. Sugden, nas notas editoriais ao sermão *"Christian Perfection"* [Perfeição Cristã], diz que

> tanto ele como muitos dos seus seguidores, têm sido levados, para certa confusão de perspectiva, pela ideia de que a mente carnal é algo no homem que pode ser removido, tal como um dente que dói ou um tumor cancerígeno que cresce; ou um tipo de mancha ou contaminação que pode ser lavada, como um borrão de tinta, ou um remendo de imundícia no corpo.[13]

Mildred Bangs Wynkoop, uma devota seguidora do pensamento de Wesley, também pensa que ele caiu nesta armadilha porque "usou a linguagem da doutrina da Reforma".[14] Contudo, parece a este autor que, estes juízos não levam em consideração, de forma adequada, o uso metafórico da linguagem. Wesley, tal como Paulo, faz um uso extensivo da linguagem metafórica sobre o pecado; e, se isto não for reconhecido e as figuras de estilo forem lidas literalmente, poderemos ficar com a impressão de que o pecado era uma coisa. Wesley, quando especifica o que é este pecado, que permanece, é sempre como uma atitude ou disposição "contrária à mente que estava em Cristo". Se alguém pedisse uma definição conotativa do pecado interior, seria sem dúvida esta. Mas esta não é substantiva, como veremos abaixo.

Segundo, é também inadequado conceptualizar o pecado em termos de santidade cerimonial. Esta é, na realidade, a implicação da última afirmação de Sugden na citação acima. Como vimos, no capítulo anterior, com a linguagem "santificacionista", assim acontece com a questão do pecado, a linguagem cerimonial pode ser bastante enganosa. "Purificação", "pureza", "contaminação" e assim, sucessivamente, são termos bíblicos perfeitamente apropriados, mas o contexto linguístico de onde são oriundos, providenciam de forma consistente meios cúlticos de purificação. Portanto, é possível ver a santificação, como envolvendo a purificação cerimonial da impureza, como uma experiência interior, transcendental (em termos

---

12 Vide Harry E. Jessop, *Foundations of Doctrine* (Chicago: Chicago Evangelistic Institute, 1944), 14-15.
13 *StS* 2:148.
14 *Theology of Love*, 153.

kantianos) que não implique, necessariamente, uma transformação ética. Tal como acontece com o uso de termos para falar de santificação, Wesley também deixa claro que o seu entendimento básico de pecado é amor pervertido ou imperfeito e, portanto, a linguagem cerimonial, quando usada, tem de ser regulada novamente para que se encaixe no contexto. É aqui que a falácia básica – quase universalmente presente nos tratamentos populares contemporâneos do assunto –, de começar com a definição do dicionário para elucidar um argumento teológico, ganha corpo. Obter uma definição dos termos de santidade a partir do dicionário é meio caminho andado para se perder a perspectiva bíblica. Levando de forma séria a derivação dos termos, os compiladores das definições do dicionário, invariavelmente, interpretam a linguagem da santificação a partir da sua fonte cerimonial original.

Quando nos voltamos para as descrições de Wesley, do pecado nos crentes, parece evidente que envolvem atitudes ou disposições contrárias à mente que estava em Cristo, o que significa disposições contrárias aos dois grandes mandamentos, amar a Deus e ao próximo perfeitamente. Uma vez que, estes constituem a essência da perfeita santificação, qualquer desvio constitui um errar o alvo, ou seja, pecar.

As listas representativas dos traços carnais incluem a paixão vingativa, a inveja, a malícia, a ira, o temperamento cruel, as afeições malignas, o orgulho, a altivez de espírito, a vontade própria, o amor ao mundo, a luxúria, a idolatria, a afeição desordenada, as más suposições, o ódio, a amargura, o ressentimento, o desejo de vingança, a cobiça, a conversação maldizente e a impertinência. Quando desembrulhados, quanto à motivação implícita em cada um deles, podemos identificar pelo menos três temas: (1) Existe a soberania do ego em relação à soberania divina. Se tivermos abdicado, totalmente, ao trono da nossa vida, despojando-nos dos nossos direitos e rendendo-os a Deus, então, já não estamos na defensiva quando o "nosso terreno" é invadido, uma vez que o meu terreno é, agora, o terreno de Deus. De outra forma, esta atitude defensiva, frequentemente, emerge como ira, ciúme, ou alguma outra reacção ao sermos invadidos. (2) Existe também a auto-gratificação, a tendência para satisfazer os nossos próprios apetites de uma forma que não glorifica a Deus, tratar as outras pessoas como coisas, ou exaltarmo-nos com um sentido de superioridade. (3) Existem também disposições egocêntricas em relação à outra pessoa, como a luxúria e o desejo de vingança.

Tudo isto diz respeito, ao significado Paulino da palavra *sarx*, usada no seu sentido ético específico. Neste contexto, a carne não se refere ao corpo ou aos apetites naturais. Richard Howard destaca que:

Irá ajudar-nos a entender melhor o termo *carne* se nos consciencializarmos que este tem um forte significado *descritivo*, o qual normalmente associamos a um adjectivo. Para todos os efeitos práticos é usado como adjectivo – no sentido absoluto. O objecto que modifica não é declarado, mas é providenciado pelo contexto. Então precisamos de perguntar primeiro – carne *o quê*?

Ele, então, conclui que "na realidade quando um homem vive segundo a carne [*kata sarka*] está a viver *segundo ele mesmo*".[15] A implicação clara, aqui, é que quando o "carnal" é usado, está-se a referir a atitudes, disposições, ou comportamentos que são essencialmente autoritários. Comportamo-nos, ou sentimo-nos inclinados a nos comportar, como soberanos.

Os traços carnais, tais como a ira ou o ciúme, necessitam de ser cuidadosamente analisados. Existe a ira carnal que pode ser diferenciada da ira que, algumas vezes, é denominada por "justa indignação". A ira de Jesus, manifestada contra os cambistas no Templo, foi ciúme pelo uso apropriado da casa de Deus, não um ataque de cólera reflectindo a ausência de amor. Se a santidade é a semelhança com Cristo, isto, ajuda-nos a reconhecer que não é uma existência sem temperamentos e branda, mas que pode ser demonstrada em formas bem vigorosas. Porém, existem poucos meios empíricos para distinguir entre os dois tipos de ira, ou de ciúme. É uma distinção que apenas poderá ser conhecida de forma privada. Isto provavelmente explica a resposta de Wesley no seu livro *Plain Account* à pergunta, "O que é a prova razoável? Como poderemos saber, com certeza, que alguém foi salvo de todo o pecado?" Ele respondeu, "não podemos de forma infalível saber se alguém foi salvo (nem mesmo que tenha sido justificado),

---

15 Richard E. Howard, *Newness of Life: A Study in the Thought of Paul* (Kansas City: Beacon Hill Press of Kansas City, 1975), 29, 33. John A. Knight refere-se ao pecado "original" como "uma falsa condição de egocentrismo". *In His Likeness* (Kansas City: Beacon Hill Press of Kansas City, 1976), 64. Merne A. Harris e Richard S. Taylor igualmente se referem a ele como "um núcleo duro de amor próprio idólatra plantado profundamente no ego como uma falta racial herdada. Podemos chamar-lhe de uma predisposição marcada para a idolatria – com o ego sendo o substituto deus. ... A ameaça suprema é Deus; portanto Ele é o Objecto, ainda que mais ou menos subconscientemente, de aversão suprema. Paulo diz que esta natureza é essencialmente 'inimizade contra Deus, pois não está sujeita à lei de Deus, nem na realidade pode estar' [Rom. 8:7]. Mas a sua inimizade é devido à sua auto-idolatria – a sua mentalidade carnal – uma *phroneo*, ou disposição, que se fixa no ego e nos seus interesses". "The Dual Nature of Sin", no *The Word and the Doctrine*, comp. Kenneth E. Geiger (Kansas City: Beacon Hill Press, 1965), 108. O comentário de Howard, sobre a característica adjectival de carne, enfatiza o facto que *carnalidade* não é uma palavra bíblica. Esta palavra é um substantivo, mas é sempre usada de forma adjectival para se referir a pessoas, comportamentos ou disposições. Portanto, deveríamos falar somente de mentalidade carnal e não de "carnalidade" como se fosse algo dentro de nós.

a menos que agrade a Deus agraciar-nos com o miraculoso discernimento dos espíritos".[16]

À luz desta discussão podemos ver que Mildred Bangs Wynkoop está correcta ao definir o pecado como "o amor fixado num centro falso, o ego", e a santidade como "amor fixado no verdadeiro Centro, Jesus Cristo, nosso Senhor".[17]

Podemos, agora, saber mais claramente o que Wesley queria dizer quando usou a linguagem metafórica como "o pecado inato", "a semente do pecado" ou "a raiz do pecado". Estes devem ser entendidos, não como se referindo a alguma coisa dentro do homem, mas como a uma condição humana de amor desordenado, centrado de forma incompleta em Deus. É esta condição que cria o sentimento de impotência, o qual é um aspecto do arrependimento dos crentes e leva à conclusão tirada, explicitamente, por Wesley, que este problema só pode ser resolvido pela graça divina, operando um golpe decisivo de libertação instantânea. Wesley fá-lo claro:

> Ainda que muito vigiemos e oremos, sempre, não podemos limpar completamente nem os nossos corações nem as nossas mãos. Com toda a certeza, não podemos, até que o nosso Senhor se agrade a falar novamente aos nossos corações, falar uma segunda vez, "Sê limpo"; e, só depois a lepra será limpa. Só nessa altura, a raiz maligna, a mente carnal, é destruída; e o pecado inato não mais subsiste. Mas, se não existir essa segunda mudança, se não existir a libertação instantânea após a justificação, se nada mais houver *a não ser* a obra gradual de Deus (que existe uma obra gradual, ninguém o nega), então teremos de nos contentar, o melhor que pudermos, em permanecer cheios de pecado até à morte; e, se assim for, teremos de permanecer culpados até à morte, *merecendo* continuamente o castigo.[18]

Acentuando o Positivo

Voltamo-nos agora para o lado positivo da obra global da salvação, interpretada como a restauração do homem segundo a imagem de Deus. Isto, focaliza a nossa atenção no todo da vida cristã na sua continuidade, de forma que as fases da vida cristã se tornam de alguma forma menos conspícuas. Lindström elabora bem este ponto.

> Qual é, então, a partir desta perspectiva [perfeição como perfeito amor], a diferença entre o novo nascimento e a perfeita santificação? O amor já foi infundido no coração do homem no novo nascimento. Daí em diante existe

---
16 P. 57.
17 *Theology of Love*, 158.
18 No sermão "*The Repentance of Believers*" [O Arrependimento dos Crentes], in *StS* 2:390-91. Em relação a esta citação, ele ficaria abismado que muitos dos seus sucessores, dos séculos XIX e XX, *efectivamente*, negaram que exista uma obra gradual de santificação.

um desenvolvimento gradual. Isto, pensa-se que aconteça mesmo depois da fase da perfeita santificação até ao próprio momento da morte – até mesmo depois da morte também. Existe, portanto, pensa Wesley, nenhuma perfeição em graus, i.e., nenhuma perfeição de um desenvolvimento concluído. A distinção entre o novo nascimento e a inteira santificação, portanto, parece ser, nada mais que uma diferença em grau, num desenvolvimento contínuo. Mas, se assim for, como podem ser também descritas como fases distintas na vida cristã?[19]

O nosso propósito nesta secção é concentrarmo-nos nesta visão mais alargada da totalidade da intenção salvadora de Deus que é implementada no novo nascimento, na inteira santificação e na santificação progressiva (crescimento na graça). Começa no despontar da vida espiritual e continua – idealmente – numa progressão ininterrupta através de toda a nossa existência finita. Portanto, nunca deverá ser feita a pergunta "em que ponto na vida cristã é que isto ocorre?" Isto, ocorre desde o princípio em diante.

Na nossa discussão da ideia do pecado, no capítulo 9, explorámos as implicações da imagem de Deus para esta doutrina. Ali, sugerimos que uma exegese teológica das passagens bíblicas relevantes indicaria que a *imago* poderia ser identificada como um relacionamento quádruplo: com Deus, com as outras pessoas, com a terra e com o ego. Caracterizámos estes relacionamentos no estado de integridade, como liberdade para Deus, liberdade para a outra pessoa, liberdade da terra e liberdade do auto-domínio. Todos estes relacionamentos foram rompidos pela Queda e o homem tem necessidade de ter estes relacionamentos restaurados pelo processo redentor.

Estes quatro relacionamentos constituem o que a palavra hebraica *shalom* (paz) significa. Significa muito mais do que a ausência de conflito. Envolve a harmonia de um indivíduo consigo mesmo, com a natureza, com o mundo das pessoas e, claramente, com Deus. Na sua descrição do estado de integridade, Elmer Martens descreve de uma forma maravilhosa esta situação: "Mas no Éden, como os capítulos de abertura de Génesis o descrevem, esta harmonia total existe. O homem está em harmonia com Deus. Adão e Eva não têm vergonha um do outro; vivem em harmonia, com eles mesmos, bem como, com os animais. Não somente as suas necessidades, mas também os seus desejos estão totalmente satisfeitos. Aqui está o estado perfeito".[20]

Portanto, *shalom* descreve melhor o estado no Éden, pré-Queda; mas ainda mais, é o termo que resume e engloba o alvo para o qual todos os actos redentores de Deus se direccionam. Ele deseja transformar o estado

---
19 *Wesley and Sanctification*, 141.
20 *God's Design*, 28.

fragmentado presente em cura e estado integral. A santidade é um estado integral e está incorporada na maravilhosa *shalom* do plano de Deus para o Seu povo.

Existe, obviamente, uma relação hierárquica entre estes, com o relacionamento do homem com Deus sendo o relacionamento primário e determinativo. Contudo, cada relacionamento é conhecido em e com os outros e, portanto, não podem ser artificialmente separados como se fossem quatro realidades discretas, não relacionadas. Embora possam ser analisadas uma a uma, para propósitos de abordagem, mas por necessidade haverá uma sobreposição dos conceitos ou um efeito cumulativo.

Quando o arrependimento e a fé restauraram o homem a favor de Deus, é intenção de Deus levar o homem ao seu destino designado, o qual foi durante muito tempo distorcido pelo pecado. Esse destino, afirmamos, está incorporado na imagem de Deus. Isto não é apenas o que o homem era, mas também o que Deus pretende que ele venha a ser. Então, no processo de salvação, Deus aceita o homem tal como ele está e, naquele momento começa o processo de o tornar naquele tipo de pessoa que Ele pretende que seja. Este último processo é a obra da graça que é descrita, de forma resumida, pelo termo santificação.

Quais são as possibilidades da graça a este respeito? Já abordámos esta questão, numa discussão anterior, ao falarmos das várias formas em que a santificação tem sido vista na história do pensamento cristão. Notámos que a principal interpretação via a *imago* de forma legal e, assim, o processo de santificação foi visto em termos de fazer boas obras; e, estas boas obras, que constituem a santificação, são julgadas em termos da sua conformidade com a lei. Assim, quando as obras do homem redimido são medidas pela lei de Deus, na sua mais plena expectativa, existe sempre uma deficiência. Como João Calvino o coloca:

> Não temos uma única obra vinda dos santos que, se for julgada por si mesma, mereça mais do que a vergonha, como sua justa recompensa. (...) Uma vez que nenhuma perfeição pode vir a nós enquanto estivermos vestidos com esta carne e, a lei também anuncia a morte e o julgamento a todos os que não mantêm perfeita rectidão nas obras, sempre vai ter base para nos acusar e condenar, a menos que, pelo contrário, a misericórdia de Deus a enfrente e pelo perdão de pecados contínuo nos absolva repetidamente.[21]

As *Institutas* de Calvino contêm algumas passagens maravilhosas descrevendo o progresso de santificação do crente que busca a vida cristã normal. Considere a seguinte afirmação:

---

21 *Institutes* 3.14.10.

Confessamos que, enquanto através da intercessão da rectidão de Cristo, Deus nos reconcilia consigo mesmo e, pela livre remissão de pecados, nos considera rectos, a sua beneficência está, ao mesmo tempo, unida com tal misericórdia que, através do Seu Espírito Santo, Ele habita em nós e pelo seu poder as paixões da nossa carne são em cada dia mais mortificadas; somos de facto santificados, ou seja, consagrados ao Senhor, em verdadeira pureza de vida, com nossos corações formados para a obediência à lei.[22]

Mas Calvino é sempre cuidadoso em qualificar estas descrições, negando que alguém possa ser completamente santificado antes da morte. Apenas naquele ponto, o ficar aquém da perfeita lei de Deus, que é o pecado, terminará. João Wesley concorda com este juízo quando limitado a este contexto. No *Plain Account* ele afirma, em resposta à pergunta, "Mas não 'ofendemos, em muitas coisas, a todos'(...)?" num certo sentido fazemo-lo "e continuaremos a fazer, mais ou menos, enquanto permanecermos no corpo".[23]

Mas Wesley, descobriu nas Escrituras e noutras fontes devocionais, outra forma de interpretar o relacionamento do homem com Deus, para além da lei. Ele começou este processo de descoberta sob a tutela de Jeremy Taylor, Thomas à Kempis e William Law. Deles aprendeu que a essência da piedade era interior e intencional. "A Pureza de intenção" era a frase que costumava usar, para referir o que aprendera com Taylor. Isto preparou o caminho para que ele reconhecesse que, embora o homem nunca pudesse ser restaurado à imagem de Deus em qualquer sentido legal, ou quando interpretado em termos da lei, ele pode estar perfeitamente relacionado com Ele em termos do amor. Ele descobriu, numa palavra, a verdade da afirmação de Paulo, que "o cumprimento da lei é o amor" (Rom. 13:10). E o amor é um relacionamento de abertura.

Consequentemente, quando lhe perguntavam o que significava a perfeição cristã ou inteira santificação, respondia sempre: "É amar a Deus com todo o coração, alma, mente e força" e "ao nosso próximo como a nós mesmos". Embora, na nossa condição caída, nunca consigamos atingir o nível de acções perfeitas e de ser restaurados à imagem de Deus no seu esplendor sem mácula, mas podemos, pela graça, estar numa relação perfeita com Ele, através do "poder expulsivo de uma nova afeição" (Thomas Chalmers). E, a partir deste ponto, o homem pode buscar reflectir o carácter de Deus no seu carácter, ainda de forma mais perfeita, até que a beleza de Jesus seja mais e mais vista na e através da sua vida.

Estamos a sugerir que a imagem de Deus, como *Liberdade para Deus*, é restaurada neste relacionamento de amor, entendido como completa

---

22 Ibid., 9.
23 P. 82.

abertura para o Pai Celestial. Podemos notar brevemente três consequências desta interpretação.

Primeiro, ela implica que o homem disfruta da presença do Senhor. Embora possa ser uma analogia fraca, pode ser vista, uma certa indicação deste relacionamento de amor, na alegria que as pessoas recebem ao estarem na presença de outra pessoa que é muito amada. Não tem necessariamente que haver uma inundação de palavras; apenas estar lá, é suficiente para satisfazer um profundo sentimento de relacionamento. Esta era, possivelmente, a ideia que Wesley tinha em mente, quando se apropriou da trilogia Paulina, como uma forma padrão de dar conteúdo ao que significava ser inteiramente santificado ou aperfeiçoado em amor: regozijamo-nos sempre, oramos sem cessar e, em tudo, damos graças (1 Tess. 5:16-18).

Segundo, amar a Deus implica obediência total. Como disse Jesus aos Seus discípulos, "Se me amais, guardareis os meus mandamentos". (João 14:15). Outra analogia, embora tenha algumas fraquezas, pode ajudar a clarificar esta dimensão. O relacionamento ideal entre pais e filhos, embora envolva factores que não estão presentes na relação divino-humana, compartilha de alguns paralelos. O pai, ou a mãe, ideal procura sempre o bem do seu filho e, por outro lado, o filho ideal ama e respeita os pais e tem confiança que as suas ordens não são caprichosas ou arbitrárias. Isto pode reflectir o relacionamento de amor apropriado entre o Criador e a criatura. O relacionamento é iniciado e determinado pelo Seu lado, mas quando é visto, claramente, que o amor *ágape* é a origem do relacionamento do lado de Deus, a resposta apropriada é o amor, pelo lado do homem. Como João diz, "Nós amamos porque ele nos amou primeiro" e acrescenta, "Porque este é o amor de Deus: que guardemos os seus mandamentos; ora, os seus mandamentos não são penosos" (1 João 4:19; 5:3). Por causa do amor, a vida cristã não é, como um prisioneiro cumprindo prisão perpétua, mas a alegria de um filho que, entusiasticamente, cumpre a vontade do seu pai.

Terceiro, é bem claro que o fruto do Espírito é o amor, nas suas várias manifestações. O carácter unitário do fruto (o termo é singular e não plural) é devido ao facto de correr, como um riacho de uma fonte, de uma única fonte.[24] O gozo, a paz, a paciência, a benignidade, a bondade, a fidelidade, a mansidão e a temperança (Gal. 5:22, 23), estão todos presentes no início da vida cristã, porque o amor está presente desde o princípio. Note-se a descrição de Wesley da sua conversão:

> Existe uma grande mudança ocorrida nas nossas almas quando nascemos do Espírito, como ocorreu nos nossos corpos quando nascemos de uma mulher. Existe, naquela hora, uma mudança geral de pecaminosidade interior, para a

---

24 Vide *Notes* de Wesley, Gal. 5:22.

santidade interior. O amor da criatura é mudado para o amor do Criador; do amor ao mundo para o amor a Deus. Os desejos terrenos, o desejo da carne, o desejo dos olhos e o orgulho da vida são, naquele instante, transformados, pelo poderoso poder de Deus, em desejos celestiais. (...) O orgulho e a altivez se convertem em humildade de coração; como a ira, com todas as paixões turbulentas e desordenadas, se convertem em quietude, mansidão e benignidade. Numa palavra, a mente terrena, sensual e diabólica, dá lugar à "mente que estava em Cristo Jesus".[25]

Esta brilhante descrição parece não deixar espaço para o crescimento adicional, para não dizer nada quanto à necessidade de uma obra adicional da graça. Mas, como vimos numa secção anterior deste capítulo, a experiência de Wesley e a sua observação da experiência de outros revelava que o primeiro raiar da nova vida em Cristo, que inunda o novo convertido com a sua bênção, poderia enganá-lo e levá-lo a pensar que nenhum pecado, ou seja, amor imperfeito, permanecia depois da salvação inicial. Mas com o tempo, a experiência revelava a seguinte condição, que analisou no mesmo sermão que acabámos de citar:

Ele era humildade, mas não totalmente; a sua humildade estava misturada com o orgulho: Ele era manso; mas a sua mansidão era frequentemente interrompida pela ira; ou alguma paixão turbulenta ou incómoda. O seu amor a Deus era frequentemente humedecido, pelo amor a alguma criatura; o amor ao seu próximo, por conjecturas malignas ou algum pensamento, se não temperamento, contrário ao amor.

Mas após o momento da inteira santificação, Wesley reivindica, que o nosso amor é "não misturado" (vide o sermão "On Pacience"). É esta característica, de estar não misturado, que o leva de forma consistente a falar em termos do primeiro mandamento.

Não é fácil descrever com exactidão o que a injunção bíblica (tanto de Moisés como de Jesus) significa quando ela intima ao amor não dividido por Deus. Esta é, talvez, a razão por que o pensamento protestante reflecte alguma inquietude no amor directo a Deus e o transpõe para o amor ao próximo.[26] Algumas músicas cristãs populares têm reduzido o amor a Deus a sentimentalismo e descrevem o relacionamento divino-humano em tons quase sensuais, todos eles indignos do Criador transcendente.

Nós sugerimos que o conceito de completa abertura é uma forma frutífera de conceptualizar o relacionamento restaurado com Deus, o qual é resumido pelo ideal do perfeito amor. Talvez, também, exista um sentido

---

25 *Works* 6:488.
26 Vide Gene Outka, *Agape: An Ethical Analysis* (New Haven, Conn.: Yale University Press, 1972), 8 n. 2.

em que este alvo é realizado, quando o amor do homem por Deus experimenta uma transição do serviço a Deus para os benefícios que Ele concede (ou, ainda menos desejável, para evitar as consequências de rejeitá-lo), para o serviço e amor a Deus por quem Ele é, em si mesmo, pois apenas Ele é digno.

Liberdade para o Outro. Voltamo-nos agora para a segunda relação, a qual sugerimos como constituindo a *imago Dei*. É derivada da primeira. No relato de Génesis, notámos como a ausência de roupas simbolizava a abertura radical marcando o relacionamento de amor entre o primeiro par. Além disso, a perda desta abertura resultou na cobertura do corpo com roupas. É, no mínimo, interessante que Gregório de Nissa, que exerceu uma influência considerável em João Wesley, equipare as peles (roupas) de Adão e Eva como símbolos do pecado original.[27]

A análise de Paul Bassett, dos ritos baptismais primitivos e o seu significado teológico, liga intimamente este sacramento com o receber do Espírito Santo e, portanto, com a santificação. Destaca, também, que a liturgia pré-baptismal incluía o despir do candidato. Embora Bassett interprete este acto simbólico, como se referindo à entrada do homem na vida terrena nu, deixando-a desta forma e, assim, rejeitando os bens deste mundo, também, poderia ser interpretado em ligação com a ideia de abertura. As vestes limpas, com as quais o baptizando depois se vestia, poderiam, de forma concebível, sugerir uma nova relação, vazia de qualquer subterfúgio, com o seu irmão crente em cuja comunhão estava agora a entrar.[28]

Com estas ideias, somos apresentados aos aspectos corporativos da santificação. Infelizmente, muito do ensino no movimento de santidade moderno tem sido demasiado individualista na sua ênfase. Mas a fé bíblica é irredutivelmente corporativa. O Velho Testamento providencia-nos uma base sólida para este entendimento. Os propósitos dos sacrifícios dentro da aliança (vide discussão no capítulo sobre expiação) destacam o facto que entramos numa relação com Deus tornando-nos parte do povo de Israel. Entramos na aliança ao tornarmo-nos uma parte da comunidade da aliança. O outro lado desta verdade, é visto na identificação da expulsão da comunidade, com a perda da relação salvífica com Deus.

Às vezes pensa-se, erroneamente, que este sentimento de solidariedade na religião do Velho Testamento foi abandonado, com o estabelecimento da nova aliança em Jesus Cristo. Embora seja verdade, que uma maior ênfase na responsabilidade e na prestação de contas individual tenham sido introduzidas pelos profetas Jeremias e Ezequiel, não é o caso de

---

27 R. S. Brightman, "Gregory of Nyssa and John Wesley no Theological Dialogue on the Christian Life" (Ph.D. diss., Boston University, 1969).
28 *Exploring Christian Holiness* 2:41ss.

a solidariedade das pessoas dentro da aliança ter sido abandonada por uma perspectiva em que a comunidade é composta por um conjunto de indivíduos discretos, apenas, externamente relacionados uns com os outros. Em vez disso, o carácter corporativo da fé hebraica influencia a doutrina da Igreja do Novo Testamento, como, apenas, uma pesquisa superficial da literatura do Novo Testamento o revela de forma evidente.

Vimos esta verdade de forma mais completa olhando para os benefícios da nova aliança em Jesus Cristo. Aqui temos de falar mais sobre o papel do Espírito Santo. O povo da velha aliança era constituído pelo sangue, sendo parte do povo de Israel, se não por nascimento, então, através do baptismo prosélito. O novo povo de Deus, o novo Israel, a Igreja, é constituída pelo Espírito Santo. Uma das verdades centrais, que Lucas procura destacar no Livro de Actos, é o facto que o dom do Espírito cria uma nova realidade, um corpo corporativo trazido à existência pelo enchimento do Espírito de Cristo. O dom do Espírito não é um dom individualista a ser recebido em isolamento da comunidade. É um dom pessoal que cria uma ligação orgânica com outras pessoas cheias do Espírito.

Esta verdade ilumina ainda mais o significado do Dia de Pentecostes. Primeiro, a posição tradicional, de que este dia deve ser identificado como o dia do nascimento da Igreja, é exegeticamente sã. Alguns autores da santidade têm sido pressionados a abandonar esta posição, porque pensam que está, de alguma forma, em conflito com a sua posição de que os discípulos foram inteiramente santificados naquele esplendor inicial do Espírito.[29] Mas se reconhecermos que a obra santificadora do Espírito tem esta dimensão corporativa, essa parte do significado da santificação é a restauração do homem à imagem de Deus em relação com a outra pessoa; não existe tensão entre estas duas posições.

O que temos, no quadro de Lucas da Igreja Primitiva, é um retrato de uma igreja santificada constituída pelo enchimento do Espírito Santo. É mais do que um grupo de pessoas, individualmente santificadas, disfrutando da comunhão de uma natureza mais ou menos social. O que vemos é um vínculo entre pessoas cheias do Espírito, numa unidade orgânica de amor, criada pelo "Espírito criador da comunidade" que nela habita. Podemos, ainda, observar aí o cumprimento da oração sacerdotal de Jesus pelos Seus seguidores, que Deus os santifique "para que sejam um" (João 17:22).

Uma pesquisa das experiências destes primeiros cristãos revelará, de forma clara, as dimensões corporativas da obra santificadora do Espírito, realizada no Corpo de Cristo. Havia uma unidade de amor que era caracterizada

---

29 Vide Charles W. Carter, *The Person and Ministry of the Holy Spirit* (Grand Rapids: Baker Book House, 1974), 20.

por uma completa abertura, com tudo o que isso implicava para as relações interpessoais. Isto ajuda a explicar o terrível significado do incidente de Ananias e Safira. Aqui estava a primeira violação daquela abertura, que a santidade deveria criar quando plenamente realizada no Corpo. Talvez a razão, deste incidente receber tão drástico tratamento, fosse porque encobria a abertura com a mentira e o engano e, o poder da Igreja era diminuído, porque o seu carácter à semelhança de Cristo estava manchado. As palavras de Pedro, declarando que Ananias realmente "mentiu ao Espírito Santo" (Actos 5:3), demonstram quão intimamente ligadas estão as relações verticais e horizontais, na realidade espiritual.

Existem algumas implicações deste aspecto da *imago* quando é restaurada pela obra santificadora do Espírito. Primeiro, a essência da santidade em relações pessoais é a sinceridade. Na sua oração pela igreja de Filipos, Paulo ora para "sejais sinceros e inculpáveis para o Dia de Cristo" (1:10). João Wesley estava disposto a igualar a inteira santificação com a sinceridade, especialmente, se lhe fosse dada no Novo Testamento a sua plena implicação. Não é nada mais que sinceridade, afirma, "se com essa palavra quer dizer o amor que enche o coração, que expulsa o orgulho, a ira, o desejo, a vontade própria; que se regozija sempre, ora sem cessar e em tudo dá graças. Mas eu duvido, que sejam poucos, os que usam sinceridade neste sentido".[30]

Segundo, a actividade desinibida do Espírito Santo dentro de um corpo de crentes cristãos está condicionada pela presença de abertura entre todos. Aqui está o significado das palavras de Jesus: "Portanto, se trouxeres a tua oferta ao altar e, aí te lembrares de que teu irmão tem alguma coisa contra ti, deixa ali, diante do altar, a tua oferta e, vai reconciliar-te primeiro com teu irmão e, depois, vem e apresenta a tua oferta". (Mat. 5:23-24).

Terceiro, o amor em relação ao próximo fora da comunidade envolve serviço e a procura do seu bem-estar. A tensão, algumas vezes apreendida entre a conversão pessoal e o envolvimento social, é uma tensão falsa. A partir de uma perspectiva bíblica, os dois não podem ser radicalmente dicotómicos.

Paulo coloca-o desta forma: "Ninguém busque o seu próprio interesse e sim o de outrem" (1 Cor. 10:24). Isto levanta a questão que o advogado endereçou a Jesus, "Quem é o meu próximo?" (Lucas 10:29). A resposta de Jesus tem ramificações de longo alcance. Em primeiro lugar, Ele não respondeu à questão de forma directa, mas em vez disso, contou a parábola do Bom Samaritano. Na realidade, a parábola abordou outro assunto, nomeadamente: "Qual (...) provou ser o próximo" para com o homem em necessidade (v. 36)? Então, como diz Paul Ramsey,

---

30 *Plain Account*, 84.

Esta parábola diz-nos algo sobre o amor ao próximo, nada sobre o próximo. O que a parábola faz é exigir que o inquiridor faça uma revisão total do seu ponto de vista, reformulando a questão inicialmente feita, de forma a exigir de si próprio o amor ao próximo, em vez de exigi-lo do seu próximo.[31]

A segunda implicação é que nada no próximo qualifica o nosso amor por ele. A resposta de Jesus não define quem é o próximo porque, ao fazê--lo, o amor seria limitado àqueles que se encaixam na definição. Então, o amor encontra o próximo em todos os homens, independentemente, do seu estatuto ou quaisquer outras características distintivas. Desta forma, o amor ao próximo tem mais o carácter de *ágape* do que de *eros*. Numa palavra, este é o tipo de amor desinteressado que inspirou a ordem de Jesus em Mat. 5:48 – "Portanto, sede vós perfeitos como perfeito é o vosso Pai celestial".

A terceira dimensão da *imago* envolve a *Liberdade da Terra*. Na sua condição original foi dado ao homem domínio sobre o resto da ordem criada. Este domínio parece estar, directamente, relacionado com a submissão do próprio homem ao domínio do Criador. Mas com a revolta contra Deus, a terra revoltou-se contra o homem e a relação apropriada perdeu-se; o homem já não estava livre da terra. Agostinho, proporciona uma análise penetrante da condição presente dos homens, nesta dimensão, quando observa que devemos amar a Deus e usar as coisas, mas em vez disso, tendemos a amar as coisas e a usar Deus.

Podemos ver a importância da santificação como a restauração da relação apropriada com a terra, ao explorarmos o ensino do Novo Testamento pelos tópicos: possessões, riquezas ou tesouros. Todos estes são produtos da terra. É impressionante quão difundido este tema é na Bíblia, especialmente, no Novo Testamento. Porque é que as Escrituras dão tanta atenção a este tema? Sem dúvida a análise de Luke T. Johnson fornece-nos uma resposta. Afirma, "A forma como usamos, somos donos, adquirimos e nos desfazemos das coisas materiais, simboliza e expressa as nossas atitudes e respostas a nós mesmos, ao mundo à nossa volta, às outras pessoas e, acima de tudo, a Deus".[32] Numa palavra, simboliza todas as relações sobre as quais temos vindo a falar; ou seja, todas elas se concentram neste assunto, visto que todas estão interrelacionadas, como mencionámos no início.

Jesus falou de forma extensiva sobre a questão das possessões. Um grande segmento do Sermão do Monte é dedicado à abordagem do assunto dos "tesouros" (Mat. 6:19-34). A ideia principal destas afirmações

---

31 *Christian Ethics*, 93.
32 *Sharing Possessions* (Philadelphia: Fortress Press, 1981), 40.

"praticamente requer que nos libertemos dos cuidados que nos prendem ao mundo".[33] Assim, a dependência das riquezas é uma antítese da fé.

A liberdade dessa dependência torna possível uma liberdade radical para Deus. Numa profunda análise, Luke Johnson, demonstra como as possessões estão intimamente relacionadas com a percepção de quem sou e que criar uma identidade própria em relação às coisas, em vez de em relação a Deus, não é apenas idolatria, mas é também auto-destrutiva, porque envolve uma perversão básica dos valores. Ele diz:

> A verdadeira dificuldade a respeito das possessões está no que elas significam para nós. O verdadeiro mistério, acerca das possessões, é como elas se relacionam com o nosso sentido de identidade e valor como seres humanos. O pecado real, relacionado com as possessões, tem que ver com a confusão deliberada entre o ser e o ter.[34]

A partir de muitas passagens, podíamos chegar à conclusão que Jesus condenou as riquezas em si mesmas e advogou a pobreza como algo inerentemente recto. Porém, isto O envolveria em algumas contradições interessantes, pois como Rudolf Schnackenburg salienta, Ele permitiu-se a Si mesmo ser hóspede de homens ricos (Lucas 7:36; 14:1), frequentemente aceitou a hospitalidade das irmãs benfeitoras de Betânia (10:38-42; João 11:1 ss. 12:1 ss.) e o apoio de mulheres com propriedades (Lucas 8:3).[35]

Todavia, Ele realmente exigiu ao jovem rico que vendesse todas as suas possessões (Mat. 19:16-27; Marcos 10:17-28) para herdar o reino dos céus. Ao comentar este incidente, Wesley nota que "aquele que vê o coração dos homens viu a necessidade de exigir isto num caso específico, o do jovem rico. Mas nunca estabeleceu uma regra geral, para todos os homens ricos, de todas as gerações seguintes".[36]

Na melhor das hipóteses, afirmar que a pobreza fosse equivalente à rectidão seria estranho, como alguns têm sugerido que a Bíblia ensina. Nas passagens que parecem insinuar isto (p.ex., a história do homem rico e de Lázaro, em Lucas 16), Schnackenburg explica de forma pertinente:

> A forma desta história está claramente determinada pelos conceitos judaicos de retribuição. É, certamente, assumido sem dúvida que os pobres que são mencionados também tinham um carácter moral que os qualificava para entrar no reino de Deus. Uma perspectiva puramente económica e materialista era estranha ao judaísmo: um homem ímpio pobre nunca teria um lugar no *evo* futuro devido apenas à sua pobreza. Jesus negou-o, de forma ainda mais

---

33 Rudolf Schnackenburg, *The Moral Teaching of the New Testament* (New York: Seabury Press, 1965), 99.
34 Vide n. 32 acima.
35 *Moral Teaching*. 125.
36 *Works* 5:370.

clara, quando fez do cumprimento da vontade de Deus a condição para a entrada no reino de Deus.[37]

Wesley salienta, de forma convincente, que seria difícil estar em pobreza total e ao mesmo tempo aderir à admoestação de Paulo de "A ninguém fiqueis a dever coisa alguma" (Rom. 13:8); nem poderíamos prover as necessidades da nossa própria casa, uma vez que falhar em fazê-lo, diz Paulo, é ser "pior que o descrente" e uma negação da fé (1 Tim. 5:8).[38]

Como resultado destas observações, apenas poderemos concluir que não pode ser a possessão de bens, por si, o obstáculo, mas apenas a riqueza que é possuída de forma idólatra. A defesa da pobreza, por Jesus, sugeriria que Ele "considerava a pobreza como liberdade para Deus e como condição para uma dedicação não dividida a Deus".[39] Por outro lado, Wesley fala das riquezas como cadeias que prendem os homens à terra.[40]

Para aqueles que tinham obtido riquezas sem as buscar (como ele próprio), Wesley advoga uma política tríplice, para evitar a perversão das prioridades que resulta de uma preocupação inapropriada com a riqueza: "Tendo *ganho*, no sentido correcto, *tudo o que podes* e *poupado tudo o que podes*; apesar da natureza, costumes e a prudência mundana, *dá tudo o que podes*".[41]

Se alguém tiver a coragem de seguir este conselho, demonstrará certamente que está efectivamente livre da terra, ou seja, das possessões terrenas.

Liberdade do domínio do ego. Temos notado a forma como cada uma das outras três dimensões da *imago* são na realidade influenciadas pelo relacionamento com o ego e são distorcidas quando o homem se intromete no papel de soberano da sua existência. O pecado, em essência, é idolatria porque eleva o ego, finito e criado, à posição que, por direito, pertence, unicamente, ao Criador. É, por esta razão que, a obra da graça mais decisiva na vida humana aborda o assunto da soberania do ego. É isto que Wesley quer dizer quando fala da "raiz do pecado" ou da "semente do pecado". Não se está a referir a alguma substância ontológica, mas à perversão da autoridade que acontece quando o amor a Deus não é a intenção controladora do coração humano.

A restauração do homem à imagem de Deus envolve a relação apropriada com o ego. Não é o aniquilamento do ego, como algumas religiões orientais desejam. É a submissão do ego à autoridade de Deus, para que o amor por Deus e ao próximo não seja modificado de forma imprópria pelo

---

37 *Moral Teaching*, 128-29.
38 *Works* 5:366-67.
39 Schnackenburg, *Moral Teaching*, 126-27.
40 *Works* 5:370.
41 Ibid., 7:9.

interesse pessoal e não nos relacionemos com a terra somente como um meio de auto-gratificação.

Isto levanta a questão de um amor-próprio apropriado ou inapropriado. Esta questão tem ocupado as mentes de eticistas e teólogos cristãos durante séculos e tem-se tornado num assunto de grande discussão popular, no século presente.[42]

A relação restaurada com o ego, que resulta da obra santificadora do Espírito, é muito parecida com a relação com a terra. Assim como a possessão de propriedades, não deve ser por si mesma rejeitada, o assunto do ego diz respeito a se uma pessoa busca ou não ser o senhor da sua própria vida. Não implica que nos odiemos a nós mesmos ou tenhamos uma auto-estima baixa. De facto, a relação apropriada com o ego é o caminho para uma imagem própria psicologicamente sã.

A auto-aceitação é um ingrediente importante na saúde mental. Defendemos que o entendimento neo-testamentário da justificação pela fé é a base mais sadia para a verdadeira auto-aceitação. Se Deus me aceita "tal como sou", esta é a razão mais profunda e possível para me aceitar a mim mesmo.[43]

Bruce Narramore propõe alguns obstáculos à auto-aceitação que apoiam esta afirmação. A primeira pedra de tropeço é o pressuposto de que "tenho de atingir um certo padrão de maturidade, atitude ou realização para ser aceite".[44] Esta é exactamente a atitude produzida por uma teologia de rectidão pelas obras. A justificação pela fé rejeita esta abordagem *en toto* e insiste que a aceitação de Deus não está dependente do meu próprio mérito.

Mas a questão do amor-próprio é mais difundida do que a auto-aceitação. Dizer com Agostinho, que o mandamento para amar a Deus e ao

---

42 Vide Oliver O'Donovan, *The Problem of Self-Love in St. Augustine* (New Haven, Conn.: Yale University Press, 1980); Outka, *Agape*, cap. 2; Bruce Narramore, *You're Someone Special* (Grand Rapids: Zondervan Publishing House, 1978); Robert H. Schuller, *Self-esteem* (Waco, Tex.: Word Publishing Co., 1982); Paul Ramsey, *Christian Ethics*, 295-306; George F. Thomas, *Christian Ethics and Moral Philosophy* (New York: Charles Scribner's Sons, 1955), 55-58. Uma crítica perspicaz por um evangelista é encontrada em Richard E. Howard, "Egocentric Evangelism", *Wesleyan Theological Journal* 21, no. 1 (Spring 1986).

43 Numa discussão esclarecedora Donald M. Baillie demonstra como a negação da ideia do pecado e a falha em reconhecer a realidade do perdão divino, deixa o homem moderno sem alternativas para lidar com os seus fracassos morais, enquanto que a crença em tais verdades providencia uma base psicológica sã para lidar com elas. Ele resume o seu argumento: "Eu tenho tentado mostrar o homem 'moderno,' nos seus próprios termos, que a consciência do pecado contra Deus e do perdão divino, em vez de ser mórbida e impraticável é, em última análise, o segredo da vida plena e muito mais condutiva a isto do que o substituto moralista que pertence a uma era secular". *God Was in Christ*, 160-67.

44 *You're Someone Special*, 85-86.

nosso próximo inclui um mandamento para nos amarmos a nós mesmos, corre o risco de elevar a mandamento aquilo que o homem faz naturalmente e anda, perigosamente, perto da definição Neo-testamentária de pecado. Paul Ramsey, talvez esteja certo quando declara que "não pode ser cometido erro mais desastroso, do que admitir o amor-próprio ao primeiro nível da ética cristã, como uma parte básica da obrigação cristã".[45]

Mas será possível purificar o amor por outra pessoa de tal maneira, ao ponto de todo o amor que busca o interesse próprio seja evaporado? Aparentemente não e esta parece ser a implicação do mandamento de Jesus, "amarás o teu próximo como a ti mesmo" (Mat. 19:19). Porém, existe uma diferença entre buscar os nossos próprios interesses, como uma consideração primária, e permitir que o nosso amor ao ego, por amor a nós mesmos, seja o paradigma do amor ao próximo. Que existe um sentido genuíno de auto-realização envolvido na ideia da restauração da *imago* que propomos é livremente admitido. No entanto, existe um contraste significativo entre buscar directamente os nossos próprios objectivos e indirectamente encontrar satisfação como uma consequência de "buscar, pois, em primeiro lugar, o seu reino" (Mat. 6:33), que envolve o amor não dividido a Deus e o amor desinteressado ao próximo.[46]

Ética Cristã

Uma discussão da ética cristã é tratada de forma frequente como quase uma adenda à teologia cristã. Não é integrada na estrutura da teologia. Mas na teologia wesleyana a ênfase ética está implícita em toda a sua estrutura, uma vez que a santificação, inseparável de todas as considerações teológicas, é completamente ética.[47]

Mas a santificação e, da mesma forma, a ética cristã são especificamente para o povo de Deus. Será que isto implica uma limitação da universalidade? Não, no sentido em que isto não se refere ao ideal de Deus para todos os homens. Mas temos de reconhecer que a Palavra de Deus revela de

---

45 *Christian Ethics*, 101.
46 George F. Thomas, *Christian Ethics,* salienta que "temos de distinguir entre o *amor ao ego* e o *amor ao bem*. No primeiro, o interesse do ego está centrado em si mesmo; o seu desejo é ter as suas vontades satisfeitas e agarrar-se à sua vida individual o maior tempo possível. No último, o ego busca transcender-se a si mesmo ao devotar-se ao Reino de Deus como o bem supremo e estar preparado a deixar qualquer coisa, até mesmo a sua vida, por aquele fim.

"Isto explica como é possível uma pessoa estar preocupada com o Reino de Deus sem amar-se a si mesma. ... O princípio da 'vida na carne' é o amor ao ego, visando a *satisfação* dos seus próprios desejos; o princípio da vida 'no Espírito' é o amor a Deus e o amor ao próximo levando à transcendência do ego". 57.
47 Isto explica a razão porque fomos tão insistentes, nas discussões anteriores, no completo carácter ético da santificação em contraste com uma interpretação cerimonial.

forma clara um ideal, ao qual, apenas os dedicados estão comprometidos e só os santificados procuram. Na nossa discussão da doutrina da criação elaborámos uma ética da criação que é universalmente aplicável a todos os homens, no sentido em que ela reflecte a estrutura da natureza humana. É vinculativa para todos os seres humanos, no sentido em que violar este critério ético é violar a nossa própria natureza e, em certa medida, nos auto-destruirmos.

A ética cristã, quando entendida como uma extrapolação da *imago Dei*, é uma extensão da ética da criação, no sentido da realização da plena personalização. Isto significa que no sentido religioso pleno é uma ética que melhora, em vez de perverter, a humanidade do homem. De resto, este entendimento envolve a feliz conclusão de que os ideais de Deus não desumanizam ou pervertem a natureza humana. A santidade, como uma realidade ética, não nos faz menos humanos, mas plenamente humanos.

Paul Tillich, numa transformação de categorias utilizadas por Immanuel Kant, na sua clássica tentativa iluminista de rejeitar toda a autoridade, providenciou-nos com uma perspectiva brilhante desta verdade. Kant sentia que para que o homem expressasse plenamente a sua humanidade, as regras éticas deveriam ser legisladas pelo próprio. Isto é autonomia. Se tais regras para o comportamento forem impostas por outras pessoas ou por Deus (heteronomia – lei legislada por outros), retiram a dignidade que, propriamente, pertence aos seres racionais. Isto significa que Kant também rejeita uma ética de *teonomia* (lei legislada por Deus).

Tillich argumenta que o conflito, entre a autonomia e a *teonomia* que Kant postulou, é um mal-entendido. Uma vez que Deus é a "profundeza" do nosso próprio ser, a autonomia e a *teonomia* não estão em conflito. Em vez disso, ao reconhecermos as leis de Deus, estamos na realidade a afirmar a nossa própria condição de indivíduo. Por conseguinte, uma ética de *teonomia*, embora não autónoma no sentido kantiano, está estruturada para pôr a pessoa em contacto com o seu próprio ego, uma vez que aquele relacionamento ocorre, apenas, quando a pessoa está em contacto com Deus como o Fundamento do seu ser. Esta, no contexto das nossas propostas sistemáticas, é a relevância dos vários relacionamentos implicados no conceito da *imago*.

Essa interpretação da ética cristã sugere que ela toma uma forma particular. Esta forma não é algo que possa ser detalhado de um modo teórico a partir das Escrituras, mas apenas inferida. Esse modelo conceptual, assim como outros que a teologia toma emprestado, é derivado da filosofia. Na linguagem da ética filosófica é teleológica em natureza ou estrutura. Isto significa que a vida disfrutada encontra a sua validade no alvo (*telos*) que busca alcançar.⁴⁸ O *telos*, posto de forma simples, é a restauração à imagem de Deus; ou uma vez que o ícone da natureza divina em forma humana é Jesus Cristo, poderemos usar o termo semelhança de Cristo. Os parâmetros deste *telos* são definidos pelos quatro relacionamentos delineados na primeira parte deste capítulo e, quando tomados no seu conjunto, abrangem todos os aspectos aos quais qualquer teoria ética se dirige. Além disso demonstra a forma como o tema do amor é totalmente abrangente e adequado como uma categoria ética.

Propomo-nos agora a mostrar, brevemente, a forma como duas outras alternativas a esta estrutura, por vezes propostas como paradigma para a ética cristã, são inadequadas. A primeira abordagem, por vezes advogada de forma muito pouco sofisticada, é conhecida como casuística. A casuística é a tentativa de prover regras para todas as situações concebíveis.⁴⁹

Essa forma de fazer ética muitas vezes busca identificar regras de conduta na Bíblia e depois aplicá-las de forma literal à vida contemporânea. As inadequações desta abordagem são numerosas. Primeiro, falha em reconhecer, que embora hajam muitas injunções específicas no Novo Testamento, que podem ser retiradas e usadas sem modificações, muitas são ocasionais em natureza e pressupõem uma situação histórica que pode ou não ser reproduzida no mundo moderno. A falha em reconhecer este carácter condicional, de muitas injunções bíblicas, resulta em procurar impor uma regra numa situação radicalmente diferente, que pode de facto resultar numa consequência não cristã ou sub-cristã.⁵⁰

---

48 A crítica, frequentemente feita, contra uma ética teleológica, de que que ela propõe que "o fim justifica os meios", é superficial e injustificada. Sugerir que esta crítica invalida essa abordagem à teoria ética é ignorar completamente as implicações do *telos*. A falácia desse ataque pode ser vista quando sugerimos que ela é auto-contraditória. Se, hipoteticamente, propusermos que o *telos* de uma teoria ética é a honestidade, é ridículo sugerir que o princípio teleológico permita o comportamento desonesto, como meio, para o fim da honestidade. Da mesma forma, se a semelhança de Cristo é o *telos* da ética cristã, a realização desse alvo exclui todo o comportamento não ético e define, muito cuidadosamente, quais os meios que são úteis para alcançar o ideal. É muito mais exigente do que uma abordagem que propaga as regras como protecções contra a imoralidade, visto que as regras quase sempre admitem fugas. A abordagem teleológica não admite nenhuma.

49 Este termo tem também sido usado para se referir a qualquer aplicação de um princípio ético geral a casos específicos. Toda a discussão ética prática é casuística neste sentido. Mas estamos a usar o termo no sentido mais clássico, como definido no texto.

50 Vide a discussão na *República* de Platão entre Sócrates e Céfalo, em que Céfalo propõe uma definição simplista da vida boa. Sócrates demonstra que para seguir esta definição, em todos os casos, pode levar a um acto moralmente mau e assim invalidar a bondade. Teologicamente, um caso relacionado com este ponto é a preocupação de alguns cristãos conservadores com a proibição de Paulo em 1 Cor. 14:34 das mulheres falarem na igreja. Eles tomam uma situação historicamente condicionada e tentam fazê-la universalmente aplicável e, portanto, estão em conflito com princípios mais centrais

O segundo problema é que esta forma de fazer ética é extremamente limitada. Não tem maneira de lidar com os assuntos que têm emergido em cada nova situação. A abordagem apropriada às injunções bíblicas é procurar desenterrar o princípio teológico que as influenciam. Em alguns casos, este, estará próximo da superfície; noutros poderá estar profundamente enraizado e requerer uma escavação exegética cuidadosa. Estes princípios são realmente de aplicação universal e o argumento, aqui, é que os encontramos a todos focados em um ou mais dos tetra relacionamentos que constituem a *imago Dei*.

Outros têm argumentado que a ética cristã é fundamentalmente deontológica em forma. Este tipo de ética centra-se em leis, obrigações e deveres. O seu modelo clássico nas éticas filosóficas é a obra de Immanuel Kant. Uma vez que estamos a lidar com mandamentos divinos, é reivindicado que a ética cristã se encaixa neste modelo.

Embora seja indisputável que este elemento esteja presente na ética cristã, não é claro que esta seja a característica definitiva. A abordagem desta questão levanta as questões debatidas na Idade Média entre os nominalistas e os voluntaristas. Os últimos, fazendo a vontade de Deus primária, apoiavam a forma deontológica da ética bíblica. Porém, na nossa discussão deste assunto teológico (vide cap. 6) vimos como Wesley rejeitou este debate como infrutífero e para todos os efeitos práticos negou a reivindicação voluntarista. No seu próprio entendimento da lei (vide cap. 12) tornou claro que esta é uma réplica da natureza divina. Portanto, se pudermos de forma legítima afirmar que a lei é uma expressão da natureza divina, então ela não é arbitrária, mas tem um propósito. Pode-se perguntar a razão de tal lei ser propagada e existe uma resposta além de "porque Deus o disse". Se o elemento de propósito está presente na lei, ela torna-se teológica por natureza. E já vimos, na nossa discussão anterior da lei, qual é o *telos* da lei e este encaixa-se, perfeitamente, nesta proposta a respeito da estrutura da ética cristã.

Historicamente, o movimento de santidade tem usado todas as três abordagens, mas as tentativas mais adequadas para justificar o estilo de vida de santidade usaram uma versão da abordagem teleológica. Considere as implicações do conselho ético de Susanna Wesley aos seus filhos: "o que enfraquecer o vosso raciocínio, paralisar a maleabilidade da vossa consciência, obscurecer o vosso sentido de Deus ou tirar o deleite das coisas espirituais, tudo o que aumentar a autoridade do vosso corpo sobre a vossa mente, isso, para vós, é pecado".[51]

---

do Novo Testamento.
51 Vide H. Ray Dunning, "Nazarene Ethics as Seen in a Historical, Theological, and Sociological Context" (Ph.D. diss., Vanderbilt University, 1969). Vide cap. 4.

Na formação das suas sociedades, João Wesley tinha, acima de tudo, na sua mente a definição de religião como "um hábito constante que rege a alma, uma renovação das nossas mentes na imagem de Deus, uma recuperação da semelhança divina, uma conformidade do coração ainda crescente ao padrão do nosso Santíssimo Redentor".[52] Quando articulou as regras para estas sociedades, tomou emprestado a *Primitive Christianity*, de William Cave, que era um estudo das morais da igreja dos primeiros séculos. A atracção de Wesley pela visão patrística do cristianismo, como paradigma para a fé não corrompida, tornou natural que desejasse apropriar-se da moral deste período para si mesmo e para o seu povo. Mas a consideração primordial era que as regras e os métodos, que tomou emprestado do relato de Cave, fossem vistas como meios de prudência, ordenados para alcançar este "hábito regente da mente", esta "completa recuperação da semelhança divina". Visto que Wesley podia e falava de forma significativa de meios para a santidade, essa interpretação estava perfeitamente em acordo com o seu entendimento teológico.

Wesley, certamente, não sugeriria que as suas regras pudessem ser usadas como critério para uma avaliação legalista do relacionamento do indivíduo com Deus. Antes, elas são insinuações contínuas para uma, ainda mais perfeita, realização da semelhança divina.[53]

Ao procurar justificar padrões denominacionais para os seus constituintes, o Superintendente Geral James B. Chapman e o editor do *Herald of Holiness*, D. Shelby Corlett, deram voz a uma popular, mas solidamente formulada, teoria ética teleológica.[54]

Como Superintendente Geral, Chapman auto-conscientemente, via-se a si mesmo como estando a meio do caminho entre duas gerações, como uma espécie de construtor de pontes, justificando os caminhos dos fundadores à nova geração de nazarenos. Isto, foi especialmente verdade, no que respeita aos padrões da igreja e falou sobre este problema, tanto em artigos como na "Caixa de Perguntas", coluna que dirigiu, esporadicamente, entre 1923 e 1948.

O conceito de Chapman da conduta cristã estava edificado sobre uma hierarquia de valores, os quais se rejeitados fariam todo o edifício sucumbir. Consequentemente, explica-o no contexto da santidade como inteira

---

52 Vide Peters, *American Methodism*, 65.
53 Vide H. Ray Dunning, "Ethics in a Wesleyan Context", *Wesleyan Theological Journal* 5, no. 1 (Spring 1970): 3 ss.
54 Estes homens trabalharam numa época em que a Igreja do Nazareno estava a passar por um período de transição, tanto em termos de um influxo de novos membros da igreja sem um passado eclesiástico e o surgimento de membros de segunda-geração que tinham dúvidas quanto à validade das Regras Gerais da igreja. Vide Dunning, "*Nazarene Ethics*".

devoção a Deus e completo compromisso com a realização da perfeição de vida. Se alguém não está comprometido com o *telos*, os seus argumentos perdem toda a sua força e capacidade de persuasão.

Esta escala de valores é declarada de forma explícita e é bastante elucidativa na avaliação da natureza dos princípios de conduta. As coisas primárias devem estar em primeiro lugar e estas são os exercícios religiosos, como a oração e as obras de misericórdia. Segundo em importância, estão as buscas intelectuais incluindo a "assistência a palestras". O terceiro lugar é dado ao corpo, isto é, cuidar dele para permanecer saudável. O quarto é a vida social, em que a prioridade deve ser dada a bons amigos.

Aqui temos uma óbvia ética de auto-realização, o teor principal é no sentido de organizar a pessoa como um todo, em torno de certos princípios básicos, de forma a realizar os seus mais elevados e santificados alvos. Chapman via as regras da igreja como protectoras, na guarda contra qualquer coisa que militasse contra a realização do alvo e guia para as actividades que o tornam realidade.

D. Shelby Corlett, como editor, tentou falar a qualquer situação que fosse relevante para a consciência da igreja e lutou apoiando a posição da igreja e dos seus líderes perante qualquer questão. Através do estudo dos seus editoriais, pode-se captar, de forma adequada, um reflexo das tendências na igreja.

A sua própria abordagem à posição ética da igreja pode ser resumida na palavra *conveniência*, um conceito que ele baseou, principalmente, em 1 Cor. 6:12: "Todas as coisas me são lícitas, mas nem todas me convêm". Ele reconheceu que a relação entre a religião e a moral tinha mais do que uma dimensão. Existem, é claro, aquelas áreas em que "deveria existir uma linha rígida de demarcação entre o branco do certo e o preto do errado". Existem outras áreas que caiem na categoria de "não edificante".

Esta última categoria move-se para a esfera dos assuntos legais, que não distinguem cristãos de não-cristãos, mas antes abrangem a questão de consciência pessoal e da luz. Razões racionais podem não estar, necessariamente, disponíveis para apoiar convicções desta natureza, mas não são irracionais. O percurso que um cristão segue, nesta base, "deve ser considerado como feito, apenas, porque é o mais satisfatório para a sua própria consciência e para a glorificação de Deus na sua vida pessoal". Portanto, estes padrões particulares de conduta não devem ser, arbitrariamente, impostos sobre os outros.

Corlett argumentou que as Regras Gerais da Igreja do Nazareno, estão baseadas neste princípio. Elas não são um meio para identificar os verdadeiros cristãos, mas antes para definir, na opinião da igreja, qual o tipo de vida que "mais agrada a Deus".[55]

Uma outra implicação óbvia, da interpretação da ética em termos da *imago*, como aqui elaborada é que a ética social é indígena ao entendimento wesleyano. O segundo relacionamento implica esforço consagrado para "fazer aos outros o que gostaríamos que eles nos fizessem" (cf. Mat. 7:12). Isto transcende a fraternidade, mesmo que este possa ser o enfoque central do ideal de abertura.[56] No relacionamento do crente com aqueles que estão fora da fé, este apela para que se esforce por garantir a justiça, a igualdade e o acesso a uma qualidade de vida que não milite contra a manutenção da individualidade – não simplesmente a existência corporal.

Não propomos, aqui, ter elaborado uma ética cristã completa, mas apenas ter declarado os contornos básicos de uma ética que emerge logicamente da estrutura e pressupostos desta teologia sistemática. Elaborar detalhadamente todas as implicações destas observações programáticas requereria um volume separado.

---

55 Estas discussões de Chapman e Corlett foram materialmente retiradas de Dunning, "Nazarene Ethics".
56 Vide Ladd, *Theology*, 280-81.

CAPÍTULO 16

A Comunhão dos Santos

Poucos assuntos têm despertado tanto a atenção dos teólogos contemporâneos como a doutrina da Igreja. Podem ser sugeridas, pelo menos, duas razões para isto. A primeira é o estado de espírito ecuménico que permeia as principais correntes do pensamento teológico. Como resultado da dolorosa consciencialização do carácter fragmentado da cristandade e do fracasso, quanto ao ideal da unidade, pelo qual Jesus orou na Sua oração sacerdotal (João 17), os eclesiásticos procuraram uma solução para o problema, tentando identificar a natureza da Igreja. Espera-se que isto venha a providenciar uma base para a cura do Corpo de Cristo.[1]

A segunda razão é mais pragmática. Muitos têm-se desiludido com a igreja institucional e mesmo aqueles que não tem partilhado desta perda de optimismo têm ficado perplexos com o fracasso da igreja em manifestar um sucesso significativo na sua relação com o mundo, seja pelo evangelismo ou influenciando a sociedade no sentido da justiça e da rectidão. Assim, a igreja tem estado debaixo de um escrutínio cuidadoso num esforço para diagnosticar a fonte desta fraqueza.[2]

---

1 Cf. Colin Williams, *The Church*, vol. 4 no *New Directions in Theology Today* (Philadelphia: Westminster Press, 1968); idem, *John Wesley's Theology Today*, cap. Acerca da Igreja; Paul Minear, ed., *The Nature of the Unity We Seek*, Official Report of the North American Conference on Faith and Order (St. Louis: Bethany Press, 1958); Stephen Charles Neill, *The Church and Christian Union* (New York: Oxford University Press, 1968). Estas preocupações estão claramente reflectidas nas palavras do teólogo católico romano contemporâneo, Hans Kung, *The Church* (New York: Sheed and Ward, 1967): "Os esforços ecuménicos não brotam da indiferença, ainda que e por muito que isto se encaixe na nossa era moderna, mas de uma nova consciência do desejo de Deus, que todos venham a ser um". xii. Isto não deve sugerir que o denominacionalismo não possa ter algum valor, como as nossas discussões posteriores o revelarão.

2 Vide a série de obras de Howard Snyder, todas publicadas pela InterVarsity Press de Downers Grove, III.: *The Community of the King* (1977); *The Problem of Wineskins* (1975); *The Radical Wesley and Patterns for Church Renewal* (1980); *e Liberating the Church* (1983); Frank R. Tillapaugh, *The Church Unleashed* (ventura, Calif.: Regal Books, 1982); D. Elton Trueblood, *The Incendiary Fellowship* (New York: Harper and Row, Publishers, 1967); Langdon B. Gilkey, *How the Church Can Minister to the World Without Losing Itself* (New York: Harper and Row, Publishers, 1964).

A principal dificuldade na formulação de uma doutrina teológica da Igreja é o intricado e emaranhado dos factores históricos, sociológicos e institucionais, com os teológicos. É completamente impossível falar da igreja sem trazer à discussão os elementos que são acidentais à essência da "igreja". Como disse João Wesley, "é difícil de encontrar no idioma inglês uma palavra mais ambígua que esta, a Igreja",.[3] Aqui o nosso esforço será tentar identificar o elemento distintamente teológico, mas ao mesmo tempo levar em conta os outros elementos que têm de ser considerados na situação contemporânea.

Para seguirmos de forma consistente o nosso método, ao procurarmos abordar este tópico, temos que primeiro estudar o material bíblico. Seguindo esta deixa, o ponto de partida para começar a desenvolver a doutrina da Igreja é o carácter corporativo da fé bíblica. Encontramos esta ideia subtil repetidamente nas nossas discussões anteriores. Temos visto como o carácter social da existência humana é inerente à criatura feita à imagem de Deus. Temos argumentado que a própria estrutura do homem como determinada pela Palavra de Deus é co-humanidade. Consequentemente, a obra da salvação criaria uma comunidade para implementação desta essência criada.

Esta verdade é claramente vista no Velho Testamento, em que "salvação" significa tornar-se parte do povo de Israel. Por um lado, este é o conceito teológico mais aproximado, a que o vocabulário moderno cristão denomina por "ser salvo", que encontramos segundo a antiga dispensação. Por outro lado, estar "perdido" envolve a expulsão da comunidade. O mesmo é verdadeiro no Novo Testamento; nas imagens que temos da Igreja Primitiva tanto em Actos como nos ensinamentos das Epístolas. Não havia crentes "por conta própria". Quando uma pessoa se tornava crente em Cristo, era depois incorporada na comunidade através do ritual do baptismo. Como vimos numa discussão anterior, era o Espírito Santo que criava esta comunidade. Aparentemente, era inconcebível para aqueles primeiros cristãos falar de salvação em quaisquer outros termos.

David H. C. Reed chama a atenção para a peculiaridade da inclusão da frase "Creio na(...) comunidade dos santos" no Credo Apostólico. Em nenhuma outra declaração de fé de uma organização se incluiria semelhante afirmação. Referindo-se à existência de uma Sociedade Terra Plana, que existe para afirmar que a terra é plana; mas como seria estranho se eles declarassem "Creio na Sociedade da Terra Plana". Esta interessante compreensão destaca a importância e a centralidade do carácter corporativo da fé cristã quando compreendida biblicamente. João Wesley revelou o seu

---

3 "Of the Church", no *Works* 6:392.

pensamento profundamente bíblico quando afirmou que "o cristianismo é essencialmente uma religião social; e transformá-lo numa religião solitária é na realidade destruí-lo".[4]

É importante compreender o que "na" significa na afirmação do credo. Se a fé na Igreja for, de alguma forma, compreendido como um meio de salvação, há uma má interpretação. De maneira nenhuma esta sugere que algo diferente de Deus possa ser o objecto apropriado da fé. É significativo que esta afirmação é sempre colocada no contexto da crença no Espírito Santo; assim, o que a fé na Igreja comunica é a crença em Deus Espírito, como Aquele que reúne o povo de Deus.

Um outro aspecto importante da teologia bíblica é o conceito de povo de Deus. Isto vai além do ponto anterior, uma vez que transmite a ideia de missão. Povo de Deus e missão são ideias correlativas e inseparáveis na fé bíblica. Isto leva-nos a falar sobre o conceito de *eleição*.

A doutrina bíblica da eleição é definida pelo Velho Testamento. A compreensão teológica que ali se expressa informa a perspectiva do Novo Testamento. O seu desenvolvimento ocorre em ligação com a escolha de Israel como o povo de Deus. Aqui temos de distinguir a interpretação normativa, da sua perversão popular difundida, que pode ser detectada no material bíblico. Compreendendo mal a natureza e o propósito da sua eleição, Israel frequentemente pensou que isto implicava a sua superioridade sobre os outros povos e que devia ser o recipiente de privilégios nacionais especiais. Isto foi reforçado pela falsa inferência de que a sua escolha era irrevogável e que, portanto, lhe tinha sido concedida uma segurança incondicional.[5]

A eleição de Israel foi para a responsabilidade e não para os privilégios. Ela tinha em vista uma tarefa missionária. Como Vriezen o coloca, "em Israel, Deus busca o mundo. Israel é o ponto de ataque de Deus ao mundo". À luz disto, temos uma afirmação precisa do significado bíblico de eleição: "Primeiro que tudo, a eleição significa que alguém deve executar uma tarefa, para a qual é chamado e designado".[6]

A verdade da eleição no Velho Testamento atinge a sua mais viva expressão em Isaías 40-55, onde é intimamente relacionada com Israel, como o

---

4   *The Christian Faith* (Nashville: Abingdon Press, 1956), 133. Vide *StS* I:381-82
5   Th. C. Vriezen nota sobre este ponto que "infelizmente alguns teólogos cristãos, independentemente de combaterem fortemente os perigos de uma ideia errada de serem os eleitos na Igreja, não conseguem evitar, mesmo agora, em consequência de um romantismo religioso, de apoiar os Judeus nesta tentação! O estabelecimento do Estado de Israel tem aumentado este perigo, particularmente,". *An Outlined of Old Testament Theology* (Wageningen, Holland: H. Veenman and Zonen, 1958), 76 n.2.
6   Ibid., 76, 167.

servo do Senhor.[7] Em 43: 10, o profeta cita Deus dizendo, "Vós sois minhas testemunhas". A forma como este testemunho é implementado através do sofrimento vicário, pelo qual muitos são trazidos à rectidão. Aqui a eleição e a missão estão inseparavelmente unidas e a natureza da missão é delineada.

As implicações teológicas destas passagens para a compreensão Neo-testamentária da igreja são bem amplas. Elas identificam, antes de tudo, a natureza do agente que levará a cabo a tarefa de testemunho – ele deverá incorporar a essência da qualidade de servo. Veremos mais tarde como esta verdade, que foi originalmente afirmada do povo escolhido, é incorporada e realizada pela obra de Jesus Cristo e passada ao Seu povo.

Em relação à eleição, esta correlação de missão e de carácter torna-se mais evidente no Novo Testamento. Aí, encontramos maior clareza na forma como a função da Igreja deverá ser implementada. Paulo torna claro no encadeamento de conceitos sobre a eleição em Rom. 8:28-29. O propósito derradeiro para o qual Deus escolhe (predestina e elege) o Seu povo é que "sejam conformados à imagem do seu Filho".

Esta breve declaração sobre a doutrina bíblica de eleição leva-nos a inferir que a compreensão bíblica de Igreja é funcional. O povo de Deus é escolhido para levar a cabo uma tarefa. Com esta descoberta preliminar em mente, iremos voltar-nos, agora, para as metáforas da Igreja no Novo Testamento para procurarmos identificar quaisquer implicações adicionais.

Imagens da Igreja no Novo Testamento

Antes de analisarmos algumas das muitas imagens que podem ser identificadas no Novo Testamento,[8] precisamos de falar sobre a natureza das metáforas ou imagens, em geral, no que se relaciona com este assunto.

Existe uma dificuldade dupla envolvida na busca da compreensão das imagens da Igreja. A primeira envolve o problema hermenêutico de fazer a transferência do "horizonte" bíblico para o "horizonte" contemporâneo.[9] A nível literal, ou puramente cognitivo, existe a necessidade de entrar na forma de pensar do mundo do Novo Testamento, de maneira a evitar a imposição dos padrões de pensamentos contemporâneos sobre a mentalidade

---

7 George A. F. Knight, *Servant Theology: A commentary on the Book of Isaiah 40-55*, em *International Theological Commentary*, ed. George A. F. Knight and Frederick Carlson Holmgren (Nashville: Abingdon Press, 1965; rev. ed., Grand Rapids: Wm. B. Eerdmans Publishing Co., 1984).

8 Paul Minear, *Images of the Church in the New Testament* (Philadelphia: Westminster Press, 1960), identificou 97 imagens principais e menores dentro do Novo Testamento que se referem à Igreja.

9 Thiselton, *Two Horizons*.

antiga. É sempre uma tentação, quase irresistível, forçar a Bíblia a pensar como nós, em vez de empreender um esforço intelectual hercúleo de pensar como a Bíblia. Então, a segunda plataforma da tarefa hermenêutica entra no quadro, trazendo a percepção da perspectiva antiga "ao entendimento", em termos compreensíveis ao homem moderno. Este é o problema a que Paul Minner chama de "a radical descontinuidade entre a mente do Novo Testamento e a nossa mente".[10]

A segunda dificuldade está na natureza das imagens ou das metáforas. Para além do problema em distinguir os sentidos literais dos figurativos, se é que isto é possível, temos o problema colocado pela natureza das imagens. Como o termo implica, elas são o produto da imaginação. Mais uma vez o assunto hermenêutico entra em jogo. Para entrarmos no mundo da imaginação do homem do Novo Testamento, temos que primeiro reconhecer as "mudanças na estrutura da imaginação" (Minear) que têm acontecido durante os 19 séculos intermédios. Minear descreve a situação suscitada da seguinte forma:

> As imagens da igreja raramente são obra da fabricação inteligente de uma pessoa para servir os seus próprios propósitos. Elas foram produzidas a partir de um conjunto comum de imagens, preservado através da geração por uma comunidade viva. O seu uso pressupõe uma vida partilhada da mente. Produzidas pelo subconsciente colectivo, elas falam ao subconsciente colectivo. Nelas a imaginação da comunidade é reflectida e nutrida. Transferidas para outra comunidade, onde os processos da imaginação são muito diferentes, elas falham em falar com a sua clareza e poder iniciais. Portanto, a recuperação dessa clareza e poder requer frequentemente a conversão da imaginação comunal.[11]

Além disso, as próprias imagens transmitem uma visão da realidade que não pode ser completamente articulada em termos conceptuais. Elas têm uma dimensão tanto afectiva como cognitiva.[12] Com respeito às imagens da Igreja no Novo Testamento, M. Robert Mulholland sugere que o que temos é "iconografia literária – imagens de palavras que servem como janelas para uma realidade que é radicalmente diferente da cosmovisão, na qual as palavras normalmente funcionam".[13] Por outras palavras, as imagens tornam-se janelas verbais para a realidade, transmitindo uma visão ontológica.

---

10 *Images*, 17.
11 Ibid.
12 Vide M. Robert Mulholland, Jr., "The Church in the Epistles", em *The Church*, ed. Melvin E. Dieter and Daniel N. Berg (Anderson, Ind.: Warner Press, 1984), para uma abordagem destes aspectos com a reivindicação que a teologia wesleyana tem uma dinâmica que é peculiarmente adaptada para lidar com esta dupla dimensão.
13 Ibid., 93.

Mulholland argumenta ainda que a participação na vida da Igreja, a partilha da nova ordem de existência estabelecida por Deus, através de Jesus e realizada pela obra do Espírito Santo na Igreja, é essencial para captar a visão que é simbolicamente transmitida pelos ícones verbais. A análise de Minear apoia esta afirmação quando diz que:

> as imagens(...) frequentemente não surgem da perspicácia aguçada ou da língua inteligente de apenas um indivíduo, pois até o maior poeta depende de uma tradição poética. Mais frequentemente estão na posse de uma comunidade cujo comércio, através dos séculos, com a realidade dada tem produzido um repertório extenso de imagens eficazes.[14]

Embora a visão da realidade tenha de ser suscitada ou precipitada pela experiência, tentaremos aqui identificar essas perspectivas teológicas cognitivas, ao estarem presentes em algumas das imagens principais.

O Novo Israel

Embora nunca tenha sido explicitamente declarada desta forma específica, a mais ampla metáfora usada no Novo Testamento para a Igreja é "o novo Israel".[15] A implicação é que existe tanto continuidade como descontinuidade com o "velho Israel". As passagens centrais que contêm esta distinção são 1 Ped. 2:9-10 – "Mas vós sois a geração eleita, o sacerdócio real, a nação santa, o povo adquirido, para que anuncieis as grandezas daquele que vos chamou das trevas para a sua maravilhosa luz; vós que outrora nem éreis povo, e agora sois de Deus; vós que não tínheis alcançado misericórdia e agora a tendes alcançado."; e Rom. 9:25-26 – "Como de facto ele também afirma, em Oséias: Chamarei meu povo ao que não era meu povo; e amada à que não era amada. E sucederá que no lugar em que lhes foi dito: Vós não sois meu povo; aí serão chamados filhos do Deus vivo".

Estas passagens, juntamente com muitas outras, enfatizam a novidade do povo de Deus no Novo Testamento e em ambos os casos é em relação ao "velho" povo de Deus. Portanto, Minear está, num certo sentido, correcto e, num outro sentido importante, errado, quando diz que "Paulo não caiu num conceito de dois 'Israéis', o antigo e o novo ou o falso e o verdadeiro".[16]

---

14 *Images*, 23. As palavras de Mulholland são esclarecedoras: "Os ícones são simplesmente as lentes cognitivas da experiência humana, através das quais vemos de forma obscura a profunda realidade da nova ordem de existência, que continuamente se introduz na história como a Igreja". "Church in the Epistles", 103.

15 No estudo significativo de Paul Minear das inúmeras imagens da igreja do Novo Testamento, embora ele não use exactamente esta nomenclatura (o termo Israel é usado), uma preponderância das principais imagens são explicadas à luz desta ideia. Mais abaixo interagiremos com uma das suas teses dentro desta linha de pensamento.

16 Ibid., 72.

A distinção entre o "falso e o verdadeiro" já aparece em Isaías 56-66. Além disso, a distinção entre o antigo e o novo está explícita na forma como a Igreja é constituída em contraste com a forma como Israel é constituído. Ambos foram chamados à existência pela actividade de Deus; mas um está orientado para uma vida nacional que lhe proporciona um foco unificador; enquanto que o outro não tem distinções nacionalistas e é constituído pelo Espírito Santo. O facto de que é a eleição que constitui tanto Israel como a Igreja como povo de Deus, providencia a continuidade entre eles. Sugere ainda que, a natureza da Igreja pode ser inferida a partir do significado da eleição de Israel, como registado na discussão anterior acerca da eleição.

Colin Williams destaca, de forma clara, como a continuidade é intencional na alegoria da oliveira, de Paulo, em Romanos 11; é a mesma oliveira. Porém, a cirurgia feita à árvore é tão radical no enxerto de alguns ramos e corte de outros que a descontinuidade é também clara. "Os ramos mortos do antigo Israel são cortados da árvore e o enxerto dos gentios representa uma grande mudança na aparência da árvore, para não dizer mais!"[17]

A natureza, tanto da continuidade como da descontinuidade, está em oposição radical à premissa básica da teologia da dispensação, de que existe um propósito duplo de Deus "expresso na formação de dois povos que mantêm a sua distinção por toda a eternidade".[18] Esta distinção entre Israel e a Igreja, tão amplamente recebida entre os cristãos conservadores, simplesmente não resistirá ao teste da exegese bíblica (vide Apêndice 1). Existe um povo de Deus, cuja continuidade está directamente relacionada com os propósitos redentores de Deus.

A continuidade entre o antigo povo de Deus e o novo é teológica, tendo a sua origem na promessa a Abraão. A chamada de Deus deste patriarca envolveu a promessa de "em ti serão benditas todas as famílias da terra" (Gén. 12:3, margem). Por conseguinte, a missão está na raiz da escolha, inicial feita por Deus, do pai dos fiéis.

No processo de levar a cabo esta missão, existiram factores históricos e sociológicos que se entrelaçaram. O povo de Israel tomou primeiro a forma de uma teocracia, a qual com o tempo se desenvolveu numa monarquia, por iniciativa do povo e não de Deus. O Senhor se adaptou a estes desenvolvimentos políticos e eles deram forma às formulações teológicas da religião de Israel.[19] Cedo, no período da monarquia surgiu a ideia de um

---
17 *The Church*, 59.
18 Daniel P. Fuller, "The Hermeneutics of Dispensationalism" (Th.D. diss., Northern Baptist Theological Seminary, 1957), 25, citado em Hans K. LaRondelle, *The Israel of God in Prophecy* (Berrien Springs, Mich.: Andrews University Press, 1983), 10.
19 Toda a "Teologia davídica", incluindo a esperança messiânica, só poderia surgir de

Templo; e, ainda que isto, tal como a própria monarquia, não tenha sido ideia de Deus, tornou-se num elemento de influência na sua compreensão teológica.

Infelizmente, estas características acidentais da fé de Israel, embora servindo como factores de influência na formação da sua teologia, tornaram-se na sua razão de ser. Ao longo de grande parte da sua história, Israel tinha tendência a preocupar-se mais com a sua vida nacional e o seu sucesso político do que com o significado teológico da sua existência. Quando estes dois se juntaram de forma ilegítima, serviram para perverter totalmente o propósito da sua eleição. A denúncia de Amós quanto à perspectiva popular do Dia do Senhor (Amós 5:18-27) e o sermão do Templo de Jeremias (Jeremias 7; 26) servem como testemunhas contundentes desta perversão. Eventualmente a institucionalização das características acidentais da sua religião foi um factor principal da destruição dos reinos, primeiramente do Norte e depois do Sul e, finalmente, levou à rejeição do seu Messias, que desafiou o seu institucionalismo egocêntrico com o princípio "pois, quem quiser salvar a sua vida, perdê-la-á; mas quem perder a sua vida por amor de mim, achá-la-á" (Mat. 16:25). Recusando-se a seguir o caminho do serviço, perderam o seu lugar ao tentarem preservá-lo.

O mesmo padrão geral pode ser observado com o novo Israel. Os elementos institucionais da sua vida foram histórica e sociologicamente condicionados. Quando tais estruturas se tornaram num fim em si mesmas e a sua preservação se tornou a consideração mais importante, a verdadeira missão caiu para segundo plano ou desapareceu de vez. A história eclesiástica dá evidências abundantes deste triste facto. Mais terá de ser dito sobre deste assunto posteriormente.

Concomitante à dinâmica da interacção entre os factores sociológicos e teológicos está um movimento da história redentora que reflecte os esforços de Deus no cumprimento dos Seus propósitos de salvação no mundo. No início, existia o sonho de que a nação de Israel se pudesse tornar no reino de Deus. À medida que a realização deste ideal se tornou mais e mais improvável, houve uma mudança da nação para um remanescente dentro da nação. Esta mudança teve lugar, durante o século oitavo a.C., com o trabalho de Elias e Eliseu,[20] no Reino do Norte e com Isaías de Jerusalém, no Reino do Sul. Este movimento afunilou-se ao ponto de se concentrar num

---

um contexto monárquico; por conseguinte este aspecto da escatologia hebraica foi especificamente influenciado pelo surgimento do reino e a transformação de uma teocracia para uma monarquia. A teologia wesleyana está particularmente adaptada para lidar com a natureza da interacção divino-humana que esta verdade implica.

20 Cf. H. L. Ellison, *The Prophets of Israel* (Grand Rapids: Wm. B. Eerdmans Publishing Co., 1969).

indivíduo que levou a cabo a missão para a qual Israel tinha sido originalmente chamado. Jesus de Nazaré na prática era Israel (e a Igreja) numa pessoa. Deste ponto em diante a perspectiva voltou a alargar-se para incluir todos aqueles que respondessem à chamada de Deus em Jesus Cristo. A sua designação de 12 homens foi um sinal claro que Ele estava a perpetuar o Israel de Deus numa nova dimensão. O carácter do Seu ministério como o Servo Sofredor pretendia dar carácter ao novo Israel que continuaria esse ministério no mundo. Portanto, a Igreja é chamada a ser o povo servo de Deus. Na medida em que ela abandona a implicação deste padrão de auto-negação, por um marcado pelos seus próprios interesses, também deixa de ser o povo de Deus.

A forma como os autores do Novo Testamento tomam posse e empregam a linguagem literalmente apropriada a Israel, demonstra que estão a pensar na Igreja teologicamente e não como uma entidade sociológica. Na polémica situação da carta aos Gálatas, Paulo refere-se ao "Israel de Deus" (6:16) como aqueles que transcendem a distinção criada pela circuncisão.

O Corpo de Cristo

Uma metáfora que tem ocupado a atenção teológica de forma considerável é a referência Paulina à Igreja como o Corpo de Cristo. Ela tem sido entendida de diferentes formas e que, por vezes, realmente pervertem a natureza da Igreja.

A dificuldade na interpretação apropriada da imagem é o problema de determinar precisamente o que Paulo quer dizer quando usa o termo "corpo", visto que pode ter várias conotações. Outra dificuldade envolve o grau de ambiguidade do seu uso nos vários contextos. Pode ter conotações corporais, ou pode derivar do uso estóico, como no *corpo político*. Porém, mesmo com ambiguidade, parece claro que se refere ao facto de que "o Cristo ressurrecto reúne os seus discípulos consigo de tal forma que eles são chamados a continuar na história a obra da sua vida encarnada. Eles são o seu corpo para a sua obra no mundo".[21] Portanto, esta metáfora é, também, funcional e está intimamente relacionada com o conceito de missão, tal como a que analisámos anteriormente. Alan Richardson reforça esta conclusão ao dizer: "A Igreja é, portanto, o meio para a obra de Cristo no mundo; é as suas mãos e pés, sua boca e voz".[22]

Aqui está o significado da frase comum que a Igreja é a "extensão da Encarnação". Não se pode referir à igreja institucional (Católica Romana ou outra) de nenhuma forma absolutista. Cristo é a Cabeça e a Igreja é o Corpo e estão num processo constante, de modo a completarem-se (Ef.

---

21 Williams, *The Church*, 62.
22 *Theology*, 256.

4:11-16). Não pode significar que a continuidade ininterrupta da igreja institucional com o Corpo de Cristo possa ser assumida. Como Williams o coloca: "Existe a continuidade das promessas de Cristo (Verbo) e a continuidade dos símbolos da sua promessa (Sacramentos), mas a vida da igreja como a comunidade de crentes depende de uma constante renovação".[23] Por outras palavras, a igreja é um acontecimento directamente relacionado com a função da missão.

Eclésia

A mesma verdade, comunicada pelas duas imagens pesquisadas, é igualmente implicada por *ekklesia*, o termo central escolhido pelo Novo Testamento para se referir à nova comunidade de crentes, chamada à existência pelo Espírito Santo através de Cristo. É correlativo do termo do Antigo Testamento *qahal*, que foi usado para se referir ao povo de Israel que, tal como vimos, foi chamado à existência para representar o Senhor às nações.

Este termo grego, originalmente, referia-se à assembleia política das cidades-estado que era chamada a congregar-se para um propósito particular. Este termo, também, sugere continuidade directa com o velho Israel.[24]

Esta análise coincide com um importante desenvolvimento no pensamento contemporâneo sobre a igreja que deseja falar dela como "evento". A igreja acontece naqueles momentos em que se está a realizar o propósito para o qual foi chamada à existência. As palavras de Robert Adolphs representam esta perspectiva de forma adequada:

> Qualquer sistema conceptual (...) que seja estático em carácter é essencialmente inadequado. A Igreja deve ser vista, primeiramente e acima de tudo, como *evento* e não em essência como uma entidade já completa e realizada, a qual se tem, por assim dizer, apropriado de todos os seus bens. A Igreja é um evento contínuo que está a ser realizado na história e *através* de pessoas. O ser-chamado-juntos das pessoas sob Cristo como a Cabeça (Ef. 1:9) – isto é em essência a Igreja. Mas não é algo assinado, selado e entregue a nós por Deus; em vez disso é – para aqueles que pertencem a tal Igreja – *uma tarefa contínua*.[25]

---

23 *The Church*, 62.
24 J. Robert Nelson, *The Realm of Redemption* (London: Epworth Press, 1957), 6ss. Joseph E. Coleson, "Comunidade do Pacto no Velho Testamento", em *The Church*, ed. Melvin E. Dieter and Daniel N. Berg (Anderson, Ind: Warner Press, 1984), junto com outros, chama a atenção para o facto de estes termos carregarem um significado teológico que derivamos deles apenas quando o contexto o pede. Eles não são termos técnicos no sentido mais estrito.
25 Citado em Williams, *The Church*, 22-23. Os autores de *God, Man, and Salvation* também interpretam a igreja como um evento, mas definem-no como conotando a "consciência profunda do povo salvo da presença do Senhor num dado momento".

Podemos, neste ponto, tentar definir a Igreja como aquela comunidade de pessoas, chamada à existência por Deus, com o propósito de levar a cabo a Sua missão redentora no mundo. À luz das implicações completas das imagens da Igreja no Novo Testamento com o seu pano de fundo do Velho Testamento, podemos falar da Igreja como a comunidade salvadora e dos salvos. R. Newton Flew conclui o mesmo quando diz: "A Igreja é em primeiro lugar o objecto da actividade divina e depois o órgão ou instrumento do propósito salvador de Deus para a humanidade".[26] Isto significa que a Igreja é vista como tendo tanto uma existência como uma função.

O aspecto funcional da Igreja aponta para o seu carácter apostólico (vide abaixo). Ela deve ser, nas palavras de H. Berkhof, um "evento-ponte". Mas, como ele destaca, a Igreja que testemunha e ministra só pode existir na medida em que é intensamente guiada pelo Espírito.

> (A Igreja) só pode dar na medida em que ela própria recebe; não pode ser a ponte entre o Deus que estabelece o pacto e o seu mundo, a menos que ela própria tenha os pés firmes nessa primeira margem. O seu primeiro relacionamento é com o seu Senhor e este relacionamento é a fonte de inspiração e conteúdo bem como o padrão para o seu direccionamento para o mundo.[27]

O Reino e a Igreja

A relação da igreja com o reino de Deus é um assunto importante no desenvolvimento da doutrina da Igreja. Na Idade Média, começando com Agostinho, os dois eram geralmente igualados, levando a um triunfalismo ilegítimo por parte da igreja institucional. Mas, embora estejam intimamente interligados, não são sinónimos.

Esta discussão pressupõe o tratamento anterior do Reino, no capítulo sobre a obra de Cristo, o qual deve ser mantido em mente. O Reino é, essencialmente, compreendido nos Sinópticos como o governo ou reinado de Deus e como domínio apenas num sentido secundário ou derivado.[28] Em lado algum no Novo Testamento o Reino é identificado com os seus súbditos.

O reinado de Deus entrou na história na pessoa de Jesus Cristo e é, num certo sentido, independente daqueles que a ele se submetem. A Igreja é composta daqueles que aceitam o governo de Deus. Como G. Eldon Ladd diz, "O Reino é o governo de Deus; a igreja é uma sociedade de homens".[29]

Embora a ideia de missão seja apresentada não é considerada central, como o fazem interpretações contemporâneas. Vide 562-63.
26 *Jesus and His Church*, 2nd ed. (London: Epworth Press, 1943), 24.
27 *Christian Faith*, 413-14.
28 Ladd, *Theology*, 63-64; Flew, *Jesus and His Church*, 20-21.
29 *Theology*, 111. Kung também rejeita a identificação da Igreja com o Reino. Ele faz a

Sob a velha dispensação, Israel era o povo do Reino, mas tendo recusado o governo de Deus em Cristo, o Reino foi-lhes tirado e dado a um novo povo, como vimos anteriormente neste capítulo.

A missão da Igreja é dar testemunho do Reino e isto envolve viver a vida do Reino. Porém, tal não deve ser interpretado como a "edificação do Reino", visto que o governo de Deus é estabelecido e não está sujeito à influência humana. Apenas nos podemos submeter à sua autoridade. Podemos falar de forma apropriada em edificar a Igreja, se com isto significarmos, procurar levar as pessoas a reconhecerem a soberania do Rei e a partilhar a vida do Reino. Mas mesmo assim, temos de reconhecer que esta não é uma actividade meramente humana. Jesus disse, "edificarei a minha igreja" (Mat. 16:18).

Como súbditos do Reino, a Igreja está sujeita à mesma dualidade que descobrimos anteriormente estar presente na compreensão do Novo Testamento do reino de Deus. Existe tanto uma realização presente como uma consumação futura. Portanto, podemos falar de uma distinção entre a Igreja empírica e a escatológica, a Igreja como é agora e a Igreja como se tornará. Embora a Igreja seja a encarnação empírica da era vindoura, ela vive na realidade da era presente que ainda não foi consumada; por isso olha para o futuro, para uma perfeição que ainda não foi alcançada no presente. As notáveis palavras de Paulo sobre a Igreja, em Efe. 5:25-27, só poderão ser entendidas em termos desta dimensão dupla: "Vós, maridos, amai a vossas mulheres, como também Cristo amou a igreja e a si mesmo se entregou por ela, a fim de a santificar, tendo-a purificado com a lavagem da água, pela palavra, para apresentá-la a si mesmo, igreja gloriosa, sem mácula, nem ruga, nem qualquer coisa semelhante". Aqui Paulo fala não só de uma realidade presente, como Wesley diz nas suas *Notes* acerca deste versículo, mas também da apresentação final. Willard Taylor resume-o desta forma: "A apresentação final terá lugar naquele dia final da vinda de Cristo, mas mesmo agora está a acontecer para que os homens possam ver a Sua maravilhosa graça".[30]

É esta situação que justifica falarmos da Igreja como uma "comunidade escatológica". Ela vive no meio do tempo, entre os tempos. Ela é o recipiente e a beneficiária de todas as promessas da nova era que constituía a esperança escatológica do Velho Testamento. Ela é a nova humanidade

---

declaração equilibrada com a qual a nossa perspectiva concorda: "A mensagem de Jesus ... não permite nem a identificação da Igreja com o Reino de Deus, nem a dissociação entre eles". *The Church*. 94; cf. 88-104.
30 "Ephesians", em *Beacon Bible Commentary*, ed. A. F. Harper, 10 vols. (Kansas City: Beacon Hill Press, 1965): 9:244.

visionada no tempo por vir. Ao mesmo tempo vive em antecipação da consumação dos últimos dias.

Esta última dimensão permite que a expressão "primícias" seja aplicada à Igreja. Da mesma forma que a ressurreição de Cristo é a primícia daqueles que serão ressuscitados no último dia, assim a Igreja é a amostra de todo o povo que virá do oriente e do ocidente para se sentar com Abraão, Isaque e Jacó, no banquete Messiânico final (Mat. 8:11).

Reconhecer a distinção entre o Reino e a Igreja proporciona-nos uma alternativa viável para a platonicamente inspirada forma de falar em igreja "visível" e "invisível", uma distinção que é amplamente posta em causa nos nossos dias. Embora o Reino chame a Igreja à existência, há dentro da igreja aqueles (um corpo visível de pessoas) que nunca se submeteram ao governo de Deus e não procuram exemplificar a vida do Reino. É o problema do carácter misto da igreja como um fenómeno empírico que tem exercitado as mentes dos teólogos através dos séculos. Como veremos de seguida no panorama histórico, têm sido propostas numerosas respostas para o problema.

Desenvolvimento Histórico da Eclesiologia

Os primeiros indícios da eclesiologia, como um empreendimento auto-consciente, podem ser detectados no Livro de Actos. Antes deste ponto, temos de falar com maior precisão da "igreja no pensamento de Jesus".[31] Contudo, até cerca do quarto século não houve um auto-entendimento plenamente articulado.[32] Não obstante, parece básico que notemos, brevemente, as características distintivas da comunidade do povo de Cristo, que surgiu no período mais antigo e, ao mesmo tempo, ver os assuntos que estiveram presentes nas discussões que levaram à eclesiologia formulada.

A preocupação central nas comunidades descritas em Actos envolvia a sua diferenciação quando comparadas com Israel. Como Alex R. G. Deasley diz, "Numa medida importante o restante de Actos [depois do Pentecostes] reconta a luta com a definição do termo *Israel*, em parte fora, mas também, em parte dentro da Igreja".[33] Parece, à primeira vista, ser apenas a consciência de que havia uma seita de Judeus, marcados pela fé de que Jesus de Nazaré era o Messias prometido. Mas através de fases

---

31 Flew, *Jesus and His Church;* Joseph B. Clower, Jr., *The Church in the Thought of Jesus* (Richmond, Va: John Knox Press, 1959).
32 Paul Bassett, "Western Ecclesiology to About 1700: Part I", em *The Church*, ed. Melvin E. Dieter and Daniel N. Berg (Anderson, Ind.: Warner Press, 1984), 128; Kelly, *Doctrines*, 190.
33 "The Church in the Book of Acts", em *The Church*, ed. Melvin E. Dieter and Daniel N. Berg (Anderson, Ind.: Warner Press, 1984), 128, 70.

claramente discerníveis, as quais Lucas demarca, eles ganharam consciência de que os seguidores do Caminho constituíam um género significativamente diferente de comunidade religiosa. Contudo, como vimos, eles não abandonaram a ideia que estavam em continuidade com o Israel da antiga aliança. De acordo com J. N. D. Kelly, este é o pressuposto pelo qual a Igreja Primitiva incluiu as escrituras hebraicas no seu cânon. Se houvesse uma descontinuidade radical, como a teologia dispensacionalista afirma, o resultado lógico teria sido a rejeição dessas escrituras.[34]

Teologicamente, existiu primeiro a convicção e experiência de que esta comunidade foi constituída pelo Espírito Santo e era o lugar de habitação do Espírito. Pode ser verdade que num sentido preliminar a Igreja já existia antes do Pentecostes;[35] contudo, a característica distintiva da Igreja do Novo Testamento tornou-se uma realidade na refulgência do Pentecostes, conforme o entendimento de Lucas. Logo, este pode ser chamado, de forma apropriada, o "dia do nascimento da Igreja".[36] Cada caso do dom do Espírito subsequente ao Pentecostes é corporativo em natureza, reforçando a mesma verdade.

Segundo, quer através de circunstâncias providenciais (perseguição) quer pela direcção do Espírito (vide Actos 13:2), os seguidores do Caminho chegaram ao pleno reconhecimento de que foram chamados para serem testemunhas da ressurreição de Cristo e, portanto, para toda a obra redentora para a qual ela apontava. De resto, eles viram que a extensão da sua comissão era o mundo inteiro.

Nos anos que levaram ao tempo de Agostinho, houve dois assuntos que emergiram na eclesiologia: o primeiro tinha que ver com a santidade da igreja e o outro prendia-se com a constituição da igreja em termos de clero e de leigos.

O primeiro surgiu a partir da óbvia "distância moral entre a cristandade terrena e o Reino plenamente realizado".[37] Este problema despoletou várias controvérsias à medida que grupos de rigorosos insistiam na perfeição espiritual da igreja. Primeiro foram os Montanistas, que foram reforçados pela conversão de Tertuliano à sua posição. As perseguições, que se levantaram no terceiro século, intensificaram o problema e deram ímpeto ao surgimento da interpretação da igreja como um campo de treino para pecadores em vez de uma comunidade de santos.

---

34 *Doctrines*, 190.
35 Vide K. N. Giles, "The Church in the Gospel of Luke", *Scottish Journal of Theology* 34 (1981): 121-46.
36 Cf. Deasley, "Church in Acts", 58.
37 Bassett, "Western Ecclesiology: Part 1", 128.

Debaixo das pressões da perseguição movida por Décio, muitos apostataram-se, mas mais tarde, depois de passadas as provações, desejaram reentrar no seio da igreja. Existiram extremistas em ambos os lados, em conjunto com alguns moderados. De um lado estiveram os Novacionistas, que tomaram a posição de que não havia um segundo arrependimento e insistiam que aquelas congregações que readmitissem os desviados perderiam o seu estatuto de verdadeira Igreja de Cristo. Estas perspectivas rigoristas estavam, parcialmente, baseadas na falta de compreensão das passagens de Hebreus (6:4 ss.; 10:26 ss.; vide H. Orton Wiley, *Epistle to the Hebrews*, para uma exegese mais adequada).

Outros foram mais moderados, como Cipriano, mas parecia que a porta se abria totalmente com bispos como Calisto, que formulou a perspectiva da igreja como um corpo misturado. Ele usou a parábola de Jesus, do trigo e do joio, para apoiar a ideia e fez um uso singular do símbolo da arca de Noé. Como a arca, a igreja contem tanto habitantes puros como impuros.

Tais perspectivas levaram, especialmente no Leste, à distinção entre a igreja invisível e visível como forma de lidar com a igreja empírica imperfeita. Já vimos os pressupostos Platónicos por detrás disto e J. N. D. Kelly atribui isto também a fontes gnósticas.[38]

O outro assunto não deixa de estar relacionado com o primeiro, visto que a questão da santidade da igreja tinha tendência para oscilar dos leigos para o clero. Porque os sacramentos, especialmente o baptismo, eram levados a sério como meios da graça e estes eram administrados pelo clero, houve um sentido de urgência pela pureza deste grupo. Os Novacionistas, em particular, apelaram a um clero santificado, "portanto, de facto, eles implicaram que a Igreja era a congregação dos bispos santificados".[39]

Este desenvolvimento alcançou um marco significativo nas definições de Cipriano, que declarou que "o bispo está na Igreja; a Igreja está no Bispo. E alguém que não esteja com o Bispo não está na Igreja". A base para a unidade da igreja está no bispo. É o bispo que é a igreja. "Os leigos estavam adjuntos à essência da Igreja".[40]

A dicotomia entre clero e leigos, com a santidade sendo anexada aos primeiros, foi formalizada numa estrutura teológica por Tomás de Aquino. Esta interpretação católica normativa prevaleceu na cristandade até à Reforma do século XVI.

Paul Bassett resume os anos pré-agostinianos da doutrina eclesiológica da seguinte forma:

---

38 *Doctrines*, 201-2.
39 Bassett, "Western Ecclesiology: Part 1", 140.
40 Ibid., 141.

Nos primeiros três séculos, após o primeiro Pentecostes cristão, a Igreja tinha-se gradualmente transformado, de uma sociedade de alegres penitentes celebrando o perdão e a liberdade, para um corpo de pessoas altamente estruturado, dirigida pelo clero e confessando os mesmos dogmas.[41]

O pleno florescimento da doutrina da Igreja, que surgiu durante os três primeiros séculos, veio a ganhar expressão com Agostinho. As perspectivas do bispo de Hipo foram definidas em controvérsia com as donatistas, que eram rigoristas na sua crença (vide acima). Ele finalizou a equação da verdadeira Igreja com a Igreja Católica dos seus dias e insistiu que não havia salvação fora desta igreja. Esta conclusão foi o resultado lógico do seu ensino de que a igreja é o corpo místico de Cristo. Agostinho explicava a natureza da igreja como um "corpo misturado" em termos da igreja visível e invisível. Nem todos os que estão na Igreja Católica são parte da verdadeira Igreja, mas todos os que compõem a Igreja invisível estão dentro da instituição. Ele pensava que "o erro dos Donatistas (...) era fazer uma crua divisão institucional entre elas [a verdadeira e a aparente], enquanto que (...) Deus pretendia que os dois tipos de homens existissem lado a lado neste mundo".[42]

Estes pontos de vista também estavam correlacionados com a interpretação de Agostinho acerca da Igreja como a habitação do Espírito. Esta compreensão ganhou as suas raízes no Novo Testamento e esteve sempre na discussão eclesiológica até ao seu tempo. No segundo século, Ireneu considera a igreja como a esfera singular do Espírito e aqueles que não partilham o Espírito não estão na igreja. Por outro lado, aquele que não está na igreja não participa no Espírito.[43] Tertuliano, semelhantemente, antes dos seus dias de Montanista, insistia no mesmo.

Agostinho defendeu de forma firme esta posição contra os Donatistas. Embora fossem doutrinariamente ortodoxos, eles não podiam partilhar o Espírito por serem cismáticos, se não hereges. Eles rasgaram a túnica sem costura de Cristo. "Aqueles que não amam a Deus ou a sua igreja(...) estão fora dela; são estranhos para o Espírito Santo".[44] Estas ideias, desenvolvidas pelos teólogos posteriores, tornaram-se na base da perspectiva da Igreja Católica como o único repositório da graça e, portanto, da salvação, uma perspectiva que também era dominante na altura da Reforma Protestante.

---

41 Ibid., 144.
42 Kelly, *Doctrines*, 416. Todas estas distinções são postas em causa pela doutrina da predestinação e eleição de Agostinho, mas ele nunca fez qualquer esforço para reconciliar os pontos de vista antitéticos sobre a Igreja daí resultantes.
43 Vide ibid., 192.
44 Bassett, "Western Ecclesiology: Part 1", 148.

A revolta de Martinho Lutero contra o sistema de penitências do catolicismo medieval envolveu uma transformação na eclesiologia prevalecente. Uma vez que a base para as suas reformas foi a sua redescoberta do evangelho, ele definiu a igreja em termos do evangelho. Visto que o evangelho é proclamado pela pregação e o sacramento, ele definiu a igreja como o lugar onde a Palavra é correctamente pregada e os sacramentos correctamente administrados. Assim, Lutero vê a igreja como um acontecimento. A igreja ocorre quando as condições apropriadas estão presentes. A igreja é criada pela Palavra, pregada e executada.[45]

O problema de a igreja estar aquém da perfeição moral ainda inquietava os teólogos da Reforma. A doutrina *simul justos et peccator* de Lutero de alguma forma aliviou-o e Calvino refugiou-se na distinção entre a igreja visível e invisível. Porém os anabaptistas, que eram rigoristas protestantes, insistiam que o Novo Testamento antevia uma igreja pura e argumentavam que "a pureza moral está no coração daquela santidade que quase todos aceitavam como uma marca da igreja verdadeira". Nesta base acreditavam que a igreja era uma "associação somente de crentes, separados do mundo e defendendo-se da infiltração do mundo por meio de uma disciplina rigorosa".[46]

Falando de um modo geral, outras variações protestantes trabalharam com estes três elementos da Palavra, do sacramento e da disciplina, com ênfases diferentes. Isto leva-nos ao século XVIII e a João Wesley, cujas perspectivas necessitam de atenção especial numa obra desta natureza.

Assim como noutros assuntos teológicos, Wesley apenas falou ocasionalmente a respeito dos assuntos eclesiológicos. Do princípio ao fim ele foi um filho fiel da Igreja de Inglaterra e muito do que disse surgiu das tensões criadas pela sua formação nas sociedades Metodistas e o seu relacionamento com a igreja estabelecida.[47] Sem dúvida que poderia ser argumentado que tais pontos de vista, como ele os articulava, foram o resultado da sua situação peculiar. Mas uma defesa igualmente válida poderá ser feita de que os seus pronunciamentos sobre a igreja foram derivados dos seus compromissos teológicos de amplo alcance.

No decurso da sua longa vida e ministério o seu entendimento, obviamente, sofreu transformação à medida que a situação o exigia. Isto torna possível apelar para o corpo literário wesleyano, para apoiar eclesiologias divergentes. Isto tem sido feito, não somente com esta doutrina, mas também com outras. Devemos procurar apropriar-nos do "todo de Wesley".

---

45 Para uma comparação feita de forma brilhante de Lutero e Calvino, vide Paul Bassett, "Western Ecclesiology to About 1700: Part 2", 210 ss.
46 Ibid., 215, 217.
47 Williams, *John Wesley's Theology Today*, appendix, 207 ss.

Frank Baker diz que os pontos de vista básicos aos quais ele parecia, por vezes, dar apoio eram dois em número:

> Uma era a de uma instituição histórica de bispos e costumes herdados, servida por uma casta sacerdotal que devidamente expunha a Bíblia e administrava os sacramentos, de forma a preservar a tradição antiga, a favor de todos aqueles que foram feitos membros pelo baptismo. De acordo com a outra perspectiva a igreja era a comunhão de crentes que partilhavam tanto a experiência apostólica da presença viva de Deus como um desejo de trazer outros a esta mesma experiência pessoal.[48]

Porém, parece ser coerente com a mentalidade e abordagem típicas de Wesley, reconhecer um eclectismo criativo que se aproveitava de todos os recursos que lhe estavam disponíveis. O bom ele incorporava, o que não se qualificava, rejeitava e purgava tudo e redirigia à luz da sua própria perspectiva teológica, a qual, temos defendido nesta teologia, é a soteriologia compreendida como envolvendo um duplo enfoque na justificação e na santificação (vide capítulo 1). É claro que este mesmo enfoque opera também na eclesiologia de Wesley.[49]

Usando este tema central como um prisma, Wesley projecta, a tradição multicolorida da eclesiologia que ele herdou, num entendimento equilibrado e complexo. Desta forma ele aborda tanto o ser como a função da igreja e fá-lo de uma forma razoavelmente coerente.

Surgiram três eclesiologias principais nos dias de Wesley. Havia o ponto de vista católico, que define a igreja em termos de ministério e que pode ser denominada de definição horizontal. A igreja verdadeira está na sucessão apostólica, permanecendo na tradição que se estende do princípio até ao presente. Esta abordagem enfatiza a santidade objectiva da igreja e a presença de Cristo mantida na igreja através dos sacramentos.

Existia também a interpretação clássica protestante, a qual enfatizava a Palavra e os sacramentos como criadores da igreja. Esta abordagem, pode ser chamada de teologia vertical objectiva, que enfatiza a necessidade de a igreja ser criada pelo evento da pregação da Palavra. Foi através desta interpretação que os Reformadores diferenciaram a igreja da reforma da tradição católica.

A terceira foi a posição da igreja livre, a qual pode ser chamada de perspectiva vertical subjectiva. Aqui a ênfase está na experiência pessoal e na

---

48 *John Wesley and the Church of England* (Nashville: Abingdon Press, 1970), 137.
49 Clarence Bence, "Salvation and the Church", em *The Church*, ed. Melvin Dieter and Daniel N. Berg (Anderson, Ind.: Warner Press, 1984), demonstrou decisivamente que este é o caso. Ele diz: "A característica sempre-relevante e mais surpreendente da eclesiologia de Wesley é o seu enfoque soteriológico, uma ênfase que moldou quase todos os aspectos do seu pensamento e acção". 299.

santidade individual dos crentes que, então, constituem a igreja. Todos estes encontram o seu lugar apropriado no pensamento de Wesley.

Wesley também encontrou quatro ênfases que tinham o lugar entre os grupos protestantes com variados graus de importância. Estes são, brevemente: a fé viva, a pregação bíblica, os sacramentos e a disciplina. Normalmente era dada proeminência a um, enquanto que os outros eram desvalorizados.

Como demonstram citações representativas do pensamento de Wesley, todas estas ênfases estão presentes de uma forma equilibrada, transcendendo, assim, o desequilíbrio presente em muitos dos seus antecessores protestantes. Ele deu aprovação explícita ao primeiro parágrafo do artigo de fé Anglicano:

> A Igreja visível de Cristo é uma congregação de homens fiéis, na qual a pura palavra de Deus é pregada e os Sacramentos são devidamente administrados de acordo com a ordenança de Cristo, em todas aquelas coisas que por necessidade são requisito para os mesmos.[50]

Ao explicar o artigo de fé Anglicano, ele destaca o facto de que uma tradução autorizada em latim, traduz "homens fiéis" como "uma congregação de crentes", mostrando assim que se refere a homens imbuídos com fé viva. Paulo fala de "uma fé" em Efe. 4:1-6, o texto do seu sermão "Of the Church", que é cuidadosamente identificada com aquela fé "que capacita todo o verdadeiro cristão crente a testemunhar com S. Paulo, 'A vida que agora vivo, vivo-a na fé no Filho de Deus, que me amou e a si mesmo se entregou por mim.'"[51]

No seu livro *Explanatory Notes upon the New Testament* ele descreve a Igreja como "uma companhia de homens, chamados pelo evangelho, enxertados em Cristo pelo baptismo, motivados pelo amor, unidos por todo o tipo de comunhão e disciplinados pela morte de Ananias e Safira" (notas sobre Actos 5:11; cf. Judas 19).

Portanto, todos os quatro elementos que estão presentes em graus variados nas ênfases do pensamento protestante tradicional são incorporados por Wesley nas suas definições. Mas não são todos igualmente significativos. Parece bem claro que, se necessitamos escolher a marca mais decisiva da Igreja, seria a fé viva.

---

50 Citado em Daniel N. Berg, "The Marks of the Church in the Theology of John Wesley", em *The Church*, ed. Melvin E. Dieter and Daniel N. Berg (Anderson, Ind.: Warner Press, 1984), 321. O segundo artigo do credo Anglicano é uma exclusão de certos grupos. Wesley absteve-se de fazer esta exclusão, como veremos mais cuidadosamente abaixo.
51 *Works* 6:395.

Isto é ainda confirmado pela sua ênfase sobre o Espírito que habita, em diferentes graus de plenitude, em todas as pessoas que são da Igreja. Portanto, a Igreja é composta de "todas as pessoas no universo a quem Deus, assim, tem chamado do mundo (...) para serem 'um corpo', unidas por 'um Espírito' tendo 'uma fé, uma esperança, um baptismo; um Deus e Pai de todos, o qual é sobre todos, através de todos e em todos.'"[52]

A centralidade da fé viva é ainda salientada pela forma como ele resistiu a definições exclusivistas em favor de definições inclusivas. Como Daniel Berg destaca, a recusa de Wesley em aprovar o segundo parágrafo do credo Anglicano[53], é por causa do seu espírito católico. Além disso, ele não está disposto a identificar a pregação da Palavra e os sacramentos devidamente administrados como marcas da igreja, divergindo assim do protestantismo clássico. As suas razões são explícitas:

> Não me atrevo a excluir da Igreja católica todas aquelas congregações nas quais algumas doutrinas não bíblicas, que não podem ser afirmadas como sendo a "palavra de Deus pura", são por vezes, sim, frequentemente pregadas; nem todas aquelas congregações, nas quais os sacramentos não são "devidamente administrados". Certamente se estas coisas são assim, a Igreja de Roma não é uma parte da Igreja católica; visto que não se prega a "palavra de Deus pura", nem os sacramentos "são devidamente administrados". Quem quer que sejam aqueles que têm "um Espírito, uma esperança, um Senhor, uma fé, um Deus e Pai de todos", posso facilmente suportar que tenham opiniões erradas, sim, e formas supersticiosas de adoração: Nem teria, por estas razões, escrúpulos para ainda incluí-los debaixo da pala da Igreja católica; nem teria qualquer objecção em recebê-los, se eles o desejassem, como membros da Igreja de Inglaterra.[54]

O comentário de Berg põe este assunto em perspectiva:

> Wesley não estava relutante em relação à palavra ou aos sacramentos em si mesmos. O que Wesley temia é que as marcas da Igreja fossem aplicadas de forma polémica rompendo assim a unidade da Igreja. A unidade, para Wesley, é uma marca da Igreja, mais bíblica do que a palavra ou o sacramento.[55]

E, deve ser acrescentado, que esta unidade é o resultado da fé viva do crente, a qual tece-o num vínculo de amor com todos os outros crentes. Se a substância da fé viva é o amor, como Wesley frequentemente alude, o resultado é um espírito católico, visto que o amor põe de lado as diferenças

---

52 Ibid., 395-96.
53 Este parágrafo diz: "Como a Igreja de Jerusalém, Alexandria e Antioquia erraram, assim também a Igreja de Roma tem errado, não somente na sua forma de viver e forma de cerimónias, mas também com respeito a assuntos de Fé".
54 *Works* 6:397.
55 "Marks of the Church", 323.

menores de opinião, modos de adoração, ou formas de governo da igreja como não essenciais e abraça a todo o crente com as palavras: "Se o teu coração é recto como o meu coração é recto, dá-me a tua mão".[56]

É a preocupação de Wesley pela unidade da igreja que, em parte, é a fonte da sua relutância em separar-se da Igreja de Inglaterra e da sua insistência de que os seus Metodistas fossem fiéis aos meios da graça providenciados pelo estabelecimento (vide sermão "On Going to Church"). Mas se a igreja estabelecida tiver ido longe demais da piedade vital, existirá uma justificação teológica e não somente histórica para esta reticência? Pode ser sugerido que essa pode ser encontrada na doutrina de graça preveniente. A igreja estabelecida com os seus rituais, ministério e medida de continuidade com a Igreja universal, passada e presente, providencia uma estabilidade que protege contra a divisão do Corpo de Cristo. Também há um sentido em que a santidade objectiva é mantida nesta ligação. É verdade que Wesley nunca se contentou com uma santidade imputada, mas insistia numa santidade infundida como a verdadeira evidência da igreja.[57] Mas estes cenários eclesiásticos providenciariam um contexto dentro do qual a graça preveniente poderia funcionar com a possibilidade de renovação da igreja. Um cisma da igreja removeria a possibilidade daqueles com uma fé viva servirem como fermento e influenciarem o corpo mais alargado.[58]

David L. Cubie propõe que a tensão dentro da doutrina da santidade wesleyana seja a pista para a forma como Wesley foi capaz de manter os dois compromissos em equilíbrio. Podemos interpretar a santidade em termos de separação ou em termos de amor. A primeira move-se na direcção do cisma, enquanto que a última busca manter a comunhão. Cubie argumenta que o próprio Wesley foi capaz de manter ambos sem perder nenhum dos dois, por isso, embora ele "mantivesse uma posição tanto de unidade como de separação, muitos dos seus seguidores não foram capazes de fazê-lo". A sua conclusão é que "a diferença entre Wesley e muitos dos

---

56 Cf. 2 Reis 10:15, texto para o sermão "Catholic Spirit", em *Works* 5:492-504.
57 Wesley rejeita a interpretação de Agostinho da santidade da igreja como imputada a partir do Cabeça, que é Cristo e dá em vez disso, aquilo a que chama a "razão mais curta e clara que pode ser dada" da igreja poder ser chamada santa: "A igreja é chamada *santa*, porque ela é *santa*, porque cada membro dela é santo, embora em diferentes graus, como Ele que os chamou é santo". *Works* 6:400.
58 Colin Williams pensa que Wesley reconcilia os dois pontos de vista da igreja (a que chama perspectivas "numerosa" e "reunida") que criam uma tensão no seu pensamento pelo conceito de *ecclesiolae in ecclesia* (pequena igreja dentro da igreja), a qual é composta de "pequenos grupos voluntários de crentes vivendo sob a Palavra e buscando, sob uma vida de disciplina, ser um fermento de santidade dentro da 'grande congregação' dos baptizados". *John Wesley's Theology Today*, 149.

seus seguidores pode ser que os últimos falham em não terem incorporado plenamente o amor na santidade".[59]

Uma nota final deve ser feita quanto à justificação teológica e quanto à inclusão feita por Wesley da disciplina como uma característica da igreja. Incluído no seu enfoque soteriológico está o ingrediente da santificação (vide abaixo e cap. 1). Como ênfase essencial isto implicaria chamar a igreja a ser uma comunidade santa.

Paul Bassett salienta que a causa principal para os entendimentos eclesiológicos divergentes entre Lutero e Calvino é o facto deste último ter aberto espaço para um "terceiro uso da lei" (vide secção sobre "A Obra Profética de Cristo", no cap. 12). Portanto, não encontrando um lugar positivo para a lei na vida cristã, Lutero não incluiu a disciplina no seu entendimento da igreja, enquanto que a perspectiva de Calvino lhe deu uma doutrina de santificação mais positiva e um lugar importante para a disciplina na igreja.[60] Wesley concorda com Calvino contra Lutero nisto e, portanto, de forma coerente inclui este elemento na sua eclesiologia.

Esta breve abordagem concentra-se no entendimento complexo de Wesley sobre a *existência* da igreja. Mas a *função* da igreja é também apercebida a partir da mesma perspectiva soteriológica. Colin Williams afirma que para Wesley "a missão é a primeira marca da igreja".[61] Numa carta Wesley declara:

> Qual é o fim de toda a ordem eclesiástica? Não é levar almas do poder de Satanás ao poder de Deus e edificá-las no Seu temor e amor. A ordem, então, apenas tem valor na medida em que responde a estes fins; e se não lhes responde, não vale de nada.[62]

Portanto, podemos concluir esta pesquisa notando que, embora hajam características diferenciadores criadas pelas suas circunstâncias peculiares, Wesley parece ter captado a ênfase central do Novo Testamento, que descobrimos anteriormente na secção exegética deste capítulo, ao mesmo tempo mantendo-se leal aos seus compromissos teológicos holísticos.

---

59 "Separation or Unity", em *The Church*, ed. Melvin E. Dieter and Daniel N. Berg (Anderson, Ind.: Warner Press, 1984), 344 ss. Igualmente, as duas tendências podem ser notadas no primitivo movimento de santidade nos Estados Unidos. Vide Timothy L. Smith, *Called unto Holiness*, vol. 1.
60 "Western Ecclesiology: Part 2", 211 ss.
61 *Wesley's Theology Today*, 209.
62 Citado em Bence, "Salvation and the Church", 304.

As Marcas da Igreja[63]

Desde o princípio existiram ameaças ao carácter distintivo da Igreja que tiveram de ser enfrentadas. Estes desafios vieram de dentro e de fora da Igreja. Deste contexto surgiram esforços para identificar as características da verdadeira Igreja, em contraste com o fingimento. Estas propostas foram chamadas de *marcas* ou *notas* da Igreja.[64] Elas estavam presentes informalmente até no Livro de Actos, mas à medida que se formalizaram o número cristalizou-se em quatro: unidade; santidade; catolicidade (universalidade); e apostolicidade.

Os Reformadores Protestantes aceitaram estas notas do credo, mas foram mais longe e introduziram os elementos da Palavra correctamente pregada e dos Sacramentos (reduzidos de sete para dois) correctamente administrados.

Já notamos vários destes elementos, bem como, alguns outros à medida que estiveram presentes nos relatos das escrituras da Igreja Primitiva e entre os teólogos dos primeiros três séculos. Eles foram formalmente declarados pela primeira vez no Credo de Constantinopla em 381, o qual lista os predicados como "uma", "santa", "católica" e "apostólica".

Os atributos estiveram presentes, primeiramente, como uma realidade e apenas gradualmente se tornaram numa teoria ou afirmação dogmática a ser usada polemicamente. Assim, embora o estudo histórico seja importante, o assunto primário diz respeito ao seu significado como realidade não relacionada com o significado formal o significado institucionalizado que vieram a transmitir. Isto implica que a ênfase de Wesley numa fé viva como o elemento crucial na Igreja é apropriado. É a habitação do Espírito que produz as marcas da Igreja. Elas vêm de dentro e não são impostas de fora. Não são o resultado da organização ou da administração, mas são a criação do Espírito.

---

63 Uma significativa discussão contemporânea deste tópico pode ser encontrada nas seguintes fontes: Kung, *The Church*; G. C. Berkouwer, *The Church*, trans. James E. Davison (Grand Rapids: Wm.B. Eerdmans Publishing Co., 1976); Jurgen Moltmann, *The Church in the Power of the Spirit*, trans. Margaret Kohl (New York: Harper and Row Publishers, 1977); Emil Brunner, *The Christian Doctrine of the Church, Faith, and the Consummation*, trans. David Cairns (Philadelphia: Westminster Press, 1962). Muitas das ideias destes autores estão incorporadas na presente discussão, mas sem uma referência específica.

64 H. Orton Wiley, aparentemente reflectindo uma discussão entre apologistas católicos e protestantes de dias passados, distingue entre atributos e notas, sendo o primeiro, as características da Igreja estabelecida nas Escrituras e o último, sendo os atributos transformados em testes pelos quais a Igreja é suposto ser conhecida. Esta foi a posição católica avançada contra a perspectiva protestante. *CT* 3:111; vide Berkouwer, *The Church*, 13 ss. Não encontro essa distinção em abordagens contemporâneas.

À luz disto, a maioria dos teólogos modernos concorda que as chamadas marcas da Igreja já não podem funcionar num sentido exclusivista. Embora elas pareçam ter surgido para propósitos polémicos, é agora reconhecido que são demasiado ambíguas para continuarem a ser usadas desta forma. Por conseguinte, as abordagens contemporâneas têm tendência a explorá-las profundamente, com sérias tentativas para reinterpretá-las com um tom menos polémico e mais coerente com a perspectiva da Igreja, isto é, uma reflexão mais exacta do Novo Testamento.

Seguindo nesta linha de pensamento, precisamos de voltar ao Novo Testamento para identificar o que estas marcas podem significar, se interpretadas a partir da sua fonte. Deve ser entendido à partida que não significa, necessariamente, seguir o modelo da Igreja que encontramos nas páginas do Novo Testamento, visto que a maioria da evidência salienta uma comunidade menos-que-perfeita. Embora possa ser um pensamento perturbador, é, no entanto, verdade que o que foi produzido foi uma sociedade profundamente humana, que por sua vez reproduzia com maior ou menor plenitude as qualidades do ideal.

O que iremos propor é que as marcas da Igreja foram produzidas pelo evangelho como implicações do evangelho. Seguindo este princípio protestante, necessitamos de compreender a ligação entre a fonte e o resultado e, desta forma tentar descobrir o nosso caminho para a essência da Igreja. Porém, devemos sempre estar conscientes que a preocupação com a essência da Igreja pode cegar-nos quanto às realidades da igreja empírica e levar-nos a uma espécie de docetismo. Não podemos escapar às evasões fáceis que prenderam tantos esforços no passado. De certa forma deve ser encontrado um equilíbrio entre o idealismo e o realismo. A Igreja na sua realidade concreta não é tudo o que deveria ser. Mas a falta de conformidade com o ideal puro não invalida que, a Igreja como é, seja a verdadeira Igreja. Ao tentar lidar com este dilema, precisamos de prosseguir a nossa discussão das notas da Igreja, com uma secção sobre a igreja como uma realidade socio-cultural. Isto irá levar-nos a algumas conclusões práticas a respeito da situação presente.

Unidade

A base objectiva para a unidade da Igreja é encontrada no seu Senhor. Como Paulo diz, "um só Senhor, uma só fé, um só baptismo" (Ef. 4:5). Não é apropriado dizer que Cristo fundou a Igreja ou que Ele era uma parte da Igreja; Ele *era* a Igreja.[65] Todos os que se identificam pela fé com Ele estão "nele" (Col. 2:6-7, 10-11) e partilham a unidade da Sua pessoa.

---

65 Cf. *God, Man, and Salvation*, 563-64; Alan Richardson, *Theology*, 310.

Muitas das imagens do Novo Testamento comunicam esta ideia, por exemplo, Cristo é a Videira com os ramos permanecendo Nele.

A base subjectiva para a unidade da Igreja é a obra do Espírito, a qual, por sua vez, está enraizada em Cristo. Por conseguinte, de acordo com uma citação de James B. Chapman "O Cristo em mim nunca estará em variação com o Cristo em ti". Isto é visto em Actos, onde a actividade desimpedida do Espírito é um corolário para a ausência da desunião, ou da abertura existente dentro da comunidade. O aspecto da *koinonia* da Igreja torna-se uma realidade pela habitação do Espírito de Cristo, através de quem todos reconhecem que "Jesus é Senhor" (cf. 2 Cor. 13:14; Filip. 2:1; 1 Cor. 1:9).

Desde o princípio, fontes de desunião apareceram e os líderes da Igreja Primitiva lutaram fortemente por manter o ideal dentro das primeiras congregações cristãs e entre as diferentes congregações. Poucos casos foram tão severos como o de Corinto, mas mesmo nesta situação, Paulo não desfavoreceu o estatuto eclesial da congregação de Corinto. Ele reconheceu a sua situação como inaceitável e apelou à renovação, ao arrependimento e correcção à luz do ideal.

À medida que a unidade da Igreja ficou ameaçada por cismáticos ou hereges, outras explicações de unidade surgiram no desenvolvimento da eclesiologia. Foram feitos por Ireneu à unidade da doutrina apostólica. Mais tarde, quando se tornou aparente que os cismáticos podiam ter uma doutrina ortodoxa, a base da unidade foi colocada no episcopado. Como disse Cipriano, a igreja está fundada sobre o bispo, está "unida e é mantida junta pela cola da mútua coesão dos bispos.[66] Isto resultou em última análise na identificação da unidade com o único bispo que se sentava na cadeira de S. Pedro em Roma. A mudança para o total institucionalismo estava completa.

Não funcionará falar das divergências na igreja existente como diversidades e assim falar de unidade na diversidade. Isto é um truísmo que falha em tocar a verdadeira situação. É preciso enfrentar a realidade e chamar a igreja ao arrependimento e procurar identificar as fontes das fendas que tanto enfraquecem o testemunho da igreja no mundo (João 17). Ao mesmo tempo, temos de afirmar com optimismo e fé "creio na comunhão dos santos" e querer dizer com isso a igreja empírica.

De resto, a presença de divisão não deveria paralisar a igreja, evitando a responsabilidade da missão para a qual é chamada. Embora descontente com o estado presente das coisas, cada congregação deve prosseguir em frente no cumprimento da tarefa que está diante de si. Notaremos algumas

---

66 Kelly, *Doctrines*, 204-5.

fontes significativas de divisão e salientaremos uma resposta positiva ao problema em secções subsequentes.

Catolicidade

A universalidade da Igreja está enraizada na obra de Cristo como inclusiva de todas as pessoas. Não é um conceito geográfico, mas refere-se a toda a extensão abarcada pela Obra de Cristo. Paulo coloca-o de forma sucinta: "Não há judeu nem grego; não há escravo nem livre; não há homem nem mulher; porque todos vós sois um em Cristo Jesus" (Gal. 3:28).

Esta é a base para a negação do apóstolo, em Rom. 11:1, de que Deus tinha rejeitado os Judeus. O facto de que o Reino foi tirado de Israel e dado à Igreja não é base de forma alguma para qualquer anti-semitismo. A salvação que Deus oferece ao mundo no Seu Filho também é válida para os judeus, como Paulo existencialmente descobriu e a Igreja incluiu judeus, bem como gentios. Neste sentido, a catolicidade é um outro aspecto da unidade.

O problema com o termo são as suas associações históricas. Mas isto não precisa de limitar a nossa visão quanto ao seu significado, o qual, como vimos, é derivado directamente do evangelho. Não precisa ser evidenciado pela presença da Igreja em todos os lugares, mas antes é uma visão que pode estar presente em todos e quaisquer lugares. Desta forma não é uma marca externa da igreja, mas uma realidade interna.

Santidade

Já demos considerável atenção a esta marca e observámos várias tentativas históricas para lidar com a óbvia falta de santidade da igreja empírica. Vimos que João Wesley insistia que a santidade da Igreja era atribuível devido a uma santidade real e não imputada. Isto pode ser sustentado se tomarmos o seu ponto de que a fé viva é o atributo crucial da Igreja. Todos os que têm essa fé são santos em alguma medida.

É claro que existem graus de santidade em ligação com o Corpo de Cristo, assim como existem com os indivíduos. Se a Igreja está a levar a cabo a sua missão com algum sucesso, não pode ser de outra forma, visto que aqueles que são adicionados são "bebés em Cristo" (1 Cor. 3:1; cf. 1 Ped. 2:2) e estes são num sentido santos. Por conseguinte, idealmente deveria existir uma mistura de "meninos, jovens e pais" (cf. 1 João 2:12-14), como Wesley gostava de caracterizar as fases do desenvolvimento espiritual.

Santidade é tanto uma realidade como um ideal. Esta é a base para que se dirijam às comunidades de crentes no Novo Testamento como "santos" e, ao mesmo tempo, sejam exortadas a buscar a "unidade da fé e do pleno conhecimento do Filho de Deus, ao estado de homem feito, à medida da estatura da plenitude de Cristo" (Ef. 4:13).

Talvez a dimensão institucional da igreja se intrometa neste quadro, tanto ou mais, do que em qualquer outra das marcas. Muitos estão ligados à organização dando pouca, ou nenhuma, evidência de busca da santidade. É preciso simplesmente reconhecer que os limites da Igreja não podem ser traçados de forma sinónima com os limites da instituição.

É em relação a esta marca da Igreja que a disciplina se torna num importante ingrediente ao falar-se sobre a Igreja. É da responsabilidade da Igreja manter a sua pureza e purgar-se a si mesma de forma a procurar ter um testemunho imaculado, tanto quanto possível para vasos terrenos. Dado o presente estado da igreja, cada congregação ou ligação de congregações tem tanto o direito como a responsabilidade de determinar os parâmetros do seu próprio estilo de vida para implementar o seu entendimento da sua missão. É esta função que é apropriadamente denominada por a consciência da igreja".

Ao levar a cabo esta responsabilidade, tanto os mandatos bíblicos como os aspectos culturais distintivos devem ser levados em conta. Somente desta forma pode a catolicidade tornar-se numa realidade e ser evitado o provincianismo cultural. De resto, tudo isto deve ser levado a cabo no contexto do evangelho, para que a disciplina seja vista claramente como guia de resposta ao dom gratuito de Deus da graça salvadora. É desta forma que a santidade da Igreja, como as outras marcas, é derivada do evangelho.

Apostolicidade

Quando tentamos obter esta marca da Igreja do evangelho, a ideia de função surge imediatamente. A tarefa dos apostoles era dar testemunho da ressurreição de Cristo (cf. Actos 1:21 ss.; 10:41). É bem óbvio que os apóstolos estão mortos e o seu ofício não foi perpetuado. Tentar estabelecer a autenticidade da verdade do evangelho, traçando uma sucessão apostólica passada de Pedro aos seus sucessores num encadeamento inquebrável é uma tarefa historicamente impossível. Isso simplesmente não existe. Além disso, isto seria algo externo e como tal inadequado.

Portanto, concluímos que, como Hans Kung salienta, a apostolicidade refere-se ao todo da Igreja e não a um cargo ou posição dentro da Igreja.[67] Esta marca está presente na Igreja quando os membros do corpo, capacitados pelo Espírito, praticam o testemunho apostólico do evangelho. A autoridade apostólica não está na continuidade histórica nem exclusivamente na verdade apostólica, mas na verdade do evangelho proclamado no poder do Espírito.

---

67 *The Church*, 355.

Palavra e Sacramento

Quando as marcas católicas da Igreja são interpretadas de acordo com o evangelho, elas fundem-se inseparavelmente com as marcas protestantes. A igreja vive pelo evangelho e, portanto, a criação, manutenção e perpetuação da sua vida é através da Palavra pregada e correctamente desempenhada.

O "correctamente desempenhada" é de importância aqui. Não indica requisitos formais ou rituais, mas implica a natureza da resposta. Uma vez que o evangelho oferece reconciliação e santificação (vide discussão acerca das plenas implicações do "evangelho" no cap. 5), a resposta apropriada é fé e obediência – nesta ordem. Não é o ouvir ou o praticar que são cruciais, mas a apropriação em fé dos benefícios providenciados por Cristo e a vida positiva vivida a partir da chamada implícita ao discipulado.

No princípio, a ênfase protestante estava sobre a prioridade da Palavra com o sacramento como um meio de proclamação da Palavra através do símbolo. Por conseguinte, a pregação foi o ponto fulcral da adoração protestante. Isto é reflectido na arquitectura distinta na qual o púlpito (no qual a Bíblia deve ser colocada) é colocado no centro do edifício com todas as linhas indo na sua direcção. Em tempos mais recentes muitas igrejas protestantes têm modificado esta ênfase primitiva por uma mudança arquitectónica, usando uma área dividida com o altar no centro. Isto enfatiza a prioridade do sacramento e é um regresso à perspectiva católica. As igrejas evangélicas quase universalmente retêm a centralidade do púlpito porque isso implica a centralidade do evangelho. Mas elas deverão ser avisadas contra a negligência dos sacramentos, que ajudam a reter os elementos místicos do evangelho.

Insistir na prioridade da pregação tem implicações práticas. Exige que o *keryx* ou arauto seja qualificado em termos de habilidades exegéticas, compreensão teológica e compromisso com o estudo da Palavra. Como o *Manual* Nazareno diz, o ministro "deve ter sede de conhecimento, especialmente da Palavra de Deus" (Manual 2017-2021 §502.6)

O sermão vem das Escrituras, é uma exposição das Escrituras (não opinião ou experiência pessoais, embora o último seja apropriado como um elemento de verificação conforme o quadrilátero wesleyano) e uma aplicação das mesmas ao povo de uma congregação. Isto implica que os sermões expositivos sejam o tipo mais apropriado para o culto. Isto coloca a responsabilidade na congregação, ou grupo organizado de congregações, de assegurarem que as pessoas que têm esta função manifestam os dons e as graças requeridas para a tarefa. Requer ainda que exijam uma preparação de qualidade antes que alguém assuma as responsabilidades do púlpito.

Uma discussão mais ampla dos sacramentos será encontrada no próximo capítulo.

A Igreja como Realidade Socio-Cultural

Uma vez que a Igreja é uma sociedade de homens, é inevitável que tome uma forma historicamente condicionada. É importante que não confundamos a essência da Igreja com esta forma histórica. Todavia, como diz Hans Kung,

> Nenhuma forma da Igreja, nem mesmo a do Novo Testamento, abarca a sua essência de tal forma que seja simplesmente parte ou parcela dela. E nenhuma forma da Igreja, nem mesmo a do Novo Testamento, reflecte perfeita e exaustivamente a essência da Igreja. Somente quando distinguimos as formas transitórias da Igreja da sua essência permanente, mas não imutável, é que podemos ter um vislumbre da Igreja real.
>
> A essência da Igreja deve, portanto, ser sempre encontrada na sua forma histórica e a forma histórica deve sempre ser entendida à luz da e com referência à essência.[68]

Esta verdade é a implicação da igreja como uma realidade visível, em contraste com uma invisível; realidade que de alguma forma existe independentemente das pessoas que a compõem.

H. Berkhof fala da abordagem dominante à doutrina da Igreja como tendo sido "dogmática a priori", uma forma que tende a ser "docetista". Ele encoraja uma abordagem sociológica ao problema da igreja, que, afirma, "eventualmente (...) terá de ser incorporada numa eclesiologia sistemática".[69] Apenas poderemos sugerir uma ou duas implicações depois de notarmos alguma evidência da validade da declaração aqui feita.

Paul Bassett mostra como mesmo no Livro de Actos, quase todo o componente estrutural da vida da Igreja foi emprestado do ambiente que a rodeava, seja judeu ou pagão. Ao tornar-se numa instituição completa, diz ele, "quer as formas tenham sido emprestadas ou não(...) a igreja foi essencialmente um antítipo da sociedade greco-romana".[70]

Isto implica que todos os movimentos de restauração estão fora do propósito quando identificam a essência da Igreja com as suas formas de adoração ou estrutura(s) ou práticas organizacionais. Eles estão a tentar recuperar a crosta quando o verdadeiro espírito de restauração procura recuperar "a simplicidade e o poder espiritual manifestos na Igreja Neo-testamentária" (*Manual da Igreja do Nazareno 2017-2021* §19)

---

68 Ibid., 6.
69 *Christian Faith*, 344.
70 "Western Ecclesiology: Part 1", 129-33.

À luz disto, as palavras de J. Robert Nelson são apropriadas quando escreve: "Tendo em vista a profunda diferença entre as sociedades do primeiro e do vigésimo século, as formas primitivas dificilmente poderão ser consideradas vinculativas hoje".[71]

A natureza funcional da igreja tem prioridade sobre a forma da igreja e dita as características institucionais. Na Igreja Primitiva as práticas que foram adoptadas fizeram avançar a missão e, aquelas que não o fizeram, foram abandonadas. "A forma era importante apenas quando servia a função".[72] Um caso ilustrativo parece ser a prática da propriedade comum. O mesmo princípio deveria ser aplicado a toda a organização da igreja hoje. Não existe uma ordem da igreja revelada, seja congregacional, episcopal ou presbiteriana. O princípio do pragmatismo pode ser apropriadamente aplicado nesta área. Qualquer que seja o sistema de organização que melhor funcione para alcançar os alvos da igreja, esse é parte da ordem divina, desde que seja coerente com aqueles alvos.

Através da história da igreja, os métodos para levar a cabo a missão têm surgido do contexto socio-cultural particular, no qual a igreja tem o seu ministério. A situação da fronteira no início dos Estados Unidos, por exemplo, despoletou o revivalismo, as reuniões em acampamentos e o banco dos pranteadores. A forma denominacional americana de vida da igreja, com todas as suas fraquezas, surgiu numa situação em que não existia uma igreja eficaz estabelecida. A natureza de uma denominação é tal que ela reflecte perfeitamente a liberdade de uma sociedade democrática. As perspectivas de Wesley sobre a igreja, foram certamente tingidas pela situação cultural de uma igreja do estado, o que tornou possível a estrutura do metodismo primitivo.

J. B. Chapman, num inteligente artigo intitulado *"The Unchanging Message and the Changing Methods"*, disse estas progressistas palavras: "A mensagem essencial do evangelho é a mesma em todas as eras, mas o método de a apresentar requer adaptação aos tempos e às condições".[73]

A implicação destas ideias tem ramificações de amplo alcance para a igreja como um corpo internacional. Vários contextos culturais serão, legitimamente, reflectidos na forma que a igreja toma naquele contexto. Os esforços missionários têm de buscar a contextualização e evitar confundir aculturação com evangelismo. Não existe lugar para um triunfalismo cultural dentro do Corpo de Cristo, embora este inevitavelmente tome formas culturais.

---

71 *Realm of Redemption*, 2.
72 Bassett, "Western Ecclesiology: Part 1", 129.
73 *Herald of Holiness*, May 24, 1976, 9.

Conclusões

A quantidade massiva de literatura acerca da igreja é a prova da dificuldade em lidar de forma adequada com todos os assuntos, especialmente num espaço tão curto. Destacaríamos simplesmente uma implicação dos estudos feitos. A preocupação pela unidade da cristandade mundial é uma preocupação digna e um ideal tremendo. Porém, neste ponto da história, a natureza fragmentada da igreja com divisões profundamente escavadas, torna-a em pouco mais do que um sonho utópico. Embora o esforço não precise de ser abandonado, visto que algum progresso pode ser feito, parece ser mais sábio concentrarmo-nos naquelas áreas mais promissoras de cumprirem a visão do Novo Testamento para o povo de Deus.

Parece-nos que a congregação local é provavelmente o *locus* mais apropriado para a igreja ser a Igreja. Pragmaticamente, embora o corpo de crentes numa situação limitada necessite conexões para lidar com as responsabilidades mundiais em si colocadas, é verdadeiramente possível para as marcas da igreja serem levadas a uma expressão máxima neste contexto. É aqui que a renovação espiritual tem o seu maior impacto.

Se esta observação tem validade, a importância do bispo local (pastor) é de suma importância. Os ofícios de conexão são importantes para facilitar o trabalho mais alargado da igreja, mas eles estão um passo distanciados das células vitais que compõem o Corpo de Cristo.

À medida que o Espírito trabalha no grupo, produz a unidade e vice-versa. A catolicidade pode estar de forma realista presente, à medida que a intolerância em relação a outros crentes cristãos desaparece. Se, como defendemos numa secção anterior, a catolicidade é uma perspectiva e não um conceito geográfico, ela pode estar presente quando a congregação local não conhece barreiras de raça ou estatuto social, mas abraça a todos os homens como irmãos e traça um círculo ao redor de todos os cristãos em termos de aceitação, eliminando assim uma atitude exclusivista antitética do perfeito amor. Definir fronteiras à comunhão cristã pelo princípio da homogeneidade cultural é um afastamento da verdadeira catolicidade.

A mesma forma como procuramos definir tanto a santidade como a apostolicidade torna viável que se encontrem estas marcas, num grau significativo, num corpo de crentes. Quando estas estão presentes, funcionando como um resultado da Palavra e do sacramento, pode-se falar da igreja *neste* lugar e ver a igreja visível, empírica em acção – sendo a "comunidade dos santos".

CAPÍTULO 17

Os Meios da Graça

A doutrina da Igreja não está completa sem que analisemos aqueles símbolos através dos quais o corpo de crentes se apropria da sua história e da fonte da sua vida.[1] Estes são geralmente referidos como sacramentos, mas a ideia de meios da graça é mais lata do que o entendimento tradicional daquele termo. As questões aqui levantadas têm exercitado a mente da igreja desde o princípio e hoje estão entre os principais assuntos nas discussões ecuménicas. Mesmo aquelas tradições religiosas que rejeitam a ideia de sacramentos ou meios, ainda empregam veículos pelos quais ou através dos quais a graça é mediada, mesmo que seja somente a presença silenciosa de outros crentes ou as palavras de um sermão.

Falar de meios da graça requer que desenvolvamos ambos os termos. A graça é um termo cristão principal, mas a sua definição é ambígua. Pode ter várias conotações, dependendo do contexto, mas no contexto deste capítulo podemos restringi-la a dois significados básicos. Poderá referir-se à atitude de Deus, que é geralmente chamada de "favor imerecido". Também poderá significar capacitação ou fortalecimento interior do espírito do indivíduo. Estes dois significados não são mutuamente exclusivos e, de facto, ambos podem ser incluídos de forma legítima no conceito de meios da graça.

A graça como capacitação foi muito cedo concebida em termos quase materialistas, sob a influência do pensamento estóico. Mas no debate de Agostinho com Pelágio tornou-se no ponto central, como o corolário necessário à incapacidade da vontade humana para escolher o bem. Pensava-se de forma geral que era transmitida pelo baptismo. Pela altura da Idade Média, este aspecto da graça foi interpretado como providenciando o poder para fazer boas obras de forma a agradar a Deus. Esta graça era normalmente concebida como sendo comunicada de uma forma mais ou menos impessoal e automática.

---

1 Esta afirmação tem por base um pressuposto que será justificado na discussão subsequente. Ela apela a uma especificidade, com respeito aos meios da graça, que é muito mais restrita do que uma experiência geral não específica do Divino.

Em reacção a estes desenvolvimentos Lutero rejeitou este significado de graça e optou por graça como uma atitude de Deus, de perdão, para com o pecador. Para ele, "a graça de Deus significa primeiramente, não uma energia sobrenatural ou uma qualidade infundida na alma humana, mas o lidar gracioso do próprio Deus, de forma mais pessoal, com os homens".[2] Por esta mesma razão, também, entendia que os meios da graça supremos eram a Palavra de Deus em vez dos sacramentos. E, em ligação com os sacramentos, a perspectiva diferente da graça resultou num diferente conceito de sacramento.

Intimamente associado com a interpretação medieval da graça estava o entendimento dos meios. Geralmente, como acima notado, o conceito era impessoal, com os actos sacramentais a funcionar *ex opere operato*. A mediação da graça, de resto, ocorre apenas em e através da igreja, de acordo com o ensino oficial. "Por contraste, Lutero faz a própria existência da Igreja dependente da obra da graça divina através da Palavra e dos sacramentos do evangelho, que em si mesmo é o poder de Deus para a salvação".[3]

No seu sermão "The Means of Grace" João Wesley reconheceu ambos os significados da graça, embora a passagem crucial colocasse uma maior ênfase na graça como misericórdia.

> "Pela graça sois salvos": Vós sois salvos dos vossos pecados, da culpa e do poder dele, vós estais restaurados ao favor e imagem de Deus, não por quaisquer obras, méritos, ou merecimentos vossos, mas pela graça livre, a mera misericórdia de Deus, através dos méritos do seu mui amado Filho: Vós sois assim salvos, não por qualquer poder, sabedoria, ou força, que esteja em vós, ou em qualquer outra criatura; mas meramente, através da graça e poder do Espírito Santo, o qual obra tudo em todos.[4]

A graça, como a misericórdia, é necessária para abordar a culpa do pecado, mas a graça como capacitação é requerida para libertar do poder do pecado. Deve também ser notado que (Wesley) igualava a última com a obra interna do Espírito Santo. Descobrimos que o amplo entendimento da Obra de Cristo no Novo Testamento, abarca ambos os significados de graça (justificação e santificação), podemos, portanto, dizer que os sacramentos são os meios pelos quais o Espírito Santo aplica a obra de Cristo em todas as suas ramificações.

Ao abordar a ideia de meios, estamos a usar um termo, cujo uso tem uma longa história. A definição de Wesley servirá os nossos propósitos como adequada para delinear o seu significado: "Por 'meios da Graça,'"

---

2 Philip S. Watson, *The Concept of Grace* (Philadelphia: Muhlenberg Press, 1959), 81.
3 Ibid., 95.
4 *Works* 5:189.

disse, "Entendo sinais exteriores, palavras, ou acções, ordenadas por Deus e designadas para este fim, para serem os canais comuns através dos quais se possa transmitir aos homens a graça preventiva, justificadora e santificadora".[5]

Duas posições extremas sobre este tópico têm sido adoptadas. A primeira é negar os meios completamente. Esta é a tendência daqueles que colocam a ênfase central sobre a religião experiencial ou misticismo. O próprio Wesley foi inicialmente influenciado nesta direcção, mas cedo aprendeu os perigos desta abordagem. Em 1736 ele escreveu: "Penso que a rocha mais próxima, junto à qual quase naufraguei na fé, foram os escritos dos místicos; sob cujo termo eu coloco todos e quaisquer que desprezam um dos meios da graça".[6]

No seu sermão sobre "The Nature of Enthusiasm" Wesley identifica um tipo comum de entusiasmo (era termo para fanatismo, no século XVIII) como

> daqueles que pensam alcançar o fim sem usar os meios, pelo poder imediato de Deus. Se, realmente, aqueles meios fossem providencialmente sustidos, não cairiam sob esta acusação. Deus pode e às vezes fá-lo, em casos desta natureza, exercer o seu próprio poder imediato. Mas aqueles que esperam isto, quando têm esses meios e não os usam, são propriamente entusiastas.[7]

Tanto o seu compromisso com os meios como a maneira ampla em que ele os entendia, estão reflectidos numa passagem citada por Albert Outler:

> A porta de entrada geral ao entusiasmo é esperar o fim sem os meios – esperar o conhecimento, por exemplo, sem buscar as Escrituras e consultar os filhos de Deus; esperar a força sem oração constante; esperar o crescimento na graça sem vigilância firme e profundo auto-exame; esperar qualquer bênção sem ouvir a Palavra de Deus em cada oportunidade.[8]

Por outro lado, está a forma de fazer dos meios um fim e considerar que tais meios funcionam *ex opere operato*. Isto, quando referido com respeito aos sacramentos, é conhecido como sacramentalismo. Wesley estava tão preocupado com esta perversão, quanto estava com o misticismo ou quietismo. No seu sermão sobre "The Means of Grace", Wesley torna a sua posição clara:

> Permitimos, do mesmo modo, que todos os meios externos, quaisquer que sejam, se separados do Espírito de Deus, não são de proveito algum, não

---

5   Ibid., 187.
6   Citado em Ole E. Borgen, *John Wesley on the Sacraments: A Theological Study* (Zurich: Publishing House of the United Methodist Church, 1972), 99.
7   *Works* 5:475.
8   *John Wesley*, 300.

podem conduzir, a grau algum, ao conhecimento ou ao amor de Deus. (...) Qualquer que, portanto, imagine que exista qualquer poder intrínseco em quaisquer meios de qualquer espécie, comete grande erro, não conhecendo as Escrituras, nem o poder de Deus. Sabemos que não existe poder inerente nas palavras que são ditas em oração, na letra das Escrituras lidas, ou no som delas ouvido, ou no pão e no vinho recebidos na ceia do Senhor; mas que é somente Deus, que é o Dador de toda a boa dádiva, o Autor de toda a graça; que todo o poder vem Dele, pelo qual, através de qualquer destes, existe qualquer bênção comunicada às nossas almas.[9]

Existiam dois meios principais que Wesley parecia identificar como constitutivos da igreja: a pura Palavra de Deus pregada e os sacramentos devidamente administrados.[10] Isto coloca-o redondamente dentro da tradição da Reforma.

Os Sacramentos[11]

A secção anterior providencia um pano de fundo suficiente para entender a posição mediadora de Wesley sobre os sacramentos, uma posição que segue a Igreja de Inglaterra. Um sacramento é definido como "um sinal exterior de uma graça interior e um meio pelo qual recebemos a mesma".[12] Ambos são essenciais para um verdadeiro sacramento. Na terminologia tradicional ela inclui *signum* e *res*, o sinal e a coisa significada.

Existe aqui um pouco de ambiguidade, visto que na realidade há um significado duplo. O sinal do sacramento está a meio caminho entre a fonte da graça, que é a actividade salvadora de Deus como manifestada em Jesus Cristo e o recipiente daquela graça. Aponta em ambas as direcções ao mesmo tempo e serve como ocasião para o comungante experimentar a graça providenciada. Ou seja, simboliza tanto a fonte objectiva de graça, como a realidade subjectiva daquela graça que se torna eficaz no crente.

Pelo lado objectivo, o carácter distinto de um sacramento cristão é qualitativamente diferente da ideia de um universo sacramental. Certamente, é verdade que qualquer objecto finito possa mediar a realidade ontológica da Base de Existência. Mas teologicamente, isto seria um testemunho de Deus o Criador, enquanto que um sacramento é um testemunho da

---

9 *Works* 5:188.
10 Vide Borgen, *Wesley on Sacraments*, 95-96.
11 Não é a tarefa da teologia sistemática discutir o método de administrar os sacramentos; esta é a obra da teologia prática, que deve ser construída sobre o trabalho da teologia sistemática e buscar operacionalizar os sacramentos de modo a implementar da forma mais eficaz o entendimento teológico. Por conseguinte, o modo de baptismo ou o método de servir a Santa Ceia não são não-teológicos, mas deverão ser informados pela apropriada interpretação teológica.
12 *StS* 1:242.

Heilsgeschichte ou da obra redentora de Deus na história. Este é o teor da insistência de Wesley, que as ordenanças são estabelecidas por Jesus Cristo no evangelho e que o conteúdo da "graça interior" é Jesus Cristo e os Seus benefícios.

Os sinais são dados por Deus como uma acomodação à nossa fraqueza e incapacidade para entender coisas celestiais e espirituais. Mas eles não são escolhidos arbitrariamente; eles carregam uma relação analógica com a realidade objectiva significada.[13] Talvez o que Wesley queria dizer, com sinais, possa ser mais apropriadamente transmitido pelo conceito de símbolo, como proposto por Paul Tillich e que anteriormente discutimos sob o tópico da linguagem religiosa. Existem tanto símbolos linguísticos como não-linguísticos. O último cobriria o sinal que compreende um sacramento. Naquela terminologia, o símbolo medeia e partilha a realidade para a qual ele aponta e, portanto, tem um carácter sagrado dentro de si mesmo, na medida em que ele seja usado sacramentalmente.[14]

Pelo lado subjectivo, o sacramento aponta para a apropriação existencial do evento salvífico. Wesley refere-se à graça interior significada pela água do baptismo de formas diversas tais como "os méritos da morte de Cristo aplicados", "a morte para o pecado", ou "a lavagem da culpa do pecado" e como "regeneração" ou "novo nascimento", todos implicando o começo da santificação. O pão e o vinho da Eucaristia identificam, figurativamente, o corpo e o sangue de Cristo e, portanto, os benefícios que a Sua morte providencia e inclui a graça preveniente, regeneradora e santificadora.

Baptismo

As origens do baptismo cristão estão tapadas pela obscuridade. O uso litúrgico da água pode ser traçado até aos tempos primitivos, mas os antecedentes da prática primitiva não são claros. Muitos pensam que ele tem um precedente no baptismo do Judeu prosélito,[15] mas pelo menos um estudioso colocou seriamente em causa, que este seja um costume prevalecente.[16] Possivelmente o seu mais directo antecedente seja o baptismo de João.

A administração do baptismo de João era o sinal visível que o arrependimento tinha ocorrido como a preparação para uma nova era que estava "às portas". Era, por natureza, profético, tanto no estar enraizado no passado, pela relação de João com os profetas do passado, como também com as profecias de um derramamento geral do Espírito nos "últimos

---
13 Vide Borgen, *Wesley on Sacraments*, 52; Wesley, *Works* 10:188; 7:148.
14 Se isto for tomado seriamente, torna-se numa questão importante sobre a forma como nos desfazemos dos elementos que restam de um culto de Ceia.
15 Oscar Cullmann, *Baptism in the New Testament* (London: SCM Press, 1950), 9.
16 G. R. Beasley-Murray, *Baptism in the New Testament* (Grand Rapids: Wm. B. Eerdmans Publishing Co., 1974), 18 ss.

dias". Estas profecias eram frequentemente associadas com a água (ver Isa. 32:15; Ezeq. 39:29). Era também, por natureza, proléptico, experimentado em antecipação da realidade que estava para chegar no baptismo "com o Espírito e com fogo" (Mat. 3:11; Lucas 3:16). Cullmann aclara o assunto nestas palavras:

> Este é, então, o novo elemento no baptismo cristão de acordo com a pregação de Baptista. Este novo dom baptismal do Espírito Santo não é infundido nem pelo baptismo do judeu prosélito, nem pelo baptismo joanino. Está vinculado com a pessoa e a obra de Cristo. No curso da história do Evangelho, o derramamento do Espírito Santo "sobre toda a carne" (Act. 2:17) pressupõe a ressurreição de Cristo e segue no Pentecostes. Por conseguinte, o baptismo cristão é apenas possível depois da Igreja ser constituída como o *locus* do Espírito Santo.[17]

Quando Jesus se submeteu ao baptismo, às mãos de João, houve um sentido verdadeiro em que a nova era estava incorporada na Sua Pessoa e foi dado novo significado ao baptismo de João. Enquanto que as multidões eram baptizadas, por João, como um remanescente eleito à espera do amanhecer de uma nova era que havia de vir, Jesus recebeu a descida prometida do Espírito e a associação da água e do Espírito, que tinha sido prefigurada na linguagem metafórica dos profetas, tornou-se realidade.[18] Então, é o baptismo de Jesus em particular, e não o baptismo de João em geral, que providencia a pista para o uso distintamente cristão do baptismo nas águas.

O baptismo na Igreja do Novo Testamento envolve três significados: simbolizava (1) uma identificação com Cristo e o Seu baptismo, (2) a incorporação do crente na Igreja e (3) a recepção do dom do Espírito Santo por parte do baptizando.

Identificação com Cristo. John Lawson sugere que "a principal passagem teológica no Novo Testamento a respeito do santo baptismo" é Rom. 6:4.[19] Aqui, Paulo fala de sermos "sepultados com ele pelo baptismo na morte". Como é que estes dois assuntos, a morte e o baptismo, se interligam? Está no facto de, no seu baptismo, o crente partilhar aquele de Cristo e o significado do último é transferido para o primeiro.

Temos visto, numa secção anterior, que o baptismo de Jesus foi, principalmente, o seu empossamento na sua vocação de Servo Sofredor, num sentido proléptico Ele carregou a cruz. Foi realmente um ritual ao qual Ele

---

17 Cullmann, *Baptism*, 10.
18 G. W. H. Lampe, *The Seal of the Spirit* (London: SCM Press, 1951), 34-35.
19 *Introduction to Christian Doctrine* (Wilmore, Ky.: Francis Asbury Publishing Co., 1974) concorda, adicionando-lhe Col. 2:12, dizendo, "ambos os textos estabelecem o significado sacramental firmemente dentro do contexto da morte e da ressurreição". 107.

se submeteu com uma perspectiva para a morte. Como Ralph P. Martin o coloca, "O caminho do Calvário passa pelo Rio Jordão".[20]

O ponto de Paulo é que a pessoa que dizer que é possível "continuar no pecado para que a graça abunde" (Rom. 6:1), visto que as boas obras em nada contribuem para a salvação do indivíduo, não entende a natureza do baptismo cristão. É realmente uma declaração de intenção o "morrer" para tudo que na nossa vida é contrário à vontade de Deus ou está em oposição à nossa semelhança com Cristo. Simboliza o morrer para a vida anterior e o trazer à existência de uma nova vida em Cristo, "ressuscitado com ele" (cf. v. 4; Col. 2:12; 3:1).

Os dois outros significados atribuídos ao baptismo na Igreja Primitiva derivam deste primeiro. Estar identificado com Cristo é ser

Iniciado na Igreja. A Igreja é o Corpo de Cristo, por conseguinte estar n'Ele é ser uma parte do Seu Corpo. Além disso significava, à luz do terceiro significado (ver abaixo), que o baptismo marca a dádiva do Espírito e é o Espírito que constitui a Igreja.

Como um ritual de iniciação, o baptismo é a contrapartida cristã da circuncisão, a qual era o sinal de entrada no pacto na antiga dispensação. Esta linguagem de pacto é empregada por Wesley, ao reconhecer o paralelo entre os dois actos do ritual, que torna o indivíduo uma parte do povo da aliança. Do baptismo ele diz: "é o sacramento de iniciação que nos faz entrar em aliança com Deus".[21]

Ele faz a relação explícita ao dizer: "pelo baptismo somos admitidos à Igreja, e consequentemente somos feitos membros de Cristo, sua Cabeça [note-se o lema de identificação]. Os Judeus eram admitidos à Igreja pela circuncisão, assim são os cristãos pelo baptismo".[22] A linguagem de aliança não esgota, porém, o significado do relacionamento estabelecido. Ela é legal, enquanto que o carácter primário é pessoal e aponta para a próxima dimensão.

Esta dimensão adicional é uma implicação explícita do baptismo do crente quando interpretado como partilha do baptismo de Cristo. No Jordão houve a descida do Espírito Santo simbolizada pela pomba. Isto alude ao terceiro significado.

Recepção do Espírito. Em vários pontos do Novo Testamento, o dom do Espírito acompanha a administração do ritual do baptismo (Act. 2:38; 10:44-48). É, de resto significativo que o baptismo cristão seja apenas praticado após o Pentecostes. Contudo, existe uma variedade suficiente de padrões, encontradas nas narrativas de Actos, que nos proíbe de uma

---
20 *Worship*, 92.
21 *Works* 10:188. Cf. Também 191, 192, 193, 194-95.
22 Ibid., 191.

qualquer formalização do ritual. Como Raph P. Martin correctamente deduz: "Não existe um processo automático ou uma fórmula mágica que garanta a concessão do Espírito, ou que necessariamente implique que todos os que foram baptizados na água recebam a contrapartida espiritual do dom do Espírito".[23] (Cf. Act. 8:12-24; 9:17-18; 19:5-6 para variações no padrão)

Nos tempos posteriores, como Paul Bassett tem demonstrado,[24] os rituais separados de iniciação cristã começaram a ser praticadas em conjunto com o dom do Espírito para que o baptismo não fosse mais percebido como o evento distinto marcando a concessão do Espírito.[25]

João Wesley coloca um destaque especial neste último aspecto da ênfase do Novo Testamento em termos do "novo nascimento" ou da "graça regeneradora". Uma vez que isto é a obra peculiar do Espírito, é a actividade do Espírito na renovação do espírito do homem que é significada pelo ritual. Como o próprio Wesley o coloca, "os termos de ser regenerado, de ser nascido de novo, de nascer de Deus(...) expressam sempre uma obra interna do Espírito, da qual o baptismo é o sinal externo".[26]

Se nos lembrarmos que Wesley definiu o sacramento em termos tanto de um sinal exterior como de uma graça interior, ficará claro que ambos terão de estar presentes para que o ritual seja eficaz ou válido como sacramento. Embora o sinal externo não seja automático, ele insiste que é o meio normal e ordenado por Deus, pelo qual o nascimento do Espírito ocorre e não deveria ser dispensado apressadamente ou descuidadamente. Que ele não o fez essencial, contudo, é visto na sua observação que nem "mesmo o baptismo", para nada dizer sobre um modo particular, "é 'necessário para a salvação.' (...) Se fosse, todo o Quaker estaria condenado, o que eu não posso crer".[27]

Torna-se agora óbvio, pela forma como Wesley esboça o seu entendimento do Novo Testamento, que ele abarca no baptismo tanto a justificação como a santificação. Cullmann argumenta que ambos (descritos como o "perdão dos pecados" e a "transmissão do Espírito"), na perspectiva do Novo Testamento sobre o baptismo, estão numa relação significativa um com o outro.[28] O último é experimentado em termos do novo nascimento

---

23 *Worship*, 99-100.
24 *Exploring Christian Holiness*, vol. 2.
25 Também Kelly, *Doctrines*, 207.
26 *Letters* 4:38; *StS* 1:300, 303. Borgen resume claramente a posição de Wesley: "A única base na qual quaisquer meios da graça têm qualquer importância, é que Deus está activamente em acção, em e através dos meios, por Ele ordenados". *Wesley on Sacraments*, 134.
27 *Letters* 3:36; vide *StS* 2:242.
28 *Baptism*, 13-15.

como o começo da santificação, ou como o momento inicial de um processo contínuo que é mantido e perpetuado por outros meios da graça, incluindo a Ceia do Senhor.

Baptismo de Infantes

Não existe nenhuma referência clara à prática do baptismo infantil no Novo Testamento.[29] Contudo, o ritual apareceu muito cedo na liturgia cristã e tornou-se prática comum no terceiro século.[30] Poucos assuntos têm sido mais fortemente debatidos.

Se tomarmos a definição de Wesley de sacramento, como implicando uma graça interior mediada pelo ritual, a prática parece ser de excluir. Contudo, Wesley inequivocamente afirma o seu compromisso com a prática e propõe apoiá-la a partir das "Escrituras, razão e prática primitiva universal".[31]

O seu principal argumento parece estar baseado no conceito de aliança. O pressuposto básico aqui é a continuidade da aliança "evangélica" feita com Abraão e a nova aliança em Cristo. Tal como os infantes eram circuncidados e ficavam, assim, abrangidos pelo pacto, com todos os seus benefícios, privilégios e deveres, também o baptismo efectiva o mesmo resultado. "Quando o velho selo da circuncisão foi retirado, isto do baptismo foi adicionado em seu lugar; o nosso Senhor designou uma instituição positiva para suceder a outra".[32]

Ele inclui todos os benefícios vistos acima como sendo concedidos no baptismo infantil, incluindo "a lavagem da culpa do pecado original, o ser enxertado em Cristo, fazendo-nos membros da Sua Igreja".[33] Numa palavra, ele realmente acreditava que uma criança era "nascida de novo" através do baptismo.[34]

Wesley rejeita a objecção a isto, com base em que tenha de haver uma consciência ciente da apropriação da obra de Cristo. Esta é a posição

---

29 Nelson, *Realm of Redemption*, diz, "Que o Novo Testamento não diz nada explicitamente sobre o baptismo de crianças é incontestável". Cullmann argumenta, contudo, que isto não é decisivo, visto que existe, ainda, menos evidências que filhos de pais cristãos que cresceram até à idade adulta tenham alguma vez sido baptizados. *Baptism*. Wesley argumenta num mesmo sentido, quase curiosamente, que se não fossem feitas referências no Novo Testamento a mulheres sendo baptizadas, o mesmo raciocínio recusaria o ritual às mulheres. *Works* 10:196-97.
30 Kelly, *Doctrines*, 207.
31 *Works* 10:193.
32 Ibid., 194.
33 Ibid., 198.
34 Vide *StS* 2:238. Ele diz: "Nem é uma objecção de tenha qualquer peso contra isto, que não possamos compreender a forma como esta obra pode ser produzida em infantes. Pois, também não podemos compreender como ela é produzida numa pessoa de idade mais madura".

articulada por Calvino e empregada por Karl Barth, neste século, para vigorosamente – e consistentemente – rejeitar o baptismo infantil.³⁵ Mas, na perspectiva de Wesley, da mesma forma que as crianças estavam realmente dentro da relação do pacto pela circuncisão, assim, também estão pelo baptismo.

Isto pode ser interpretado como a afirmação de que o baptismo é o meio *normal* (termo em que Wesley insistiu) pelo qual a criança se apropria da graça preveniente, que de qualquer forma seria eficaz sem o baptismo, da mesma forma que os adultos podem ter nascido de novo, sem a administração da água. Esta, porém, não é a forma normal. Isto coloca uma grande responsabilidade sobre os patrocinadores, de nutrirem a graça que é infundida à criança, visto que a graça do baptismo pode ser perdida.³⁶ Apenas esta pode ser a conclusão do arminianismo de Wesley, em contraste com o ensino católico romano em que o baptismo infantil deixa uma "marca indelével" ou a doutrina calvinista da perseverança. Portanto, a educação no começo da vida é um ingrediente importante na mordomia da vida concedida aos pais. Com respeito à corrupção interna, que Wesley não crê que seja remediada pelo baptismo infantil, afirma o valor da educação:

> As Escrituras, a razão e a experiência, conjuntamente, testificam que, na proporção em que a corrupção da natureza é anterior às nossas instruções, devemos com todo o esforço e cuidado contrapor esta corrupção o mais cedo possível. A inclinação da natureza está estabelecida no mau caminho: a educação está desenhada para pô-la no bom caminho. Isto, pela graça de Deus, é mudar a inclinação para a vontade própria, o orgulho, a ira, a vingança e o amor ao mundo, pela resignação, a humildade, a mansidão e o amor a Deus.³⁷

Arriscando uma simplificação exagerada *ad hominem*, sugerimos que a dificuldade de muitos dos sucessores evangélicos de Wesley, em lidar com estes ensinamentos sobre o baptismo, deriva em parte de um contexto cultural diferente, que tem sido influenciado por vários factores. Enquanto que Wesley trabalhou no contexto de uma igreja estabelecida, a presente situação, em muitas áreas do mundo, reflecte uma forma denominacional da estrutura da igreja, com a perda do sentido de unidade que advém de uma situação fragmentada. Há, além disso, a influência do Iluminismo e do individualismo fronteiriço Americano, que tem exaltado o indivíduo só como o *locus* do significado, de maneira que as dimensões corporativas da existência humana parecem irreais. Isto tem contribuído largamente para

---

35 Cullmann, *Baptism*, 23 ss.
36 Ver "Serious Thoughts Concerning Godfathers and Godmothers", em *Works* 10:506-9.
37 *Works*, 13:476.

uma perda de consciência do significado da igreja na constituição da vida cristã, uma consciência que Wesley sentia profundamente.

Uma influência adicional, mas que alterou radicalmente o entendimento prevalecente nos dias de Wesley, com respeito à conversão religiosa, foi o surgimento do revivalismo Americano. A ênfase numa experiência dramática, carregada de emoção, guiada pela vontade, que resultava numa marcada e súbita transformação, resultou numa depreciação dos sacramentos. A ênfase na religião sacramental é, muitas vezes vista, em tais contextos, com reprovação ou como sendo menos genuína. A realidade da conversão radical não pode ser questionada, mas deve ser reconhecido que a sua forma e expressão é culturalmente influenciada.

Tudo isto levanta a questão da possibilidade de recuperação do entendimento do Novo Testamento sobre o baptismo, ou das perspectivas de Wesley, na medida em que são biblicamente válidos. Primeiro, podemos recuperar o princípio, que enunciamos e desenvolvemos no começo desta secção, sobre a obra do Espírito Santo. Isto é, a ideia de que a experiência é formatada pelo entendimento. Vimos isto apoiado pela obra teológica de John Fletcher, bem como por perspectivas psicológicas contemporâneas. Nesta base, parece ser possível mudar, dentro de certos limites, para uma perspectiva do baptismo mais Neo-testamentária. Com instrução e direcção as pessoas poderão ver a relevância de experimentar os benefícios de Cristo, através dos sacramentos designados por Deus.

Além disso, pode ser atribuída ao baptismo infantil uma validade genuína, se for visto como o empossamento da criança à comunidade do pacto, com o compromisso concomitante da comunidade de ajudar a guiar a criança "na disciplina e admoestação do Senhor" (Efe. 6:4). Poderá, de facto, militar contra a perda de crianças pela igreja, ao prevenir que a Igreja se torne espectadora até que a criança experimente a conversão adulta. Mas, mais teologicamente, há uma base sólida para o baptismo infantil, como um ritual, que dá testemunho à realidade da graça preveniente. A graça que flui da cruz para todos os homens é apropriada pela comunidade para aquela criança. Não que não seja eficaz antes, mas aqui seriam expressos os meios normais pelos quais a graça universal é manifestada. Mesmo que o baptismo adulto seja interpretado como um testemunho subsequente da graça interior previamente recebida, o padrão para o baptismo infantil ainda seria apropriado: é o testemunho da já existente "cobertura do Sangue" e das provisões da aliança para salvação.[38]

---

38 O artigo de fé, actualmente existente, sobre o baptismo, no *Manual da Igreja do Nazareno*, embora não explicitamente reconciliado para que tenha coerência interna, permite de facto esta interpretação, da mesma forma que o duplo ritual respeitante à "dedicação" ou "baptismo de infantes" o permitem.

A Ceia do Senhor[39]

Se o baptismo é o sacramento que inicia uma pessoa na igreja e significa a identificação do indivíduo com Cristo, a Ceia do Senhor é o sacramento que celebra a continuação deste relacionamento, bem como servindo para o perpetuar. Ela é denominada de várias formas, Eucarística (significando acção de graças), Santa Ceia e Ceia do Senhor.

Tal como o baptismo, a Eucaristia não é uma mediação vaga e indefinida do Divino à consciência humana, mas um meio de trazer ao presente os eventos históricos que constituem a *Heilsgeschichte* da fé cristã e de reforçar a sua relevância. É geralmente aceite que, historicamente, ela deriva da última ceia que Jesus comeu com os Seus discípulos, uma refeição comummente identificada como a refeição Pascal.[40] A Ceia do Senhor torna-se então na contrapartida cristã da Páscoa Judaica.

A relevância da Ceia deriva deste evento. Jesus identifica o pão e o cálice com o Seu próprio corpo e sangue e anuncia que, assim, Ele está inaugurando um novo pacto com todas as provisões nele incluídas. Portanto, a Ceia do Senhor é um dos meios pelos quais os benefícios da obra de Cristo são mediados aos comungantes,[41] bem como é mediada a presença

---

39 Como em nenhum outro lugar desta obra, primeiramente procuramos providenciar uma apresentação justa das perspectivas de João Wesley como, mais ou menos, um estudo histórico. Esta parece ser a melhor abordagem, pelo menos, como ponto de partida para o desenvolvimento de uma teologia Eucarística desde uma perspectiva Wesleyana, uma tarefa à qual não nos é possível neste momento dar tempo e energia. Dependemos consideravelmente da obra de Borgen, *Wesley on Sacraments*. Frank Baker, um dos estudiosos de Wesley de maior influência, recomenda esta obra, como muito superior a qualquer outra, nesta área. "Unfolding John Wesley", *Quaterly Review* 1, no. 1 (Fall 1980). Um ponto principal necessita ser notado, o ponto reflectido na afirmação de Albert Outler que "na área da teologia sacramental Wesley estava preparado para simplesmente pedir emprestado – do seu pai, do seu irmão Carlos, de Daniel Brevint e de outros". *John Wesley*, 307. Borgen faz uso extensivo da fonte de Brevint, que era um folheto intitulado *The Christian Sacrament and Sacrifice*, o qual Wesley incluiu como prefácio a *Hymns on the Lord's Supper* e que e argumenta ser uma expressão das perspectivas de Wesley. A principal contenção de Borgen é que o legado sacramental de Wesley tem sido largamente substituído por uma preferência pela Palavra e uma regeneração não baptismal. Nas obras sobre o assunto, ele contende que têm geralmente (1) falhado em tomar em consideração a totalidade de Wesley, (2) tendem a usá-lo para apoiar ideais preconcebidas, ou (3) não entendem suficientemente a relevância do entendimento de Wesley da *ordo salutis* para a sua teologia sacramental.
40 Existe um debate significativo sobre este assunto entre os estudiosos bíblicos. A cronologia dos quatro Evangelhos não pode ser facilmente combinada e, então, há um sério problema quanto a saber se esta era ou não a verdadeira refeição Pascal (vide Jeremias, *Eucharistic Words of Jesus*, et al.). Porém, é geralmente aceite que existe uma relação típica entre a Páscoa e a Ceia do Senhor. Ver a afirmação de Paulo em 1 Cor. 5:7.
41 Wesley disse, "Demonstrei largamente: (1) Que a Ceia do Senhor foi ordenada por Deus para ser um meio de transmitir aos homens graça preveniente, ou justificadora,

do próprio Cristo. Com estas observações resumidas, necessitamos agora de explorar a relação entre o "sinal" e a "coisa significada".

A relação do "sinal" com a "coisa significada". Há quatro interpretações clássicas deste relacionamento: transubstanciação (Católica Romana), consubstanciação (Luterana); presença espiritual (Calvino/Reformada), e memorial (Zuínglio).

Na *transubstanciação*, as raízes da mesma podem ser traçadas aos tempos mais remotos, as palavras da instituição ("isto é o meu corpo") são tomadas literalmente. Nesta base, o pensamento católico vê todas as perspectivas protestantes como enfraquecendo a realidade do sacramento, todas foram rejeitadas pelo Concílio de Trento.

Nesta interpretação, através das palavras de consagração do sacerdote, acontecia a mudança da substância de pão e vinho para o corpo e sangue de Cristo. A proclamação tem um poder misterioso que efectua esta transformação do anfitrião (pão e vinho).

De alguma forma, a crueza disto é removida quando é entendido que uma subtileza metafísica está em acção. A doutrina está baseada numa distinção entre substância e atributos, os últimos referem-se às qualidades empíricas experimentadas, enquanto que o substrato adjacente transcende o empírico. O ensino é que, embora os atributos retenham todas as propriedades de pão e vinho, é a substância que é transformada. A defesa desta posição é um apelo à palavra "é" e a insistência que ela é o assunto decisivo ao assegurar a "presença real", a coincidência do "sinal" com a "coisa significada".

Conjuntamente com os Reformadores Protestantes, Wesley rejeita esta interpretação vigorosamente. O seu artigo 17 tirado dos trinta e nove Artigos da igreja Anglicana diz: "Transubstanciação, como a mudança da substância do pão e do vinho na ceia do Senhor, não pode ser provada pelos santos escritos; mas é repugnante para as simples palavras da Escritura; destruiu a natureza de um sacramento e tem dado ocasião a muitas superstições".[42]

No seu ensaio "Popery Calmly Considered" ele responde à doutrina:

> Respondemos: Nem tal mudança, do pão no corpo de Cristo, pode ser inferida das suas palavras, "Isto é o meu corpo". Porque não é dito, "isto é *transformado* no meu corpo", mas, "Isto *é* o meu corpo;" o que, se fosse para ser tomado literalmente, provaria antes que a substância do pão era o seu corpo. Mas que elas não são para ser tomadas literalmente, é manifesto nas palavras de S. Paulo, o qual lhe chama de pão, não somente antes, mas semelhantemente depois da consagração (1 Cor. X.17; xi.26-28.) Aqui, vemos que o que

---

ou santificadora, de acordo às suas várias necessidades". *Journal* 2:361.
42 Citado por Borgen, *Wesley on Sacraments*, 58.

foi chamado seu corpo, foi o pão ao mesmo tempo. E, em conformidade, estes elementos são chamados pelos Pais, "as imagens, os símbolos, a figura, do corpo e do sangue de Cristo".[43]

Lutero rejeitou o ensino Romano, mas desejando levar seriamente em conta as palavras da instituição, ele formulou uma teoria alternativa da "presença real" referida como *consubstanciação*. Ele rejeita a distinção Aristotélica (via Tomás) entre substância e acidente e afirma, ainda, que, transcendendo a razão, o corpo e sangue de Cristo estão realmente presentes no pão e no vinho. As próprias palavras de Lutero aclaram bem a sua posição sobre este assunto:

> Quando eu falho em entender a forma como o pão pode ser o corpo de Cristo, eu, por mim, levo o meu entendimento cativo e o trago em obediência a Cristo; e, agarrando-me firme, com uma mente simples, às Suas palavras, eu firmemente vou crer, não somente que o corpo de Cristo está no pão, mas que o pão é o corpo de Cristo. (...) E se os filósofos não o entendem? O Espírito Santo é maior que Aristóteles. (...) Então o que é verdadeiro com respeito a Cristo, é também verdadeiro com respeito ao sacramento. Não é necessário para a natureza humana ser transubstanciada antes de ser a habitação corporal do divino e antes que o divino possa ser contido debaixo dos acidentes da natureza humana. Ambas as naturezas estão presentes na sua inteireza e uma pessoa poderá apropriadamente dizer: "Este homem é Deus"; ou "Este Deus é homem".[44]

Lutero encontra a justificação para esta perspectiva na doutrina Cristológica da ubiquidade ou a "comunicação de propriedades". Isto está reflectido na citação anterior: "Este homem é Deus" e "este Deus é homem". Por conseguinte, podemos falar de forma ubíqua do corpo e sangue e do pão e vinho.

Lutero então manteve, como pretendia a doutrina da transubstanciação, uma presença real do corpo de Cristo no pão. Contudo, há uma significativa reorientação. Para a perspectiva católica, a Presença está objectivamente no sacramento, conferindo graça ao comungante. Lutero rejeita isto e substitui a função *ex opere operato* por uma evangélica. A sua definição de sacramento reflecte esta mudança. É composto de um sinal exterior e uma promessa de Deus. O sinal era uma proclamação pictórica da palavra do evangelho, a qual é recebida em fé. Então a Presença não é automática, mas é realizada pelo comungante ao lançar mão das promessas de Deus pela fé.

---

43 *Works* 10:151.
44 Citado em Alasdair I. C. Heron, *Table and Tradition* (Philadelphia: Westminster Press, 1983), 111-12.

Embora Wesley verbalize bem a sua rejeição da transubstanciação, ele reconhece que a consubstanciação é pouco diferente e rejeita tanto qualquer presença "corporal" ou "local" e a doutrina de ubiquidade.[45] Ele está muito mais próximo da posição Reformada (Calvinista), que fala da *presença espiritual*.

As palavras de Alasdair Heron providencia uma pista para o afastamento de Calvino da arena. na qual o debate entre Lutero e Roma tinha tomado lugar:

> O estudo judicial acompanhado por um sentimento vivo pelo coração da matéria libertou-o igualmente da armadilha do simples literalismo e de tentações de um racionalismo superficial e deu-lhe a liberdade para lidar com as questões de forma fresca nas suas implicações teológica e prática.[46]

Calvino rejeita a ideia da "presença carnal" na base de uma rejeição da "comunicação de propriedades". O corpo ou natureza humana de Cristo está localizado no céu e, por conseguinte, não pode ser sustentado que ele esteja corporalmente presente nos elementos do sacramento. Ensinar isto é virar a humanidade de Jesus numa "outra coisa qualquer, em vez do que é ensinado no Novo Testamento, a Palavra de Deus fez-se carne num indivíduo humano específico, Jesus Cristo, incarnado, crucificado, ressurrecto e ascenso".[47]

Em essência, para Calvino, o assunto é a forma como as bênçãos que Deus tem disponíveis para nós, através de Seu Filho, deverão ser apropriadas. Isto não é através de uma presença física no sacramento, mas pela energia do Espírito de Deus que está activo na situação da fé, criando união com Cristo. Ele diz: "Os sacramentos executam devidamente o seu ofício apenas quando acompanhados pelo Espírito, o Senhor interior, cuja energia penetra o coração, remexe as afeições e procura acesso para que os sacramentos cheguem às nossas almas". Isto coincide com a sua definição de sacramento: "Parece-me, então, uma simples e apropriada definição dizer, que ele é um sinal exterior, pelo qual o Senhor sela nas nossas consciências as suas promessas de boa mercê para connosco, de forma a sustentar a fraqueza da nossa fé e nós, por nossa vez, testificamos a nossa piedade para com ele".[48]

Numa palavra, quando o sacramento é correctamente recebido, o sinal envolve a realidade significada quando é apreendido pela fé. Borgen

---

45 Ibid., 124.
46 Ibid., 126.
47 *Institutes* 4.14.9.
48 Ibid., 1.

argumenta que embora hajam afinidades entre Calvino e Wesley, o último não se encaixa perfeitamente nas formulações de Calvino. Calvino, ele diz,

> enfatizará a importância da presença do corpo de Cristo, em termos de "poder e força" mediada através do Espírito Santo, enquanto que Wesley enfatizaria a presença de Cristo na sua divindade; de facto toda a Trindade está presente e actuando, concedendo aos homens os benefícios da incarnação, crucificação e ressurreição. A ênfase está na unidade e não na distinção.[49]

Deve ser concedido que esta é uma distinção muito subtil, mas é uma distinção critica, tal como veremos. É a marca de água que capacita Wesley a evitar os problemas de interpretar a presença real em algum sentido corporal.

Bem diferente de qualquer uma destas perspectivas descritas é a posição de Ulrico Zuínglio, referida como a teoria *memorialista*. O Reformador de Zurique tinha "absorvido muito mais do espírito da aprendizagem humanista e muito menos da piedade medieval e da teologia escolástica do que Lutero"[50] e, portanto, foi muito mais radical no seu afastamento das perspectivas tradicionais.

Zuínglio pegou no tema da "memória". Em contraste com a Missa Católica, que era concebida como um "sacrifício", ele sustentava que a finalidade da morte histórica de Cristo impedia a validade de um sacrifício repetido. Assim, sentia ser mais apropriado o envolvimento num acto de *lembrança* daquele evento. Ele encontrou o apoio das Escrituras nas palavras da instituição: "fazei isto em memória de mim. (Luc. 22:19; 1 Cor. 11:24-25). O sacramento tornou-se então numa ocorrência subjectiva.

O "comer e beber" da carne e sangue de Cristo foi despido de qualquer relevância realística e foi interpretado como a função espiritual da fé. Zuínglio substitui a ênfase de Lutero no "é" das palavras da instituição pela ideia de "significa". O pão é um símbolo do corpo e o vinho um símbolo do sangue e a actividade inteira simboliza a nossa fé em Jesus Cristo, que foi sacrificado por nós. Por conseguinte, é um memorial de um evento passado. Esta posição é muitas vezes referida como a doutrina da "ausência real".

Embora o vocabulário de Wesley inclua o termo "memorial", este não pode ser visto como uma cerimónia vazia que se pode desgastar pela ocorrência repetida.

Deverá, agora, ser claro que as divergências entre estas posições estão largamente na interpretação das palavras da instituição: "Isto é o meu corpo".

---

49 Borgen, *Wesley on Sacraments*, 67-68.
50 Heron, *Table and Tradition*, 115.

Como é que Wesley faz a exegese desta passagem crucial? A sua nota sobre Mat. 26:26, 28 é instrutiva:

> *Este* pão *é*, isto é, significa ou representa, *o meu corpo*, de acordo com o estilo dos escritores sagrados. Então, Gen. xl.12, "Os três sarmentos são três dias". Então, Gal. iv.24, S. Paulo, ao falar de Sara e Agar, diz, "pois, essas mulheres são dois pactos". Portanto, no grande tipo de nosso Senhor, Exo. xii.11, Deus diz do cordeiro pascal, "esta é a páscoa do Senhor". Agora Cristo, substituindo a Páscoa pela Santa Ceia, segue o estilo do Velho Testamento e usa as mesmas expressões que os Judeus costumavam usar na celebração da Páscoa. (...) *Este é* o sinal do *meu sangue*, pelo qual o novo testamento, ou pacto, é confirmado.

Portanto, Wesley claramente rejeita qualquer tipo de interpretação literal das palavras da instituição. Assim, fica do lado dos Reformadores e de Zuínglio neste ponto. Ele fala em receber "aqueles sinais do corpo e sangue de Cristo"[51] em vez de receber o "corpo e sangue" de Cristo.

Quando se lhe pergunta a razão para não apoiar o sentido literal das palavras, ele responde: "(1.) Porque é grosseiramente absurdo, supor que Cristo fala daquilo que ele então segurava nas suas mãos, como corpo natural e real. (...) (2.) O sentido de 'Isto é o meu corpo,' pode ser claramente explicado por outras Escrituras, em que formas parecidas de discurso são usadas".[52]

Ele entende as "formas de discurso que são usadas" como referindo-se à função e não à natureza do sacramento. Em correspondência com a sua mãe, as suas perspectivas tornam-se claras. Ela escreve, em resposta à sua explicação, dos pontos de vista de um amigo, sobre o sacramento:

> O jovem cavalheiro que mencionas parece-me estar correcto no que respeita à presença real de Cristo no sacramento. Eu nunca devo ter entendido por "presença real", mais do que ele tão elegantemente expressou, que a "natureza divina de Cristo está então eminentemente presente, para infundir, pela operação do seu Santo Espírito, os benefícios da sua morte aos recipientes que são dignos". E, certamente, a presença divina de nosso Senhor, assim aplicando a virtude e os méritos da grande obra expiatória a cada crente verdadeiro, faz do pão consagrado mais do que um sinal do corpo de Cristo; visto que ao fazê-lo desta forma, nós recebemos não somente o sinal, mas com ele a coisa significada, todos os benefícios da sua incarnação e paixão! Mas ainda assim, independentemente de como esta instituição divina pareça a outros, para mim ela está cheia de mistério. Quem pode dar contas pela operação do Espírito Santo de Deus, ou definir a forma da sua obra no espírito do homem, quer ele

---

51 *Works* 7:147.
52 Ibid., 9:278.

ilumine o entendimento, ou estimule e confirme a vontade, e regule e acalme as paixões, sem anular a liberdade do homem?

João responde a esta carta, cerca de uma semana depois:

> Uma consideração é suficiente para me fazer anuir ao seu e teu julgamento a respeito do Santo Sacramento; a qual é, que não podemos permitir que a natureza humana de Cristo esteja presente nele, sem que permitamos a con- ou transubstanciação. Mas que a Sua divindade está tão unida a nós então, como nunca, excepto para os crentes dignos eu creio firmemente, embora a forma desta união seja, em última análise, um mistério para mim.[53]

Embora a linguagem esteja ausente, o mesmo sentimento que encontramos noutras crenças paradoxais cristãs, está presente. Wesley afirma o facto, mas confessa que a maneira escapa ao seu entendimento.

A Função da Ceia do Senhor

Numa passagem de Daniel Brevint, que Wesley incorporou como sua, são claramente afirmados três aspectos da Ceia do Senhor como sacramento:

> A CEIA DO SENHOR foi principalmente ordenada como um *Sacramento*, 1. Para *representar* os Sofrimentos de CRISTO, que são *passado*, neste sentido é um *Memorial*; 2. Para *transmitir* as Primícias destes Sofrimentos, em *Graças no Presente*, neste sentido é um *Meio*; 3. Para assegurar-nos da *Glória vindoura*, neste sentido é uma *Promessa* infalível.[54]

A Expiação Lembrada. Este aspecto, como Zuínglio viu, recebe validade pelas palavras de Jesus ao instituir o sacramento, "Fazei isto em memória de mim". Mas Wesley vai além do nível de uma mera lembrança e interpreta-as como envolvendo um "drama dinâmico de adoração, no qual tanto o crente como o Espírito Santo estão activamente envolvidos".[55]

Isto faz com que esta seja um verdadeiro acto de adoração, no qual o adorador entra de forma vicária nos sofrimentos de Cristo e leva a uma consciência do amor de Deus, que é o manancial de tudo. Ao mesmo tempo faz dela uma realidade presente. Como Agostinho disse, "O Sacramento devidamente recebido, faz com que a coisa que ele representa, como realmente presente para o nosso Uso, como se fosse feito de novo".[56] Muita da teologia Eucarística de Wesley está contida nos hinos, um dos quais transmite este lema:

> *PRÍNCIPE da Vida, pelos Pecadores morto,*

---

53 Citado em Borgen, *Wesley on Sacraments*, 63.
54 Citado ibid., 86.
55 Ibid., 88.
56 Encontrado na fonte de Brevint, citado por Borgen, *Wesley on Sacraments*, 89-90.

> *Concede-nos Comunhão Contigo,*
> *Debilmente participamos da tua Dor*
> *Partilhamos a tua mortal Agonia,*
> *Dá-nos agora o Poder temerário,*
> *Agora traz de novo a Hora da tua Morte.*
>
> *Certamente agora a Oração Ele ouve:*
> *A fé apresenta o Crucificado!*
> *Eis aqui! O Cordeiro ferido aparece*
> *Feridos os seus Pés, as suas Mãos, o seu Lado,*
> *Pendura nossa Esperança naquela Árvore,*
> *Pendura, e sangra até à Morte por mim!*

Este entendimento está solidamente baseado no entendimento do sacramento do Antigo Testamento. A lembrança não era uma mera recolecção mental, mas a restauração mental de uma situação passada que no momento desapareceu. Lembrar é fazer presente e actual. Esta era a base para a celebração da festa Pascal, a qual, de acordo com Exo. 12:14, foi instituída "por memorial". Isto significa que cada participante, ao lembrar-se da libertação do Egipto, se tornava consciente de que era, ele próprio, o objecto da acção redentora, independentemente de quantos anos estava afastado do evento histórico. Quando é uma questão da história redentora, o passado é contemporâneo.[57]

A Obra de Cristo Aplicada. O entendimento de Wesley de "memorial" prepara o coração do adorador para a segunda função do sacramento, de transmitir o que mostra. Pode tornar-se no instrumento pelo qual os benefícios de Cristo são concedidos aos homens de acordo com as suas necessidades.

Para Wesley, o termo "comunhão" vai para além de um certo sentido místico de comunhão, mas é entendido no seu sentido activo de "comunicar". No seu sermão sobre "*The Means of Grace*" afirma:

> E que este é, também, um meio declarado normal de receber a graça de Deus, é evidente a partir daquelas palavras do Apóstolo que ocorrem no capítulo anterior: "Porventura o cálice de bênção que abençoamos, não é a comunhão do sangue de Cristo? O pão que partimos, não é porventura a comunhão do corpo de Cristo?" (1 Cor. x.16). Não é o comer daquele pão e o beber daquele cálice, o meio exterior visível pelo qual Deus transmite às nossas almas toda aquela graça espiritual, aquela rectidão, paz e alegria no Espírito Santo,

---

57 Vide Oscar Cullmann and F. J. Leenhardt, *Essays on the Lord's Supper*, trans. J. G. Davies (Atlanta: John Knox Press, 1972), 61-62; também William M. Greathouse and H. Ray Dunning, *Introduction to Wesleyan Theology* (Kansas City: Beacon Hill Press of Kansas City, 1982), 109-10.

que foram compradas pelo corpo de Cristo uma vez quebrado e o sangue de Cristo uma vez derramado por nós?[58]

Aqui parece estar o coração da teologia da Eucaristia de Wesley. Ele não professa explicar o mistério, mas reconhece o testemunho da experiência. Não existe nem uma presença estática nem uma comunicação automática, mas a apropriação dos benefícios da Obra expiatória de Cristo, tanto no seu aspecto final, como no seu aspecto continuado. Com respeito ao último, a nota de Wesley sobre Heb. 7:25 aplica-se: "Ele morreu uma vez; Ele intercede perpetuamente"; e em 1 Tess. 1:10 – "Ele redimiu-nos uma vez; Ele liberta-nos continuamente; e libertará a todos que crêem *na ira*, na vingança eterna, que depois *virá* sobre os ímpios".

Nesta luz, a Ceia do Senhor tem uma possível dupla relevância. (1) Pode funcionar como uma ordenança de conversão. Wesley rejeitou a "quietude" que recusa participar dos meios da graça até à plenitude da fé. Eles são antes avenidas para esta fé. As seguintes palavras, do seu *Journal*, tornam isto claro:

> Que deve ser inferido deste inegável assunto – alguém que não tenha fé recebe-a na Ceia do Senhor? Porque: (1) que são meios da graça – isto é, ordenanças externas – pelas quais a graça interior de Deus é normalmente transmitida ao homem, pelas quais a fé que traz a salvação transmitida àqueles que antes não a tinham; (2) que um destes meios é a Ceia do Senhor; e (3) que aquele que não tem esta fé deve esperar por ela no uso, tanto de este como de outros meios, que Deus tem ordenado.[59]

Além disso, (2) a assistência às ordenanças são veículos do crescimento continuado em santidade, de que Wesley fala tantas vezes. A salvação não é uma experiência definitiva, mas uma relação dinâmica que necessita de ser cultivada a todo o momento. A Ceia do Senhor é, portanto, tanto uma ordenança de conversão como de confirmação. Por conseguinte, funciona em termos dos ramos principais da graça de Deus, que opera dentro do enfoque soteriológico da teologia wesleyana: a graça preveniente, justificadora e santificadora, "assim enfatizando a concessão dinâmica e contínua da graça de Deus em todos os seus ramos e apontando para a 'coisa significada' em vez do sinal exterior.[60]

A Eucaristia é tanto uma ajuda à fé como um meio para a santidade. Com respeito ao último, as palavras de Wesley formam um sumário adequado, sobre uma pessoa despertada:

---

58 *StS* 1:252-53.
59 Vol. 2, p.315.
60 Borgen, *Wesley on Sacraments*, 198.

E, como estava profundamente sensível à verdade daquela palavra, "Sem Mim nada podeis fazer" e, consequentemente, da necessidade de que ele tinha de ser regado por Deus a cada momento; assim ele continuava diariamente em todas as ordenanças de Deus, os canais declarados da Sua graça para o homem: "na doutrina dos Apóstolos", ou ensino, recebendo aquela comida para a alma, com toda a prontidão de coração; no "partir do pão", o qual se encontrava na comunhão do Corpo de Cristo; e "nas orações" e louvores oferecidos pela grande congregação. E, assim, ele diariamente "crescia na graça", aumentando em força, no conhecimento e amor de Deus.[61]

Interpretar Comunhão como comunicação não invalida a ideia de comunhão. De facto, a comunhão com Cristo é um aspecto essencial do sacramento. Mas além disso, envolve também uma comunhão entre os membros da igreja. Embora o dom da salvação, simbolizada pelos elementos, seja dado a cada um individualmente, isto não significa um individualismo de isolamento. As palavras do ritual retratam esta característica: "Não nos esqueçamos que somos um, numa só mesa, com o Senhor" (*Manual da Igreja do Nazareno 2013-2017* §802).

Esta unidade e unicidade estende-se para além do espaço e do tempo. Inclui crentes de todas as comunhões e de todas as idades. Não é tão difícil reconhecer a unidade de Abraão, Isaque, Jacó e Paulo, que a imagem da vinha e dos ramos implica, mas é muito mais difícil experimentar a relevância unificadora da Eucaristia no nosso próprio tempo e mundo. Ainda assim, é isso que o sacramento nos apela a fazer.

O parágrafo de Aulen apresenta as implicações salientes nesta verdade bíblica:

> A Ceia do Senhor é, portanto, o sacramento da unidade cristã, mesmo que as diferenças em teorias e práticas tenham causado divisões dentro da igreja. A unidade está presente porque a Ceia do Senhor é comunhão com Cristo. Independentemente de como os homens pensam, falam e agem, a Ceia do Senhor continua a ser o sacramento da comunhão e unidade cristãs. Mas este carácter da Ceia do Senhor envolve, ao mesmo tempo, a obrigação mais convincente sobre a Igreja de manifestar esta unidade na sua vida.[62]

Como Garantia da Glória Vindoura. Este é o terceiro aspecto da Ceia do Senhor, que revela que o sacramento tem uma dimensão passada, uma presente e agora uma futura.[63] Este aspecto é também validado pela versão Paulina das palavras da instituição: "Porque todas as vezes que comerdes

---

61 *StS* 1:97.
62 *Faith of the Christian Church*, 352.
63 Para um completo desenvolvimento da dimensão escatológica da Eucaristia à luz dos desenvolvimentos recentes da escatologia na teologia bíblica e sistemática, ver Geoffrey Wainwright, *Eucharist and Eschatology* (New York, Oxford University Press, 1981).

deste pão e beberdes do cálice estareis anunciando a morte do Senhor, até que ele venha" (1 Cor. 11:26).

Assim, como o sacramento *aponta* para (significa) a base da nossa aceitação com Deus e assegura o nosso relacionamento presente, da mesma forma garante o nosso título à herança com os santos. É a garantia da nossa esperança no céu.

A eucaristia é um evento proléptico, comido em antecipação na festa escatológica, as bodas do Cordeiro, um dos hinos de Wesley salienta esta verdade:

> *E não tomara a sua Compra*
> *Quem morreu para fazer-nos seus,*
> *Para fazer Um Espírito com Ele mesmo*
> *Carne da sua Carne, Osso dos seus Ossos?*
>
> *Ele o fará, respondem nossos Corações, Ele o fará;*
> *Ele nos tem dado ainda aqui uma antecipação,*
> *E pede-nos que o encontremos na Colina,*
> *E mantenhamos a Festa de Casamento no Céu.*

Tanto o baptismo como a Ceia do Senhor são descritos como um "penhor" que Deus cumprirá a Sua promessa.[64] Contudo, no contexto Arminiano de Wesley, isto deve ser visto como um contrato de aliança que envolve um resultado sinergístico. Existe a possibilidade de cair da graça, mas o sacramento é a garantia de Deus de que Ele cumprirá a Sua palavra. É um selo do pacto, marcando a sua autenticidade. "O baptismo é o selo de entrada, como foi antes a circuncisão. A Ceia do Senhor, por outro lado, é um selo de confirmação".[65]

A Ceia do Senhor como Sacrifício

Temos visto a forma como a Eucaristia, como um sacramento, tem uma função tripla. É um "memorial", um "meio da graça" e uma "garantia do céu". Mas, nas fontes de que Wesley se apropria como se fossem suas, ela é também descrita como um sacrifício.

Isto levanta, imediatamente, o espectro da Missa, a qual, na teologia católica, é entendida como um sacrifício verdadeiro, o mesmo como o que foi oferecido por Jesus Cristo no Calvário. Isto foi vigorosamente rejeitado por Lutero, por causa da sua negação implícita da finalidade da obra de Cristo e da adição de pré-requisitos adicionais à salvação, para além da fé apenas. Não existe qualquer dúvida de que Wesley também rejeita, incondicionalmente, esta perspectiva de sacrifício e pelas mesmas razões. Na sua

---
64 Vide *Works* 10:188.
65 Borgen, *Wesley on Sacraments*, 220.

nota sobre Heb. 10:15 ele refere-se ao autor como "descrevendo o novo pacto como estando agora completamente ratificado, o que torna todos os outros sacrifícios expiatórios, e qualquer repetição de Ele mesmo, absolutamente desnecessários". Apenas o sacrifício de uma vez por todas de Cristo nos pode libertar do pecado. Então o que é que se entende por vermos a Ceia como um sacrifico?

Vimos na nossa abordagem sobre a obra sacerdotal de Cristo que na teologia wesleyana existe uma relevância dupla. Há um aspecto concluído, incorporado na cruz histórica e há um aspecto contínuo ou não concluído representado pelo papel intercessor de Cristo, à mão direita do Pai. Desta forma a obra expiatória de Cristo é contínua e continuada. Há um sentido no qual, através desta obra, o grande Sumo Sacerdote continuamente se apresenta a si mesmo como sacrifício ao Pai, não como uma repetição, mas simbolizando a eficácia continuada da Obra Expiatória. Um hino wesleyano incorpora esta verdade:

> *Ele morre, agora por nós morre,*
> *Esse Sacrifício Todo-Suficiente.*
> *Subsiste Eterno como o Cordeiro,*
> *Em cada Tempo e Lugar o mesmo,*
> *A todos por igual ele se co-estende,*
> *Sua Virtude Salvadora nunca termina.*

O que aqui está envolvido é um "mostrar" da morte de Cristo e não um "oferecer" dos elementos pão e vinho. Ocorre na verdadeira participação dos elementos comendo e bebendo. Isto está reflectido nas suas palavras no sermão "The Means of Grace":

> "Porque todas as vezes que comerdes deste pão e beberdes do cálice estareis anunciando a morte do Senhor, até que ele venha" (1 Cor. xi. 23&s): vós abertamente exibis o mesmo, por estes sinais visíveis, perante Deus, os anjos e os homens, vós manifestais a vossa solene lembrança da Sua morte, até que Ele venha nas nuvens do céu.[66]

As palavras de Brevint, de que Wesley se apropria, fazem a relação, entre a Expiação Final e o seu contínuo significado, bem lúcida:

> No entanto o sacrifício, que por uma oblação *verdadeira* não era para se oferecer mais do que uma vez, é pela Comemoração Devota e Agradecida, para ser oferecido cada Dia. Isto é o que o Apóstolo chama Anunciar a Morte do SENHOR; Anunciá-la tanto diante dos Olhos de DEUS o Pai, como diante dos Olhos dos Homens.[67]

---

66 *StS* 1:251-52.
67 Citado em Borgen, *Wesley on Sacraments*, 241.

Isto pretende anunciar a oblação do Filho, como a base da nossa aceitação contínua de Deus. O beber e o comer introduzem o comungante nos sofrimentos de Cristo e, assim, capacitam-no para compartilhar as graças que são lhe oferecidas através do seu sacrifício expiatório, incluindo o partilhar do acesso ao trono de Deus. Portanto, a Ceia, como sacrifício, está intimamente associada com a sua função, como um meio da graça.

Este entendimento enfatiza a eficácia presente da Obra de Cristo e, portanto, reflecte a ênfase repetida de Wesley da importância de uma relação com Deus sustentada momento a momento, baseada na graça presente, a qual é claro flui do sacrifício expiatório de Cristo na cruz. Ele é poderoso no "agora" da nossa existência. Existe, então, uma diferença decisiva entre o sacrifício de Cristo, como *procurando* a salvação, e o sacrifício intercessor, como o fundamento e a fonte da Obra de Cristo aplicada e apropriada pelos homens, aqui e agora.

Ao contrário do ponto de vista católico, em que o sacerdote oferece o sacrifício propiciatório a Deus, na Eucaristia, para Wesley, é Cristo que se oferece a si mesmo. Como dizem as palavras de Brevint, "Nosso SENHOR, por aquele Sacrifício eterno de si mesmo, oferece-se por nós na Santa Ceia, de uma forma peculiar".[68]

Tudo isto é extraído das ricas imagens do Velho Testamento. Tal como Arão, sendo identificado com Israel, levava o seu povo com ele até à presença de Deus, assim também o Grande Arão, o eterno Sumo-sacerdote. "E que conforto é para nós, em todas as ocasiões que nos dirigimos a Deus, o grande Sumo-sacerdote da nossa profissão de fé, tem os nomes de todo o seu Israel no seu peito, ante o Senhor, por memorial, apresentando-os a Deus".[69]

Na nossa discussão de sacrifício, na secção sobre a obra sacerdotal de Cristo, notamos a forma como a imposição das mãos sobre a cabeça da vítima sacrificial, quando entendida de forma correcta, simboliza a oferta do adorador, de si mesmo, a Deus. É aqui que a doutrina wesleyana de santificação entra, especificamente, neste quadro. Referindo-se à sua própria experiência, em *Plain Account*, ele diz:

> Instantaneamente, eu resolvi dedicar toda a minha vida a Deus, todos os meus pensamentos, palavras e acções; estando plenamente convencido, não havia meio; mas que todas as partes da minha vida (não, apenas, algumas) ou tinham de ser um sacrifício a Deus, ou a mim mesmo, isto é, em realidade, ao diabo.[70]

---

68 Citado Ibid., 266.
69 Wesley, *Notes on the Old Testament* sobre Exo. 28:15.
70 *Works* 11:366

Este foi o começo da sua busca por santidade. A mesma verdade está incorporada no seu sermão "On Christian Perfection":

> Eles foram "santificados por completo" (...) "amavam ao Senhor seu Deus como todo o seu coração, mente, alma e força;" (...) eles continuamente "apresentavam" suas almas e corpos como "um sacrifício vivo, santo e agradável a Deus;" em consequência de tal, eles "regozijavam-se sempre, oravam sem cessar e em tudo davam graças". E isto e nada mais, é o que nós cremos ser a santificação verdadeira e bíblica.[71]

Temos mostrado anteriormente que o conteúdo positivo da santificação é o amor a Deus e aos homens; um outro lado disto é o sacrifício pessoal, morrer para o pecado, ser crucificado com Cristo. Estes estão numa relação correlativa um com o outro como positivo e negativo. À medida que crescemos na graça, mais e mais morremos para o pecado. O amor é comunicado através do sacramento, funcionando como um meio de graça, capacitando o crente para se apresentar a si mesmo a Deus. Por conseguinte, como notámos na abertura deste capítulo, a graça como bondade e a graça como capacitação conjugam-se ao longo da teologia sacramental de Wesley.

Existe então um carácter duplo na Ceia do Senhor como sacrifício. Ela simboliza Cristo, apresentando-se a si mesmo perante Deus e de nós com Ele (note-se o tema representativo) e é a igreja, apresentado o sacrifício de Cristo aqui em baixo, como um memorial da morte salvadora pela qual vivemos.

> *Seu Corpo rasgado e roto*
> *Ele apresenta a DEUS;*
> *Nesse querido Memorial mostra*
> *As Tribos escolhidas de Israel impressas:*
> *Todos os nossos nomes o Pai sabe*
> *Lê-os no Peito do nosso Arão.*
>
> *Ele lê, enquanto aqui em baixo*
> *Apresentamos a Morte do Salvador,*
> *Faz como JESUS nos ordenou a fazer*
> *Significam sua Carne e Sangue*
> *Ele num Memorial mostrou*
> *Oferece o Cordeiro de DEUS.*

SOLI DEO GLORIA!

---

71 Ibid., 6:526

Apêndices

APÊNDICE 1
Escatologia Especulativa

No corpo desta obra notámos que todas as doutrinas têm, virtualmente, uma faceta escatológica. Isto reflecte o facto, descoberto em estudos teológicos mais recentes, que a escatologia não é uma adenda envergonhada à obra teológica, mas está no próprio desenrolar da mensagem bíblica. No entanto, o leitor mais cuidadoso terá notado que em nenhuma destas discussões temos ido além da afirmação da fé, nesta dimensão, mas, em consciência, temos preferido manter grande reserva. É muito fácil passar para além da fronteira "do que está escrito", para a esfera da especulação. A incrível curiosidade da mente humana quase que, irresistivelmente, nos guia nessa direcção. De resto, abordar questões especulativas numa teologia wesleyana, para além dos assuntos que têm implicações soteriológicas, é inapropriado. Além disso, escrever uma teologia sistemática, no contexto da Igreja do Nazareno, da forma como este autor está a fazer, dita as mesmas reservas. O artigo de fé que fala sobre assuntos escatológicos recusa, de propósito, aventurar-se em algo para além das afirmações centrais da realidade escatológica. Historicamente, a Igreja do Nazareno tem recusado comprometer os seus membros com qualquer opinião particular sobre o assunto. Por estas razões, escolhemos lidar com este tópico num apêndice, para enfatizar o seu estatuto secundário às preocupações soteriológicas e auxiliar dos assuntos essenciais da fé bíblica. Nada nesta área pode fazer o teste de ortodoxia. Como Wesley mesmo disse, numa carta a Christopher Hopper:

> Meu caro irmão, eu nada disse, a mais ou a menos, na igreja Bradford com respeito ao fim do mundo, nem no que respeita à minha opinião, mas o que segue: - Que Bengelio tinha dado a sua opinião, não que o mundo findaria então, mas que o reino milenar de Cristo começaria no ano 1836. Eu não tenho qualquer opinião na cabeça: nada posso determinar sobre isso. Estes

cálculos estão muito acima, fora da minha vista. Eu tenho apenas uma coisa a fazer, - salvar a minha alma e a daqueles que me ouvirem.[1]

As fases iniciais do movimento de santidade partilhavam também deste mesmo tipo de determinação, para evitar que tópicos secundários criassem divisões. A. M. Hills escreve, no seu prefácio, ao capítulo sobre "Escatologia", as palavras: "A Doutrina do Milénio tem sido um verdadeiro 'problema em Israel.'"[2] A Associação Nacional de Santidade, no virar do século, "baniu aqueles que faziam do(...). pré-milenismo (...) o seu 'passatempo,'" e "durante anos (...) proibiram a discussão de temas 'causadores de divisão', como a cura divina ou a Segunda Vinda, nas suas plataformas dos acampamentos ou nas colunas do *Christian Witness.*"[3]

Os pontos deste apêndice são: explorar alguns dos assuntos relacionados com o tópico que se tem tornando uma tão grande preocupação dos cristãos conservadores contemporâneos; investigar a história da teologia especulativa de forma a enfatizar, em última análise, a futilidade do dogmatismo sobre tais assuntos; e chamar a atenção para os pressupostos não wesleyanos da maioria dos esquemas escatológicos prevalecentes entre os evangélicos de nossos dias – de forma a que, como wesleyanos, possamos pelo menos evitar posições contraditórias, mesmo, nas nossas especulações sobre o futuro.

Interpretando as Escrituras Escatológicas

Na nossa discussão sobre a autoridade bíblica argumentamos que não é a nossa teoria sobre as Escrituras que é crucial, mas antes a forma como as interpretamos. Este mesmo princípio é, ainda, mais verdadeiro – se possível – no que respeita às passagens bíblicas que se referem ao fim dos tempos. Numa palavra, a questão da hermenêutica é fundamental ao estudo da escatologia. Mesmo Hal Lindsey, "sumo-sacerdote" da profecia popular contemporânea, concorda. Ele reconhece que "o assunto real entre as perspectivas amilenista e pré-milenista é se a profecia deve ser interpretada literalmente ou alegoricamente."[4] O problema com esta afirmação é que ela simplifica demasiado as opções, uma vez que as duas formas não são exaustivas e, de facto, podem mesmo não incluir as formas mais importantes.

De resto, na nossa longa investigação, sobre a relação entre os Testamentos, em busca de uma pista quanto ao melhor método de interpretação bíblica, descobrimos que as afirmações de cumprimento do Novo

---

1 *Works* 12:319.
2 *Fundamental Christian Theology* 2:339.
3 Timothy L Smith, *Called unto Holiness*, 1:35, 127.
4 *The Late Great Planet Earth* (Grand Rapids: Zondervan Publishing House, 1970), 165.

Testamento demonstravam, conclusivamente, que a maioria das passagens proféticas não podiam ser entendidas literalmente, caso contrário a afirmação de cumprimento estaria vazia de validade. Descobrimos que, a uma só voz, a igreja insistiu desde o início que, se o Velho Testamento fosse interpretado literalmente, não poderia ser incluído na Bíblia cristã; não seria, então, um livro cristão. É por isso que os intérpretes bíblicos, desde o segundo século, têm procurado encontrar uma hermenêutica mais adequada. William J. Dalton expressa a relevância disto de forma clara:

> Os profetas do Velho Testamento não tinham uma espécie de fotografia mental do futuro quando avisavam aos seus ouvintes do juízo próximo de Deus e da sua salvação. Se este fosse o caso, então, vez após vez, eles seriam acusados de falsidade. (...) As profecias feitas no nome de Deus são cumpridas nos termos de Deus: Ele não está preso à letra das palavras do profeta. É o próprio evento que revela o significado da palavra.

O ponto é o mesmo, quando transferido para o Novo Testamento: "O evento que ainda está escondido, revelará o significado pleno das palavras do Novo Testamento."[5]

Isto implica que "o cumprimento" é uma categoria a posteriori, extremamente complexa e rica. É empobrecido quanto é interpretado em termos de algum tipo de relação estreita entre a predição e o cumprimento. O próprio Jesus expandiu-o muito para além disto, na Sua conversa com os discípulos desesperados a caminho de Emaús, conforme registado em Lucas 24. Ali, o Ressurrecto destacou a forma como Ele era referido na Lei, nos Profetas e nos Salmos (os Escritos), assim, incluindo a totalidade do cânon do Velho Testamento sua plenitude tripla.

Por conseguinte, "o cumprimento" realmente transmite a ideia de "enchimento até ficar cheio,"[6] com uma relevância mais profunda do que a ideia original. Envolve o encher com vinho novo os odres velhos de forma a que frequentemente eles rebentam, isto é, elas transcendem o significado literal original. Não podemos, à partida, afirmar que contornos precisos é que o cumprimento vai ter.

Agostinho, há muito tempo, articulou este entendimento da escatologia. Ele estabelece um princípio a respeito do futuro falado na Palavra de Deus: "Todas estas coisas, em que cremos, passarão; mas o como, ou em que ordem, o entendimento humano não poderá ensinar-nos com perfeição, mas apenas a própria experiência dos eventos" (*City of God* 20.30).

---

5 *Aspects of New Testament Eschatology* (Perth, Australia: University of Western Australia Press, 1968), 3.
6 Nota do tradutor: O autor faz aqui um trocadilho com as palavras "Fulfilment" (cumprimento) e "filling full" (enchimento), que em Português não é possível.

Falando dos pronunciamentos escatológicos de Paulo, em 2 Tess. 2:1-11, afirma, "Porque são chamados de sinais e milagres enganosos que, mais provavelmente, nós iremos saber quando o tempo próprio chegar" (ibid., 19). E, a respeito da ressurreição final, ele observa que "a maneira como isto terá lugar, agora, nós podemos, somente, vagamente conjecturar e, apenas, o entenderemos, quanto tal acontecer" (ibid., 20).

Na nota sobre Mat. 2:17-18, que sugere que a morte das crianças ordenada por Herodes era o cumprimento de Jeremias 31:15 (que se refere a Raquel chorando no seu túmulo pelos judeus deportados no Cativeiro Babilónico e, portanto, não tem qualquer relação literal com o incidente atroz de Herodes), Wesley afirma: "Uma passagem das Escrituras quer seja profética, histórica ou poética está cumprida, na linguagem do Novo Testamento, quando um evento acontece e ao qual pode com grande propriedade ser acomodada." Isto, claramente, reconhece o carácter a posteriori da categoria do "cumprimento."

H. Orton Wiley apoia substancialmente esta mesma posição, falando do que chama de "lei da reserva profética": "É-nos dado o suficiente nas Escrituras para fornecer à Igreja uma esperança gloriosa; mas os eventos nunca poderão ser desvendados até que a profecia passe à história e nós os passemos a ver, claramente, destacados nas suas relações históricas" (*CT* 3:307).

Estes princípios hermenêuticos surgem da natureza das passagens escatológicas das Escrituras. Quando o futuro é visionado, incluindo antecipações do final dos tempos, está sempre firmemente enraizado no presente histórico. Isto é também verdade quanto aos escritos apocalípticos que procuram, de forma auto-consciente, predizer a consumação da história.[7] Não estamos a ler a história previamente escrita na forma de reportagem, como se o escritor (ou orador) fosse testemunha directa de tempos e de eventos sem relação com os seus próprios dias. Antes, ele projecta o fim como a culminação de eventos, nos quais, tanto ele como a sua audiência, estão totalmente imersos. Não importa o quão enigmáticas as suas referências possam ser, um conhecimento profundo dos seus tempos pode identificá-las como decorrentes da experiência histórica.

Assim, o autor do Livro de Daniel descreve o grande anti-Deus, em termos de Antíoco IV (Epifânio), embora de uma forma velada; o autor de Apocalipse descreve o Anticristo em termos de Nero. Quando o fim não se materializa como eles o descreveram, estas descrições passam ao repertório da profecia, como realidades ainda por cumprir e tornam-se paradigmas para o verdadeiro fim dos tempos. Está é a razão porque será sempre

---

7   Ver discussão da característica de pseudonímias em relação aos escritos apocalípticos em Leon Morris, *Apocalyptic*.

fútil tomar estas descrições como relatos de reportagem e tentar usá-las para, previamente, identificar exactamente o que elas predizem em termos de pessoas reais, ou de países ou do que for. Numa palavra, poderão existir muitos cumprimentos penúltimos que são anti climáticos do cumprimento final.

C. E. B. Cranfield expressa esta posição, classicamente, nos seus comentários às predições de Jesus sobre a queda de Jerusalém, em Marcos 13. Ele sugere que, na perspectiva do próprio Jesus, o histórico e o escatológico estão misturados e que o evento escatológico final é visto através da "transparência" do histórico imediato. Esta forma de ver o futuro expressa a perspectiva que "nas crises da história se prefigura o escatológico. Os juízos divinos na história são, por assim dizer, ensaios do juízo final e as sucessivas incarnações do anticristo prefiguram a suprema concentração final da rebeldia do diabo antes do Fim."[8]

Paulo tinha algumas coisas muito definitivas a dizer sobre o fim, nas suas primeiras cartas, em especial 2 Tessalonicenses. É interessante, que ele identifica três coisas que têm de acontecer antes que chegue o fim (a grande apostasia, a remoção de uma força restritiva e a aparição do anticristo), as quais *ainda não ocorreram,* apesar das afirmações de alguns de que nenhuma profecia permanece sem cumprimento. Contudo, a afirmação de Gunter Bornkamm sobre os ensinos escatológicos de Paulo vai ao ponto e demonstra a forma como, mesmo os ensinos mais explícitos do apóstolo não providenciam a base para um conhecimento repertoriado do fim:

> A linguagem e os conceitos apocalípticos influenciaram profundamente a teologia Paulina bem como a da igreja primitiva, mas foram radicalmente mudados ali. As especulações apocalípticas, os panoramas e os conceitos desaparecem ou são mesmo expressamente rejeitados (1 Tess. 5:1 ss), e como uma regra ocorrem em fragmentação e sem coerência. A coisa mais fundamental na nova escatologia de Paulo é a sua perspectiva de que o envio, a morte na cruz e a ressurreição de Jesus constituem um ponto de viragem na história.[9]

O argumento mais decisivo contra a possibilidade de determinação do cumprimento a priori está nas palavras do próprio Jesus. Em Marcos 13:32 e Mat. 24:36 Ele declarou que ninguém sabe o dia, nem a hora, da Sua vinda, nem mesmo o Filho. Como alguém observou, esta afirmação de Jesus, mais do que qualquer outra, tem sido ignorada. Muitos ainda persistem em procurar identificar aquilo a que chamam os "sinais dos tempos." Deverá ser notado que, apenas, uma vez na Bíblia esta frase é usada (Mat.

---

8 "St. Mark 13," *Scottish Journal of Theology* 6 (1953):297-300. Ver também Ladd, *Theology*, 198-99.
9 *Paul*, trans. D. M. G. Stalker (New York: Harper and Row, Publishers, 1971), 199.

16:3) e que, ali se refere não a algo que está prestes a acontecer, mas que já aconteceu, nomeadamente que o Reino entrou na história, na pessoa de Jesus Cristo.[10]

Um excelente ensaio sobre a hermenêutica das Escrituras escatológicas é o ensaio do proeminente teólogo católico Karl Rahner.[11] Neste perspicaz ensaio Rahner desenvolve várias teses. Resumiremos as cinco teses cruciais com as quais, eu entendo, a preponderância dos estudiosos bíblicos e teológicos protestantes concordarão (exceptuando, claro, aqueles comprometidos com os pressupostos da teologia dispensacionalista que será notada mais tarde).

O pressuposto subjacente é que, uma vez que as afirmações sobre o *eschata* lidam com uma realidade bem diferente de outros objectos de conhecimento, é necessária uma forma especial de conhecimento e, por conseguinte, uma hermenêutica especial de interpretação. Não é apenas a cosmovisão do período bíblico que é diferente da do mundo de hoje, de forma que apenas temos de correlacionar as duas. Estamos a lidar com uma situação singular. Estas teses tentam lidar com a necessidade de explicar a forma como tais afirmações distintas devem ser interpretadas.

Tese 1. O entendimento cristão da fé e a sua expressão têm de conter uma escatologia que realmente se relacione com o *futuro*, com o que há-de vir, num sentido bem usual e empírico da palavra *tempo*. Isto afirma o que tem sido, por vezes denominado como escatologia realística. Esta, explicitamente rejeita a perspectiva existencial, tal como a que é advogada por Rudolf Bultmann. Na interpretação de Bultmann, o significado de escatologia é transformado de "as últimas coisas" para "as coisas finais" e refere-se ao momento presente em que a decisão é feita, que determina a existência do indivíduo. Por isso, a obra de Bultmann é intitulada *A Presence of Eternity* e remove todas as dimensões de tempo das afirmações escatológicas.

Tese 2. O entendimento cristão de Deus afirma a Sua omnisciência, incluindo o Seu conhecimento de eventos futuros e o corolário que, uma vez que tais eventos são humanos, eles não excluem, em princípio, a possibilidade de serem comunicados de uma forma compreensível. Esta tese levanta uma questão, que mencionámos numa secção anterior, nomeadamente, a de que a presciência de Deus tem de envolver uma relação paradoxal entre tal presciência e a liberdade humana, uma relação paradoxal que transcende a capacidade humana de formular uma explicação racional, sem que

---

10 Vide Anthony A. Hoekema, *Bible and the Future*, chap. 11, para uma excelente e extensa discussão deste ponto.
11 "The Hermeneutics of Eschatological Assertions," in *Theological Investigations* 4:323-46.

se perda a verdade de uma ou da outra afirmação. O que Rahner afirma é que não podemos estabelecer como princípio a priori que o futuro é desconhecido. Contudo, ao fazê-lo, ele deixa em aberto a natureza e limites deste conhecimento potencial. Temos de falar, não sobre o que Deus *pode* fazer, mas sobre o que Ele faz, de facto. É deste último ponto que os princípios hermenêuticos têm de ser derivados.

Tese 3. A esfera das afirmações escatológicas e, por conseguinte, da sua hermenêutica, é constituída pela unidade dialéctica de duas afirmações limitativas. A primeira afirma, "É certo, a partir das Escrituras, que Deus *não* revelou ao homem o dia do fim." Isto implica que, as afirmações escatológicas genuínas trazem o *eschata* para o presente, sem que percam o carácter de mistério que lhes é essencial. As palavras de Rahner são adequadas para afirmar isto de forma simples:

> Pode, portanto, ser dito que quando tivermos uma predição, que apresenta o seu conteúdo como um relatório antecipado de um espectador, de um evento futuro – um relatório de um evento na história humana, que em si mesmo exclui o carácter de mistério *absoluto* e, assim, priva o evento escatológico do seu secretismo – então, a falsa apocalíptica está em acção, ou a afirmação escatológica genuína foi mal-interpretada como peça apocalíptica por causa do seu estilo e forma apocalípticos. Temos, portanto, que investigar a forma *como* é possível que uma afirmação possa trazer o futuro para o presente, de tal forma, que retenha um carácter muito específico de secretismo, quando chega à nossa existência com ameaças ou promessas.

O segundo princípio que define a esfera das afirmações escatológicas é a essencial historicidade do homem. Ele vive do passado e para o futuro, ambos são reais. Isto leva-nos à próxima tese.

Tese 4. O conhecimento do futuro será o conhecimento da futuridade do presente; de outra forma o cumprimento permaneceria estranho e incompreensível. Colocado de uma forma mais teológica,

> O fim que traz o indivíduo, o homem e o mundo em geral a um encerramento é precisamente a conclusão do que Cristo (ressurrecto) veio começar e não é mais do que isto. Esta consumação final, como o fim de toda a história, não deriva de outro evento que esteja ainda para vir: o princípio, que é Cristo, é a única e adequada lei do fim e, portanto, o cumprimento tem, em todas as coisas, os traços deste princípio.

Embora Rahner não discuta este ponto, é esta verdade que faz com que a afirmação, que o Livro do Apocalipse é um escrito apocalíptico, seja inválida. Ele compartilha de certas características literárias com este género, mas teologicamente afasta-se dele. O apocalíptico vive do fim, mas o movimento para o fim descrito, simbolicamente, no Apocalipse envolve a consumação de uma vitória que já tinha sido ganha no ponto intermédio da história, como retractado no capítulo 4. Apenas o Cordeiro imolado podia abrir os sete selos do livro para inaugurar o processo de julgamento do mundo.

Tese 5. Baseado nas teses anteriores, especialmente na dupla afirmação da reivindicação do número 3, "Podemos, pelo menos, presumir que o conhecimento do futuro ainda por vir, por parte do homem, mesmo o seu conhecimento revelado, está confinado aos prospectos que podem ser derivados da leitura da sua experiência escatológica presente." "A escatologia não é uma antevisão de eventos que hão-de vir mais tarde – que era a perspectiva básica da falsa apocalíptica, em contraste com a profecia genuína. (...) Ela olha adiante para o cumprimento definitivo de uma existência já numa situação escatológica." Como uma afirmação resumida, Rahner diz que "extrapolar do presente para o futuro é escatologia, interpolar do futuro para o presente é apocalíptica."

Esta tese final foi estabelecida, de forma muito simples, num popular artigo, escrito por J. R. McQuilkin, intitulado "This I Know."[12] Depois de passar por um profundo vale de dúvida, chegou a uma posição radicalmente diferente da sua anterior abordagem, a qual ele descreve: "Eu andava a pesquisar o futuro e tentava escrever a história, à frente do tempo, em grande detalhe, como qualquer bom estudante ou professor profético." Mas chegou ao entendimento que o que a Bíblia nos afirma sobre a profecia não é "para o uso que comummente se faz dela." Depois de um estudo profundo das passagens proféticas no Novo Testamento chegou à conclusão que "o estudo da profecia Bíblica deveria servir, então, primariamente para dois propósitos: o estudo da profecia cumprida para confirmar a nossa fé e o estudo da profecia não cumprida para influenciar a nossa conduta."

Perseguindo o Milénio

Poderia ser argumentado que a categoria escatológica central é o reino de Deus. A forma como se concebe o Reino determina em grande medida a nossa perspectiva da escatologia. Otto Weber declara que "o Reino de Deus está no centro de toda a expectação cristã e compreende tudo que tem de ser dito sobre ele em detalhe."[13]

Se o Reino é concebido exclusivamente como uma realidade presente, o resultado é uma "escatologia realizada" (C. H. Dodd). Se é concebido exclusivamente como futuro, resulta em "escatologia consistente" (J. Weiss).

---

12 *Action*, Nov. 1, 1956, 3 ss.
13 *Foundations of Dogmatics*, trans. Darrell L. Gruder (Grand Rapids: Wm. B. Eerdmans Publishing Co., 1983), 2:675.

Como notamos no corpo desta obra, a perspectiva mais adequada é a que vê o Reino tanto como presente como futuro. Mesmo que o reino de Deus tenha entrado na história de uma forma singular na pessoa e obra de Jesus Cristo, a sua consumação aguarda uma intervenção futura. O conceito de um milénio é normalmente desenvolvido como um ramo da teologia do Reino e, assim, torna-se num assunto central da escatologia especulativa. Este é o raciocínio para traçar com algum detalhe o desenvolvimento do milenarismo como um ensino especulativo.

O Milenarismo no Segundo Século

Parece que, desde o princípio, houve uma ênfase dupla na doutrina cristã das últimas coisas. Embora enfatizando a realidade e o estado completo da salvação presente, tem direccionado os crentes para certos eventos escatológicos localizados no futuro. Portanto, a esperança cristã, como apresentada pelos autores bíblicos, era a consciencialização de ser abençoado aqui e agora, neste tempo, mas também uma bênção ainda por vir; e o encerramento final era concebido realisticamente, como uma série de eventos a serem levados a cabo por Deus, no curso da história. Esta ênfase dupla podia ser dissolvida em qualquer uma das direcções.

Haviam quatro momentos principais na expectação escatológica da teologia cristã primitiva, do segundo século: a vinda de Cristo (conhecida como Parousia), a ressurreição, o julgamento e o fim catastrófico da presente ordem mundial. Mas houve uma séria de desenvolvimentos durante o desenrolar do século.

Contra os ataques dos críticos judaicos, os apologistas argumentavam que a profecia do Antigo Testamento antecipava a dupla vinda de Cristo. Eles insistiam que, em adição à Sua vinda em humildade na Sua incarnação, Cristo viria outra vez em glória com as hostes angelicais, quando os mortos, tanto justos como injustos, seriam ressuscitados (cf. Justino Mártir, *First Apology*, 50-52).

No processo do tempo surgiu um entendimento esquemático da história muito semelhante ao apocalipticismo, reivindicando providenciar a chave para o tempo da Parousia. "Barnabé" pensa que a história da criação dá a pista. Os seis dias da criação representam 6.000 anos (a partir das palavras de 2 Ped. 3:8). Este tempo quase expirou. Quando é declarado que Deus descansou no sétimo dia, o que significa é que Cristo aparecerá no início do sétimo milénio, para destronar aquele que é contra a lei, julgar os iníquos e transformar o sol, a lua e as estrelas (cf. *Letters*, 15).

Deste contexto surgiram os ensinos sobre o milénio do segundo século. O milenarismo, ou interesse pelo milénio, é a doutrina das duas ressurreições, derivada de Apocalipse 20. A primeira, a dos que morreram justos, a qual terá lugar na altura do segundo advento de Cristo; e a segunda, a dos justos e dos ímpios, no final do mundo. Entre estas duas ressurreições haverá de acontecer um reinado pessoal e corporal de Cristo por 1.000 anos, a ter lugar na terra renovada.

William Barclay argumenta que esta doutrina era especialmente prevalecente naquelas partes da Igreja que tinham recebido o seu cristianismo a partir de fontes judaicas e é a chave para a sua origem, nomeadamente, certas crenças judaicas sobre a era Messiânica, comuns no tempo que seguiu o ano 100 a.C. Antes deste tempo, a crença geral era que o reino seria eterno quando fosse estabelecido. A partir de 100 a.C. em diante, porém, houve uma mudança produzida por um pessimismo crescente quanto ao mundo. Surgiu o conceito de que o Messias teria um reino limitado sobre a terra e que depois do reino do Messias viria a consumação final. O seu argumento é que esta é a fonte da passagem de Apocalipse 20 e a base para a sua interpretação que surgiu no segundo século.[14] Isto sugeriria que é uma peça com expectativas terrenas Judaicas.

O milenarismo apareceu inicialmente no sistema de Cerinto, o Gnóstico, que foi contemporâneo e oponente de João e a quem João atacou na sua Primeira Epístola. Apenas apareceu nos Pais Apostólicos nos escritos de Barnabé, o Pastor de Hermas e Papias, este último ensinando-o de forma grosseira. William Burt Pope defende que o ensinamento não era a fé recebida da igreja, como é evidenciado pela sua ausência nos credos.[15] O período entre os anos 150 e 250 é a era florescente do milenarismo.

O princípio tornou-se tão geral, na última metade do segundo século, que Justino Mártir declarou que esta era a crença de todos, excepto os Gnósticos (Dialogue with Trypho, caps. 80-81). Porém, Ireneu fala de bons católicos que se lhe opuseram. A diferença entre os dois grupos parece ser hermenêutica, visto que aqueles que o adoptaram seguiam uma interpretação literal das profecias do Velho Testamento e muitas vezes lhes davam uma exegese muito sensual. Eusébio refere-se a um bispo que ensinava "um milénio de luxúria corporal."[16] Os estudiosos da Escola de Alexandria (ver Apêndice 2) que se inclinavam mais para uma exegese alegórica, como Clemente e Orígenes, rejeitaram a ideia como indigna.

A Reconstrução de Agostinho

Foi Agostinho que efectuou a mudança da situação e providenciou uma alternativa, que se tornou na posição clássica das igrejas de maior influência, desde então até agora.

---

14 *Revelation of John* 2:238 ss.
15 *Compendium* 3:396
16 Citado em Barclay, *Revelation of John* 2:243

Primeiro, ele repudiou todos os esforços de marcação de uma data para o fim do mundo e de ligar a vinda daquele evento com desenvolvimentos concretos e com incidentes históricos definitivos. Várias tentativas tinham sido feitas. Uma foi o número das perseguições. Esta teoria seguiu a pista das 10 pragas do Egipto, com o evento do Mar Vermelho sendo do tipo do final ou a 11ª perseguição, na qual o Anticristo perseguiria a igreja e finalmente pereceria. Agostinho diz, "Não penso que as perseguições foram, profeticamente, significadas pelo que foi feito no Egipto, independentemente do quão bem ou engenhosamente aqueles que assim pensam tenham parecido comparar os dois em detalhe, não por Espírito profético, mas pela conjectura da mente humana, que algumas vezes atinge a verdade e, outras vezes, é enganada." Além disso, existiria a dificuldade em determinar quais as perseguições que se deveriam incluir entre as 10 e, todos os esforços para especificar aquelas que se deveriam contar, não levariam em conta todas as perseguições; isto é, tal esquema não se encaixa na história (*City of God* 18.52). É espantoso a forma como a história se repete, como por exemplo a forma como os professores proféticos tentam encaixar a história no padrão séptuplo para comparar com as sete igrejas no Apocalipse, as quais, dizem, representam sete eras a caminho do fim. O problema é que a história da igreja não se encaixa em nenhum dos padrões.

Uma segunda e mais convincente tentativa foi feita, baseada na ideia que existiam uma série de monarquias seguidas pelo fim do mundo. A fonte Judaica para esta ideia pode ser encontrada no livro de Daniel, onde as imagens e visões de Daniel retractam uma quarta monarquia, destronada e substituída pelo Reino de Deus (a pedra cortada da montanha). Uma crença similar prevalecia também noutras culturas. Havia uma crença generalizada que Roma era a quarta e última destas monarquias e que quando ela caiu, o fim do mundo ocorreria. Portanto, houve grande consternação quando Roma caiu ante o exército Visigodo, comandado pelo Rei Alarico em 410.

Em resposta àqueles que tentavam determinar a data exacta do fim do mundo e a tentavam ligar a desenvolvimentos ou eventos históricos tais como "a queda de Roma", Agostinho declarou que tal questão era imprópria. Ele salienta que o próprio Cristo disse aos Seus discípulos: "A vós não vos compete saber os tempos ou as épocas, que o Pai reservou à sua própria autoridade" (Act. 1:7). "Em vão então," Agostinho prosseguiu, "tentamos nós determinar definitivamente os anos que restam a este mundo, quando podemos ouvir da boca da Verdade que isso não nos compete a nós saber" (*City of God* 18:53).

Estranhamente, porém, Agostinho parece aceitar o conceito dos sete milénios, baseado nos sete dias da criação, mas modificou radicalmente o conceito de milénio, como veremos agora.

A sua segunda maior reconstrução da escatologia ocorreu na sua reinterpretação do milenarismo, ou do milénio numa forma espiritual, a qual incluiu também uma reinterpretação do reino de Deus como espiritual e presente, em vez de terreno e futuro. O *locus classicus* para esta transformação pode ser encontrado no Livro 20 da obra *City of God*.

O seu ponto de partida é a rejeição de um milenarismo "carnal". A ideia de 1.000 anos literais, afirma, não seria demasiadamente objectável se fosse sustentável que o gozo dos santos naquele "Sábado" fosse espiritual e consequente na presença de Deus. Ele admite que já teve esta perspectiva. Porém, propõe um entendimento significativamente diferente dos "mil anos" (Apoc. 20:2-7).

A entrada nesta perspectiva é a sua interpretação da "primeira ressurreição" referida por Apoc. 20:5-6. Esta ressurreição diz respeito à alma, ele defende e não ao corpo. As almas dos homens estão "mortas em delitos e pecados" (Ef. 2:1) e têm necessidade de vida. Por conseguinte na primeira ressurreição elas são renovadas numa ressurreição espiritual. "Como, então, existem duas regenerações (...) – uma conforme a fé e que tem lugar na vida presente por meio do baptismo; a outra conforme a carne, que será realizada na sua incorrupção e imortalidade por meio do grande juízo final – então existem duas ressurreições." A primeira é espiritual e a segunda do corpo.

Isto abre a porta à sua interpretação de Apoc. 20:1-10. À luz do facto de que as Escrituras usam a ideia de "mil" simbolicamente, noutros lugares, não há razão para que não seja assim usada, neste lugar. Portanto, o autor "usou os mil anos como um equivalente para a totalidade da duração deste mundo, empregando o número de perfeição para marcar a plenitude do tempo." Seguindo esta espiritualização do texto, o lançamento do diabo no abismo é interpretado como significando a sua restrição ao coração dos ímpios "cujos corações estão insondavelmente afundados na malignidade contra a Igreja de Deus; não que o diabo não tenha estado ali antes, mas é dito que ele deve ser lançado para ali, porque, quando impedido de fazer mal aos crentes, ele toma mais completa possessão dos ímpios."

É aqui que ele providencia a sua definição do Reino como sendo igualado à igreja, onde durante este milénio (toda a era da igreja) os santos reinarão com Cristo. Como ele diz, "Portanto, a Igreja, mesmo agora, é o reino de Cristo e o reino dos céus. Em conformidade, mesmo agora os Seus santos reinam com Ele, ainda que de modo diferente daquele como reinarão no futuro."

A libertação do diabo depois da presente era é para a sua destruição final tanto como "atado" como "solto." Contrariamente aos seus próprios princípios, Agostinho acredita que durante este período de soltura, deverá existir um período de três anos e meio de intensa perseguição precedendo o "reino eterno dos santos."

Como G. Eldon Ladd diz, "A doutrina de Agostinho da Cidade de Deus baniu as interpretações milenares do reino da esfera da teologia dogmática católica."[17] Através da Idade Média esta identificação da igreja com o Reino impediu a especulação milenar. Os Reformadores Protestantes não alteraram radicalmente esta ideia, identificando o Reino com a "Igreja invisível," o reino de Deus nos corações dos crentes e, portanto, uma realidade presente.

Milenarismo Moderno

O período moderno de especulação sobre o milénio, aparentemente começou com a obra de Johann Albrecht Bengel (1687-1752), que tem sido chamado "pai do pré-milenismo moderno" por causa da sua predição da *Parousia* para 1836 (vide referência na carta de Wesley, citada anteriormente).

Surgiram no século XVIII três tipos gerais de milenarismo: (1) Havia a perspectiva pré-milenista de tipo Adventista, cuja característica distintiva é que a Igreja está completa no Segundo Advento. (2) A segunda perspectiva é do tipo de Kewick, representada por Joseph A. Seiss. O aspecto distintivo desta perspectiva é que a Igreja está incompleta na altura do Segundo Advento, isto é, a obra da salvação continua durante o milénio. Esta perspectiva parece ter sido a precursora do dispensacionalismo contemporâneo. (3) Houve o surgimento do pós-milenismo que foi uma extensão do agostinianismo. A pessoa associada com a origem desta perspectiva é Daniel Whitby (1638-1726). Nesta teoria, a pregação do evangelho fará entrar a Era Dourada, a qual será seguida do Segundo Advento. Por conseguinte, este ensino concorda com a primeira forma, que a Igreja estará completa na altura do Segundo Advento.

Muitos dos primeiros líderes do movimento de santidade, no século XIX e começos do século XX, subscreveram esta terceira posição. A. M. Hills foi um proponente aberto, como aparentemente o foi P. F. Bresee. Daniel Steele foi um forte advogado dele. Havia um considerável optimismo que a pregação da santidade poderia transformar "as cidades da América num jardim do Senhor." A mudança no clima, causado pela Grande Depressão e as duas guerras mundiais, resultou na morte do liberalismo e da mesma

---

17 *Crucial Questions About the Kingdom of God* (Grand Rapids: Wm. B. Eerdmans Publishing Co., 1952), 24-25.

forma transformou as simpatias dos conservadores do pós-milenismo para o pré-milenismo. Virtualmente todos os que de alguma forma crêem em milenarismo sustentam uma versão de pré-milenismo.

O Calcanhar de Aquiles do Milenarismo

Foi durante os séculos XVII e XVIII que as vulnerabilidades do milenarismo se começaram a se expor. Posto de forma simples, como se pode explicar o surgimento dos ímpios, que são enganados e reunidos pelo diabo, no final de um reino de Cristo de 1.000-anos?

Durante o século XVII várias e fantásticas soluções foram propostas. Nathaniel Homes, numa obra intitulada *Revelation Revealed* (1653), propôs que aqueles que sobreviverem à conflagração (destruição da terra pelo fogo) se tornariam como Adão, incluindo ficarem susceptíveis a cair. Eles realizariam esta potencialidade e tornar-se-iam naqueles enganados. Thomas Burnet (*Sacred Theory of the Earth*, 1681) providenciou a solução mais bizarra. Nas suas palavras:

> Parece provável que exista uma dupla raça de humanidade na futura terra, muito diferentes uma da outra. (...) Aquela nascida do céu, filhos de Deus e da ressurreição, que são os verdadeiros santos e herdeiros do milénio: os outros nascidos da terra, filhos da terra, gerados da lama da terra e calor do sol, como as criaturas brutas foram no começo. Esta segunda progénita, ou geração de homens, na terra futura, eu entendo que têm o significado que lhe davam os profetas, como estes nomes emprestados e fictícios de Gog e Magog. (citado por Wiley, *CT* 3:275)

Outra perspectiva era que Gog e Magog (os ímpios) eram compostos dos ímpios ressuscitados que serão levantados para o propósito deste julgamento.

Nos tempos contemporâneos um pequeno opúsculo por Arthur H. Lewis, intitulado *The Dark Side of the Millennium*, tem renovado a acusação de que esta questão é realmente a fraqueza que invalida todas as tentativas de interpretação de Apoc. 20:1-10 como implicando um reino terreno e físico de Cristo.

Ao contrário do milenarismo do século XVII, os proponentes modernos retractam este período de governo terreno como uma sociedade contendo uma mistura de santos e pecadores. Esta perspectiva evita a necessidade de explicações esquisitas, como aquele movimento requer, para providenciar uma explicação relativamente fácil, para o surgimento de Gog e Magog, uma vez que são os ímpios que ainda estão vivos que respondem ao engano de Satanás. Lewis, operando dentro dos pressupostos de hermenêutica que produzem a especulação milenária em primeiro lugar, prossegue pondo em questão a ideia prevalecente de que o milénio é uma era por vir. Uma análise dos chamados textos do Reino, tanto no Velho como no Novo Testamento, revela, defende Lewis, que não existe qualquer apoio para a ideia de uma sociedade mista no milénio. Incidentalmente, a ideia de uma sociedade mista tem algumas implicações interessantes, pelo menos uma das quais é que o mundo é um campo armado com apenas os cristãos carregando armas para guardar o remanescente e mantê-los sempre em verificação com uma "vara de ferro." Isto é bizarro, no mínimo.

A posição que Lewis pensa ser aquela que é dirigida pela evidência exegética é o *amilenismo* tradicional. Mas isto é má terminologia, afirma, visto que implica *nenhum* milénio. Ele prefere a frase *milénio do dia-presente*, para transmitir a ideia que existe um milénio real estendendo-se deste a primeira vinda de Cristo até à Sua segunda. Portanto, ele insiste, que está a reter o significado literal. Esta é, claro, uma contenda semântica, visto que isto define precisamente o que o amilenismo clássico ensinou e ensina. O que pode ser encontrado neste nobre esforço é uma tentativa para lidar com a inadequação de uma teoria, sem rejeitar os pressupostos que informam a teoria. A única forma legítima de evitar a conclusão insatisfatória de tal teorização é pelo abandono do ponto de partida e a busca de um método exegético mais adequado como abordado na primeira secção deste apêndice.

Pelo menos, deveríamos manter em mente as palavras de J. B. Chapman. Na sua apresentação da posição do pré-milenismo, afirmou: "O milenarismo não pode ser a "pedra-de-toque" da ortodoxia como é verdadeiramente dito sobre a divindade de Cristo e sobre a regeneração espiritual."[18]

Escatologia Dispensacionalista[19]

Durante o século XIX surgiu um sistema de teologia denominado como dispensacionalismo, o qual incluía uma escatologia completamente nova com muitas características estranhas.[20] Por alguma razão, tem-se tornado

---

18 Citado em Hills, *Fundamental Christian Theology* 2:340.
19 Os estudos analíticos do dispensacionalismo são quase inumeráveis. A quantidade de literatura produzida, por pessoas que alguma vez expuseram os seus ensinos, mas que, depois de um estudo cuidadoso, o têm encontrado falacioso, é impressionante. Entre os sólidos estudos que rejeitam as suas premissas básicas, incluem-se: George Eldon Ladd, *The Blessed Hope* (Grand Rapids: Wm. B. Eerdmans Publishing Co., 1956) e muitas outras obras subsequentes; Clarence Bass, *The Backgrounds to Dispensationalism* (Grand Rapids: Wm. B. Eerdmans Publishing Co.,1960); George L. Murray, *Millennial Studies* (Grand Rapids: Baker Book House, 1948); sólidas críticas estão incluídas, em Hoekema, *Bible and the Future*; ver também H. Ray Dunning, "Biblical Interpretation and Wesleyan Theology," *Wesleyan Theological Journal* 9 (Spring 1974).
20 Vide H. Ray Dunning, "Dispensationalism," in *Beacon Dictionary of Theology*, ed. Richard S. Taylor (Kansas City: Beacon Hill Press of Kansas City, 1983).

convincente entre os cristãos conservadores, especialmente, entre os membros mais simples, onde tem assumido o estatuto de ortodoxia entre largos grupos de leigos e ministros. Não existe, contudo, nenhum estudioso wesleyano, conhecido por este autor, que o subscreva. Além disso, alguma da literatura escrita por estudiosos wesleyanos fala explicitamente contra ele.[21] Mas, ainda assim, permanece entrincheirado. Por esta razão, (este sistema de teologia) necessita de uma atenção especial, numa obra comprometida com a teologia wesleyana, porque todos os pressupostos teológicos básicos que informam o dispensacionalismo são antitéticos à teologia wesleyana, bem como à sã exegese bíblica.

A chave deste sistema de escatologia, que é o aspecto mais público deste ensinamento, pode ser a ideia do Reino.[22] Aqui é feita uma distinção entre o reino de Deus, que expressa a autoridade de Deus sobre todo o universo e o reino dos céus, que se refere ao governo divino quando considerado de forma limitada ou terrena.[23] O último é entendido como Judeu e físico ou terreno. É este o Reino que Jesus ofereceu aos Judeus, não um reino espiritual, mas uma verdadeira restauração do trono de David.

Quando os Judeus rejeitaram o Reino, o seu estabelecimento teve de ser adiado para um tempo futuro, visto que a profecia do Velho Testamento terá de se cumprir literalmente. Durante o período interino do Reino adiado, existe a era da Igreja, a qual não é a intenção de Deus para o Reino, mas uma situação de "segunda ordem."

No final da era da Igreja, os crentes cristãos serão tirados do mundo, através de um arrebatamento secreto, para que Deus possa retomar a Sua intenção original de estabelecer um reino terreno Judaico. Depois do Arrebatamento, segue-se um período de sete anos de tribulação, o "tempo de angústia para Jacó" (Jer. 30:7). Depois virá o reino milenar no qual as profecias do Antigo Testamento e da Era Dourada serão literalmente cumpridas.

A ideia do Arrebatamento é um conceito bíblico. Quando Paulo diz, em 1 Tess. 4:17, "Depois nós, os que ficarmos vivos seremos *arrebatados* juntamente com eles, nas nuvens, ao encontro do Senhor nos ares" (itálico adicionado), está a expressar essa ideia. A tradução da Vulgata para "arrebatados" usa o termo latino *rapio*, do qual o termo *arrebatamento* é retirado.

---

21 Purkiser, *Exploring Our Christian Faith*, 424-25.
22 Sendo esta uma teologia sistemática, poder-se-ia começar por qualquer ponto, mas escolhemos este por causa da sua relação com a escatologia.
23 Não existe absolutamente nenhuma justificação exegética para esta distinção. As passagens paralelas nos Evangelhos Sinópticos, onde a linguagem do Reino aparece, mostram que são usados como sinónimos. Mateus, escrevendo para um contexto Judeu, evita o uso do nome divino, visto que usá-lo frequentemente ofenderia os Judeus mais sensíveis.

Mas a ideia de um arrebatamento *secreto* é um outro assunto e, mesmo, os dispensacionalistas mais atentos admitem que é um pressuposto trazido para as Escrituras e não derivado da exegese.[24]

A ideia de um arrebatamento secreto teve sua origem no século XIX (1830) como resultado da visão de uma adolescente Escocesa, chamada Margaret MacDonald.[25] A partir deste auspicioso começo, tornou-se em ensinamento padrão de J. N. Darby e dos Irmãos de Plymouth e daí tornou-se numa doutrina amplamente espalhada.

Charles C. Ryrie, um defensor contemporâneo deste sistema teológico, identificou três premissas que constituem o *sine qua non* do dispensacionalismo: (1) Um dispensacionalista mantém Israel e a Igreja separados; (2) A distinção, entre Israel e a Igreja, nasce de um sistema hermenêutico que é normalmente chamado de interpretação literal. Portanto, o segundo aspecto *sine qua non* do dispensacionalismo é o assunto da hermenêutica literal. (3) Um terceiro aspecto diz respeito ao subjacente propósito de Deus no mundo. É mais lato que a salvação, nomeadamente, a glória de Deus.[26]

Desta breve e incompleta investigação podemos detectar um certo número de falhas teológicas básicas que conduzem a um fantástico tipo de esquemas escatológicos.

Primeiro, tem por base a perspectiva Calvinista do pacto com Israel, que é incondicional e não pode ser quebrado. Isto, leva a uma diferenciação eterna entre Israel e a Igreja, que é tão crucial para o padrão de eventos do fim dos tempos, que inclui a salvação dos Judeus e a sua restauração à terra e a reconstrução do Templo. Tudo isto ignora, completamente, tanto os ensinos dos profetas, do oitavo século em diante, como as declarações claras do Novo Testamento de que tais distinções desaparecem em Cristo, bem como a forma como estas profecias nacionalistas são cumpridas n'Ele. Falar da salvação de um povo como um todo é assumir o pressuposto congénito ao calvinismo, um que ignora a liberdade humana em favor do determinismo. Que certeza é que se pode ter que a resposta será diferente daquela que foi dada no Primeiro Advento? Isto não deve ser tomado, em nenhum sentido da palavra, como anti-semitismo, mas antes, como o reconhecimento do que Paulo explicitamente afirmou, em Romanos 9-11, de que os Judeus serão salvos na mesma base que todas as outras pessoas, sem distinção e sem relação com a nacionalidade de origem.

---

24 Vide Walter Scott, *Exposition of the Revelation of Jesus Christ* (London: Pickering and Inglis, n.d.), 117.
25 Dave MacPherson, *The Great Rapture Hoax* (Fletcher, N.C.; New Puritan Library, 1983), 47 ss. Ver também Ladd, *Blessed Hope*.
26 *Dispensationalism Today*.

Segundo, adopta e perpetua o conceito popular do Reino que preocupava as pessoas mais simples do Antigo Testamento e que os profetas, do oitavo século e os seus sucessores, trabalharam arduamente para demolir. Dever ser dito, que tiveram pouco sucesso (ver o Livro de Jonas). Nos primeiros séculos, o cristianismo tinha um debate corrente com o judaísmo sobre se o Israel espiritual (a Igreja) ou o Israel físico (os Judeus) estavam na linha de sucessão de Moisés e dos profetas. Nestas circunstâncias, teria sido uma rendição sem luta, dizer, como faz o dispensacionalismo contemporâneo, que a Igreja foi um parêntesis nos planos de Deus para Israel.

Terceiro, adopta uma hermenêutica que a Igreja cristã rejeitou desde o começo, insistindo que ela invalida o Velho Testamento como um livro cristão. Isto seria imaterial, contudo, para os dispensacionalistas, visto que a sua contenção é (com Marcião do 2º Século, Rudolf Bultmann do século XX, e todos os outros Gnósticos intermédios) que o Velho Testamento *não é* um livro cristão, mas fala das promessas aos Judeus que serão cumpridas literalmente e fisicamente. Donald Bloesch está, certamente, correcto quando diz que esta perspectiva, da igreja como o verdadeiro Israel, é "inteiramente insustentável à luz da identificação do Novo Testamento."[27]

Quarto, assume que a Igreja está condenada a fracassar desde o começo e em vez da era da Igreja chegar ao clímax, com um grito de glória, ela chegará ao fim com lamúria; e que este fracasso implica que a sua obra evangelística está mal dirigida, visto que, por desígnio de Deus, ela não poderá ter sucesso. Lewis Sperry Chafer, um teólogo sistemático dos começos do movimento, afirma, "Muitas das tarefas que os cristãos fazem não seriam assumidas, se o programa de Deus e os seus aspectos futuros fossem melhor conhecidos. Ele não deu nenhuma missão para converter o mundo e os empreendimentos baseados neste tipo de idealismo não têm a Sua autoridade."[28] Sobre este ponto, L. L. Loetscher diz, "É, principalmente, pela sua invulgar filosofia de história que o dispensacionalismo encerra de forma tão efectiva a Igreja do mundo."[29]

É pouco surpreendente que os estudiosos cristãos tenham feito duros e negativos juízos de todo este sistema. Falando do sistema de dispensacionalismo, como incorporado nas notas da famosa e influente Bíblia de Scofield, John Wick Bowman diz, "Este livro, talvez represente a heresia mais perigosa que, actualmente, pode ser encontrada nos círculos cristãos."[30]

---

27 *Essentials of Evangelical Theology* 2:195.
28 *Systematic Theology* (Dallas: Dallas Theological Seminary Press, 1947-48), 4:261.
29 Fonte desconhecida.
30 "Dispensationalism", *Interpretation* 10, no. 2 (April 1956). Isto foi, interessantemente, numa série intitulada The Bible and Modern Religions.

James Barr, numa critica mordaz, expressa apreciação pela criatividade do dispensacionalismo, referindo-se a ele como "uma extraordinária realização da fantasia mitológica." Depois, acrescenta:

> Mas, independentemente do que possa ser dito sobre a sua criatividade, quando ele é considerado como uma afirmação da verdade teológica cristã(...) dificilmente se poderá duvidar que a doutrina dispensacionalista é herética e deve ser tida como tal, se é que o termo "heresia" tem algum significado. Se o dispensacionalismo não for heresia, então, nada é heresia.[31]

A lição, em última análise, de tudo isto é que a escatologia especulativa só pode criar divisões no Corpo de Cristo. A realidade do segundo advento de Cristo, a consumação do Reino e a morada eterna dos santos são preciosas verdades da fé, firmemente baseadas na Palavra de Deus; mas a relevância verdadeira destas doutrinas é abortada quando são feitas objecto de tal teorização, que procura intrometer-se nos mistérios que transcendem o nosso estado presente de conhecimento, ou construir sistemas que retratam a história em adiantado. Sem dúvida que somos livres para entrar em especulação *coerente com os compromissos teológicos e a melhor exegese bíblica gramático-histórica*; mas nunca se deve tornar numa preocupação que nos distraia da pregação do evangelho, de que Deus *já*, decisivamente, ganhou a vitória sobre o pecado e Satanás na era presente, para que Ele nos possa libertar de todo o pecado, aqui e agora; nem numa satisfação de uma curiosidade mórbida que não faz das realidades escatológicas um estímulo para a santidade; nem ser tão dogmático em tais assuntos especulativos de forma a que a unidade da Igreja fique ameaçada.

---

31 *Fundamentalism* (Philadelphia: Westminster Press, 1978), 195, 196.

Apêndice 2

Hermenêutica

Este estudo bíblico, histórico e sistemático da hermenêutica providencia o pano de fundo e o raciocínio para a afirmação no texto, de que uma hermenêutica teológica é a forma apropriada de lidar com a autoridade bíblica e que também é o passo indispensável no processo exegético.

A hipótese a partir da qual prosseguimos é de que o uso do Velho Testamento, feito pelo Novo Testamento, providencia a pista mais produtiva para uma teoria hermenêutica adequada. Então, estaremos focados neste assunto, na investigação que se segue, com a intenção de extrapolar uma hermenêutica geral a partir das evidências.

À luz desta tese, sugerimos que a melhor abordagem a este assunto é começar pela pergunta central do Novo Testamento, "Quem é Jesus?" Esta pergunta foi colocada aos Seus seguidores pela Sua morte e ressurreição. Estes eventos tinham chegado a um clímax de ocorrências que eram contrárias a todas as suas expectativas preconcebidas e agora tinham de começar um processo de reorientação teológica. Ao responder a esta questão, os mais antigos dos seguidores de Jesus, tendo, principalmente, um passado Judeu, procuraram as suas respostas nas suas Escrituras, isto é, no Antigo Testamento.

Isto, imediatamente, colocou as Escrituras no centro da fé do Novo Testamento e a forma como a Igreja Primitiva entendeu o seu significado está incorporado no *kerygma* ou proclamação da sua mensagem. Este é o ponto por onde se deve começar o estudo da fé da Igreja do Novo Testamento, de acordo com C. H. Dodd, que tem feito um trabalho decisivo no isolamento desta declaração central do que Deus fez através do Seu Filho.

A partir dos sermões no Livro de Actos e a pregação de Paulo, Dodd descobriu vários ingredientes que, consistentemente, ocorrem e que desta forma compõem o *kerygma*. Um elemento essencial desta mensagem foi a afirmação de que tudo o que tinha ocorrido era "conforme as Escrituras." Compare-se, por exemplo, as palavras de Pedro, em Actos 3:24: "E todos os profetas, desde Samuel e os que sucederam, quantos falaram, também anunciaram estes dias"; e Rom. 1:1-2: "(...)o evangelho de Deus, que ele antes havia prometido pelos seus profetas nas santas Escrituras." Numa palavra, "a morte e a ressurreição de Cristo são o cumprimento da profecia."[1]

Onde é que esta convicção teve origem? Recentemente, os críticos modernos de uma escola de estudo bíblico, conhecida como crítica da forma (*formgeschichte*), propuseram que os Evangelhos eram um produto da teologização da Igreja Primitiva para a sua própria situação (*sitz im leben*). O Jesus que ali vemos retratado é uma construção destes teólogos, com o propósito de expressar o seu próprio entendimento cristão. Isto sugere um elevado grau de insegurança histórica. Mas sem tomar tempo para referir os numerosos críticos desta posição, simplesmente, tomamos posição, com os estudiosos que sustentam, que "O próprio Jesus foi para os primeiros cristãos tanto a fonte das suas convicções básicas como o paradigma na sua interpretação do Velho Testamento."[2] Esta posição toma os Evangelhos como historicamente fiáveis e a palavra, colocada na boca de Jesus, como verdadeiramente representativa do Seu próprio ensino, mesmo que não seja, necessariamente, um relatório estenográfico. Então, o ponto de partida para o nosso estudo tem de ser os ensinos de Jesus.

É instrutivo notar que o apelo de Jesus às Escrituras (Velho Testamento) é, frequentemente, para fazer face a um certo tipo de cegueira espiritual que é incapaz de interpretar correctamente as evidências à mão e as referências estão, quase exclusivamente, relacionadas com a Sua paixão. Estes dois itens estão integralmente relacionados.

Os discípulos de Jesus, como a maioria dos Judeus do seu tempo, leram as passagens Messiânicas dos profetas, com uma veia nacionalista. Era quase inevitável que este fosse o caso, se os textos estritamente Messiânicos fossem tomados de forma isolada do padrão total do ensino profético, visto que, de facto, eles retratam um rei Davídico que governaria sobre um reino restaurado.[3] Consequentemente, quando o curso da vida de Jesus começou a tomar os contornos do Servo Sofredor do Senhor (cf. Isa. 42:1-7; 49:1-6;

---

1 C. H. Dodd, *Apostolic Preaching*; idem, *According to the Scripture* (New York: Charles Scribner's Sons, 1963)
2 Longenecker, *Christology*, 9. D. M. Baillie, *God Was in Christ*, chaps. 1-2. Alan Richardson, *Theology*, 125; Dodd, *According to the Scripture*; Bright, *Kingdom of God*, 209.
3 Durante o período inter-testamentário houve uma intensificação da expectação Messiânica e o Messias passou, cada vez mais, a ser considerado como uma figura política e militar. C.f. D. S. Russell, *Between the Testaments* (Philadelphia: Muhlenberg Press, 1960).

50:4-9; 52:13-53:12), os discípulos ficaram mistificados. Esta inabilidade para entender a relevância do que estava a acontecer atinge uma expressão vívida em Mat. 16:21-23 (cf. Mar. 8:31-33). Jesus chega ao momento crítico do Seu ministério quando, seguindo o intenso entusiasmo da multidão por um reino nacional, estimulado pela alimentação dos 5.000,[4] Ele rejeita os desejos da multidão de um Messias político e oferece lhes os Seus benefícios espirituais, no discurso sobre o Pão da Vida (João 6). Nesta encruzilhada o grande grupo de seguidores desvaneceu e Ele voltou-se para os mais próximos de Si, na tentativa de preparar as suas mentes para as provações que se seguiriam. Agora, Ele falava abertamente: "era necessário que fosse a Jerusalém, que padecesse (...), que fosse morto e que ao terceiro dia ressuscitasse" (Mat. 16:21). Nos protestos de Pedro, Jesus ouviu a mesma voz que Ele tinha ouvido no deserto, tentando desviá-lo da Sua vocação escolhida por Deus e respondeu da mesma forma: "Para trás de mim, Satanás" (v. 23). A incapacidade de Pedro para compreender, simboliza a cegueira quanto à verdadeira missão de Jesus, que continuava a existir, como uma pala, na mente de todos os Seus discípulos até que a ressurreição lançou uma nova luz sobre o seu entendimento (cf. Jo. 2:22).

É contra este pano de fundo que Jesus procurou apelar para as Escrituras, para verificar que o curso que Ele realmente tinha seguido era o verdadeiro. Talvez possamos considerar Lucas 24:25-27 como a passagem crucial. Os dois viajantes para Emaús estavam em desespero devido às suas expectativas não realizadas. Pateticamente, eles dizem para o "estrangeiro": "Ora, nós esperávamos que ele fosse quem havia de remir Israel" (v. 21). Assim, eles inferiam que as suas esperanças não foram cumpridas e, portanto, ainda estavam vazios.[5]

Mas a sua cegueira foi expulsa, quando Jesus "começando por Moisés e por todos os profetas, lhes explicou o que Dele se achava em todas as Escrituras" (v. 27). O mesmo padrão ocorre, novamente, mais adiante, no mesmo capítulo, durante o encontro de Jesus com um grupo de discípulos. Ele, especificamente, lembra-lhes dos Seus ensinos, enquanto Ele estava "ainda com" eles e, depois, refere-os para as Escrituras, em termos da divisão tríplice do cânon Hebraico – a Lei, os Profetas e os Salmos (Escritos) – como tudo sendo cumprido em si mesmo (v. 44). O resultado: "Então lhes abriu o entendimento para compreenderem as Escrituras" (v. 45).

Na Última Ceia, em antecipação à proximidade da Sua traição e morte, Jesus fala das Escrituras serem cumpridas (Mat. 26:24); e, novamente, na

---

[4] Este é o único milagre relatado em todos os quatro Evangelhos, mostrando o seu papel primordial na carreira de Jesus.

[5] O significado dos termos "vazio" e "cheio" em relação à "esperança" deve ser cuidadosamente notado.

própria cena da traição no jardim Ele repreende a tentativa de Pedro para O defender com estas palavras: "Como, pois, se cumpririam as Escrituras, que dizem que assim convém que aconteça?" (Mat. 26:54; cf. v. 56). Mesmo a Sua referência ao Sal. 118:22-23 está em ligação com a parábola da rejeição, a qual tem, necessariamente, em vista a Sua paixão (cf. Mat. 21:42 e Mar. 12:10-11).

O Quarto Evangelho contém numerosas referências às Escrituras, como sendo um testemunho da origem divina de Jesus, mas estas ainda mantêm o mesmo padrão, como notado nas passagens dos Sinópticos. Só que aqui, em alguns casos, é a cegueira dos Judeus, pela sua incredulidade, que lhes impede de reconhecer Jesus pelo que Ele é. Esta situação é perfeitamente exemplificada por João 5:39-40: "Examinais as Escrituras, porque julgais ter nelas a vida eterna; e são elas que dão testemunho de mim; mas não quereis vir a mim para terdes vida" (note-se o indicativo, que é uma melhor tradução que o imperativo). O material nestes relatos pode ser estruturado de forma a alcançar o propósito do escritor, mas está, certamente, "baseado nos próprios argumentos de Jesus."[6]

Precisamos de enfatizar e, mais tarde, desenvolver a ideia de que todas estas passagens convergem nos aspectos do sofrimento da obra de Jesus. Se tivesse havido um cumprimento literal da profecia, em termos da exegese contemporânea (para Jesus), não teria havido problema. Mas a cegueira, quanto à verdadeira intenção das Escrituras, que prevalecia, tanto entre amigos como inimigos, implicava, de forma bastante conclusiva, que era necessário que houvesse uma reorientação do entendimento. Isto, não poderia ocorrer com uma melhor tradução, mas apenas com uma tomada de posição totalmente diferente, quando se buscasse o sentido, em que este drama era o desenrolar do propósito redentor de Deus.

É precisamente para este ponto que Paulo trabalha, no seu contraste entre a velha e a nova aliança, em 2 Coríntios 3. Tal como o véu, que escondia do povo, a glória desvanecente da cara de Moisés, na altura em que a lei era dada, um véu ainda permanecia sobre a cara (mente) dos Hebreus que liam as suas escrituras na sinagoga; "Pois até o dia de hoje, à leitura do velho pacto, permanece o mesmo véu, não lhes sendo revelado que em Cristo ele é abolido; sim, até ao dia de hoje, sempre que Moisés é lido, um véu está posto sobre os seus corações. Contudo, convertendo-se um deles ao Senhor, é-lhe tirado o véu" (2 Cor. 3:14-16). Em linguagem técnica moderna, Cristo torna-se uma "nova hermenêutica", nos termos da qual o cristão tem de ler o seu Velho Testamento.

---

6   Raymond E. Brown, *Gospel According to John 1-12*, 228.

Tal reorientação de exegese é o que caracterizava os pregadores do Novo Testamento, e à sua luz declararam inequivocamente, que a obra de Deus em Cristo foi "conforme as escrituras."

Temos agora que procurar desenvolver a implicação do facto de que o apelo de Jesus para as Escrituras foi, quase exclusivamente, com respeito à Sua paixão. A importância desta verdade está na necessidade de Jesus mostrar, face à expectativa popular, que era, precisamente esta faceta do Seu ministério, que constituía o cumprimento das Escrituras. As seguintes páginas procuram delinear, em forma de esboço, o modo como o próprio ministério de Jesus auto-conscientemente incorporava esta reinterpretação.

Sem entrar em detalhes, uma vez que este é um dos pontos mais exercitados nos estudos do Novo Testamento, devemos simplesmente notar, para começar, que as expectativas populares de um Redentor por vir (quer se chame Messias ou outra coisa) eram principalmente nacionalistas e militaristas. Na Sua própria vida, Jesus de forma auto-consciente, evitou estas conotações e assumiu antes a vocação de Servo do Senhor, uma figura que aparece na última metade do Livro de Isaías. John Bright escreveu, de forma clássica, sobre o Servo, em Isaías:

> Ali, entra diante de nós a figura mais estranha, uma figura quase sem ancestrais ou descendentes, uma figura tão carregada com ofensa que nem Israel, nem nós, sabemos o que fazer com ele; o Servo Sofredor de Yahweh. É, talvez, justo dizer que até aqui, apesar de toda a nobreza dos seus conceitos, o profeta não tem avançado nada, essencialmente, novo. (...), Mas o Servo Sofredor é algo totalmente singular.[7]

Como os estudiosos modernos razoavelmente concordam , "A figura do servo dá unidade a tudo o que Jesus disse e fez, a partir do momento do seu baptismo até ao momento da sua morte na cruz."[8] Nesta luz, voltamo-nos agora, para a análise do Seu ministério.

Baptismo e Tentação. O baptismo de Jesus tem sido explicado de muitas e diferentes maneiras. O significado primário, porém, deve ser derivado do papel que ele tinha no padrão de todo o Seu ministério. A partir desta perspectiva vemo-lo como o culto de ordenação, no qual Ele foi empossado no ofício de Servo. As palavras do céu, conforme gravadas, em Marcos 1:11, são: "Tu és o meu Filho amado; em ti me comprazo." Elas são uma combinação de duas passagens do Velho Testamento (Sal. 2:7 e Isa. 42:1) que juntas constituem a fórmula de ordenação do Servo Messias.

Mais tarde no Seu ministério Jesus refere-se à Sua obra em termos do baptismo: "Há um baptismo em que hei de ser batizado; e como me

---
7 *Kingdom of God*, 146.
8 Wright and Fuller, *Acts of God*, 277.

angustio até que venha a cumprir-se!" (Lucas 12:50). Obviamente a sua referência é à Sua paixão e o uso do símbolo do baptismo apoia, de resto, a interpretação de que o Seu baptismo por João foi um evento proléptico, que antecipava a cruz. Nesta luz, a tentação de Jesus no deserto torna-se parte integrante da aceitação da vocação de Servo. Cada tentação, na sua forma peculiar, foi uma tentativa para desviar Jesus do papel que Ele tinha aceitado, ou para o qual Ele tinha sido nomeado, no Jordão.[9]

A Alimentação dos 5.000 e a Transfiguração. Já sugerimos antes que o ponto de viragem do ministério de Jesus foi a alimentação dos 5.000 e o discurso do Pão da Vida. Agora podemos ver, ainda mais claramente, a forma como este evento envolve o conflito entre a Sua missão ordenada e as esperanças populares. É significativo que os dois eventos, intimamente relacionados, seguem de perto esta crise. Voltando-se para os Seus discípulos mais próximos, Ele, tira-os das cenas das Suas poderosas obras para um lugar isolado no campo perto de Cesareia de Filipe. Aqui, Ele testa as suas conclusões e descobre que eles chegaram à crença de que Ele é o Messias (Cristo) (Mat. 16:13-20). Agora, é Sua tarefa tentar que relacionem a sua fé com o entendimento apropriado da Sua obra Messiânica, em termos do Servo Sofredor.

Aqui, o segundo destes dois eventos entra em cena: a Transfiguração. Jesus, transformado diante de Pedro, Tiago e João, aparece com Moisés e Elias. O primeiro representando a Lei e o último os Profetas. Toda a cena simboliza a verdade de que, tanto a Lei como os Profetas, aprovam esta inesperada viragem dos eventos que rodeiam a esperança Messiânica. Olhando para trás sobre a experiência, a partir de uma perspectiva posterior, Pedro anuncia a sua relevância para as suas vidas: "e, essa voz, dirigida do céu, ouvimo-la nós mesmos, estando com ele no monte santo. E temos ainda mais firme a palavra profética" (2 Ped. 1:18-19). A voz que ordenara Jesus para esta missão, estava agora a dar voz à aprovação adicional para as Suas acções e os Seus ensinos e, o encontro espiritual, assegurou aos discípulos a sanção divina.

Numa palavra, como John Bright tão bem o coloca, "Cristo tomou e reivindicou para si mesmo os conceitos da missão Messiânica. Mas transfigurou-os (e transformou-os) todos com o conceito de sofrimento."[10] Então, com este entendimento, podemos ver em termos gerais a relevância da afirmação, tanto de Jesus como da Igreja Primitiva, que Ele foi o cumprimento da profecia.

---

9 Cf. James S. Stewart, *The Life and Teaching of Jesus Christ* (New York: Abingdon Press, n.d.), 40-45.
10 *Kingdom of God*, 207.

A questão para os primeiros cristãos, porém, foi: "Se Jesus cumpriu aquela profecia (do Servo), foi como Cristo (Messias) que Ele sofreu?" Os oponentes do cristianismo negaram que este fosse o caso e, portanto, os teólogos cristãos tiveram que montar uma apologética bíblica para este princípio central da sua fé, isto é, que o Messias deveria sofrer. Para o fazer, estavam "provavelmente, dependentes do uso de Isaías 53 para este propósito, embora houvessem poucos elos verbais reais."[11]

Lindars sugere que podem estar presentes no material bíblico três fases de desenvolvimento, mostrando interesse teológico a três níveis. Existe, primeiramente, o interesse teológico primário "de formular uma doutrina da expiação," ou seja, de explicar a Obra de Jesus como "dando a sua vida em resgate por muitos" (Mar. 10:45). Desta forma, os primeiros cristãos responderam, a si mesmos, à pergunta sobre o propósito da morte de Jesus. Então, "existe, em segundo lugar, o assunto apologético da paixão em relação ao messianismo teórico", em que eles defendiam a sua posição contra a crítica que negava a Jesus o título de Messias como base na Sua morte, o enigma que acabamos de explorar. É em ligação com estes dois primeiros alvos que Isaías 53 se torna tão central. Mas a natureza do seu apelo para esta Escritura é singular. Como F. F. Bruce o coloca:

> Não é tanto um assunto de citação directa ou de ecos verbais dos Cânticos do Servo (mais particularmente do quarto) entre as palavras de Jesus: é mais o facto de a Sua concepção da Sua vida-missão, coroada pelo sofrimento e morte, ser antecipada mais claramente do que em quaisquer outras no Velho Testamento.[12]

Porém, os escritores do Novo Testamento vão além desta hermenêutica generalizada e especificam, em numerosas ocasiões, onde os cumprimentos particulares ocorrem; ou como diz Lindars, "Existe uma tendência para usar a profecia para propósitos subsidiários."[13] Isto quer dizer que, os aspectos definitivos do evento-de-Cristo também têm sido, de alguma forma, preditos por passagens das Escrituras definidas, bem como pelo teor de certas grandes passagens. É aqui, que se levantam alguns dos problemas mais difíceis, em explicar a forma como o Novo Testamento usou as Escrituras do Velho Testamento.

---

11 Barnabas Lindars, *New Testament Apologetics* (London: SCM Press, 1961), 81.
12 *New Testament Development of Old Testament Themes* (Grand Rapids: Wm. B. Eerdmans Publishing Co., 1968), 30. Cf. também Lindars, *Apologetics*, 77: "Embora, as citações reais deste famoso capítulo não sejam especialmente numerosas no Novo Testamento, as alusões a este estejam tão profundamente embutidas na obra de todos os escritores principais, que certamente pertence ao pensamento mais antigo da igreja primitiva."
13 Embora possam existir bases para o questionamento deste desenvolvimento histórico tríplice, pelo menos ele chama a atenção para vários tipos de uso das Escrituras nos materiais do Novo Testamento.

Este procedimento é bem proeminente, por exemplo, no Evangelho de Mateus. Este Evangelho, aparentemente, originado num ramo judaico--cristão da Igreja Primitiva, de idioma Grego e, portanto, obriga o autor a mostrar a correlação próxima entre Jesus e os escritos sagrados dos Judeus. Isto explica a razão porque ele enfatiza tão persistentemente a nota de cumprimento. A fórmula característica que ocorre repetidamente, cerca de 10 vezes, é: "Para que fosse cumprido."[14]

Algumas das citações do Velho Testamento são, aparentemente, tiradas dos seus contextos originais e aplicadas de forma bastante estranha à sua origem histórica. Notemos alguns exemplos para enfatizar.

Mat. 1:23 é uma citação da tradução da Septuaginta de Isa. 7:14.[15] No seu contexto original, estamos a lidar com a tentativa de Isaías convencer o Rei Acaz a não apelar à Assíria por ajuda contra a coligação da Síria com Israel. Este versículo é uma ameaça para Acaz, face à sua recusa, de que se ele persistir no curso de acção escolhido, resultará em destruição e muito em breve. De facto, ocorrerá antes que uma criança, já concebida, alcance o tempo de ser desmamada. Mesmo que seja verdade, como George Adam Smith persuasivamente argumenta, que esta seja uma profecia Messiânica,[16] ela identifica uma criança nascida naquele tempo e, portanto, tem uma referência histórica específica que ninguém, que tenha algum senso do significado da linguagem, pode possivelmente negar. Neste ponto da nossa discussão, não faremos o esforço de explicar a forma como este problema pode ser resolvido. Aqui estamos apenas a indicar a necessidade de lidar com o problema e a forma que este toma.

A segunda citação (2:15) é tirada de Ose. 11:1. Mateus aplica estas palavras à fuga para o Egipto, por parte de José e Maria, para escapar à espada de Herodes. Em Oséias, a referência é à acção de Deus na libertação de Israel da escravatura do Egipto, no tempo do Êxodo.

No caso da matança dos infantes por Herodes, Mat. 2:17-18 cita Jer. 31:15 como, de alguma maneira, cumprindo-se nestes trágicos eventos. Porém, a passagem de Jeremias retrata poeticamente Raquel no seu

---

14 Numerosos estudos têm sido feitos sobre estas citações a partir de diferentes perspectivas. Uma abordagem popular explora o problema do texto a partir do qual elas foram derivadas, seja o Texto Massorético, a Septuaginta, ou o que for, visto que existem alguns problemas de correlação verbal. Cf. Krister Stendahl, *The School of St. Matthew* (Philadelphia: Fortress Press, 1968); Robert Horton Gundry, *The Use of the Old Testament in St. Matthew's Gospel* (Leiden, Netherlands: E. J. Brill, 1967).

15 Para uma discussão sã, informada e conservadora da relevância do termo "virgem" nas traduções, vide *Beacon Bible Commentary*, vol. 4 (Kansas City: Beacon Hill Press of Kansas City, 1966), 57, nota por W. T. Purkiser.

16 *Expositor's Bible*, 25 vols. (New York: A. C. Armstrong and Son, 1903), 115-18.

túmulo, perto de Ramá, chorando pela deportação dos Israelitas para o exílio na Babilónia.

As linhas de correspondência estão ainda mais apartadas no quarto exemplo (2:23), onde existe mesmo uma ausência de coincidência verbal. A base de comparação parece ser a similaridade da palavra Hebraica ramo (*netzer*) com o nome Nazareno. O original em Isa. 11:1, contudo, é claramente uma passagem Messiânica de primeira ordem.

Embora, nem todos os exemplos usados por Mateus criem problemas cruciais de interpretação, a maioria tem necessidade de alguma justificação para a sua aplicação não literal. O problema é visto na sua forma mais radical, quando se toma em consideração a possível abordagem representada por Rudolf Bultmann. Depois de analisar muitas das passagens no Novo Testamento, onde é feita a afirmação de cumprimento da profecia, incluindo aquelas que acabámos de examinar, ele observa: "Falar deste tipo de profecia e cumprimento tem-se tornado impossível numa era em que o Velho Testamento é concebido como um documento histórico e é interpretado de acordo com o método da ciência histórica."[17]

Se, de facto, a afirmação do Novo Testamento não está baseada, principalmente, sobre alguma espécie de um "cumprimento da palavra" literal, ou não é o concretizar de uma predição, do tipo que faz dos eventos preditos um género de "espetáculo de marionetas pré-arranjado" (C. H. Dodd), como deveremos nós lidar com ela? Este é o assunto da nossa preocupação primária. Depois seremos capazes de ver que tem ramificações nas áreas da inspiração e da autoridade das Escrituras.

Propomo-nos discutir o assunto, primeiramente, traçando a história do "argumento a partir da profecia," dando especial atenção aos séculos II, XVI e XVIII. Será significativo ver a forma como o surgimento da crítica histórica afectou a forma como o problema foi trabalhado e a forma como as soluções foram sendo oferecidas. Finalmente, faremos a tentativa de avançar com as melhores soluções contemporâneas bem como propor uma solução nossa.

A Apologética da Profecia

Nesta secção propomo-nos investigar as várias formas em que a igreja tem tentado providenciar uma interpretação do Velho Testamento em relação à fé cristã. Isto envolverá um enfoque, como notámos no parágrafo precedente, nos séculos II, XVI e XVIII. O primeiro e o último destes períodos cruciais são, geralmente, considerados como séculos "apologéticos"

---

17 "Prophecy and Fulfilment," in *Essays on Old Testament Hermeneutics*, ed. Claus Westermann (Richmond, VA: John Knox Press, 1963), 52.

da teologia cristã. A Reforma Protestante ocorreu durante o século XVI e este evento é crucial para a história da hermenêutica. O propósito desta abordagem histórica é mostrar a forma como a igreja lutou com o problema colocado na secção anterior e caiu em vários "becos sem saída" hermenêuticos. Isto deverá preparar o caminho para as sugestões positivas, na secção seguinte do capítulo. Um dos grandes valores do estudo da tradição é, certamente, permitir-nos conhecer quais os poços que estão secos.

O Século II

Ao olharmos para o segundo século, há duas coisas que têm de ser mantidas em mente, de forma a avaliar apropriadamente a obra exegética dos cristãos deste tempo. Primeiro, como é vulgarmente sabido, ao movermo-nos dos escritos canónicos para os discursos destes homens, conhecidos como Pais Apostólicos,[18] é como movermo-nos de um quarto esplendidamente iluminado para as sombras do ocaso. A avaliação de F. W. Farrar dos Pais Apostólicos é justa: "A sua glória é na sua maioria a glória, não do intelecto, mas da rectidão e da fé."[19] Tal perspectiva serve o duplo propósito, de destacar o carácter inspirado dos documentos do Novo Testamento, bem como, de chamar a nossa atenção para a inadequação destes homens, de outra forma grandes, como mestres competentes do método hermenêutico.

A segunda característica, que é frequentemente descuidada, tem que ver com as suas fontes. A sua Bíblia era o Velho Testamento em tradução Grega (Septuaginta); mas particularmente importante, eles não tinham acesso ao Novo Testamento e, isso por uma boa razão – ainda não tinha sido compilado. Muitos, erradamente, crêem que de repente um Novo Testamento completo caiu, como que de um paraquedas, do céu em toda sua plenitude, imediatamente após o fecho da chamada Era dos Apóstolos. Considerando que de facto, não somente foi compilado ao longo de um período de tempo, mas também que a finalização do cânon não ocorreu até ao quarto século.[20] Embora os Pais tivessem acesso a alguns dos documentos do Novo Testamento, muitos deles mostraram ter consciência de apenas um número limitado da nossa lista actual.[21]

Devemos notar, pelo menos, uma relevância do último ponto – e bastante grande – é que não tinham extensos exemplos da hermenêutica do

---

18 Clemente de Roma, Inácio, *O Didaqué, Epístola de Barnabé, Pastor de Hermas, Carta a Diogenetos,* e Policarpo.
19 *History,* 164.
20 O último passo parece ter sido tomado com a carta Pascal de Atanásio em 367 A.D. Cf. E. J. Goodspeed, "Canon," in *Encyclopedia of Religion,* ed. Vergilius Ferm (New York: Philosophical Library, 1945).
21 Farrar, *History,* 171 ss.

Novo Testamento, como praticados nos escritos canónicos e, portanto, foram deixados com a opção de empregar os métodos exegéticos que prevaleciam no mundo daqueles dias. Eles utilizaram métodos de interpretação que foram, "em grande medida aqueles que eram os das escolas Judaicas," incluindo a tradição Judaica de exegese alegórica que se tinha desenvolvido em Alexandria, no Egipto, e que era classicamente representada por Filo de Alexandria.[22]

Vivendo como Filo viveu no ambiente cosmopolita de Alexandria, ele procurou construir uma ponte sobre o fosso entre a sua própria herança Judaica e a filosofia Helénica que florescia neste grande centro intelectual. Ao levar a cabo esta tarefa, Filo tentou mostrar que já os ensinos da filosofia Grega estavam presentes nos escritos de Moisés. Ele demonstrou esta afirmação através da exegese alegórica do texto do Velho Testamento. Isto envolveu, tanto o retirar do texto bíblico de qualquer elemento que parecesse repugnante à mente Helénica, pela interpretação dele como simbolizando alguma verdade mais profunda, como o atribuir positivamente ideias filosóficas a Moisés. Então, ele buscava significados escondidos, por trás do sentido literal, este último sendo "nada mais que o portão de entrada ou o ponto de partida para o verdadeiro significado, que deve ser procurado a um nível mais profundo."[23]

Fazendo largamente uso do mesmo método alegórico, os Pais Apostólicos leram Cristo e a Igreja em todo o Velho Testamento. Como Farrar o resume:

> A alegoria já era um método familiar entre os Judeus e da mesma forma como os Alexandrinos o adoptaram, de modo a encontrar em Moisés uma antecipação da filosofia Grega, de igual forma os Pais Apostólicos, antes da formação completa do Cânon do Novo Testamento, foram dirigidos por ele de modo a fazer do Velho Testamento uma testemunha imediata da verdade cristã.[24]

O problema enfrentado por estes primeiros cristãos ao usarem o Velho Testamento como o seu Livro Fonte dos escritos sagrados, contudo, foi que os seus documentos eram documentos Judaicos por natureza; e "à medida que as promessas foram claramente feitas, muitos dos cristãos não instruídos ficavam em perda por não entenderem a sua própria relação como ele."[25] Uma das abordagem seria a de tomar as Escrituras literalmente,

---

22 Ibid., 164-65; Sydney G. Sowers, *The Hermeneutics of Philo and Hebrews* (Zurich: Eva-Verlag, 1965), 18.
23 E. C. Blackman, *Biblical Interpretation* (Philadelphia: Westminster Press, 1957), 83.
24 *History*, 166-67.
25 "Introduction," in *The Apostolic Fathers*, vol. 1, of *The Fathers of the Church*, ed. Ludwig Schoff, 72 vols. (Washington, D. C.: Catholic University of America Press, 1962), 188. Tem sido afirmado que "a batalha real, no segundo século, se centrava ao redor

como fizeram os Ebionitas e manter a eterna validade do moiseísmo.[26] Outra forma, adoptada por Marcião, foi a de rejeitar inteiramente o Velho Testamento, como sendo indigno da fé cristã. Mas a tradição cristã principal insistiu na unidade da fé Hebraico-Cristã e procurou fazer uso da Bíblia Judaica para os seus propósitos.

Entre os Pais Apostólicos, a *Epístola de Barnabé* é um notável exemplo desta luta por cristianizar o Velho Testamento. O escritor argumenta que o pacto com Israel foi quebrado para sempre, quando o povo se voltou para os ídolos e Moisés lançou as tábuas de pedra, quebrando-as. "O seu pacto foi quebrado," afirma, "para que o pacto de Jesus, o Amado, pudesse ser selado em nossos corações pela esperança que a fé n'Ele dá."[27]

Barnabé sugeriu que parte do Velho Testamento se referia a Israel e parte a "nós," pelo que significava a Igreja do Novo Testamento.[28] Contudo, ele não avança com nenhum princípio pelo qual estes dois significados possam ser diferenciados.[29] Apesar de tudo, a sua abordagem básica é alegorizar com base numa reivindicação para uma visão (gnosis) a que chama de "o dom inato de ensinar."[30] Farrar observa: "O único vislumbre de princípio exegético que ele revela é procurar, através do Velho Testamento, algo que possa ser referido a Cristo ou ao cristianismo."[31]

Como em toda a alegorização, o sentido literal e histórico do texto tem um papel relativamente menor, dando lugar às verdades espirituais. De acordo com Kelly, Barnabé sentia que "o erro fatal dos Judeus foi deixarem-se encantar pelo sentido literal das Escrituras."[32]

O argumento pela validade do cristianismo, tendo por base a profecia, chega ao seu clímax com Justino Mártir, cujos escritos foram principalmente apologéticos. Justino tinha duas audiências em vista: as autoridades civis e os Judeus. As suas duas *Apologias* são dirigidas aos primeiros, enquanto que o seu *Diálogo com Trifo* tem os segundos em mente. O alvo do

---

da posição do Velho Testamento." F. C. Burkett, *Church and Gnosis*, citado em Kelly, *Doctrines*, 68.
26 Farrar, *History*, 164. Os Ebionitas eram Judeus cristãos que se destacaram, primariamente, pela sua Cristologia, que negava a divindade essencial de Jesus, com base nos seus pressupostos Judaicos. Cf. Kelly, *Doctrines*, 139-40. A sua posição sobre a validade eterna do moiseísmo, baseada numa interpretação literal, é virtualmente idêntica ao dispensacionalismo contemporâneo (vide Apêndice 1).
27 5.2.
28 Ibid.
29 Existe alguma afinidade aqui com o "dividir da palavra" da hermenêutica dispensacionalista (2 Tim. 2:15), excepto que ele é aplicado ao Novo Testamento, enquanto que Barnabé fala do Velho Testamento.
30 *Epistle of Barnabas* 9.17.
31 *History*, 168.
32 Kelly, *Doctrines*, 661.

diálogo era mostrar, a partir da profecia Hebraica, que o cristianismo, de acordo com o propósito de Deus, tinha tomado o lugar do judaísmo e que os judeus, tal como os gentios, podiam ser salvos apenas se se tornassem cristãos.[33] Porém, mesmo na sua *Primeira Apologia*, que é dirigida à comunidade secular, ele baseia parcialmente o seu argumento num apelo à profecia. O seu ponto não era primeiramente estabelecer a inspiração do Velho Testamento, mas antes demonstrar que Jesus, a Sua Obra e a Sua Igreja tinham sido faladas antes, em certos escritos e que, portanto, tinham de ter origem divina. Porém, o seu uso principal da profecia é, naturalmente, no apelo à audiência religiosa (Judeus).

Tal como Barnabé, Justino sustenta que o Velho Testamento foi intencionado principalmente para os cristãos e desenvolve o seu argumento pelo uso abundante e sem restrições da alegoria; então, como Farrar o coloca, "seguindo os passos dos Rabis, ele nega os factos históricos mais claros."[34] Também, como Barnabé, tal exegese é esotérica, ou seja, o resultado da gnosis é derivada de uma graça espiritual. Justino fundamenta adicionalmente a sua interpretação chamando a atenção para os resultados absurdos de uma exegese estritamente literal.[35]

Um exemplo, quase inacreditável, da aplicação do método alegórico aparece nos capítulos 89-90 do *Diálogo com Trifo*. Trifo admite que os Judeus esperam a vinda de Cristo, mas insiste para que Justino lhe prove porque teve Ele de sofrer na cruz, uma morte que O coloca debaixo de uma maldição, de acordo com Deut. 21:23. Justino responde que "Moisés foi o primeiro a fazer conhecida esta aparente maldição de Cristo, através dos actos simbólicos que ele realizou." Ele refere, como alguém com discernimento deveria claramente ver, que o incidente durante a batalha de Israel com os Amalequitas, quando Moisés esticou a sua mão na figura de cruz. "Na verdade," afirma, "não foi porque Moisés orou que o seu povo saiu vitorioso, mas porque, enquanto o nome de Jesus estava na frente da batalha, Moisés formou o sinal da cruz."

Ireneu foi um teólogo bastante mais bíblico que Justino, mas a sua hermenêutica ainda deixava muito a desejar. Para os nossos propósitos apenas necessitamos de notar um comentário de J. N. D. Kelly, em que cita Ireneu dizendo que na realidade "a profecia por sua própria natureza é obscura e enigmática" e "aponta divinamente para eventos que, apenas, poderiam ser

---

33 A. C. McGiffert, Jr., *History of Christian Thought*, 2 vols. (New York: Charles Scribner's Sons, 1950), 1:97.
34 *History*, 173.
35 *Dialogue with Trypho*, 112.

correctamente delineados depois da sua realização histórica."[36] Aqui está uma compreensão de não médias proporções. (Vide Apêndice 1)

No final do segundo século, ou na primeira parte do terceiro século, a hermenêutica alegórica recebeu formulação científica por parte de Orígenes, o primeiro exegeta bíblico verdadeiro.[37] Os "três níveis de significado" que Orígenes detectou nas Escrituras[38] foram estabelecidos na igreja como posição padrão até à Reforma. Também ele afirma o Velho Testamento como o livro da profecia cumprida em Cristo, mas, de forma reveladora, destaca a forma como tanto Judeus como hereges têm sido impedidos de chegar ao verdadeiro entendimento do Velho Testamento, porque o tomam literalmente. Um outro aspecto revelador de Orígenes, com relevância para o assunto em discussão, é que o modo de conhecimento dos profetas era diferente daquele dos apóstolos, pois eles contemplavam os mistérios da Encarnação antes da sua realização."[39]

Com esta investigação rápida, podemos fazer algumas observações sobre a hermenêutica dos Pais do segundo século. Primeiro e muito importante, eles nunca hesitaram em afirmar a continuidade do Velho Testamento e do novo movimento originado com Jesus de Nazaré. Eles mesmos reivindicaram serem os sucessores de Israel nos propósitos de Deus; e que o novo pacto tinha ultrapassado o velho num relacionamento de unidade orgânica. A premissa teológica que deu validade a estas afirmações foi a unidade de Deus – assim a continuidade dos dois Testamentos, ou como J. N. D. Kelly o coloca: eles estavam "fundamentados no facto, ressaltado por Teófilo de Antioquia (...) que tanto os profetas como os evangelistas foram inspirados por um e o mesmo espírito."[40]

Além disso, é apenas com considerável interpretação que os Pais podem pensar num "cumprimento literal da profecia." A sua prática foi tal que parecia indicar que seria mais fácil dizer, "as profecias são literalmente cumpridas quando alegoricamente interpretadas." Notamos a sua ênfase repetida nas deficiências de uma leitura literal do Velho Testamento. A sua mais óbvia resposta a este problema foi a hermenêutica alegórica.

A alegoria é um tanto difícil de definir com precisão, mas a característica genérica, que parece presente em todos os casos, é a de uma desconsideração pela história. Ela é

> sempre não histórica e normalmente anti-histórica. Ela aborda as suas Escrituras não com o propósito de discernir nelas um padrão de revelação

---

36 *Doctrines*, 68.
37 Blackman, *Interpretation*, 95
38 O sentido literal ou histórico, o sentido moral e o sentido místico ou espiritual.
39 Kelly, *Doctrines*, 69.
40 Ibid.

histórica, mas antes como uma fonte de palavras absolutamente normativas que se podem encaixar em quaisquer requisitos presentes.[41]

O corolário desta perspectiva não histórica do texto é uma perspectiva mecânica da inspiração, que não dá qualquer consideração séria ao factor humano na autoria das Escrituras. "Para o alegorista as personalidades humanas, através das quais a palavra foi, presumivelmente, entregue, tornam-se códigos anónimos, relevantes apenas como ferramentas empregues por um oráculo divino."[42] Isto significa que o método exegético requerido, por tal entendimento, é totalmente subjectivo, "renunciando, como faz, a todo o acesso às mentes através das quais as palavras da escritura passaram e nas quais elas foram formuladas."[43] Embora se possam admirar as preocupações dos alegoristas, nomeadamente em fazer os textos antigos contemporâneos, teremos de deplorar a desvalorização do sentido literal e histórico do texto sagrado.

Mesmo neste período antigo, a oposição à exegese alegórica foi proeminente na Escola de Antioquia da Síria. Nesta escola, em contraste com a Escola de Alexandrina, a ênfase foi posta numa interpretação literalista, os seus principais representantes estavam "unidos em crerem que a alegoria era um instrumento não fiável e mesmo ilegítimo, para interpretar as Escrituras."[44]

O resultado desta reacção foi uma limitação drástica do elemento estritamente profético no Velho Testamento. A seguinte análise da posição de Teodoro de Mopsuéstia por J. N. D. Kelly é instrutiva:

> Teodoro, por exemplo, recusou reconhecer tais textos, tradicionalmente aceites, como Ose. 11:1 s; Miq. 4:1-3: 5:1 s; Ag. 2:9; Zac. 11:12-14; 12:10; Mal. 1:11; 4:5 s como directamente Messiânicos; eles não se conformavam com o seu critério rigoroso e os seus contextos (ele pensava) providenciavam uma explicação histórica completamente satisfatória. Similarmente, ele reduziu o número de Salmos a quatro, que permitia que fossem directamente proféticos da Encarnação e da Igreja, (2; 8; 45; 110). No caso de outros Salmos (p.ex. 21; 2; 69; 22) os quais tinham sido aplicados ao Salvador, quer pelos escritores apostólicos quer por Ele mesmo, explicou que eles se dão a este tipo de uso, não porque sejam predições, mas porque o Salmista tinha estado numa situação espiritual análoga. Porém, ele estava preparado para conceder que alguns Salmos (p.ex. 16; 55; 89) e profecias (p.ex. Joel 2:28ss; Amós 9:11; Zac. 9:9; Mal. 3:1), embora não Messiânicas se tomadas literalmente, podiam ser

---

41 Vawter, *Biblical Interpretation*, 32.
42 Ibid.
43 Ibid.
44 Kelly, *Doctrines*, 76; Blackman, *Interpretation*, 103-6; figuras principais aqui foram Crisóstomo, Diodoro, e Teodoro de Mopsuéstia.

legitimamente interpretados como tal, na medida em que eram tipos que alcançavam o seu verdadeiro cumprimento na revelação cristã.[45]

Esta passagem apresenta outro padrão de hermenêutica que nos tempos modernos tem recebido muita ênfase – a tipológica. Muitos estudiosos contemporâneos insistem que os Pais usavam este tipo de hermenêutica, se não em vez da alegoria, pelo menos em adição a esta.[46] Contudo, deferiremos a discussão desta abordagem para uma secção posterior, onde necessitaremos de lhe dar consideração, mais seriamente. O nosso propósito de demonstrar os problemas hermenêuticos de substanciação da afirmação profética no segundo século foi alcançado.

O Século XVI

A Reforma do século XVI providenciou dois desenvolvimentos significativos no uso cristão do Velho Testamento. O primeiro teve que ver com o cânon. A lista Judaica de escritos, com autoridade, tinha sido finalizada no Concílio de Jamnia, cerca de 90 A.D. Contudo, a Igreja cristã no Ocidente tinha continuado a aceitar outros escritos, conhecidos como os Apócrifos como parte do cânon do Velho Testamento. Martinho Lutero e os outros Reformadores puseram em causa estes escritos, em parte por causa de certas doutrinas Romanas serem baseadas neles e, portanto, rejeitaram-nos como não-canónicos, isto é, como não tendo autoridade para doutrina.

Embora o Concílio Católico Romano de Trento (1545-63) declarasse a maioria dos Apócrifos como canónicos e pronunciasse o anátema sobre todos os que negassem o seu estatuto, o cristianismo protestante continuou a afirmar a sua aceitação do antigo cânon Judaico de 24 livros (39 na Bíblia Inglesa). Então quando um teólogo protestante se refere às Escrituras do velho pacto, ele tem um campo mais estreito do que o teólogo Romano.[47]

Mais importante para os nossos estudos são as perspectivas hermenêuticas de Martinho Lutero. Primeiro, ele rejeitou veementemente o método alegórico dos Pais. "As alegorias de Orígenes não valem tanta terra" e "As alegorias são especulações vazias, é como se fosse a escumalha das Sagradas Escrituras" são citações que representam a sua reacção típica. A sua consciência dos excessos, a que este método pode conduzir, é vista na sua famosa analogia de que a Alegoria é uma espécie de prostituta bonita, que se prova a si mesma de forma especialmente sedutora a homens passivos.[48]

---

45 Kelly, *Doctrines*, 77-78. Cf. Também Blackman, *Interpretation*, 103.
46 Jean Danielou, *Origen* (New York: Sheed and Ward, 1955); Hanson, *Allegory and Event*; G. W. H. Lampe and K. S. Woollcombe, *Essays on Typology* (Naperville, Ill.: Alec R. Allenson, 1957)
47 Gerald A. Larue, *Old Testament Life and Literature* (Boston: Allyn and Bacon, 1968).
48 Citações de Farrar, *History*, 328.

Uma afirmação mais moderada, dando uma avaliação mais positiva, vem das suas palestras sobre Isaías (1527-30):

> Deve-se pensar mais e magnificentemente sobre a história, mas pouco sobre a alegoria. Deve usar-se a alegoria como uma flor, porque ela ilustra o sermão em vez de fortalecê-lo(...). A alegoria não estabelece doutrina, mas como a cor, apenas se pode adicionar.

Também Lutero repudia o significado quádruplo das Escrituras, que tinha chegado a ser aceite como premissa exegética, por este tempo: (1) o literal; (2) o alegórico; (3) o tropológico ou sentido moral; e (4) o sentido analógico ou escatológico. Em contraste com este significado múltiplo, Lutero declara que "o sentido literal das Escrituras apenas é a essência completa da fé e da teologia cristã" e nota, "tenho observado que todas as heresias e erros têm surgido não das afirmações claras das próprias Escrituras, mas quando essa simplicidade de afirmação é ignorada e os homens seguem os argumentos Escolásticos dos seus próprios cérebros."[49]

Esta posição foi um corolário da sua premissa básica, de que cada homem é o seu próprio sacerdote e, portanto, pode ler a Bíblia para si mesmo, sem a necessidade de "macacadas" exegéticas elaboradas, como ele as chamava. As Escrituras, ele insistia, devem ser entendidas por todos e os crentes comuns devem ter acesso a elas e são capazes de receber a Palavra através delas.[50]

A ênfase de Lutero sobre o sentido literal, que ele preferia chamar de sentido gramatical, implicava mais que a simples "interpretação histórico-factual." Ele entende-o como o "sentido literal, profético," o qual parece significar que o sentido literal é para ser tomado seriamente, mas que medeia o sentido "espiritual." As implicações disto são vistas na afirmação de Blackman:

> Em oposição ao escolasticismo, Lutero desistiu da noção que as Escrituras têm um sentido múltiplo. E, contudo, ele não rejeitou totalmente o significado espiritual, nem o método alegórico. O que ele fez, realmente, com a nova ênfase foi relacionar os sentidos literal e espiritual mais intimamente um com o outro.[51]

---

49 Heinrich Bornkamm, *Luther and the Old Testament*, trans. Erich W. And Ruth C. Gritsch (Philadelphia: Foretress Press, 1969), 89; Farrar, *History*, 327 ss.; Blackman, *Interpretation*, 118-19; Alan Richardson, *Apologetics*, 183-84.
50 Cf. Blackman, *Interpretation*, 118. Farrar comenta: "Não houve nada que Lutero encontrasse mais difícil de manter com fidelidade inabalável que este direito inegável ao juízo privado. Ele foi tentado em grande medida pelos excessos da opinião individual." *History*, 330.
51 *Interpretation*, 120.

Aquilo a que Lutero realmente se opunha, na alegorização Escolástica, era a imposição do dogma da igreja *sobre* as Escrituras, através deste método de exegese. Portanto, ele propôs um princípio pelo qual a alegoria podia ser controlada, envolvendo um critério objectivo que podia ser aplicado de forma a evitar o subjectivismo desmedido. Lutero viu claramente que, se alguém aderisse estritamente à interpretação histórico-gramatical, seria muito difícil considerar o Velho Testamento como Escrituras cristãs. A partir deste complexo de problemas, Lutero introduziu a "analogia da fé", a frase encontrada em Rom. 12:6 (Gr., *analogia*), com a qual ele simplesmente quis dizer que a totalidade da Bíblia, incluindo o Velho Testamento, devia ser interpretada pela analogia da fé salvadora em Cristo.[52]

Esta é, essencialmente, a hermenêutica e juízo teológicos. Ela envolve descobrir, *dentro das próprias Escrituras*, os princípios ou as verdades pelas quais todo o cânon pode ser interpretado. É realmente mais do que comparar texto com texto. Esta forma de aplicá-la é realmente, como Farrar o coloca, a regra da analogia das Escrituras, em vez da analogia da fé.[53] É mesmo na sua melhor expressão, mais do que a interpretação de passagens obscuras através de passagens claras, embora isto esteja envolvido.

Embora não sendo uma figura da Reforma, a explicação de João Wesley desta regra é de ajuda:

> S. Pedro expressa-o, "como os oráculos de Deus"; de acordo com o teor geral deles; de acordo com aquele grande esquema de doutrina que neles é entregue, tocando o pecado original, a justificação pela fé e a salvação interior presente. Há uma maravilhosa analogia entre todas elas; e uma ligação próxima e íntima entre as principais cabeças daquela fé "que uma vez foi entregue aos santos." Cada artigo, então, sobre o qual exista qualquer questão deverá ser determinado por esta regra; toda a escritura duvidosa interpretada de acordo com as grandes verdades que correm através do todo. (Nota sobre Rom. 12:6)

Para Lutero o propósito global das Escrituras é revelar Cristo. Este é o significado da sua fórmula, *Christus Regnum Scriptura* (Cristo é Rei da Escritura). Consequentemente, Cristo pode ser encontrado em qualquer ponto das Escrituras e qualquer interpretação, incluindo a alegórica é legítima se for Cristológica. Outra alegorização é ilegítima.

A análise de Alan Richardson sumariza tanto o propósito de Lutero, como as principais fraquezas desta nova abordagem:

> Lutero sem dúvida defendia que, ao providenciar uma categoria profundamente cristã e bíblica de interpretação para a elucidação dos significados espirituais no relato histórico, ele estava a abandonar toda a subjectividade e

---

52 Alan Richardson, *Apologetics*, 184.
53 *History*, 337.

pensamento esperançoso na exegese teológica da Bíblia. Temos aqui uma boa ilustração da natureza paradoxal de todas as categorias de interpretação, as quais, embora pareçam providenciar uma forma verdadeiramente válida ou objectiva de ver as coisas, a partir do ponto de vista daqueles que vêem através delas, porém parecem a outros homens, que fazem uso de outras categorias, serem bem subjectivas e arbitrárias. Então, é frequentemente objectado que o método de Lutero, de interpretação bíblica e exegese, é totalmente subjectivo, estando baseado na sua própria intensa experiência de salvação e justificação.[54]

A relevância real da contribuição de Lutero é o seu argumento de que deve haver uma norma hermenêutica à luz da qual toda a Escritura é lida. É a tarefa da teologia bíblica determinar qual deverá ser este princípio chave.

O Século XVIII

A situação apologética do século XVIII tem contornos diferentes das eras precedentes. O principal oponente da religião revelada neste tempo, era a religião natural. Esta foi a era do racionalismo com a sua premissa principal de que nada deverá ser aceite como válido que não se conforme com os cânones da razão. Isto elimina todos os elementos do sobrenatural da religião, incluindo a revelação, especialmente se ela afirmar verdades que vão além da razão. A religião natural, numa palavra, "significa simplesmente aqueles princípios religiosos justificados pela razão e encontrados geralmente nas religiões."[55] Embora muitos homens da igreja subscrevessem esta posição, uma forma de religião natural – deísmo – estava em oposição aberta ao cristianismo.

Contra estes ataques, os apologistas cristãos vieram trazer apoios objectivos à fé na forma de milagre e profecia. Houve um remoinho de actividade nesta controvérsia, que uma vez mais, destaca o problema de um cumprimento literal da profecia que temos observado em cada período analisado. Em 1722 foi publicado um livro, por William Whiston, no qual argumentava a favor do valor das evidências da profecia do Velho Testamento em provar o carácter Messiânico de Jesus e a origem divina do cristianismo. Mas ele observou em alguns casos uma falta de correspondência entre a profecia e o alegado cumprimento. A sua solução para o problema foi acusar os Judeus de, intencionalmente, corromperem o texto do Velho Testamento e assim tentou restaurar o verdadeiro texto original. Este foi um artifício

---

54 *Apologetics*, 184-85.
55 Dillenberger and Welch, *Protestant Christianity*, 128. Cf. também Edward Carpenter, "The Bible in the Eighteenth Century," in *The Church's Use of the Bible*, ed. by D. E. Nineham (London: SPCK, 1963).

usado também anteriormente por Justino Mártir. O livro de Whiston foi intitulado *An Essay Toward Restoring the True Text of the Old Testament, and for Vindicating the Citations Made Thence in the New Testament.* (Um Ensaio na Procura de Restaurar o Verdadeiro Texto do Velho Testamento e Fazendo Prova das Citações Feitas no Novo Testamento).

A obra de Whiston ocasionou a resposta de Anthony Collins, em duas obras diferentes, que pareciam apoiar, mas que na realidade foram desenhadas para destruir o argumento, a partir da profecia. No seu *Discourse on the Grounds and Reasons of Christian Religion*, publicado em 1724, ele argumentou que a prova singular mais decisiva do cristianismo era a prova profética. Contudo, ele continuou a notar que a "falta de correspondência entre a profecia e o cumprimento, que Whiston tinha notado em alguns casos, era verdade em todos os casos em que a profecia era *interpretada literalmente*" e, portanto, a restauração proposta por Whiston não tratava adequadamente o problema.[56] Collins escreveu:

> Parece, então, muito devastador para o cristianismo supor que a argumentação tipológica ou alegórica é de alguma forma fraca e entusiástica e que os apóstolos sempre argumentaram o assunto das profecias e, a forma de raciocínio usada nas escolas: visto que é bem aparente; que todo o evangelho é, em todos os aspectos, fundamentado em tipos e alegoria; que os apóstolos na maioria, se não em todos os casos, raciocinaram de forma tipológica e alegórica; e que, se for suposto que os apóstolos raciocinaram sempre seguindo as regras usadas nas Escolas e se as suas escrituras forem trazidos ao teste destas regras, os livros do Velho e Novo Testamentos estarão num estado irreconciliável e as dificuldades contra o cristianismo serão incapazes de ser resolvidas. Todos quantos se chamam cristãos, diz o Dr. Allix, deverão tomar atenção na forma como negam a força e a autoridade daquela forma de interpretação tradicional, a qual foi anteriormente recebida da Igreja Judaica.[57]

Aqui, como pode ser visto, ele negou que o cumprimento da profecia pudesse ser, legitimamente, considerado de uma qualquer forma literal ou histórica; antes ela tem de ser entendida de uma forma alegórica. Como A. C. McGiffert comenta: "O livro tornou-se num severo ataque contra a evidência a partir da profecia, visto que o método alegórico não podia ser levado seriamente e essa não foi a sua intenção."[58] Numa obra posterior (1727) intitulada *The Scheme of Literal Prophecy Considered*, Collins abertamente atacou o apelo à profecia.

56 A. C. McGiffert, Jr., *Protestant Thought Before Kant* (London: Duckworth and Co., 1919), 216-17, itálicos adicionados.
57 Citado por Carpenter, "Bible in Eighteenth Century," 107-08. Infelizmente, apenas uma destas fontes originais estava disponível para mim. Tive que depender de obras secundárias.
58 *Protestant Thought*, 217.

O debate evidentemente provocou um alargado interesse. O próprio Collins refere-se a mais de 30 respostas à sua primeira obra. Uma das respostas mais poderosas foi a de Thomas Sherlock (1678-1761), em *The Use and Intent of Prophecy in the Several Ages of the World* (1725). Ele faz uma modificação significativa da forma em que o argumento tinha sido desenvolvido. Era bem fácil encontrar fraquezas no argumento, como Collins tinha feito, se for interpretado como significando que "todas as profecias antigas expressamente apontaram para e caracterizavam Cristo Jesus." Antes, deveria ser afirmado com se segue: "Todos os Avisos que Deus deu aos Pais, da sua intenção de Salvação são perfeitamente respondidos pela Vinda de Cristo." Como Carpenter correctamente comenta, "A distinção é subtil, mas não menos importante."[59] Se João Wesley foi ou não influenciado pela afirmação de Sherlock é impossível dizer, mas ele, de facto, expôs a mesma posição, no mesmo período. Nas suas notas sobre Mat. 2:17-18, comentando sobre a frase "Então foi cumprido," ele diz, "Uma passagem das Escrituras, quer profética, histórica, ou poética, está na linguagem do Novo Testamento cumprida quando um evento acontece, ao qual ela possa com grande propriedade ser acomodada."

Uma vez mais torna-se óbvio que uma leitura literal das Escrituras, neste contexto, leva a um beco sem saída. A outra opção viável, parece ser a alegoria, com as suas muitas fraquezas. Mas houve um desenvolvimento que aconteceu, neste mesmo século, que eventualmente levou a uma forma mais frutuosa de ver os assuntos, uma forma que está bem mais de acordo com os factos no caso e com o ponto de vista bíblico verdadeiro.

Até aqui, a ênfase tinha estado sobre o cumprimento literal das palavras das Escrituras e isto, inevitavelmente, levou à alegoria. A nova perspectiva sugere que a Bíblia enfoca em eventos e não em palavras e que é o cumprimento da *história* que está em causa. O homem que parece ser o pai deste desenvolvimento foi o estudioso de renome, Johann Albrecht Bengel, tutor de João Wesley em exegese bíblica.[60] Este novo entendimento é tão revolucionário, tão a propósito dos factos, como os encontramos nas Escrituras e tão influente na hermenêutica contemporânea, que devemos devotar a próxima secção ao desenvolvimento destas ideias.

O Surgimento da Perspectiva Histórica

A crítica básica que temos notado quanto à exegese alegórica é a sua desconsideração pela história. Mas se os pressupostos subjacentes ao seu

---

59 Carpenter, "Bible in Eighteenth Century."
60 Otto A. Piper, "Heilsgeschichte," in *Encyclopedia of Religion*, ed. Vergilius Ferm (New York: Philosophical Library, 1945), 330.

surgimento forem notados, a abordagem pode ser melhor entendida e até mesmo apreciada. Como James N. S. Alexander diz, "Os alegoristas têm, frequentemente, as intenções mais honestas e honráveis mesmo quando, como frequentemente acontece, eles produzem ou deduzem o que não faz sentido."[61]

A alegoria surgiu originalmente da convicção de que certos documentos antigos eram inspirados e, portanto, tinham relevância para o presente. Mas visto que estes escritos estavam condicionados pelas situações da sua origem, eles eram susceptíveis de rejeição critica, a menos que pudessem ser reinterpretados. Portanto, a alegoria é chamada a encontrar significados escondidos, por trás da letra, que sejam aplicáveis à presente situação.[62]

Outra premissa por trás do impulso para alegorizar é a ideia da inspiração literal. Se as próprias palavras das Escrituras são divinamente ditadas, então todas têm de ter relevância. Embora estas preocupações possam ser apreciadas, ainda, devemos pronunciar uma palavra de desaprovação, pelas razões que estão implícitas na nossa discussão. Ler ideias contemporâneas indiscriminadamente sobre estes escritos antigos é, como Peter Berger descreve graficamente, "a violação dos materiais históricos."[63]

Mesmo na Igreja Primitiva, rapidamente foi descoberto que a alegoria era uma ferramenta tão efectiva nas mãos do herege, como nas do ortodoxo. Portanto, os primeiros Pais, notavelmente Ireneu e Tertuliano, requereram que as Escrituras fossem interpretadas em termos da "regra de fé", ou seja, o ensino com a autoridade da fé católica. Foi, realmente, do dilema surgido, a partir dos problemas da interpretação bíblica, que o ensino Romano sobre a prioridade da igreja sobre as Escrituras surgiu.

Em adição a esta preocupação prática que acabamos de notar, também aparece, nestes tempos, uma objecção hermenêutica ao método alegórico. Esta oposição centrava-se na Escola teológica de Antioquia, com homens como Diodoro, João Crisóstomo e especialmente Teodoro de Mopsuéstia. Estes homens não são amplamente conhecidos hoje, mas deram um contributo significativo e útil para o problema da hermenêutica. Teodoro, que é o exemplo mais puro da exegese não alegórica, insistia no tratamento do texto do Velho Testamento de tal forma que a sua realidade histórica não fosse negada.

> O Velho Testamento deve ser lido, primariamente, como o relato dos actos graciosos de Deus incorporados na história de Israel. E a importância, em última análise, daquela história é que ela foi desenhada nos propósitos de

---

61 "The Interpretation of Scripture in the Ante-Nicene Period," *Interpretation* 12 (1958): 272 ss.
62 Sowers, *Hermeneutics*, 11-14.
63 *A Rumor of Angels* (Garden City, N.Y.: Doubleday and Co., 1970), 83.

Deus para prover o contexto para o acto supremamente glorioso de Deus em Cristo, pelo qual a nova era foi realizada, como a salvação de Deus disponibilizada universalmente.[64]

Em linha com os seus princípios, enfatizando uma exegese literal e histórica, Teodoro rompeu mais radicalmente com a tradição eclesiástica no ponto da interpretação do Velho Testamento. "Ele não leu o Novo Testamento sobre o Velho. Ele não encontrou o Velho Testamento impregnado de predições de Cristo e da Igreja como o fez Orígenes, por exemplo, ou Agostinho."[65] Ele mantinha que o seu ponto de vista assegurava à profecia uma base histórica e magnificava a economia cristã, como aquilo que convertia em factos sóbrios as mais altas imagens das Escrituras antigas.[66]

A Escola de Alexandrina tinha defendido, parcialmente, o uso da alegoria, num apelo para a prática de Paulo, particularmente em Gal. 4:21-31. Embora o apóstolo use a palavra *allegoreo* no texto ("falando alegoricamente"), os Antioquianos insistiam que existe uma diferença significativa entre o que Paulo *fez* e o que os Alexandrinos fazem. "O Apóstolo crê na realidade dos eventos que ele descreve e usa-os como exemplos. Os Alexandrinos, por outro lado, privam todo o relato Bíblico da sua realidade."[67] O princípio apropriado de interpretação, eles dizem, é *theoria* (teoria) em vez da *allegoria* (alegoria), pelo qual eles entendem ser um sentido das Escrituras mais elevado ou profundo, do que o significado literal ou histórico, *mas firmemente baseado na letra*.[68]

Portanto, como diz Gilbert, "a Exegese saiu finalmente detrás das nuvens e plantou os seus pés, firmemente, em terra. Pela primeira vez existe aqui um esforço totalmente sério e determinado de encontrar o que os autores sagrados queriam dizer."[69] Infelizmente, contudo, o velho método tradicional depressa ultrapassou este novo promissor desenvolvimento e que veio a ficar perdido na memória da igreja.

Mas, apesar do seu amplo e contínuo uso na igreja, como um meio para estabelecer algum senso de unidade entre o Velho Testamento e o Novo Testamento, a alegoria é totalmente inadequada como um princípio

---

64 M. F. Wiles, "Theodore of Mopsuestia," in *Cambridge History of the Bible*, ed. P. R. Ackroyd and C. F. Evans (Cambridge: Cambridge University Press, 1970), 1:508. Cf. G. H. Gilbert, *Interpretation of the Bible* (New York: Macmillan Co., 1908), 132-145, que diz, "em Teodoro não encontrei um único exemplo de alegorização." 138.
65 Gilbert, *Interpretation*, 138. Gilbert diz que este ponto "marca a sua afinidade com a exegese científica moderna" e ademais que "a sua posição se aproximava da de Jesus embora, aparentemente, sem o seu conhecimento do facto."
66 James D. Smart, *The Interpretation of Scripture* (Philadelphia: Westminster Press, 1961); citado em Swete, *Dictionary of Christian Biography*.
67 Citado em Alexander, "Interpretation," 276.
68 Ibid.
69 *Interpretation*, 135.

exegético sólido. James D. Stewart pregou o último prego no seu caixão, quando afirma:

> A alegoria é um meio de descobrir o significado que não está realmente presente. Portanto, se o Evangelho cristão não puder ser encontrado no velho Testamento sem a alegoria, isto é equivalente a uma confissão, de que não está lá, mas pode ser inserido de fora.[70]

Não foi até ao século XVIII que, um verdadeiro avanço se deu no sentido de alcançar uma perspectiva histórica. Isto acontece, como notamos na última secção, parcialmente, através da influência de J. A. Bengel.[71] O homem que tomou as sugestões de Bengel e as desenvolveu e que primeiro usou o termo *Heilsgeschichte*, agora moeda comum no estudo contemporâneo, foi J. C. K. von Hofmann.

Bengel sugere, no seu prefácio ao *Gnomon*, que a tarefa principal do comentário é recuperar a situação histórica do texto e depois deixar o texto falar ao leitor, a partir daquele contexto, como falou ao leitor original que não necessitava de ajudas de comentários massivos. O texto, na situação do primeiro leitor, era auto-evidente ou aparente para ele. Aqui está incorporada a sugestão que começou a florescer com a obra de von Hofmann.

Von Hofmann é uma daquelas figuras que foi enterrada na história e não se tornou muito conhecido, quer pelos seus contemporâneos quer por estudiosos subsequentes. A principal razão para isto foi a sua posição, a meio caminho entre o racionalismo, por um lado, e a ortodoxia extrema, por outro. Desta forma, ele era visto com suspeição por ambos os lados.

Foi o seu conceito de "santa história" que foi a contribuição singular de von Hofmann. Ele mantinha que havia uma unidade orgânica nas Escrituras com uma "ligação intrínseca entre a profecia e a história." Isto significa que tem de haver uma ligação *orgânica* entre a esfera em que a profecia foi feita e as circunstâncias do seu cumprimento. Este foi um significativo afastamento dos pontos de vista tradicionais existentes, que punham a ênfase sobre as palavras da profecia, como oraculares com relevância contemporânea, meramente, incidental. Em contraste, von Hofmann procurou encontrar a profecia "primariamente nos eventos históricos e apenas, secundariamente, nas palavras interpretativas dos profetas."

Então, como Bengel, antes dele, von Hoffman "abandonou inteiramente a noção da inspiração mecânica." Se a revelação ocorre primariamente em eventos e estes são entendidos numa forma dinâmica, a necessidade de alegorização é ultrapassada. Cada etapa da história bíblica transporta em

---

70 *Interpretation*, 132.
71 Deve ser mantido em mente para o propósito subjacente a este estudo que Wesley virtualmente traduziu o *Gnomen* de Bengel nas suas próprias *Notes*, preface, par. 7.

si o germe de um desenvolvimento futuro e, portanto, aponta para além de si mesma, para uma fase subsequente do propósito de Deus e, em última análise, para o seu cumprimento na primeira e segunda vinda de Jesus Cristo.[72] Em vez do cumprimento das palavras, estamos a falar sobre o cumprimento dos eventos. A crítica de Rudolf Bultmann serve o propósito de estabelecer as verdadeiras implicações da tese de von Hofmann, nestas linhas:

> Isto é, naturalmente, algo bem diferente de quando, de acordo com a perspectiva tradicional, a profecia torna-se entendível a partir do cumprimento, na súbita vinda à luz de um significado secreto de palavras que, no seu contexto, tinham originalmente significado algo bem diferente.[73]

A análise de Christian Preus providencia um resumo esclarecedor:

Ao desenvolver [a sua] tese, Hofmann mostra como os eventos cruciais da história se encaixam no processo da Santa História de uma forma vital e ao mesmo tempo, por causa do seu carácter incompleto, são sinal de um cumprimento completo no futuro. Um exame da história do Velho Testamento, nesta base, revela a necessidade intrínseca da profecia na obra de redenção e restaura a profecia e o cumprimento ao lugar central que eles tinham na Igreja Apostólica. Foi a primeira vez, na história da interpretação bíblica, que um ponto de vista orgânico da história foi aplicado ao problema da exegese de forma sistemática.[74]

A obra de von Hofmann está em contraste com duas outras interpretações do seu tempo, as quais falham em considerar a história com seriedade. Na direita estava a obra de Ernst Wilhelm Hengstenberg (1802-69), teólogo Luterano Alemão muito conservador; e à esquerda estava a explicação de Friedrich Schleiermacher (1768-1834), o pai da teologia (liberal) moderna e professor de von Hofmann.

Schleiermacher operava sob a influência do idealismo filosófico, que tendia a enfatizar a realidade de uma esfera não histórica das ideias (universais), na qual os absolutos residem e correspondem a uma relativa irrealidade da esfera histórica (particulares) em que a contingência prevalece. Utilizando estas distinções, Schleiermacher distingue dois tipos de predições proféticas. Uma é a "predição especial," que se refere a eventos individuais e é, portanto, "hipotética" ou contingente. O outro tipo é uma "exposição do universal" e, portanto, tem valor absoluto. Esta última, é

---

72 Otto A. Piper, "J. C. K. von Hoffman," *Encyclopedia of Religion*, ed. Vergilius Ferm (New York: Philosophical Library, 1945).
73 "Prophecy and Fulfillment," 56. A crítica de Bultmann, que segue esta citação, é tão superficial que é patética.
74 "The Contemporary Relevance of von Hofmann's Hermeneutical Principles," *Interpretation* 4 (1950): 311 ss.

a categoria básica na qual as predições Messiânicas caiem. Elas têm tanto uma dimensão acidental como essencial. A primeira é a concha, a última é o miolo. "As afirmações individuais, mais ou menos, não são mais do que uma vestimenta externa, de forma que frequentemente permanecem incertas, quer este ponto seja aquilo que realmente pertence ou não à própria predição." A afirmação de que Jesus é o cumprimento da profecia tem então um significado duplo. Ele é o "fim" da profecia do primeiro tipo, através da Sua perfeita predição do fim das instituições Judaicas existentes e o "fim" do segundo tipo, no sentido em que "a profecia essencial é agora completamente cumprida."[75] Este ponto de vista tem sido muito influente.

Hengstenberg, no pólo teologicamente oposto de Schleiermacher, desenvolveu uma tese similar. Ele distinguiu entre "verdades gerais" que foram a maior preocupação dos profetas e as características acidentais usadas "para que a glória da própria ideia fosse acentuada."[76] Mas, em vez de fazer de Cristo o alvo da história do Velho Testamento, Hengstenberg, tende a fazê-Lo o conteúdo do Velho Testamento, o que não é muito histórico e, portanto, recorreu à interpretação alegórica.

Um dos ganhos principais do desenvolvimento representado por von Hofmann é o seu reconhecimento do contexto histórico do material bíblico. Os profetas são agora reconhecidos como homens, cuja função principal era a proclamação da Palavra de Deus, no *seu próprio tempo*, em vez de videntes que descrevem eventos futuros que não tinham qualquer relação com o seu próprio tempo. Virtualmente todos os académicos modernos concordam com os autores de *Exploring the Old Testament*, quando eles dizem:

> O termo profeta é derivado da palavra Grega *prophetes*, que significa "aquele que fala em nome de outro." ... O conceito moderno de profeta, como "aquele que prediz" ou "antevê o futuro", está baseado no facto de que o profeta antigo, ocasionalmente, predizia eventos futuros através da inspiração divina. Mas este representava apenas um aspecto do seu ministério. Proclamação, em vez de Predição, foi a sua primeira função.[77]

Mesmo as predições ocasionais, a que se refere esta citação, está integralmente relacionada com a própria audiência do profeta, uma vez que é sobre o seu futuro que ele fala. Também, as suas predições são quase invariavelmente morais em natureza e, portanto, contingentes. Isto quer dizer que, a realização do julgamento predito ou da bênção, conforme o caso, está dependente da resposta moral do povo. Portanto, a predição do

---

75 *The Christian Faith* (Edinburgh: T & T Clark, 1960), par. 103.3, 446-48.
76 Brevard Childs, "Prophecy and Fulfillment," *Interpretation* 12 (1958): 260-61.
77 W. T. Purkiser, ed., *Exploring the Old Testament* (Kansas City: Beacon Hill Press, 1955), 287-88.

futuro, de forma a ter uma influência determinística no curso da história, não está realmente envolvida. Gurdon C. Oxtoby fala deste fenómeno como "predição condicional."[78]

Infelizmente, entre o exército de cristãos leigos, o anterior e incorrecto conceito do profeta bíblico, geralmente, mantém o seu domínio.[79] Isto, em conjunto com a inundação de literatura dispensacionalista fundamentada, largamente, sobre a premissa não histórica, cria uma muralha efectiva contra um entendimento apropriado da posição bíblica.

Tipologia

No despertar deste novo entendimento histórico das Escrituras, os estudiosos hermeneutas começaram a falar sobre um novo método de interpretação a que chamaram de *tipologia*. Embora o uso de tipos não seja novo, esta abordagem em particular é. A antiga tipologia, assim chamada, é tão não histórica como a alegoria, da qual ela é, apenas, uma espécie.[80] A correspondência que ela procura estabelecer não é tanto uma relação entre o passado e o futuro, a antevisão e o cumprimento, mas entre o terreno e o celestial, a sombra e a realidade.[81]

Resumidamente, a distinção entre a alegoria e a tipologia é que na primeira o texto é tratado como um mero símbolo de verdades espirituais. O sentido literal e histórico, se de alguma forma considerado, tem um papel relativamente menor.[82] A tipologia, por outro lado, toma como princípio guia a ideia de que os eventos e as personagens do Velho Testamento foram tipos de, ou seja, prefiguravam e antecipavam os eventos e as personagens do Novo. Os tipologistas levam a história com seriedade.[83]

Esta neo-tipologia, como a denominaremos, para a distinguir da antiga tipologia não histórica, surgiu como uma resposta ao surgimento de uma

---

78 *Prediction and Fulfillment in the Bible* (Philadelphia: Westminster Press, 1966), 77-78.
79 Cf. Lampe and Woollcombe, *Typology*, 9-14.
80 Note-se, p.ex., a tipologia alegórica praticada nas notas da Bíblia de Scofield. Scofield define um tipo como "uma ilustração divinamente proposta de alguma verdade." Cf. notas em Gen. 1:16, em que a "luz maior," significando o sol, é declarada ser um tipo de Cristo. Este é um sinal que exemplifica o padrão de crítica que o dispensacionalismo literaliza a profecia e alegoriza a história.
81 Lampe and Woollcombe, "Reasonableness of Typology," in *Typology*, 33. "A este tipo de tipologia pertence a suposta correspondência que foi popular nos Pais da Igreja entre a Corda Escarlate de Raabe em Jericó, que serviu como um sinal de salvação e o sangue de Cristo, o sinal de salvação para a humanidade. Aqui o paralelo entre o tipo e o seu suposto cumprimento é, claramente, irreal e artificial."
82 A base da exegese alegórica é uma "concepção das Escrituras como um vasto volume singular de oráculos e adivinhas, um enorme livro de puzzles secretos para os quais o leitor tem de encontrar pistas." Lampe and Woollcombe, *Typology*, 31.
83 Kelly, *Doctrines*, 70-71.

ampla preocupação moderna pela unidade da Bíblia. O surgimento da crítica histórica, com a sua ênfase no carácter histórico e, portanto, a diversidade dos vários documentos bíblicos, enfraqueceu os pontos de vista antigos sobre a unidade das Escrituras, baseada na alegoria e tipologia não histórica. Mas, como Lampe e Woollcombe afirmam, com a ênfase renovada da continuidade das Escrituras como um todo, "A tipologia veio outra vez para si própria ."[84]

A neo-tipologia está firmemente baseada na perspectiva profética da história. Numa palavra, aquela perspectiva envolve a convicção profética de que Deus está no controle da história, realizando a Sua vontade, especialmente em relação à história do povo escolhido. A inspiração dos profetas deu-lhes conhecimento do significado interior das ocorrências na vida deste povo, de forma a serem capazes de interpretar aqueles eventos e a declarar o seu resultado. Tais pronunciamentos proféticos, é claro, têm uma dimensão escatológica, mas eles estão essencialmente relacionados com os seus próprios tempos.

Como visto através da visão profética, assim, a história bíblica cai num padrão, ou num ritmo recorrente, de forma a que os eventos interpretados anteriormente se tornam num tipo de eventos posteriores; e as forças que estavam em acção no primeiro, chegam a um tipo de culminação no último, de forma que há uma relação analógica entre os dois e o segundo, pode ser referido como o cumprimento do evento típico anterior.

Quando este ponto de vista é aplicado ao Novo Testamento, a situação parece ser apenas o relacionamento visto entre certos eventos do Velho Testamento e aqueles que constituem o evangelho. Como o coloca Alan Richardson:

> O cumprimento da profecia é, então, visto como envolvendo mais do que o cumprimento de palavras e predições; envolve o cumprimento da história, a validação do entendimento profético da história nos eventos, dos quais o Novo Testamento regista e interpreta para nós.[85]

Tal cumprimento envolve tornar explícito o que era implícito no padrão dos eventos históricos anteriores. Existe uma correspondência real nos eventos históricos que foi trazida à existência pelo ritmo recorrente da actividade divina.

Deve ser notado, em ligação com isto, que os neo-tipologistas são cuidadosos ao negar que a sua interpretação envolva uma perspectiva cíclica da

---

84 *Typology*, 18; Alan Richardson, *Apologetics*, 192. Para um breve resumo de alguns dos factores que estimularam esta renovação de interesse na unidade da Bíblia, cf. Smart, *Interpretation*, cap. 3.
85 *Apologetics*, 188.

história. Tal entendimento era prevalecente na antiga Grécia e no mundo Oriental, bem como na cultura cananita que Israel encontrou na Palestina. Mas o ponto de vista bíblico da história é linear em natureza e não permite a repetição cósmica de eventos.[86] De acordo com a perspectiva da história como ciclos cósmicos, todos os eventos voltarão a ocorrer, num círculo repetido continuamente, de forma a que o próprio evento seja reposto em prática. É nesta base, que Gerard von Rad sugere que temos de ver as ideias básicas da tipologia menos na noção de repetição do que na de correspondência. "Num caso, o terreno ganha a sua legitimidade através da sua correspondência com o celestial, no outro, a relação de correspondência é uma relação típica: o primeiro evento é um tipo do evento final."[87]

Consequentemente, como Lampe e Woollcombe concluem, a tipologia está

> baseada numa perspectiva particular da história, que os autores do Novo Testamento, sem dúvida, se agarraram e que os cristãos para quem a Bíblia é a fonte de autoridade podiam, dificilmente, repudiar. Nesta perspectiva um tipo pode ser chamado na linguagem dos Pais um "mistério," mas é um "mistério" no sentido normal da palavra do Novo Testamento. É um segredo, no conselho de Deus, que é feito conhecido em Cristo; um elemento, no propósito escondido de Deus, que foi manifestado sendo cumprido.[88]

Os neo-tipologistas encontram este tipo de actividade interpretativa já presente no Velho Testamento, conforme os profetas olham em frente para o futuro, em que haverá uma repetição ou recapitulação de eventos significativos anteriores da santa história. Por exemplo, Isaías e Amós falam do retorno ao paraíso (Isa. 11:6-8; Amos 9:13); Oséias espera uma repetição do período do deserto (Os. 2:16-20); Isaías olha para o regresso do velho David a Jerusalém (Isa. 1:21-26); e, frequentemente, sentimos um forte desejo por um novo Êxodo. "É o padrão da acção divina que o profeta discerne, em vez da recorrência do evento histórico exterior; que para ele, como para o pensamento Israelita como um todo, a acção divina é indicada nos próprios eventos da história.[89]

Mas são mais do que eventos isolados que providenciam os tipos; o Velho Testamento, como um todo, demonstra o padrão da salvação divina nos temas recorrentes da morte e da ressurreição, da aniquilação (ou

---

86 Parece a este autor que Eclesiastes é uma apologética do ponto de vista bíblico da história, contra a perspectiva cíclica baseada nos ciclos da natureza com o seu pessimismo mortífero sobre a vida humana.
87 "Typology," in *Essays on Old Testament Hermeneutics*, ed. Claus Westermann (Richmond, Va.: John Knox Press, 1963), 20.
88 *Typology*, 29.
89 Ibid., 26-27; cf. von Rad, "Typology," 19-20.

pelo menos do perigo e do desastre) seguido de restauração. Este padrão tipologicamente antecipa a salvação, que foi alcançada através da vinda do Messias de Deus, de quem os profetas tinham falado. Portanto, nas palavras de Alan Richardson, "Os profetas foram capazes de discernir o significado interior dos eventos dos seus próprios dias de tal maneira que apreenderam, ainda que obscuramente, o próprio padrão do processo da salvação na história."[90]

Esta perspectiva tem muito a louvar. A seriedade com que trata a história, em contraste com a alegoria, é sã. De facto, ela provê-nos algumas perspectivas tremendas, quanto à interpretação dos escritos escatológicos dos nossos dias, incluindo o muito abusado Livro do Apocalipse.

Tal como todas as outras profecias da Bíblia, este último livro também está firmemente baseado nos eventos do seu próprio dia. O apóstolo, através da inspiração do Espírito, é capaz de penetrar para o seu significado cósmico e ver que há forças em acção que têm de, em última análise, precipitar a consumação desta era. A intensidade da interacção destas forças dá-lhe uma sensação de urgência, de forma que o conflito, que terminará a era, é visto como estando próximo. A luta, os eventos cataclísmicos e o resultado, são todos descritos em linguagem simbólica, que tem referência com as próprias circunstâncias do autor e dos seus leitores. Consequentemente, não é possível usar estas Escrituras como uma planta dos eventos futuros em nenhum tipo de especificação detalhada. Mas *é* possível projectar uma relação analógica entre a acção de Deus nas crises do final do primeiro século e a consumação final da história mundial, quando os propósitos de Deus forem por fim completamente alcançados.[91]

É esta situação que torna possível a identificação de cada era com o último dia, como os pregadores proféticos infalivelmente fazem. A mesma estrutura de forças, analogicamente entendidas, estão presentes com graus variados de intensidade e, portanto, reconhecíveis. A tragédia é que estes profetas do último dia fazem uma identificação positiva e, consequentemente, desacreditam-se a si mesmos (e por vezes a mensagem bíblica) à medida que a história se move e as suas identificações falham.

Mas voltemos à nossa questão principal: É a tipologia, como reinterpretada aqui, suficiente como um princípio hermenêutico, ou será que também tem deficiências que necessitam de correcção? Lampe e Woollcombe, dois dos principais expoentes, parecem mostrar algum desconforto, quando indagam se tal abordagem pode ser legitimamente empregue numa era "pós-crítica." Eles questionam, por um lado, se pode ser encontrado

---

90 *Apologetics*, 190-91; cf. Lampe and Woollcombe, *Typology*, 27-28.
91 Cf. Alan Richardson, *Apologetics*, 199. Esta perspectiva é sadiamente desenvolvida em Hoekema, *Bible and the Future*.

algum critério que permita a distinção entre a tipologia legítima e exegeticamente justificável, por outro, o exercício injustificável de uma ingenuidade privada e incontrolada.

Realmente, o método é susceptível a várias críticas. A tipologia de Lampe e Woollcombe tem sido criticada pela sua teoria de que há um "ritmo recorrente na história passada." Isto sugere um ritmo impessoal nos próprios eventos e, portanto, pode ser interpretado como pouco mais do que o logos de Heraclitus. Smart correctamente argumenta que é muito melhor falar sobre a fidelidade de Deus, manifestando-se a si mesma, numa direcção pessoal da história. Ele afirma:

É isto que produz um padrão de correspondência através do Velho Testamento. A história do êxodo recontada, em cada nova era, para relembrar os Israelitas que o seu Deus é um Deus que liberta o seu povo, numa forma maravilhosa, apesar de todos os obstáculos e para criar a expectativa de uma nova libertação. ... A correspondência, portanto, entre os eventos do passado e os eventos antecipados do futuro não é uma previsão mística do futuro, mas é simplesmente a expressão da confiança do profeta de que a fidelidade de Deus à sua própria natureza tem de ser vindicada nos eventos da história, visto que ele é Senhor do mundo e da sua história.[92]

Embora esta crítica tenha um elemento de leve objecção nela, chama a atenção para uma perspectiva mais dinâmica da história, embora, retendo a ênfase bíblica sobre a actividade pessoal de Deus na história do Seu povo. A interacção de Deus e Israel pode na verdade reflectir certos padrões, baseados na natureza de Deus, em vez das forças cegas da natureza, que se repetem vez após vez e que encontram a sua mais alta expressão no evento-Cristo e naquelas influências que fluem dele.

Com base neste entendimento, Smart criticou, ainda, toda a abordagem tipológica, como sendo demasiadamente artificial. Realmente, parece afirmar que os tipologistas não levam suficientemente a sério o conceito bíblico do cumprimento, mas antes assumem por facto o seu método como um artifício hermenêutico, pelo qual os primeiros cristãos descobriam paralelos entre a sua nova fé e o Velho Testamento, de forma a derivar alguma autoridade das Escrituras Judaicas. Antes, "o cumprimento significa a finalização nele [Cristo] da obra de Deus para a qual o Velho Testamento dava testemunho." Quando Jesus falou do novo pacto em relação à Páscoa, Ele não estava muito preocupado com a interpretação do velho ou em estabelecer paralelos, mas com o estabelecimento de uma nova relação entre Deus e o homem, na qual todas as esperanças daqueles que tinham servido a Deus antes dele seriam alegremente cumpridas. É suficiente,

---

92 *Interpretation*, 102.

portanto, reconhecer que a obra salvadora de Cristo, na sua vida e na sua igreja, é a finalização de uma redenção começada no Velho Testamento.[93]

Embora seja verdade que a neo-tipologia toma muito seriamente o contexto histórico da escritura típica, ela parece realmente *adicionar* o significado tipológico ao histórico. Se for lembrado que o significado histórico de qualquer texto é determinado pelo seu contexto e o contexto não é necessariamente limitado ao contexto imediato, então, poderá ser visto que o contexto total das Escrituras do Velho Testamento, necessário para estabelecer o seu completo significado histórico, inclui a vida, a morte e a ressurreição de Jesus Cristo e o nascimento da Igreja. Desta forma, ler um texto do Velho Testamento à luz do Novo Testamento é vê-lo no seu *completo* contexto histórico. "Não existe um significado histórico *e* tipológico, mas apenas diferentes níveis de um significado, que é tanto histórico como teológico."[94]

Com este pano de fundo, podemos agora propor o que cremos ser um princípio hermenêutico adequado, que faça justiça à afirmação do Novo Testamento e providencie um método apropriado e sólido de interpretação da fonte bíblica de forma a fazer uso legítimo dela na tarefa da teologização.

Rumo a uma Hermenêutica Teológica

A nossa investigação revelou a necessidade de uma hermenêutica adequada, para que se possa lidar com a questão da relação entre os Testamentos, de forma a não sabotar a fé cristã. Temos notado a rejeição contínua por parte da igreja de uma leitura literalista do Velho Testamento, visto que fazê-lo produz este indesejável resultado.[95] Várias tentativas têm sido feitas para providenciar metodologias alternativas. Algumas são patentemente inadequadas, outras têm pontos fortes e fracos misturados. Nesta secção propomo-nos estabelecer um princípio hermenêutico que cremos representar, validamente, a perspectiva bíblica e providenciar uma solução para as principais dificuldades residentes no assunto sob discussão.

---

93 Ibid., 112.
94 Ibid. 117.
95 Cf. Uma afirmação feita por Thomas Woolston, um dos contemporâneos de João Wesley, que entrou no debate durante os 1700s: na conclusão do seu argumento ele diz, "não posso deixar de pensar no que tem sido dito, há Encorajamento suficiente para buscar o sentido Alegórico e Espiritual da Lei e dos Profetas, e deixar de lado as nossas interpretações literais, que são a morte daquelas testemunhas de Cristo; porque não somente S. Paulo disse que a Letra mata, mas os antigos Pais frequentemente nos advertem contra o sentido Literal das Escrituras, para que não sejamos nós a morte delas." *The Old Apology for the Truth of the Christian Religion, Against the Jew and Gentiles Revived* (London: John Torbuck, 1732), 302-82.

Demonstrará, além disso, a natureza da autoridade bíblica para o trabalho teológico.

O maior problema que temos notado, surge da ocasional falta de correspondência entre o uso do Novo Testamento de certas escrituras do Velho Testamento alegando terem sido cumpridas em Cristo e no seu significado original, um problema que não pode ser ignorado. Uma das mais influentes tentativas para lidar com este problema foi proposta por Rendel Harris, intitulada "Testimonies."

Foi a argumentação deste estudo que os primeiros cristãos usaram nas colecções de textos que compilaram em manuais. Esta proposta desfrutou de considerável popularidade durante muitos anos. Contudo, nenhuma evidência foi alguma vez encontrada de apoio a esta ideia, ou seja, nenhum destes testemunhos sobreviveu, se é que alguma vez existiram. Eventualmente e de forma geral acabou por ser abandonado pelos estudiosos, mas a descoberta dos Manuscritos do Mar Morto reavivou o interesse pela teoria de Harris, porque foi descoberto que tais testemunhos eram realmente usados pelos Judeus daquele tempo.

Comentando sobre as descobertas do Qumran, J. N. Allegro afirma:

> Há pouca dúvida de que temos, neste documento, um grupo de *testimonia*, do tipo proposto há não muito tempo atrás por Burkitt, Rendel Harris e outros, que teria existido na Igreja primitiva. A nossa colecção tem um interesse acrescido em incluir dois testemunhos usados pelos primeiros cristãos sobre Jesus. Além disso, o primeiro testemunho citado tem uma importância particular, na medida em que ele demonstra o tipo de citação compilada, tão bem representada no Novo Testamento.[96]

Mas ainda que esta proposta seja aceite como válida, não temos uma solução genuína, mas apenas uma forma de empurrar o problema um passo para trás. Esta, pode justificar a forma como os apologistas bíblicos localizavam os seus textos, mas em primeiro lugar, não explica a base para a sua inclusão nos manuais. É claro que, se existe uma ligação meramente verbal entre o texto do Velho Testamento e o seu alegado cumprimento no Novo Testamento, esta solução pode ser satisfatória, mas não dá um sentimento de realização.[97]

Foi proposta por C. H. Dodd uma resposta muito mais razoável e aceitável. De facto, a tese de Dodd, que está construída sobre as propostas de

---

96 Citado em E. F. Osborn, *Word and History* (Melbourne, Australia: Jonker Printing Pty., 1971), 8.
97 Pode-se ver um paralelo deste tipo de relacionamento na maioria das Bíblias contemporâneas com as referências ao centro ou nas chamadas Bíblias de referências encadeadas, que estão baseadas largamente na correspondência verbal em vez de uma

Harris e de que é uma extensão, fala precisamente do problema que temos levantado.

Através de uma análise das escrituras do Velho Testamento, usadas pelos autores do Novo Testamento, ele descobriu que existiam certas secções do Velho Testamento ("Testimonia") que foram empregues por, pelo menos, dois autores diferentes. Este uso por homens diferentes indica, argumenta Dodd, uma tradição pré-canónica da qual cada um deles dependera. Esta tradição não foi escrita, como Harris tinha sugerido, mas era oral em natureza.

Será valoroso citar o resumo, do próprio Dodd, das suas descobertas no que respeita ao método hermenêutico dos autores cristãos antigos:

> O método incluía, primeiramente, a *selecção* de certas extensas secções das Escrituras do Velho Testamento, especialmente de Isaías e Jeremias, de certos profetas menores e dos Salmos. Estas secções eram entendidas como *todos* e os versículos ou frases particulares eram citadas a partir delas, mais como indicadores para o contexto global do que como constituindo testemunhos em ou para si mesmas. Ao mesmo tempo, podiam ser citadas, frases soltas de outras partes do Velho Testamento, como evidência para ilustrar ou elucidar o significado da secção principal em consideração. Mas nas passagens fundamentais é o *contexto total* que está em vista e é a base do argumento.[98]

Cada uma destas unidades das Escrituras representava um padrão de pensamento particular ou um enredo, embora possam estar a referir-se a várias e diferentes situações. Este padrão é que a vitória de Deus vem através de e é subsequente ao sofrimento ou ao julgamento. Visto que esta ideia foi, consistentemente, aplicada a Israel pelos profetas e não ao Messias, veio como um verdadeiro choque descobrir que Ele, também, tinha de seguir este padrão ao levar a cabo a Sua obra.

Certas passagens específicas que seguiam este modelo, tornaram-se referências padrão para os primeiros pregadores cristãos.[99] Dentro destas extensas passagens, existiam afirmações individuais que tinham relevância especial porque existia uma correspondência literal entre elas e os eventos ligados com a vida de Cristo.[100] O facto de que o seu contexto apontava numa direcção *literalmente* diferente não era importante, porque eles eram, simplesmente, versículos representativos de um padrão de pensamento,

---

relação de conteúdo ou contextual.
98 *According to the Scripture*, 126.
99 Este fenómeno poderia também justificar o carácter vago com que alguns autores bíblicos fazem referência às passagens que eles citam. Cf. e.g., Heb. 2:6.
100 Isto, na explicação de Dodd, justifica o uso de Jer. 31:15 em Mat. 2:17-18, um problema que já tínhamos notado. Este versículo vem de um contexto mais alargado (Jer. 31:19-34), que manifesta o enredo que foi cumprido, neste caso, pelo novo Israel.

que *era* directamente e literalmente aplicado a Jesus e à Sua Igreja. Assim, o cumprimento não era nem literal e mecânico, nem alegórico, mas *teológico*, ou seja, a teologia ensinada pelos profetas (e as outras divisões do cânon Hebraico) foi cumprida por Cristo.

Podemos ver esta hermenêutica teológica em funcionamento, com dimensões adicionadas, através do Velho Testamento. Isaías de Jerusalém analisou a situação do povo do seu amado Judá e viu que a sua forma de vida apenas poderia trazer o julgamento de Deus. Ele declarou o resultado em 7:17-20: "'Mas o Senhor fará vir sobre ti, e sobre o teu povo e sobre a casa de teu pai, dias tais, quais nunca vieram, desde o dia em que Efraim se separou de Judá, isto é, fará vir o rei da Assíria. Naquele dia assobiará o Senhor às moscas que há no extremo dos rios do Egito, e às abelhas que estão na terra da Assíria. E elas virão, e pousarão todas nos vales desertos e nas fendas das rochas, e sobre todos os espinheirais, e sobre todos os prados. Naquele dia rapará o Senhor com uma navalha alugada, que está além do Rio, isto é, com o rei da Assíria, a cabeça e os cabelos dos pés; e até a barba arrancará."

Note-se que o juízo iminente é visto como estando nas mãos do então dominante império do mundo – a Assíria. Anos mais tarde quando o fim realmente veio, não foi a Assíria, mas a Babilónia que foi o instrumento de Deus. Será que isto de alguma forma invalidou a proclamação de Isaías? Certamente que não! Ele estava a proclamar uma visão teológica que estava fundamentada no seu entendimento da natureza de Deus e do pecado humano e houve um cumprimento teológico que diferiu em certos detalhes das próprias especificações de Isaías, mas que foi tão verdadeiramente o cumprimento das suas palavras.

Além disso, cada evento de revelação tornou-se numa fonte de interpretação teológica ou reinterpretação de eventos prévios, de tal forma que se diz que o primeiro evento ter sido cumprimento no último. J. A. Bewer, há alguns anos atrás, chamou a atenção para este facto, ao declarar que o corolário de "revelação progressiva" é a "interpretação progressiva":

> O registo permaneceu, como foi escrito, mesmo depois da revelação ter progredido, mas as mesmas palavras foram lidas e entendidas de uma nova maneira. O conhecimento mais profundo da verdade, salvaguardado através da revelação mais elevada, viu muito mais neles do que os seus autores originais e os seus primeiros ouvintes ou leitores tinham visto.[101]

---

101 "Progressive Interpretation," *Anglican Theological Review* 24 (1942): 89. Esta referência não implica uma aceitação tácita da revelação progressiva, visto que esta posição tem algumas e sérias dificuldades. Se a revelação progressiva for interpretada como

A ilustração mais clara deste ponto é a interpretação das narrativas patriarcais à luz do Êxodo. É bem óbvio que as vidas dos Pais foram escritas a partir da perspectiva do grande Livramento e, portanto, a suas experiências foram apresentadas como preparatórias para aquele evento. As suas carreiras foram cumpridas no Êxodo.

Por analogia, o evento-de-Cristo torna-se o ponto de enfoque à luz do qual os eventos anteriores e as suas interpretações são vistas e reinterpretadas. O que acontece não é uma falsificação, mas antes um novo entendimento, derivado a partir do evento revelador de Cristo, pelo qual a esperança Messiânica é reinterpretada. Da mesma forma, o Israel da velha aliança é radicalmente reinterpretado pelo novo Israel da nova aliança. Veio à luz que não era simplesmente a mensagem de Deus transmitida a não-Israelitas pelos Judeus, como o universalismo do Velho Testamento o tinha visionado, mas que o verdadeiro Israel é constituído tanto por Gentios como por Judeus, com os últimos a não ter qualquer prioridade.

A utilização deste entendimento provê-nos com uma hermenêutica teológica com a qual somos capazes de dizer que a teologia do Velho Testamento se cumpre na teologia do Novo Testamento. Isto não é meramente a teologia dos Profetas, mas a teologia de todo o cânon Hebraico.

Ao aceitar a perspectiva que estamos a advogar e a enfatizar da dimensão teológica, reconhecemos a autoridade da totalidade do Velho Testamento para a pregação cristã[102] e providenciamos um raciocínio para o entendimento da reivindicação central da Igreja Primitiva de que o acto de Deus, em Cristo, foi "de acordo com as Escrituras."

Quando esta posição for extrapolada para um princípio geral aplicável a toda a Bíblia, como foi sugerido no início, temos um critério, pelo qual identificamos o elemento cognitivo com autoridade nas Escrituras – o teológico.

---

implicando que as anteriores secções das Escrituras são preliminares e preparatórias e, portanto, retém apenas valor histórico quando ultrapassadas por uma revelação "mais elevada", isto é, fazer com que partes da Bíblia tenham apenas valor como antiguidades e destituí-las de autoridade real. Estamos a propor uma posição, neste apêndice, que dá a *toda* a Bíblia a autoridade e é um ponto de vista muito mais conservador do que aquele sustentado pela revelação progressiva, como definida acima. Esta posição, porém, não falha em reconhecer a superioridade – o carácter de cumprimento – da revelação de Cristo.

102 Esta é a tese da grande obra de Bright *Authority of the Old Testament*, na base da qual toda esta discussão é fortemente dependente.

Obras Citadas

Artigos

Aalen, S. "Glory, Honor." In *The New International Dictionary of New Testament Theology*, vol. 2. Edited by Colin Brown. Translated from *Theologisches Begriftslexikon zum Neuen Testament*. 3 vols. Grand Rapids: Zondervan Publishing House, 1975.

Alexander, James N. S. "The Interpretation of Scripture in the Ante-Nicene Period." *Interpretation* 12 (1958).

Baker, Frank. "Unfolding John Wesley." *Quarterly Review* 1, no. 1 (Fall 1980).

Barr, James. "Revelation." In *Hastings Dictionary of the Bible*, edited by James Hastings. Rev. ed. by Frederick C. Grant and H. H. Rowley. New York: Charles Scribner's Sons, 1963.

Bassett, Paul M. "The Holiness Movement and the Protestant Principle." *Wesleyan Theological Journal* 18, no. 1 (Spring 1983).

——— "Western Ecclesiology to About 1700: Part 1." In *The Church*, edited by Melvin E. Dieter and Daniel N. Berg. Wesleyan Theological Perspectives Series, vol. 4. Anderson, Ind.: Warner Press, 1984.

——— "Western Ecclesiology to About 1700: Part 2." In *The Church*. See above.

Bence, Clarence. "Salvation and the Church." In *The Church*. See Bassett.

Berg, Daniel N. "The Marks of the Church in the Theology of John Wesley." In *The Church*. See Bassett.

Betteridge, Walter. "Glory." In *International Standard Bible Encyclopedia*, vol. 2. Edited by James Orr. 6 vols. Grand Rapids: Wm. B. Eerdmans Publishing Co., 1949.

Bewer, J. A. "Progressive Interpretation." *Anglican Theological Review* 24 (1942).

Blackman, E. C. "Sanctification." In *Interpreter's Dictionary of the Bible*, vol. 4. Edited by George Buttrick. 4 vols. New York: Abingdon Press, 1962.

Bowman, John Wick. "Dispensationalism." *Interpretation* 10, no. 2 (April 1956).

Brockington, L. H. "Presence." In *A Theological Word Book of the Bible*, edited by Alan Richardson. New York: Macmillan Co., 1950.

Bultmann, Rudolf. "Prophecy and Fulfillment." In *Essays on Old Testament Hermeneutics*, edited by Claus Westermann. Richmond, Va.: John Knox Press, 1963.

Carpenter, Edward. "The Bible in the Eighteenth Century." In *The Church's Use of the Bible,* edited by D. E. Nineham. London: SPCK, 1963.

Childs, Brevard. "Prophecy and Fulfillment." *Interpretation* 12 (1958).

Coleson, Joseph E. "Covenant Community in the Old Testament." In *The Church. See* Bassett.

Cranfield, C. E. B. "St. Mark 13." *Scottish Journal of Theology* 6 (1953).

Cubie, David L. "Separation or Unity." In *The Church. See* Bassett.

Cushman, Robert. "Faith and Reason." In *A Companion to the Study of St.Augustine,* edited by Roy W. Battenhouse. New York: Oxford University Press, 1956.

Davies, G. Horton. "Glory." In *Interpreter's Dictionary of the Bible,* vol. 2. *See* Blackman.

Dayton, Wilber T. "Initial Sanctification and Its Concomitants." In *The Word and the Doctrine: Studies in Contemporary Wesleyan-Arminian Theology,* compiled by Kenneth E. Geiger. Kansas City: Beacon Hill Press, 1965.

Deasley, Alex R. G. "Entire Sanctification and the Baptism with the Holy Spirit: Perspectives on the Biblical View of the Relationship." *Wesleyan Theological Journal* 14, no. 1 (Spring 1979).

—— "The Church in the Book of Acts." In *The Church. See* Bassett.

Denney, James. "2 Corinthians." In *Expositor's Bible,* edited by W. Robertson Nicoll. 25 vols. New York: A. C. Armstrong and Sons, 1903.

Dinkler, Eric. "Myth." In *Handbook of Christian Theology,* edited by Marvin Halverson and Arthur A. Cohen. Meridian Books. Cleveland: World Publishing Co., 1958.

Dunning, H. Ray. "Biblical Interpretation and Wesleyan Theology." *Wesleyan Theological Journal* 9 (Spring 1974).

—— "Dispensationalism." In *Beacon Dictionary of Theology,* edited by Richard S. Taylor. Kansas City: Beacon Hill Press of Kansas City, 1983.

—— "Ethics in a Wesleyan Context." *Wesleyan Theological Journal* 5, no. 1 (Spring 1970).

—— "Sanctification-Ceremony or Ethics?" *Preacher's Magazine* 55, no. 1 (September, October, November, 1979).

Ellis, E. Earle. "Christ and Spirit in 1 Corinthians." In *Christ and Spirit in the New Testament,* edited by Barnabas Lindars and Stephen S. Smalley. Cambridge: Cambridge University Press, 1973.

Ferm, Vergilius. "Philosophy of Religion." In *Encyclopedia of Religion,* edited by Vergilius Ferm. New York: Philosophical Library, 1945.

"Genesis and the Babylonian Inscriptions." In *A Commentary on the Holy Bible,* edited by J. R. Dummelow. New York: Macmillan Co., 1936.

Gibson, A. Boyce. "The Two Ideas of God." In *Philosophy of Religion,* edited by John E. Smith. New York: Macmillan Co., 1965.

Giles, K. N. "The Church in the Gospel of Luke." *Scottish Journal of Theology* 34 (1981).

Gilkey, Langdon B. "Cosmology, Ontology, and the Travail of Biblical Language." *Journal of Religion* (July 1961).

Goodspeed, E. J. "Canon." In *Encyclopedia of Religion. See* Ferm.

Grave, S. A. "Reid, Thomas." *Encyclopedia of Philosophy*, vol. 7. Edited by Paul Edwards. New York: Macmillan Co. and Free Press, 1967.

Gray, G. B. "Sacrifice." In *A Theological Word Book of the Bible*. See Brockington

Greathouse, W. M. "Sanctification and the Christus Victor Motif in Wesleyan Theology." *Wesleyan Theological Journal* 7, no. 1 (Spring 1972).

Grider, J. Kenneth. "The Meaning of 'Old Man.' " *Nazarene Preacher*, February 1972.

Hamilton, Victor P. "Recent Studies in Leviticus and Their Contribution to a Further Understanding of Wesleyan Theology." In *A Spectrum of Thought*, edited by Michael Peterson. Wilmore, Ky.: Asbury Publishing Co., 1982.

Harris, Merne A, and Taylor, Richard S. "The Dual Nature of Sin." In *The Word and the Doctrine*. See Dayton.

Harvey, Van A. "Myth." In *A Handbook of Theological Terms*. New York: Macmillan Co., 1964.

Howard, Richard E. "Egocentric Evangelism." *Wesleyan Theological Journal* 21, no. 1 (Spring 1986).

"Introduction," in *The Apostolic Fathers*. Vol. 1 of *The Fathers of the Church*. Edited by Ludwig Schoff. 72 vols. Washington, D.C.: Catholic University Press, 1962.

Isbell, Charles O. "Glossolalia and Propheteialaia." *Wesleyan Theological Journal* 10 (Spring 1975).

———. "The Origins of Prophetic Frenzy and Ecstatic Utterances in the Old Testament World." *Wesleyan Theological Journal* 11 (Spring 1976).

Jones, Rufus M. "Mysticism (Christian, NT)." *Encyclopedia of Religion and Ethics*. Edited by James Hastings. 13 vols. New York: Charles Scribner's Sons, 1917.

———. "Mysticism (Introductory)." *Encyclopedia of Religion and Ethics*. See above.

Kevan, E. F. "Genesis." In *The New Bible Commentary*, edited by F. Davidson. 2nd ed. Grand Rapids: Wm. B. Eerdmans Publishing Co., 1960.

Kinlaw, Dennis F. "Sin in Believers: The Biblical Evidence." In *The Word and the Doctrine*. See Dayton.

Lampe, G. W. H. "The Holy Spirit in the Writings of St. Luke." In *Studies in the Gospels*, edited by D. E. Nineham. Oxford: Blackwell, 1955.

Lane, A. N. S. "Christology Beyond Chalcedon." In *Christ the Lord*, edited by H. H. Rowdon. Downers Grove, Ill.: InterVarsity Press, 1982.

Lewis, C. S. "On Obstinacy in Belief." In *The World's Last Night*. New York: Harcourt, Brace, Jovanovich, n.d.

Line, John. "Systematic Theology." In *Encyclopedia of Religion*. See Ferm.

Lofthouse, W. F. "The Holy Spirit in the Acts and the Fourth Gospel." *Expository Times* 52, no. 9 (1940-41).

Luther, Martin. "On the Bondage of the Will." In *Library of Christian Classics*, vol. 17. Edited by E. Gordon Rupp. Philadelphia: Westminster Press, 1957.

McFadyen, J. E. "Zechariah." In *Abingdon Bible Commentary*, edited by F. C. Eiselen. New York: Abingdon-Cokesbury Press, 1929.

McQuilkin, J. R. "This I Know." *Action*, Nov. 1, 1956.

Milgrom, Jacob. "Sacrifice." In *Interpreter's Dictionary of the Bible*, suppl. vol. Edited by Keith Crim. Nashville: Abingdon, 1976.

Mulholland, M. Robert, Jr. "The Church in the Epistles." In *The Church*. *See* Bassett.

Outler, Albert. "The Place of Wesley in the Christian Tradition." In *The Place of Wesley in the Christian Tradition*, edited by Kenneth E. Rowe. Metuchen, N.J.: Scarecrow Press, 1976.

Piper, Otto A. "Heilsgeschichte." In *Encyclopedia of Religion*. *See* Ferm.

———. "J. C. K. von Hofmann." In *Encyclopedia of Religion*. *See* Ferm.

———. "Knowledge." In *Interpreter's Dictionary of the Bible*, vol. 3. *See* Blackman.

Preus, Christian. "The Contemporary Relevance of von Hofmann's Hermeneutical Principles." *Interpretation* 4 (1950).

Richardson, Alan. "Repent." In *A Theological Word Book of the Bible*. *See* Brockington.

Rorty, Richard. "Relation, Internal and External." In *Encyclopedia of Philosophy*, vols. 7 and 8. *See* Grave.

Sanner, A. Elwood. "Initial Sanctification." In *Beacon Dictionary of Theology*. *See* Dunning.

Schmitz, E. D. "Knowledge." *The New International Dictionary of New Testament Theology*, vol. 3. *See* Aalen.

Shelton, R. Larry. "A Covenant Concept of Atonement." *Wesleyan Theological Journal* 19, no. 1 (Spring 1984).

———. "John Wesley's Approach to Scripture in Historical Perspective." *Wesleyan Theological Journal* 16, no. 1 (Spring 1981).

Snaith, Norman H. "Righteousness." In *A Theological Word Book of the Bible*. *See* Brockington.

Sproul, R. C. "Right Now Counts Forever." In *The Necessity of Systematic Theology*, edited by John Jefferson Davis. Grand Rapids: Baker Book House, 1980.

Staples, Rob L. "Sanctification and Selfhood." *Wesleyan Theological Journal* 7, no. 1 (Spring 1972).

Stendahl, Krister. "Biblical Theology." In *Interpreter's Dictionary of the Bible*, vol. 1. *See* Blackman.

———. "Method in the Study of Biblical Theology." *The Bible in Modern Scholarship*. Edited by J. Philip Hyatt. Nashville: Abingdon Press, 1965.

Stonehouse, Ned B. "The Gift of the Spirit." *Westminster Theological Journal* 13, no. 1 (November 1950).

Taylor, Richard S. "A Theology of Missions." In *Ministering to the Millions*. Kansas City: Nazarene Publishing House, 1971.

Taylor, Willard H. "The Baptism with the Holy Spirit: Promise of Grace or Judgment?" *Wesleyan Theological Journal* 12 (Spring 1977).

———."Justification." In *Beacon Dictionary of Theology*. *See* Dunning.

Thomas, George F. "The Method and Structure of Tillich's Theology." In *The Theology of Paul Tillich*, edited by Charles W. Kegley and Robert W. Bretall. New York: Macmillan Co., 1964.

Thompson, W. Ralph. "Facing Objections Raised Against Biblical Inerrancy." *Wesleyan Theological Journal* 3, no. 1 (Spring 1968).

Tillich, Paul. "The Meaning and Justification of Religious Belief." In *Religious Experience and Truth,* edited by Sidney Hook. New York: New York University Press, 1961.

———. "Reply to Interpretation and Criticism." In *The Theology of Paul Tillich.* See Thomas.

von Rad, Gerhard. "Doxa." In *Theological Dictionary of the New Testament,* vol. 2. Edited by Gerhard Kittel. Translated and edited by Geoffrey W. Bromiley. 10 vols. Grand Rapids: Wm. B. Eerdmans Publishing Co., 1964.

———. "Typology." In *Essays on Old Testament Hermeneutics. See* Bultmann.

Wiles, M. F. "Theodore of Mopsuestia." In *Cambridge History of the Bible,* vol. 1. Edited by P. R. Ackroyd and C. F. Evans. Cambridge: Cambridge University Press, 1970.

Wood, Arthur Skevington. "The Contribution of John Wesley to the Theology of Grace." In *Grace Unlimited,* edited by Clark H. Pinnock. Minneapolis: Bethany Fellowship, 1975.

Livros

Achtemeier, Paul J. *The Inspiration of Scripture.* Philadelphia: Westminster Press, 1980.

Allport, Gordon. *Becoming.* New Haven, Conn.: Yale University Press, 1955.

Althaus, Paul. *The Theology of Martin Luther.* Translated by Robert C. Schultz. Philadelphia: Fortress Press, 1966.

Anderson, Bernhard W. *Creation Versus Chaos.* New York: Association Press, 1967; Philadelphia Fortress Press, 1987.

———. *Out of the Depths.* Philadelphia: Westminster Press, 1983.

Anderson, Ray S. *On Being Human.* Grand Rapids: Wm. B. Eerdmans Publishing Co., 1982.

Athanasius. *De incarnatione Verbi Dei* (The incarnation of the Word of God). London: Religious Tract Society, n.d.

Aulen, Gustav. *Christus Victor.* Translated by A. G. Hebert. New York: Macmillan Co., 1961.

———. *The Faith of the Christian Church.* Translated by Eric H. Wahlstrom. Philadelphia: Fortress Press, 1960.

Ayer, A. J. *Language, Truth, and Logic.* New York: Dover Publications, n.d.

Baab, Otto J. *The Theology of the Old Testament.* New York: Abingdon Press, 1949.

Baillie, Donald M. *God Was in Christ.* London: Faber and Faber, 1961.

———. *The Theology of the Sacraments.* New York: Charles Scribner's Sons, 1957.

Baillie, John. *The Idea of Revelation in Recent Thought.* New York: Columbia University Press, 1965.

———. *Our Knowledge of God.* New York: Charles Scribner's Sons, 1959.

———. *The Sense of the Presence of God.* New York: Charles Scribner's Sons, 1962.

Baker, Frank. *John Wesley and the Church of England.* Nashville: Abingdon Press, 1970.

Barclay, William. *Daily Study Bible: Gospel of John*, vol. 1. Philadelphia: Westminster Press, 1956.

——. *Daily Study Bible: The Revelation of John*. 2 vols. Philadelphia: Westminster Press, 1960.

——. *The Promise of the Spirit*. Philadelphia: Westminster Press, 1960.

Barr, James. *Fundamentalism*. Philadelphia: Westminster Press, 1978.

——. *Old and New in Interpretation*. New York: Harper and Row, Publishers, 1966.

Barth, Karl. *Church Dogmatics*. Edited by G. W. Bromiley and T. F. Torrance. Edinburgh: T. and T. Clark, 1957.

——. *Dogmatics in Outline*. Translated by G. T. Thomson. London: SCM Press, 1960.

Barth, Markus. *Was Christ's Death a Sacrifice?* Edinburgh: Oliver and Boyd, 1961.

Basic Writings of Sto Augustine. Edited by Whitney J. Oates. 2 vols. New York: Random House Publishers, 1948.

Basic Writings of Sto Thomas Aquinas. Edited by Anton C. Pegis. 2 vols. New York: Random House Publishers, 1945.

Bass, Clarence. *The Backgrounds to Dispensationalism*. Grand Rapids: Wm. B. Eerdmans Publishing Co., 1960.

Bassett, Paul M., and Greathouse, William M. *Exploring Christian Holiness*. Vol. 2, *The Historical Development*. Kansas City: Beacon Hill Press of Kansas City, 1985.

Beasley-Murray, G. R. *Baptism in the New Testament*. Grand Rapids: Wm. B. Eerdmans Publishing Co., 1974.

Berger, Peter. *A Rumor of Angels*. Garden City, N.Y.: Doubleday and Co., 1970.

Berkhof, Hendrikus. *The Christian Faith*. Translated by Sierd Woudstra. Grand Rapids: Wm. B. Eerdmans Publishing Co., 1980.

Berkhof, Louis. *The History of Christian Doctrines*. Grand Rapids: Baker Book House, 1976.

Berkouwer, G. C. *The Church*. Translated by James E. Davison. Grand Rapids: Wm. B. Eerdmans Publishing Co., 1976.

——. *Man: The Image of God*. Grand Rapids: Wm. B. Eerdmans Publishing Co., 1962.

——. *Sin*. Grand Rapids: Wm. B. Eerdmans Publishing Co., 1971.

Bicknell, E. J. *The Christian Idea of Sin and Original Sin*. New York: Longmans, Green, and Co., 1923.

Blackman, E. C. *Biblical Interpretation*. Philadelphia: Westminster Press, 1957.

Bloesch, Donald G. *Essentials of Evangelical Theology*. 2 vols. San Francisco: Harper and Row, Publishers, 1978.

Bonhoeffer, Dietrich. *Creation and Fall*. New York: Macmillan Co., 1967.

Borgen, Ole E. *John Wesley on the Sacraments: A Theological Study*. Zurich: Publishing House of the United Methodist Church, 1972.

Bomkamm, Gunther. *Paul*. Translated by D. M. G. Stalker. New York: Harper and Row, Publishers, 1971.

Bomkamm, Heinrich. *Luther and the Old Testament*. Translated by Erich W. and Ruth C. Gritsch. Philadelphia: Fortress Press, 1969.

Bowman, John Wick. *The Intention of Jesus.* Philadelphia: Westminster Press, 1943.

Bretall, Robert, ed. *A Kierkegaard Anthology.* New York: Modern Library, 1946.

Bright, John. *The Authority of the Old Testament.* Grand Rapids: Baker Book House, 1975.

———. *The Kingdom of God.* New York: Abingdon Press, 1953.

Brown, Raymond E. *The Gospel According to John* 1-12. Vol. 29 of the *Anchor Bible*, edited by William Foxwell Albright and David Noel Freedman. 38 vols. Garden City, N.Y.: Doubleday and Co., 1966.

Brown, William Adams. *Christian Theology in Outline.* Edinburgh: T. and T. Clark, 1912.

Bruce, F. F. *New Testament Development of Old Testament Themes.* Grand Rapids: Wm. B. Eerdmans Publishing Co., 1968.

Brueggemann, Walter. *Tradition for Crisis: A Study in Hosea.* Atlanta: John Knox Press, 1968.

Bruner, Frederick Dale. *A Theology of the Holy Spirit.* Grand Rapids: Wm. B. Eerdmans Publishing Co., 1970.

Brunner, Emil. *The Christian Doctrine of Creation and Redemption.* Translated by Olive Wyon. Philadelphia: Westminster Press, 1952.

———. *The Christian Doctrine of the Church, Faith, and the Consummation.* Translated by David Cairns. Philadelphia: Westminster Press, 1962.

———. *Man in Revolt: A Christian Anthropology.* Translated by Olive Wyon. New York: Charles Scribner's Sons, 1939.

———. *Revelation and Reason.* Translated by Olive Wyon. Philadelphia: Westminster Press, 1946.

———. *Truth as Encounter.* Philadelphia: Westminster Press, 1964.

Brunner, Emil, and Barth, Karl. *Natural Theology.* Edited by John Baillie. London: Geoffrey Bles; Centenary Press, 1946.

Bultmann, Rudolf et al. *Kerygma and Myth.* Edited by Hans Werner Bartsch. New York: Harper and Bros., Publishers, 1961.

Burkhardt, Helmut. *The Biblical Doctrine of Regeneration.* Translated by O. R. Johnston. Downers Grove, Ill.: InterVarsity Press, 1978.

Burnaby, John. *Is the Bible Inspired?* London: Duckworth and Co., 1949.

Burrows, Millar. *Outline of Biblical Theology.* Philadelphia: Westminster Press, 1956.

Cairns, David. *The Image of God in Man.* New York: Philosophical Library, Xerox copied in 1978.

Calvin, John. *A Compend of the Institutes of the Christian Religion.* Edited by Hugh T. Kerr. Philadelphia: Westminster Press, 1964.

———. *Institutes of the Christian Religion.* Translated by Henry Beveridge. London: James Clarke and Co., 1949.

Cannon, William Ragsdale. *The Theology of John Wesley.* New York: Abingdon Press, 1946.

Carter, Charles W. *The Person and Ministry of the Holy Spirit.* Grand Rapids: Baker Book House, 1974.

Cell, George Croft. *The Rediscovery of John Wesley.* New York: Henry Holt and Co., 1935.

Chafer, Lewis Sperry. *Systematic Theology*. Vol. 4, of 4 vols. Dallas: Dallas Seminary Press, 1947-48.

Chambers, Oswald. *The Philosophy of Sin*. London: Simpkins and Marshall, 1949.

Chapman, James B. *A Christian: What it Means to be One*. Rev. ed. Kansas City: Beacon Hill Press of Kansas City, 1967.

Chiles, Robert. *Theological Transition in American Methodism: 1790-1925*. New York: Abingdon Press, 1965.

Clark, Gordon H., ed. *Selections from Hellenistic Philosophy*. New York: Appleton-Century-Crofts, 1940.

Clarke, Adam. *Christian Theology*. New York: T. Mason and G. Lane, 1840.

Clarke, William Newton. *An Outline of Christian Theology*. New York: Charles Scribner's Sons, 1922.

Clower, Joseph P., Jr. *The Church in the Thought of Jesus*. Richmond, Va.: John Knox Press, 1959.

Cole, R. Alan. *Exodus*. In *The Tyndale Old Testament Commentary*. Downers Grove, Ill.: InterVarsity Press, 1973.

Copleston, Frederiek. *A History of Philosophy*. Vol. 1, pt. 2; vol. 2, pt. 1. Garden City, N.Y.: Doubleday and Co., Image Books, 1962.

Craigie, Peter C. *The Problem of War in the Old Testament*. Grand Rapids: Wm. B. Eerdmans Publishing Co., 1978.

Cullmann, Oscar. *Baptism in the New Testament*. London: SCM Press, 1950.

———. *The Christology of the New Testament*. Philadelphia: Westminster Press, 1959.

Cullmann, Oscar and Leenhardt, F. J. *Essays on the Lord's Supper*. Translated by J. G. Davies. Atlanta: John Knox Press, 1972.

Culpepper, Robert. *Interpreting the Atonement*. Grand Rapids: Wm. B. Eerdmans Publishing Co., 1966.

Cunliffe-Jones, H. *The Authority of the Biblical Revelation*. London: James Clarke and Co., 1945.

Curtis, Olin A. *The Christian Faith*. New York: Eaton and Mains, 1905.

Dalton, William J. *Aspects of New Testament Eschatology*. Perth, Australia: University of Western Australia Press, 1968.

Danielou, Jean. *Origen*. New York: Sheed and Ward, 1955.

Davies, W. D. *Paul and Rabbinic Judaism*. Philadelphia: Fortress Press, 1980.

Davis, John James. *Moses and the Gods of Egypt*. Grand Rapids: Baker Book House, 1971.

Dentan, R. C. *Preface to Old Testament Theology*. New York: Seabury Press, 1963.

Deschner, John. *Wesley's Christology: An Interpretation*. Dallas: Southern Methodist University Press, 1960.

Dillenberger, John. *God Hidden and Revealed*. Philadelphia: Muhlenberg Press, 1953.

———. ed. *Martin Luther*. Garden City, N.Y.: Doubleday and Co., 1961.

Dillenberger, John, and Welch, Claude. *Protestant Christianity*. New York: Charles Scribner's Sons, 1954.

Dillistone, F. W. *Jesus Christ and His Cross*. Philadelphia: Westminster Press, 1953.

Dodd, C. H. *According to the Scripture.* New York: Charles Scribner's Sons, 1963.

———. *The Apostolic Preaching.* New York: Harper and Bros., Publishers, 1962.

———. *The Epistle of Paul to the Romans.* London: Collier, 1959.

———. *Gospel and Law.* New York: Columbia University Press, 1951.

Dowey, Edward A., Jr. *The Knowledge of God in Calvin's Theology.* New York: Columbia University Press, n.d.

Downing, F. Gerald. *Has Christianity a Revelation?* Philadelphia: Westminster Press, 1964.

Dunn, James D. G. *Baptism in the Holy Spirit.* Philadelphia: Westminster Press, 1970.

Dunning, H. Ray. *Fruit of the Spirit.* Kansas City: Beacon Hill Press of Kansas City, 1983.

———. *Search the Scriptures.* New Testament vol. 15, *General Epistles.* Kansas City: Nazarene Publishing House, 1960.

Earle, Ralph. *The Gospel of Mark.* In *The Evangelical Commentary.* Grand Rapids: Zondervan Publishing House, 1957.

Ebeling, Gerhard. *Word and Faith.* Philadelphia: Fortress Press, 1963.

Eichrodt, Walther. *Theology of the Old Testament.* 3 vols. Philadelphia: Westminster Press, 1961.

Ellison, H. L. *The Prophets of Israel.* Grand Rapids: Wm. B. Eerdmans Publishing Co., 1969.

Farley, Edward. *The Transcendence of God.* Philadelphia: Westminster Press, 1960.

Farmer, H. H. *The World and God.* London: Fontana Library, 1963.

Farrar, F. W. *History of Interpretation.* Grand Rapids: Baker Book House, 1961.

Fee, Gordon D., and Stuart, Douglas. *How to Read the Bible for All Its Worth.* Grand Rapids: Zondervan Publishing House, 1982.

Ferré, Nels F. S. *The Christian Understanding of God.* Westport, Conn.: Greenwood Press, 1979.

Feuerbach, Ludwig. *The Essence of Christianity.* Translated by George Eliot. Torchbooks/Cloister Library. New York: Harper and Bros., Publishers, 1957.

Fletcher, John. *The Works of John Fletcher.* 4 vols. Salem, Ohio: Schmul Publishers, 1974.

Flew, R. Newton. *The Idea of Perfection in Christian Theology.* London: Oxford University Press, 1934.

———. *Jesus and His Church.* 2nd ed. London: Epworth Press, 1943.

Fortman, Edmund J. *The Triune God.* Philadelphia: Westminster Press, 1972.

Foster, R. S. *Christian Purity.* New York: Eaton and Mains, 1897.

Frank, Eric. *Philosophical Understanding and Religious Truth.* London: Oxford University Press, 1963.

George, Alfred Raymond. *Communion with God.* London: Epworth Press, 1953.

Gilbert, G. H. *Interpretation of the Bible.* New York: Macmillan Co., 1908.

Gilkey, Langdon B. *How the Church Can Minister to the World Without Losing Itself.* New York: Harper and Row, Publishers, 1964.

———. *Maker of Heaven and Earth.* Garden City, N.Y.: Doubleday and Co., 1959.

Gould, J. Glenn. *The Precious Blood of Christ.* Kansas City: Beacon Hill Press, 1959.

Grave, S. A. *The Scottish Philosophy of Common Sense.* Oxford: Clarendon Press, 1960.

Gray, George Buchanan. *Sacrifice in the Old Testament.* New York: Katav Publishing House, 1971.

Greathouse, William M. *From the Apostles to Wesley: Christian Perfection in Historical Perspective.* Kansas City: Beacon Hill Press of Kansas City, 1979.

———. *Search the Scriptures.* New Testament Vol. 5, *Acts.* Kansas City: Beacon Hill Press, 1954.

Greathouse, William M., and Dunning, H. Ray. *An Introduction to Wesleyan Theology.* Kansas City: Beacon Hill Press of Kansas City, 1982.

Gundry, Robert Horton. *The Use of the Old Testament in Sto Matthew's Gospel.* Leiden, Netherlands: E. J. Brill, 1967.

Hall, Douglas John. *Imaging God.* Grand Rapids: Wm. B. Eerdmans Publishing Co., 1986.

Hampshire, Stuart. *Thought and Action.* New York: Viking Press, 1960.

Hanson, R. P. C. *Allegory and Event.* Richmond, Va.: John Knox Press, 1959.

Hasel, Gerhard. *Old Testament Theology: Basic Issues in the Current Debate.* Grand Rapids: Wm. B. Eerdmans Publishing Co., 1972.

Hatt, Harold E. *Encountering Truth.* Nashville: Abingdon Press, 1966.

Heidel, Alexander. *The Babylonian Genesis.* Chicago: University of Chicago Press, 1951.

Hendry, George S. *The Holy Spirit in Christian Theology.* Philadelphia: Westminster Press, 1965.

Hepburn, Ronald. *Christianity and Paradox.* New York: Pegasus Press, 1968.

Heron, Alasdair I. C. *A Century of Protestant Theology.* Philadelphia: Westminster Press, 1980.

———. *The Holy Spirit.* Philadelphia: Westminster Press, 1983.

———. *Table and Tradition.* Philadelphia: Westminster Press, 1983.

Heschel, Abraham J. *The Prophets.* New York: Harper and Row, Publishers, 1962.

Hick, John. *Evil and the God of Love.* New York: Harper and Row, Publishers, 1966.

Hill, David. *Greek Words and Hebrew Meanings.* Cambridge: Cambridge University Press, 1967.

Hills, A. M. *Fundamental Christian Theology.* 2 vols. Pasadena, Calif.: C. J. Kinne, 1931.

Hirsch, Samuel Raphael. *The Pentateuch.* London: L. Honig and Sons, 1967.

Hoekema, Anthony A. *The Bible and the Future.* Grand Rapids: Wm. B. Eerdmans Publishing Co., 1979.

Holmes, Arthur F. *The Contours of a World View.* Grand Rapids: Wm. B. Eerdmans Publishing Co., 1983.

———. *The Idea of a Christian College.* Grand Rapids: Wm. B. Eerdmans Publishing Co., 1975.

Hook, Sidney, ed., *Religious Experience and Truth.* New York: New York University Press, 1961.

Howard, Richard E. *Newness of Life: A Study in the Thought of Paul.* Kansas City: Beacon Hill Press of Kansas City, 1975.

Hull, J. H. E. *The Holy Spirit in the Acts of the Apostles.* Cleveland: World Publishing Co., 1968.

Hunter, A. M. *The Gospel According to Paul.* Philadelphia: Westminster Press, 1966.

Hyatt, J. Philip. *Exodus.* In *The New Century Bible Commentary*, Old Testament edited by Ronald E. Clements. Grand Rapids: Wm. B. Eerdmans Publishing Co., 1971.

———. *The Heritage of Biblical Faith.* St. Louis: Bethany Press, 1964.

Jacob, Edmund. *Theology of the Old Testament.* New York: Harper and Row, Publishers, 1958.

Jeremias, Joachim. *The Eucharistic Words of Jesus.* Philadelphia: Fortress Press, 1966.

———. *New Testament Theology: The Proclamation of Jesus.* Translated by John Bowden. New York: Charles Scribner's Sons, 1971.

Jessop, Harry E. *Foundations of Doctrine.* Chicago: Chicago Evangelistic Institute, 1944.

Johnson, Luke T. *Sharing Possessions.* Philadelphia: Fortress Press, 1981.

Johnson, Robert K. *Evangelicals at an Impasse.* Atlanta: John Knox Press, 1979.

Jones, E. Stanley. *The Way to Power and Poise.* New York: Abingdon Cokesbury Press, 1949.

Jones, W. T. *Kant and the 19th Century.* New York: Harcourt Brace Jovanovich, 1975.

———. *The 20th Century to Wittgenstein and Sartre.* New York: Harcourt Brace Jovanovich, 1975.

Kant, Immanuel. *Critique of Pure Reason.* Translated by Norman Kemp Smith. New York: St. Martin's Press, 1965.

Kantonen, T. A. *The Theology of Evangelism.* Philadelphia: Muhlenberg Press, 1954.

Kaufman, Gordon. *Systematic Theology.* New York: Charles Scribner's Sons, 1968.

Kelly, J. N. D. *Early Christian Doctrines.* San Francisco: Harper and Row, Publishers, 1978.

———. *The Athanasian Creed.* New York: Harper and Row, Publishers, 1964.

Kendall, R. T. *Calvin and English Calvinism to 1649.* Oxford: Oxford University Press, 1979.

Kerr, Hugh T., ed. *A Compend of Luther's Theology.* Philadelphia: Westminster Press, 1974.

Kierkegaard, Søren. *Philosophical Fragments.* Translated by David E Swenson. Oxford and New York: Oxford University Press, 1936.

Knight, George A. F. *Servant Theology: A Commentary on the Book of Isaiah 40-55,* in *International Theological Commentary.* Edited by George A. F. Knight and Frederick Carlson Holmgren. Nashville: Abingdon Press, 1965. Rev. ed.: Grand Rapids: Wm. B. Eerdmans Publishing Co., 1984.

———. *Theology as Narration.* Grand Rapids: Wm. B. Eerdmans Publishing Co., 1976.

Knight, John A. *In His Likeness.* Kansas City: Beacon Hill Press of Kansas City, 1976.

Kohler, Ludwig. *Old Testament Theology.* Translated by A. S. Todd. Philadelphia: Westminster Press, 1953.

Kung, Hans. *The Church.* New York: Sheed and Ward, 1977.

Ladd, G. Eldon. *The Blessed Hope.* Grand Rapids: Wm. B. Eerdmans Publishing Co., 1956.

———. *Crucial Questions About the Kingdom of God*. Grand Rapids: Wm. B. Eerdmans Publishing Co., 1952.

———. *A Theology of the New Testament*. Grand Rapids: Wm. B. Eerdmans Publishing Co., 1974.

Lampe, G. W. H. *The Seal of the Spirit*. London: SCM Press, 1951.

Lampe, G. W. H., and Woollcombe, K. S. *Essays on Typology*. Naperville, Ill.: Alec R. Allenson, 1957.

LaRondelle, Hans K. *The Israel of God in Prophecy*. Berrien Springs, Mich.: Andrews University Press, 1983.

Larue, Gerald A. *Old Testament Life and Literature*. Boston: Allyn and Bacon, 1968.

Lawson, John. *Introduction to Christian Doctrine*. Wilmore, Ky.: Francis Asbury Publishing Co., 1980.

Leff, Gordon. *Medieval Thought*. Chicago: Quadrangle Books, 1959.

Lewis, C. S. *Miracles*. New York: Macmillan Co., 1947.

Lindars, Barnabas. *The Gospel of John*. In *The New Century Bible Commentary*. New Testament edited by Matthew Black. Grand Rapids: Wm. B. Eerdmans Publishing Co., 1981.

———. *New Testament Apologetics*. London: SCM Press, 1961.

Lindsell, Harold. *The Battle for the Bible*. Grand Rapids: Zondervan Publishing House, 1976.

Lindsey, Hal. *The Late Great Planet Earth*. Grand Rapids: Zondervan Publishing House, 1973.

Lindström, Harald. *Wesley and Sanctification: A Study in the Doctrine of Salvation*. Wilmore, Ky.: Francis Asbury Publishing Co., n.d.

Lonergan, Bernard. *The Way to Nicea*. Translated by Conn O'Donovan. Philadelphia: Westminster Press, 1976.

Longenecker, Richard. *The Christology of Early Jewish Christianity*. Naperville, Ill.: Alec R. Allenson, 1970.

Lull, David John. *The Spirit in Galatia*. Chico, Calif.: Scholar's Press, 1980.

McDonald, H. D. *Theories of Revelation: An Historical Study, 1700-1960*. Grand Rapids: Baker Book House, 1979.

McGiffert, A. C., Jr. *The God of the Early Christians*. New York: Charles Scribner's Sons, 1924.

———. *History of Christian Thought*. 2 vols. New York: Charles Scribner's Sons, 1950.

———. *Protestant Thought Before Kant*. London: Duckworth and Co., 1919.

———. *The Rise of Modern Religious Ideas*. New York: Macmillan Co., 1915.

MacGregor, Geddes. *He Who Lets Us Be*. New York: Seabury Press, 1975.

McIntyre, John. *The Christian Doctrine of History*. Grand Rapids: Wm. B. Eerdmans Publishing Co., 1957.

McKinley, O. Glenn. *Where Two Creeds Meet*. Kansas City: Beacon Hill Press, 1959.

Mackintosh, Hugh Ross. *The Doctrine of the Person of Christ*. New York: Charles Scribner's Sons, 1915.

Macmurray, John. *Persons in Relation*. London: Faber and Faber, 1961.

———. *The Self as Agent*. London: Faber and Faber, 1966.

MacPherson, Dave. *The Great Rapture Hoax*. Fletcher, N.C.: New Puritan Library, 1983.

Macquarrie, John. *God and Secularity*. Vol. 3 of *New Directions in Theology Today*. Philadelphia: Westminster Press, 1967.

———. *Principies of Christian Theology*. New York: Charles Scribner's Sons, 1966.

Manson, T. W. *The Servant-Messiah*. Grand Rapids: Baker Book House, 1977.

Marsden, George M. *Fundamentalism and American Culture*. New York: Oxford University Press, 1980.

Marshall, I. Howard. *Biblical Inspiration*. Grand Rapids: Wm. B. Eerdmans Publishing Co., 1982.

Martens, Elmer. *God's Design*. Grand Rapids: Baker Book House, 1981.

Martin, Ralph P. *Reconciliation*. Atlanta: John Knox Press, 1981.

———. *Worship in the Early Church*. Grand Rapids: Wm. B. Eerdmans Publishing Co., 1974.

Micklem, Nathaniel. *The Doctrine of Our Redemption*. New York: Abingdon-Cokesbury Press, 1953.

Micks, Marianne H. *Introduction to Theology*. New York: Seabury Press, 1967.

Miley, John. *Systematic Theology*. New York: Eaton and Mains, 1894.

Minear, Paul. *Images of the Church in the New Testament*. Philadelphia: Westrninster Press, 1960.

———, ed. *The Nature of the Unity We Seek*. St. Louis: Bethany Press, 1958.

Moltmann, Jurgen. *The Church in the Power of the Spirit*. Translated by Margaret Kohl. New York: Harper and Row, Publishers, 1977.

Moody, Dale. *Spirit of the Living Cod*. Philadelphia: Westrninster Press, 1968.

———. *The Word of Truth: A Summary o[Christian Doctrine Based on Biblical Revelation*. Grand Rapids: Wm. B. Eerdmans Publishing Co., 1981.

Morgan, G. Campbell. *The Practice of Prayer*. Westwood, N.J.: Fleming H. Revell Co., 1960.

Morris, Leon. *Apocalyptic*. Grand Rapids: Wm. B. Eerdmans Publishing Co., 1972.

———. *The Apostolic Preaching of the Cross*. Grand Rapids: Wm. B. Eerdmans Publishing Co., 1972.

Moule, C. F. D. *The Origin of Christology*. Cambridge: Cambridge University Press, 1977.

Mowinckel, Sigmund. *He That Cometh*. New York: Abingdon Press, n.d.

Murray, George L. *Millennial Studies*. Grand Rapids: Baker Book House, 1948.

Narramore, Bruce. *You're Someone Special*. Grand Rapids: Zondervan Publishing House, 1978.

Neill, Stephen Charles. *The Church and Christian Union*. New York: Oxford University Press, 1968.

Nelson, J. Robert. *The Realm of Redemption*. London: Epworth Press, 1957.

Neve, J. L. *History of Christian Thought*. 2 vols. Philadelphia: Muhlenberg Press, 1946.

Niebuhr, H. Richard. *The Meaning of Revelation.* New York: Macmillan Co., 1962.

Niebuhr, Reinhold. *The Nature and Destiny of Man.* 2 vols. London: Nisbet and Co., 1946.

Niesel, Wilhelm. *The Theology of Calvin.* Translated by Harold Knight. Philadelphia: Westminster Press, 1956.

Norris, R. A., Jr. *God and World in Early Christian Theology.* New York: Seabury Press, 1965.

O'Donovan, Oliver. *The Problem of Self-love in St. Augustine.* New Haven, Conn.: Yale University Press, 1980.

Osborn, E. F. *Word and History.* Melbourne, Australia: Jonker Printing Pty., 1971.

Outka, Gene. *Agape: An Ethical Analysis.* New Haven, Conn.: Yale University Press, 1972.

Outler, Albert C., trans. "Creed of Chalcedon." In *Creeds of the Churches,* edited by John H. Leith. Rev. ed. Atlanta: John Knox Press, 1977.

———, ed. *John Wesley.* New York: Oxford University Press, 1980.

Oxtoby, Gurdon C. *Prediction and Fulfillment in the Bible.* Philadelphia: Westminster Press, 1966.

Pannenberg, Wolfhart. *Jesus-God and Man.* Translated by Lewis L. Wilkins and Duane A. Priebe. Philadelphia: Westminster Press, 1977.

Pelikan, Jaroslav. *The Emergence of the Catholic Tradition.* Chicago: University of Chicago Press, 1973.

Peters, John L. *Christian Perfection and American Methodism.* New York: Abingdon Press, 1956.

Pittenger, Norman. *The Divine Triunity.* Philadelphia: United Church Press, 1977.

Polman, A. D. R. *The Word of God According to St. Augustine.* Grand Rapids: Wm. B. Eerdmans Publishing Co., 1961.

Polyani, Michael. *Personal Knowledge.* Chicago: University of Chicago Press, 1962.

Pope, William Burt. *A Compendium of Christian Theology.* 3 vols. London: Wesleyan Conference Office, 1880.

Purkiser, W. T. *Exploring Christian Holiness.* Vol. 1, *The Biblical Foundations.* Kansas City: Beacon Hill Press of Kansas City, 1983.

———, ed. *Exploring Our Christian Faith.* Rev. ed. Kansas City: Beacon Hill Press of Kansas City, 1978.

———, ed. *Exploring the Old Testament.* Kansas City: Beacon Hill Press, 1955.

Purkiser, W. T.; Taylor, Richard S.; and Taylor, Willard H. *God, Man, and Salvation.* Kansas City: Beacon Hill Press of Kansas City, 1977.

Rahner, Karl. *Theological Investigations.* Vols. 2 and 4. Baltimore: Helicon Press, 1966.

Rall, H. F. *The Meaning of God.* Nashville: Abingdon-Cokesbury Press, 1925.

Ralston, Thomas N. *Elements of Divinity.* New York: Abingdon-Cokesbury Press, 1924.

Ramsdell, Edward T. *The Christian Perspective.* New York: Abingdon Cokesbury Press, 1950.

Ramsey, A. M. *The Glory of God and the Transfiguration of Christ.* London: Longmans, Green, and Co., 1949.

———. *The Resurrection of Christ.* Philadelphia: Westminster Press, 1946.

Ramsey, Paul. *Basic Christian Ethics.* New York: Charles Scribner's Sons, 1950.

Rattenbury, J. Ernest. *The Evangelical Doctrines of Charles Wesley's Hymns.* London: Epworth Press, 1941.

Read, David H. C. *The Christian Faith.* Nashville: Abingdon Press, 1956.

Richardson, Alan. *The Bible in the Age of Science.* Philadelphia: Westminster Press, 1961.

———. *Christian Apologetics.* New York: Harper and Bros., Publishers, 1944.

———. *Creeds in the Making.* London: Macmillan and Co., 1969.

———. *An Introduction to the Theology of the New Testament.* New York: Harper and Bros., Publishers, 1958.

Richardson, Cyril. *The Doctrine of the Trinity.* New York: Abingdon Press, 1958.

Ridderbos, Herman N. *Paul: An Outline of His Theology.* Translated by John Richard de Witt. Grand Rapids: Wm. B. Eerdmans Publishing Co., 1975.

Robinson, William. *The Devil and God.* Nashville: Abingdon-Cokesbury Press, 1945.

Rogers, Jack. *Confessions of a Conservative Evangelical.* Philadelphia: Westminster Press, 1974.

———, ed. *Biblical Authority.* Waco, Tex.: Word Books, Publisher, 1977.

Rogers, Jack, and McKim, Donald K. *The Authority and Interpretation of the Bible.* San Francisco: Harper and Row, Publishers, 1979.

Rowe, Kenneth E., ed. *The Place of Wesley in the Christian Tradition.* Metuchen, N.J.: Scarecrow Press, 1976.

Rowley, H. H. *The Meaning of Sacrifice in the Old Testament.* John Rylands Library Bulletin, vol. 33, no. 1 (September 1950).

Rusch, William G., ed. and trans. *The Trinitarian Controversy.* Philadelphia: Fortress Press, 1980.

Russell, Bertrand. *A History of Western Philosophy.* New York: Simon and Schuster, a Clarion Book, 1967.

Russell, D. S. *Between the Testaments.* Philadelphia: Muhlenberg Press, 1960.

Ryrie, Charles C. *Dispensationalism Today.* Chicago: Moody Press, 1965.

Sandeen, Ernest R. *The Roots of Fundamentalism.* Chicago: University of Chicago Press, 1970.

Schleiermacher, Friedrich. *The Christian Faith.* Edinburgh: T. and T. Clark, 1960.

———. *On Religion: Speeches to Its Cultured Despisers.* Translated by John Oman. New York: Harper and Row, Publishers, 1958.

Schnackenburg, Rudolf. *The Moral Teaching of the New Testament.* New York: Seabury Press, 1965.

Schuller, Robert H. *Self-esteem.* Waco, Tex.: Word Publishing Co., 1982.

Scott, R. B. Y. *Proverbs, Ecclesiastes.* Vol. 18 in *The Anchor Bible,* edited by William Foxwell Albright and David Noel Freedman. Garden City, N.Y.: Doubleday and Co., 1965.

Scott, Walter. *Exposition of the Revelation of Jesus Christ.* London: Pickering and Inglis, n.d.

Seeburg, Reinhold. *Textbook of the History of Doctrines.* Translated by Charles E. Hay. 2 vols. in 1. Grand Rapids: Baker Book House, 1964.

Sellers, R. V. *The Council of Chalcedon.* London: SPCK, 1961.

———. *Two Ancient Christologies.* London: SPCK, 1954.

Shedd, Russell Phillip. *Man in Community.* Grand Rapids: Wm. B. Eerdmans Publishing Co., 1964.

Smart, James D. *The Interpretation of Scripture.* Philadelphia: Westminster Press, 1961.

Smith, C. Ryder. *The Bible Doctrine of Man.* London: Epworth Press, 1951.

———. *The Bible Doctrine of Sin.* London: Epworth Press, 1953.

Smith, Huston. *The Religion of Man.* New York: Harper and Row, Publishers, 1965.

Smith, John E. *The Analogy of Experience.* New York: Harper and Row, Publishers, 1973.

Smith, Timothy L. *Called Unto Holiness.* Vol. 1, *The Story of the Nazarenes: The Formative Years.* Kansas City: Nazarene Publishing House, 1962.

Snaith, Norman H. *The Distinctive Ideas of the Old Testament.* London: Epworth Press, 1944.

Snyder, Howard. *The Community of the King.* Downers Grove, Ill.: InterVarsity Press, 1977.

———. *Liberating the Church.* Downers Grove, Ill.: InterVarsity Press, 1983.

———. *The Problem of Wineskins.* Downers Grove, Ill.: InterVarsity Press, 1975.

———. *The Radical Wesley and Patterns for Church Renewal.* Downers Grove, Ill.: InterVarsity Press, 1980.

Sowers, Sydney G. *The Hermeneutics of Philo and Hebrews.* Zurich: EvaVerlag, 1965.

Spurrier, William A. *Guide to the Christian Faith.* New York: Charles Scribner's Sons, 1952.

Starkey, Lycurgus M., Jr. *The Work of the Holy Spirit.* Nashville: Abingdon Press, 1962.

Steele, Daniel. *The Gospel of the Comforter.* Apollo, Pa.: West Publishing Co., n.d.

———. *Steele's Answers.* Chicago: Christian Witness Co., 1912.

Stendahl, Krister. *The School of St. Matthew.* Philadelphia: Fortress Press, 1968.

Stewart, James S. *The Life and Teaching of Jesus Christ.* New York: Abingdon Press, n.d.

———. *A Man in Christ.* New York: Harper and Row, Publishers, n.d.

Swete, Henry Barclay. *The Holy Spirit in the New Testament.* Grand Rapids: Baker Book House, 1964.

Taylor, A. E. *Plato: The Man and His Work.* Cleveland and New York: World Publishing Co., 1964.

Taylor, Richard S. *Biblical Authority and Christian Faith.* Kansas City: Beacon Hill Press of Kansas City, 1980.

———. *Exploring Christian Holiness.* Vol. 3, *The Theological Formulation.* Kansas City: Beacon Hill Press of Kansas City, 1985.

———. *A Right Conception of Sin.* Kansas City: Nazarene Publishing House, 1939.

———, ed. *Leading Wesleyan Thinkers.* Vol. 3 of *Great Holiness Classics.* Edited by A. F. Harper. 6 vols. Kansas City: Beacon Hill Press of Kansas City, 1985.

Taylor, Vincent. *Atonement in New Testament Teaching*. London: Epworth Press, 1963.

———. *Forgiveness and Reconciliation*. New York: Macmillan Co., 1960.

———. *Jesus and His Sacrifice*. London: Macmillan and Co., 1937.

Taylor, Willard. "Ephesians." In *Beacon Bible Commentary*, vol. 9. Edited by A. R Harper. 10 vols. Kansas City: Beacon Hill Press, 1965.

Temple, William. *Nature, Man, and God*. London: Macmillan and Co., 1935.

Thielicke, Helmut. *The Evangelical Faith*. Vol. 1. Grand Rapids: Wm. B. Eerdmans Publishing Co., 1974.

Thiselton, Anthony C. *The Two Horizons*. Grand Rapids: Wm. B. Eerdmans Publishing Co., 1980.

Thomas, George F. *Christian Ethics and Moral Philosophy*. New York: Charles Scribner's Sons, 1955.

Tillapaugh, Frank R. *The Church Unleashed*. Ventura, Calif.: Regal Books, 1982.

Tillich, Paul. *Biblical Religion and the Search for Ultimate Reality*. Chicago: University of Chicago Press, 1963.

———. *Dynamics of Faith*. New York: Harper and Row, Publishers, 1957.

———. *Systematic Theology*. 3 vols. in 1. Chicago: University of Chicago Press, 1967.

———. *Theology of Culture*. London: Oxford University Press, 1968.

Torrance, T. F. *Calvin's Doctrine of Man*. London: Lutterworth Press, 1952.

———. *Reality and Evangelical Theology*. Philadelphia: Westminster Press, 1982.

Travis, Stephen H. *Christian Hope and the Future*. Downers Grove, Ill.: InterVarsity Press, 1980.

Trueblood, D. Elton. *The Incendiary Fellowship*. New York: Harper and Row, Publishers, 1967.

———. *Philosophy of Religion*. New York: Harper and Bros., Publishers, 1957.

Vawter, Bruce. *Biblical Inspiration*. Philadelphia: Westminster Press, 1972.

von Balthasar, Hans Urs. *A Theological Anthropology*. New York: Sheed and Ward, 1967.

von Rad, Gerhard. *Genesis*. Philadelphia: Westminster Press, 1961.

Vriezen, Th. C. *An Outline of Old Testament Theology*. Wageningen, Holland: H. Veenman and Zonen, 1958.

Wainwright, Geoffrey. *Eucharist and Eschatology*. New York: Oxford University Press, 1981.

Watkin-Jones, Howard. *The Holy Spirit from Arminius to Wesley*. London: Epworth Press, 1929.

Watson, Philip S. *The Concept of Grace*. Philadelphia: Muhlenberg Press, 1959.

Watson, Richard. *Theological Institutes*. New York: Lane and Tippett, 1848.

Webber, Robert E. *The Secular Saint*. Grand Rapids: Zondervan Publishing House, 1974.

Weber, Otto. *Foundations of Dogmatics*. Translated by Darrell L. Gruder. Vol. 2. Grand Rapids: Wm. B. Eerdmans Publishing Co., 1983.

Wesley, John. *Explanatory Notes upon the New Testament*. London: Epworth Press, 1954.

―――. *The Journal of John Wesley, A.M.* Edited by Nehemiah Curnock. 8 vols. London: Epworth Press, 1949.

―――. *Letters of the Reverend John Wesley.* Edited by John Telford. 8 vols. London: Epworth Press, 1931.

―――. *A Plain Account of Christian Perfection.* Kansas City: Beacon Hill Press of Kansas City, 1966.

―――. *Standard Sermons.* Edited by E. H. Sugden. 2 vols. London: Epworth Press, 1961.

―――. *Works of John Wesley.* 3rd ed. 14 vols. London: Wesleyan Methodist Book Room, 1872. Reprint, Kansas City: Beacon Hill Press of Kansas City, 1978.

Westcott, B. F. *The Gospel According to John.* Grand Rapids: Wm. B. Eerdmans Publishing Co., 1967.

Westermann, Claus. *Blessing in the Bible and the Church.* Philadelphia: Fortress Press, 1978.

Whale, J. S. *Christian Doctrine.* London: Cambridge University Press, 1960.

Wheatley, Richard. *The Life and Letters of Mrs. Phoebe Palmer.* New York: Palmer and Hughes, 1884.

White, Stephen S. *Essential Christian Beliefs.* Kansas City: Beacon Hill Press, n.d.

Wiles, Maurice F. *What Is Theology?* New York: Oxford University Press, 1976.

Wiley, H. Orton. *Christian Theology.* 3 vols. Kansas City: Beacon Hill Press, 1940-43.

―――. *God Has the Answer.* Kansas City: Beacon Hill Press, 1956.

Wiley, H. Orton, and Culbertson, Paul T. *Introduction to Christian Theology.* Kansas City: Beacon Hill Press, 1946.

Williams, Colin W. *The Church.* Vol. 4 in *New Directions in Theology Today.* Philadelphia: Westminster Press, 1968.

―――. *John Wesley's Theology Today.* New York: Abingdon Press, 1960.

Wilson, John Cook. *Statement and Inference.* Edited by A. S. L. Farquharson. 2 vols. Oxford: Clarendon Press, 1969.

Windelband, Wilhelm. *A History of Philosophy.* 2 vols. Torchbook ed. New York: Harper and Bros., Publishers, 1958.

Winward, Stephen. *A Guide to the Prophets.* Atlanta: John Knox Press, 1976.

Wolfson, H. A. *The Philosophy of the Church Fathers.* Vol. 1. Cambridge: Harvard University Press, 1964.

Wood, J. A. *Perfect Love.* Chicago: Christian Witness Co., 1880.

Wood, Laurence W. *Pentecostal Grace.* Wilmore, Ky.: Francis Asbury Publishing Co., 1980.

Woolston, Thomas. *The Old Apology for the Truth of the Christian Religion, Against the Jew and Gentiles Revived.* London: John Torbuck, 1732.

Workman, H. B. *A New History of Methodism.* London: Hodder and Stoughton, 1909.

Wright, G. Ernest. *The Old Testament Against Its Environment.* Chicago: Henry Regnery Co., 1950.

Wright, G. Ernest, and Fuller, Reginald H. *The Book of the Acts of God.* Anchor Books. Garden City, N.Y.: Doubleday and Co., 1960.

Wynkoop, Mildred Bangs. *The Foundations of Wesleyan-Arminian Theology.* Kansas City: Beacon Hill Press of Kansas City, 1967.

———. *A Theology of Love: The Dynamic of Wesleyanism.* Kansas City: Beacon Hill Press of Kansas City, 1972.

Yates, A. S. *The Doctrine of Assurance.* London: Epworth Press, 1952.

Yates, J. E. *The Spirit and the Kingdom.* London: Epworth Press, 1963.

Yoder, Perry B. *Toward Understanding the Bible.* Newton, Kans.: Faith and Life Press, 1978.

Young, Francis M. *Sacrifice and the Death of Christ.* Philadelphia: Westminster Press, 1975.

Young, Norman. *Creator, Creation, and Faith.* Philadelphia: Westminster Press, 1976.

Material Não Publicado

Brightman, R. S. "Gregory of Nyssa and John Wesley in Theological Dialogue on the Christian Life." Ph.D. diss., Boston University, 1969.

Dunning, H. Ray. "Nazarene Ethics as Seen in a Historical, Theological, and Sociological Context." Ph.D. diss., Vanderbilt University, 1969.

Knight, John Allan. "The Theology of John Fletcher." Ph.D. diss., Vanderbilt University, 1966.

Renshaw, John Rutherford. "The Atonement in the Theology of John and Charles Wesley." Ph.D. diss., Boston University, 1965.

Rogers, Charles Allen. "The Concept of Prevenient Grace in the Theology of John Wesley." Ph.D. diss., Duke University, 1967.

www.ingramcontent.com/pod-product-compliance
Lightning Source LLC
Chambersburg PA
CBHW031423160426
43195CB00010BB/600